2022년 개정완결판

제 주
4·3
사 건

문 과 답

〈2022년 개정완결판〉

제 주 4·3 사 건 문 과 답

지은이·김영중(金英仲)
꾸민이·성상건
편집디자인·자연DPS

펴낸날·2022년 8월 15일
펴낸곳·도서출판 나눔사
주소·(우) 10270 경기도 고양시 덕양구 푸른마을로 15
　　　301동 1505호
전화·02)359-3429 팩스 02)355-3429
등록번호·2-489호(1988년 2월 16일)
이메일·nanumsa@hanmail.net

ⓒ 김영중, 2022

ISBN 978-89-7027-943-5-93910

값 25,000원

2022년 개정완결판

제주
4·3
사건

문과 답

김영중 저

나눔사

우리의 지각(知覺)은 주관(主觀)에 기초하고 있기 때문에
누구도 자신이 절대적으로 옳다고 주장할 수 없다.
상대적으로 우월성이 판단될 수 있을 뿐이다.

- Hans Georg Gadamer

과거를 기억하지 않는 자는 그것을 반복하도록 저주 받는다.

- 미국 철학자 조지 산타야나(George Santayana)

어떤 사관과 방법론도 '엄정한 사료 비판을 통하여 확보된 믿을만한 사료에 근거한 합리적 논지'란 시험대를 면제받을 수 없다면, 역사의 진상을 탐색하는 연구에 북한 학계가 따로 있고 민족주의 사학이 따로 있을 수 없지 않은가?
애초에 실증적 토대가 없는 '민족주의적 사학'이나 '사회경제 사학'이라면 '학설'로 성립할 수도 없는 것이며, 그 결론이 특정 이념이나 주의주장에 바람직하다는 이유로 논증되지 않는 억단을 '학설'로 대접할 이유 역시 없다.

- 서울대 명예교수 이성규

서 문
[개정완결판]

대한민국은 제2차 세계대전 이후 독립한 여러 나라 가운데 하나입니다. 미국과 소련, 남한과 북한, 우익과 좌익이 치열하게 대립하는 상황에서 대한민국을 건국하는 과정은 험난했습니다. 이를 극복하는 과정에서 수많은 희생과 헌신이 있었으며 시행착오도 있었습니다. 그중에 제주4·3사건이 있었고 이를 수습하면서 많은 사람이 죽어갔습니다. 그러나 우리는 좌절하지 않고 일어서서 단기간에 선진국으로 도약했고 민주화를 이루었으며 자유와 인권을 누리는 나라가 되었습니다.

역사를 공부하는 이유가 과거의 사실에 대한 해석과 아울러 교훈을 얻는 것이라고 본다면 이제 74년 전 발생한 4·3에 대하여 마지막 체험 세대로서 그간의 논란을 바로잡아 후세에 전하는 것이 필자에게 주어진 의무라고 판단했습니다.

제주4·3사건의 본질은 무엇인가? 4·3에 대한 글을 쓰면서 계속 던지는 질문은 바로 이것입니다. 그동안 정치가 깊숙이 개입하고 관련 단체가 영향력을 행사하면서 제주4·3사건의 성격은 매우 왜곡되었습니다. 4·3이 민중항쟁이라는 주장이 진실인 양 난무하고 거의 정설로 굳어지는 것이 현실입니다.

'낡은 이념논쟁을 걷어치우라'는 공세로 인해 4·3 주체인 남로당은 논의의 장에서 완전히 사라졌으며 그들이 저지른 만행은 '화해와 상생'이라는 거창한 구호 아래 모조리 묻혔습니다. '좋은 나라를 꿈꿨던 제주4·3'이라고 남로당을 미화하는가 하면 4·3 주동자가 무고한 희생자로 둔갑하여 거액의 보상금을 받기에 이르렀습니다.

이런 분위기에서 필자는 '용기 없이 바른말을 할 수 있던 시대는 없었다'는 라인홀드 니버의 말을 떠올리며 많은 사람에게 욕을 듣더라도 허위를 지적하는 길을 주저 없이 택하기로 했습니다. 체험 세대가 거의 사라지고 있는 시기에 4·3을 잘못 알고 있는 사람들의 논리를 분석·비판하고 질문에 답변하는 형식으로 중요 쟁점을 골라 이 책을 꾸몄습니다. 그리고, 희생자 등 여러 통계를 최근 자료로 인용했고 위헌요소가 있는 제주4·3특별법에 따라 진행되는 군법회의의 일괄재심 상황 및 4·3과 관련한 러시아의 문서를 추가했습니다.

　　4·3을 진압하는 과정에서 인권 침해와 무고한 도민의 희생이 있었습니다. 아무런 잘못이 없는 이들의 명예 회복과 보상은 당연합니다. 동시에, 숱한 인명 피해가 있었다고 해서 4·3의 본질이 바뀌지 않는다는 점 역시 강조합니다. 필자가 이 책을 내는 궁극적 목표는 사실에 근거하여 진실을 규명해 역사 앞에 내놓음으로써 도민의 진정한 화해와 상생을 구현하는 것임을 밝힙니다.

2022년 6월 30일
김 영 중 씀

제주도민과 한국인들은 대한민국의
출발을 새롭게 봐야 한다.

필자는 오래전에 우연한 기회에 김영중선생님의 제주4·3사건에 대한 강의를 유투브를 통해서 들을 기회가 있었다. 전문적인 학자가 아님에도 정확한 자료에 근거해서 균형감각이 있게 설명하는 것을 보고 많은 감동을 받았다.

김영중선생님의 이 책을 읽으면 4·3사건도 하나씩, 하나씩 복잡하게 얽힌 실타래를 풀면서 그 실체를 드러내게 된다. 오래동안 경찰에 근무하면서 객관적인 사실을 밝혀야 한다는 저자의 직업의식과 대한민국의 건국과정을 바로 알려야 한다는 역사의식이 합해져서 이런 귀중한 저작을 했다고 본다.

무엇보다도 저자는 역사적 진실을 밝혀야 한다는 사명감에서 노구를 이끌고 어려운 작업을 해 오셨다. 불행하게도 제주4·3사건은 현재 대한민국의 건국을 부정적으로 보는 세력에 의해서 연구되고, 해석되어 왔다. 그동안 국가와 양식 있는 학자들이 힘을 합하여 역사적 진실을 밝히려고 하기 보다는 오히려 특정 집단의 이데올로기를 선전하는 역할을 하고 있다. 이런 현실 가운데서 오직 사실 보다 더욱 강한 것은 없다는 일념으로 저자는 자료를 수집하고, 정리하고, 해석하여 왔다. 이제 마지막으로 기존의 연구를 수정보완하여 개정완결판을 내게 되었다. 이 책을 읽는 독자들은 김영중선생님의 이 책을 통하여 보다 사실에 근거한 제주4·3사건을 만나게 될 것이다.

이 책이 잘 설명해 주고 있는 것처럼, 제주4·3사건은 남로당이 대한민국 건국을 반대하고, 조선민주주의인민공화국을 세우기 위해서 일으킨 사건이다. 제주4·3사건으로 결국 제주도의 2개 선거구에서는 5·10선거가 무효화 되었고, 남로당에 가담한 일부 제주도민은 대한민국 건국의 일원이 되지도 못했다. 이것은 매우 유감스러운 사건이다.

제주도의 반란세력을 소탕하는 과정에서 경찰과 우익세력에게 수많은 무고한 도민들이 억울하게 희생당한 것도 사실이다. 필자는 일찍이 대한민국정부가 여기에 대한 진상을 밝히고, 억울하게 죽은 영혼들과 유족들을 위로했어야 한다고 생각한다. 늦게라도 이런 일들이 진행되고 있음은 다행이다.

대한민국은 군인과 경찰을 포함한 수많은 사람들의 헌신적인 애국적 행동에 의해서 만들어졌다. 우리는 이들의 행동 가운데 지나친 부분이 있으며, 그것을 유감으로 생각하지만 동시에 이들의 헌신에 대해서 감사해야 한다. 아울러서 남로당세력으로부터 대한민국편에 있다는 이유로 무참하게 희생당한 사람들도 기억해야 한다.

제주4·3사건에 대한 연구와 기념행사는 대한민국을 더욱 튼튼하게 만들고, 제주도민들을 대한민국의 당당한 일원으로 만드는 방향으로 진행되어야 한다. 그래서 제주도민들 가운데서 한때 대한민국을 반대했던 쪽의 사람들은 이제 대한민국 국민으로서 그들의 입장을 바꾸어야 하며, 무고한 도민을 희생시킨 공권력과 우파세력 역시 대한민국의 법치를 무시했다는 점에서 그 잘못을 솔직하게 인정해야 할 것이다. 그래서 양측이 다같이 대한민국의 미래를 위해서 일할 수 있어야 한다.

해방 당시 대부분의 한국인들은 대한민국과 조선민주주의인민공화국 가운데 어느 쪽이 더 나은 선택인지 판단하기 어려웠다. 하지만 분단된지 70년도 훨씬 더 지난 오늘의 시점에서 무엇이 나은 선택이었는지 판단하기 어렵지 않다. 오늘의 대한민국은 제2차 세계대전 이후 가장 성공적인 나라 가운데 하나이다. 정치적으로는 자유민주주의, 경제적으로는 시장경제, 사회적으로는 법치주의를 지향하고 있다. 필자는 과거 1948년에 대한민국의 출발을 축하하지 못했던 일부 제주도민들도 오늘의 대한민국의 모습을 본다면 자신의 조국이 대한민국임을 자랑스러워 할 것이라고 생각한다. 이제 제주4·3사건을 새로운 각도에서 볼 시점에 이르렀다.

서울신대 명예교수, 현대기독교역사연구소장
박 명 수

제주4·3사건의 왜곡이 시정되는데 도움이 될 책
"제주4·3사건, 문과 답"

'제주4·3사건, 문과 답'의 저자 김영중 고문을 알게 된 것은 책을 통해서 꽤 오래되지만, 자세히는 알지 못했었다. 그러나 제주4·3사건재정립시민연대에 고문으로 모시면서 그 분을 자세히 알게 되었다. 우선 4·3사건에 대해 그 당시 7세에 목격했고 16세에 종결되었던 제주인이고 제주4·3의 역사가 어떻게 정권이 바뀌면서 정권의 입맛대로 역사적 사실이 왜곡되었나를 현지에서 생생하게 목격한 분이다. 김영중 고문은 경찰에 투신하여 제주 경찰서장 등 32년간 봉직하고, 마침내 일생의 역작인 이 책을 나눔사에서 출간, 빛을 보게 되었다. 그동안 3판까지 출간했으나, 제주도에서의 출판한계로 독자들의 관심이 적었으나. 이번에 나눔사의 성상건 대표의 통큰 결단으로 결실을 보게 되었다는 점에 제주4·3연구자로써 깊은 감사를 드린다.

김영중 고문은 82세의 고령에도 불구하고 연구열이 충만하여 근 20여년 동안 4·3사건에 매달렸었다. 가장 개탄스러운 점은 4·3사건의 가장 핵심적인 진실규명과 원인규명은 온데간데 없이 사라지고 오직 인명피해만 강조하는가 하면, 남로당의 만행은 사라지고 군경에 의한 인권침해만을 거론하면서 4·3의 성격을 '민중항쟁론' 또는 '통일투쟁론'으로 미화한 점에 있다.

무엇보다 이 책의 특징은 세 가지이다. 첫째로, 그 당시 사건을 체험한 제주도인의 증언이기에 신뢰할 수 있다는 점이다. 둘째로, 이 책에 면면히 흐르는 저자의 역사인식은 대한민국의 건국은 정당했고 제주4·3사건은 폭동과 반란이라는 정통주의 역사관에 입각해서 기술했다는 점이다. 그러기에 논란과 말썽이 많은 제주4·3사건진상조사보고서(1993)의 수정주의 역사관을 정면으로 반박하고 있다는 점이다. 셋째로, 묻고 답하는 형식이기에 책의 부피가 두껍지만, 독자들이 지루하지 않다는 점에 있다. 마치 성경처럼 필요한 부문을 찾아서 보면 된다. 기존의 4·3사건의 보충서의 역할을 충실히 하는 것이다.

아무쪼록 이 책을 통해 제주4·3사건의 왜곡이 시정되는데 도움이 되고 그 사건의 올바른 진면목에 한층 정확하게 다가서게 될 나침판의 역할을 의심치 않는다. 끝으로 고령임에도 불구하고 김영중 고문의 학문적 열정과 용기, 그리고 애국심에 박수를 보낸다. 끝까지 건강하게 사시어 4·3연구자 후학들을 이끌어주실 것을 믿어 의심치 않는다.

전 원광대학교 교수 및 제주4·3사건재정립 역사수호위원장
이 주 천

| 제3판을 내면서 |

1941년생인 필자가 7세 때 발발한 제주4·3사건은 제가 16세가 되어서야 완전히 종료되었습니다. 만 9년간 제주도에는 피바람이 불었습니다.

중산간 마을에 살던 우리는 사건이 일어난 직후 해안 마을인 애월리로 소개(疏開)하여 겨울을 나고 봄이 되자 옛 삶의 터전과 가까운 곳, '사장'(射場)이라는 마을 공동소유지로 올라와 '함바'라는 초막을 짓고 마을 전 주민이 집단으로 거주했습니다. 우리는 낮에는 주택재건사업에 몰두하고, 밤에는 보초를 섰습니다. 허물었던 주택이 재건되자 복귀하여, 마을 주위에 성을 쌓고 공비들의 습격을 방어하기 위해 보초를 서면서 어려운 생활을 이어나갔습니다. 그 후 저는 학업과 군 복무를 마치고 경찰에 투신하여 32년간 봉직하고 퇴직하였습니다. 이때까지도 저의 4·3에 대한 관심과 지식은 일반 도민의 상식 수준을 크게 벗어나지 못하였습니다.

1997년 퇴직하고, 1999년 1월 제주4·3사건희생자위령사업범도민추진위원회 주최 '제주4·3위령사업 어떻게 할 것인가?'란 주제 토론회가 있었습니다. 이 토론회에 토론자로 지정된 경우(警友) 선배가 갑자기 불참하게 되는 바람에 저는 아무런 준비도 없이 대신 나가서 발표하게 되었습니다. 이것이 저를 4·3문제로 깊숙이 끌어들인 실마리가 되었습니다.

그 후로 본격적인 관심을 가지고 여러 시각에서 쓴 다양한 서적과 논문을 구독하면서 공부한 지 20여 년이 지났습니다. 그간 부족하나마 관련 책도 4종류나 발간했습니다.

이제 제 나이 80을 넘기면서 기억력도 전과 같지 않고, 4·3에 대한 저의 주장을 펴는 일은 후진들에게 맡기고 일단 접으려고 마음을 정했습니다. 여기에는 몇 가지 이유가 더 있습니다.

첫째, 그간 여러 가지 방법으로 4·3에 대한 저희의 정당하고 진실한 주장을 펴보려고 노력했지만 좌파들이 화해와 상생이라는 구호 아래 파묻으면서 생각이 다름을 인정하지 않아서입니다. 법과 제도로 우리의 의견을 개진할 공간을 차단하고, 대한민국의 정통성을 부정하면서 냉소와 갈등을 부추기는 교육과 홍보 활동을 서슴지 않는 등 거대하고 완고한 벽에 부딪혀서입니다.

둘째, 국가가 역사해석을 독점하려는 경향이 노골화되고 있어서 제가 할 영역이 사라져서입니다. 역사 문제는 원칙적으로 학문적 영역입니다. 학자 간에 연구와 토론으로 합의를 하거나 주장하게 하는 것입니다. 관련된 자료 접근권도 공평하게 부여하고, 부담 없이 토론에 참여할 기회와 분위기가 조성되어야 합니다. 정치 권력과 특정 집단이 이를 전유물처럼 독점하려는 것은 역사 바로 세우기에 어깃장을 놓는 일입니다. 우리에게는 4·3 논의의 장에 참여할 기회도 없고, 역사적 자료에 대한 접근성도 차단되었으며, 심지어 현실은 역사해석의 자유마저 형벌 만능주의로 옥죄려는 위력 앞에 처해 있습니다.

셋째, 저의 주장이나 자신에 대한 발언 기회가 없어서입니다. 4·3과 관련한 저의 책이나 강의에 대한 좌파의 평가는 극지 기온보다 더 찹니다. 수구, 꼴통, 극우, 보수라고 하는 사람도 있는 모양입니다. 그것 또한 그들의 자유이니 전혀 개의치 않지만 어쩔 도리도 없습니다. 저는 역대 4·3희생자유족회장과 대화할 때마다 분명히 밝혔듯이, 4·3 당시 제 가족 중 군경이나 아니면 남로당으로 활동한 분이 없습니다. 그들로부터 인명피해를 당하거나 가해한 사실이 없어서 누구에게 원한을 품거나 미워할 이유가 없습니다. 저는 무직이기에 유족들과 경쟁업체를 경영하여 손해를 보거나 끼친 일도 없고, 그들에게 욕을 한 사실도 없습니다. 제가 불법 집회를 하거나 어떠한 폭력이나 폭언을 행사한 사실도 없습니다. 오히려 토론장에 나가 제 의견을 개진하거나 질문을 하다가 봉변을 당한 경우는 몇 번 있었습니다. 그런데도 나를 극우라고 합니다. 이는 아마도 그들의 주장에 동조 순응치 않고, 감추고 싶은 사실들이 밝혀지는 것을 극도로 꺼리는 데서 오는 반응으로 해석합니다. 그리고 좁은 지역사회에서 그들과 사이가 나빠서 득 될 일도 없다는 것을 잘 압니다.

그럼에도 불구하고 저는 대한민국 건국史나 4·3史 앞에 확고부동한 신념이 있습니다. 그것은 오직 진실에 기초할 뿐, 그 어떤 억지나 거짓, 위협, 시류를 초월하고, 그 어떤 손익(損益), 친소(親疏), 호오(好惡), 애증(愛憎), 타협(妥協)을 떠나 오로지 객관적으로, 어느 것이 '옳고 그름'의 문제로 접근하고 판단할 따름입니다.

날이 갈수록 4·3史가 일방적 편향적으로 왜곡되는 것을 지켜보면서 이건 아닌데 하는 생각을 하지 않을 수 없습니다. 4·3의 본질에서 가장 핵심적인 진실규명과 근본적 원인 규명은 온데간데없이 사라지고 오직 인명피해만을 다루는가 하면, 그것도 남로당의 만행은 사라지고 군경에 의한 인권침해만 거론되면서 전방위적인 '민중항쟁론' 또는 '통일투쟁론'에 기울어짐을 체감합니다.

여기서 분명한 것은 결코 무고한 인명피해를 가볍게 취급하자는 것도 아니고 그들에 대한 보상을 반대하거나 무고한 희생을 기리지 않겠다는 말도 아닙니다. 다만 4·3의 진실이 무엇인가 하는 점은 반드시 밝혀져야 한다는 것입니다.

4·3 체험의 마지막 세대로서 이를 방관한다는 것은 국민의 도리가 아니고 역사의 죄인이라는 생각마저 듭니다. 왜냐하면 이대로 놔두면 후세들에게 왜곡 편향된 4·3史가 진실로 믿게 되기 때문입니다. 그래서 미흡한 부분을 보완하고 바뀐 통계를 바로 잡기로 했습니다.

문재인 대통령은 2020년 제72주년 제주4·3희생자 추념식 추념사에서,
"제주는 해방을 넘어 진정한 독립을 꿈꿨고, 분단을 넘어 평화와 통일을 열망했습니다. … 누구보다 먼저 꿈을 꾸었다는 이유로 제주는 처참한 죽음과 마주했고, 통일 정부 수립이라는 간절한 요구는 이념의 덫으로 돌아와 우리를 분열시켰습니다. … 4·3의 해결은 결코 정치와 이념의 문제가 아닙니다. … 국제적으로 확립된 보편적 기준에 따라 생명과 인권을 유린한 잘못된 과거를 청산하고, … 올해 시행되는 고등학교 한국사 교과서에 …. 4·3이 '국가 공권력에 의한 민간인 희생'임을 명시하고, 진압과정에서 국가의 폭력적 수단이 동원되었음을 기술하고 있습니다. …. 지난날 제주가 꾸었던 꿈이 지금 우리의 꿈입니다. … 슬픔 속에서 제주가 꿈꾸었던 내일을 함께 열자고 말씀드리겠습니다." 그리고 제73주년 추념사에서는 "좋은 나라를 꿈꿨던 제주도의 4·3은"이라고 했습니다.

필자는 이 추념사 중에서 몇 가지 의문이 있습니다.
제주도민이 누구보다 먼저 꾸었다는 그 꿈은 과연 어떤 꿈인가? 도민이 간절히 바라는 통일정부 수립은 어떤 통일 정부 수립인가? 제주4·3위원회 위원인 강만길 교수도 '4·3사건은 최초의 통일시도로 보아야 할 것'[1]이라고 했는데 제주도민이 꾸었다는 그 꿈이, 자유와 인권이 보장된 자유민주주의 체제인 지금 대한민국식 통일정부 수립이라면 전적으로 동의합니다. 그러나 그 반대인 북한식, 그러니까 남로당의 주장이나 강령에 목표로 명시된 공산통일정부 수립이라는 꿈을 제주도민이 먼저 꾸었다고 봤다면 이것은 제주도민들을 공산주의자들로 매도하는 말이 되기에 마음이 매우 불편합니다. 공산통일을 추구한 4·3의 주체들은 공산주의를 맹신한 자들이고, 도민들은 그들의 선전·선동에 현혹되거나 강압적 협박에 못 견딘 나머지 살아남기 위해 부득이 협조했거나 끌려 다닌 선량한 도민이 대다수였다고 저는 확신하기 때문입니다. 그런데 대통령 추념사가 어떤 통일을 말하는 것인지 분명치 않고 애매합니다. 더구나 '좋은 나라를 꿈꿨던 제주도의 4·3'이라는 말도 대한민국 대통령으로서 할 말이 아니라고 생각합니다.
또 4·3의 해결은 정치와 이념의 문제가 아니라고 했는데, 이 또한 해방 후 어떤 이념과 체

---

1) 조선일보 2018.2.7. A10면

제로 새 나라를 세울 것인가를 놓고 충돌한 4·3을, 정치와 이념의 문제가 아니라고 하는 것은 당시 상황을 모르거나 논리적으로도 잘못입니다. 그리고 현실적으로도 과연 정치와 이념이 4·3 문제에 개입하지 않고 있는가를 솔직히 되묻고 싶은 심정입니다.

1993년 나온 『제주4·3사건진상조사보고서』에 4·3 성격이 누락된 것처럼 최근 좌파의 주장은 4·3의 핵심적 진실이 남로당의 '공산통일투쟁'임에도 불구하고 그저 '통일투쟁'이라고 호도하고 있습니다. 어떤 통일투쟁인가에 대한 답을 회피하고 있습니다.

더구나 4·3은 남로당이 대한민국 건국을 저지하려는 무장폭력으로 촉발되었다는 역사적 진실은 사라지고, 오직 진압과정에서 '국가공권력에 의한 민간인 희생'만이 남았습니다.

분단 문제만 보더라도 북한은 1946년 2월 '북조선임시인민위원회'라는 사실상 단독정권을, 1947년 2월 '북조선인민회의'라는 입법기구와 '북조선인민위원회'라는 행정기구를 갖춘 확실한 단독정권을 수립, 대한민국보다 훨씬 먼저 출범하였다는 역사적 사실을 간과합니다.

4·3을 바라보는 북한의 시각도 남로당과 농일합니다. 2020년 북한의 한 매체에서 발표한 '4·3성명서'를 보면 '4·3인민봉기', '조국통일을 이룩하기 위한 정의의 반미파쇼 인민항쟁'이라고 규정하고 있습니다. 공산주의의 몰락, 소련의 붕괴와 북한의 현실을 보더라도 이제는 4·3에 관하여 북한의 주장과 다른 논리와 근거를 가지고 국민을 설득할 때이지, 북한이나 당시 남로당의 주장을 그대로 따라 하는 것은 시대착오적이고 궁색합니다.

대한민국은 국토면적 세계 107위, 인구 세계 28위이며 6·25남침전쟁의 참화와 폐허 위에서 경제력 세계 12위로 발전하는 기적을 이뤄냈습니다. 경제력 면에서 러시아와 견줄 만큼 비약적 발전을 했다면 세계인도 인정하다시피 우리는 성공한 것입니다. 대한민국은 건국과정에서 엄청난 역경을 극복하고 피땀으로 이룬 나라입니다. 기적적 성공을 이룬 위대하고 자랑스러운 대한민국의 역사적 정통성과 업적을 부정해서는 안 됩니다.

필자는 늦기 전에 4·3문제에서 하나라도 진실을 밝혀 두고자 하는 마음으로 제3판을 내기로 작정했습니다. 특히 제21대 국회에 상정된 4·3특별법이 당초 개정안대로 통과되진 않았지만 4·3에 대한 진실규명이나 부적격 희생자의 검증, 학문적 연구와 정당한 비판은 점점 어려워질 것 같습니다. 늦기 전에 하나라도 아는 사실을 기록해 4·3史를 정립해야겠다는 생각에서 출발했습니다.

　필자의 이러한 소망이 어느 정도 결실을 볼 지는 둘째 문제입니다. 오직 '팩트는 모래 위에 구축된 모든 거짓을 무너뜨린다'는 말을 믿으며 대한민국 국민으로서 제가 아는 진실을 밝혀 두고자 할 따름입니다.

2021년 5월 30일

제주시 우거에서
저자 김 영 중 씀

변질된 본질은 규명해야 하고 왜곡된
진상은 바로잡아야 합니다.

「내가 보는 제주4·3사건」은 2010년 1월 15일 초판을 펴낸 후 2011년 11월 15일 수정 증보판까지 모두 다섯 차례 발간했으며 청와대, 국회, 중앙부처, 관련기관 및 전국 주요 도서관뿐만 아니라, 도내 전 초·중·고등학교 교장·교감, 기관단체, 언론사 기자, 종교인 등에게 무료로 배포했습니다.

그러나 저의 지적 수준이나 출판 경험 부족, 그리고 누구의 도움 없이 집필 검토함으로 인하여 미진한 부분이 많았고 오탈자도 많은 것을 발견하면서 무거운 책임감과 역사에 관한 책을 낸다는 것이 얼마나 어려운 일인가를 통감하면서 한계를 느끼기도 하였습니다. 역사서의 기록이 잘못 되었을 경우 독자가 그대로 이해하거나 이를 인용할 경우 예상 외의 오판과 왜곡을 초래하기 때문에 매우 조심스럽기 때문입니다.

김대중·노무현 정부를 거치면서 제주4·3은 남로당이 일으킨 사건임에도 불구하고 그 주체인 남로당은 감쪽같이 사라지고, 오로지 '국가공권력에 의한 인권침해'만 남은 괴이한 반쪽이 되고 말았습니다. 더하여 4·3의 성격을 '항쟁'으로 고착시키려는 전방위적 움직임이 여전하고, 대한민국 건국과정에서 남로당의 반란행위와 만행을 은폐·묵인·면책하려는 움직임이 엄존하고 있습니다. 이러한 역사 인식에 정면으로 이의를 제기하는 것입니다.

저는 2013년 여름 DBS제주방송국에서 자유논객연합회장 김동일과 '제주4·3의 진실을 말하다'라는 제목으로 7회에 걸쳐 대담한 적이 있었습니다. 그러나 시간적 제약 등으로 충분한 설명을 할 수 없어서 이를 보완하고 기록으로 남길 필요를 느꼈습니다.

역사를 전공한 바도 없는 제가 펴낸『내가 보는 제주4·3사건』을 읽은 독자들의 많은 관심과 격려에 힘을 얻고, 이미 발간한 책에 대해 부족한 점을 보완해야 되겠다는 의무감도 생겼습니다.

왜곡 또는 편향성 자료가 홍수처럼 쏟아지는 현실에서, 승리가 보장되지 않은 저의 이 작은 저항을 통해서라도 4·3사(史)를 바로 잡아야 한다는 신념에서 이 책은 시작되었습니다. 그래서 이 책이 제주4·3사건을 올바르게 이해하는데 조금이라도 도움이 되기를 바라는 마음과 후손들에게 올바른 4·3사(史)가 정립되었으면 하는 마음으로 이 책을 냅니다.

　이 책은 제주4·3사건에 관심을 가지고 있는 사람들의 이해를 돕기 위해, 4·3관련 주요 쟁점만을 골라 16장 202개의 질문과 거기에 답하는 형식으로 편집하였습니다.

　대한민국은 위대하고 자랑스러운 나라입니다. 영국 새뮤얼 스마일스(Samuel Smiles)의 '개인과 마찬가지로 국가도 자신이 우수한 민족의 후손이며 고국의 위대함을 물려받았고 그러한 영광을 지켜 나가야 한다는 자각으로부터 힘과 용기를 얻는다'라는 말을 떠올리면서, 이 책을 대한민국 건국 희생자와 유공자 그리고 4·3 당시 무고하게 희생된 영령에게 바칩니다.

　끝으로 제주의 선비 김석익(1885~1956)의 탐라기년 의례(耽羅紀年 義例) 마지막 문장 '우선 좁은 식견으로 모아 차례를 매겨 분수에 넘치고 망령되다는 비방을 기다린다'를 차용하며 독자들의 학문적 질정을 주신다면 겸허히 수용하고 배워 나아갈 생각입니다.

2016년 2월 25일

제주시 우거에서 김 영 중 씀

제주4·3사건에서는 많은 희생자들이 발생했다. 희생자들이란 1차적으로는 폭도 및 반란군에 의해 살해된 경찰관, 서북청년단원, 공무원, 애국운동가 및 그 가족들을 뜻하고, 2차적으로는 폭동·반란을 진압하는 과정에서 억울하게 폭도나 반란군으로 몰려 희생된 사람들을 말한다. 제주도민의 화합과 국민통합을 위해서 이들 4·3사건 희생자들을 위령하고 추념하는 것은 나쁠 것이 없다. 그러나 그 위령과 추념의 목적이 실현되려면 그 위령과 추념의 내용이 올바로 되어야 한다.

중앙 정부와 제주도가 진행하고 있는 4·3희생자 추념행사는 3가지 문제점을 안고 있다. 추념일을 폭동 발생일인 4월 3일로 하는 것이 타당한가, 추념의 대상자 명단에 해당하는 4·3평화공원에 진설된 희생자 위패들이 모두 적합한가, 4·3평화공원 전시관의 전시물들은 적합한 것들인가 등이다.

이들 3가지 문제점들이 올바로 해결되지 않으면, 제주4·3사건 희생자추념식은 제주도민 화해와 국민통합에 기여하기보다는 오히려 제주도민 사이의 갈등을 심화하고 국민 분열을 조장하는 작용을 할 것이다.

그 3가지 문제를 올바로 해결하려면 무엇보다도 4·3사건의 진상을 정확히 알아야 한다. 진상을 정확히 파악하고 나면, 4·3사건이 대한민국 역사에서 어떤 의미를 가진 사건인지를 정확히 이해하게 될 것이다. 대한민국 역사에서 4·3사건이 가지는 의미를 정확히 이해하고 나면, 추념일로 적합한 날이 어느 날인지, 4·3평화공원의 희생자 위패들 가운데 어떤 사람들의 것을 퇴출해야 할 것인지, 4·3평화공원 전시관의 전시물들의 구성을 어떻게 선정해야 할 것인지 등에 대한 정확한 해답을 얻을 수 있을 것이다.

김영중 선생이 저술한 이 책『제주4·3사건 문과 답』은 제주4·3사건의 진상을 정확하게 알려주는 귀한 도서이다. 김 선생은 제주경찰서장을 역임했으며, 경찰에서 퇴임하고 난 후 장기간 4·3사건을 연구해온 전문가이다. 이 책은 4·3사건의 전개과정과 성격에서부터 4·3평화공원의 전시물에 이르기까지 4·3사건에 관련된 모든 쟁점과 의문점을 총 202개 질문과 그에 대한 답변으로 정리했다.

이 책의 내용에서 돋보이는 점은 4·3사건이 폭동·반란이라는 점과 그 전개과정에서 좌·우를 막론하고 무고한 희생이 있었다는 두 측면을 모두 다 인정하는 균형 있는 자세로 서술되었으며, 서술내용을 밑받침하는 자료들을 풍부하게 제시하고 있다는 점이다. 그런 점에서 이 책은 제주4·3사건에 관심 있는 일반 국민은 물론이고 제주4·3사건을 연구하는 전문가들에게도 큰 도움을 줄 수 있는 도서인 것으로 생각된다.

어떤 이유로건 제주4·3사건의 진상을 알고 싶은 사람들은 맨 먼저 이 책부터 읽어보라고 추천하고 싶다.

2016년 2월 28일

한국학중앙연구원 명예교수
양 동 안

일 러 두 기

1. 행정단위나 학교 명칭 및 좌익집단과 투쟁 명칭은 당시 그들이 사용한 명칭을 그대로 인용했습니다.

   (예) 제주시 → 제주읍, 초등학교 → 국민학교, 무장대 → 인민유격대,

   3·1절충돌사건 → 3·1기념투쟁

2. 용어는 약칭을 자주 사용했습니다.

   (예) 남로당중앙위원회 → 남로당중앙당

   남로당전라남도위원회 → 남로당전남도당

   남로당제주島위원회 → 남로당제주도당

   제주4·3사건진상규명및희생자명예회복위원회 → 제주4·3위원회

   제주4·3사건진상규명및희생자명예회복에관한특별법 → 제주4·3특별법

   제주4·3사건진상조사보고서 → 4·3정부보고서 또는 정부보고서

   제주4·3사건 → 제주4·3 또는 4·3

   민주주의민족전선 → 민전

   민주청년동맹 → 민청, 민주애국동맹 → 민애청

   조선노동조합전국평의회 → 전평 등

3. 제주4·3사건을 이해하는 데 필수적 자료라고 생각하는 것에는

   '제주도인민유격대투쟁보고서'[2)]

   『남로당제주도당 지령서 분석』,[3)]

   『스티코프 비망록』,[4)]

   『레베데프 비망록』[5)] 등이 있습니다.

   이 책들은 모두 단행본으로 이미 나와 있습니다. 여기서는

---

2) 문창송 편, 『한라산은 알고 있다. 묻혀진 4·3의 진상 〈소위 제주도인민유격대투쟁보고서를 중심으로〉』, (대림인쇄사, 1995). 이하 『한라산은 알고 있다』로 약칭합니다.

3) 김영중, 『남로당제주도당 지령서 분석』, (퍼플, 2017)

4) 전현수, 『쉬띄꼬프 일기』 (국사편찬위원회, 2004)
본고에서 『쉬띄꼬프 일기』와 『스티코프 비망록』은 같은 내용이며, '쉬띄꼬프'와 '스티코프'는 같은 이름입니다. 「스티코프 비망록」은 중앙일보현대사연구팀이 1996년 『발굴 자료로 쓴 한국현대사』에 수록했고, 『쉬띄꼬프 일기』는 국사편찬위원회가 2004년 발행했습니다.

5) 레베데프 비망록은 중앙일보사와 대구매일신문에서 발굴했으며 이 책에는 중앙일보 본을 [부록 2]에 게재했고, 대구매일신문 본은 필자가 단행본으로 2016년 출간했습니다.

① 제주4·3사건진상규명 및 희생자명예회복위원회에서 발행한 『제주4·3사건 자료집』총 12권을 입수하지 못한 독자를 위해서 가장 핵심적 내용인 미군 정청 문서 '브라운 대령 보고서'와

② 중앙일보 현대사 연구소 김국후 연구위원이 발굴한 『레베데프 비망록』

③ '김구(金九)·유어만(劉馭萬) 대화 비망록'

④ 1948년 5·10선거 때 투표소 간판, 투표함, 투표록

⑤ 김달삼의 해주 인민대표자대회 연설문

⑥ 남로당제주도당 인민해방군 사령관 이덕구의 선전포고

⑦ 남로당제주도당 인민군지원환영회

⑧ 김익렬 9연대장 국제신문 기고문

⑨ 대한민국 건국절 논쟁

⑩ 이승만 대통령에 대한 역사적 평가

⑪ 이념논쟁에 대하여

⑫ 제주4·3사건 관련 주요 인물

⑬ 한국현대사 및 제주4·3사건 일지

⑭ 일제 및 해방 당시 제주도 행정구역지도와 1948년 당시 제주도 지도

⑮ 제주4·3위원회 위원 및 보고서 작성기획단 명단 등을

[부록]으로 수록하여 독자의 이해를 돕고자 했습니다.

4. 제2판인 수정증보판은 초판 내용을 보완하였으며 특히 주요 내용에 대한 근거를 각주(脚註)로 명시했고, 3·1기념투쟁 내용을 대폭 보완하였으며, 4·3사건 관련 주요 인물을 추가하였습니다.

5. 제3판은 전체 문항을 조정하고 내용을 보완했으며 최근 통계를 인용했고 필요한 자료 8개를 부록에 추가하였습니다.

6. 3·1기념투쟁 장에서 남로당의 지령서 앞에 제1차~제16차라고 차수(次數)를 부여한 것은 지금까지 발굴된 지령서 서술 편의상 필자가 임의로 부여한 것입니다.

7. 본고 중에서 디나루체나 짙게 표시한 부분은 제가 임의로 한 것입니다.

목 차

ㅣ1장ㅣ 제주4·3사건을 정의(定義)한다면 무엇이라 말할 수 있습니까?

ㅣ2장ㅣ 제주4·3사건의 올바른 명칭은 무엇입니까?

| 9장 | 제주4·3사건으로 인한 인명피해는 얼마나 됩니까?

| 10장 | 김익렬 '4·28평화회담'(4·30 귀순권고 회담)의 진실은 무엇입니까?

[표 차례]

[그림 차례]

[1장]
제주4·3사건을 정의(定義)한다면
무엇이라 말할 수 있습니까?

| 문1 | 제주4·3사건(이하 제주4·3 또는 4·3)이란?

답 제주4·3사건은 한마디로 정의하거나 규정하기엔 너무나 엄청난 사건입니다. 따라서 사건의 발발 배경, 사건의 진행 과정, 사건의 정의를 살펴보고 4·3의 성격은 제6장에서 별도 설명해서 독자의 이해를 돕도록 하겠습니다.

□ 제주4·3사건의 발발 배경

제주4·3사건은 해방공간에서 새 나라를 건국하는 데, 미·소, 남·북, 좌·우익의 생사를 건 이념과 체제 선택의 극한적 대결상황에서 비롯되었습니다.

1945년 8월 15일 해방이 되자 38선을 경계로 남쪽에는 미군이, 북쪽에는 소련군이 진주하여 일본 측으로부터 항복을 접수하고, 일본군의 무장해제 및 송환 임무를 수행하면서 군정(軍政)을 실시하게 되었습니다.

소련은 북한 점령 이전부터 치밀한 계획 하에 북한의 소비에트화 전략을 수립했습니다. 해방 30일 만인 1945년 9월 14일 평양의 소련군정 사령부 정치부원 그로치코(Grochiko)가 북한에 프롤레타리아 독재정부를 세우라는 '독립 조선의 인민정부 수립요강'을 발표했습니다.[6] 연이어 9월 20일 스탈린은 '북조선에서 민주정당 사회단체들의 광범한 블록에 기반을 둔 부르주아 민주정권을 수립하라'[7]는 극비지령을 내렸습니다. 이는 소련이 최소한 점령지에서만이라도 소련의 국가이익을 지킬 인물로 구성된 친소 단독정부 수립을 지령한 것이었습니다.

---

6) 이완범, 『광복 직후 좌익의 혁명론: 현 단계 논쟁을 중심으로, 1945~1947』;
이인호·김영호·강규형, 『대한민국 건국의 재인식』, (기파랑, 2009), 286쪽.
김학준, 『북한의 역사』 1권, (서울대학교 출판부, 2008), 780, 781, 992쪽.(그로치코는 '그로차르'로 나온 기록도 있음)
7) 김국후, 『평양의 소련군정』, (한울, 2008), 101쪽.

그해 12월에는 제2차 세계대전 전후 처리문제를 논의하기 위하여 미·영·소 3국 외상이 모스크바에 모여 미·소공동위원회를 구성하고 한반도를 5년간 신탁통치하기로 결의하였습니다.

이 소식이 국내에 알려지자, 그렇잖아도 36년간 일본의 식민지배 하에서 신음하다가 이제 겨우 해방을 맞았는데 또다시 강대국의 5년간 신탁통치를 받게 된다는 사실을 우리 국민으로서는 도저히 받아들일 수 없었습니다. 따라서 좌·우익 모두 신탁통치를 극렬히 반대하였습니다. 이처럼 우익과 함께 신탁통치 반대(약칭 반탁)운동을 전개하던 남로당의 전신인 당시 조선공산당은 소련의 지령을 받고, 1946년 초 갑자기 찬탁(贊託)으로 급선회하였는데, 이때부터 좌·우익은 찬탁과 반탁으로 확연히 분열 갈등 충돌하기 시작하였습니다.

1946년 2월 8일 북한은 소련의 지령 하에 '북부조선 각 정당 각 사회단체 및 각 도·시·군 인민위원회대표 확대회의'를 개최하여 사실상 북한 단독정부인 북조선임시인민위원회를 조직하고, 3월 5일 토지개혁법령을 제정하여 3월 중에 전격적으로 사유 토지를 완전 무상 몰수하는 등 소위 '민주개혁'이라는 공산화 개혁을 단행했습니다. 이는 정부 권력이 아니면 도저히 실현 불가능한 일이었습니다. 이러한 일련의 조치는 3월 20일 미·소공동위원회 개회를 보름 앞두고 전격 단행한 것입니다. 한국 문제는 미·소공동위원회에서 협의 처리키로 했는데 그것을 소련이 일방적으로 위반한 것입니다.

북한은 1946년 11월 3일 도·시·군 인민위원회위원 선거를 흑백투표[8]로 실시하였고, 1947년 2월 20일 도·시·군 인민위원회대회를 개최하여 북조선인민회의라는 입법기관과 북조선인민위원회[9]라는 최고집행기관을 조직하여 확실한 북한 단독정권을 출범시켰습니다.[10] 이때를 기준으로 해도 북한이 남한보다 1년 반이나 먼저 단독정부를 출범시킨 것입니다.

그나마 미·소간 협의기구였던 미·소공동위원회의 재개 가능성은 없고, 소련과 북한이 단독정부 수립을 계속 강행하자 미국은 한국 문제를 UN에 넘겼습니다.

---

8) 흑백투표란 후보자를 한 사람 내세우고, 투표감시원이 앉아 있는 앞에 흑색 투표함과 백색 투표함을 놓고, 찬성하는 사람은 백색 함에, 반대하는 사람은 흑색 함에 투표지를 넣도록 하는 공개투표 방식입니다.
9) 1946년 2월 8일 출범한 북조선임시인민위원회에서 '임시'라는 글자를 빼고 확실한 정부임을 나타냈습니다.
10) 북한은 1947년 11월 18일 헌법기초위원회를 구성하고 헌법안을 일찍 제정했습니다. 그러나 1948년 1월 14일 자 『레베데프 비망록』에 의하면, 북한이 먼저 단정을 수립하려 했다는 책임을 피하려고 소련군정 정치사령관 레베데프가 김일성에게 '당분간 북한에서 헌법 시행을 보류합니다. 신헌법에 의한 선거는 남한보다 늦은 시기에 실시한다'라고 지시했습니다. 이에 따라 북한은 1948년 8월 25일 소위 '해주대회'에서 제1기 북조선최고인민회의 대의원을 선출하고 9월 9일 김일성 정권을 출범하게 된 것입니다.

1947년 11월 14일 제2차 UN총회에서는 남북한 인구비례에 의한 총선을 실시하기로 결의하고 그 지도·감독을 위하여 8개국 대표로 UN한국임시위원단을 구성하여 한국에 파견하였습니다. 이 위원단은 1948년 1월 8일 입국해서 1월 22일 북한을 방문하려고 했으나 소련과 북한이 입북(入北)을 거부하였습니다. 한국임시위원단은 이 사실을 UN에 보고하였고, 2월 26일 UN소총회의에서는 선거 가능한 남한만이라도 총선을 실시하도록 결의하였습니다.

이 UN결의에 따라 1948년 5월 10일 제헌국회의원 선거를 하게 되었습니다. 이에 남로당중앙당과 전남道당의 지령을 받은 남로당제주島당은 공산 통일을 위해 5·10총선을 파탄내어 대한민국 건국을 저지하려고, 1948년 4월 3일 새벽 제주도 내 24개 경찰지서 중 12개 경찰지서를 일제히 습격하여 선거관리위원들을 비롯해 양민들을 살인·방화·납치·테러한 사건이 바로 제주4·3사건의 시발입니다. 당일 경찰관 10명과 선거관리위원 및 어린이를 포함한 양민 등 모두 27명이 피살되었습니다.[11]

1948년 8월 15일 대한민국이 건국된 이후에도 남로당은 대한민국을 상대로 선전포고[12]했고, 1950년 6·25 때는 각 읍·면별로 인민군지원환영회[13]를 조직하여 한라산에 있는 빨치산과 협력, 공세를 강화하고 북한군이 상륙하길 기다리며 대한민국 전복(顚覆)을 획책하였습니다.

따라서 4·3폭동·반란은 대한민국 건국과 보위(保衛)를 위해서 당연히 진압해야 할 당위성과 불가피성이 존재했습니다. 그러나 진압 작전과 교전 중 무고한 도민이 많이 희생된 것도 부인할 수 없는 사실입니다. 무고한 희생자에 대한 명예회복이나 보상은 당연히 이루어져야 합니다.

그러나 수많은 희생이 있었다고 해서, 대한민국 건국을 방해하고, 지하선거[14]를 통한 북한정권수립에 앞장서는가 하면, 건국 이후에도 대한민국에 '선전포고'하면서 항적(抗敵)[15]한 남로당의 행위가 정당화되거나 면책(免責)되어서는 안 됩니다. 대한민국의 정체성 및 정통성 확립과 대한민국 헌법적 가치 수호를 위해서, 그리고 국민통합과 도민 모두의 진정하고도 영원한 화해를 위해서 그렇습니다.

---

11) 문창송 편, 『한라산은 알고 있다』, (대림인쇄사, 1995) 14~15쪽.
12) 김봉현·김민주, 『제주도인민들의 4·3무장투쟁사』, (문우사, 1963), 165쪽.
13) 김봉현·김민주, 『제주도인민들의 4·3무장투쟁사』, (문우사, 1963), 257쪽.
14) 제민일보4·3취재반, 『4·3은 말한다』 3권, (전예원, 1995), 258~259쪽.
15) '대한민국에 항적한 자'라는 용어는 형법 제92~93조에 규정된 용어지만, 여기서는 대한민국을 적으로 삼아 국토를 참절하거나 국헌을 문란할 목적으로 폭동을 일으킨 무장폭력 행위를 의미합니다.

□ 제주4·3사건 진행과정

[표 1] 제주4·3사건 진행 과정

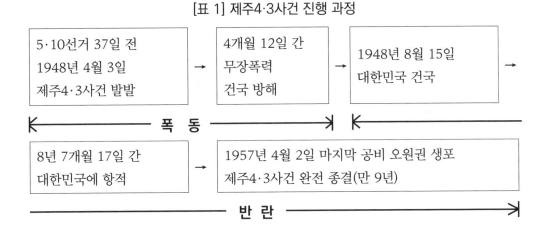

□ 제주4·3사건의 정의

정리하면 '제주4·3사건'이란 1948년 4월 3일 남로당중앙당과 남로당전남道당의 지령을 받은 남로당제주島당 공산주의자들이 대한민국 건국을 저지하고, 북한 김일성 정권의 노선에 따라 공산 통일을 위하여 일으킨 폭동·반란으로서, 1957년 4월 2일 사건을 완전히 종결할 때까지 만 9년간 이를 진압하고 교전하는 과정에서 수많은 도민이 무고하게 희생된 사건이라 하겠습니다.

┌───┐
│ □ 제주4·3사건의 정의 요약   │
│   │
│   첫째, 남로당이 대한민국 건국을 저지하여 공산 통일을 위한 폭동·반란이고   │
│   둘째, 진압과 교전과정에서 선량한 도민 다수가 무고하게 희생된 사건   │
└───┘

| 문 2 | 제주4·3의 법적 정의와 문제점은?

답 2000년 1월 12일 법률 제6117호로 제정된 제주4·3사건진상규명 및 희생자 명예회복에 관한 특별법(이하 제주4·3특별법) 제2조 제1호에 규정된 법적 정의는 '제주4·3사건이라 함은 **1947년 3월 1일**을 기점으로 하여 1948년 **4월 3일 발생한 소요사태** 및 **1954년 9월 21일까지** 제주도에서 발생한 무력충돌과 진압과정에서 주민들이 희생된 사건을 말한다'라고 규정되어 있습니다.

제주4·3특별법이 법률 제17963호로 2021년 3월 23일 전면 개정 공포(6월 23일 시행)되었는데 제2조 제1호는 종전 규정에 토씨 몇 개 고치는 정도여서 4·3의 법적 정의에 변경은 없습니다.

법적 정의의 문제점은 다음과 같습니다.

① '1947년 3월 1일을 4·3의 기점으로' 삼은 것이 잘못입니다. 제주4·3사건의 기점은 1948년 4월 3일입니다.

3·1발포사건 자체가 옳다거나 인명피해를 부인하는 것은 아닙니다. 그러나, 당시 남로당의 주장이나 지령문을 보면 3·1기념투쟁은 미·소공동위원회 재개를 촉구하고 1946년 9월 총파업과 10·1대구폭동을 재현해서 미군정을 최대로 압박하여, 모스크바 3상결정을 총체적으로 지지·실천하는 민주주의 정당과 사회단체만을 토대로 임시민주정부를 수립하고 정권은 인민위원회가 담당해야 한다는 주장을 관철하는 데 근본 목적이 있었습니다.

제10차 지령서에서 '앞으로 오는 제2혁명단계의 대중투쟁까지 더욱더욱 조장 발전시키고……'라고 지시하고 있는 등, 남로당은 3·1발포사건이 없었어도 제2혁명을 위해 4·3을 일으킬 수밖에 없었습니다. 제7장에서 이에 대해 자세히 설명하겠습니다.

일부에서 3·1발포사건을 4·3의 기점이나 도화선이라고 주장하는 이면에는 경찰의 우발적 발포로 인한 인명피해를 내세워 남로당의 책임을 은폐하고 4·3사건의 모든 책임을 미군정과 당국에 전가하려는 의도가 숨어 있는 것처럼 보입니다.

구태여 4·3의 기점을 거슬러 올라가려면, 제주도 내에서 신탁통치를 찬성한 제주도 좌파와 신탁통치를 반대한 우파가 대립하기 시작한 1946년 1월 16일[16]이나, 1946년 중반[17]으로 기점을 정하는 것이 맞습니다.

4·3의 기원은 해방 직후 찬탁과 반탁으로 좌우가 분열 대립한 때부터입니다. 4·3 주동자로서 일본으로 도피한 김봉현·김민주는 『제주도 인민들의 4·3무장투쟁사』에서 '미제 침략자가 해방된 우리나라의 남반부를 강점하는 첫날부터 우리 인민의 반미구국투쟁사는 시작되었다'[18]라고 주장했고, 홍만기도 '46년 찬탁·반탁운동에서부터 항쟁 시작을 보는 견해도 있었습니다.'[19]라고 증언하였습니다.

---

16) '제주시를 비롯한 각 면에서 반탁군중대회(1946.1.15)를 열었고 또 〈반탁시위〉도 결행했다.' 김봉현·김민주, 『제주도인민들의 4·3무장투쟁사』, (문우사, 1963), 27쪽.

17) "제주도인민위원회는 1946년 중반까지도 신탁통치 반대운동을 전개하였다. 제주읍에서는 2만 명의 인파가 모여 '신탁통치 절대반대'라는 슬로건으로 시위하였다."
박찬식, 『4·3과 제주역사』, (각, 2008), 216쪽.

18) 김봉현·김민주, 『제주도인민들의 4·3무장투쟁사』, (문우사, 1963), 276쪽.

19) 제주4·3연구소, 『이제사 말햄수다』 2권, (한울, 1989), 39쪽.

② '1948년 4월 3일 발생한 소요사태'라고 표현한 것은 무장폭동·반란행위를 축소 미화했을 뿐만 아니라 남로당이라는 폭동 주체를 생략했습니다. 당연히 '1948년 4월 3일 남로당이 대한민국 건국을 저지하기 위해 일으킨 폭동·반란'이라고 규정했어야 합니다.

③ 4·3의 종기(終期)를 1954년 9월 21일 한라산 개방일로 봤으나 잘못입니다. 한라산 개방 이후에도 남로당 인민유격대의 공격과 경찰의 진압은 1957년 4월 2일까지 계속되었습니다.

한라산 개방 이후 진압 작전에서 전사한 경찰관은 1955년 5월 14일 고도일, 1955년 12월 12일 부영조, 1956년 9월 30일 최형선(崔亨善)·홍하의(洪何義) 등 4명입니다.[20] 4·3의 종기를 한라산 개방일로 주장하는 제주4·3평화재단에서 펴낸 『제주4·3사건 추가진상조사 보고서 I』에도 한라산 개방일 이후 1956년 9월 30일까지 전사한 경찰관 명단을 포함[21]하였습니다. 그리고 남로당제주도당 인민유격대는 '확고한 통제력과 조직력을 갖고 1956년까지에 그의 무비의 영웅상을 발휘하였다'[22]는 기록도 남아 있습니다.

따라서 4·3의 종기(終期)는 경찰이 1957년 4월 2일 북제주군 구좌면 송당리 지경 토굴에 은신 중인 마지막 공비 오원권을 생포하고 그가 소지하고 있던 카빈총 1정과 실탄 14발을 압수하여 명실상부 4·3을 종결한 날로 규정해야 맞습니다. 사건 발생 만 9년만입니다.

④ '무력충돌'이란 용어도 무장폭동을 일으킨 세력과 이를 막기 위한 대한민국 군경을 동등한 정당성이 있는 세력끼리의 충돌인 것처럼 표현한 것으로서 매우 부적절합니다. '제주도에서 발생한 무력충돌과 진압과정에서'라는 표현은 당연히 '제주도에서 발생한 폭동·반란을 진압하는 과정에서'라고 바꿔야 맞습니다.

| 문 3 | 『제주4·3사건진상조사보고서』의 4·3사건 정의와 문제점은?

답 제주4·3특별법을 근거로 펴낸 『제주4·3사건진상조사보고서』(정부보고서)에 기록한 4·3사건의 정의를 살펴보겠습니다.

---

20) 제주지방경찰청, 『제주경찰 70년사』, (2015), 737쪽.
21) 제주4·3평화재단, 『제주4·3사건 추가진상조사 보고서 I』, (2019). 666쪽. '경찰은 한라산 금족지역이 개방된 1954년 9월 24일 이후에도 잔여 무장대 소탕작전이 실시됐기 때문에 사건 종결 시기에 1956년 9월 30일 서광리 남송악 토벌작전까지 포함시켰다.'
22) 김봉현·김민주, 『제주도인민들의 4·3무장투쟁사』, (문우사, 1963), 257, 258쪽.

"제주4·3사건은 '1947년 3월 1일 경찰의 발포사건을 기점으로 하여, 경찰·서청의 탄압에 대한 저항과 단선단정 반대를 기치로 1948년 4월 3일 남로당 제주도당 무장대가 무장봉기한 이래 1954년 9월 21일 한라산 금족지역이 전면 개방될 때까지 제주도에서 발생한 무장대와 토벌대간의 무력충돌과 토벌대의 진압과정에서 수많은 주민들이 희생당한 사건'이라고 정의할 수 있다."[23]라고 기록하였습니다.

① '경찰·서청의 탄압에 대한 저항과 단선·단정 반대를 기치로'라는 내용,

경찰·서청의 인권침해 사실은 분명 있었지만 응원 경찰이나 서청이 오기 전에 이미 4·3은 예정되어 있었습니다. 경찰·서청의 탄압에 저항한다는 것은 남로당이 4·3을 일으킨 핑계일 뿐 목적이 아니었습니다. 이에 대해서는 제6장 나. '경찰·서청의 탄압에 대한 저항' 주장에 대한 비판 항에서 자세히 설명드리겠습니다.

단선·단정 반대 문제도 제6장 다. '조국통일투쟁' 주장에 대한 비판 항에서 자세히 설명드리겠습니다만 '무조건 통일은 옳고 좋은 것이다'라고 수용할 게 아니라 과연 남로당이 추구한 공산 통일이 이루어졌을 때 우리가 지금보다 더 좋아졌을까를 비판적으로 따져보면 해답은 명료해집니다.

② '남로당제주도당 무장대가 무장봉기한 이래'라고 기록하여 남로당이나 북한이 주장하는 것과 똑같이 폭동·반란을 '봉기'라고 하는 순화된 용어를 사용했습니다.

③ '제주도에서 발생한 무장대와 토벌대간의 무력충돌'이라고 기록했습니다. 문 2에서 지적한 것처럼 제대로 된 대한민국 정부보고서라면 '군경이 폭동·반란 세력을 진압하는 과정에서……'라고 기록해야 합니다.

④ '무장대와 토벌대간의 무력충돌'이라 했습니다. 우리나라가 일본과 조약을 체결할 경우 한·일조약이라고 하지 일·한조약이라 하지 않습니다. 대한민국 정부가 보고서를 작성하면서 반란군 남로당 무장대를 토벌대보다 앞에 쓴 것을 보면 그 의도를 의심하게 합니다. 그리고 좌파는 정부보고서에서 내린 이 정의를 '4·3의 성격'이라고 주장·홍보합니다.

| 문 4 | 4·3이 끝난 지 오래되었음에도 논쟁이 그치지 않은 이유는?

---

23) 제주4·3특별위원회, 「제주4·3사건진상조사보고서」(2003), 536쪽.

답 남북이 분단되어 지금도 이념 대립이 첨예하고, 『제주4·3사건진상조사보고서』가 잘못 작성된 데다가 4·3당사자와 그 유족이 생존해 있으며, 쌍방 다수의 인명피해가 발생했기 때문이라고 봅니다. 유족으로서는 이성적 접근보다 한 맺힌 감정적 대응이 먼저일 수 있기도 합니다.

가장 심각한 문제는 이를 정치적으로 교묘히 이용하고 있다는 것입니다. 4·3은 대한민국 정체성과 정통성에 연관된 매우 민감한 문제이기 때문에 정치적인 해결보다는 학문적 접근 방식이 바람직하며 도민 간에도 시각을 달리하는 양자 간에 마주 앉아 합의 볼 수 있는 쉬운 것부터 하나씩 해결해 가면서 점차 어려운 과제로 옮겨가는 점진적 합의적 방법을 모색해야 합니다.

그런데 정치세력화한 단체가 정치권을 등에 업고 상대방의 정당한 의견마저 무시 또는 회피하면서 4·3을 왜곡하는가 하면, 4·3을 왜곡한 자가 오히려 적반하장 식으로 대한민국 건국 세력에 대해 4·3을 왜곡·폄훼 또는 흔들고 있다고 비난하니 반발과 갈등이 심해지는 것입니다.

| 문 5 | 4·3의 중요 쟁점은?

답 크게 분류한다면

① 4·3의 성격이 반란이냐, 항쟁이냐
② 4·3의 목적이 공산 통일 투쟁이냐 아니냐
③ 남로당중앙당과 전남도당의 지령이 있었느냐 없었느냐
④ 4·3 주체세력은 몇 명이냐
⑤ 4·3의 시기(始期)와 종기(終期)를 언제로 하느냐
⑥ 인명피해는 몇 명이냐
⑦ 『정부보고서』가 완벽한 보고서냐 새로 써야 하는 보고서냐
⑧ 이념논쟁 문제
⑨ 친일 청산 문제
⑩ 4월 3일 국가추념일 지정 문제
⑪ 제주4·3평화기념관 전시물 왜곡 편향 문제
⑫ 부적격 4·3희생자 위패 철거 문제 등입니다.

따라서 이 책에서는 이러한 쟁점을 중점적으로 살펴보겠습니다.

[2장]
제주4·3사건의
올바른 명칭은 무엇입니까?

| 문 6 | 4·3에 대한 명칭들은?

답 제주4·3사건에 대한 명칭은 각자의 역사관이나 국가관에 따라 매우 다릅니다.
주로 우파나 중립적 인사들은 제주4·3폭동, 제주4·3반란 또는 제주4·3사건, 제주4·3사태라 부르고, 좌파에서는 제주4·3무장봉기, 제주4·3인민봉기, 제주4·3인민항쟁, 제주4·3민중항쟁 등으로 부릅니다.

| 문 7 | 많은 4·3 명칭 중 정명(正名)은?

답 제주4·3사건의 옳은 명칭은 제주4·3폭동·반란사건입니다. 그 근거는 문 51에서 상세하게 설명드리겠습니다. 그러나 4·3사건의 성격을 빼고, 단순히 그 명칭만을 정하라면 저는 '**제주4·3사건**'이라고 하겠습니다. 그 이유는

① 제주4·3사건진상규명 및 희생자명예회복에 관한 특별법
② 제주4·3사건진상규명 및 희생자명예회복위원회
③ 4·3특별법 제2조(정의) 제주4·3사건이라 함은……
④ 『제주4·3사건진상조사보고서』

등에 나온 것처럼 모두 제주4·3사건으로 시작하고 있으며, 70년 가까이 대부분 도민이 사용해왔던 명칭일 뿐만 아니라 이념적으로도 가치 중립적 용어이기 때문입니다.

과거 민중항쟁론을 주장하던 제주4·3평화재단이나 제주4·3희생자유족회에서도 얼마 전까지만 해도 항쟁이란 명칭을 쓰지 않고 '사건'이라 한다는 얘기가 들려서 다행이라 여겼는데 문재인 정부가 출범한 이후에는 이것도 완전히 원점 회귀하는 움직임이 있습니다. 제주시 봉개동에 있는 제주4·3평화기념관에는 백비(白碑-무자비無字碑)가 전시되어 있으며, 여기에 4·3의 정명(正名)을 새겨 넣어야 한다는 주장이 최근에 자주 나오고 있습니다. 특히 2021년 4월 3일 제73주년 제주4·3희생자추념식에 참석한 문재인 대통령이 추념사에서

'4·3평화공원 내 기념관에는 여전히 이름을 갖지 못한 백비가 누워 있습니다. 제주도의 73번째 봄이 찾아왔지만 4·3이 도달해야 될 길은 아직도 멀리 있습니다.'라고 거론하였으니 이제는 아무런 저항 없이 백비에 '제주4·3민중항쟁사건'이라고 새기는 것을 볼 날이 멀지 않았다는 느낌이 듭니다.

또 제주시청 앞마당에 세워진 '4·3저항정신 표현' 조형물을 시정해 달라는 요구를 여러 차례[24] 했음에도 받아들여지지 않는 걸 보면 제주도나 제주시청에서도 백비에 '제주4·3민중항쟁사건'이라고 새기는 것을 반대하지 않을 것으로 생각되어 걱정됩니다.

제주시청도 대한민국 정부의 제주시청입니다. 그런데 혈세 5억8천만 원이나 들여 그것도 (2006년) 6월 보훈의 달에 시청 앞마당에 4·3저항정신 표현 조형물을 세운 것은 충격적인 일입니다. 노무현 정부에서 작성한 정부보고서에도 4·3성격이 유보된 상태인데 제주시청이 무슨 근거로 이런 사려가 깊지 못한 일을 했으며 제주도청은 왜 이를 방임했는지 이해할 수 없습니다. 대한민국 정체성과 정통성 확립을 위해서 그리고 도민의 화해와 상생을 위해서 하루빨리 철거해야 합니다.

| 문 8 | 흔히들 '4·3정신 이어받아'라고 말하는데, '4·3정신'이란 무엇인가요?

답 저로서도 무엇인지 매우 궁금해서 4·3정신을 말하는 사람에게 물어보고 싶은 내용입니다.

제주4·3평화재단 정관 제1조에는 '……제주4·3의 정신을 계승 발전시켜……'라고 규정되어 있습니다. 어떤 사람은 '평화공원에 들어가선 안 될 위패가 일부 있지만 이 때문에 4·3정신이 훼손돼선 안 된다'[25]고 합니다.

또 2014년 3월 31일 자 제주일보 보도에 의하면 29일 서귀포시 강정마을에서 민주노총 1천여 명이 '제주4·3항쟁정신 계승 전국 노동자대회'를 열어 '해군기지 반대투쟁을 이어가겠다는 의미'의 집회를 열었습니다.

그들이 말하는 '4·3정신'이란 것이 남로당이 지향한 공산주의 혁명 투쟁 정신을 말하는 것인지? 새벽에 경찰지서 습격해 경찰관과 5·10제헌의원선거 선거관리위원 그리고 어린이까지 양민을 살해한 정신이 4·3정신인지? 아니면 적기가와 인민항쟁가를 부르고 인공기 휘날리며 대한민국에 선전포고한 것이 4·3정신인지 모르겠습니다. 노무현 정부에서 계획

---

24) 제가 대한민국재향경우회제주도지부 회장 당시 제주도청에 1회, 제주시청에 3회 조형물 철거 또는 '4·3저항정신 표현' 표기 삭제를 서면 요청하였으나 묵살당했습니다.
25) 제민일보 2015.3.20. 1면.

하고 여야가 합의하였으며 당시 공정률 70% 이상 진척된 국가안보 시설을 4·3항쟁정신으로 반대한다니 그들이 말하는 4·3정신이 무엇인지 도대체 모르겠습니다.

북한 김일성이 1961년 9월 12일자 노동신문을 통하여 '남조선 인민들은 미 제국주의자들의 침략과 전쟁준비정책을 파탄시키기 위한 전 인민적 항쟁에 궐기해야 한다. … 청년들은 강제징집을 반대하여 투쟁하며, 노동자들은 태업과 파업을 조직하여 군수생산과 군수물자 수송을 방해하며, 전체 남조선인민들이 군사기지와 군사시설의 건설을 반대하여 투쟁해야 한다'[26]는 말을 따르는 것은 아니라고 믿지만 걱정되는 것은 사실입니다.

더구나 국가적 필수 국방시설을 하지 못하게 집단적 행위가 벌어지는 곳이 강정해군기지 뿐만이 아니라는 데 문제가 심각합니다.

| 문 9 | 이념을 빼고 제주4·3사건을 말할 수 있습니까?

답 이념의 사전적 의미는 '이상적으로 여겨지는 생각이나 견해, 또는 추구하는 가치와 준수할 규범'을 말합니다. 4·3사건을 얘기하면서 이념논쟁을 그만두라는 사람이 있습니다. 주로 좌파에서 이런 주장을 많이 합니다. 냉전이 종식된지 오래이고 이제와서 케케묵은 이념논쟁을 하느냐, 색깔논쟁을 그만두라는 것입니다.

문재인 대통령도 제주4·3희생자 추념식에 참석하여 행한 추념사에서 '이념'이라는 용어를 15회(70주년 11회, 72주년 4회)나 인용하였습니다. '아직도 낡은 이념의 굴절된 눈으로 4·3을 바라보는 사람들이 있습니다. 아직도 대한민국엔 낡은 이념이 만들어낸 증오와 적대의 언어가 넘쳐납니다.'라고 했습니다.

언뜻 듣기에 그럴 듯해 보이지만 앞뒤가 맞지 않는 말입니다. 냉전 종식 이후 우리가 러시아, 중국, 베트남, 쿠바와의 관계에서 이념논쟁을 할 필요는 없습니다. 그러나 4·3은 이념대립으로 일어난 사건입니다. 4·3사건과 관련해서 또는 그 진상을 규명함에 있어서 이념논쟁을 하지 말라는 말은, 4·3사건의 진상을 규명하지 말자는 의도가 있거나 대응이 궁색하고 자신들의 논리에 모순이 있다는 것을 감추려는 생각이 아닌가 합니다.

제주4·3은 이념 대결에서 비롯된 사건이므로 4·3을 논하면서 이념을 빼라는 말은 밥에서 쌀을 빼라는 말과 같습니다. 당시 남로당이 스탈린 만세와 김일성 만세를 부르고 이들을 명예의장으로 추대한 이유가 그냥 나온 게 아닙니다. 그리고 지금 와서 이념을 버려야 한다면 대한민국의 헌법적 가치인 자유민주주의 이념에 반하는 잘못된 이념을 버려야지 그 잘못

26) 로버트 스칼리피노, 이정식, 『한국공산주의운동사』, (돌베개, 2018), 886쪽.

된 이념을 바로잡으려는 이념까지 버려서는 안 되는 것입니다. 특히 남북이 이념적으로 엄연히 대치하고 있는 현실에서 자유민주주의 이념을 폐기해서 어쩌자는 것입니까? 그래서 필자는 이념논쟁 그만 두라는 그 사람들에게 당신들이야말로 나에게 이념을 버리라고 요구하는 그 낡은 이념을 버리라고 권합니다.

어떤 사람은 도내 초·중·고생을 상대로 4·3교육을 실시하면서 '교육이 이념적으로 이뤄지면 갈등을 봉합하기 어려울 것'이라 합니다. 갈등봉합을 위해 4·3사건에서 이념을 빼야 한다는 주장은 4·3사건의 진상은 물론 남로당의 공산화 투쟁이나 만행을 덮자는 말입니다. 역사는 진실을 바탕으로 기록하고 전달되어야 합니다. 진정한 갈등 해소란 진실을 규명하고 이를 인정한 연후에 이루어지는 것입니다.

또 '원한을 다시 들춰내서 갈등을 조장하지 않는 방향으로 4·3평화인권교육이 진행돼야 할 것'이라고 말합니다. 이 말은 필자도 하고 싶은 말입니다. 군경의 인권침해와 과잉진압에 초점을 맞춘 교육 홍보 선전을 일방적으로 강화하면서 남로당의 잘못은 화해라는 명분으로 거론조차 못하게 하는 불균형적 현실을 개탄합니다. 이런 평화인권교육은 또 하나의 왜곡된 4·3사(史)의 전수일 뿐입니다.

제주4·3평화재단 이사장 양조훈은 2019년 12월 31일 제민일보 14면에 기고한 글에서, "올해도 비록 소수이지만 '4·3은 공산폭동'이라는 주장이 계속되어 유족들이 분노했다. 아직도 '국가는 오류를 범하지 않는다'고 생각하는 사람들이 있다. 반공주의와 냉전사상에 찌든 사람일수록 더욱 그러하다."라고 하였습니다.

공산폭동에 대해서는 앞에서 언급하였기 때문에 생략하고 반공주의에 대해 살펴보겠습니다. 해방 당시 좌우익간에 극한 대립이 있었습니다. 대한민국 건국세력은 공산주의 체제를 막아냄으로써 선택의 자유를 얻었고 자유민주주의를 시작할 수 있었으며 국가발전을 이룩했습니다. 반공주의를 사갈시(蛇蝎視)하면 안 되는 이유입니다. 대한민국 헌법가치 수호세력은 남로당의 공산체제를 막아냄으로써 정당 선택의 자유, 지도자 선택의 자유, 거주 이전의 자유, 직업 선택의 자유, 사상의 자유, 종교의 자유를 얻었습니다. 더하여 기적같이 성장·발전했습니다. 무엇이 잘못되었습니까? 낡은 이념이란 바로 이념과 체제 경쟁에서 73년 만에 실패가 증명된 공산주의 이념입니다.

북한이 해방 이후 지금까지 대남적화혁명전략이 불변인 상황에서 친공, 용공, 연공은 바른 길이 아닙니다. 남북한 간에 정상회담 몇 번으로 긴장이 해소되고 냉전이 끝났다고 믿는 것은 우리들의 희망사항이고 환상입니다.

[3장]
제주4·3사건을 일으킨
주체는 누구입니까?

가. 남조선노동당

| 문 10 | 4·3을 일으킨 주체는?

답 4·3의 주체는 두말할 것도 없이 남로당중앙당과 전남도당이 지령하고 제주도당이 일으켰으니 한마디로 4·3 주체는 **남조선노동당**입니다.

| 문 11 | 4·3의 주체인 남로당과 그 연혁은?

답 남로당은 남조선노동당의 약칭입니다. 남로당이 어떤 정당인지를 이해하려면 그 뿌리를 찾아볼 필요가 있습니다. 해방 직후 좌익세력의 형성과정과 이들이 어떤 과정을 거쳐 남로당으로 승계되었는지를 이해해야 4·3의 진상을 파악할 수 있기 때문입니다.

① 건국준비위원회(약칭 건준)[27] 결성

1945년 8월 15일 해방 되는 날 여운형은 재빠르게 건국준비위원회를 결성하고 8월 17일에 집행부를 임명합니다. 8월 22일 조직의 확대 강화를 위하여 제1차 개편을 단행, 허헌을 부위원장으로 추가 임명하고 이때 제주 출신 고경흠이 서기국장이 됩니다. 9월 4일 제2차 개편 때 박헌영계의 재건파 공산주의자들이 들어갔습니다.

건국준비위원회는 1945년 9월 6일 조선인민공화국 창건 선언 이후 인민위원회로 명칭을 바꿉니다.[28] 1945년 9월 6일 조선인민공화국 창건이 선언된 후 건준이 '인민위원회'로 개편됨에 따라 건준은 9월 7일 발전적 해체를 선언했습니다.

---

27) 남시욱, 『한국 진보세력 연구』, (청미디어, 2009), 23~26쪽.
28) '건준이 해산식을 갖고 자신의 간판을 내린 날은 1945년 10월 7일이었다.' 김학준, 『북한의 역사』 1권, (서울대학교 출판부, 2008), 745쪽.

② 장안파 공산당(일명 15일당)[32] 결성

1945년 8월 15일 해방되는 날 서울 종로구 장안빌딩에서 서울청년회 이영, 경성제대그룹 최용달, 화요계[33] 이승엽, 상해파 고려공산당계 서중석 등이 모여 조선공산당을 창당하고 이영을 책임 비서로, 이승엽을 제2비서로 정합니다.

8월 18일에는 산하조직으로 조선공산주의청년동맹이, 23일에는 조선학병동맹이 조직되어 외곽조직까지 갖춥니다. 남북한을 통틀어 최초의 정당이라 하겠습니다.

③ 조선공산당재건위원회(약칭 조공재건위)[34] 결성

1945년 8월 18일 박헌영은 경성콤그룹과 화요계 일부가 모여 조선공산당재건위원회 결성을 결의하고, 8월 20일 종로구 명륜동 김해균의 집에서 조선공산당재건위원회를 결성합니다. 이것은 장안파 공산당을 와해 흡수하는 것을 의미합니다. 여기서 경성콤그룹은 1925년 지하당으로 조직된 조선공산당이 일제 탄압으로 4차례나 해체와 재건을 거듭하다가 1928년 국제공산당의 지시로 해산되자 이를 재건하려고 노력해온 지하조직입니다.

박헌영은 조선공산당재건위원회 명의로 일반 정치 노선에 대한 결정[35]이라는 이른바 8월 테제[36]를 채택하고 이를 소련공산당 중앙위원회와 스탈린에게 당일 보고합니다.

이 8월 테제에는

▲ 조선 혁명의 현 단계는 제1차 단계인 부르주아 민주주의 혁명단계라 진단하고

▲ 토지의 문제는 혁명적으로 해결해야 하며, 이를 위해 대지주들의 토지를 몰수, 토지 없는 농민들에게 분배해야 한다고 선언했으며

---

29) 제주4·3위원회, 『제주4·3사건진상조사보고서』, (2003), 75쪽.
30) 야체이카는 러시아어로, 공산당 조직의 기본단위인 세포를 말합니다.
31) 현길언, 『섬의 반란 1948년 4월 3일』, (백년동안, 2014), 151쪽.
32) 남시욱, 『한국 진보세력 연구』, (청미디어, 2009), 31~32쪽.
33) '화요계'란 마르크스의 생일이 화요일인 데서 착안한 조직명입니다.
34) 남시욱, 『한국 진보세력 연구』, (청미디어, 2009), 34~36쪽.
35) 김남식, 『남로당 연구』 1권, (돌베개, 1984), 515쪽.
36) 테제는 독일어 These, 정치적 사회적 운동의 기본 방향이 되는 강령.

▲ 노동자와 농민은 민주주의적 독재를 실현하기 위해 프롤레타리아의 헤게모니를 확립해야 한다고 주장했습니다.

8월 테제는 9월 25일 '정세와 우리의 임무 - 정치노선에 대한 결정'이라는 문건으로 발전하는데 그 내용은 8월 테제에서 밝힌 당의 노선을 재확인한 것으로써 조선공산당의 혁명노선을 자세히 밝히고 있으므로 해방 이후 최초의 구체적인 조선 혁명 지침이라 할 수 있습니다.

④ 조선인민공화국(약칭 인공) 수립 선포

건준을 장악한 공산주의자들은 미군이 한국에 도착하기 2일 전인 1945년 9월 6일에 전국인민대표자대회를 소집해 조선인민공화국(약칭 인공)의 수립을 선포하였습니다. 주석에는 귀국도 못 한 이승만을 일언반구 상의함도 없이 일방적으로 선출하고, 부주석에 여운형이 선임되었습니다. 인공의 구성을 보면 중앙인민위원 55명 중 39명, 후보위원 20명 중 16명이 공산당원으로 알려졌습니다.[37] 주도권이 여운형에서 공산당 세력으로 넘어간 것입니다. 이런 기미가 노골화되자 건준 위원장 여운형과 협조해왔던 부위원장 안재홍은 조직의 좌경화에 반발 9월 1일 사임해 버렸습니다.

이처럼 여운형은 임정 요인이나 이승만 등이 귀국하기 전이고 미군이 도착하기 이틀 전에 전격적으로 인공을 선포함으로써 전국인민대표자대회를 기정사실화하고 미군을 맞이하려는 것이었습니다. 이제 인공 선포로 건준은 인민위원회로 명칭이 바뀌게 되었습니다.[38] 이때 여운형 측은 국호에 대해서 조선인민공화국이라는 표현이 과격하니 조선민주공화국으로 하자고 주장했으나 제주도 출신 김응빈의 직계 노조 대표들이 들고일어나 여운형 측 주장은 좌절되고 말았습니다.[39]

조선인민공화국이 선포되니 상황이 복잡해졌습니다. 미국은 일본과 싸워 이겨서 항복을 받았습니다. 그리고 일본제국 전체를 점령하기 시작했습니다. 그런데 일본제국의 일부 지역에서 원주민이 일방적으로 독립 정부를 세웠다고 선포하면 그 지역의 점령에 나선 미군의 입장은 불법으로 남의 나라를 침범한 것이 됩니다.[40] 그래서 미군은 조선인민공화국을 인정할 수 없고 결국 1945년 12월 12일 하지 장군에 의해 최종적으로 불법화됩니다.

---

37) 로버트 스칼라피노, 이정식, 『한국공산주의운동사』, (돌베개, 2018), 391쪽.
38) 김학준, 『북한의 역사』 1권, (서울대학교 출판부, 2008), 745쪽.
39) 남시욱, 『한국 진보세력 연구』, (청미디어, 2009), 26쪽.
40) 복거일, 『프란체스카』, (북앤피플, 2018), 92~93쪽.

□ 제주도인민위원회

　제주도인민위원회는 1945년 9월 22일 제주농업학교에서 각 읍·면 대표들이 모여 결성하였습니다. 인민위원회는 사실상 건국준비위원회를 자동 개편한 조직이기 때문에 명칭만 바뀐 것입니다. 따라서 위원장도 제주도건준 위원장 오대진이 맡았고, 남은 간부들도 제주도건준 간부가 그대로 승계되었으며 리(里)단위까지 조직되어 가장 광범위하고 강력한 정치적 위치를 선점하였습니다.[41]

⑤ 조선공산당(약칭 조공)[42] 창당

　1945년 9월 11일 조선공산당재건위원회는 조선공산당으로 정식 창당되고 박헌영은 중앙위원 겸 총비서로서 최고 지도자가 되었으며 김일성을 정치국 서열 2위로 추대합니다.

　'조선공산당은 마침내 통일 재건되었다'라는 14일 자 선언문이 9월 19일 자 조선공산당 기관지 해방일보에 보도되었는데 선언문 말미에는 '조선공산당의 주장'이라는 4개 항의 강령이 있습니다.[43]

1. 조선공산당은 조선의 노동자, 농민, 도시 빈민, 병자, 인텔리겐차 등 일반 근로 인민의 정치적, 경제적, 사회적 이익을 옹호하여 그들의 생활의 급진적 개선을 위하여 투쟁한다.
2. 조선 민족의 완전한 해방과 모든 봉건적 잔재를 일소하고 자유 발전의 길을 열어주기 위하여 끝까지 투쟁한다.
3. 조선 인민의 이익을 존중하는 혁명적 민주주의적 인민정부(人民政府)를 확립하기 위하여 싸운다.
4. 프롤레타리아트의 독재를 통하여 조선 노동계급의 완전 해방으로써 착취와 압박이 없고 계급이 없는 공산주의 사회의 건설을 최후의 목적으로 하는 인류사적 임무를 주장한다.

　후에 조선공산당은 소련의 지령에 따라 1946년 11월 23일 남로당으로 통합됩니다. 따라서 남로당은 강령, 주도 세력, 구성원으로 볼 때 조선공산당의 후계체입니다.

41) 제주4·3위원회, 『제주4·3사건진상조사보고서』, (2003), 76쪽.
42) 남시욱, 『한국 진보세력 연구』, (청미디어, 2009), 35~36쪽.
43) 로버트 스칼라피노, 이정식, 『한국공산주의운동사』, (돌베개, 2018), 402쪽.

⑥ 소련군정이 '독립조선의 인민정부수립요강' 발표

'1945년 9월 14일 소련점령군사령부 정치부원 그로치코는 6개항의 '독립조선의 인민정부수립요강'을 발표했는데 그 요지는 '소련이 코리아에서, 또는 적어도 북한에서 '로농소비에트 정부를 세우고자 했'습니다.[44]

⑦ 스탈린의 북한 단정 수립 극비 지령

1945년 9월 20일 소련은 우리가 해방된 후 35일 만에 '북조선에서 민주정당 사회단체들의 광범한 블록에 기반을 둔 부르주아 민주정권을 창설하라'[45]고 지령하였습니다.

이 문서에 나타난 현 정세 판단은 박헌영의 8월 테제에 나온 현 정세 분석과 같으며 소련은 최소한 점령지에서만이라도 소련의 국가이익을 지킬 인물로 구성된 정부의 수립을 목표로 한, 북한 단정 수립을 지령한 것입니다.

⑧ 조선공산당북부조선분국 설치

소련의 지령으로 북한은 1945년 10월 10~13일에 조선공산당서북5도대표자 및 열성자대회를 개최하여 조선공산당북부조선분국 설치를 결정하였습니다.[46]

북한은 1945년 10월 10일을 노동당 창립일로 기념하고 있으며, 2020년에도 북한 김정은은 주민의 민생고를 외면한 채 제75주년 노동당 창립 기념 열병식을 거창하게 거행하였습니다.[47]

⑨ 이승만 귀국

1945년 10월 16일 이승만이 귀국합니다. 해방되고 60일 후입니다.

⑩ 조선인민당(약칭 인민당) 결성[48]

1945년 11월 12일 여운형은 조선인민당을 창당합니다. 여운형의 조선인민당은 창당 1년 만에 소련의 지령에 따라 1946년 11월 23일 남로당으로 통합됩니다.

⑪ 김구 환국

1945년 11월 23일 임정 주석 김구 등이 환국합니다.[49] 해방되고 3개월 후입니다.

---

44) 김학준, 『북한의 역사』 1권, (서울대학교출판부, 2008), 780,781쪽
45) 김국후, 『평양의 소련군정』, (한울, 2008), 101쪽.
46) 김학준, 『북한의 역사』 1권, (서울대학교 출판부, 2008), 815~819쪽.
47) 북한 조선노동당 연혁은 문 71 참조
48) 남시욱, 『한국 진보세력 연구』, (청미디어, 2009), 67쪽.
49) 이때 중국정부는 귀국하는 김구에게 중국 돈 1억 원과 미화 20만 달러를 지원하고 무전사 3명을 딸려 보내는 등의 호의를 보였다. 이주영, 『대한민국의 건국과정』, (건국이념보급회 출판부, 2013), 71쪽.

⑫ 스탈린이 김일성과 박헌영에게 극비 지령 사항 조기 실현 지시

1946년 7월 초 스탈린은 김일성과 박헌영을 모스크바로 재차[50] 불러 '소련군정의 협력을 받아 북조선의 소비에트화 정책을 조기에 실현토록 투쟁하라'[51]고 지시합니다. 1945년 9월 20일 자 자신이 내린 북한 단정 수립 극비지령을 빨리 추진하라고 독촉한 것입니다.

⑬ 남조선신민당(약칭 신민당) 창당

1946년 7월 14일 백남운은 남조선신민당을 창당합니다. 남조선신민당의 모태인 조선신민당은 본래 중국에서 활동하던 김두봉 등이 소속된 화북청년연합이 조선독립동맹으로 개편되었다가 1946년 2월 26일 조선신민당이 되었습니다. 백남운은 조선신민당경성(서울) 특별위원회 위원장을 맡고 있다가 7월 14일 남조선신민당으로 바뀐 것입니다.[52]

조선신민당 본부는 평양에 있었기 때문에 1946년 8월 28~30일 북조선노동당 창당대회 때 합당되었습니다. 남조선신민당은 소련의 지령에 따라 1946년 11월 23일 남로당에 통합됩니다.

이상에서 살펴본 바와 같이, 남로당은 1946년 11월 23일 조선공산당 위원장 박헌영[53]과 조선인민당 위원장 여운형, 남조선신민당 위원장 백남운이 1946년 11월 23일 소련의 지시로 합당하여 남조선노동당이 된 것입니다. 즉 남로당은 바로 조선공산당의 후계체이고 조선공산당의 별명입니다. 특히 제주도당인 경우 3당 합당 이전에 공산당만 존재하고 인민당이나 신민당이 없었기 때문에 남로당제주도당은 공산당제주도당의 개명에 불과합니다.

3당이 합당하여 남로당이 결성된 뒷날 기자단 질문에 중앙당은 동 당원이 538,000명이라고 답변하였습니다.[54] 『쉬띄꼬프 일기』 1946년 12월 2일 자에 조선공산당 670,444명, 인민당 23,700명, 신민당 7,488명,[55] 합계 701,632명으로 기록되어 있는 것을 보면 그 조직이 얼마나 막강했는지 알 수 있습니다.

남한의 좌파는 건국준비위원회나 인민위원회 및 조선공산당(후에 남로당)의 통제 하에 해방 직후 무풍지대에서 선제적으로 전위조직들을 착착 결성했고, 그 산하 조직을 전국 마을 단위까지 확대하여 막강한 세력을 형성하였습니다. 이를 열거하면 다음과 같습니다.

---

50) 스탈린이 김일성을 모스크바로 처음 소환한 것은 1945년 9월 초입니다.
김국후, 『평양의 소련군정』, (한울, 2008), 72~73쪽.
51) 김국후, 『평양의 소련군정』, (한울, 2008), 175,209,210쪽.
52) 양동안, 『대한민국 건국사』, (현음사, 2001), 286~287쪽.
53) 실제 회의 참석은 책임서기 강진. 신상준, 『제주도4·3사건』 상권, (한국복지행정연구소, 2000), 204쪽.
54) 신상준, 『제주도4·3사건』 상권, (한국복지행정연구소, 2000), 204쪽.
55) 전현수, 『쉬띄꼬프 일기』(국사편찬위원회, 2004), 43쪽.

□ 조선공산당 산하 조직

- 1945. 8. 17.   전국치안대 조직(조선학도대 결성 후 발전적 해소)
- 1945. 8. 19.   조선공산주의청년동맹 결성
- 1945. 8. 25.   조선학도대(서울대학교 최상호 공산당원 주도, 국대안 반대 주동) 결성
- 1945. 11. 5.   조선노동조합전국평의회(약칭 전평, 전국 13도 조합원 574,475명, 위원장 허성택) 결성
- 1945. 12. 8.   전국농민조합총연맹(약칭 전농, 전국 13도 22시 219군 조합원 3,323,197명, 대의원 545명 참석) 결성
- 1945. 12. 11.   조선청년단체총동맹(약칭 청총) 결성
- 1945. 12. 22.~24.   조선부녀총동맹(약칭 부총(婦總) 또는 부동(婦同), 회원 8만 명) 결성
- 1946. 2. 15.   민주주의민족전선(약칭 민전 또는 민민전, 의장 여운형·허헌·박헌영·김원봉·백남운, 좌파 29개 단체 참여, 중앙상임위원 73명 중 조공 관련자가 3/4 이상) 결성
- 1946. 4. 25.   조선민주청년동맹(약칭 민청, 후에 민애청) 결성

위 단체 중 가장 막강한 힘을 가진 대표적 조직은 민전, 전평, 민청, 전농, 부총(婦總) 등이고 이들 단체는 어김없이 제주도에서도 결성됩니다.

□ 남로당제주島위원회(남로당제주島당)

남로당은 3당이 합당하여 탄생했고, 제주도에는 여운형의 인민당제주도당이나 백남운의 신민당제주도당이 없었으므로 제주도공산당은 남로당제주도당으로 이름만 바꾸고 간판만 바꿔달았습니다. 그러나 형식적으로나마 개편형식을 취할 필요에 의해 중앙당의 지시에 따라,

"남로당제주島위원회는 1947년 2월 12일 애월면에서 비밀리에 결성되었다. 위원장은 安世勳(안세훈), 부위원장 李信祐(이신우), 총무부장 金永鴻(김영홍), 조직부장 趙夢九(조몽구), 재정부장 李昌旭(이창욱), 선전부장 金容海(김용해), 부녀부장 左昌林(좌창림), 청년부장 金殷煥(김은환), 업무부장 金龍寬(김용관=김영관)이다.

남조선노동당중앙위원회는 제주도위원회 조직을 지령하면서 '1947년 2월말까지 민전(민주주의민족전선)과 교원조합을 결성, 이 두 개의 단체로 하여금 당의 표면화를 도모하라'[56]고 지시했"습니다.

남로당제주도당의 읍·면 단위 개편은 '제주읍이 2월 12일에 위원장이 安世勳(안세훈), 한림면 2월 중순 金京奉(김경봉), 애월면 중순 宋光玉(송광옥), 조천면 역시 중순에 金瑬煥(김유환), 구좌면도 확실한 일자는 알 수 없으나 중순경으로 위원장은 吳君杓(오군표)였다. 산남지역은 서귀면이 중순 위원장은 李道伯(이도백), 남원면 金大雄(김대웅), 중문면 金仁平(김인평), 대정면 李運芳(이운방), 안덕면 張珍奉(장진봉), 성산면, 표선면위원회가 같은 시기인 2월 중순경에 조직되었으나 위원장은 밝혀지지 않았[57]습니다.

이처럼 3·1기념투쟁을 위해 당 및 산하 행동단체인 민전, 민청, 부동, 노조, 농조, 교원 노조 등을 2월 중에 조직 완료했습니다.

이상에서 본 것을 종합하면 남로당은 1946년 11월 23일 조선공산당 조선인민당 남조선신민당 3당이 합당한 정당입니다. 제주도에는 공산당제주도당만 있었고 인민당이나 신민당은 제주도당이라는 하부 조직이 없었습니다. 따라서 공산당제주도당은 그 이름으로 계속 활동하다가, 1947년 3·1운동기념투쟁을 앞둔 2월 12일이 되어서야 형식상 남로당제주도당으로 명칭과 간판을 바꿔 달았을 뿐입니다. 그러니 4·3을 일으킨 주체는 남로당제주도당 이름이긴 하지만 사실상 공산당제주도당이라고 봐도 전혀 틀리지 않습니다. 그래서 김대중 대통령도 4·3은 '공산당의 폭동으로 일어났다'고 말한 것입니다.

| 문 12 | 조선공산당, 조선인민당, 남조선신민당 3당이 남로당으로 통합할 때, 소련이 개입했나요?

답 3당이 합당하여 남로당이 결성될 때 소련이 개입했는데 그 지령 사례를 보면, '박헌영은 1946년 6월 29일부터 7월 12일까지 보름 정도 평양을 방문했다…… 이 기간 중 박헌영은 모스크바도 방문한다.'[58]는 기록이 있습니다. 이때 스탈린은 김일성과 박헌영을 모스크바로 불러 면접을 했습니다. 스탈린은 이 자리에서 '단일한 혁명적 정당이 없이는 북조선에서의 사회주의 건설에 대해 아무것도 생각할 수 없다'[59]라고 덧붙였습니다. 이는 남한의 좌익정당 통합을 지령한 것입니다.

1946년 10월 22일 자 스티코프 비망록을 보면 '김일성과 박헌영을 만나 남조선노동당을 조직하기로 합의했다. 위원장은 허헌, 부위원장은 박헌영·이기석·김삼룡으로 정하고 중앙

56) 제주4·3평화재단, 『제주4·3사건 추가진상조사 자료집 1 (4·3관련 경찰자료)』, (2018), 107쪽, 박서동, 『월간 관광제주』, (월간관광제주사, 1989. 6), 57쪽
57) 박서동, 『월간 관광제주』, (월간관광제주사, 1989. 6), 57, 58쪽.
58) 중앙일보특별취재반, 『비록 조선민주주의인민공화국』, (중앙일보사, 1992), 227쪽.
59) 김학준, 『북한의 역사』 2권, (서울대학교 출판부, 2008), 343~346쪽.

위원은 45명으로 한다'[60]는 등 구체적 계획이 나와 있습니다. 이때 박헌영은 월북하여 평양에 있었기 때문에 부득이 서울에 있는 허헌을 위원장으로 정하고 박헌영은 부위원장이 되었습니다. 이처럼 남로당 결성은 소련의 각본대로 실행된 것입니다.

여기서 남로당의 뿌리를 근원적으로 파악하기 위하여 해방 이전 한국 좌익정당의 기원[61]을 요약 소개하겠습니다.

□ 해외 공산당 조직 유래

- 1912년 7월 상해에서 신규식(이사장), 박은식(총재), 신채호, 김규식, 조소앙, 홍명희 등이 조선독립단체로 동제사(同濟社)를 조직했습니다.
- 1917년 9월 5일부터 12일까지 스웨덴 스톡홀름에서 제2인터네셔널 부활을 위한 만국사회당대회가 결정되자 동제사는 조선사회당 명의로 조선독립 지원요청 전문을 발송했습니다. 이 대회는 연기되어 문서 전달도 안 됐습니다.
- 1918년 4월 28일 연해주 하바롭스크에서 한인사회당(위원장 이동휘)이 설립되었습니다.
- 1919년 8월 동제사의 조소앙은 임정 파리위원부 부위원장 이관용과 함께 스위스 루체른에서 개최된 만국사회당대회에 파견되어 한국독립 승인결의안을 제출해 이것이 1920년 네덜란드 로테르담에서 열린 대회 집행위원회에서 한국독립에 관한 결정서로 채택되었습니다.
- 1919년 9월 이동휘는 한인사회당 당수 자격으로 임정의 국무총리에 취임했습니다.
- 1920년 5월 임정 내의 좌파들은 코민테른[62]의 제안으로 한국공산당, 일명 대한공산당을 설립했습니다. 책임비서는 이동휘, 중심인물은 김립, 이한영, 김만겸, 안병찬, 여운형, 조동호입니다.
- 1920년 7월 이르쿠츠크에 모여 전로한인(全露韓人)공산당 제1차 대표자 회의를 열고 전로한인공산당중앙총회(중앙위원회)를 발족하였는데 이를 이르쿠츠파 고려공산당이라 합니다.
- 1920년 말경 러시아의 극동과 시베리아 지방에 16개 이상의 한인공산당 조직이 생겨났습니다. 당원과 후보 당원 수는 모두 2,300여 명에 달했습니다.
- 1921년 5월 상해파를 제압한 이르쿠츠파는 러시아, 한국, 중국 등지의 공산주의 단체

60) 전현수, 『쉬띄꼬프 일기』(국사편찬위원회, 2004), 29쪽.
61) 남시욱, 『한국 진보세력 연구』, (청미디어, 2009), 133~145쪽.
62) 국제공산당, 제3인터네셔널

대표 85명이 모여 전한(全韓)공산당을 창립하고, 상해파에 대해 반혁명분자라는 결의문을 채택하여 분열했습니다. 주로 공산주의 혁명과 사회주의 건설을 지향했습니다.

중앙위원은 김만겸(상해 대표), 김철훈, 김하석, 남만춘, 서초(국내 대표), 안병찬(상해 대표), 이성, 장건상(북경 대표), 최고려, 한명세 등입니다.

- 1921년 5월 이르쿠츠파에 대립하다 열세에 몰린 상해파는 상해에서 전한공산당 대표회의를 소집해 고려공산당을 설립하고 중앙총감부(위원장 이동휘, 비서부장 김립)를 두었습니다. 주로 민족해방을 지향했습니다.
- 1922년 12월 코민테른은 두 개의 고려공산당을 해체하고 블라디보스토크에 공산당 꼬르뷰로(고려국)를 설립했습니다. 고려국에는 상해파 이동휘, 이르쿠츠파 한명세, 국내파 정재달 3인을 포함해 통합을 시도했습니다.
- 1924년 3월 코민테른은 양파가 대립을 지속하자 통합을 포기하고 조직국을 만들어 조선공산당 창건 준비에 들어갔습니다.

□ **국내 공산당 조직 유래**
- 1917년 8월 중국 상해에서 신규식 등이 만든 조선사회당이 최초입니다.
- 1919년 10월에 서울에서 20여 명이 모여 서울공산단체라는 비밀결사를 만들었습니다.
- 1920년 3월 서울에서 15명이 조선공산당을 결성했습니다. 8월경 일경의 감시로 일시 해체했다가 이듬해 5월 재건하고 활동을 재개했습니다.

주요 인물은 정재달, 신백우, 김사국, 원우관, 김한, 이영, 윤덕병이며 당원은 47명으로 증가하였으나 이르쿠츠파나 상해파에 편향되지 않고 중립을 지켜 중립당이라 별칭되었습니다. 그러나 시간이 지남에 따라 이르쿠츠파를 지지하는 김사국, 이영 중심의 서울파와 상해파를 지지하는 신백우, 김한 중심의 화요파로 분열했습니다.

- 1920년 4월 서울공산단체는 조선노동공제회라는 합법단체를 조직했고 1921년 5월 이르쿠츠에서 열린 고려공산당 창립대회에 대표를 파견했습니다.
- 1920년 6월에는 서울에서 사회혁명당이라는 지하당이 설립되었습니다. 이 조직은 1911년 주시경이 만든 '배달모음'이라는 혁명적 민족주의단체의 회원 중 일본 유학생 김철수 등이 1915년 동경에서 만든 신아동맹단의 후신입니다.

신아동맹단은 중국 본토와 대만인 유학생들과 함께 만든 국제 반일조직이었고, 1920년 6월 서울에서 제5차대회를 열고 명칭을 사회혁명당으로 바꿨습니다. 참여자는 김일수 김종철 장덕수 등 일본 유학생 출신들이었습니다. 사회혁명당은 1921년 5월 상해에서 열린 고려공산당<상해파>창립대회에 8명의 대표를 파견함으로써 상해파 고려공산당의 국내지부 성격을 갖게 되었습니다.

- 1922년 1월 조선공산당의 합법적 외곽조직으로 무산자동지회를 결성하고, 그해 2월 신인동맹회를 흡수하여 무산자동맹회로 개편했습니다.
- 1923년 11월 김약수는 일본의 무정부주의자들의 영향을 받아 북성회를 결성했다가 서울에 들어와 서정희와 함께 북풍회(토요회)를 결성했습니다.
- 1924년 7월 7일 서울 낙원동에서 신사상연구회를 조직했습니다. 여기에 이르쿠츠파 박헌영 임원근 김단야와 일본 유학생 조봉암은 나중에 합류했습니다.

  신사상연구회는 11월 29일 김낙준 홍명희 홍증식 등이 화요회를 결성했습니다. 화요회는 마르크스 생일이 화요일에서 연유한 이름입니다.
- 1925년 4월 코민테른의 지령을 받아 서울 중국음식점 아서원에서 20명이 모여 김재봉을 책임비서로 하는 조선공산당이 비밀리에 결성되었습니다. 바로 이날 서울 종로구 훈정동에 있는 박헌영의 집에서 조선공산당 전위조직인 고려공산청년회가 극비리에 결성되고 당시 동아일보 기자였던 박헌영이 책임비서가 되었습니다.

  조선공산당 조직은 화요계와 북풍회가 주동이 되고 서울회는 배제되었습니다. 조선공산당은 조동호를, 고려공산청년회는 조봉암을 대표로 뽑아 모스크바로 보냈습니다.
- 1925년 11월 신의주에서 고려공산청년회원이 변호사를 구타한 사건이 계기가 되어 조선공산당의 실체가 적발됨으로써 220명이 검거되고 이 중 101명이 기소되어 83명이 유죄판결을 받아 조선공산당은 와해되었는데 이때 붕괴한 조직을 제1차 조선공산당이라 합니다.
- 1925년 12월 당 재건을 위해 강달영을 책임비서로 하는 조선공산당이 비밀리에 조직되었는데 이를 제2차 조선공산당이라 합니다.

  이어서 고려공산청년회도 권오설을 책임비서로 재건되었습니다. 그러나, 1926년 6월 순종 황제 붕어를 계기로 일어난 6·10만세사건 때 권오설이 격문을 제작·배포하려다 적발되어 당의 전모가 탄로 나 권오설 강달영 등 100여 명이 피검, 82명이 실형 선고를 받아 제2차 조선공산당은 와해되었습니다.
- 1926년 9월 일제의 검거 작전에서 빠진 김철수를 책임비서로 조선공산당이 재건되었습니다. ML(Marx Lenin)당이라 부르는 제3차 조선공산당입니다. 1·2차 조선공산당 사건 때 화요계 중요간부가 피검되거나 해외 도피로 제3차에는 서울청년회 등이 참여한 통합당의 특징을 지닙니다.

제2대 책임비서 안광천은 그의 지론대로 민족협동전선 결성을 위해 민족주의 좌파와 연합해 신간회를 결성했습니다. 신간회는 1931년 5월 해체합니다.

제3차 조선공산당 당원은 400여 명으로 증가했고, 안광천의 뒤를 이어 김준연, 김세연 등 철저한 마르크스 레닌주의자가 책임비서가 되면서 극좌 노선으로 변화했습니다.

고려공산청년회도 고광수를 책임비서로 하여 코민테른의 승인을 받았습니다.

- 1928년 3월 동아일보 편집국장이었던 김준연을 비롯한 200여 명이 검거되면서 조선공산당과 관련이 있던 조선노동총동맹, 신간회, 근우회 등 단체들도 타격을 입었습니다.

- 1928년 3월 차금봉을 책임비서로 하는 제4차 조선공산당이 설립되었습니다.

조선민족해방운동에 대한 테제를 채택해 혁명노선을 분명히 하고 코민테른으로부터 활동자금을 받아 활발한 활동을 하다가 1년도 못 되어 170명이 검거되고 차금봉 김재명 등이 고문으로 사망했습니다.

이로써 조선공산당 재건은 1945년 해방 때까지 실현되지 못했습니다.

- 1928년 12월 모스크바의 코민테른은 제6차 대회에서 12월 테제[63]를 발표, 조선공산당의 해체를 지시했습니다.

여기서 공산당 조직의 곤란성은 객관적 조건 이외에 내부 알력과 파쟁에서 초래되었다고 지적하고, 지식인 위주의 당을 해체하고 노동자와 농민 중심의 볼셰비키당을 재건하도록 지령했습니다.

조선공산당일본총국과 고려공산청년회일본본부를 공식적으로 해체하고 일본 공산주의 조직에 가입하라는 이 지령이 실행된 것은 1931년 12월 23일 일본 공산당 기관지 적기 (赤旗)에 해체성명서를 게재하면서입니다. 이 때 사실상 일본에서 1국 1당이 실현되었습니다.[64]

- 1940년 12월과 1941년 6~12월의 대대적 검거로 조선공산당 세력은 사실상 궤멸 상태였고, 박헌영도 해방 때까지 지하에 숨어 있었습니다.

| 문 13 | 남로당 강령 내용은?

1947년 3·1기념투쟁 주동자이며 남로당제주도당 농민부장인 김완배를 검거하고 그가 소지한 남로당 강령을 압수했다는 기록이 『제주경찰사』에 남아 있습니다.

---

63) 정식 명칭은 '조선 문제에 대한 코민테른 집행위원회 결의'
64) 로버트 스칼라피노, 이정식, 『한국공산주의운동사』, (돌베개, 2018), 315쪽.

1. 우리 당은 조선인민의 이익을 진정하게 대표하고 옹호하는 당으로서 조선근로 인민에게 민주주의와 개혁실시를 보장할 수 있고 연합국가대열에 동등한 국가의 자격으로서 참가할 수 있는 강력한 민주주의 자주독립국가의 건설을 과업으로 한다.

2. 이러한 과업을 실시하기 위하여 조선근로인민의 모든 힘의 단결을 도모하나 그것은 조선에 민주주의 인민공화국을 건설하기 위한 것이며 이 건설의 보장을 목적으로 모든 권력을 참된 인민정권의 기관인 인민위원회에 넘기기 위하여 투쟁한다.

3. 조선에서 봉건적 요소를 철저히 제거하기 위하여 일본국과 일본인 및 조선인 지주들에게 토지를 몰수하여 토지 없는 농민과 토지 적은 농민에게 무상으로 나누어주는 토지개혁실시를 주장한다.

4. 근로인민에 기본적 민주주의적 권리를 보장하여 근로인민의 물질적 복리를 향상하기 위하여 8시간 노동제 실시와 사무원의 사회보험과 성별, 연령의 차이 없이 남녀 노동의 동등 임금제를 위하여 투쟁한다.

5. 강력한 민주주의 국가를 물질적 토대 위에 세울 것을 목적으로 일본국가와 일본인과 조선민족반역자에게 속한 산업, 광산, 철도, 해운, 통신, 은행과 금융기관, 산업기관 및 문화기관의 국유화를 주장한다.

6. 조선의 모든 국민에게 민주주의적 권리를 보장하고 언론, 출판, 집회, 결사, 특히 정당, 사회단체 조직, 시위, 파업 및 신앙의 자유를 주장한다.

7. 조선인민에게 동등한 정치적 권리를 보장할 것을 목적하고 친일분자와 민족반역자를 제외한 20세 이상의 모든 국민에게 재산 유무, 거주, 신교(信敎), 성별, 교육 정도와 차이가 없이 선거권과 피선거권을 향유하게 하기 위하여 투쟁한다.

8. 여자에게 남자와 평등한 정치적, 법률적, 경제적, 사회적 권리를 주며 가정생활풍속관계에서 봉건적 요소를 청산하여 어머니와 아동의 국가보험을 위하여 투쟁한다.

9. 교육기관에서 일본교육제도를 청산할 것과 전 조선인민의 지식 정도 향상을 목적으로 인민교육계획의 실시, 모든 국민에게 재산 유무, 신앙, 성별의 차이를 불문하고 교육을 받을 권리와 보장을 목적으로 하고 의무적 일반무료 초등교육, 조선민족 문화, 예술, 과학의 발전을 위하여 투쟁한다.

10. 노동인민에게 무겁게 부담 되어 있는 일제적(日帝的) 세금제 등의 청산을 목적하고 진보적 세제(稅制)와 실시를 위하여 투쟁한다.

11. 조선인민공화국의 자유로운 자주독립 존재의 보장을 목적하고 민족군대의 조직과 일반 의무병제의 실시를 주장한다.

12. 연합국 대오에서 세계평화를 위한 투쟁에 적극 참가하기 위하여 모든 인국(隣國)들과 또 다른 평화 애호국들과의 친선을 굳게 할 것을 주장한다.

이상의 남로당 강령을 간단히 정리해 보면,

① 조선에 민주주의인민공화국, 즉 공산통일국가를 건설하기 위한 것이며, 그래서 모든 권력을 인민위원회에 넘길 것을 요구하고 있습니다. 이 요구는 스티코프가 그렇게 요구하도록 지시한[66] 내용임이 그의 비망록에 기록되어 있습니다.

② 토지를 몰수하여 토지가 없는 농민과 토지가 적은 농민에게 무상으로 나누어준다고 되어 있습니다. 북한의 토지개혁을 남한에서도 이행하자는 주장인데, 토지의 무상몰수·무상분배는 사유재산제를 부정하는 것입니다. 북한의 토지개혁은 소련의 서열 3위, 슈킨 대장이 1945년 12월 25일 '북조선의 정세에 관한 보고서'라는 극비 문서에서 촉구하여 실시하게 된 것입니다.

③ 강력한 민주주의, 즉 공산주의 국가를 물질적 토대 위에 세울 것을 목적으로 한다는 것을 밝히고 있습니다. 마르크스의 유물사관에 기초한 이념 실현을 목적으로 하고 있음을 알 수 있습니다.

| 문 14 | 남로당 강령에서 왜 민주주의를 강조하나요?

답 '민주(民主)' 주권이 백성에게 있다. 주의(主義) 그러한 권리를 스스로 행사하는 사상과 제도입니다. 모든 사람들은 민주주의라는 말을 좋아합니다. 그래서인지 세계 그 어떤 나라도 민주주의 아니라고 하는 나라가 하나도 없습니다. 학자는 이를 두고 민주주의는 국가 숫자만큼이나 다른 정의(定義)가 있다고 말하기도 합니다.

대한민국 헌법은 전문과 제4조에 '자유민주적 기본질서'를 즉 자유민주주의 체제를 택하고 있습니다. 그러나 이에 배치되는 인민민주주의, 인민적민주주의, 민중민주주의, 사회민주주의라는 용어들이 있습니다. 남로당제주도당 4·3 주동자들은 '진보적 민주주의'와 '신민주주의'라는 용어를 즐겨 사용했는데 이는 공산주의와 동의어로 해석해도 전혀 틀리지 않습니다. 그리고 진보적 민주주의는 인민민주주의나 민중민주주의와 이름만 다를 뿐 그 최종목적은 반제, 반봉건 민주주의혁명이라는 공산주의혁명 달성에 있고 이는 북한의 대남적화혁명전략과 똑같다는 점을 알아야 합니다.

---

65) 제주도경찰국, 『제주경찰사』, (1990), 287~288쪽.
66) 전현수, 『쉬띄꼬프 일기』 (국사편찬위원회, 2004), 50쪽.

1945년 12월 12일 전조선청년총동맹이 결성되고 그 강령 제1항에 '진보적 민주주의'를 명시했고,[67] 이것이 제주지역 면단위까지 하달되어 1946년 5월 1일 애월면청년동맹이 발행한 「신광」(新光) 창간호에도 진보적 민주주의가 등장합니다.[68] 이 진보적 민주주의 뿌리는 1945년 10월 3일 김일성이 평양노농정치학교에서 '진보적 민주주의에 대하여'라는 연설에서 '조선의 나갈 길은 참다운 민주주의인 진보적 민주주의의 길입니다.'라고 연설한데서 비롯되었습니다.[69]

북한이 마르크스 레닌주의에 의한 공산주의체제로 정권을 수립하였다는 것은 자타가 공인하는 바이니 조선공산주의인민공화국이라고 당당하게 명명할 만도 한데 스스로를 조선민주주의인민공화국이라고 했습니다.

김일성도 1945년 11월 30일 방수영을 앞세워 기존 공산주의청년동맹(약칭 공청)의 이름을 북조선민주청년동맹조직준비위원회로 바꿔 발족시켰습니다. 똑같은 목적과 인원으로 구성된 조직 명칭을 '공산'에서 '민주'로 바꾼 이유는 공산주의를 감추고 자유민주주의와 뒤섞어놓기 위한 용어혼란전술에 의한 것입니다.

> 김일성이 공산주의란 용어를 쓰다가 민주주의라는 용어로 바꾸게 된 결정적 동기는 1945년 11월 7일 함흥에서 반소 시위가 있었고(6명 사망 2천여 명 체포), 11월 18일에는 평북 용천군 용암포에서 반공시위(1명 사망 12명 부상), 11월 23일 신의주에서 시위(23명 사망 700여 명 부상)가 있었는데 소련군은 주동자를 처벌하고 현지 공산당 간부를 징계하면서 김일성으로 하여금 현지 주민들을 순화하도록 하였다. 그 과정에서 김일성은 의외로 주민들 사이에 공산주의에 대한 반감이 심각하다는 사실을 알고 공산주의를 민주주의로 바꾸어 부르게 했습니다.[70]

폭력혁명 과정에서 목적을 달성하려면 본색을 위장하고 선전하는 게 기본입니다.

북한이나 남로당이 공산주의체제를 지향하면서도 일반이 거부감을 느낄 수 있는 '공산',

---

67) 신상준, 『제주도4·3사건』 상권, (한국복지행정연구소, 2000), 715쪽.

68) 제주4·3연구소, 「이제사 말햄수다」 2권, (한울, 1989), 266쪽.
제주4·3연구소, 「4·3장정」 5권, (1992), 33~37쪽.

69) 유튜브 '유동열의 안보전선' 제134회, 2020.8.27.
김정일은 1990년 12월 27일 노동당중앙위원회 책임일군들에게 '우리나라의 사회주의는 주체사상을 구현한 우리식의 사회주의적 민주주의입니다.... 위대한 수령님께서는 해방 후 우리 인민의 의사와 사상에 맞는 진보적민주주의 노선을 내놓으셨습니다.'라고 연설하였습니다. 통진당은 강령에 진보적민주주의를 규정하여 헌법재판소에 의해 해산되었습니다만 진보적 민주주의는 북한의 대남적화혁명전략인 반제, 반봉건민주주의혁명전략인 인민민주주의나 민중민주주의와 똑같은 이념입니다.

70) 이주영, 『대한민국의 건국과정』, (건국이념보급회 출판부, 2013), 46쪽.

'인민', '민중', '프롤레타리아 독재'라는 용어를 피해서 그럴듯해 보이고 호기심이 발동하는 '진보', '민주' 또는 이를 합쳐 '진보적 민주주의'라는 매력 있는 용어를 조작하고 이를 선점하여 군중을 선동하고 현혹합니다. 그래서 우리들은 좌파의 천재적 용어혼란전술을 조심해야 하는 것입니다.

이승만도 여기에 대하여 1945년 12월 17일 '공산당에 대한 나의 입장'이란 제목의 전국방송에서 '지금은 대중이 차차 깨어나서 공산당에 대한 반동이 일어나매 간계를 써서 각처에 선전하길, 저이들이 공산주의자가 아니요 민주주의자라 하여 민심을 현혹시키나니……'[71]라고 지적한 바 있습니다.

남로당제주도당은 '진보적민주주의'를 자주 강조했습니다. 북한이나 당시 남로당이 말하는 '민주'는 '공산'으로 바꿔 이해하면 정확합니다.

| 문 15 | 남로당 당수 박헌영은?

답 박헌영(1900~1956)은 충남 예산군 신양면 신양리, 비교적 부유한 가정에서 태어났습니다. 어렸을 때 한문 서당에 다니다가 대흥보통학교를 졸업하고, 경성고등보통학교 재학 중 경성중앙기독교청년회 영어과에 다니며 영어 공부에 열중했습니다.

학교를 졸업한 후 유학을 목적으로 동경에 갔다가 1920년 상해로 건너가 이르츠크파 고려공산당 상해지부에 입당하고 공산주의 서적 번역사업과 공산청년동맹 조직책을 맡았습니다.

1921년 모스크바 극동인민대표자회의에 고려공산청년동맹 대표로 참가하였으며 한때 동아일보와 조선일보 기자로 근무한 경력도 있습니다. 1929년 모스크바 동방근로자대학에 입학하여 2년간 수학하고 일제 경찰에 의해 세 번의 투옥과 극적인 석방을 거듭했습니다.

해방이 되자 광주(光州) 월산동, 지금 백운동 이득균의 벽돌공장 노동자로 은신하다가 상경하여 조선공산당 총비서가 됩니다. 가명으로 이정, 이춘, 왕양옥, 박건일, 김성삼, 김추삼, 박암(朴岩), 노상명 등을 사용하였습니다.

1946년 5월 정판사 위폐사건이 발생하고 9월 7일 체포령이 나오자 잠적했다가 장례식을 가장하여 관속에 숨어 38선을 넘고 10월 6일 평양에 도착했습니다.[72]

1945년 9월 초순 스탈린이 김일성을 모스크바에 불러 북한 지도자로 낙점한 후 박헌영은

71) 이병주, 『남로당』 상권, (기파랑, 2015), 159쪽.
72) 전현수, 『쉬띄꼬프 일기』 (국사편찬위원회, 2004), 24쪽.

주도권을 잃었으나 스티코프에 의해 비록 직위는 남로당 부위원장이지만 모든 지령을 남로당 위원장 허헌에게 내리라는 권한을 부여받을 정도로 실질적 남로당 지휘책임자[73]가 됩니다. 북한 정권 수립 후 부수상 겸 외무상을 역임하였고, 6·25 한 달 전 북한 국기훈장 1급을 받았습니다.

1953년 3월 11일 미제간첩 누명으로 체포되고 1956년 7월 19일 방학세의 권총 2발을 머리에 맞고 생을 마감합니다. 일제 경찰의 혹독한 고문에도 살아남았던 그는 공산주의와 김일성을 위하여 충성을 다하였지만, 김일성에 의해서 목숨을 잃은 비운의 사나이라 하겠습니다.

박헌영은 주세죽과 결혼하여 딸 로제타 비바 안나[74]를 낳았고, 두 번째 부인 정순년과의 사이에 아들 원경(圓鏡)[75]이 있습니다. 세 번째 부인 윤레나[76] 밑에 두 어린아이가 있었으나 숙청 때 박헌영과 같은 운명에 처해 진 것으로 보입니다.

박헌영을 연구하기 위해 출발한 '역사문제연구소'에는 박헌영의 아들 원경이 2대 이사장을 역임하였고 2021년 현재 이사 겸 운영위원으로 있습니다.[77]

| 문 16 | 제주도 내 좌파의 태동과 공산당제주도당이 처음으로 조직된 시기는?

답 제주도 내 좌파의 태동 과정을 시대 순으로 설명하겠습니다.

① 1921년 4월 일본 와세다(早稻田조도전)대학을 나온 김명식(조천)의 지시로 서울 유학생 김택수(일도)·김민화(조천)·홍양명(삼도)·한상호(일도)·송종현(신촌) 등은 마르크스 레닌 사상단체이자 항일 소년단체인 반역자구락부를 조직합니다. 조직명은 일본에 반역하는 것이 한국의 애국자가 된다는 뜻에서 지은 명칭입니다.

② 1925년 3월 11일 송종현의 집에서 반역자구락부를 해체하고 순수한 좌파 인물로 서울 유학생 장종식(삼도)·고경흠(삼도)·김시용(조천)·강창보(용담)·김정로(이호)·오대진(하모)·윤석원(이도-추자)·송종현(신촌) 등이 제주신인회를 조직했는데 도내 좌파의 발원

---

73) 전현수, 『쉬띄꼬프 일기』(국사편찬위원회, 2004), 43쪽.
74) 한국 이름 박영(朴影), 러시아 거주.
75) 박병삼(朴秉三), 승려.
76) 윤레나는 소련 이름, 서울 출신, 1948년 결혼 당시 25세로 박헌영보다 23세 연하.
77) 초대 이사장은 박원순 전 서울시장이자 4·3정부보고서작성기획단장입니다. 2021년 홈페이지에는 강만길(고문, 제주4·3위원회위원), 서중석(이사장, 제주4·3위원회위원), 임헌영(본명 임준열, 자문위원), 김정기(3대 소장, 고문, 제주4·3위원회위원)가 있고, 한 때 강창일과 강정구 등도 연구위원으로 참여했다고 알려져 있습니다.

지가 되었습니다. 강령에 '무산자를 본위로 한 신사회의 건설을 기함'이라고 하여 공산주의 노선을 분명히 하였습니다. 송종현은 조선공산당에 입당 '제주 사람으로서 최초의 조선공산당 당원이 되어 1920년대 제주야체이카 활동에 절대적인 영향력을 행사하였'[78]습니다.

③ 1927년 8월 조선공산당전남도당 김재명의 지시로 송종현의 주도하에 강창보·한상호·김택수·윤석원·김정로·오대진·신재홍(연평)·이익우(한림) 등이 제3차 조선공산당 제주야체이카를 조직하고 송종현이 책임자가 됩니다. 1928년 8월에 송종현 등이 검거되어 옥고를 치렀습니다.

주목할 점은 송종현이 피검될 당시 직위는 제주도청년동맹 집행위원이기도 하였는데 '제주도청년동맹 맹원 수는 1920년대 말부터 1930년대 초까지 4,300여 명에 달하였다'[79]는 사실입니다.

④ 1930년 제주청년동맹 화북지부에서 동맹원 장례식 때 적기를 들고 혁명가를 부른 적기가 사건이 발생했습니다. 같은 해 구좌면 세화리에서 농민, 청년, 소년, 여성 등 여러 부문에 걸쳐 운동을 통일적으로 전개하고 운동역량을 결집하기 위하여 신재홍이 주도한 혁우동맹이 결성되었으나 조직이 노출될 조짐을 보이자 이듬해 4월 정식으로 해체합니다.

⑤ 1931년 5월 16일 애월리 김원희 가에서 강창보를 중심으로 제4차 조선공산당 제주야체이카가 결성되었습니다.

⑥ 1932년 1월 구좌 해녀항쟁 배후 조종 혐의로 3월 제4차 조선공산당 야체이카 100여 명이 검거되었습니다. 이를 흔히 제주야체이카사건이라고 부르기도 하는데 이 중 23명이 징역 6개월~5년 형을 받았습니다.[80]

수형자는 김한정(가파)·안구현(도순)·신재홍(연평)·오대진(하모)·이익우(한림)·문도배(세화)·오문규(하도)·강관순(연평)·김성오(평대)·김순종(하도)·김시곤(세화)·한양택(종달)·이신호(하모)·고운선(한림)·김태안(한림)·부태환(신도)·박찬규(이도)·김류환(조천)·김민화(조천)·문재진(삼도)·홍순일(용담)·송성철(삼도)·장종식(삼도) 등입니다.

⑦ 1932년 6월 김경봉(건입) 양병시(한림) 장한호(한림) 등이 주동이 되어 한림노동자연구회, 독서회, 운동자연구회, 민풍진흥회, 제주도농민조합, 한림노농연구회 등을 조직하면서 조직이 확대되고 활동이 활발해졌습니다.

---

78) 제주4·3정립연구유족회, 『4·3의 진정한 희생자는!』 5집, (2015), 116쪽.
79) 제주도, 『제주항일독립운동사』, (1996), 219쪽.
80) 박찬식, 『4·3과 제주역사』, (각, 2008), 81~82쪽.

제주도에서 공산당이 처음으로 결성된 시기 문제에 대해서는 두 가지 설이 있습니다.

① 1945년 10월 초 제주읍 민가에 20여 명이 모여 조선공산당전남도당제주도(島)위원회가 결성되었다는 설[81]과

② 1945년 12월 9일 '조선공산당 제주지부 역원들은 조천 김유환의 집에서 긴급회의를 갖고 조선공산당전남도당제주도(島)위원회가 결성되었다'[82]는 설 등이 있습니다. 2개월 차이입니다.

□ 청년동맹제주도위원회

공산당이 뇌수 조직이라면 반드시 손과 발이 될 활동력 강한 하부 행동대를 조직합니다. 그것이 바로 청년, 부녀, 노조 등 조직입니다.

조선공산당제주도위원회가 조직된 직후인 1945년 12월 10일 조일구락부에서 청년동맹제주도위원회(약칭 청맹, 제주에서는 '청동'으로 불림, 위원장 문재진)가 결성되었습니다.

이 조직은 도(島)청년동맹 → 11개 읍·면청년동맹 → 169개 리(里)청년동맹 → 반(班)청년동맹으로 구성되었으며, 남로당의 전위행동대로서 1947년 3·1기념투쟁과 1948년 4·3 당시 맹위를 떨쳤습니다.

가시리의 경우 '청년들 중에는 3명을 제외하고는 전부 청년동맹원이었어. 마을에서 청동(靑同) 모임에 참석하지 않으면 사람 취급도 하지 않았어'라는 증언이 있습니다. 청년동맹의 강령

1항에는 '우리 청년은 대동단결하여 진보적 민주주의[83] 국가건설에 강력한 추진력이 되기를 기함',

2항에는 '우리 청년은 일본제국주의 잔재 봉건적 요소 및 모든 반동 세력의 철저 숙청을 기함'이라고 되어 있습니다.

1946년 5월 1일 『신광』(新光) 창간호에 보도된 애월면청년동맹의 활동 취지를 보면 '우리는 진보적 민주주의 원칙에 의거하여 각층 각계를 총망라한 민주주의 민족통일을 확립하고 단결로서 일절의 장애물을 용감히 배제하고 노동자, 농민, 일반 근로대중의 자유롭고 평화스러운 생활을 영위할 수 있는 자주독립 국가를 건설하고야 말 것을 선생님들의 영령 앞에 서슴치 않고 맹세합니다.'[84]라고 좌파노선을 분명히 밝혔습니다.

이 청년동맹은 뒤에 민청→ 민애청으로 개편됩니다.

---

81) 제주4·3위원회, 『제주4·3사건진상조사보고서』, (2003), 93쪽.
조선공산당제주도당 결성 당일 직접 참석했다는 남로당대정면책 이운방의 증언, 참석자는 조몽구 문도배 김유환 등이며 김정로가 주도했습니다.
82) 김봉현·김민주, 『제주도인민들의 4·3무장투쟁사』, (문우사, 1963), 14쪽.
제민일보4·3취재반, 『4·3은 말한다』 1권, (전예원, 1994), 535~536쪽.
83) 공산주의

나. 남로당제주도(島)당 당세(黨勢)

| 문 17 | 남로당제주도당 당원 수는?

답 당시 당원명부가 남아있는 것도 아니고, 가입과정이 선전·선동이나 협박 또는 본인 동의를 받지 않고 이름을 올린 경우도 있었을 것입니다. 남로당 당원 명부는 경찰에도 실재했으나 정치적 변혁기마다 거의 폐기되어 정확한 인원을 파악하기란 쉽지 않습니다만, 여러 자료를 통해서 설명하겠습니다.

첫째, 제민일보4·3취재반이 수년간 조사한 결과에 따르면[85]
① 1945년 10월 조선공산당제주도당 발족 시에는 100명 미만으로 출발하여,
　(1946년 11월 23일 3당이 합당하여 남조선노동당 출범)
② 1947년 3·1기념투쟁 당시 1,000~3,000명으로 증가하고
③ 1948년 4·3 발발 당시는 5,000~6,000명으로 급증하였으며
④ 1948년 초여름 경에는 족히 **30,000명**이나 되었다 합니다.
가히 폭발적 증가 추세입니다.

당시 남로당과 민애청에 가입했던 조천면 함덕리 양정근은 '당시 남자면 누구나 그랬습니다. 아니면 따돌림을 받을 정도였으니까요. 마을에서 민청 모임에 참석하지 않으면 사람 취급을 제대로 받지 못하던 그런 분위기였습니다'[86] 라고 증언했습니다. 차라리 왕따 당하는 정도로 그친다면 다행이지만 생명이 위태로웠습니다.

둘째, 1946년 10월 21~31일 남조선과도입법의원 민선의원 45명(관선 45명은 하지가 임명)을 선출하는 간접선거가 있었습니다. 이때 제주도는 2명이 배정되었는데 전국에서 유일하게 좌파 인민위원회 출신인 문도배와 김시탁이 10월 29일 당선되었습니다. 이들은 12월 10일 상경하여 12일 과도입법의원 개원식에는 참석하지 않고 13일 서울 민전회관에서 기자회견을 했습니다.

그때 '우리 제주도 30만 동포는 끝까지 민전 밑에서 더욱 단결할 것을 맹세한다. 그리고 제주도 내는 인민위원회가 거의 8할의 인구를 통일하고 있으며'[87]라고 말했습니다. 개원식

---

84) 제주4·3연구소, 『4·3 장정』 5권, (전예원 1992), 33~37쪽.
제주4·3연구소, 『4·3 장정』 2권, (전예원 1992), 266쪽.
85) 제민일보4·3취재반, 『4·3은 말한다』 1권, (전예원, 1994), 537쪽.
86) 제민일보4·3취재반, 『4·3은 말한다』 4권, (전예원, 1997), 432쪽.
87) 제주4·3위원회, 『제주4·3사건 자료집』 1권, (2001), 41쪽.

에도 참석하지 않으면서 왜 선거에 참여했으며 왜 인민위원회가 8할의 인구를 통일했다고 자랑했는지 이해할 수 없지만 이들이 과도입법의회에서 활동하지 않은 것은 장차 탄생할 대한민국 입장에서는 다행스러운 일이었습니다.

과도입법의원 선거 결과는 '민선 45석 중 조선민주당 15석, 독립촉성국민회의 14석, 무소속 12석, 조선독립당 2석, 제주도 좌파 인민위원회 2석으로 우익집단이 압승했'으며[88] 문도배와 김시탁이 과도입법의원 등록을 하지 않았기 때문에 제주에서는 1947년 3월 20일에 재선거를 실시하여 북제주군에 김도현, 남제주군에 오용국을 선출하였습니다.

□ 문도배(1908~1953)

구좌면 세화리 출신으로 제주공립농업학교를 졸업하고, 1930년 고향에서 신재홍이 주도한 혁우동맹원으로 활동하다가 해산하고 1931년 제주야체이카 조직에 가입 활동한 사건으로 피검되어 징역 3년형을 받고 옥고를 치렀습니다.[89] 해방 후 건준구좌면 위원장, 구좌면 인민위원회 위원장, 과도입법의원으로 당선되었으나 참여하지 않았고, 그후 구속되었다가 풀려나자 1947년 밀항 도일하여 일본에서 사망했습니다.

□ 김시탁(1911~1948)

조천면 조천리 출신으로 개업 의사이며 조천면 인민위원회 문예부장 출신입니다.[90]

셋째, 1948년 7월 2일 자 미군정청 문서 '브라운 대령 보고서'[91]에는

'6명 정도의 훈련된 선동가와 조직가들이 제주도에 남로당을 설치하기 위하여 외부에서 파견된 것으로 추정된다. 또한 공산주의와 그 목적에 대하여 얼마간 이해를 하고 있는 500~700명 정도의 동조자들이 파견된 6명의 특수 조직책들의 운동에 참여하였다. 또한 주민 60,000~70,000여 명이[92] 남로당에 실제 가입한 것으로 추정된다. 그러나 참여한 사람들 중 대부분은 남로당의 배경과 목적에 대한 이해가 없으며 공산주의 운동에 대한 이해와 참여 의사가 없다는 것이 매우 분명하다. 그들 중 대부분은 2차 대전과 그 이후의 곤궁함으로 인하

88) 제주4·3평화재단, 『제주4·3사건추가진상조사 자료집 3 (미국자료 1)』, (2020), 79쪽.
89) 김찬흡, 『20세기 제주인명사전』, (제주문화원, 2000), 215~216쪽.
90) 현길언, 『섬의 반란 1948년 4월 3일』, (백년동안, 2014), 151쪽.
91) 제주4·3위원회, 『제주4·3사건 자료집』 9권, (2003), 37~53쪽.
92) 제주4·3위원회, 『제주4·3사건 자료집』 9권, (2003). 40쪽.
한글 번역문은 6,000~7,000으로 되어 있으나 같은 책 284쪽 영어 원문 영인본에는 'between sixty and seventy thousand people'로 기록되어 있습니다.
양정심, 성균관대 대학원 사학과 박사학위 논문 '제주4·3항쟁 연구' (2005) 98쪽에도 6천~7천 명으로 오역된 자료가 인용되고 있습니다. 284쪽에 있는 영어원문을 보기 바랍니다.

여 깊이 영향을 받은 무지한 교육받지 못한 농부들과 어부들이며, 그들은 남로당이 그들에게 제시한 보다 나은 경제적인 보장에 쉽사리 설득당하였다'[93]라고 기록되어 있습니다.[94]

[표 2] 남로당전남도당부 제주도위원회 조직도[95]

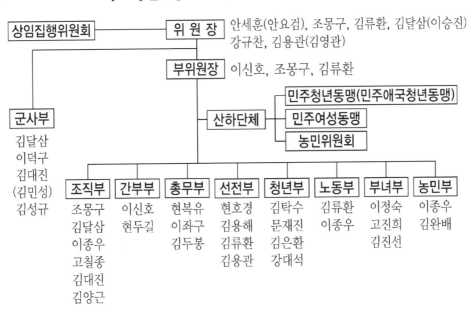

| 상임집행위원회 | | 위 원 장 | 안세훈(안요검), 조몽구, 김류환, 김달삼(이승진) 강규찬, 김용관(김영관) |

| | 부위원장 | 이신호, 조몽구, 김류환 |

산하단체
- 민주청년동맹(민주애국청년동맹)
- 민주여성동맹
- 농민위원회

군사부		조직부	간부부	총무부	선전부	청년부	노동부	부녀부	농민부
김달삼 이덕구 김대진 (김민성) 김성규		조몽구 김달삼 이종우 고칠종 김대진 김양근	이신호 현두길	현복유 이좌구 김두봉	현호경 김용해 김류환 김용관	김탁수 문재진 김은환 강대석	김류환 이종우	이정숙 고진희 김진선	이종우 김완배

여기서 '남로당이 그들에게 제시한 보다 나은 경제적인 보장'이란 토지의 무상몰수 무상분배, 무상교육, 부자와 가난한 자 없이 평등하게 잘 살 수 있다는 것을 말하는 것입니다. 이 말은 '능력에 따라 일하고 필요에 따라 분배 받는다'라는 말과 같이 공산주의자들의 상투적 선전·선동 구호였습니다. 공산주의가 종언을 고하고 북한이 저렇게 된 지금 와서 들어도 귀가 솔깃한 말인데, 당시 도민의 평균적 지식수준으로 볼 때 얼마나 민심을 현혹했는지 짐작이 될 겁니다.

넷째, 제주신보 1957년 4월 3일 자에 의하면 '1948년 4월 3일 좌익계열에 의한 폭동 사건 이래의 경찰 기록을 더듬어 보면, 공비 수는 한때 1만 6,900여 명에 달했으며 그중

93) 제주4·3위원회, 『제주4·3사건 자료집』 9권, (2003), 40쪽.
94) [부록 1] 브라운 대령 보고서 참조.
95) '여러 증언과 자료를 종합해 4·3취재반이 작성한 제주도위원회 조직체계도. 이 도표 상에 나타난 위원장의 경우 5명이 공동으로 맡았다는 뜻이 아니라 1대 안세훈, 2대 조몽구…… 식으로 그 직을 맡았던 사람들을 열거했을 뿐이다. 이 조직체계도는 앞으로 검증 보완해야 할 사항이다'라는 설명이 붙어있습니다. 제민일보4·3취재반, 『4·3은 말한다』 1권, (전예원, 1994), 535쪽.

7,893명이 토벌대에 의하여 사살되었고, 2,004명이 귀순, 7,000여 명이 생포되었다'라고 되어 있습니다.

| 문 18 | 남로당제주도당이 선전한 남로당원 수는?

답 당시 남로당제주도당 스스로는 50,000 당원이라고 선전하였습니다.[96]

1948년 8월 2일 김달삼이 제주를 탈출 월북하면서 가지고 간 지하선거 투표지가 52,350명분[97]이었으니 남로당이 선전한 50,000 당원 확보라는 말은 일견 이와 비슷하여 신빙성이 있어 보이나, 지하선거 과정에서 '백지 날인'이 횡행하였다고 하니 52,350 명이 자의로 지하선거에 동의했다고 보기에도 무리가 있고 이들을 남로당원이라 하기도 어렵습니다. 그러나 제민일보4·3취재반의 『4·3은 말한다』, 브라운 대령 보고서, 남로당의 주장, 기타 기록 등을 종합할 때 남로당제주도당 당원 수는 3만~7만 명 정도라고 추정할 만큼 상당한 세력을 형성하고 있었다는 사실은 확실합니다. 이 중에 남로당의 핵심세력은 4·3폭동의 책임에서 벗어날 수 없다고 생각합니다.

| 문 19 | 제주도민 70%가 남로당 동조세력이라고 인식한 이유는?

답 미군정 문서를 보면 제주도민의 약 몇 %가 남로당 동조세력이라고 인식하는지 알 수 있습니다.

▲ 1947년 3월 19일자 주한미육군사령부 정보참모부 정기보고 제483호에 따르면 3·1 사건은 '시위와 파업, 폭동은 공산주의자들의 선동과 불법 시위의 결과로 일어난 것이다. 그리고 제주도 인구의 70%가 좌익에 정치적으로 동조하고 있다고 추정된다.'[98]

▲ 1947년 11월 20일자 주한미육군사령부 정보참모부 주간요약 보고 제79호에 따르면 '제주도 인구의 약 70%가 좌익 정당 동조자이거나 관련자이며, 제주도는 좌익의 근거지로 알려져 있다.'[99]

▲ 1947년 11월 21일 제주도민정청인 미군 제59군정중대본부 및 본부중대 부관 대위

---

96) 이동규, 『험한 땅 다스리며 개척하며』, (늘푸른디자인, 2010), 93쪽.
97) 제민일보4·3취재반, 『4·3은 말한다』 3권, (전예원, 1995), 258~259쪽.
98) 제주4·3평화재단, 『제주4·3사건 추가진상조사 자료집 3 (미국자료 1)』, (2020). 270쪽.
99) 제주4·3평화재단, 『제주4·3사건 추가진상조사 자료집 3 (미국자료 1)』, (2020). 291쪽.

사무엘 J. 스티븐슨의 작성한 문서에 따르면, '본인은 제주도민의 2/3가 현재 스스로 보기에 온건 좌파일 것이라고 추정합니다. 이것은 1년 전 약 50%가 좌파 동조자였던 것과 대조됩니다.'[100]

라고 분석하고 있습니다.

제주도민의 70%가 남로당 동조세력이라고 인식한 이유는 다음과 같은 사실 때문이라고 생각합니다.

① 1946년 10월 과도입법의원 선거에서 전국 유일하게 제주도에서 좌파인 인민위원회 출신 문도배·김시탁 2명이 당선되고, 이들이 직접 30만 도민이 민전 밑에서 단결할 것이며, 인민위원회가 8할의 인구를 통일하고 있다고 공표한 점

② 남로당 스스로 5만 당원을 확보하였다는 선전[101]

③ 1947년 3·1기념투쟁 집회 때 제주북국민학교에 수만 명이 집결한 사실[102]

④ 3·10총파업 때 제주도청 등 166개 기관단체에서 41,211명이 참여한 점[103]

⑤ 3·1사건 직후 치안 유지 보루인 경찰에서 66명이나 무단 직장 이탈자가 발생[104]했고 그중 일부가 입산하여 인민유격대와 합류한 점[105]

⑥ 군 프락치 사건과 경찰 프락치 사건이 발생한 점(제주 출신 다수 가담)

⑦ 5·10선거 때 전국 200개 선거구에서 유일하게 북제주군 2개 선거구가 선거무효가 된 사실

⑧ 브라운 대령 보고서에 도민 6만~7만 명이 남로당에 가입한 것으로 추산되며 '폭동이 최고조에 달했을 때 인민민주주의 군대 약 4,000명의 장교와 사병을 보유한 것으로 추산된다'는 사실[106]

⑨ 1948년 5월 21일 9연대 경비대원 41명이 집단 탈영[107] 입산하여 인민유격대와 합류한 사건과 4·3 기간 중 탈영입산자가 총 75명[108]인 점[109]

---

100) 제주4·3평화재단, 『제주4·3사건 추가진상조사 자료집 4 (미국자료 2)』, (2020). 340쪽.
101) 이동규, 『험한 땅 다스리며 개척하며』, (늘푸른디자인, 2010), 93쪽.
102) 통상적으로 주최측은 참가 인원을 부풀리는 성향이 있는데 그들의 작성한 복수의 지령서에는 20,600명, 주최측 보고서에는 25,000명으로 추산하였으니 3만 명설은 분명 과장된 인원으로 판단됩니다.
103) 제주도경찰국, 『제주경찰사』, (1990), 290쪽.
104) 제주4·3위원회, 『제주4·3사건자료집』 1권, (2001), 135쪽.
105) 제주4·3정립연구유족회, 『4·3의 진정한 희생자는!』 8집, (2021). 112~131쪽.
입산 및 프락치 경찰관은 모두 16명이며 그중에는 월북하여 북한 내무서 간부로 활동한 자도 있습니다.
106) 제주4·3위원회, 『제주4·3사건자료집』 9권, (2003), 40쪽.
107) 22일 20명 검거

69

⑩ 1949년 10월 2일 제주비행장 인근에서 대통령의 재가를 받은 249명을 사형 집행할 때 탈영 장교 1명, 하사관 5명, 사병 15명 등 모두 21명이 포함된 사실[110]

이상과 같은 여러 정황이 제주도민 70%가 남로당 지원 세력이라고 판단하게 한 원인을 제공하였을 뿐만 아니라 이는 곧 강경 진압의 원인으로 작용했다고 보여집니다.

| 문 20 | 남로당제주도당의 당세가 강한 이유는?

답 크게 두 가지 이유를 들 수 있습니다.

첫째, 제주 출신 좌익사상가들의 활발한 활동
둘째, 남로당 당원 배가 운동의 영향이 컸다고 볼 수 있습니다.

첫째, 일본강점기 제주도민들은 생계유지를 위한 취업이나 공부를 위해서 일본으로 많이 건너갔고, 공산주의 활동이 가장 왕성한 오사카에 대부분이 살았습니다. 인원은 약 5만 명[111]에 달했습니다. 젊은 지식인들은 자연적으로 공산주의 사상을 접하게 되었으며, 그들은 열악한 환경에서 일본인들의 멸시 속에 힘겹게 살아가는 동포들을 보면서 민족의식이 생겨났고, 이들을 위한 계몽운동 노동운동은 독립운동으로 발전하게 되었습니다.

제주도 출신으로서 일본 경찰의 감시대상이 400여 명, 미행 감시 대상이 106명[112] 정도였습니다.[113] 도민들이 보기에 그들은 신지식인이요 엘리트요 독립운동가였기 때문에 공산주의 사상은 빠르게 전파되었습니다. 그러니까 공산당이 인기를 얻은 이유는 일본에 대항하는 지하세력이었기 때문이었습니다.

1920년대 초부터 본격적인 조직이 나타나기 시작해서 1930년대 초에는 해녀항쟁 배후 세력으로 검거되어 옥고를 치르는 경우도 있었습니다만 조직의 확대는 멈추지 않았습니다.

해방 직전까지 각 읍·면·리 및 기관단체에 자치회, 학습회, 독서회, 윤독회, 연구회, 노조,

---

108) 제주4·3위원회, 『제주4·3사건자료집』 7권, (2003), 68,70쪽.
문창송 편, 『한라산은 알고 있다』, (대림인쇄사, 1995), 81~83쪽에는 1948.5.20. 탈영병 43명 피검자 22명, 전체 탈영병은 총 75명으로 기록되어 있습니다.
109) 탈영병이 140여 명이라는 설도 있습니다.
110) 제주4·3위원회, 『제주4·3사건자료집』 8권, (2003), 92쪽. 10권, (2003), 130쪽.
111) 조성윤, 『제7기 4·3역사문화 아카데미』, (제주4·3평화재단, 2014.9.27), 자료 12쪽.
김찬흡, 『20세기 제주인명사전』, (제주문화원, 2000), 420~421쪽에는 4만 명.
112) 산북(현 제주시) 80여 명, 산남(현 서귀포시) 25~6명.
113) 김찬흡, 『20세기 제주인명사전』, (제주문화원, 2000), 420~421쪽.

농민조합, 소년단, 청년회, 부녀회, 의숙(義塾), 야학, 연극회, 운동회 등을 통해 좌파 신(新)지식인들에 의해 독립운동과 계몽운동이 결합하면서 공산주의 의식화 활동이 활발히 진행됩니다.

특히 남로당제주도당은 관공서와 법집행기관, 학교, 우익단체, 군인과 경찰에 프락치를 심기 위해 온갖 노력을 기울여 1947년 초까지는 좌파 조직이 도내 전 마을과 기관, 단체, 학교, 기업체에 완료된 상태였습니다.

1949년 4월 1일 자 '제주도 상황에 대한 현장보고'라는 미군정 보고서에도 '1945년 가을 일제의 억압으로부터 해방되었을 때 공산주의자들의 지하운동은 이미 존재하고 있었다. 이들의 운동은 허약한 정부 행정 아래에서 규모나 강도면(强度面)에서 성장을 거듭했고 외부로 공산주의의 촉진을 증대시켰다.'[114]라고 분석하였습니다.

브라운 대령 보고서에서도 5·10선거 파탄 성공 요인으로 '1946년에 남로당이 세운 철저하고 장기적인 계획이 1948년 5월까지 고도로 훈련된 선동가와 조직가들에 의하여 능숙하고 단호하게 수행되었다'[115]라고 기록되어 있습니다.

1947년 2월 21일 자 읍위(邑委) 제5호 남로당제주읍당의 3·1기념투쟁 제3차 지령서 '각종 조사에 관한 건'에는 제주읍당에서 직접 관리하는 세포 수가 100개[116]라고 나와 있습니다. 당시 제주읍 24개 리에 100개의 세포를 조직했다면 지역 세포 이외에 기관, 단체, 기업체, 학교 등에 얼마나 많은 세포가 침투했으며, 시야를 전도적으로 확대할 경우 얼마나 많은 조직망을 형성했는지 충분히 짐작할 수 있습니다. 3·1기념투쟁 당시 제주북국민학교에 수만 명이 동원되었다는 것은 이렇게 조직이 완성되었기 때문에 가능했던 것입니다. 당원 이외에 산하 조직도 막강하였습니다.

| 문 21 | 3·1기념투쟁 전후 남로당의 당원배가운동이란?

답 3·1기념투쟁 전후로 2~3차례 당원 배가운동이 있었습니다. 이것은 전국적 현상이고 100만 당원을 목표로 하였습니다. 이 과정에서 선전·선동은 물론 협박과 폭력이 있었습니다. 구호로 5배가 운동, 심지어 10배가 운동이라는 말도 나왔습니다. 스스로 가입한 자도 있었지만, 목표치 달성을 위하여 본인도 모르게 이름을 올린 경우도 있었을 것입니다. 그 결과는 훗날 명부 일부가 노출되어 매우 좋지 않은 비극으로 연결되었습니다.

---

114) 제주4·3위원회, 『제주4·3사건 자료집』 7권, (2003), 119쪽.
115) 제주4·3위원회, 『제주4·3사건 자료집』 9권, (2003), 40쪽.
116) 제주4·3연구소, 『제주 항쟁』 창간호, (실천문학사, 1991), 170쪽.

| 문 22 | 제주 출신 일본 유학생들이 공산주의에 심취한 이유와 제주도민에게
미친 영향은?

답 역사적으로 볼 때 우리 독립운동가들은 3·1운동이 독립과 연결되는데 한계가 있음
을 자각하게 되었고, 윌슨이 내세운 민족자결주의에 희망을 걸었으나 결과는 기대
이하였습니다. 또 외교적 교섭을 통해 미국 등 선진민주주의국가들에 지원을 요청했으나 별
다른 효과를 거두지 못하는 상황에 절망했습니다.

이런 상황에서 혁명적인 신사상인 공산주의를 이념으로 하는 소련혁명의 성공은 경이와
동경의 대상이 안 될 수가 없었[117]습니다. 또한 일본의 가혹한 식민통치 아래서 여러 가지
사회적 모순을 목격한 조선의 지식인들이 사회주의, 특히 레닌이 내건 '민족해방론'에 관심
을 두게 된 것은 자연스러운 현상이었습니다.

제주 출신 일본 유학생들도 공산주의에 심취하게 되었는데 그 이유는 『제주항일독립운동
사』에 잘 나와 있습니다.

> • "코민테른[118]은 1928년에 개최된 제6차 대회에서 '일국일당주의' 원칙을 규정했다. 따라
> 서 종래와 같이 일본 국내에 일본공산당과 공청 조직에 병립해서 조선공산당과 공청 조직
> 이 존재할 수 없게 되었다. ……일본공산당도 1931년 4월 정치 강령에 기본 슬로건으로
> '조선·대만 등의 완전 독립'을 내세우고, 당중앙에 민족부를 설치했다. 그리고 기관지에
> '우리들 일본공산주의자들은 모든 수단과 방법으로 조선의 민족해방운동과 노동자·농민
> 의 혁명적·민주적 독재 수립을 위한 그들의 계급투쟁을 원조할 의무가 있다'고 천명했다.
> 또한 일본 공산당은 '1932년 테제(일본의 정세와 일본공산당의 임무)'의 행동강령 속에
> 도 '조선·대만·만주 기타 중국으로부터 약탈한 영토의 해방, 거기로부터의 일본군대의 즉
> 시 철병' 즉 **식민지해방**에 관한 슬로건을 내걸게 되었고, 이어 1932년 8월에는 재일 한
> 국인이 밀집하여 거주하는 - 1933년 6월말 현재 오사카 거주 한국인 수는 133,225명으
> 로 도쿄보다 3.5배나 많았다 - 간사이(關西관서) 지방당부에 즉각적으로 소수민족부를 설
> 치하도록 지시했다. 따라서 이 시기 일본공산당원으로서의 한국인의 투쟁은 한국의 해방
> 을 위한 투쟁과 결부되었다."[119]
> • '1922년 7월 니가타현(新潟縣신사현) 시나노가와(新濃川신농천) 발전소 건설 현장에서 일
> 본인 감독이 한국인 노동자를 학살하는 사건이 일어났다. 이 사건에 접한 일본 사회주의
> 자들은 한일노동자의 공동투쟁을 제의하고 사건의 해결에 많은 역할을 하였다 …… 따라
> 서 재일 한국인들이 점차 그들에 대한 친근감을 갖게 된 것은 당연한 일이었다'[120]

---

117) 남시욱, 『한국 진보세력 연구』, (청미디어, 2009), 135쪽.

1937년 일본에 건너간 한국인은 73만 명[121]이고 이들은 가난한 농어촌 출신들로서 특별한 교육을 받거나 기술이 없는 자들이므로 일본의 최하층 근로계층에 투입될 수밖에 없는 처지였습니다. 따라서 당시 일본인들이 한국인을 보는 눈은 '조포(粗暴)하고, 흥분을 잘하고, 쉽게 부화뇌동하고, 근검 위생 사상이 모자라고, 낭비하며, 게으르고, 불결하고 더럽다'[122]고 멸시를 받는 실정이었고, 이를 보는 의식 있는 9,914명의 유학생은[123] 자연적으로 민족 의식과 조선독립을 지원하는 급진적 사상에 빠져들었던 것입니다.

1929년 일본 재일조선인 단체 자료에 의하면, 공산계 40개 단체 25,370명, 무정부계 15개 단체 335명, 민족·공산 양계 12개 단체 2,455명, 민족계 98개 단체 7,162명이나 되었습니다.[124] 정치사상 단체가 165개에 회원이 35,322명이나 되었습니다. 이 중에 제주 출신도 많았을 것입니다.

위에서 거론한 바와 같이 제주 출신 일본 유학생들은 일본 공산당원에게 매우 호의적이었습니다. 또 일본노동조합전국협의회(약칭 전협)와도 긴밀한 유대관계를 가지게 되었습니다. 즉 독립운동이나 노동운동을 하려면 동일 노선, 동일 목표를 가진 일본 공산당과 전협의 협조와 지원으로 공동투쟁을 하는 것이 효율적이었습니다. 이러한 공동투쟁은 바로 공산혁명 투쟁이었으며 항일 독립운동이었고 노동 투쟁임과 동시에 민족계몽 운동이었던 것입니다. 그리고 이러한 공산주의 항일운동가는 독립지사가 되어 귀향하자 도민들로부터 열광적인 환영과 존경을 받았습니다. 이들은 지역에서 똑똑한 청년들을 선발하여 야학, 독서회, 연구회, 의숙 등을 통하여 당시로써는 금시초문이며 흥미진진한 공산주의 신지식을 전파하니 이에 매료된 엘리트들은 지역 지도자나 교사가 되어 도민과 학생들을 의식화시켰던 것입니다.

그러나 이들 선각자는 독립운동 면에서는 높은 평가를 받았으나, 해방 후 건국과정에서는 국제정세를 정확히 분석하는 혜안이 없었고 자유와 인권보장이 부정되는 신념에 매몰되어 결국 자멸의 길을 걸었다는 것은 큰 아픔이라 하겠습니다.

---

118) 1919년 레닌의 주도로 모스크바에서 창설된 공산주의 인터내셔널의 약칭
119) 제주도, 『제주항일독립운동사』, (1996), 317~318쪽.
120) 제주도, 『제주항일독립운동사』, (1996), 310쪽.
121) 로버트 스칼라피노, 이정식, 『한국공산주의운동사』, (돌베개, 2018), 311,312쪽.
122) 로버트 스칼라피노, 이정식, 『한국공산주의운동사』, (돌베개, 2018), 313쪽.
요시우라 타이조, 「조선인공산주의운동」, 『사상연구자료특집』 제71호, (일본 사법성 형사국, 1940), 17~18쪽.
123) 로버트 스칼라피노, 이정식, 『한국공산주의운동사』, (돌베개, 2018), 311쪽.
124) 로버트 스칼라피노, 이정식, 『한국공산주의운동사』, (돌베개, 2018), 314쪽.
요시우라 타이조, 앞의 글, 13쪽.

| 문 23 | 당시 제주 출신으로 유명한 좌익사상가와 그들에 대한 역사적 평가는?

답 제주 출신으로서 전국적으로 이름이 있는 좌익 인물을 『20세기 제주인명사전』[125] 등을 통해 보면 다음과 같습니다.

[표 3] 해방 전후 제주 출신 유명 좌익 사상가

이름	경력
장종식	북조선행정국 교육국장(초대 교육부장관 격) 북조선인민위원회 간부부장,[126] 북한거물간첩 이선실의 신유의숙 선생
김응빈	6·25 당시 노동당서울시당위원장(서울시장 격) 금강정치학원 원장
강문석	김달삼의 장인, 조선공산당 선전부장, 남로당 중앙위원, 민전중앙위원 산업노동조사소 소장, 북한 제1기 최고인민회의 대의원
고경흠	여운형 비서, 건준 서기국장, 북한 제1기 최고인민회의 대의원 제주 출신 중 국내는 물론 일본과 중국 등지에서 가장 영향력 있는 혁명가
김명식	일본 와세다대 졸, 동아일보 창간 멤버이며 논설위원 [127]
송성철	여운형의 사위(여연구의 남편), 민전 중앙위원, 북한 제1기 최고인민회의 대의원, 1947년 8월 3일 여운형 장례식 때 북한민전 대표로 참석[128] 주중북한대사관 참사관

이상의 인물들의 면면을 보면 대단히 훌륭한 분들입니다. 독립운동을 했으니 당연히 그 공로에 대하여 존경해야 합니다. 그러나 이분들에 대한 역사적 평가는 독립운동한 때까지로 봐야 합니다. 이분들이 그때 좌측 극단으로 가지 말고 대한민국 건국에 힘을 보탰다면 영웅들입니다. 그러나 그분들이 선택은 오늘날 공산주의와 북한의 실상을 봤을 때, 또 그들의 말로를 보면 대단히 길을 잘못 선택해서 반(反)대한민국 역사를 썼으며, 개인적으로도 몰락의 길을 스스로 택하여 매우 불행하였습니다. 예를 들어 어떤 사람이 좋은 일을 하다가 어느 날 비난 받을 죄를 범했다면 좋은 일에 대한 공적을 높이 평가해야 하지만, 저지른 잘못에 대해서는 그대로 엄정 평가해야 하는 것과 같은 이치입니다.

4·3 주도자들과 마찬가지로 그들이 70여 년 만에 무너진 공산주의와 피폐할 수밖에 없는

---

125) 김찬흡, 『20세기 제주인명사전』, (제주문화원, 2000), 김찬흡, 『제주인물대사전』, (금성문화사, 2016).
126) 김학준, 『북한의 역사』 2권, (서울대학교 출판부, 2008), 660쪽.
127) 김찬흡, 『제주인물대사전』, (금성문화사, 2016), 168,169쪽.
128) 남시욱, 『한국 진보세력 연구』, (청미디어, 2009), 104쪽.

북한노선을 따랐기 때문에 도민의 불행은 시작되었습니다. 좌익인사의 공산화 통일 준비는 우익의 대한민국 건국 준비보다 한참 앞서 있었던 데다 그들은 자신들이 우익보다 한참 우위에 있다고 자만했습니다. 그뿐만 아니라 국내외 정세를 오판해서 4·3사건을 저지르거나 북한 편에 선 사실은 당연히 비판받아야 합니다. 한양대 최문형 명예교수도 '사건을 연구하는데 그 동인(動因)이나 주도자의 의지도 물론 중요하지만 이에 못지않게 결과도 마찬가지로 중요하다.'[129]라고 하였습니다.

결론적으로 그들이 이전까지 훌륭한 삶을 살아오거나 많은 이들로부터 존경을 받았다고 하더라도 국가의 진로를 오도했다면 그에 상응한 책임이 있는 것입니다.

| 문 24 | 제주 출신으로 월북하여 북한 제1기 최고인민회의 대의원이 된 사람들은?

답 　4·3을 주도한 후 월북한 안세훈, 김달삼, 강규찬, 이정숙, 고진희, 문등용 이상 6명입니다. 문등용은 가명인 듯합니다. 김남식의 『남로당연구』에는 이 외로 강문석, 고경흠, 송성철 등이 있습니다. 이들을 포함하면 제주 출신이 모두 9명입니다.[130] 북한의 제1기 최고인민회의 대의원은 우리의 제헌국회의원과 같은 직위입니다.

| 문 25 | 『4·3은 말한다』에 의하면 남로당제주도당원이 3만 명이나 된다고 했는데, 이들 모두 4·3에 책임이 있나요?

답 　『4·3은 말한다』에 의하면 1948년 4·3 발발 당시 남로당원이 5,000~6,000명이고 그 직후 초여름 경에는 족히 3만 명이나 되었다고 합니다. 이들 모두를 4·3에 책임이 있다고 할 수도 있습니다만 당시 살벌한 폭력이 난무했고 교묘한 선전·선동에 현혹된 점 등을 고려하면 3만 명 전원에게 4·3의 책임을 묻는다는 것은 좀 무리가 있다고 생각합니다. 다만 4·3 주동자와 자진 입당자, 적극 가담자, 습격이나 살인 방화에 가담한 자, 기타 핵심세력은 책임이 있다 할 것입니다.

거듭 말씀드리지만, 남로당 스스로 5만 당원 확보 선전은 자신들 사기 앙양과 당원 배가 운동에 도움이 되었을지는 몰라도 당국의 인식을 악화시키는 요인으로 작용하였고 일부 명부가 노출됨으로 인하여 억울한 희생을 초래하였습니다.

---

129) 최문형, 『한국 근대의 세계사적 이해』, (지식산업사, 2010), 67쪽.
130) 김남식, 『남로당 연구』 1권, (돌베개, 1984), 530, 537쪽.

다. 남로당제주도당 핵심세력

| 문 26 | 남로당제주도당 핵심세력의 호칭은?

답 남로당 인민유격대원들에 대한 호칭은 보는 사람에 따라 많이 달랐습니다. 예전에는 남로당 무장 세력을 폭도, 공비, 산 사람, 괴한이라고 불렀고, 남로당 스스로는 인민해방군, 인민유격대, 인민군, 빨치산,[131] 미군정에서는 게릴라[132] 라고 불렀습니다. 당시 경찰문서에는 비적(匪賊), 산적(山賊), 적구(赤狗)라는 용어도 보이고 육지부에서는 들부대, 야산대라는 용어도 사용했습니다. 정부보고서에서 사용하는 '무장대'라는 용어는 러시아 혁명사에도 등장합니다만 제주 사회에서 통용되기 시작한 것은 4·3특별법이 나온 이후입니다.

여기서 저는 무장대라는 말 대신에 당시 그들이 스스로 불렀던 '인민유격대'로 때론 '인민해방군'으로 사용하였습니다만 당시 그들이 사용했던 명칭이라는 그 이상의 뜻이 없음을 이해 바랍니다.

| 문 27 | '폭도'는 잘못된 호칭인가요?

답 2013년 우근민 지사가 폭도라는 말을 했다가 4·3 관련 단체로부터 엄청난 비판을 받았습니다. 폭도라는 말의 사전적 의미는 '폭동을 일으켜 치안을 문란시키는 무리'라는 뜻입니다. 김대중 대통령이 CNN과의 대담에서 제주4·3은 공산당의 폭동으로 일어났다고 했으니 폭도가 크게 틀린 말도 아닌 것 같습니다. 폭동을 일으킨 사람이 폭도이기 때문입니다.

정부보고서에서는 이들이 1,764명[133]을 살해했고, 마을을 습격해서 살인·방화·약탈을 했고, 만 9년간 대한민국에 무장폭력으로 항거했습니다. 이들이 폭도가 아니면 뭐라 불러야 되는지 모르겠고, 또 그들에게 당한 피해자들의 입장에서는 폭도라는 말이 과히 틀린 말도 아닙니다. 당시 일반 도민들은 흔히 폭도라 부른 것도 사실이며, 선전·선동에 속았거나 협박에 못 이겨 부득이하게 입산한 선량한 사람들에게는 폭도라는 호칭을 아예 사용하지 않았습

---

131) 빨치산은 러시아어 partizan, 적의 배후에서 파괴·전복·약탈·인명 살상 등을 하는 비정규군.
132) 게릴라는 스페인어 guerilla, 유격대원, 일정 진지 없이 불규칙적으로 출몰하는 유격대원.
133) 제주4·3위원회, 『제주4·3사건진상조사보고서』, (2003), 371쪽.

니다. 폭도라고 불린 사람들은 대부분이 마을을 습격하고 살상행위를 한 집단을 지칭하여 불렀던 용어입니다. 최근에 이르러 좌파나 언론에서 폭도라는 용어에 대하여 민감한 반응을 보이고 있는데 그 이유는 좌파 단체나 사람들이 4·3역사를 왜곡하는 일에 직간접적으로 영향을 미치기 때문이라고 생각합니다.

저는 이 글에서 4·3에 책임이 분명한 핵심세력에 대해 9연대장 김익렬이 사용한 폭도, 폭도병, 반란군이란 용어에 동의하지만, 무고한 희생자들에 대해서도 잘못 부를 우려가 있는 용어라고 생각했고, 그렇다고 해서 정부보고서나 4·3특별법에 나온 무장대라는 용어에도 동의할 수 없어서 그냥 인민유격대라 하기로 했습니다.

| 문 28 | 4·30에 책임 있는 남로당제주도당 핵심세력 규모는?

답 남로당원 중 어느 범위까지를 4·3 핵심세력으로 보느냐 하는 기준은 매우 어려운 문제입니다. 우선 핵심세력이 몇 명인가에 대한 각자의 주장들을 소개해 보겠습니다.

① 정부보고서에는

'4·3사건 전 기간에 걸쳐 무장 세력은 500명 선을 넘지 않았던 것으로 판단된다'[134]라고 했습니다. 이는 김달삼이 직접 작성한 '제주도인민유격대투쟁보고서'에 근거를 둔 인민유격대 제5차 조직을 정비한 501명[135]을 지칭한 숫자로 보이는데 이는 완전히 일선 전투부대원만을 말한 인원수이고, 이것도 인적 손실이 생기면 자위대에서 지속해서 보충하였으니 그 이상이라는 것은 쉽게 짐작할 수 있습니다.

이외로 후방 지원 세력인 자위대, 민애청, 부녀동맹, 농위(農委), 전평(全評), 학생단체, 기타 문화단체 등의 조직원도 많았습니다. 물론 이런 단체 간에는 중복 가입자도 있었습니다.

② 4·3 주동자 김봉현·김민주가 쓴 『제주도인민들의 4·3무장투쟁사』에는

핵심세력으로 '가장 애국적이고 열렬한 3,000명의 무장력'[136]이라 기록되어 있고,

③ 브라운 대령 보고서에는

'폭동이 최고조에 달했을 때 인민민주주의 군대는 약 4,000명의 장교와 사병을 보유한 것으로 추산된다'[137]라고 기록되어 있습니다.

---

134) 제주4·3위원회, 『제주4·3사건진상조사보고서』, (2003), 536쪽.
135) 문창송 편, 『한라산은 알고 있다』, (대림인쇄사, 1995), 27쪽.
136) 김봉현·김민주, 『제주도인민들의 4·3무장투쟁사』, (문우사, 1963), 83,86쪽.
137) 제주4·3위원회, 『제주4·3사건자료집』 9권, (2003), 40쪽.

④ 장창국의 『육사 졸업생』에는

총병력은 무장병 500명과 비무장 1천 명, 합계 1,500명[138]으로,

⑤ 신상준 박사의 『제주도4·3사건』에는

'핵심적 무장세력인 인민유격대 이외에 부락자위대를 비롯한 후방지원세력이 전성기(1948년 4월~9월)에 3,000~5,000명[139] 내외로 추정'된다고 하였으니 인민유격대를 포함하면 그 이상이 됩니다.

⑥ 1948년 6월 15일자 미24군단 971방첩대 정보요약 제9호에는

'소문에 따르면 제주도의 좌익 무장대는 약 5,000명으로 추정되며 김장흥의 지휘 아래 있다'[140]고 하였고,

⑦ 1975년 존 메릴이 쓴 하버드대 석사 논문 『제주도 반란』에는

'반란군의 주력은 500명 정도, 그들이 하산하자 3,000명의 주민이 이에 가세'[141]했다고 기록되어 합계 3,500명을 핵심세력으로 보고 있습니다.

⑧ 1948년 5월 15일 자 조선중앙일보와 5월 16일 자 민중일보에 의하면

'폭동사건의 규모 : 2,000여 명이 조직적·계획적 무장봉기를 하여……'[142]라는 기록이 남아있습니다.

⑨ 1948년 4월 9~10일[143] 유엔한국임시위원단 감시1반[144]이 내도 체류 중 제주도 군정장관 맨스필드 중령이 보고한 내용에는,

'제주도 공산주의자들이 프랑스의 마키[145]와 같은 조직으로 구성돼 있고, 2천여 명이 산속에서 일본제 탄약과 장비, 총, 수류탄, 지뢰들을 갖고 있다.'[146]라고 되어 있습니다.

⑩ 1948년 11월 21일 자 주한미군사령관이 미극동군사령관에게 보고한 문서에는 (1948년) '봄 제주도에서 1,400~1,500명 사이의 게릴라가 조직되었던 것으로 추정되었다.'[147]라고 되어 있습니다.

⑪ 1949년 4월 1일 미군정 보고서에 의하면,

---

138) 장창국, 『육사 졸업생』, (중앙일보사, 1984), 114쪽.
139) 신상준, 『제주도4·3사건』 하권, (한국복지행정연구소, 2002), 955쪽.
140) 제주4·3위원회, 『제주4·3사건자료집』 10권, (2003), 20쪽.
141) 제민일보4·3취재반, 『4·3은 말한다』 2권, (전예원, 1994), 103쪽.
142) 신상준, 『제주도4·3사건』 하권, (한국복지행정연구소, 2002), 445쪽.
143) 4·3 발발 6일 후
144) 프랑스 올리버 마네, 인도 싱, 필리핀 빌리바, 밀러.
145) 제2차 대전 시기 있었던 프랑스의 반독일 유격대.
146) 제주4·3연구소, 『제주4·3, 진실과 정의』, (2018), 148~149쪽.
147) 제주4·3위원회, 『제주4·3사건자료집』 7권, (2003), 254쪽.

'현재 무장 폭도들은 약 250명 정도 남아 있는 것으로 추정된다. 이들은 산에 은신해 있는 1,000~1,500명의 지원자나 동조자들에 의해 뒷받침되고 있다.

비무장 폭도 지원자 : 산악 지역 곳곳에 흩어져 있으며 그 숫자는 1,000~1,500명 정도로 추산됨. 3월 2일 이래 폭도 지원자 중 300명이 사살당했고, 1,500명이 생포되어 현재 구류 중임'[148]

이라고 기록되었습니다.

이는 보고 시점(時點)이 대량 인명피해가 발생한 이후라는 점과 잔여 폭도(무장과 비무장)의 숫자, 그리고 사살자와 생포자를 고려할 때 3,000명을 상회합니다.

⑫ 주한미군 작전참모부 슈 중령이 작성하여 작전참모 타이센 대령에게 보고한 1948년 4월 27~28일 작전 결과와 4월 29일부터 5월 1일까지의 작전계획 보고서에 의하면 '현재 게릴라 숫자는 1,000명에서 2,000명 사이로 추정된다'[149]고 기록하고 있습니다.

추가로 설명해 드리면

⑬ 1947년 3·1사건 당시 남로당원 수가 1,000~3,000명이었던 것이 1년 후 4·3 발발 때쯤에는 5,000~6,000명으로 급증하였습니다. 따라서 그 절반을 핵심세력으로 보는 데 무리가 없고, 초여름 경에는 족히 30,000명으로 폭증한 것을 보면 그 1/10을 핵심세력으로 보는 것은 확대해석이 아니라는 생각입니다.

⑭ 1947년 1월 12일부터 2월 22일까지 9개 읍·면 민주청년동맹 결성식 때 참가한 대의원이 모두 2,253명이며 방청객 합계[150]는 3,550명이나 됩니다.[151] 여기에 제주도민주청년동맹 대의원을 포함하면 대의원만 3천여 명에 육박하는데, 이들을 남로당 정예 전위세력으로 봐도 무리가 없습니다.

⑮ 노민영의 『잠들지 않은 남도』에는

4·3 발발 1년 후쯤 '게릴라의 집요함은 놀랄만 했다. 덧붙여 말하면 무장한 중핵대(中核隊)는 300~400명 정도이고 조직 세력까지 포함하여 대략 3,000명으로 추산되는 적지 않은 전력이 유지되고 있었다.'[152]라고 기록되었습니다. 1년 후의 무장 중핵대가 3,000명이라면 그간 많은 사망자를 낸 이후의 시점임을 계상했을 때 4,000명의 장교와 사병으로 구성되었다는 브라운 대령 보고서와 근사치임을 알 수 있습니다.

---

148) 제주4·3위원회, 『제주4·3사건자료집』 7권, (2003), 121~122쪽.
149) 양정심, 『제주4·3항쟁연구』, (성균관대 박사학위 논문, 2005), 91쪽.
150) 대의원과 방청객 구분이 안 된 서귀면과 대정면 참석자 중 1/2을 대의원으로 추산했습니다.
151) 신상준, 『제주도4·3사건』 상권, (한국복지행정연구소, 2000), 716~718쪽.
152) 노민영, 『잠들지 않은 남도』, (온누리, 1988), 244쪽.

⑯ 1948년 8월 10일 자 미군정 보고서에 의하면

'폭도는 550명(여자 100명 포함)이 구좌면 지역에 주둔해 있고, 이 집단이 가장 잘 무장되어 있다'[153]라는 기록으로 보아 이는 제주도 동북부지역에 국한된 무장병력이므로 전도적 규모의 병력은 훨씬 많았다고 판단됩니다.

필자는 김봉현·김민주가 주장한 3,000명을 핵심세력으로 보고 있습니다. 이는 브라운 대령이 파악한 4,000명에서 1천 명이나 감축한 인원이고, 존 메릴이 본 3,500명에서도 500명이 축소된 인원으로써 절대 과장이 아니라고 봅니다.

| 문 29 | 인민유격대에 인적 손실 발생 시 '자위대'에서 보충했나요?

답 자위대는 1947년 3·1기념투쟁 직후부터 전남도당의 지령에 의해[154] 조직에 착수하였으나 지지부진하다가 8월경부터 활발히 조직되기 시작하였습니다.

남로당의 주요 세력인 이 조직은 1948년 2월경이 되면 마을 단위로 제주도 전역에 조직됐으며 1948년 5월 초 인민자위대[155]로 명칭이 바뀌었습니다.

명칭에서 보는 바와 같이 자위대(自衛隊)는 마을을 방위하기 위한 자발적 조직이라고 하나 남로당의 지시에 의해 조직했고 구성원이 남로당원 또는 협력자들이어서 사실상 인민유격대의 임시 보급창이며 마을 기지이고 후방지원대였습니다.

자위대의 임무는 인민유격대가 마을을 습격할 때 테러와 공격에 적극적으로 참여하고 그들과 합류하는 것입니다. 즉 봉화를 올리고, 삐라 살포 등 선전 투쟁 전개, 식량과 자금을 모집 제공하는 등 보급지원, 테러와 공격에 가담, 명령 전달과 연락, 정보수집 및 제공, 은신처 제공, 결손인력 보충 등으로 요약할 수 있습니다.

4·3 당시 제주도경찰국 적정계(敵情係)에 근무했던 정남두[156]의 자서전 『사엄록』에 의하면 인원 보충 방법을 가늠케 하는 좋은 사례가 소개되어 있습니다.

153) 신상준, 『제주도4·3사건』 하권, (한국복지행정연구소, 2002), 954쪽.
HQ USAFIK, G-2 Periodic Report, No. 907, 10 August 1948, 3-a-(5).
154) 문창송 편, 『한라산은 알고 있다』, (대림인쇄사, 1995), 17쪽.
155) 제주4·3위원회, 『제주4·3사건자료집』 9권, (2003), 49쪽.
156) 1926년생, 전 상이군경회 제주도지부장.

'마을을 습격하려면 사전에 전투조, 탈취조, 청소년 납치조를 편성하고 마을 습격을 감행하면 납치조는 재빨리 가호(家戶)를 수색하고 17세 전후의 소년들만 붙잡아 포박하고 입산한다. 입산하면 심문을 통하여 성분을 파악하고 한 두 사람을 선별해서 반동분자로 성토하고 그 납치 소년들로 하여금 철창을 주어 공동으로 살해했다. 이렇게 공포 분위기를 조성하여 하산 탈주할 엄두를 내지 못하게 하고 아울러 탈주 하산하더라도 살인한 죄의식을 심어 주어 탈주 의사를 포기케 했다. 그러므로 이들은 더욱 충성을 맹세하고 앞 다투어 열성분자가 되도록 한 것이다'[157]

그 수법이 너무 잔인합니다.

| 문 30 | 남로당 인민유격대를 '인민해방군'이라고도 불렀나요?

답 네, 인민해방군이라고 불렀습니다. 남한은 미국의 식민지이기 때문에 이를 해방하기 위해 투쟁하는 부대라는 의미로 남로당제주도당 인민해방군이라고 명명하게 된 것입니다. 그래서 인민해방군 조직은 남로당제주도당에 국한된 것이 아니고 중앙당의 지령에 의해 전국적으로 조직하였습니다. 조직목적은 대한민국 군대와 경찰 조직 내에서 반란을 조장하고 유격 활동을 강화하려는 데 있었습니다.

그 예로 경남에서는 1947년 3월 한인식이 경남군사위원회를 조직하고 총참모장에 취임하여 김갑수를 사단장으로 임명하고 부산, 동래, 울산, 진주, 남해 등의 도시와 시골까지 비밀리에 연대를 창설했습니다. 1947년 8월에는 830명의 조직 요원과 763명의 정치 요원으로 구성된 핵심그룹이 결성되어 각 연대는 군사 활동, 정보수집, 소형무기 생산, 정치 활동을 담당하는 각각의 특별부대를 갖고 있었습니다.[158]

남로당제주도당도 1947년 8월에 무장반격전을 대비하기 위하여 군사체제로 전환, 인민해방군을 창설하고 김달삼이 사령관이 됩니다.[159] 사령관 휘하에 기동대를 두고 이덕구가 책임자가 되며 제주읍, 조천면, 남원면, 한림면, 애월면에 유격 중대를 편성하고, 한림면과 애월면에는 특별히 자위대를 추가 편성하였습니다. 인민해방군 본부에는 기동대와 전투부대 25부대, 직속부대 25부대를 두었습니다. 완전히 군대조직입니다.[160]

157) 정남두, 『사업록』, (선진인쇄사, 2011), 45쪽.
158) 로버트 스칼라피노, 이정식, 『한국공산주의운동사』, (돌베개, 2018), 479쪽.
159) 고재우, 『제주4·3폭동의 진상은 이렇다』, (백록출판사, 1998), 27~28쪽.
160) [표 4] 참조

1947년 9월이 되면 남로당제주도당은 무장반격전을 대비해서 본거지를 산으로 이동하고 본격적인 무장투쟁 준비에 돌입했습니다.[161] 그들의 훈련한다는 정보가 경찰에 입수되기 시작한 것은 1947년 말경부터입니다.[162]

> 　　'1948년 2월 초 대규모 군사훈련에 관한 최초 보고 가운데 하나를 받았다. 300여 명이 애월면의 오름(역주:샛별오름으로 추정)에서 훈련 중인 것으로 보고됐다. 다이너마이트와 식량, 민간인 옷이 훈련 장소에서 발견됐다. 그때부터 섬의 모든 지역에서 비협력자들을 죽이고 주택을 불태웠으며 포로들을 데려가는가 하면 시골에 테러를 가하는 등 적극적인 활동을 해왔다.'[163]

　　1948년 2월 초라면 3·1발포사건이나 3월 6일 최초의 조천지서 고문치사사건과 3월 14일 모슬포지서 고문치사사건 이전입니다. 이때 벌써 훈련하고 인명을 살상하고 약탈을 자행한 것입니다.

　　이러한 남로당의 인민해방군 조직은 바로 2·7폭동 지령에 의한 비합법적 폭력투쟁을 위한 준비였고 제주에서는 4·3의 신호탄이었던 것입니다.

　　인민해방군은 조직체계나 직위도 '분대, 소대, 중대, 연대, 지대, 군단, 유격대, 자위대, 특별경비대, 특무대, 기동대, 특공대, 사령부, 훈련소, 군사부, 작전교육부, 군사부 총책, 군책, 인민군 사령관'이라는 명칭들을 사용한, 완전한 군대 조직으로 4·3을 일으켰으며 대한민국을 전복시키려 했습니다. 그뿐만 아니라 그들은 대한민국을 '적', '원쑤', '괴뢰'라 불렀고 전투 결과를 전과(戰果)라 했습니다. 대한민국 군인을 '노랑개', 경찰을 '검은개'라고 비하했습니다.

---

161) 제주4·3연구소, 『이제사 말햄수다』 2권, (한울, 1989), 40쪽.
162) 제주4·3연구소, 『이제사 말햄수다』 2권, (한울, 1989), 41쪽.
163) 제주4·3위원회, 『제주4·3사건자료집』 9권, (2003), 47쪽.

[표 4] 남로당제주도당 인민해방군계도[164]

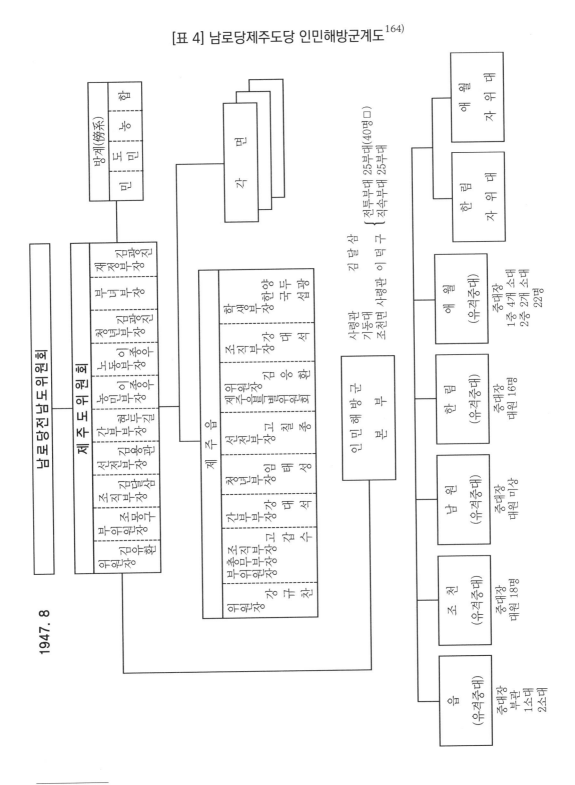

164) 고재우, 『제주4·3폭동의 진상은 이렇다』, (백록출판사, 1998), 26~28쪽.

| 문 31 | 인민유격대 사령관 이덕구는 2대(代)인가요, 3대인가요?

답 남로당제주도당 인민유격대 사령관(인민해방군 사령관, 군사부책, 군책) 중 이덕구가 2대 사령관인지 3대 사령관인지는 설이 분분합니다. 조직 자체가 극비사항이라 자료마다 다르게 나와 있습니다만 2대로 보는 것이 중론입니다.

[표 5] 역대 남로당제주도당 인민유격대 사령관

출 처	사 령 관
정부보고서[165]	1대 김달삼, 2대 이덕구,[166] 3대 김의봉, 4대 허영삼, 5대 김성규
『제주도인민들의 4·3무장투쟁사』[167]	1대 김달삼, 2대 김대진, 3대 이덕구
『4·3은 말한다』[168]	1대 김달삼, 2대 이덕구, 3대 김대진, 4대 김성규
『4·3 장정』[169]	1대 김달삼, 2대 이덕구, 3대 고승옥, 4대 김의봉
『한라산은 알고 있다』[170]	1대 김달삼, 2대 김성규('임시대리')
『박헌영과 4·3사건』[171]	1대 김달삼, 2대 김성규, 3대 이덕구
『제주사람들의 설움』[172]	1대 김달삼, 2대 이덕구, 3대 김성규
『해방전후사의 인식』[173]	1대 김달삼, 2대 이덕구, 3대 정명호, 4대 김성규

| 문 32 | 자진 월북한 남로당원들의 말로는?

답 소설 『남로당』을 쓴 이병주도 "남로당은 해방 정국에서 소련 공산당의 눈치를 본 '좌파 사대주의'에 빠졌다"면서 '남로당은 한국의 뛰어난 인재를 모아 민족에 죄를

---

165) 제주4·3위원회, 『제주4·3사건진상조사보고서』, (2003), 342,351쪽.
제일 유력한 주장으로 보입니다.
166) 김달삼, 이덕구에 대한 자세한 설명은 [부록 11] 참조
167) 김봉현·김민주, 『제주도인민들의 4·3무장투쟁사』, (문우사, 1963), 89쪽.
김남식, 『남로당 연구』 1권, (돌베개, 1984), 377쪽.
'제3대 사령관 리덕구'로 기록되어 있습니다.
168) 제민일보4·3취재반, 『4·3은 말한다』 1권, (전예원, 1994), 535쪽.
169) 제주4·3연구소, 『4·3 장정』 6권, (전예원 1993), 88쪽.
170) 문창송 편, 『한라산은 알고 있다』, (대림인쇄사, 1995), 92쪽.
171) 고문승, 『박헌영과 4·3사건』, (신아문화사, 1989), 144쪽.,
오성찬의 『신동아』1998년 8월호 기고문 인용.
172) 고문승, 『제주사람들의 설움』, (신아문화사, 1991), 406쪽.
173) 고창훈, 『해방전후사의 인식』 4권, (한길사, 2012), 280쪽.

지은 허망한 단체'였다고 혹평했습니다.

이병주는 또 박갑동의 증언을 통해 '남로당중앙당 지도부에서도 남한의 중도파 정당과 손잡고 총선[174]에서 의석을 확보해 살아남자는 주장이 나왔지만, 박헌영과 강경파들은 빨치산 투쟁을 선택해 고립됐고 남북한 어느 쪽에서도 설 자리를 잃었다'[175]라고 평가했습니다. 만사가 그러하듯이 강경파가, 당장은 용기 있고 과단성이 있어 보이지만 결과를 보면 항상 실패하는 경우가 많습니다.

1953년 3월 말경 김일성은, 박헌영이 체포되었다는 소식이 지지자들에게 알려질 경우의 집단반발에 대비하여, 남로당계 연수원이며 게릴라 양성소인 황해도 서흥군 소재 금강정치학원을 해체하여 중앙당학교로 개칭하고, 금강정치학원생 전원을 도보로 출발시켜 황해도 천마군 탑동리 제1분교에 700명, 탑동에서 서북방 3km 지점에 있는 제2분교에 900명을 수용[176]하였는데 이들 대부분이 숙청되었습니다.

이와 같이 월북한 4·3 주동자들 역시 시작과 이상은 화려했으나 끝은 비극이라 하겠습니다. 월북한 남로당원 거의가 6·25 전후 대남적화혁명전선에 내몰려 희생되었고 북한에 살아남은 자들도 예외 없이 모두 숙청당했습니다.

① 김달삼은 월북하여 제1기 최고인민회의 대의원과 헌법위원회 위원으로 화려하게 등장했으나 1949년 8월 제3병단 단장으로 남파되어 태백산지구 빨치산 활동을 지휘하다 전사했고

② 안세훈은 월북하여 제1기 최고인민회의 대의원이 되었으나 6·25 때 북한군과 같이 내려왔다가 젊었을 때 한학을 배웠던 전남 광산군 하남면 장덕리 친족 집에 은신하다 1953년 4월 15일 병사했습니다. 김일성을 추종했던 그가 왜 패주하는 북한군과 함께 월북하지 않았는지는 알 길이 없습니다.
일설에는 6·25 때 안세훈이 제주도 조직을 재건하라는 지시를 받고 남하했으나 제주도에 들어오지 못하고 광주 외곽 동굴에서 사망했다고 합니다. 이 사실은 그때 안세훈과 같이 있었다는 조규창(일명 조벽파)의 증언입니다.[177]

③ 강규찬도 월북하여 제1기 최고인민회의 대의원이 되었으나 6·25 후 남파되어 백운산 병참기지 사령관으로 활동하다 1951년 2월 6일 11사단 9연대에 의해 사살되었습니다.[178]

---

174) 5·10 총선.
175) 조선일보 2015.4.6. A 23면.
176) 이병주, 『남로당』 하권, (기파랑, 2015), 338쪽.
177) 양정심, 『제주4·3항쟁연구』, (성균관대 박사학위 논문, 2005), 68쪽.

그의 아들은 북한 선박공업부 선박무역공사의 과장으로 있었다는 설이 있습니다.

④ 고진희는 강규찬의 부인으로 월북하여 제1기 최고인민회의 대의원이 되었으나 6·25 후 남파되어 빨치산 활동 중 체포되어 심문 중 조직 비밀유지를 위해 자살했다고 전해집니다. 김일성은 월북한 남로당원들을 6·25 대남 적화통일 혁명 전선에 내몰았습니다. 이는 스티코프가 김일성 독재체제 구축 과업에 월북 남로당세력이 걸림돌이 될 것을 우려해서 의도적 계획에 따라 사지로 내몰았다는 설도 있습니다.

⑤ 남로당제주도당 제2대 위원장 조몽구[179]는 표선면 성읍리 출신으로, 1948년 8월 월북하여 김일성에게 큰 기대를 했으나 개성 인근 시골 양돈장[180]에 배치되자 실망이 컸습니다. 6·25 때 남침하는 북한군과 같이 목포까지 내려와 제주 상륙을 대기하던 중, 인천상륙작전 등 국군의 반격으로 전세가 역전되자, 북한군은 철수하고 조몽구는 남았습니다. 농민으로 위장하여 산에서 나무를 해다 팔면서 생계를 유지하다가 부산으로 이동, 중류 가정에 세 들어 살면서 한성룡(韓成龍)이란 가명으로 신분을 위장하고 옆방에 사는 헌병 중령과 교분을 두텁게 하면서 전국(戰局)의 추이를 살폈습니다. 그러나 그가 외출하였을 때 거리에서 고향 사람을 우연히 만나게 되었고, 그 사람의 신고로 제주도경찰국 형사대에 체포되어 형을 마치고 고향에서 여생을 마쳤습니다.[181] 그는 북한에 다시 가지 않고 대한민국에 잔류했습니다. 그 이유를 알 수 없으나 그는 재월북하지 않아 숙청을 면했고 고향에서 천수를 누렸으니 현명한 선택이었습니다.

이 외에 제주 출신으로 4·3을 주동하지 않았으나 월북한 유명인사 중 남로당 계열은 대부분 박헌영 숙청 때 함께 숙청된 것으로 보입니다.

⑥ 김달삼 장인인 강문석은 남로당 선전부장으로 월북하여 제1기 최고인민회의 대의원이 되었으나 숙청되었고,[182]

⑦ 고경흠은 제주 출신으로서 일본 중국 북한에서 공산주의 이론과 활동면에서 독보적 존재였습니다. 그는 월북하여 제1기 최고인민회의 대의원이 되었지만 숙청되었으며[183]

⑧ 송성철은 여운형의 사위로서 월북하여 제1기 최고인민회의 대의원, 외무성 아주국장,

---

178) 제주4·3정립연구유족회, 『4·3의 진정한 희생자는!』 8집, (2021), 203~207쪽.
179) 1908~1973
180) 정주국립양돈소 서무주임 설도 있습니다.
181) 정남두, 『사엄록』, (선진인쇄사, 2011), 54쪽.
제주자유수호협의회, 『제주도의 4월 3일은?』 3집, (열림문화, 2011), 393쪽.
182) 김찬흡, 『20세기 제주인명사전』, (제주문화원, 2000), 43쪽.
183) 김찬흡, 『20세기 제주인명사전』, (제주문화원, 2000), 67쪽.

북경 주재 북한대사관 참사관이 되었으나 숙청되고,[184]

⑨ 김응빈은 월북하여 금강정치학원 원장, 6·25 직후 노동당서울시당 위원장을 지내기도 하였으나, 박헌영 숙청 당시 김일성 정권 전복을 위하여 이승엽을 총사령으로, 김응빈을 무장폭동의 지휘 책임자로 선정하였다는 죄목으로 숙청 대상이 되었다는 소식을 사전에 전해 듣고 피신했는데 완전히 잠적해서 그 이후 종적을 알 수 없다고 합니다.[185]

⑩ 장종식은 월북하여 북조선행정국 교육국장,[186] 북조선인민위원회 간부부장이 되었으나 숙청되었습니다.[187]

이상과 같이 그들은 개인적으로 보면 항일운동을 했고 제주도가 낳은 매우 출중한 인물들이었습니다. 그러나 시대를 잘못 만났고 이념과 체제 선택을 잘못하여 남북한 모두로부터 버림을 받았으니 스스로 비참한 말로를 자초했다 하겠습니다.

184) 김찬흡, 『20세기 제주인명사전』, (제주문화원, 2000), 260쪽.
185) 김찬흡, 『20세기 제주인명사전』, (제주문화원, 2000), 163쪽.
로버트 스칼라피노, 이정식, 『한국공산주의운동사』, (돌베개, 2018), 672,673,676쪽.
186) 우리의 초대 교육부 장관
187) 김찬흡, 『20세기 제주인명사전』, (제주문화원, 2000), 364쪽.
김학준, 『북한의 역사』 2권, (서울대학교 출판부, 2008), 660쪽.

[4장]
제주4·3사건이 일어나기 전 국내외 정세는 어땠습니까?

| 문 33 | 해방 직후 국내외적 주요 정치 동향은?

답 4·3을 정확히 이해하려면 제주도 지역에 국한하거나 민중사관이나 지역 저항사적 관점에서 바라보면 사건 일부분만을 보게 됩니다. 역사적 배경과 국제정치정세를 파악하고 북한과의 관련성을 이해해야만 전체적 맥락과 전모를 정확히 알 수 있습니다.

우리나라가 해방되고 남북한에 미군과 소련군이 진주하였으며 새로운 정부가 수립되는 과정에서 그들의 역학관계 및 의도와 목표를 폭넓게 들여다보아야 진실을 알 수 있다는 말입니다. 그래서 해방 전후 우리나라와 관련한 역사저 주요 사실들을 시간 순서대로 개관해 보겠습니다.

① 대한제국의 멸망

1910년 일본이 우리나라를 강제 병합하여 대한제국이 멸망하였습니다.

왕을 비롯한 나라 지도부의 무능으로 총 한 발 쏘아보지 못하고 그야말로 평화적으로 망했습니다. 왕이나 5적신들은 부귀영화를 계속 누렸지만, 이때부터 우리 백성들은 일본의 식민지하에서 혹독한 고난이 시작되었습니다. 그뿐만 아니라 역사적으로 볼 때 오늘날 남북분단의 근본적 책임은 일본에 있다 하겠으며 이로 인한 민족적 고난은 지금까지 계속되고 있다 하겠습니다.

② 3·1독립운동

1919년 3월 1일 3·1독립운동이 일어났고 4월 11일 중국 상해(上海)에서 대한민국임시정부가 수립[188]되고 9월에 초대 대통령은 이승만이 선출됩니다.

---

188) 1919년 4월 10일 상해에서 임시의정원 개원, 4월 11일 임시의정원 1차 회의에서 대한민국 국호를 정하고, 최초의 민주공화제에 따른 선언문과 임시정부 헌법인 임시헌장 10개조를 제정 발표하였으며, 임시정부 행정부인 국무원을 선출하고, 4월 13일 임시정부 수립을 내외에 선포하였습니다. 문재인 정부는 2019년부터 4월 11일을 임시정부 수립일로 기념하기로 했습니다.

③ 만주사변

1931년 9월 18일 일본은 대륙 침략을 위해 류타오후 사건을 조작하여 만주전쟁을 일으키고 중국의 동북지방을 점령하여 식민지국인 만주국을 세우게 됩니다.

④ 중·일전쟁

1937년 9월 18일 일본은 중국 베이징(北京) 인근 노구교(蘆溝橋)에서 사건을 조작하여 중·일전쟁을 시작합니다. 이 전쟁에서 남경학살 등 만행이 저질러졌고 결국 2차 세계대전까지 확대되게 됩니다.

⑤ 태평양전쟁

1941년 12월 7일 일본 시각으로 8일에 일본군이 하와이 펄 하버 미국 해군기지를 기습 공격하면서 이른바 태평양전쟁이 시작됩니다. 이때 미군 2,403명이 일시에 몰살당했습니다.[189]

⑥ 이탈리아 항복

1943년 9월 8일 제2차 세계대전 추축국 독일·이탈리아·일본 중 제일 먼저 이탈리아가 항복하고, 독일도 패색이 짙어지기 시작하여 연합국 승리가 예상되기 시작하였습니다.

⑦ 카이로회담

1943년 11월 22일~26일 미국 프랭클린 루스벨트 대통령, 영국 윈스턴 처칠 수상, 중국 장개석(蔣介石) 국방최고위원장이 이집트 카이로에서 회담하고, 제2차 세계대전 전후 문제와 일본이 패전할 경우 영토 처리에 대한 연합국 기본방침을 논의했는데, 그 결과를 12월 1일 발표[190]한 것이 '카이로 선언'입니다. 이 선언 특별조항 중에 '현재 한국 국민의 노예 상태에 유념해 적절한 절차를 거쳐(in due course) 한국의 자유롭고 독립적으로 될 것을 결의한다'라는 내용이 있습니다. 국제적으로 한국 독립을 최초로 거론한 국제회의 선언입니다.

⑧ 얄타회담

1945년 2월 4일~11일 미국 프랭클린 루스벨트 대통령, 영국 처칠 수상, 소련 스탈린 수상이 소련 흑해 연안 크림반도에 있는 얄타에서 회담하여 독일 패전과 그 관리에 대하여 의견을 교환해서 다음 두 가지 사항에 합의했습니다.

---

189) 이주영, 『대한민국의 건국과정』, (건국이념보급회 출판부, 2013), 10쪽.
190) 카이로 선언이 며칠 늦게 발표된 것은 카이로 회담에 스탈린이 참석하지 않았기 때문입니다. 카이로 회담에 이어 1943년 11월 28일~12월 1일 테헤란에서 미·영·소 영수 회담이 열렸고 이때 스탈린이 미·영·중 수뇌 카이로 회담 결의사항을 지지하자 뒤늦게 공식 발표하게 된 것입니다. 조선일보 2015.8.5. A10면.

(1) 해당지역(추축국에 의해 패전국 또는 광복을 맞은 민족)의 모든 민주 세력을 폭넓게 대표하는 인사들에 의해 임시정부를 구성한 후 가능한 이른 시일 내에 자유선거를 통해 인민의 뜻과 합치되는 책임 있는 정부를 수립한다.

(2) 소련은 독일 항복 후 3개월 이내에 대일전(對日戰)에 참전한다[191]

☞ 소련과 일본 사이에는 1941년 4월 13일 일·소불가침조약을 체결한 상태에 있었기 때문에 조약의 효력은 이때까지도 지속되고 있었다 하겠습니다.

□ 얄타 비밀협약 폭로[192]

1945년 5월 초순, 공산당에서 전향한 러시아 사람 에밀 구베로(Emile Gouvereau)가 이승만을 찾아와서, 얄타 회담에서 스탈린의 요구에 따라 일본과의 전쟁이 끝날 때까지 조선을 러시아의 영향 아래 두며, 미국과 영국은 조선에 대해서 아무런 약속을 하지 않기로 했다는 내용을 제보했습니다. 이 사실을 안 이승만은 공개적으로 미·영·소를 맹비난함으로써 한반도가 공산주의 러시아에 병합될 위험을 실질적으로 사라지게 했습니다.

---

⑨ 독일 항복

1945년 5월 8일 독일이 항복하였으니 이제 남은 건 일본의 항복을 받는 일만 남았습니다.

⑩ 소련의 대일전 참전 약속

미국은 미군 희생 최소화와 전쟁 조기 종결을 위해 1943년 10월과 1944년 10월 두 차례나 소련의 대일전 참전을 요구[193]한 끝에 얄타 회담에서 대일 전 참전을 약속받았고 소련은 그 이후 한반도 정책을 심도 있게 검토하기 시작하였습니다.

1945년 6월 29일 소련 외무부 극동 제2국장 주코프(D.A.Zhukov)와 부국장 에브게니 자브로딘(Evgeny Gregoryevich Zabrodin)이 제출한 '코리아 : 짧은 보고서'에 의하면, 소련의 안전 확보를 위하여 코리아에 우호적이고 긴밀한 친소정권 수립이 필요하다고 주장했습니다.[194]

---

191) 김학준, 『북한의 역사』 1권, (서울대학교 출판부, 2008), 572쪽.
192) 복거일, 『프란체스카』, (북엔피플, 2018), 226~283쪽.
193) 1943년 10월 미·영·소 외상이 모스크바 회담 때 미국무장관 코델 헐이 요청했고, 1944년 10월에 영국 처칠이 모스크바를 방문 스탈린과 만날 때 주소미대사 해리만이 동석하여 대일전 참전을 요구했습니다. 이주영, 『대한민국의 건국과정』, (건국이념보급회 출판부, 2013), 27~28쪽.
194) 김학준, 『북한의 역사』 1권, (서울대학교 출판부, 2008), 604~605쪽.

역사적으로 볼 때 러시아는 1885년 봄 극동지역 부동항(不凍港)확보를 위해 함경남도 영흥에 진출하였고, 이를 지켜본 영국은 러시아를 견제하려고 전남 거문도를 군사적으로 불법 점거한 사실이 있었[195]습니다. 1903년에는 러시아군이 용암포로 들어와 토지를 매수하고 병영을 짓고 조차(租借)를 시도했습니다. 비록 일본의 항의로 항구의 조차는 무산되었지만, 용암포는 러시아에 개항되었고 러시아는 용암포를 당시 황제 니콜라이 2세의 이름을 따서 '포트 니콜라이'(Port Nicholai)라 불렀"[196]습니다.

그 후 러시아와 일본은 한국 지배권을 놓고 1904년 2월 8일부터 1905년 9월 5일까지 러·일전쟁을 치르기도 하였습니다. 이처럼 러시아는 한반도 남진 정책을 계속 추진했고 그 막심한 피해는 현재 진행형입니다.

⑪ 포츠담회담

1945년 7월 17일 ~ 8월 2일 미국 트루먼 대통령, 영국 처칠 총리,[197] 소련 스탈린 공산당 서기장이 독일 브란덴부르크 주도(州都)인 포츠담에서 회담하여, 패전국 독일 처리 방침과 카이로 회담에서 선언한 한국 독립을 재확인했습니다.

7월 26일에 일본군은 세계 인류와 일본 국민에게 지은 죄를 뉘우치고 무조건 항복할 것을 강력히 경고하는 등 13개 항의 포츠담 선언을 발표합니다.[198] 그러나 일본은 무조건 항복하라는 연합국의 경고를 거부하였습니다.

⑫ 1차 원폭 투하

1945년 8월 6일 08:16 미국은 히로시마(廣島)에 '작은 소년(Little Boy)'이라는 암호명의 우라늄 원자폭탄을 투하하여 주민 245,000명 중 14만 명이 사망[199]하였으나 일본은 항복하지 않고 버티었습니다.

⑬ 2차 원폭 투하

1945년 8월 9일 11:02 나가사키(長崎)에 '뚱뚱한 남자(Fat Man)'라는 암호명의 플루토늄 원자폭탄을 투하하여 주민 240,000명 중 7만4천 명이 사망하였습니다.[200] 3일 간격으로 인류사 최초의 원자탄 2발에 총 214,000명이 일시에 사망한 것입니다. 원자탄의 위력은

---

195) 김학준, 『북한의 역사』 1권, (서울대학교 출판부, 2008), 100쪽.
196) 복거일, 『프란체스카』, (북엔피플, 2018), 247쪽.
197) 7월 26일부터는 선거에 승리한 새 총리 애틀리로 교체.
198) 조선일보 2015.8.13. A10면.
199) 김학준, 『북한의 역사』 1권, (서울대학교 출판부, 2008), 622쪽.
200) 김학준, 『북한의 역사』 1권, (서울대학교 출판부, 2008), 622쪽.

상상을 초월하였습니다.

⑭ 소련의 대일선전포고

소련은 나가사키 원폭 투하 12시간 후인 8월 9일 24:00에, 외무장관 몰로토프가 주소(駐蘇)일본대사 사토를 외무부로 불러 일·소중립불가침조약을 파기 선언하고, 치스치아코프 대장이 대일선전포고문을 발표하면서 북한으로 진격했습니다. 이날은 얄타 회담에서 독일 항복 후 3개월 이내에 대일참전하겠다는 약속 만기일인 90일째 되는 날이었습니다.

소련은 얄타 회담에서 대일 참전 비밀협정, 공식 명칭은 '일본에 대항하는 전쟁에의 소련 참전에 관한 협정'에서, 사할린의 남쪽과 치시마 열도를 얻고, 외몽골, 공식 명칭은 몽골인민공화국의 소련 위성국으로의 존속, 다롄항의 국제화, 뤼순항에 대한 조차권 회복, 만주 철도의 중국과의 공동운영 등의 다양한 권익을 보장받았습니다.[201]

⑮ 일본 항복

1945년 8월 15일 일본은 무조건 항복하였고 우리는 해방을 맞게 되었습니다.

⑯ 일본의 항복 조인식

미국은 1945년 9월 2일 일본 도쿄항에 정박한 미 군함 미주리(Missouri)호 함상에서 연합군 총사령관 더글러스 맥아더(Douglas MacArthur) 원수가 일본의 전권대사 시게미스 마모루(重光葵)로부터 항복문서를 받았습니다. 일본이 항복하고 17일이 지난 때입니다.

또한, 존 리드 하지(John Reed Hodge) 중장이 인솔한 미 제24군단은 9월 5일 오키나와(沖繩충승)를 출발하여 8일 인천에 도착하였습니다. 9일 서울에 입성하여 조선총독부에서 하지 중장이 조선 총독 아베 노부유키(阿部信行)로부터 항복문서를 받았습니다. 일본이 항복하고 24일이 지난 때였습니다.

한반도 대일전(對日戰)에서 소련은 참전 6일 만에 희생도 별로 없이[202] 승전국의 위치를 차지하게 되었으며, 해방 10일 후인 8월 26일 평양에 도착하여 38선 이북의 북한 전 지역을 완전히 점령하였습니다. 반면 미국은 진주만 피습으로부터 3년 8개월 동안 일본과의 치열한 전쟁을 하면서 미군 119,142명[203]이 전사하는 엄청난 희생 끝에 승전국이 되었습니다.

---

201) 김학준, 『북한의 역사』 1권, (서울대학교 출판부, 2008), 572쪽.
202) 소련군 전사자는 691명. 이주영, 『대한민국의 건국과정』, (건국이념보급회 출판부, 2013), 35쪽.
203) 태평양전쟁 기간 중 미군 전사자는 106,207명, 일본군 포로로 잡힌 미군 중 일본군의 전 쟁범죄 및 기아, 질병, 아군 폭격 등으로 사망한 군인이 12,935명 합계 119,142명임.

그러나 김달삼은 미군에 대해서는 '미제 식인종'이라 매도했지만, 소련군에 대해서는 '우리 조국의 해방군인 위대한 쏘련군과 그의 천재적 령도자 쓰딸린 대원수 만세!'[204]를 외쳤습니다.[205]

결국 승전국인 미국과 소련이 북위 38도선을 기준으로 이남은 미군이, 이북은 소련군이 한반도에 있는 일본군으로부터 항복을 받고 무장해제를 하게 되었습니다.

이때 미국과 소련의 속셈은 달랐습니다. 조지 맥큔(George M. McCune) 박사[206]와 아더 그레이(Arthur L. Grey)가 표현한 말을 빌리면, '미국은 자신의 이익에 유리한 코리아 정부를 세우려고 결심했다. 소련은 똑같이 소비에트 지향적인 코리아 국가를 마련하려고 결심했다.'[207]라고 하였습니다.

⑰ 스탈린이 북한 지도자로 김일성 낙점

1945년 9월 초순 스탈린은 김일성을 불러 북한의 최고지도자 후보로 낙점했습니다.

'스탈린이 비밀리에 김일성을 모스크바로 불러 크렘린궁과 별장에서 단독으로 만나 그를 북한의 최고지도자 후보로 낙점한 후 그를 믿고 평양에 보낸 것입니다. …… 스탈린은 김일성과 4시간 동안 대좌했습니다.'[208]

⑱ 소련 군정 독립조선의 인민정부수립요강 발표

1945년 9월 14일 소련군정은 '독립 조선의 인민정부 수립 요강'을 하달합니다.

- 평양주둔 소련 군정사령부 정치지도원 그로차르 중좌가 (북한의) 각 지역 위수사령부에 '독립 조선의 인민정부 수립 요강' 6개 항 하달[209]
- '1945년 9월 14일 소련점령군사령부 정치부원 그로치코(크로차르)가 발표한 『독립조선의 인민정부 수립요강』이라는 문서에는 소련군이 노동자 농민 정권 수립을 원조하고 있다는 사실이 명시되어 있었다'[210]

204) 『본질과 현상』 통권 32호, (본질과 현상사, 2013. 여름호), 120쪽.
205) 김달삼의 해주인민대표자대회 연설문은 [부록 5] 참조
206) 미 국무부의 한국 전문가
207) 김학준, 『북한의 역사』 2권, (서울대학교 출판부, 2008), 293쪽.
208) 김국후, 『평양의 소련군정』, (한울, 2008), 72~73쪽.
209) 김국후, 『평양의 소련군정』, (한울, 2008), 137쪽.
210) 이완범, 『광복 직후 좌익의 혁명론: 현 단계 논쟁을 중심으로, 1945~1947』;
이인호, 김영호, 강규형, 『대한민국 건국의 재인식』, (기파랑, 2009), 286쪽.
김학준, 『북한의 역사』 1권, (서울대학교 출판부, 2008), 780,781쪽.

이상의 내용은 소련이 북한에 소련식 소비에트화를 위한 정권 수립을 지원하고 있다는 역사적 기록들입니다.

⑲ 스탈린의 극비 지령

1945년 9월 20일 스탈린은 '북조선에서 민주정당·사회단체들의 광범한 블록에 기반을 둔 부르주아 민주정권을 창설하라'[211]라는 극비지령을 내립니다. 소련은 재빠르게 북한에 공산주의 단정(單政) 수립을 지시한 것입니다.

이처럼 속내가 다른 미·소 강대국이 대립하는 틈바구니에서 새 나라를 건국하는 데 있어 우리나라 지도자와 국민은 미국식 자유민주주의를 택할 것이냐, 소련식 공산주의 전체주의 체제를 택할 것이냐를 놓고, 남한과 북한 간에, 좌익과 우익 간에 사생결단 충돌했습니다.

여기서 냉정하게 판단해 보면 미·소공동위원회가 2차에 걸쳐 86회나 회의를 거듭했지만 아무런 합의 없이 결렬된 데다 소련군에 의해 38선이 차단되어 남북왕래가 단절된 상황에서 미군이 점령한 남한은, 미국식 자유민주주의 체제 정부 건설이 운명이었습니다. 반대로 소련군이 점령한 북한은 당연히 소련식 공산주의 정부 수립을 할 수밖에 없었던 운명이라 하겠습니다. 당시 미·소간에 역학관계나 전략에 비추어 볼 때 미·소간의 합의가 없는 상태에서 통일을 논하는 것은 우리의 능력으로는 희망 사항에 불과하였다는 게 불행한 진실입니다.

그런데도 남한에 있는 남로당은 UN결의에 의한 대한민국 건국에 동참하지 않고, 무모하게 소련과 북한의 노선에 따라 적극적인 대한민국 건국저지 무장투쟁을 전개한 것이 4·3이며, 이를 진압하는 과정에서 엄청난 인명피해가 발생한 사건이 4·3입니다.

※ 미·소공동위원회 회의 진행상황
◎ 예비회담
1946년 1월 16일~2월 5일[1946년 2월 8일 북조선임시인민위원회 출범, 3월 5일 토지개혁법령 공포, 3월 내 시행 완료]
◎ 제1차회담
1946년 3월 20일~5월 6일(제24차 본회의) 결렬[6월 3일 이승만 정읍 발언][212]
◎ 제2차회담
1947년 5월 21일~10월 18일(제62차 본회의) 결렬

---

211) 김국후, 『평양의 소련군정』, (한울, 2008), 101~102쪽.
212) 문 81 참조.

| 문 34 | 스탈린 극비 지령에 대한 복명서, 슈킨 보고서[213]란?

답 1945년 12월 25일자 소련군의 군사위원회 위원이며 소련의 서열 3위인 붉은 군대 총정치사령관 이오시프 바실리예비치 슈킨 대장이 '북조선 정세에 관한 보고서'라는 제목으로 몰로토프 외무상에게 제출한 비밀 보고서를 말합니다.

이 보고서는 "'북조선에서 민주정당 사회단체들의 광범위한 블록에 기초한 부르주아 민주주의 정권 창설'을 목표로 한 노선이 절대적으로 미흡하다. … 소련의 국가 이익을 보장할 굳건한 정치 경제적 교두보를 확보하지 못하고 있다…… **소련의 이익을 지킬 수 있는 민주주의 민족 간부를 양성** … 하는 과업을 달성하려면 북조선 내 정권을 중앙집권화하여 이를 민주활동가들에게 넘겨주어야 한다. 인민민주주의 운동은 대지주의 토지소유 현실 때문에 지장을 받고 있다. 이른 시일 내에 농지개혁을 시행해야한다."라는 요지의 보고서입니다.

이 보고서는 스탈린의 9월 20일 극비 지령에 대한 진행 상황을 점검한 결과와 향후 추진 지침을 제시한 보고서로써 그때 한반도에 대해 그리고 북한에 대해 가졌던 소련의 의도를 정확히 반영하고 있습니다.

| 문 35 | 해방 후 제주도에 미군이 도착한 시기는?

답 미군은 종전 당시 오키나와에 있었기 때문에 서울 도착도 늦었지만 제주도에는 더 늦었습니다. 1945년 9월 26일 파우엘(G.F.Powell) 대령이 인솔하는 무장 해제 팀 100명이 제주에 도착하였습니다. 28일에는 그린(Roy A. Green) 대령이 인솔하는 항복 접수 팀 38명이 도착하여 제주농업학교에서 일본군 육군 측 제58군 사령관 도야마 노부로(遠山登) 중장, 해군 측 제주도 주둔 해군사령관 하마다 쇼이치(浜田昇一) 중령, 행정 측 제주도사(濟州島司) 센다 센페이(千田專平) 道사무관이 서명한 항복문서를 받았습니다.

미군은 9월 9일 서울에서 일본과의 항복조인식을 마쳤음에도 불구하고 왜 제주도에서 별도의 항복조인식을 하게 되었느냐 하면

① 제주는 육지 본토와 멀리 떨어져 있고
② 제주 주둔 제58군이 제주방위작전에 관한 한 제17방면군과는 독립적 위치에 있었으며
③ 병력 규모가 컸기 때문이었습니다.[214]

---

213) 이지수, 「제2차 세계대전과 소련의 한반도 정책」; 이인호, 김영호, 강규형, 『대한민국 건국의 재인식』, (기파랑, 2009), 91~92쪽.
214) 신상준, 『제주도4·3사건』 상권, (한국복지행정연구소, 2000), 47쪽.

10월 22일에는 미군 제749야전포병대대 시드니 페가손 대령팀이 일본군 송환임무를 띠고 제주에 도착하였고, 11월 9일에는 미군 제59군정중대가 입도하여 군정을 실시하게 되었으니 한참 늦었습니다.[215)

물론 전라남도 군정은 10월 25일부터 실시되었고, 당시 제주도는 전남에 속해 있었습니다. 그러나 해방 후 86일이나 지난 다음 제주도에 실질적인 미군정을 실시하게 되었다는 것은 해방 후 3개월간 좌파들의 독무대를 만들어 준 결과가 되었습니다.

| 문 36 | 해방 당시 제주도에 주둔한 일본군 규모와 송환 시기는?

답 1945년 9월 13일 자 미군 제24군단 정보보고서에는 58,320명이며, 10월 1일자 미군이 일본 제58군 감찰자료에는 58군 총병력이 49,619명인데 그 외로 한국에 집이 있는 일본군 장병 5,277명이 있고, 이를 제외한 한국인 병사와 노무자 11,884명은 9월 1일 이전 귀향 조치하였습니다.

일본군 송환은 해방되고 68일 만인 10월 23일~11월 12일까지 10차례 실시되었으며, 이때 제주에 살았던 일본 민간인 860명도 같이 송환되었습니다.

1945년 12월 초에 미 24군단 작전참모부가 집계한 제주항에서 송환된 인원은 50,844명[216)으로 기록되어 있으나 위의 통계들을 검산하면 맞지 않습니다.[217)

그러나 위 기록들을 보면 제주도에 잔류한 일본군은 대략 5만~6만 명으로 보이며, 송환업무가 늦어진 사유는 일본군의 집단 반발을 우려한 미군이 안전을 확보할 만한 송환팀 구성이 늦어졌기 때문이었습니다.

| 문 37 | 미군은 점령군, 소련군은 해방군이라는 주장이 맞나요?

답 4·3 주동자 김달삼은 1948년 8월 25일 '해주 연설' 마지막에 '우리 조국의 해방군인 위대한 쏘련군과 그의 천재적 영도자 쓰딸린 대원수 만세!'라고 외쳤습니다. 아마도 김달삼은 '스탈린이 대숙청 기간 동안 많게는 1,200만 명을 조직적으로 학살하고,

---

215) 제주4·3위원회, 『제주4·3사건진상조사보고서』, (2003), 65~67,80쪽.
216) 제주4·3위원회, 『제주4·3사건진상조사보고서』, (2003), 64,66~67쪽.
217) 58군 총 49,619 + 한국 주소 일본군 5,277 + 일본 민간인 860 = 55,756명, 정부보고서에서도 통계 불일치에 대한 분석 내용이 없음.
일본 자료에는 61,090명. 국방부군사편찬연구소, 『4·3사건 토벌작전사』, (2002), 26쪽.

1,000만 명을 기근으로 내몰아 죽인'[218] 잔혹한 독재자임에도 불구하고 위대하게 보인 모양입니다.

소련군이 점령군임을 증명하는 좋은 사례들이 많이 있습니다만 정부보고서나 4·3 항쟁론자들은 이를 은폐·무시하고 반대되는 사례만 나열했습니다. 이는 미·소 양국 군이 최초 발표한 포고문에서 극명하게 구분되기 때문이기도 합니다만 소련 측에 대해서는 겉만 보고 내면을 들여다보지 않은데 원인이 있습니다.

소련군이 해방군이 아니라 점령군이라는 증거는 다음과 같습니다.

① 1945년 4월 11일 스탈린은 유고슬라비아 사절단을 접견할 때 '이제 한 영토를 점령한 사람은 누구나 그곳에 자신의 체제를 부과할 수 있다. 누구든지 자신의 군대가 도달할 수 있는 곳까지 자신의 체제를 부과한다. 다르게 될 수 없다'[219]라고 선언했는데 이는 바로 소련의 본심을 말한 것으로서 소련의 위성국 전략을 실토한 것입니다.

② 소련은 1945년 8월 15일 평양과 원산 및 기타 많은 지역에서 소련군 치스치아코프 대장의 포고문을 전단 형태로 발표합니다. '조선 인민들에게'로 시작하여 '해방된 조선 인민 만세'로 끝난 이 포고문 중에는 '조선 사람들이여 기억하라! 행복은 당신들의 수중에 있다. 당신들은 자유와 독립을 찾았다. 이제는 모든 것이 죄다 당신들에게 달렸다'[220]는 달콤하고 희망찬 말로 일관되어 있는데 이는 고도의 정치술에 능한 정치장교의 계산된 선전으로써 북한 주민들에게 감동을 주기에 충분했습니다.

③ 1945년 8월 26일 평양에 도착한 소련 치스치아코프의 연설문[221]을 보면 '친애하는 동지들! 볼세비키 당과 소련 정부가 일본 침략자들로부터 조선을 해방시키라고 우리를 이곳에 보냈습니다. 우리는 정복자로서가 아니라 해방자로서 이곳 당신들에게 왔습니다. 우리는 우리의 질서를 당신들에게 강요하지 않을 것입니다. 지금 당신들의 인민은 이 나라의 주인입니다. 당신들의 손에 권력을 장악하십시오. 그리고 당신들의 미래를 건설하십시오. 우리는 당분간 당신들을 보호할 것이며 당신들의 새 생활 건설을 도울 것입니다.'라고 되어 있습니다.

그러면서도 그는 '신정권이 각 도에 성립한 뒤 통일된 정부를 세운다. 그러나 신정부의 소

218) 송재윤, 『슬픈 중국 인민민주독재 1948~1964』, (까치, 2020), 414쪽.
219) 김학준, 『북한의 역사』 1권, (서울대학교 출판부, 2008), 732~733쪽.
220) 김학준, 『북한의 역사』 1권, (서울대학교 출판부, 2008), 702쪽.
221) 김학준, 『북한의 역사』 1권, (서울대학교 출판부, 2008), 705,712~713쪽.

재지는 경성(서울)에 한하지 않는다. 북위 38도 선은 미·소 양 군의 경계로 삼을 뿐 정치적 의미는 없다'는 묘한 말을 남기기도 하였습니다.

④ 1946년 9월 27일 여운형과 로마넨코 간에 행해진 회담록에는

'소비에트 군인은 조선을 소비에트화하려고 애쓰지 않습니다. 또한 미국인들과 그 앞잡이 반동분자들이 중상하고 있듯이 조선을 연방의 한 공화국으로 만들려고 하지도 않습니다. 우리는 조선이 민주주의 국가가 되어야 한다고 생각합니다. 따라서 소비에트 군대는 점령군이 아니며 해방군입니다'[222]라는 교언영색 미사여구로 여운형의 혼을 빼놓았습니다. 특히 9월 20일 스탈린의 극비 지령을 내려놓고도 겉으로는 북한 주민을 회유하기 위해 노련한 말솜씨를 구사한 것입니다.

그러나 소련은 얄타 회담에서 대일전 참전을 약속하면서부터, 코리아 위성국 정책을 구체화해 나갔습니다. 그 증거는 다음 두 가지 예에서 증명됩니다.

첫째, 앞에서도 간단히 언급했지만 1945년 6월 29일 소련 외무부 극동 제2국장 주코프와 부국장 에브게니 자브로딘이 '코리아 : 짧은 보고서'를 공동작성 제출하였는데 그 일부 내용은 아래와 같습니다.

'코리아의 독립은 장차 코리아가 어느 다른 나라의 소련에 대한 공격의 발판이 되지 않을 만큼 효과적이어야 한다. …… 그리고 동방에서 소련의 안전을 확보하기 위한 가장 확실한 담보는 소련과 코리아 사이에 우호적이고 긴밀한 관계를 확립하는 것이다. 이 점이 앞으로 코리아에 정부를 세우는 데 반영돼야 한다.'[223]

이 보고서가 바로 소련이 북한에 친소정권 수립을 해야 한다는 지침서임을 확인해 줍니다.

둘째, 김국후의 『평양의 소련군정』[224]에 나타난 소련의 계획을 보면 소련이 밖으로 표현하는 온유한 말과 실제 내막은 하늘과 땅 만큼 차이가 있으며 소련의 본심이 어디에 있었는지를 간파할 수 있습니다.

---

222) 전현수, 『쉬띄꼬프 일기』(국사편찬위원회, 2004), 184~185쪽.
여운형은 1946년 9월 23일 비밀리에 서울을 출발 통제된 38선을 넘어 평양에 갔습니다. 25일 김일성과 예비회담을 하고, 26일 김일성·김두봉·무정·최용건·주녕하·허가이 등 북조선노동당의 지도부와 회담했습니다. 여운형은 29일 로마넨코와 2시간 회담했는데 로마넨코는 사전 스티코프의 허가를 받았으며 스티코프는 스탈린의 사전 승인을 받고 이루어진 회담이었습니다.
김학준, 『북한의 역사』 2권, (서울대학교 출판부, 2008), 520~522쪽.
223) 김학준, 『북한의 역사』 1권, (서울대학교 출판부, 2008), 604~605쪽.
224) 김국후, 『평양의 소련군정』, (한울, 2008), 54~55쪽.

'소련군은 대일전 참전 한 달여 전인 1945년 7월 6일, 하바로프스크 부근에 있는 소련군 제88여단에서 소련군 대위 계급장을 달고 대대장으로 있었던 김일성을 비롯해 빨치산 출신 조선인들을 북한 주둔 도·시·군 소련군정 위수사령부 부사령관으로 활용할 계획을 세웠다. 이 계획은 소련군극동총사령부 정찰부대장 치브린 소장과 제2극동전선 참모부 정찰부대 부부대장 안쿠지노프 대좌가 공동으로 세운 뒤, 소련군 극동총사령관 바실레프스키 원수에게 보고해 재가 받았다……소련군은 북한지역에서 일본군을 몰아내 해방시키는 데 그치지 않고 점령군으로 남아 김일성을 비롯해 제88정찰여단 소속 항일 빨치산 출신 조선인을 적극적으로 활용해, 이 지역을 자신들의 민주기지이자 위성국으로 건설하려는 의도가 있음을 쉽게 읽을 수 있다 …… 소련군극동총사령부는 제88정찰여단에 있는 조선인 88명과 소련 국적 조선인 15명 등 전체 조선인 103명 중 47명을 북조선의 시·도위수사령부 부사령관으로, 15명을 군정사령부와 위수사령부 통역관으로, 37명을 지방 자위대와 기타 기관에 이용하라고 지령하고 있다.'

소련군이 북한을 점령한 직후 '소문과 달리 한 차례 강간과 약탈 소동을 벌여 그들에 대한 불신이 팽배해 있'[225]었다는 사실, '소련군이 마을에 들어 왔는데 강도 강간을 일삼았어. 손목시계 뺏어서 한쪽 팔에 열 개 넘게 차는 놈들도 있더라고'[226]라는 증언 등을 종합할 때 소련군을 해방군이라고 하는 것은 소련군을 추종하는 자들뿐이라고 생각합니다.

반면에 미국은 '9월 1일과 9일에 발표한 재조선미국육군사령관 하지의 포고문 제1호와 제2호, 그리고 7일 요코하마(橫濱)에서 작성되고 9일 남한 상공에 살포된 태평양방면미육군총사령관 맥아더의 포고문 제1호와 제2호를 보면, 남한을 해방된 지역으로서가 아니라 점령된 지역으로 규정함과 아울러 점령통치에 저항하는 사람들에게는 군법회의를 거쳐 사형을 비롯한 법적 처벌을 하겠다는 따위의 협박적인 어휘들로 채'[227] 워 있어서, 남한 사람들을 실망시켰음은 물론 소련의 포고문과 비교가 되어, 좌파에게 소련군은 해방군, 미군은 점령군이란 선동 구실을 제공하게 된 것입니다.

| 문 38 | 소련군은 포고문처럼 행동했나요?

답 천만의 말씀입니다. 소련군은 해방군이 아니라 점령군으로서 포고문과 상반된 행동으로 일관하였습니다. 그 구체적 사례를 열거해 보면 다음과 같습니다.

---

225) 로버트 스칼라피노, 이정식, 『한국공산주의운동사』, (돌베개, 2018), 491쪽.
226) 조선일보 2018.1.6. B10면, 강원도 평강 출신, 최영섭 92세 예비역 해군 대령 증언
227) 김학준, 『북한의 역사』 1권, (서울대학교 출판부, 2008), 757쪽.

① 1945년 9월 소련 외무부 극동제2국 참사관 수즈달레프가 작성한 '조선에서의 일본의 군비와 중공업에 관한 보고'[228]를 보면 다음과 같이 기록되어 있습니다.

▲ 조선에서의 일본의 군수공업은 일본의 침략정책을 수행하기 위해 생겨났으며 실제로 그러한 목적을 적극적으로 수행했던 만큼 그것들을 일본으로부터 완전히 탈취해야 한다.

▲ 북조선에 위치한 일본의 모든 군수공업공장들은 붉은 군대에 대항해 싸운 일본군을 위해 봉사했고 또 붉은 군대의 엄청난 희생의 결과로 쟁취됐으므로 붉은 군대의 전리품들로 보아야 한다.

▲ 북조선에 위치한 일본의 모든 군수공업공장들은 이 전쟁배상의 일부로 또 소비에트 러시아가 출발한 이후 현재까지 일본이 소련에 끼친 엄청난 손해에 대한 보상으로 소련으로 이송되어야 한다.

이는 소련의 정책적 착취 의도를 잘 알 수 있는 보고서입니다.

② '소련점령군은 1945년에만 수풍발전소의 발전기 3대, 원산의 조선석유회사의 모든 기계들, 함흥의 화학회사 모토미야(本宮)의 6만킬로와트 변압기, 청진의 제철공장과 제련소의 모든 기계들, 진남포의 제련소의 금과 아연 및 구리, 244섬의 곡식 등을 소련으로 가져갔다.'[229]라고 기록되어 있습니다.

③ 스티코프 비망록에도 '나는 북조선에서 많은 비료를 가져가는 것에 반대한다. 왜냐하면 조선인들이 사용하기에도 부족한 상태이기 때문이다',[230] '군용열차에서 우리 군인들이 하차하여 주민들에게 난폭하게 굴고 약탈행위를 하는가 하면 심지어 살인까지 범한 사건이 발생하다'[231]라는 기록이 있습니다.

④ 김학준의 『북한의 역사』에 의하면 다음과 같이 나와 있습니다.

▲ '평남인민정치위원회의 재정부장 김병연은 소련군사령부의 명령을 받고 도내 은행의 총 예금액 중 그 반분(半分)인 3천만 엔을 도 재정의 파탄을 초래할 줄 뻔히 알면서도 소련군사령부에 제공하지 않을 수 없었다. 평안북도인민위원회도 붉은 군대 접대비를 지출했다.'[232]

228) 김학준, 『북한의 역사』 1권, (서울대학교 출판부, 2008), 803쪽.
229) 김학준, 『북한의 역사』 1권, (서울대학교 출판부, 2008), 803쪽.
230) 전현수, 『쉬띄꼬프 일기』 (국사편찬위원회, 2004), 56쪽.
231) 전현수, 『쉬띄꼬프 일기』 (국사편찬위원회, 2004), 61,62쪽.
232) 김학준, 『북한의 역사』 1권, (서울대학교 출판부, 2008), 801쪽.

▲ ‘1945년 말까지 소련이 북한으로부터 빼앗아간 물품들은 미화로 7억과 8억 달러 사이 였는데……’[233]

▲ ‘은행에서는 일본인들의 예금은 물론 조선인들의 예금도 빼내어 갔다’[234]

⑤ 또한

"수풍발전소의 발전설비를 포함하여 1946년 5월 1일까지 반출해간 목록에는 3,460만 엔의 전리품과 신상품이 소련으로 반출됐다. 반출된 제품 중에는 1,500kg의 금과 5t의 은이 함유된 4,261t의 구리와 납 광석, 78t의 페로텅스텐, 1,550t의 형석 등이 포함되어 있었다.

소련 당국은 석탄 생산 감소에 따라 조업을 중단한 일부 석탄공업기업소를 폐쇄하고 모든 고가 장비를 철거해 소련으로 반출할 것을 결정하였다. 흑색금속공업 분야에서는 북한 공업과 주민의 수요를 충족시킬 연산 18만t 규모의 설비만 남기고 나머지는 철거해 소련으로 반출하였으며, 5개의 알루미늄 공장 가운데 4개를 철거 반출하였다.

그 외 소련군은 9월부터 11월 사이에 북한 각지에서 건물·쌀·면포·기타 생활필수품 약 40억 원 가량을 가져갔다."[235]는 기록도 있습니다.

⑥ ‘1945년 북한의 곡물은 1,108만 5천여 석(섬)이었는데 이중 244만 섬이 소련군대에 공출되었다.’[236]

⑦ 위의 사례뿐 아니라 레베데프는 스스로

"‘소련군은 조선 사람들로 하여금 조선에 지주와 자본가가 없는 국가 즉 사회주의체제를 건설하려는 의욕을 갖도록 고취시켰다.’라고 말하고, 그러한 목적을 위해 북한의 각 지역에 개설된 소련군의 군경무사령부(軍警務司令部)가 주동적 역할을 수행했음을 고백한 것이다. 그는 다음과 같이 말했다. ‘소련군경무사령부의 존재는 민주적인 사회조직사업과 민주적인 사회개혁을 방해하는 반인민적인 세력을 절대로 용납하지 않았다.’"[237] 라고 기록했습니다.

또 ‘로마넨코는 연해주군관구의 군사위원 스티코프의 지시를 받았다. 그는 평양에만 17개의 비밀처형장을 설치해 공포정치를 실시했다. 지방에는 경무사령부(콘트라지벳트)를 설치해 공산화 과정 전체를 관장하도록 했다.’[238]라고 하였습니다.

233) 김학준, 『북한의 역사』 1권, (서울대학교 출판부, 2008), 803쪽.
234) 김학준, 『북한의 역사』 1권, (서울대학교 출판부, 2008), 803, 804쪽.
235) 류석춘, 김광동, 『시대정신』 통권 58호, (시대정신, 2013. 봄), 249쪽.
236) 김평선, ‘서북청년단의 폭력행위 연구’, 제주대 대학원 정치학 석사학위 논문(2009), 22쪽.
237) 김학준, 『북한의 역사』 1권, (서울대학교 출판부, 2008), 800쪽.

위에 열거한 사례처럼 소련군은 북한에서 공산혁명에 방해되는 세력을 철저히 제거하는 임무를 수행하였고 엄청난 착취를 자행하였는데 이런 군인을 해방군이라 할 수 없습니다. 진실이 이러함에도 김달삼은 그의 연설에서 소련군을 해방군이라고 극찬하였습니다.

반면에 미군은 우리나라에 원조[239]를 해 주면 해 주었지 산업시설을 뜯어가거나 비료, 식량, 광물, 기계, 예금 등을 빼앗아간 사실이 전무합니다.

| 문 39 | 38선을 그은 미국에 한국 분단 책임이 있나요?

답 우리들의 한(恨)이고 불행의 씨앗인 한반도 분할 문제는 역사적으로 거슬러 올라가면 임진왜란 당시 명(明)과 일본 사이에서도 거론된 적이 있었습니다. 그 후 1896년 6월에, 일본이 러시아에 북위 38~39도선을 경계로 한반도 분할을 제의했으나 그때 한국에서 우위를 차지하고 있던 러시아가 거부했고, 1903년 10월에는 러시아가 일본과의 전쟁을 피하고자 39도선으로 양분하자고 제의한 바 있습니다.[240]

이처럼 강대국들은 아무런 힘이 없는 우리나라를 자기들 마음대로 나누어 가지려 했습니다. 지정학적으로 강대국에 포위된 우리는 이와 같은 역사적 교훈을 잊지 말고 평소 군사적 외교적 정신적 무장을 공고히 하여 그들이 '절대로 먹을 수 없다'는 생각이 들도록 힘을 비축해야 합니다.

38선은 1945년 7월 포츠담 회담 당시 미국 트루먼을 수행한 군사지도자와 소련 스탈린을 수행한 군사지도자들이 각자 자기 진영끼리 논의한 바가 있었습니다.

1945년 8월 10일 미 전쟁부 차관보 맥클로이가 한반도에서 소련의 남진을 저지하기 위해 딘 러스크 육군 대령[241]과 찰스 본스틸 육군 대령[242]에게 지시하여 그들이 38선을 획정한 안을 가지고 국무부, 전쟁부, 해군부 조정위원회에 건의하여 8월 12일 조정위원회의 검토를 거쳐 8월 15일 트루먼 대통령에게 보고·결정하였습니다. 이 안을 당일 스탈린에게 통고하자 스탈린은 16일 미국의 제의를 그대로 받아들여 확정된 것입니다.[243] '미국이 38도 분할 선을 제안한 것은 한반도에 대한 소련의 영향력을 억제하는 방법의 하나였음은 의심의

238) 이주영,『대한민국의 건국과정』, (건국이념보급회 출판부, 2013), 40, 41쪽.
239) 1945~1961 미국의 대한(對韓) 원조 총액은 31억 달러임.
조선일보 2015.5.22. A10면. 이영훈 서울대 교수.
240) 김학준,『북한의 역사』1권, (서울대학교 출판부, 2008), 618쪽.
241) 후에 국무장관을 지냄.
242) 나중에 주한미군사령관
243) 김학준,『북한의 역사』1권, (서울대학교 출판부, 2008), 645~648쪽.

여지가 없'[244]습니다.

결론적으로 38선은 미국이 먼저 제의했지만 소련이 이를 그대로 인정한 것입니다. 그러니 38선은 미국과 소련이 합의한 선이라고 해야 정답입니다. 따라서 38선 획정을 먼저 제안했다고 해서 영구분단 책임을 미국에 지우는 것은 틀린 것입니다. 그리고 해방 당시 소련군과 미군부대의 위치와 한반도 진출 일정을 보면 미·소간 38선을 미리 약정하지 않았다면 소련군이 한반도 전체를 점령할 뻔 했습니다.

| 문 40 | 해방 이후부터 4·3 이전까지 좌파의 정치 투쟁은?

답 해방 이후부터 4·3 이전까지 좌파의 정치 투쟁 과정을 아는 것은 4·3을 이해하는데 큰 도움을 줄 것입니다.

해방 직후 박헌영의 주도하에 조선공산당재건위원회를 거쳐 1945년 9월 11일 조선공산당이 출범하였습니다. 그 당명(黨名)에서 알 수 있듯이 조선공산당은 마르크스 레닌주의 즉 공산주의 이념과 체제를 실현하려는 정당이며 이는 고스란히 남로당으로 승계되었습니다. 남로당제주도당은 남로당중앙당과 전남도당의 하부 조직입니다. 특이한 것은 1946년 8월 1일 제주도가 전라남도에서 분리되어 도(道)로 승격하였음에도 불구하고 남로당제주도島당은 전라남道당부 산하 島당조직으로 그 지령에 따라 투쟁을 전개했다는 것입니다. 이해를 돕기 위해 해방 후 좌파의 정치투쟁상황을 표로 만들면 아래와 같습니다.

[표 6] 해방 후 좌파의 주요 정치투쟁 흐름

연 도	정 치 투 쟁 내 용
1946년	①1월 찬탁투쟁 → ②7월 신전술 투쟁 → ③8월 국대안 반대사건 → ④9월 총파업사건 → ⑤10·1대구폭동사건 →
1947년	3·1절행사충돌사건 → 제주3·10총파업사건 → ⑥3·22총파업사건 → ⑦7·27인민대회사건 → ⑧8·15폭동음모사건
1948년	⑨2·7폭동사건 → 제주4·3폭동사건 → 5·10선거방해사건 → 8·25북한정권수립지원투쟁 →
1950년	6·25남침

---

244) 윌리엄 스툭, 「한국의 분단, 1945~1948: 미국의 책임에 대한 평가」; 이인호, 김영호, 강규형, 『대한민국건국의 재인식』, (기파랑, 2009), 39쪽.

위 [표 6]에서 보는 바와 같이 이 모든 투쟁은 **소련과 북한 공산주의 노선을 선택한 동일 목적을 가진 동일세력(남로당)에 의해 일관성 있게 지속적으로 전개된 투쟁**임을 알 수 있고, 따라서 제주4·3사건도 이런 일련의 투쟁의 연장선에서 그 일환으로 일어난 사건입니다.

조선공산당이나 그 후신인 남로당이 대한민국을 상대로 벌인 각종 투쟁은 어마어마합니다. 제주4·3사건이나 9월총파업 등을 한 건으로 계산해도 모두 977개[245]의 크고 작은 폭동과 테러를 자행하면서 저항했습니다. 1945년 8월 15일 해방 후부터 1950년 6월 24일 6·25전쟁 전날까지 군경 8,824명[246]이 전사한 사실만 봐도 대한민국 건국 전후가 얼마나 험난했음을 알 수 있습니다.

이를 극복하고 대한민국을 건국하고 지켜냈나를 생각하면 기적 같고, 이건 애국가 가사에 나오는 '하느님이 보우'하셨기에 가능했지 그렇지 않았다면 도저히 불가능했을 것이라는 생각이 듭니다.

여기서는 [표 6]에 나온 사건들(①~⑨)을 설명하고, 그중에서 1947년 3·1절 충돌사건과 제주3·10총파업사건은 별도로 제7장에서 설명하도록 하겠습니다.

① 1946년 신탁통치 찬성투쟁(찬탁투쟁)

1945년 12월 16일부터 26일까지 미·영·소 3국 외상이 모스크바에서 제2차 세계대전 전후(戰後) 처리문제를 논의하기 위하여 회담을 개최하였는데, 이 회담을 흔히 '모스크바3상회의'라고 부릅니다. 이 회담에서 한국을 최장 5년간 신탁통치하며 미·소공동위원회(약칭 미·소공위)를 구성하여 향후 창립될 조선(한국)의 임시정부를 지원하도록 결정하였습니다.

신탁통치 사실이 28일 국내에 전파되자 좌·우익 다 같이 신탁통치 결사반대 운동이 전국 각지에서 일어났습니다. 왜냐하면 일제 36년간 악독한 식민지 생활에서 해방되었는데 다시 5년간 강대국의 신탁통치를 받는다는 것은 우리 국민으로서는 정말 받아들이기 힘든 일이었기 때문입니다. 완전한 독립정부를 갈망하던 우리 국민은 좌우할 것 없이 신탁통치를 결사반대하게 된 것은 자연스러운 일이었습니다. 박헌영을 비롯한 좌파들도 즉각 반대하였고, 12월 31일에는 조선공산당서울시위원회 위원장 김삼룡이 반탁 전단을 제작하여 시내에 살포하기도 하였습니다.[247]

---

245) 대검찰청 수사국, 『좌익사건실록』 제1~11권, (1965~1975).
246) 서울 용산구 소재 전쟁기념관 자료(육군 7,459명, 해군 25명, 해병대 8명, 경찰관 1,332명).
247) 임경석, 『이정 박헌영 일대기』, (역사비평사, 2005), 259쪽.

이처럼 우익과 함께 반탁운동을 전개하던 좌파는 소련의 지령을 받고, 1946년 1월 2일 조선공산당 중앙위원회가 아무런 해명도 없이 신탁통치를 찬성하는 성명을 발표[248]하면서 부터 찬탁으로 돌변하였습니다.

이러한 배경에는 "소련 치스치아코프 대장과 레베데프 소장 등이 1946년 1월 초순 그(박헌영)를 평양으로 불러 '소련의 정책이니 찬탁을 따르라'며 명령식 설득을 했"[249]기 때문입니다.

이에 대해 좌파들은 신탁통치가 영어로는 트러스티십(Trusteeship)이지만 러시아어로는 '코페체'라는 말로서 이는 후견(後見)이라는 뜻이고 따라서 5년 이내의 후견제는 신탁통치가 아니라 '원조와 협력'이라는 궁색한 궤변까지 동원하여 국면전환을 시도하였습니다. 심지어 '신탁통치라는 용어의 사용은 공산당의 신문에서 금지되었고 ….언제나 후견(後見)이라는 용어가 쓰였'[250]습니다.

이때부터 우파는 초지일관 반탁을 주장하면서 정치제도로 자유민주주의 체제를, 경제제도로 자유시장경제 체제, 즉 미국식 자유민주주의 국가를 건설하려 했고, 좌파는 찬탁으로 돌아서면서 정치제도로 인민민주주의, 경제제도로 계획경제 체제, 즉 소련식 전체주의 공산주의 국가 건설을 목표로 하였습니다. 이때부터 좌우익 간에 사생결단 충돌하게 되었고, 남로당이 각종 집회를 통하여 찬탁투쟁을 전개하면서 미군정을 압박했는데 이를 '찬탁투쟁'이라 합니다.

신탁통치의 내막을 자세히 들여다보면,

신탁통치 문제는 모스크바 3상회의 이전인 1945년 10월 21일자 뉴욕타임스 22쪽에 미국무성 극동국장인 존 케이터 빈센트가 '한국에 신탁통치제가 실시될지도 모른다고 공개적으로 말했다'는 발언이 보도된 이후 이 내용이 10월 25일 매일신보에 보도됐고, 10월 31일 해방일보에는 '신탁관리란 만부당… 미 극동부장 언명에 대하여'라는 비난 기사가 게재되었으며, 여기에 조선공산당 창당 멤버 김삼룡도 '조선의 현실에 대한 잘못된 인식에서 나온 것이며, 인민의 의지를 무시하는 충격적인 사실'이란 비판 성명을 발표했고, 조공의 핵심인물 정태식도 12월 29일 서울신문에 '우리는 여기에 절대 반대한다. 5년은커녕 다섯 달이라도 반대할 것이다.'[251]라는 주장을 하는 등 좌파가 이구동성으로 강력한 반탁을 주장하였습니다.

248) 임경석, 『이정 박헌영 일대기』, (역사비평사, 2005), 261쪽.
249) 임경석, 『이정 박헌영 일대기』, (역사비평사, 2005), 258쪽.
250) 로버트 스칼라피노, 이정식, 『한국공산주의운동사』, (돌베개, 2018), 443쪽.
251) 로버트 스칼라피노, 이정식, 『한국공산주의운동사』, (돌베개, 2018), 440,441쪽.

그런데 1946년 1월 2일자 조선공산당북조선분국 책임비서 명의의 (찬탁)지시문이 내려왔고, 그 지시문 가운데는 모스크바 결정을 지지하는 데 사용될 격려문, 슬로건, 논지들이 포함되어 있으며, 이 문서는 즉각 산하의 모든 지부조직에 하달되었습니다.[252] 이는 소련이 북한을 거쳐 조선공산당에 찬탁을 지령하였다는 증거이며, 이에 근거하여 제주도 좌파에서도 당초 반탁에서 적극적인 찬탁운동으로 전환하게 된 것입니다.

여기서 신탁통치 수용의 타당성을 검토할 때

첫째, '그 필요성이 있었던가?' 하는 문제입니다. '한국인은 당장 독립이 되더라도 독립국가를 유지·운영할 수 있는 민도와 자치역량을 갖추고 있었'[253]기 때문에 전혀 신탁통치를 받을 필요가 없었습니다.

둘째, 신탁통치를 받아들였을 경우 어떤 결과를 가져올 것인가를 따져봐야 합니다. '우리 민족에게 복된 결과를 초래할 가능성이 극히 희박했다. …… 당시 한반도의 정치세력들에 대한 대중의 지지도, 소련과 미국의 한반도 정책, 중국의 공산화 진행 등을 고려할 때, 5년 동안의 신탁통치를 거쳐 독립이 되었을 경우 한반도는 전체가 공산화되지 않았으면 두 개의 국가로 분단되었을 것'[254]입니다. 따라서 신탁통치 수용을 적극적으로 주장하는 사람들은 한반도 전체의 공산통일을 좋다고 평가하는 사람들뿐입니다.

종합해 보면 1946년 찬탁 투쟁은 조선공산당의 본색을 드러낸 최초의 정치투쟁이며 여기서부터 모든 사활적 투쟁이 시작되었습니다.

---

252) History of the US Army Forces in Korea, Part II, 26쪽
253) 양동안, 『대한민국 건국사』, (현음사, 2001), 549쪽.
254) 양동안, 『대한민국 건국사』, (현음사, 2001), 555쪽.

[그림 1] 유럽·아시아 공산화 지도(1950년)[255]

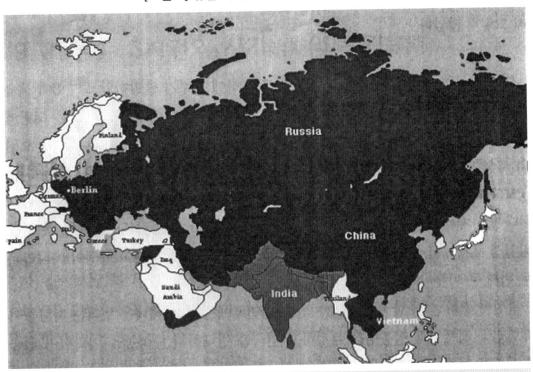

※ 신탁통치 반대를 위한 이승만 발언

'조선인은 연합국과 싸운 일이 없고 따라서 연합국은 조선을 정복한 것이 아니라는 사실을 귀 열국에 지적한다 …… 우리는 단연코 공동신탁제를 거부하며 기타 여하한 종류를 막론하고 완전독립 이외의 모든 정책을 단연 반대하는 바이다. 우리는 우리의 자유를 위하여 전 생명을 바치기로 결의하였다. 우리는 귀 열국의 회답을 경의로써 고대하고 있다.'[256]

한편, 신탁통치에 대한 제주도 좌파의 투쟁 동향을 살펴보면 다음과 같습니다.

- '제주시를 비롯한 각 면에서 반탁군중대회(1946.1.15.)을 열었고, 또 <반탁시위>도 결행하였다.'[257]
- '이때까지만 해도…… 제주도의 유일한 정치집단은 조선공산당과 인민위원회여서, 신탁통치반대군중대회를 비롯한 신탁통치 반대운동을 전개한 것도 조선공산당과 인민위원회였고, 이를 신탁통치 찬성으로 정책노선을 급선회한 것도 이들이었다.'[258]

---

255) 출처 : 나라정책연구원 자료, 2006.
256) 이병주, 『남로당』 상권, (기파랑, 2015), 146~147쪽.

• "제주도 인민위원회는 1946년 중반까지도 신탁통치 반대운동을 전개하였다. 제주읍에서는 2만 명의 인파가 모여 '신탁통치 절대 반대'라는 슬로건으로 시위하였다. 대정면 대정국민학교 반탁 집회에서는 미군이 직접 출동하여 대정면 인민위원회 위원장·부위원장을 잡아가는 일이 발생하였다."[259]

이상의 기록들을 보면 제주도 좌파는 1946년 1월 중순까지 반탁운동을 전개하다가 뒤늦게 찬탁으로 급선회한 것 같습니다. 그러나 반탁을 외치다가 갑자기 찬탁으로 선회한다는 것이 자연스럽지 못해서인지 1946년 중반까지 도내에서 적지 않은 규모의 반탁시위가 있었습니다. 그렇게 된 이유는 도당에서 전달이 늦어[260]진 때문이라고 증언한 사람도 있습니다. 그러나 찬탁투쟁은 1947년 3·1기념투쟁 때 절정을 이루었습니다. 이는 3·1기념투쟁 당시 남로당제주도당이 내린 지령서들을 보면 '삼상회의 결정 즉시 실천!'이라는 구호가 수도 없이 반복하여 나오는 것으로 증명됩니다.

여기서 우리가 얻을 수 있는 결론은 반탁에서 찬탁으로 노선을 변경한 조선공산당[261]제주도당은 소련과 북한 노선에 무조건 맹종하였다는 사실입니다.

미·소공동위원회도 결렬되고 찬탁 좌파와 반탁 우파가 극한적인 대립과 갈등을 초래하자 미국은 한반도 문제를 UN에 상정했고, 1947년 11월 14일 제2차 UN총회 결의로 남북한 인구비례에 의한 총선을 실시하기로 하면서 그 감독임무를 수행할 유엔한국임시위원단(UNTCOK)[262]을 구성, 한국에 파견하였습니다. 소련이나 북한 그리고 남로당이 유엔 결의에 따라 유엔한국임시위원단의 감독 아래 남북한 총선거를 수용했다면 통일이 되는 것입니다. 그런데 유엔한국임시위원단이 1948년 1월 8일 입국하고, 1월 22일 북한을 방문코자 하였으나 소련군이 38선 이북 입북(入北)을 거부함으로써 할 수 없이 유엔은 1948년 2월 26일 유엔소총회의에서, 북한지역에서 선거를 치르지 못한다면 선거 가능한 남한만이라도 총선을 실시하도록 결의하였습니다. 이렇게 유엔 결의에 따라 실시한 선거가 바로 1948년 5월 10일 실시한 제헌국회의원 선거, 이른바 '5·10선거'입니다.

257) 김봉현·김민주, 『제주도인민들의 4·3무장투쟁사』, (문우사, 1963), 27쪽.
258) 신상준, 『제주도4·3사건』 상권, (한국복지행정연구소, 2000), 321쪽.
259) 박찬식, 『4·3과 제주역사』, (각, 2008), 216쪽.
260) 제주4·3연구소, 『이제사 말햄수다』 2권, (한울, 1989), 30쪽. 홍만기의 증언
261) 남로당 전신
262) 호주, 캐나다, 중국, 엘살바도르, 프랑스, 인도, 필리핀, 시리아 등 8개국이며 당초 9개국이었으나 우크라이나는 참여를 거부했습니다.

'1949년 6·25관련 러시아연방 대통령 문서보관소' 문서 '1949년 9월 15일 대사 쉬띄꼬프가 스딸린에게 보낸 극비보고서'를 보면 소련이 남한 정세를 손금 보듯이 정확히 파악하고 있음을 알 수 있습니다. '1) 남조선 정치 사정 - 해방된 지 4년간 남조선의 정치정세는 좌우익 정당과 단체가 격렬한 정치투쟁을 하고 있는 것이 특징이다. 1945년 모스크바 3상회의에서 결정한 신탁통치 문제가 그 원인이 되었다'[263]

② 1946년 7월 신전술 투쟁

1946년 7월 26일 조선공산당은 정당방위의 역공세라는 구호 아래 신전술 투쟁이라는 적극적 공세적 투쟁전술로 전환합니다. 이는 '박헌영이, 미군정청이 자신을 배제하고 조공(朝共)에 대한 단속을 강화하자 그 대항책으로 파업과 시위 전술을 강구하기 시작'[264]한 것입니다.

'7월 26일을 계기로 수세에서 공세로 전환
(1) 지금까지 협조·합작노선을 진보적으로 전환
(2) 극동에서 중공당 및 일본 당들과 연계 하에 반미운동 적극화
(3) 북조선과 같은 개혁을 요구
(4) 미군정의 정책을 비판적으로 폭로하고 투쟁을 적극적 공세로 전개
(5) 정권을 군정에서 인민위원회로 넘기는 투쟁전개
(6) 희생을 각오하고 투쟁을 할 것 등 6개 항과 (지금까지는) 미군정을 직접 치지 않고 간접적으로 미군정을 비판하였으나 앞으로는 우리가 이런 태도를 버리고 미군정을 노골적으로 치자 …… 테러는 테러로, 피는 피로서 갚자'[265]고 지령하여 조직적이며 폭력적이고 집단적인 대중적 파업투쟁을 계획하였습니다.

이후 조선공산당을 계승한 남로당은 이 신전술 투쟁 지침에 따라 점차 폭력투쟁을 강화해 나갔습니다. 여기서 이채로운 점은 반일주의 남로당이 '일본 당[266]들과 연계 하에 반미운동 적극화'한다는 구호입니다. 그것은 민족해방노선과 프로레타리아 독재혁명노선이 남로당 노선과 일치하여 공동전선 형성이 가능했기 때문입니다.

---

263) 박종효, 『러시아연방 외무성 대한(對韓)정책자료 I』, (선인, 2010), 335쪽
264) 남시욱, 『한국 진보세력 연구』, (청미디어, 2009), 42쪽.
265) 김남식, 『남로당 연구』 1권, (돌베개, 1984), 235~236쪽.
266) 일본공산당.

③ 국립대학안(약칭 국대안) 반대사건

조선공산당은 혁명기본역량인 노동자 농민 이외에 인텔리계층인 교수와 학생층에 폭넓게 세포를 조직해 놓았습니다. 미군정은 1946년 8월 22일 경성(서울)대와 경성경제전문을 비롯 치과·법학·의학·광산·공업·농림전문학교와 경성사범학교·여자사범학교를 서울대학교로 흡수하는 등을 골자로 하는 미군정법령 제102호 '국립서울대학교 창설에 관한 법령'을 공포하고 9월에 국립서울대학교를 발족하자, 학생들이 등록을 거부하고 맹휴에 들어갔습니다.

민주학생연맹(민학련)과 각 학교에 뿌리박은 세포가 앞장섰습니다. 1947년이 되면서 개성, 춘천, 대구, 대전, 부산, 광주로 번지고 각급학교에서도 동정맹휴에 돌입하여 54개교에 4만여 명의 학생과 교직원이 참가하였고, 당국은 이들을 제명하는 등 강경 대응하여 사태가 악화되었습니다.

남로당은 9월 총파업투쟁과 결부시키려고 국대안 반대투쟁에 편승하여 자기들의 정치적 목적 달성을 위한 수단으로 이용하려 했습니다. 당초 국대안 반대투쟁은 좌파가 주동한 것이고 본래 목적이 반 미군정에 있었지만 그들의 주장은 미국인 총장의 사퇴, 민간인 이사와 조선인 총장 임명, 학원자치 인정 등을 요구하였고 미군정도 강경 일변도에서 유연하게 정책을 전환하여 1947년 5월 수정법령을 공포하고 8월 14일 제적학생 복학 조치를 취하면서 1년 만에 수습되었습니다. 이때 북한에 주둔한 소련군 사령부 교육담당관 니콜라이 그즈노프 소좌가 남로당 위원장 허헌에게 내린 지령을 보면, 남조선에 있는 모든 학교에서는 광범위하고도 조직적이며 맹렬한 투쟁을 일으키는데 있어서 제1차로 동맹휴학을 합법적으로 시작해야 한다[267]고 하였습니다. 소련의 보이지 않는 손이 이처럼 매 사건마다 뒤에서 작용하고 있는 것입니다.

④ 1946년 9월 총파업사건

북한 주재 소련민정청장이었던 레베데프의 회고에 의하면 '해방 직후 북한에서 이루어진 일들 가운데 쉬띄꼬프가 관여하지 않은 일은 하나도 없을 정도였다'[268]고 한 테렌티 포미치 스티코프는 소련 연해주군관구 군사평의회 위원, 동 관구 정치담당 부사령관, 북한 주재 소련특명전권대사, 미·소공위 소련 측 대표였습니다. 스티코프의 지시와 지원으로 1946년 9월 13일 서울철도국 노동자 3천 명이 근로조건 개선 등을 요구하며 농성하기 시작했습니다.

---

267) 김남식, 『남로당 연구』 1권, (돌베개, 1984), 273~275쪽.
268) 전현수, 『쉬띄꼬프 일기』 (국사편찬위원회, 2004), 해제 10쪽.

23일 부산철도국 노동자 7천여 명이 파업하는 것을 시발로 조선노동조합전국평의회(약칭 전평) 산하 교통·체신·식료·전기·토건·조선·금속·해운·출판계 등 전평 산하 각 산별노조원이 참여한 전국적 총파업으로 행정과 산업이 마비상태에 이르렀습니다.

미군정의 강력대응으로 9월 총파업은 수습되었지만 곧 10·1대구폭동으로 발전 확산합니다. 이른바 9월 총파업은 표면적으로 노동자의 생활개선을 위한 파업이었지만 내막을 들여다보면 자발적 투쟁이 아니고 스탈린 → 연해주군관구25군사령부 → 평양소련군정청으로 연결되는 지휘계통에 따라 조선공산당과 전평에 직접 지시를 내려 그 결과로 발생한 정치투쟁임을 알 수 있습니다. 이는 스티코프 비망록 1946년 9월 28일자와 10월 2일자에 200만 엔[269]과 300만 엔[270]을 투쟁자금으로 박헌영에게 지원하였다는 기록으로 증명됩니다.

스티코프가 9월 총파업 때 사용하도록 지령한 구호가 그 이듬해 제주도 3·1기념투쟁 집회 시위에 그대로 등장한다는 사실이 놀랍습니다.

스티코프 비망록 1946년 9월 28일자에 의하면 '남조선 파업투쟁에 대해 다음과 같이 지시하다. 경제적인 요구들, 임금인상, 좌익 활동가들의 석방, 미군정에 의해 폐간된 좌익신문들이 복간, 공산당 지도자들에 대한 체포령 철회 등을 요구하고 이 요구들이 완전히 받아들여질 때까지 파업투쟁을 계속한다.'라는 지시 내용이 있습니다.

남로당제주도당이 3·1기념투쟁 당시 수없이 주장한 인민위원회로 권력을 이양하는 문제에 대해서도 스티코프 비망록 1946년 12월 12일자에 '인민의 창의에 의해 창출된 권력기구인 인민위원회로 이양되어야 한다'라고 되어 있고, 1946년 9월 29일자에는 '남조선 파업투쟁에 대해 스탈린 동지에게 암호전문을 보냈다'는 기록 등으로 보아 스탈린의 지침을 받으면서 소련이 엄청난 자금 지원을 받은 박헌영의 지령에 따라 조선공산당과 전평이 실행한 투쟁이 9월총파업과 10·1대구폭동임을 알 수 있습니다. 1945년도 쌀 40kg 가격이 35전(0.35원)[271]이었으니 500만 엔은 엄청난 금액입니다.

소련이 대남공작을 위하여 박헌영에게 자금을 지원한 것은 계속 이어져 12월 6일자에는 '박헌영에게 39만 엔을 지출되었다고 보고하다',[272] 12월 7일자에는 '로마넨코 구좌에 있는 돈 122만 루불에 대해 논의하다. 그 돈을 박헌영에게 전달하고 구좌를 정리하라고 명령하다'[273]라는 기록이 있습니다.

---

269) 전현수, 『쉬띄꼬프 일기』(국사편찬위원회, 2004), 20쪽.
270) 전현수, 『쉬띄꼬프 일기』(국사편찬위원회, 2004), 22쪽.
271) 조선일보 2015.7.7. A16면.
272) 전현수, 『쉬띄꼬프 일기』(국사편찬위원회, 2004), 44쪽.

그리고 '스티코프는 남한 폭동 사실을 소련 국방차관 불가닌에게 알렸다. 북조선노동당은 1946년 9월 27일 남한에서의 총파업 결정을 추인했다. 북한으로부터 비밀리에 위문단이 파견되고 지원금이 전달되었'[274]다는 기록도 있습니다.

이처럼 9월 총파업은 자발적인 민중항쟁이 아니라 소련과 북한의 지령과 지원 하에 총파업과 폭동을 일으킨 것입니다.

※ **조선노동조합전국평의회**

1945년 11월 5일 서울 중앙극장에서 전국 40여 개 노동조합원 50여만 명의 대표 505명이 참석하여 결성(위원장 허성택)됨. 명예의장으로 박헌영·김일성과 레온치오(파리 국제노동조합 비서), 쿠즈네초프(소련 노동조합 비서), 모택동(중국 공산당 수령), 왈렌숄드린(영국노동조합 비서), 힐맨(미국 노동조합 비서)을 추대[275]하였으며 전평은 조선공산당 전위행동대로서 9월 총파업과 10·1대구폭동은 물론 1948년 2·7폭동 때 강력한 위력을 발휘하였습니다.

---

⑤ 1946년 10·1 대구폭동사건

이 또한 소련연해주군관구사령부가 직접 개입한 사건으로 9월 총파업이 진행 중인 10월 1일 대구역전에서 조선노동조합전국평의회 지휘 하에 남조선파업공동투쟁위원회의 주도로 파업에 참가한 공장 직공 등 15,000여명이 운집한 시위사건에서 비롯되었습니다.[276]

10월 1일 시위는 2일부터 폭동으로 발전하여 경찰서를 습격하고 점차 경상, 전라, 충청, 경기, 서울 등 '남한 전역의 73개 시·군에 파급되어 연인원 110만 명[277]이 참가하는 8·15 해방 이후 가장 큰 규모의 대중투쟁이었'[278]습니다.

10월 7일 조병옥 경무부장의 발표에 의하면 경찰 측 인명피해만 사망 33명 부상 135명, 경찰가족 사망 1명 부상 33명이고, 10월 15일까지는 관련자 3,782명을 검거했다는 발표[279]가 있었으며 폭동의 여진은 연말까지 지속되었습니다.

10월 대구폭동은 결국 소련과 북한, 박헌영이 전평을 사주하고 노동자를 선동한 것이며 스티코프의 자금 지원을 받아 일으킨 폭동이라는 점에서 순수하거나 정당했다는 평가를 할

---

273) 전현수, 『쉬띄꼬프 일기』(국사편찬위원회, 2004), 45쪽.
274) 이주영, 『대한민국의 건국과정』, (건국이념보급회 출판부, 2013), 95쪽.
275) 이병주, 『남로당』 상권, (기파랑, 2015), 194~196쪽.
276) 신상준, 『제주도4·3사건』 상권, (한국복지행정연구소, 2000), 213쪽.
277) 300만 명이 참가했다는 주장도 있습니다.
278) 제주4·3위원회, 『제주4·3사건진상조사보고서』, (2003), 78쪽.
279) 신상준, 『제주도4·3사건』 상권, (한국복지행정연구소, 2000), 213~214쪽.

수 없습니다. 그러나 당시 남로당이나 좌파에서는 이를 10월 인민항쟁이라 부르고 '농민추수봉기'[280]라고도 했습니다.

⑥ 1947년 3·22총파업사건

남로당은 3·1기념투쟁의 여세를 몰아 1947년 3월 22일 04:00부터 전국에서 24시간 시한부 총파업을 지령하여 서울·부산·광주·인천·부평·대구 등 주요도시와 공업지대에서 6개 항의 요구사항을 내걸었습니다. 이 투쟁은 이승엽이 기획한 투쟁[281]으로 전평이 주도하였으며 파업의 목적은 다음과 같습니다.

첫째, 새로이 수습된 조직의 견고 여하를 시험하고 각급 기관을 검열하려는 것,
둘째, 미·소공위의 재개 기운이 농후해짐에 따라 공격의 목표를 반탁진영에 집중하여 테러 폭동 반대의 명목 하에 강한 타격을 줌으로써 반탁진영의 정치적 지위를 불리하게 하려는 것,
셋째, 10월 폭동 이후 남로당의 성장 발전을 국내외적으로 과시하는 것,
넷째, 당기밀의 누출 여하를 검사하고 중앙위원회의 권위를 세우려는 것
다섯째, 좌익학생들은 파업에 동정하는 동정시위를 전개하여 노·학연대를 과시하려는 것
여섯째, 3·22 총파업을 9월 총파업에서처럼 대중폭동으로 발전시키려 한 것

등이었습니다.

그러나 이런 목적과 달리 요구사항은 전혀 실현되지 않은 채 전평 중앙간부와 노동자 2천여 명이 검거·투옥되고 노동자가 대거 해고됨으로써 남로당은 조직적 손실만 입'[282]은 것으로 끝났습니다.

미군정 보고서에 의하면 '이 파업으로 11명이 사망했'[283]다고 기록되어 있는 것으로 보아 단 1일 파업이지만 양상은 격렬했음을 알 수 있습니다.

⑦ 1947년 7·27인민대회사건[284]

남로당은 미·소공위에게 인민으로부터 절대적 지지를 받고 있다는 것을 과시하기 위해 당원배가 캠페인을 벌였습니다. 그리고 1947년 7월 27일을 기해 군중을 대대적으로 동원

---

280) 이운방, 김웅철 편, 『미군점령기의 제주도인민들의 반제투쟁』, (광문당, 2019), 57쪽.
281) 로버트 스칼라피노, 이정식, 『한국공산주의운동사』, (돌베개, 2018), 475쪽.
282) 양동안, 『대한민국 건국사』, (현음사, 2001), 350~351쪽.
283) 제주4·3평화재단, 『제주4·3사건 추가진상조사 자료집 3 (미국자료 1)』, (2020), 466쪽.
284) 7·27인민대회사건은 대검찰청 수사국, 『좌익사건 실록』 제1권, (1965)에 있는 용어를 사용하였습니다. 당시 좌익에서는 7·27투쟁이라고 불렀습니다.

시켜 전국 각지에서 '미·소공위경축 임시정부 수립촉진 인민대회'를 개최토록 지시하였습니다. 한편으론 진정(陳情)운동도 전개하여 자신들의 요구 사항을 담은 연서진정서 67,578통을 미·소공위에 보내면서 군중적 압력을 행사하였습니다. 이렇게 전국적으로 개최된 인민대회에서 채택된 10개항의 결정서 내용은 찬탁, 토지개혁, 이승만·김구 국외추방, 박헌영 체포령 취소 등 남로당이 항상 주장하는 내용을 반복했습니다. 이 일련의 투쟁을 7·27인민대회사건이라고 말합니다.

당시 남로당은 '7·27투쟁'이라고 했습니다.

○ 제주도에서의 7·27인민대회사건

남로당중앙당의 지령을 받고 제주도당도 그 지령대로 시행했습니다.

'박경훈은 1947년 7월 말 민전의장 자격으로 제주경찰감찰청장[285]을 만나 미·소공위에 제출할 진정서를 서명날인 받아도 좋다는 승인을 받았다. 그 진정서는 공산주의자들이 옹호하는 견해, 즉 국호는 인민공화국으로, 행정기관은 인민위원회로 해야 한다는 내용으로 돼 있었'[286]습니다.

여기에 대하여 1948년 1월 29일 주한미육군사령부군정청 사법부 고문관 소령 존 W. 코넬리가 작성한 문서와 서울고등검찰청 검찰관 이호의 보고서에는, 당시 경찰은

"제주도민주주의민족전선 회원들을 대상으로만 서명 모집이 허가 됐음에도 불구하고, 그들은 사찰과장이 도민 일반으로부터 서명을 받아도 된다는 허가를 내렸다고 각 읍면의 집행위원들에게 말했다. 그리하여 그들은 집행위원들로 하여금 사찰과장이 승낙한바 일반도민들도 진정서에 서명을 해야 한다고 도민들에게 말하도록 했다. 그렇게 함으로써 무지한 도민들에게 경찰도 공산주의자들이 옹호하는 견해(국호는 '조선인민공화국'이 돼야하고 행정기관은 '인민위원회'가 돼야 한다는 견해)에 동의했다는 잘못된 생각을 심어주었다"는 것입니다. 이에 대해 경찰은

'박경훈 외 3명을 포고령 위반으로 …기소 했으나 제주도의 미국인 민정관과 법무관의 단호한 반대로 … 1947년 11월 12일 이 사건은 기각됐'습니다. 그러나 코넬리 의견은 '박 전 도지사와 그의 동료들이 (형법)제105조 제2항을 위반했을 가능성은 충분합니다. … 쟁점과 관련해 우리는 제주도 선임민정관이 그런 방식으로 개입해서는 안 된다고 생각합니다. 그와 같은 개입은 오직 조선인 채널을 통해 군정장관 대리가 공식적인 방법으로만 해야 합니다.'[287]라고 하여 현지 미국 민정관 개입을 우려했습니다.

---

285) 제주경찰감찰청장을 만난 게 아니고 사찰과장 김영배를 만났습니다.
286) 제주4·3위원회, 『제주4·3사건진상조사보고서』, (2003), 141쪽.

⑧ 1947년 8·15폭동음모사건[288]

남로당은 7·27인민대회사건에 이어 8월 15일을 기해 8·15해방 2주년기념 시민대회 개최를 결정했습니다. 대회장(大會長)에 박헌영·허헌·김원봉 등을 선정하였으며 근민당, 인민공화당, 청우당과 연계하고 민전, 민애청, 전평, 전농, 여맹 등 외곽단체를 총동원하여 3·1기념투쟁과 똑같은 전국적 대규모 군중투쟁계획을 수립하고 60개에 달하는 8·15기념구호까지 하달하였으나 미군정이 사전 차단했습니다. 전국적으로 관련자 13,769명을 검거[289]하여 제압한 사건을 말합니다.

당시 남로당은 '8·15투쟁'이라고 했습니다.

> ○ 제주도에서의 8·15폭동음모사건
>
> 예방 차원에서 8월 14일부터 박경훈 민전의장을 비롯한 20여 명을 검속했다가 8월 15일이 무사히 지나자 17일 석방하는 등 사전 예방조치를 취하여 3·1기념투쟁과 같은 혼란을 미리 예방하였습니다.[290]
>
> 정부보고서에는 이를 두고 '요란스러운 검거에 비해서 싱겁게 끝났다'[291]라고 평가절하하였으나 전국적 대중투쟁 예방 차원에서, 3·1발포사건과 같은 불상사를 사전에 막기 위한 적절한 조치였습니다.

⑨ 1948년 2·7폭동사건

5·10선거가 확실시됨에 따라 남로당은 1948년 2월 7일을 기해 전국적으로 투쟁 전술을 완전히 무장투쟁전술로 전환했습니다. 그동안 전개했던 합법, 반(半)합법투쟁을 비합법적 폭력투쟁으로 완전히 바꾼 것입니다.

무슨 수를 쓰더라고 5·10선거를 파탄내기 위한 최후의 투쟁으로써 이를 남로당은 2·7구국투쟁이라 했습니다. 남한은 미국의 식민지이기 때문에 이를 해방시켜 나라를 구해야 한다는 뜻이며 지금도 북한이나 종북주의자들은 대한민국을 미국의 식민지라고 주장합니다.

2·7폭동사건은 단선단정을 반대하기 위한 투쟁방법을 폭력투쟁 전술로 전환하라는 소련군정의 지령에 의해 결정된 것입니다. 1948년 1월 21일자 레베데프 비망록을 보면 다음과 같은 기록이 있습니다.

---

287) 제주4·3평화재단, 『제주4·3사건 추가진상조사 자료집 4 (미국자료 2)』, (2020). 276~282쪽.
288) 김남식, 『남로당 연구』 1권, (돌베개, 1984), 295~298쪽.
289) 제주4·3위원회, 『제주4·3사건진상조사보고서』, (2003), 140쪽.
290) 제주4·3위원회, 『제주4·3사건진상조사보고서』, (2003), 140~141쪽.
291) 제주4·3위원회, 『제주4·3사건진상조사보고서』, (2003), 140~141쪽.

> 스티코프 동무와 전화로 대화. 스티코프 지시.
> 1. 민전의 전환계획을 준비할 것.
> **전환**
> - (유엔한국임시위원단을)보이코트할 것. 선거에 반대할 것[292)
> - 테러를 이유로 들 것

여기서 전환계획이란 바로 '남로당을 위시한 민주주의민족전선이 1월말경 단선단정을 저지하기 위한 직접적인 실력투쟁을 전개하기로 결정한' 것으로서 '남로당의 태도변화가 소군정의 지시에 의한 것임을 알 수 있'습니다. 이후 얼마 되지 않아 남로당은 2·7폭동을 필두로 격렬한 단선·단정 반대투쟁의 막을 올렸'[293)습니다.

이에 민전은 성명을 통하여 바로 '위대한 구국투쟁'에 궐기하였다고 선언하였습니다. 남로당을 비롯한 좌익 지하세력이 '이만큼 강하다'는 것을 국민과 유엔한위(韓委=유엔한국임시위원단)에 과시함으로써 '단독선거'를 못하도록 하고, 인민공화국을 수립하는 데 그 목적이 있었습니다.

이 '2·7폭동'은 사전에 계획되고 조직적이며 폭력적인 투쟁이었으며, 이를 계기로 무장투쟁전술로 넘어가는 중요한 계기가 되었습니다. 이때부터 각 지방에는 '야산대'(野山隊)라는 무장 게릴라 소조 등이 생기게 되었습니다. 그리고 '제주4·3폭동'과 같은 '5·10선거 반대투쟁'으로 발전해 나갔"[294)습니다.

투쟁방법으로 전평(全評)은 총파업을 단행하고, 민전과 민애청은 경찰관서 습격, 교통통신시설 파괴, 정부와 우익인사 암살, 시위, 단선반대를 위한 선전·선동, 민주학생연맹은 맹휴투쟁을 전개했던 것입니다.

4월 3일 남로당제주도당 인민유격대가 살포한 삐라에도 '매국단선단정을 결사적으로 반대하고 조국의 통일독립과 완전한 민족해방을 위하여 무기를 들고 일어섰다'[295)라고 주장했습니다. 이것은 바로 남로당이 목표로 하는 '단독선거반대', '인민공화국 수립으로 통일'하자는 2·7폭동 지령에 따라 4·3무장공격을 자행한 것임을 증거하는 것입니다.

1948년 2월 7일을 기해 비합법 폭력전술로 전환한 남로당은 2·7폭동을 위해 투쟁슬로건을 예하 조직에 하달했습니다.

---

292) 2·7폭동 구호에 이 지령내용이 실제 포함되어 있습니다.
293) 김영중, 『레베데프 비망록』, (해동인쇄사, 2016), 72,74쪽. 대구매일신문 1995.2.2. 9면
294) 김남식, 『남로당 연구』 1권, (돌베개, 1984), 305~308쪽.
295) 제주4·3위원회, 『제주4·3사건진상조사보고서』, (2003), 168쪽.

'이날[296] 남로당이 내걸은 선전선동 구호는 아래의 9개항이었습니다.

1. 조선의 분할침략계획을 실시하는 유엔한국위원단을 반대한다!
1. 남조선 단독정부 수립을 반대한다!
1. 양군 동시 철퇴로 조선통일민주주의 정부 수립을 우리 조선인에 맡기라!
1. 국제제국주의 앞잡이 이승만·김성수 등 친일반동파를 타도하라!
1. 노동자 사무원을 보호하는 노동법과 사회보험제를 즉시 실시하라!
1. 노동임금을 배로 올려라!
1. 정권을 인민위원회에 넘기라!
1. 지주의 토지를 몰수하여 농민들에게 무상으로 나누어 주라!
1. 조선민주주의 인민공화국 만세!'[297]

이상의 구호 중에서 1번을 보면 유엔한국임시위원단 파견을 조선의 분할침략계획이라고 비난하였습니다. 유엔한국임시위원단은 남북한 전체의 총선을 위해 파견된 것이지 처음부터 남한 총선만을 위해 파견되지 않았습니다. 소련이 이들의 입북을 거부하였기 때문에 부득이 남한만 총선을 실시하게 된 것입니다. 결국 남로당으로서는 소련식 공산통일만이 통일이고, 공산통일에 반대하는 사람은 모두 반동이라는 것입니다.

'이 2·7사건으로 2월 7일부터 20일까지 전국적으로 집계된 통계에 의하면 파업 30건, 맹휴 25건, 충돌 55건, 시위 103건, 봉화 204건, 검거 인원 8,479명으로 나타났다. 경무부가 발표한 인명피해는 사망 39명, 부상 133명으로 집계됐다.'[298]

이처럼 많은 인명피해가 발생할 정도로 2·7폭동은 극렬했습니다. 결론적으로 남로당의 2·7폭동 지령은 바로 4·3지령으로 봐도 전혀 무리가 없습니다. 왜냐하면 2·7폭동 지령이 2월 7일에만 한시적으로 활동하라는 것이 아니고 5·10선거를 파탄 낼 때까지 계속하여 투쟁하라는 지령이기 때문에 그 연장선상에서 4·3을 일으킨 것입니다.

부연하자면, 2·7폭동의 궁극적 목적은 5·10선거 파탄, 대한민국 건국 저지 즉 단선단정 반대이고 제주4·3도 추구한 목적이 똑같습니다. 다만 남로당중앙당이 4월 3일을 D-Day로 지정해주지 않았을 뿐입니다.

---

296) 2월 7일
297) 대검찰청 수사국, 『좌익사건 실록』 제1권, (1965), 372쪽.
298) 제주4·3위원회, 『제주4·3사건진상조사보고서』, (2003), 147쪽.
신상준, 『제주도4·3사건』 하권, (한국복지행정연구소, 2002), 216~219쪽.

| 문 41 | 제주도에서도 2·7폭동이 있었나요?

답 제주도에서도 2·7폭동지령을 받고 집단 폭력사건이 있었습니다.

□ 강재훈[299]의 『제주4·3의 실상』에 의하면

(1) 제주도 내 2·7폭동 당일 상황

'각 지서에서 보고된 전날 밤(2월 7일) 사건을 보면 시위 95건, 불법집회 72건, 선동포스터 첨부 및 삐라 살포 375건, 협박 공갈 27건이었다. 특히 큰 사건으로 안덕면 동광리에서는 동광리 이장(이병돌) 댁에 무장폭도 20여 명과 비무장 좌익계 남녀 100여 명이 '단정반대, 반동타도'라는 구호를 외치며 급습, 우익인사들에게 폭행을 가하며 가옥과 집기를 파괴하고 의류, 식량, 소, 마차까지 약탈해 갔다'[300]라고 기록되어 있습니다.

(2) 성산면 고성리 시위 사건 발생

2월 8일 성산면 고성리 2구에서 곤봉, 단도, 각목을 소지한 40여 명이 '단독정부 절대 반대' 구호를 외치고 삐라를 붙이며 시위를 계속하자 현장에 출동한 경찰이 해산명령을 내렸습니다. 그러나 시위대가 이에 불응하고 '반동분자 타도하라'는 구호와 함께 경찰관의 소지한 무기를 탈취하려고 시도하자 공포탄 발사로 해산시킨 사건이 발생했습니다.[301]

(3) 2월 9일 북촌리 경찰관 권총 피탈 사건 발생

2월 9일 아침 제주경찰서에서는 2·7폭동으로 빈번하게 발생하는 불법집회 및 시위를 사전 예방하기 위하여 경찰관들을 출신 연고지로 출장 보내 민심을 순화하도록 하였습니다.

북촌리 출신 경찰관 B형사는 이런 임무를 부여받고 북촌리에 도착 순찰 중 신원 불상 좌익계 청년들에게 붙잡혀 권총을 빼앗겼는데, 급보를 접한 기동대원[302] 23명이 긴급 출동하여, 마을 출입을 철저히 통제 감시하는 한편, 권총을 돌려주면 불문에 부치겠다고 설득하였습니다.

출동한 대원들의 급식은 11명씩 2개조로 편성 교대로 함덕지서에서 해결하였고, 주야불문 강력한 주민통제를 계속하자 사태의 심각성을 알아차린 범인이 밤중에 함덕지서 정문 부

---

299) 강재훈(1929년 생)은 33년간 제주경찰 재임 중 대공 분야만 22년을 근무하였고 퇴임 후에도 제주지방경찰청 보안지도관으로 7년간 근무하였습니다.

300) 강재훈, 『제주4·3의 실상』, (1991), 123,124쪽.
박서동, 『월간 관광제주』, (월간관광제주사, 1990. 2), 71,72쪽.

301) 강재훈, 『제주4·3의 실상』, (1991), 249쪽.

302) 대장 문형순

근 땅바닥에 B형사로부터 빼앗아 간 권총을 몰래 놔둔 것을 피탈 3일째 되는 날[303] 아침, 식사를 마치고 북촌으로 출발하려던 한 대원이 발견하여 회수한 사건[304]이 있었습니다.

(4) 안덕지서 경찰관 2명 생매장 기도 사건 발생

2월 7일[305] 03시경 안덕지서 최창정 경사, 오두황 순경이 안덕면 덕수리까지 대공경계순찰을 마치고 사계리 대동청년단장 강계득 가에 도착 취침하였다가 동일 06시 아침 식사를 하려던 때 폭도 40여 명이 기습했습니다.

그들은 위 경찰관 2명을 납치 결박하고 총기와 실탄을 탈취한 후 '단정을 수립하여 미국의 주구가 되려느냐?, 이·불·영국은 이미 공산국가가 되고, 미국도 월레스 씨를 중심으로 공산국가가 될 것이다'라는 허위선전과 함께 경찰관 수와 무기 종별, 동 실탄과 수류탄의 수량 등을 진술하라고 폭행과 고문을 자행했습니다. 최 경사 부인도 남편의 동정을 살피러 나왔다가 그들에게 발각되어 포박당하고 감금되었습니다.

이들은 최 경사와 오 순경을 먼저 사계리 경 속칭 '헹기물' 로 끌고 갔고, 후발로 최 경사 부인을 끌고 오면 함께 생매장하려던 때, 급보를 접한 제주경찰학교 졸업생 40여 명을 인솔하고 도일주 중인 교관 이화영 경위의 현장 출동으로 경찰관을 무사히 구출한 사건입니다.[306]

(5) 저지지서 습격 시도 사건 발생

2월 10일에 안덕, 대정, 저지 출신 남로당 서부지구 주모자 20여 명과 저지, 청수, 조수, 낙천 등지에서 모여든 시위군중 140여 명 등 모두 160여 명이 몽둥이를 소지하고 불온 삐라를 살포하면서 '단정 절대 반대, 5·10선거 절대 반대, 인민정부 수립하자, 구속자를 즉시 석방하라'는 등의 구호를 외치며 저지지서를 습격했습니다.

시위대가 돌멩이를 무수히 던져 지서 일부를 파괴하고 난동을 부리며 대치하자 지서장 박운봉 이하 전 직원이 공포를 발사하면서 방어하고 있을 때 지원경찰이 도착하여 주모자를 체포하고 해산시킨 사건이 발생했다고 기록되어 있습니다.[307]

---

303) 11일
304) 강재훈, 『제주4·3의 실상』, (1991), 107~112쪽.
305) 정부보고서에는 9일로 되어 있습니다.
306) 강재훈, 『제주4·3의 실상』, (1991), 120,123쪽.
307) 강재훈, 『제주4·3의 실상』, (1991), 119,120쪽.

□ 제민일보 4·3취재반의 『4·3은 말한다』에 의하면

(6) 성산면 신양리·오조리 시위 사건 발생

'2월 8일 성산면 신양리와 오조리에서 북치고 깃발 흔들며 '왓샤! 왓샤!'[308] 하는 시위가 벌어졌는데 신양리에서는 성산포지서에서 출동한 경찰관들이 발포하는 상황도 있었다.'[309] 라는 기록이 있습니다. 성산지서 경찰관이 위급한 상황에 처하자 위협 발포하여 해산시킨 사건입니다.

(7) 함덕리 도로 차단 사건 발생

2월 8일 '또 이날 함덕리에서는 청년들이 도로에 담을 쌓아서 교통을 차단하는 한편 마침 이 길을 지나다 담을 치우려 하던 도청 자동차 운전사와 충돌, 긴급 출동한 경찰이 12명을 체포하는 소동도 있었'[310]습니다.

(8) 고산지서 습격 시도 사건 발생

'고산지서 발포사건은 2월 10일 시위군중을 해산하기 위해 발포, 주민 1명이 중상을 입은 사건이다. 음력 설날인 이날 한림면 고신리 청년 100여 명은 마을을 돌며 왓샤 시위를 한 뒤, 지서 앞으로 몰려갔다. 이때 지서 안에는 경찰관 3명뿐이었다. 경찰은 총알이 장전된 총을 겨누며 해산할 것을 명령했다. 경찰은 청년들이 응하지 않자 발포, 마을 청년 신응선(申應善)의 다리에 총상을 입혔다.'[311]라고 되어 있습니다.

□ 미군정 보고서에 의하면

'2월 9일부터 11일까지 '공산주의자들이 주동한 17건의 폭동과 시위가 발생하였다. 이 폭동을 유형별로 보면 6개의 경찰지서 습격, 삐라살포, 칼과 곤봉으로 무장한 폭도들의 시위 등이었다. 주목할 점은 많은 폭도들이 소련 국가를 불렀다는 사실이다. 보고된 사망자는 없으나 경찰 2명이 심하게 구타당했다. 경찰은 3일 동안 약 290명을 체포했다'[312]라고 되어 있습니다. 경찰 2명이 심하게 구타당했다는 내용은 안덕지서 경찰관 생매장 기도사건을

---

308) '왓샤'는 당시 좌파들이 가두시위 행진을 하면서 발을 맞추고 위력을 과시하기 위하여 불렀던 구호로서 요즘 '웃샤! 웃샤!'와 비슷한 용어입니다.
309) 제민일보4·3취재반, 『4·3은 말한다』 1권, (전예원, 1994), 541쪽.
310) 제민일보4·3취재반, 『4·3은 말한다』 1권, (전예원, 1994), 541쪽.
311) 제주4·3위원회, 『제주4·3사건진상조사보고서』, (2003), 148쪽.
312) 제주4·3위원회, 『제주4·3사건진상조사보고서』, (2003), 148쪽.
주한미육군사령부 정보참모부 정기보고 제781호 1948년 3월 12일자,
제주4·3평화재단, 『제주4·3사건 추가진상조사 자료집 4 (미국자료 2)』, (2020). 400쪽.

말하는 것으로 보입니다.

1946년 찬탁 투쟁부터 1948년 2·7폭동까지의 모든 투쟁내용을 보면 남로당이 소련과 북한의 노선을 따라 일관되게 공산통일국가 건설을 위한 투쟁을 지속했다는 것을 알 수 있습니다.

남로당제주도당은 2·7폭동 실행일 직전에 '2월 중순과 3월 5일 어간에 폭동을 일으키라'는 복수(複數)의 구체적 지령을 받았으나[313] 경찰이 1월 22일부터 26일까지 남로당제주도당 지도부 221명을 일제 검거하였기 때문에 그 투쟁은 부득이 전열을 재정비할 때까지 연기할 수밖에 없었습니다. 이처럼 제주4·3은 2·7폭동 지령에 따라 그 연장선에서 실행한 것입니다.

□ 김달삼의 해주 연설문에 나온 2·7투쟁

'제주도 인민들은 지난 2월 7일을 기하여 남조선 전지역에 걸쳐서 쏘·미양군의 즉시 동시 철퇴, 유엔위원단 퇴거, 단선반대 등의 표어를 내걸고 일어선 2·7총파업투쟁에 호응하여 용감히 일어섰으며, 이 투쟁에서 제주도 4만 농민들은 시위로써 인민항쟁의 막을 열어 놓았습니다'[314]라고 하였습니다.

---

313) 제주4·3위원회, 『제주4·3사건 자료집』 8권, (2003), 38,183쪽.
314) 국방부군사편찬연구소, 『제주4·3사건의 실제』, (2002), 104쪽.

[5장]
제주4·3사건의 발발 경위는 어땠습니까?

| 문 42 | 4·3을 일으킬 때 남로당이 처한 상황과 그들이 내세운 슬로건은?

답 이제 본론 격인 제주4·3사건에 대해서 알아보겠습니다.

앞에서 설명해 드렸습니다만 유엔 결의에 따라 남북한 총선거를 실시하려고 하였으나 소련과 북한의 반대로 선거를 할 수 없게 되었습니다. 유엔 소총회에서 그러면 선거 가능지역인 남한만이라도 선거를 실시하도록 결의함에 따라 대한민국 건국을 위한 제헌국회의원 선거를, 1948년 5월 10일[315] 실시하게 되었습니다. 여기에 남한에 있는 남로당은 자신들의 정치적 기반이 사라질 위기에 직면하여 대한민국 건국을 결사 저지하기에 이르렀습니다. 1948년 제29회 3·1절이 가까워오자 남로당이 1년 전 3·1기념투쟁 이상의 폭동을 일으킬 것이라는 유언비어가 전국적으로 널리 퍼졌으며 물론 제주지역사회에도 난무했습니다.

주한미육군사령부 정보참모부 주간(1948.3.26.~4.2) 요약 보고 제133호에 의하면 '이번 주 남조선에서는 경찰로부터 탈취한 무기와 사제 폭탄 및 창으로 무장한 공산주의 폭도들이 경찰지서 10곳을 공격했다. … 경찰에 대한 조직적인 공격은 3월 27일 경찰지서 4곳에 대해 공격이 이루어진 경상북도의 한 지역에서 발생했다.

논평 : 공산주의자가 지원하는 소요들이 4월 초부터 시작될 여러 확실한 조짐이 보인다. 선거에 반대하는 공산주의자의 노력도 선거 1주일 전부터 재개될 예정이다. 붉은 5월 1일 기념일을 기점으로 선거에 대한 공산주의자들의 최후의 공격이 시작될 수 있다.'[316]고 한 내용을 보면 미군정청에서도 남로당의 선거저지 음모를 파악하고 있었음을 알 수 있고 이 정보는 제주도에서 발생한 4·3진행 상황과 정확히 일치합니다.

---

315) 유엔총회에서 남북한 총선거 실시안이 확정되면서 3월 31일 이전에 총선을 실시하기로 했습니다. 그 후 남한 단독선거가 결의된 유엔소총회에서는 5월 10일 이전 총선을 실시하기로 결의했습니다. 선거준비 문제 등으로 한 때 5월 20일, 또는 24일로 연기하자는 의견들도 오갔지만 5월 10일보다 늦지 않은 시기인 5월 9일로 결정했습니다. 그런데 그날이 마침 대낮에 개기일식이 있는 날이었습니다. 개기일식에 대해 우리 국민들은 특히 시골 지역민들은 나쁜 미신을 갖고 있다는 사실을 미군정청이 늦게 알고 많은 유권자들의 선거에 불참할 것을 염려한 나머지 유엔위원단과 협의를 거쳐 5월 10일로 확정 실시하게 되었습니다.

316) 제주4·3평화재단, 『제주4·3사건 추가진상조사 자료집 4 (미국자료 2)』, (2020). 567쪽.

이처럼 일촉즉발의 위기감이 감도는 가운데 남로당중앙당과 전남도당의 지령을 받은 남로당제주도당 인민유격대가

'첫째, 조직의 수호와 방어의 수단으로서

둘째, 단선단정 반대 구국투쟁의 방법으로서'[317]

1948년 4월 3일 새벽 2시~4시에 여러 오름에 올린 봉화를 신호로 도내 24개 경찰지서 중 12개 지서를 일제히 습격하였습니다. 경찰관을 살상하고 선거관리위원과 우익인사들 심지어 어린애까지 살해하는 등 무장습격을 감행한 것이 4·3의 시작입니다.

이처럼 4·3은 '1·22검거사건'[318]으로 조직이 완전 노출된 상황에서 조직의 수호와 방어가 사활적 목표가 된데다가, 남한에 대한민국이 건국되면 남로당의 존립 기반 자체가 위협받게 됨에 따라 결사적으로 단선 반대(5·10 제헌의원선거반대), 단정반대(대한민국 건국반대)를 위해 폭동을 일으킨 것입니다. 이는 소련이나 북한이 추구한 노선과 전략이 일치하고, '조선에 민주주의인민공화국을 건설하기 위한'다는 남로당 강령 2호 실천을 위한 무장투쟁 행위인 것입니다.

남로당제주도당 인민유격대가 4월 3일 공격을 개시하면서 내건 주요한 슬로건은

1. 인민공화국 절대사수!
1. 5·10 단선 반대, 군정수립 음모 분쇄!
1. 미점령군의 즉시 철퇴!
1. 경찰대의 일체의 무장해제!
1. 응원 경찰대의 전면철수!
1. 인민유격대의 합법화!
1. 투옥 중의 ××××의 무조건 석방![319]이었고,

---

317) 문창송 편, 『한라산은 알고 있다』, (대림인쇄사, 1995), 17쪽.
318) 1월 22일 남로당제주도당 핵심세력 106명 검거, 1월 26일까지 115명 추가 검거(총 221명). 제주4·3위원회, 『제주4·3사건진상조사보고서』, (2003), 153쪽.
319) 제주4·3연구소, 『이제사 말햄수다』 1권, (한울, 1989), 218쪽.

또 남로당제주도당은 경고문과 호소문[320] 두 개의 전단을 도내에 대량 살포하였는데 그 내용은 다음과 같습니다.

① '경찰·공무원·대동청년단원들에게 보내는 경고문'

친애하는 경찰관들이여! 탄압이면 항쟁이다.
제주도 유격대는 인민들을 수호하며 동시에 인민과 같이 서고 있다!
양심 있는 경찰원들이여!
항쟁을 원치 않거든 인민의 편에 서라!
양심적 공무원들이여!
하루 빨리 선을 타서 소여된 임무를 수행하고 직장을 지키며 악질 동료들과 끝까지 싸우라!
양심적인 경찰원, 대청원들이여!
당신들은 누구를 위하여 싸우는가?
조선 사람이라면 우리 강토를 짓밟는 외적을 물리쳐야 한다!
나라와 인민을 팔아먹고 애국자들을 학살하는 매국 배족노들을 거꾸러뜨려야 한다!
경찰원들이여! 총부리란 놈들에게 돌리라!
당신들의 부모 형제들에게 총부리란 돌리지 말라!
양심적인 경찰원, 청년, 민주인사들이여!
어서 빨리 인민의 편에 서라!
반미구국투쟁에 호응 궐기하라!

② '도민에게 보내는 호소문'

시민 동포들이여! 경애하는 부모 형제들이여!
《4·3》오늘은 당신님이 아들 딸 동생은 무기를 들고 일어섰습니다.
매국 단선단정을 결사적으로 반대하고 조국의 통일 독립과 완전한 민족 해방을 위하여!
당신들의 고난과 불행을 강요하는 미제 식인종과 주구들의 학살 만행을 제거하기 위하여!
오늘 당신님들의 뼈에 사무친 원한을 풀기 위하여!
우리들은 무기를 들고 궐기하였습니다.
당신님들은 종국의 승리를 위하여 싸우는 우리들을 보위하고 우리와 함께 조국과 인민의 부르는 길에 궐기하여야 하겠습니다!

---

320) 김봉현·김민주, 『제주도인민들의 4·3무장투쟁사』, (문우사, 1963), 84,85쪽.

남로당은 전국적으로 5·10선거 저지에 온갖 수단과 방법을 총동원하였는데 '딘 군정장관은 남한 땅의 13,800여 개소의 선거사무소를 35,000명의 경찰력으로는 도저히 지켜낼 수 없다는 조병옥 경무부장의 건의를 받아들여 4월 16일 향보단을 조직해 경찰을 지원하도록 했'[321]습니다. 물론 제주에서도 향보단을 조직하고 경찰을 지원했지만 북제주 2개 선거구 선거치안을 확보하는 데는 역부족이어서 선거 무효 결과가 나왔습니다. 그만큼 남로당제주도당의 5·10선거 반대투쟁은 극렬했습니다.

제주4·3사건 D-day 결정은, 레닌이 1917년 2월 하순 망명지 스위스 쮜리히에서 2월혁명 성공 소식을 듣고 독일, 스웨덴, 핀란드를 거쳐 1917년 4월 3일 망명 10년 만에 러시아 페트로그라드에 도착 귀환한 기념일을 택한 것입니다.

본래 공산주의자들의 작명(作名)이나 택일(擇日)의 특성을 보면,

1924년 박헌영 등이 신사상연구회를 개편 '화요회'라는 공산주의단체를 결성하였는데 이는 공산주의 원조 칼 마르크스의 생일인 1918년 5월 5일 화요일을 선택한 명칭입니다.

또 남로당제주도당이 1948년 11월 7일 러시아 10월혁명 기념일을 택해 제주도적화음모사건(경찰프락치사건)을 치밀하게 기획하였으나 10·19여순반란사건의 영향을 받은 이덕구가 10월 24일 선전포고하면서 상황이 급박해지자 11월 1일로 앞당겨 거사하려다가 극적으로 적발 진압되었습니다.

| 문 43 | 4·3 당일 도내 전 경찰지서가 습격당했나요?

답 4·3 당일 습격 받은 경찰지서는 모두 12개 지서입니다. 제1구경찰서(제주)에서는 세화, 함덕, 조천, 삼양, 화북, 외도, 신엄, 애월, 한림지서 등 9개 지서이고,[322] 제2구경찰서(서귀포)에서는 성산, 남원, 대정지서 등 3개 지서입니다.

4·3 당일 습격 받지 않은 경찰지서는 12개 지서입니다. 제1구서(제주)에서는 김녕, 고산, 저지, 추자, 우도 지서이고, 제2구서(서귀포)에서는 표선, 성읍, 도순, 중문, 안덕, 모슬포, 무릉지서입니다.

---

321) 나종삼, 『제주4·3사건의 진상』, (아성사, 2013), 159쪽.
322) 문창송 편, 『한라산은 알고 있다』, (대림인쇄사, 1995), 13쪽.

| 문 44 | 4·3 당일 쌍방의 인명피해는?

답 정부보고서에 나온 4월 3일 인명피해는[323] 아래와 같습니다.

[표 7] 4월 3일 인명피해(정부보고서)

경 찰			우익 민간인		인민유격대	
사망	부상	행불	사망	부상	사망	생포
4[324]	6	2	8	19	2	1

그러나 김달삼이 쓴 '제주도인민유격대투쟁보고서'에 나온 4월 3일 인명피해는[325] 아래와 같으며, 『제주경찰 70년사』 등에 의하여 사실로 확인되었습니다.

[표 8] 4월 3일 인명피해(제주도인민유격대투쟁보고서)

경찰			경찰 가족	반동(우익 민간인)			반동가족		서청	인민유격대
사망	부상	포로	사망	사망	부상	포로	사망	부상	사망	사망
10	4	1	3	4	3	4	3	1	7	4

기습전이었기 때문에 경찰관을 포함한 우익인사는 사망 27명, 부상 8명, 포로 5명으로 피해가 컸지만, 인민유격대 피해는 사망 4명에 불과하였습니다.

| 문 45 | 4·3사건 발발 후 초반 전세(戰勢)는?

답 김달삼이 쓴 『제주도인민유격대투쟁보고서』에 의하면 1948년 4월 3일부터 7월 24일까지[326] 113일 동안 집계된 전과는 다음과 같습니다.

---

323) 제주4·3위원회, 『제주4·3사건진상조사보고서』, (2003), 173쪽.
324) 제주지방경찰청, 『제주경찰 70년사』, (2015), 728쪽.
4·3 당일 전사 경찰관은 강성언, 고승주, 고일수, 김록만, 김영부, 김장하, 김치호, 선우중태, 이덕호, 이무웅 등 10명으로 [표 8] 김달삼의 기록과 일치합니다.
325) 문창송 편, 『한라산은 알고 있다』, (대림인쇄사, 1995), 14~15쪽.
326) 문창송 편, 『한라산은 알고 있다』, (대림인쇄사, 1995), 73~74쪽. 김달삼이 8월 2일 월북하면서 가지고 간 제주도인민유격대투쟁보고서 작성 마감일이 7월 24일로 보입니다.

[표 9] 4·3 발발 후 113일간 남로당제주도당 전과(戰果)(제주도인민유격대투쟁보고서)

경찰 및 우익 민간인 피해						인민유격대 피해	
사 망			부 상		포로 (민간인납치)	사 망	경 상
경찰	경찰 가족	반동 (우익)	경찰	반동 (우익)		16명	9명
74명	7명	226명	35명	28명	22명		

지서 습격	관공서 습격	가옥 소각	가옥 파괴	경찰 가옥소각	전선 절단	도로 파괴	교량 파괴	카빙총
31개소	2개소	120동	7동	2동	940 개소	170개소	3개소	13정

카빙 실탄	수류탄	44식총	99식총	38식총	실탄	황린탄	기타 피검자탈환
209발	5발	5정	5정	2정	800발	4발	43명

위 [표 9]에서 보는 바와 같이 인민유격대 피해는 사망 16명, 경상 9명에 불과한 반면 경찰관 및 그 가족과 반동으로 지목된 우익 민간인 등의 사망자 합계는 307명이고 부상자 68명, 납치된 민간인이 22명에 달합니다.

이처럼 초반 113일 동안 남로당제주도당 인민유격대는 제주읍 중심부와 경찰지서 소재지를 빼고, 도내 전 지역을 장악했습니다. 특히 밤에는 제주도가 남로당 해방구나 다름없었습니다. 제때 진압이 안 됐다면 대한민국이 큰일 날 뻔했습니다. 이런 승승장구하는 분위기를 타고 '제주 남로당의 3단계 당원확장운동은 4·3이 일어난 뒤인 1948년 초여름 해주대회의 연판장 및 지하 선거 시행과 병행해 추진됐습니다. 이때의 당원 수가 **족히 3만 명**에 이를 정도로 크게 불어났'[327]습니다. 도민의 1/10 이상이 남로당원, 그것도 어린이와 노인을 제외하면 얼마나 많은 사람이 남로당에 가입했는지 짐작할 수 있습니다.

4·3진상이 이러한데 당국이 진압하지 않고 구경만 할 수는 없었던 것입니다. 진압과 교전 중 무고한 인명피해가 있었던 것은 사실이지만, 국가 공권력을 동원해서 무조건 양민을 학살한 것이 아니고, 진압의 불가피성과 당위성은 있는 것입니다.

그리고 4·3 발발 후 국방경비대 내에 침투한 많은 남로당 프락치들이 무기를 소지하고 탈영하여 그들과 합세함으로 인하여 사태는 더욱 악화되었습니다.

'물장오리와 태역장오리 사이에 군사학교가 있었다…..1948년 가을(아니면 훨씬 이전)부터 유격대의 훈련장소로 쓰였다. 미군 비밀문서『4·3종합보고서』에 보면 1949년 3월 27

---

327) 제민일보4·3취재반,『4·3은 말한다』1권, (전예원, 1994), 537쪽.

일 현재 물장오리 근처에 유격대 훈련 학교가 존재한다고 기록되어 있다. 유격대 훈련학교는 한국군 9연대 장교였던 김평호가 1948년 5월 부대를 이끌고 9연대를 탈출한 후 유격대와 합류하여 이 학교를 이끌고 있었다.'[328])고 하니 진압이 매우 어려웠습니다.

| 문 46 | 4·3 직후 개최한 4·15도당부대회[島黨部大會]에서 결정된 사항은?

답 4·15 도당부대회는 남로당제주도당이 중앙당의 지시에 따라 1948년 4·3이 발발하고 12일 후인 4월 15일 개최한 회의를 말합니다. 일명 '4·15대책회의'라고도 부릅니다. 중앙당에서 내려온 올구가 주재한 이 회의에서 4·3 발발 후 12일간의 투쟁 결과를 분석평가하고, 5·10단선 저지대책을 강구하며, 이미 단행한 제주도당 개편을 중앙당으로부터 추인 받기 위한 공식적인 대책회의입니다.

남로당제주도당은 중앙당으로부터 2·7폭동지령과 추가적인 2개의 폭동지령문을 받았습니다. 1월에 제주도당 조직부 간부인 김생민이 체포됨으로써 비밀에 가려졌던 조직이 노출되었습니다. 당원 221명이 체포되어 조직이 와해될 위기에 저했습니다. 이를 극복하고 상부의 지령사항을 언제 어떤 방식으로 해결할 것인지 협의했습니다. 그 과정에서 군사부를 신설하는 등 조직개편을 단행하여 위원장을 안세훈에서 강규찬으로 교체하는 등 도당 간부 재배치가 이루어졌습니다. 이를 중앙당이 추후 승인함과 동시에 5·10선거저지투쟁을 위한 중앙당의 구체적 지침을 하달한 공식회의라 하겠습니다.

이 회의에서는 앞으로의 투쟁방향을 단선·단정 저지에 두었습니다. 그리고 효율적인 투쟁을 위하여 면당(面黨)의 조직을 재편성했습니다. 총기로 무장한 유격대를 통합하여

○ 제1지대(책임자 이덕구) : 제주시,[329]) 조천면, 구좌면

○ 제2지대(책임자 김봉천) : 애월면, 한림면, 안덕면(주 : 대정면, 중문면이 누락되었음)

○ 제3지대(책임자 ?) : 서귀면, 남원면, 성산면, 표선면

등 3개 지대로 나눠 제주도당 예하에 두었으며 인민군의 총책임자는 김달삼이 맡았습니다. 총기를 지니지 않은 자위대는 그대로 면당에 두었습니다. 개편된 인민군의 주요목표는 '반미, 반이승만 구국투쟁'의 일환으로 해서 '5월 10일에 남조선 단독선거저지'에 있었습니다.

---

328) 제주4·3연구소, 『4·3 장정』 5권, (전예원 1992), 75쪽.
Hq, USAFIK, G-2 P.R. 1949.4.1. 양정심, 『제주4·3항쟁연구』, (성균관대 박사학위 논문, 2005), 76쪽.
329) 읍의 오기.

이와 같이 남로당중앙당은 5·10선거일이 한 달 앞으로 가까워짐에 따라 중앙당이 직접 제주도당을 지휘하고 부대를 재편하여 병력을 집중하고 군과 경찰에 군사적 저항을 하겠다는 의도로써 매우 중요한 의미를 갖습니다.[330]

제주읍 도두리 출신으로 4·3을 주동한 문국주는 일본 도쿄에서 발간한 『조선사회운동사사전』에서 4·15도당대회에 대하여 다음과 같은 기록을 남겼습니다. 여기서도 4·3의 목적은 5·10선거 파탄에 있었음을 확인할 수 있습니다.

'남로당 중앙의 지시에 따라 남로당제주도위원회가 1948년 4월 15일에 열려 구체적 토의가 거듭된 결과 당 조직과 그의 외부단체가 조직을 적의 토벌에서 방어하기 위하여 그리고 투쟁을 능률적으로 지속하기 위하여 당으로부터 무장대를 분리시키고 새로운 인민유격대를 편성하기로 결정되었다.

각 면에서 강건한 청년 30명씩 선발하여 인민군, 인민해방군(통칭 '인민유격대', '무장대'라고는 하지만 호칭은 여러 가지였고)을 편성하여 종래의 자위대는 해체하여 각 부락(리)에 경비하기 위하여 자위대원을 약간 명씩 남아 있게 하였다. 그리고 무장력으로 해서 인민유격대의 제1지대는 제주읍 조천면 구좌면 방면을 맡고 그 책임자는 이덕구였다. 제2지대는 애월면 한림면[331] 안덕면을 맡고 그 책임자는 김봉천이였고, 제3지대는 서귀면 남원면 성산면 표선면 등을 맡고, 그 외에 정보, 반동의 동정채취, 유격대 내부의 감시 등이 임무(이고)를 맡는 특별행동대(별동대)가 조직되고, 그 인민군의 총책임자는 김달삼이였다. 개편된 인민군이 주요 목표는 반미 반이승만 구국투쟁의 일환으로 해서 5월 10일에 남조선단독선거 저지에 있었다.'[332]

이 4·15대책회의는 비록 4·3 발발 12일 이후에 개최된 회의이지만 중앙당이 사후 승인은 물론 5·10선거 파탄을 지시한 것이므로 이것 또한 지령으로 해석해도 무리가 없습니다. 아마도 제주도당 단독으로 4·3을 일으켰다면 중앙당에서 내려와 엄중 단죄했을 것입니다. 남로당중앙당에서 직접 제주에 내려와서 조직개편을 승인하고 그들의 지령에 의해 5·10선거를 파탄내기 위한 부대편성과 무장반격 전술을 지령 보완한 사실은 폭동 지령이고 교사(敎唆)이며 공범입니다. 이 대책회의 이후 남로당제주도당은 더 과감하게 습격과 테러를 자행하였습니다.

330) 나종삼, 『제주4·3사건의 진상』, (아성사, 2013), 137쪽.
331) 제2지대 편성에서 대정면과 중문면이 누락된 것은 기록상 착오로 보입니다.
332) 문국주, 『조선사회운동사 사전』, (사회평론사 1981), (고려서림 1991), 112,113쪽.
고문승, 『제주사람들의 설움』, (신아문화사, 1991), 235쪽.

부연 설명을 드린다면, 각 읍·면의 인민유격대는 위의 3개 지대에 소속되어 있었지만 실제 활동은 독자적으로 했습니다. 대정면의 예를 보면, 남로당대정면당투쟁위원회(사령관 캐) 산하에 조직부, 자위부, 선전부, 총무부를 두고, 자위부 밑에 특경대(3개 소대)와 각 마을 자위대로 구성되었습니다. 캐(캡틴)는 면당책이 되고 자위부책은 도당에서 파견된 정치지도원(정치소조원)이 맡았으며, 자위대는 봉화를 올리거나 삐라를 뿌리는 선전활동과 식량 보급, 은신처 제공 등 여러 방면으로 인민유격대를 지원하였습니다.[333]

333) 양정심, 『제주4·3항쟁연구』, (성균관대 박사학위 논문, 2005), 74,138쪽.

[6장]
제주4·3사건의 성격은 무엇입니까?

가. 정부보고서의 제주4·3사건 성격 누락에 대한 비판

| 문 47 | 정부보고서에서는 4·3성격을 어떻게 규정하고 있나요?

답 정부보고서 발행 당시 제주4·3위원회 위원장인 고건 국무총리는 정부보고서 서문에, '4·3사건 전체에 대한 성격이나 역사적 평가를 내리지 않았습니다. 이는 후세 사가(史家)들의 몫이라고 생각합니다'라고 하여 성격을 후세의 사가(史家)에게 미뤄버렸습니다. 그래서 반쪽짜리 보고서, 무책임한 보고서, 입법 취지에 반한 보고서가 되었고, 이로 인해 그간 존재했던 국민 갈등을 봉합하고 정리하는 보고서가 아니라 새로운 분쟁의 불씨를 키우는 갈등보고서가 되었습니다.

당시 집필진이나 제주4·3위원회 위원들은 역사적 무책임성에 대해 혹독한 비판을 면치 못할 것입니다만, 그러므로 정부보고서는 반드시 성격규정을 포함하여 새로 써야 합니다. 하긴 좌파정부의 총리가 위원장이고 그가 위촉한 위원회에서 역사적 사건에 대한 성격을 바르게 규정한다는 것 자체가 무리한 소망입니다.

당시 노무현 정부의 성향이나 집필진과 제주4·3위원회 위원 구성으로 보아 얼마든지 4·3성격을 민중항쟁이라고 규정할 수 있었음에도 불구하고 그렇게 하지 못한 것은 민중항쟁으로 볼 수 있는 근거가 희박해서 그런 것으로 보입니다. 그리고 정부보고서의 초점을 성격규명이나 원인 분석보다 인권침해, 그것도 남로당제주도당 인민유격대에 의한 피해는 간결하게 취급하고 진압 군경에 의한 피해에 방점을 두어 서술한 것은 4·3의 진실 규명을 외면한 것입니다.

| 문 48 | 정부보고서에 4·3 성격을 반드시 규정해야 하는 이유는?

답 예를 하나 들어 설명하겠습니다.
1909년 10월 26일 대한의군 참모중장 겸 특파독립대장 및 노령지구 군사령관(大

韓義軍參謀中將 兼 特派獨立隊長 및 露領地區軍司令官) 안중근(安重根) 의사(義士)가 중국 하얼빈(哈爾賓)역에서 한국 병탄의 원흉 일본 이토 히로부미(伊藤博文)를 권총으로 처단했습니다. 안중근 의사는 재판정에서 '이 거사(擧事)는 개인적 사감(私感)이 아니라 한국의 독립과 동양평화를 위해 독립전쟁의 일환으로 결행한 것이다'라고 주장했습니다.

바로 이 사건의 성격은 동양평화, 한국독립, 독립전쟁입니다. 여기서 이러한 성격을 빼버리면 단순한 테러나 살인행위에 불과합니다. 그래서 4·3에서도 성격이 가장 중요한 핵심이고 본질이며 출발점인데 이를 누락시킨 것입니다. 1914년 1월 20일 일본 스가 요시히데(管義偉) 관방장관이 '안중근은 사형을 받은 테러리스트'라고 망언을 해서 우리 국민을 격분시킨 사실만 봐도, 일본은 이 사건에서 동양평화, 한국독립, 독립전쟁이라는 성격을 빼버린 결과입니다.

이처럼 어떤 사건의 전모와 진상을 정확히 규명하려면 그 성격부터 먼저 정확히 규정하고 출발해야 하는 것입니다. 동양평화 한국독립 독립전쟁을 빼고 안중근 의사의 거사를 서술한 것과 같은 작품이 바로 4·3정부보고서입니다. 이제 4·3성격을 명확히 규정한 새로운 보고서가 나와야 진짜 진상이 규명될 것입니다. 그래야 4·3특별법 입법 취지에도 부합되는 일입니다. 그럼에도 불구하고 현실은 4·3의 본질적인 성격 규명은 사라지고 오직 진압과정에서 초래된, 그것도 남로당이 저지른 만행은 외면하고 진압 군경에 의한 인명 피해에 대한 진상 규명만을 계속하고 있습니다.

| 문 49 | 4·3특별법 입법 취지를 보더라도 4·3의 성격을 먼저 규정해야 한다고 주장하는 이유는?

답 제주4·3사건진상규명 및 희생자명예회복에 관한 특별법 제1조(목적)에서 '이 법은 제주4·3사건의 **진상을 규명하고** 이 사건과 관련된 희생자와 그 유족들의 명예를 회복시켜 줌으로써 인권신장과 민주발전 및 국민화합에 이바지함을 목적으로 한다.'라고 규정되어 있습니다.

따라서 제1차적으로 제주4·3사건의 진상을 규명한 다음, 제2차적으로 이와 관련하여 발생한 희생자와 그 유족들의 명예를 회복시켜 주고, 제3차적으로 인권신장, 민주발전, 국민화합을 기하는 것입니다. 다시 말해서 진상규명이 제1목적이고, 이 진상규명을 통해서 희생자와 그 유족들의 명예를 회복시켜주는 것이 제2목적입니다. 제1목적인 진상규명을 하려면 당연히 성격 규명이 선행되어야 합니다. 따라서 먼저 성격을 규명해야 진상 규명이 가능한 것이고, 이를 통해서 희생자에 대한 명예를 거론해야 입법 취지에 맞는다는 말입니다. 정부 보고서는 이를 어겼기 때문에 입법 취지에 어긋난 중대하고도 명백한 흠이 있는 보고서입니다.

| 문 50 | 그렇다면 4·3사건의 성격은 도대체 무엇인가요?

답　　4·3사건의 성격은 폭동·반란입니다.

폭동의 사전적 의미는 '도당을 짜서 불온한 행동을 함'이고, 반란의 사전적 의미는 '반역하여 난리를 꾸밈 또는 그 난리'입니다.

4·3사건의 성격이 항쟁이냐 폭동이냐 반란이냐에 의견대립이 있습니다. 제주4·3위원회 전문위원을 역임한 나종삼의 견해를 보면

'폭동이란 정부의 무리한 정책이나 특정 정책에 불만을 품고 행정이나 치안기관, 국가나 사회 시설 등을 점거, 파괴, 방화 등의 방법으로 자신들의 요구사항을 관철하려는 폭력 사건'임에 비하여, '반란은 조직되고 무장된 집단이 국가체제를 전복시키거나 특정지역 통치권 탈취를 목표로 장기적으로 무력을 사용하는 폭력사건 즉 체제전복, 특정지역 통치권 탈취 등 뚜렷한 지향점이 있고, 조직, 무장, 장기전 등의 요건을 갖춘 사건'을 말합니다. 그래서 4·3은 반란이라고 주장합니다.

한편 한국학중앙연구원 명예교수 양동안의 설명은

'폭동은 정부전복을 목적으로 천명하지 않은 폭력적 군집 행동'이고, '반란은 합법적 정부를 전복할 것을 목적으로 한 집단적 무장행동'이라 하였습니다. 따라서 '남로당이 4월 3일부터 8월 15일 정부 수립 이전까지는 무장폭력을 행사하였지만 미군정을 전복하겠다는 목적을 천명하지 않았기 때문에 폭동이고, 대한민국 정부 수립 이후 전개한 무장유격대의 활동은 반란'이라 하였습니다. 즉 '제주4·3사건은 무장폭동으로 시작하여 무장반란으로 전환(발전)된 사건'이라 했습니다.

저는 4·3이 대한민국 건국을 막기 위한 무장 폭동으로 시작하여, 건국 후에는 대한민국 체제를 전복하기 위한 반란으로 발전되었다고 생각합니다. 그러나 4·3을, 대한민국 건국 전후를 구분하지 않고 전 기간을 하나의 사건으로 보면 한마디로 4·3의 성격은 반란이라고 규

정할 수 있습니다.

| 문 51 | 4·3을 폭동·반란이라고 판단할 수 있는 근거는?

답　필자가 보는 4·3성격이 폭동·반란이라는 근거는 다음과 같습니다.

1. 남로당제주島당[334]은 1948년 4월 3일 대한민국 건국을 저지하려고 무장 폭동·반란을 일으켜 1957년 4월 2일까지 만 9년간 대한민국에 항적하며 5·10총선 선거 관리위원 등 양민 1,756명을 살해했습니다.[335]

2. 1948년 4·3사건 발발 후부터 1954년 9월 21일 한라산을 개방할 때까지[336] 제주 도내 모든 마을 주위에 성을 쌓고, 남로당 공비들의 습격 살인 방화 약탈 납치를 막기 위하여 남녀노소가 총동원되어 밤낮으로 경비를 서게 했습니다.[337]

3. 남로당제주島당은 1948년 5·10제헌의원 선거 때 전국 200개 선거구 중 유일하게 북제주 2개 선거구 선거를 파탄내어 대한민국 건국을 방해했습니다.[338]

4. 1948년 5·10제헌의원 선거 때 선거인 등록율 91.7%, 투표율 95.5%로 국민 절대 다수의 참여와 지지를[339] 받고 1948년 8월 15일 건국된 대한민국 정부에 대하여 남로당제주島당은 8년 7개월 17일 간 항적했습니다.

5. 4·3 주동자 남로당제주島당 인민해방군 초대 사령관 김달삼은 박헌영 지령에 따라 살인·방화·테러로 지하선거를 실시하여 52,350명 투표지를 가지고 월북하여 북한 정권 수립에 앞장섰습니다.[340]

6. 김달삼은 1949년 8월 북한 강동정치학원 출신자 300명으로 구성된 제3병단을 이끌고 태백산지구에 남파되어 대한민국 전복을 획책했습니다.[341]

　또한 이덕구는 제2대 인민해방군 사령관으로서, 1948년 10·19여순반란사건 직후인

---

334) 제주도는 1946년 8월 1일 전남에서 분리, 道로 승격하였으나 남로당제주島당은 계속 전남道당의 지휘를 받았습니다. 그래서 공식 당명도 '남로당제주島위원회'였습니다.

335) 제주4·3평화재단, 『제주4·3 바로 알기』, (2014), 41쪽.

336) 제주4·3위원회, 『제주4·3사건진상조사보고서』, (2003), 356쪽.

337) 마을 주위 축성(築城) 시기는 마을마다 일정하지 않습니다. 특히 중산간 마을은 소개령과 그 해제로 인한 복귀 및 파괴된 주택재건 시기와 연계되어 있기 때문입니다. 예를 들면 안덕면 화순리는 1948년 8월, 애월읍 납읍리는 1949.4.29. 소개령 해제 이후부터입니다.

338) 제주4·3위원회, 『제주4·3사건진상조사보고서』, (2003), 210쪽.

339) 양동안, 『대한민국 건국사』, (현음사, 2001), 571쪽.

340) 제민일보4·3취재반, 『4·3은 말한다』 3권, (전예원, 1995), 258~259쪽.

341) 문창송 편, 『한라산은 알고 있다』, (대림인쇄사, 1995), 94~95쪽.

10월 24일 대한민국을 상대로 선전포고[342]하고 항적(抗敵)했습니다.[343]

북한은 김달삼과 이덕구에게 국기훈장 2급과 3급을 줬고, 평양 신미동 애국열사묘역에 묘비를 세워 추모하고 있습니다.[344]

7. 4·3 주동자 김달삼·안세훈·강규찬·고진희·이정숙·문등용은 월북하여 북한 제1기 최고인민회의 대의원이 되어 북한정권 수립에 앞장섰습니다.[345]

8. 남로당제주島당은 6·25전쟁 발발 직후, 국운이 백척간두에 처했을 때 각 읍·면 별로 인민군지원환영회[346]를 조직하여 빨치산과 합세, 공세를 강화하고, 북한인민군이 제주에 곧 상륙할 것을 기대하고 그들과 함께 대한민국 전복을 획책했습니다.[347]

9. 월북한 4·3 주동자 안세훈·강규찬·고진희·조몽구 등은 6·25 때 북한군과 함께 남침하여 대한민국에 항적했습니다.[348]

10. 제주4·3 발발의 주체는 남로당이고 남로당은 조선공산당의 후계체이며 마르크스·레닌 사상에 입각한 공산주의체제 국가 건설을 목표로, 대한민국 건국을 방해하고 건국 이후에도 계속 항적했습니다.[349]

11. 남로당제주도당 인민유격대원들은 인공기를 곳곳에 게양했고 적기가와 김일성 장군 만세를 부르며 살인·방화·납치·약탈을 자행했습니다.[350]

12. 김대중 대통령은 1998년 11월 23일 미국 CNN방송의 '문답 아시아' 프로그램에 출연하여 '제주4·3은 공산당의 폭동으로 일어났'다고 전 세계에 천명했습니다.[351]

13. 남로당 대정면당 위원장 이운방은 '(4·3) 주도자는 빨갱이로 봐야지, 최종 목적은 공산주의니까. 그들의 우선 목적은 통일조국 건설이고'라는 증언을 하여 4·3 주동자들이 공산통일을 목적으로 했음을 자인했습니다.[352]

---

342) 상세한 내용은 [부록 6] 참조
343) 김봉현·김민주, 『제주도인민들의 4·3무장투쟁사』, (문우사, 1963), 165쪽. 표 10, 11 참조
344) 김영중, 『제주4·3사건 문과 답』 수정증보판, (제주문화, 2016), 395,396쪽.
345) 김남식 『남로당 연구』 1권, (돌베개, 1984), 530~531쪽.
346) 상세한 내용은 [부록 7] 참조
347) 김봉현·김민주, 『제주도인민들의 4·3무장투쟁사』, (문우사, 1963), 257쪽.
348) 김찬흡, 『20세기 제주인명사전』, (제주문화원, 2000), 39~40,84,279~280,379~380쪽.
349) 제주도경찰국, 『제주경찰사』, (1990), 287~288쪽. 남로당 강령.
350) 제주4·3연구소, 『제주 항쟁』 창간호, (실천문학사, 1991), 181쪽.
김봉현·김민주, 『제주도인민들의 4·3무장투쟁사』, (문우사, 1963), 153~154쪽.
351) 한라일보 1998.11.24.
352) 제주4·3연구소, 『이제사 말햄수다』 1권, (한울, 1989), 198쪽.

[표 10] 남로당제주도당 구국투쟁위원회 조직도[353]

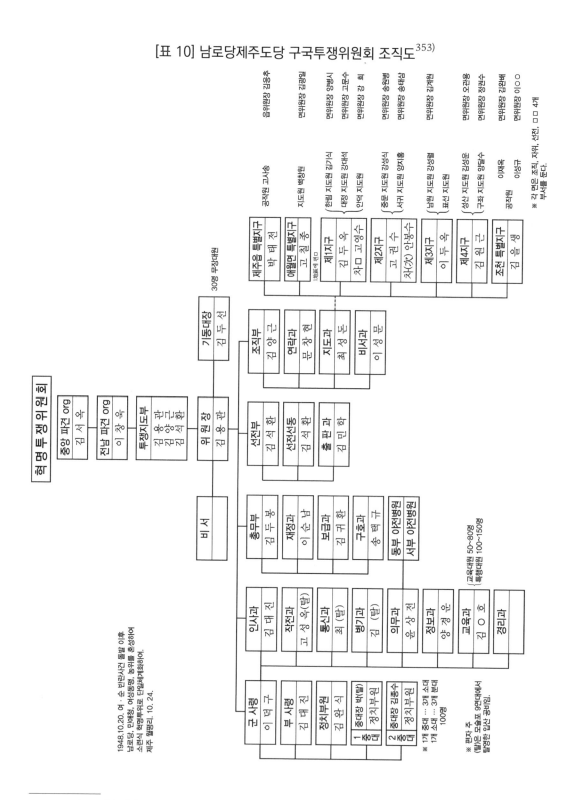

353) 고재우, 『제주4·3폭동의 진상은 이렇다』, (백록출판사, 1998), 31~32쪽.

[표 11] 남로당제주도당 혁명투쟁위원회 조직도[354]

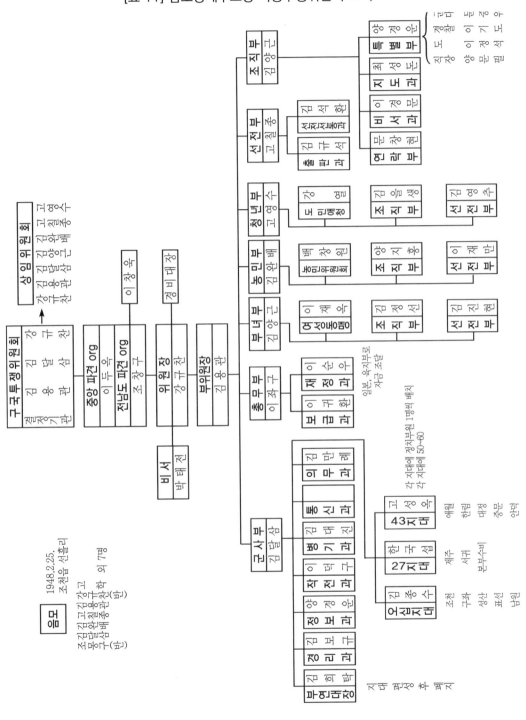

---

354) 고재우, 『제주4·3폭동의 진상은 이렇다』, (백록출판사, 1998), 38~40쪽.

14. 제주도민전 문화부장으로 1947년 3·1기념투쟁을 진두지휘한 김봉현은 일본으로 도피해서 김민주와 함께 쓴 책에서 3회나, 4·3은 '조선민주주의인민공화국 창건을 위한 투쟁'이라고 명기했습니다.[355]

15. 김대중 정부 때 통일부장관과 국정원장을 지낸 임동원은 『혁명전쟁과 대공전략』이라는 저서에서 제주4·3을 '제주도 반란'[356]이라 기록했습니다.[357]

16. 대한민국 정부는 1948년 11월 17일 국무회의에서 제주도지구 계엄선포를 의결하면서 제주4·3사건의 성격을 '제주도 반란'이라 규정했습니다.[358]

이상의 근거를 살펴볼 때 남로당제주도당은 자유민주적 기본질서를 추구하는 대한민국 건국을 저지하려는 목적을 가지고 계획적인 무장투쟁을 전개하였음을 알 수 있습니다. 즉 남로당 인민유격대가 반(反)자유민주주의, 반(反)대한민국, 친(親)북한, 친(親)공산주의, 공산통일을 최종 목표로 삼고 있다는 것을 증명합니다. 이것이 4·3의 본질이고 성격입니다.

| 문 52 | 이덕구가 대한민국에 대하여 선전포고를 하게 된 배경이 된 사건(10·19여순반란사건)은?

답 우선 4·3이 봉기나 항쟁이 아니고 반란임을 명징(明徵)하는 두 가지를 제시하라면 저는 '이덕구의 선전포고'와 '인민군지원환영회'를 들겠습니다.

이덕구가 대한민국에 대하여 선전포고를 하게 된 배경이 된 사건은 여·순반란사건입니다. '제14연대 반란사건', '10·19여수·순천사건'이라고 부르기도 합니다. 1948년 10월 19일 여수 주둔 제14연대 1개 대대가 제주4·3사건 진압을 위해 출동명령을 받자 이를 거부하면서 부대 내에 침투한 남로당 프락치 인사계 지창수 상사 등 소속 사병 40여 명이 주동이 되어 반란을 일으킨 사건입니다.

남로당의 상투적 수법이지만 반란군은 제주도에 출동하는 것을 거부하는 명분으로 '동포를 학살할 수 없다'고 주장했지만 생사고락을 같이 하던 14연대 내 제1·2·3대대장을 비롯하여 장교 21명을 살해하였습니다.[359]

---

355) 김봉현·김민주, 『제주도인민들의 4·3무장투쟁사』, (문우사, 1963), 113,116,148쪽.
356) 임동원, 『혁명전쟁과 대공전략』, (탐구당, 1968), 226쪽.
357) 임동원의 혁명전쟁론에 의하면, 공산주의자들은 공산통일을 위해 선전·선동으로 대중을 동원하고 대중을 조직하며, 대중투쟁을 전개하고, 점차 무장하여 게릴라전을 전개하다가 종국에는 정규전으로 연결시켜 혁명과업을 완수합니다. 제주 4·3도 이런 단계를 거치며 6·25와 연결하려는 반란 사건이라고 할 수 있습니다.
358) 『관보』 제14호, 1948.11.17.
359) 조선일보, 2021.5.13. A32면.

순천지역으로 확대되면서 폭도의 규모는 약 2,400여 명으로 추정되었습니다.[360] 27일 진압될 때까지 여수, 순천, 광양, 보성, 구례, 고흥, 곡성, 벌교지역에서 민간인 2,537명이 피살되고 군인 61명이 전사하였으며, 19일과 20일 양일간 여수경찰서에서 피살된 인원만 경찰관 59명, 의용경찰 20명, 의용소방대원 5명, 우익계 인사 10명, 기독교인 7명, 경찰관 가족 40명이라는 인명피해를 냈습니다.[361]

또 김득중 외 3인이 쓴 『여순사건 자료집 I』에 수록된 국회속기록 '제2표 호남사건 종합보고'에 의하면 1948년 10월 20일부터 12월 25일까지 교구, 순천, 광양, 하동, 벌교, 보성, 여수, 돌산도, 구례, 문수리, 장성 등지에서 67회의 전투가 있었고, 이 전투에서 발생한 정부측 인명피해는 전사 214명, 전상 192명, 피랍 6명, 행불 10명, 기타 10명이고, 반란군은 유기시체 821구, 포로 3,679명으로 기록되어 있습니다.[362]

이 사건은 군내에 침투한 남로당 세력을 제거하는 결정적 계기를 제공하여 반란 주동자 410명을 사형에, 568명을 무기징역에 처하였으며 이를 계기로 숙군(肅軍)을 단행하게 되었습니다. 1949년 2월 1차 숙군 당시 4,749명, 8월 2차 숙군 당시 163명을 체포 조사하여 군내에 침투한 남로당 조직을 파괴하였습니다.

숙군을 둘러싸고 많은 논란이 있었으나 만약 숙군 없이 6·25를 맞이했더라면 그 피해는 엄청났을 것입니다.[363] 아마도 대한민국이 사라졌을지 모릅니다.

4·3 주동자들은 기대했던[364] 여순반란사건이 일어나자 이에 고무된 나머지 바로 체제 정비에 들어갔습니다. 남로당제주도당 구국투쟁위원회는 10월 24일 제주읍 월평리에서 주동자 14명이 모여 남로당, 민애청, 여성동맹, 농민위원회와 탈영병 등을 혼성하여 소련식 혁명투쟁위원회로 체제를 정비하고 당일 대한민국에 선전포고하였습니다.[365]

---

360) 제주4·3위원회, 『제주4·3사건자료집』 10권, (2003), 67쪽.
361) 박윤식, 『여수 14연대 반란 여수 순천사건』, (도서출판 휘선, 2012), 48,63,64쪽.
※ 전남 여수시 자산공원길 56, 현충탑 인근에 있는 경찰충혼비에는 당시 반란군에 의해 학살당한 경찰관 72명 명단이 새겨져 있다.
경찰서장 총경 고인수·백남철·문명진·김장길·이지홍·신창우·김갑순·김상수·국막래·정은천·박경후·강의중·한주도·강대선·박병제·유재한·반찬호·김갑수·박민수·강기종·김옥두·박찬길·조성한·정형재·김준호·이진우·이봉학·지현구·임문·김용익·양도승·이양순·최석규·이일순·서남수·박정운·정순채·김동진·김두일·김우룡·임종달·정희상·황수현·유상림·이문석·심국봉·류의준·한달방·이종한·최영순·정운자·백형수·김병길·김진갑·김봉주·김기윤·이일재·강종수·김학우·오재암·박인근·한태홍·윤중랑·박기남·김연두·이수근·신진호·최규복·김기형·주봉섭·최석언·황강석.
362) 순천대 지리산권문화연구원 여순연구센터, 김득중·임송자·주철희·홍영기, 『여순사건 자료집 I』, (선인, 2015) 365쪽, (필자 주: 집계가 정확하지 않습니다)
363) 남시욱, 『한국 진보세력 연구』, (청미디어, 2009), 124쪽.
364) 남로당 제주읍당 세포로 활동하다가 일본으로 피신한 김시종은 "나는 4·3을 한 3개월 정도 봤다…. 본토의 군대가 반란을 일으켜 호응해 올 것이라는 기대도 있었다."
제주4·3위원회, 『제주4·3사건진상조사보고서』, (2003), 158쪽.
365) 이덕구의 선전포고 내용은 [부록 6] 참조

여순반란사건의 성격에 대해서는 노무현 정부 때 출범한 진실·화해를 위한 과거사정리위원회에서 무장봉기가 아니라 반란이라고 명기했고 역시 노무현 정부 때 국방부 군사편찬연구소가 펴낸 『6·25전쟁사』도 여순반란사건을 14연대의 반란사건이라고 못 박았습니다. 좌파라 할 수 있는 역사문제연구소 서중석 이사장 역시 '여순 사건은 지창수 등이 반란을 일으키면서 시작되었다'[366]라고 썼습니다. 그럼에도 불구하고 문재인 정부에서 2020년 새로 선정한 고교 한국사 교과서는 한 종을 제외한 7종의 교과서가 여순반란사건을 무장봉기 또는 봉기로 서술[367]했는데, 이는 크게 잘못된 것입니다.

| 문 53 | 남로당제주도당이 6·25 직후 인민군지원환영회를 조직하고 활동한 사실이 의미하는 것은?

답 6·25 전쟁은 북한이 사전 계획하고 소련과 중공의 승인과 지원을 받아 1950년 6월 25일 새벽에 육·해·공 전 전선에서 기습 남침한 것입니다. 국군은 3일 만에 서울을 빼앗기고 후퇴를 거듭하다가 낙동강을 방어선으로 하여 사투하게 되었습니다. 여기서 패하면 대한민국이 사라지는 절체절명의 위기였습니다.

이때 남로당제주도당은 북한 인민군이 제주에 곧 상륙할 것을 기대하고 그들과 합세하여 대한민국을 전복하려 한 것입니다.

'7월에 들어서자 인민군지원환영회를 제주읍을 비롯한 각 면 단위로 조직하는 한편, 행정, 사법기관들에 대하여 전후 대책의 수립을 강력히 요구하면서 빨치산들을 원호하는 운동을 전면적으로 전개하여 나갔다. 이와 병행하여 인민군대의 과감한 진공에 고무 추동된 제주도 빨치산들은 봉기한 인민들과 합류하여 더욱 치열한 유격투쟁을 전개하였다. 즉 7월 초순부터는 인민유격대들도 본토 유격 잔전에 발맞춰 적극적인 활동을 개시 하였는바, 1950년 7월 하순부터 인민유격대는 동일적인 잔전 계획 밑에 괴뢰 군경들에 대한 적극적인 공격을 개시하여 적들의 간담을 서늘케 하고 인민들의 열렬한 환영을 받게 되었다.'[368]

이 기록에서 드러나듯이 남로당제주도당 인민군지원환영회는 1950년 6월 25일부터 1951년 8월 31일까지 14개월간 인민유격대와 함께 제주도 내 기관, 마을을 습격해서 많은

---

366) 서중석, 『사진과 그림으로 보는 한국현대사』 3판, (웅진지식하우스, 2020), 117쪽.
367) 조선일보 2021.3.25.A32면, 김기철 전문기자가 국회 정경희 의원(국민의힘)실과 공동 조사하여 쓴 「여순사건을 다시보다」.
368) 김봉현·김민주, 『제주도인민들의 4·3무장투쟁사』, (문우사, 1963), 257,258쪽.

피해를 입혔습니다. 그 피해 상황은[369] [표 12]와 같습니다.

[표 12] 1950.6.25~1951.8.31(14개월간) 남로당의 공세로 인한 도내 피해상황[370]

습격 회수	피해마을 수	관공서 방화	민가 소실	인 명 피 해								피랍 민간인
				사 망				부 상				
				계	군	경	민	계	군	경	민	
56	33	4	324	77	10	29	38	35	6	6	23	41

남로당제주도당은 이 기간 중 33개 마을에 56회나 습격하여 77명을 잔인하게 살해하고 35명에게 부상을 입혔으며, 41명을 납치하였습니다. 제주도를 해방구로 만들어 대한민국을 전복하려 한 것입니다. 다행히 군경이 노력으로 제주도가 해방구가 되는 것을 막았기 때문에 6·25전쟁 때 국군훈련소를 제주도에 설치할 수 있었고 여기서 훈련 받은 국군이 대한민국을 구하였습니다.

참고로 '1950년 러시아연방 대외정책문서 보관소' 문서 '1950년 6월 27일(민주조선): 북조선 내각 수상 김일성(金日成)의 호소문'에는

'존경하는 동포 여러분, 우리 인민군 전사 여러분, 그리고 공화국 남반부에서 활동하는 빨치산 여러분에게 호소한다. 6월 25일 이승만 괴뢰군이 38선 북방으로 진격을 개시하였다. 용감한 인민군은 이승만 괴뢰군을 완강히 저지하고 있다. 조선 인민공화국정부는 인민군에 반격하여 적군을 분쇄하라고 명령하였다. 반역자 이승만은 애국민주세력이 조국의 평화적 통일투쟁에도 불구하고 반인민적인 내란을 일으켰다. (중략) 조선민주주의인민공화국 만세! 승리의 전진!'[371]이라는 기록이 있습니다. 이 김일성 호소문에 따라 조선민주주의인민공화국 만세를 위하여 승리의 전진을 위하여 남로당제주도당은 인민군지원환영회를 조직하고 한라산 빨치산과 합세하여 대한민국을 공격했습니다.

남로당제주도당 인민군지원환영회에 대한 내용은 [부록 7]을 참조하시기 바랍니다.

---

369) 강재훈, 『제주4·3의 실상』, (1991), 260~273쪽.
370) 강재훈, 『제주4·3의 실상』, (1991), 260~273쪽.
371) 박종효, 「러시아연방 외무성 대한(對韓)정책자료Ⅰ」, (선인, 2010) 478,479쪽

□ 6·25전쟁

지금은 거의 잊혀진 전쟁이 되다시피 취급되고 진상도 왜곡 편향되는 등 매우 잘못 인식되고 있지만, 대한민국 국민이라면 6·25는 절대로 잊어서는 안 될 전쟁입니다. 6·25전쟁은 쌍방 군인만 954,960명이 전사하여 세계 전사(戰史)에서 7대 전쟁에 해당[372]합니다.

자유진영은 미국을 비롯한 16개국이 참전하였고, 5개국이 의료지원, 3개국이 물자지원, 3개국이 지원의사 표명 등 모두 63개국이 우리를 도왔으며,[373] 공산진영은 소련과 중공이 직접 참전한 국제전쟁이었습니다. 여기서 중공이 참전에는 이론이 없으나 '소련군은 1951년 말 약 200명이 북한에 중공군 복장으로 투입되었고, 최소한 5,000여 명의 소련군 장교와 군인들이 북한 및 압록강 대안의 만주 소재 미그기 기지에서 근무하고 있었다'[374]고 합니다.

3년 1개월 동안 전쟁 중 국군 전사 137,899명, 부상 450,742명, 실종 24,495명, 포로 8,343명이고, 유엔군은 전사 40,667명 부상 104,280명, 실종 4,116명, 포로 5,815명이며, 전재민은 남한피난민 1,714,992명, 월남피난민 618,721명, 직접 전화(戰禍)를 입은 남한 전재민 3,419,996명, 자력생계 불능 원주 빈민 4,375,413명, 공·사립 수용소 보호 전쟁고아 48,322명, 각지 부랑아 걸인 11,857명 등 모두 10,189,301명이라는 참화를 입었습니다.

휴전 후 포로교환 상황을 보면 공산군측이 유엔군측에 인도한 포로는 송환 13,466명, 송환불원 360명, 사망 1,651명이고, 유엔군측이 공산군측에 인도한 포로는 송환 83,100명, 송환불원 21,820명, 사망 8,480명입니다.[375]

이외로 민간인 인명피해는 사망 244,663명, 학살 128,936명, 부상 229,625명, 납치 84,532명, 행불 303,212명, 모두 990,968명입니다.[376]

이때 공산군측 인명피해도 많아 중공군 422,612명, 북한군 316,579명이 전사했습니다.[377] 나라 안위가 풍전등화와 같은 위기에서 전 국민이 국난극복을 위하여 전력투구하여도 모자랄 판에 적군 편에 서서 대한민국을 전복하려는 행위는 반란이지 봉기나 항쟁일 수 없습니다.

---

372) 이춘근 『전쟁과 국제정치』 (북앤피플, 2020), 156, 157쪽. 세계 전사에서 7대 전쟁은,
① 2차 세계대전(1939~1945) 12,948,300명 ② 1차 세계대전(1914~1918) 7,734,300명
③ 나폴레옹전쟁(1803~1815) 1,869,000명 ④ 스페인 계승전쟁(1701~1713) 1,251,000명⑤ 30년전쟁 스웨덴 프랑스(1635~1648) 1,151,000명 ⑥ 7년전쟁(1755~1763) 992,000명 ⑦ 한국전쟁(6·25전쟁, 1950~1953) 954,960명 군인 전사.
373) 이중근 『6·25전쟁 1129일』(우정문고, 2013), 1004쪽.
374) 로버트 스칼라피노, 이정식, 『한국공산주의운동사』, (돌베개, 2018), 617쪽.

인민군환영준비위원회사건[일명 제주도유지사건]

이 사건은 인민군지원환영회와 명칭이 비슷하고 시기가 겹쳐서 혼동하기 쉬우나 엄연히 다른 사건입니다. 인민군환영준비위원회사건이란 일명 제주도유지사건이라고도 합니다.

북한인민군이 제주도에 상륙하면 이를 환영하기 위하여 제주도 유지들이 환영준비위원회를 조직했다고 허위 날조하여 1950년 8월 1일 제주지구계엄사령부(사령관 신현준) 정보과장 신인철 대위에게 무고함으로써 제주도 내 법원장 김재천, 검사장 원복범, 도 총무과장 홍순원, 서무과장 전인홍, 상공과장 이인구, 제주읍장 김차봉, 도립병원 과장 김대홍, 변호사 최원순·김무근, 실업인(實業人) 이윤희·김영희·백형석 등 12명을 긴급 구속한 큰 사건입니다.

즉결처분이 횡행하고 여행이 통제되던 시기인 만큼 사태의 심각성을 인지한 김충희 도지사가 대구에 있는 조병옥 내무부장관, 부산에 있는 신성모 국방부장관에게 극비리에 특사를 밀파하여 진상을 보고하였고, 조병옥 장관의 특명으로 전직 검사출신인 치안국 정보수사과장 선우종원을 반장으로 내무·법무·국방 합동조사반을 파견하여 조사한 결과 허위 날조된 사건임이 판명되어 신인철 대위와 무고자들을 구속하고 억울하게 구속되었던 인사들이 9월 3일과 4일 석방되었습니다. 구속기간에 혹독한 고문이 자행된 것은 물론 제주농업학교 교장 최남식과 교감 현인홍 등 2명도 이 사건 여파로 연행되어 고초를 겪다가 석방되었으며 이에 대한 많은 일화가 제주사회에 지금까지 구전되고 있습니다.[378]

이 사건과 관련하여 사법처리 결과는 신인철 대위 직권남용 군법회의 회부, 이응화 무고 징역 5년, 강계돈 무고 징역 2년(16개월간 수감, 2심 무죄), 계엄사에 파견된 경찰관 이서상·유효선 직권남용 각 징역 2년형[379]을 받았습니다.

| 문 54 | 당시 살포된 삐라에 4·3의 성격이 드러난 건 없나요?

답 1947년초부터 좌익들은 '도내 각지 돌담이 좌익계의 게시판화 하였다. 뿐만 아니라 밭담, 집 울타리, 팡돌, 비석, 대문, 집 입구에 서있는 정자목인 팽나무 등 할 것 없이 종이가 붙을 수 있는 곳이면 모두가 선전판으로 둔갑, 좌익계 선전벽보로 도배된 실정이었다'[380]라 할 정도로 벽보나 삐라를 많이 뿌렸는데 삐라에도 성격이 나와 있습니다.

375) 이중근 『6·25전쟁 1129일』 (우정문고, 2013), 1002~1003쪽.
376) 대한민국 통계연감, 내무부 통계국, (2018.9.20. 제주4·3진실규명을위한도민연대 주최, '역사 지우기와 역사 살리기의 음모-잊어지는 6·25와 되살아나는 제주4·3사건' 주제, 현길언 교수 강의자료)
377) 유튜브 이춘근TV 2021.1.3. 전쟁과 국제정치 제7강
378) 신상준, 「제주도4·3사건」 하권, (한국복지행정연구소, 2002), 853~854쪽
379) 강용삼·이경수, 「대하실록 제주100년」, (태광문화사, 1984), 848~850

[그림 2] 북한군 남침도(1950년)[381]

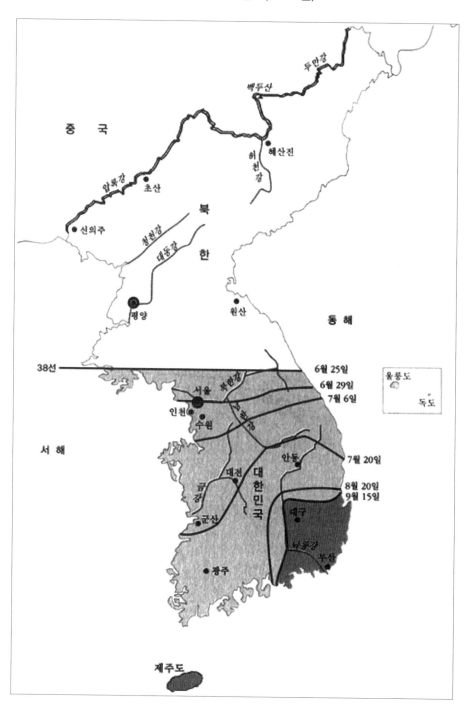

380) 박서동, 『월간 관광제주』, (월간관광제주사, 1990. 2), 67쪽.
381) 이중근 『6·25전쟁 1129일』(우정문고, 2013), 20쪽.

① 단기 4281년(1948년) 4월 10일자 인민해방군 제5연대 명의로 대정면 보성리와 상모리 사이에 살포한 삐라 '포고령'에는 '조선민주주의인민공화국이 수립될 때까지 투쟁한다'[382]라고 나와 있습니다.

② 1949년 1월 13일 구좌면투쟁위원회 명의의 '면민에 호소함'이라는 삐라 내용을 소개하면 다음과 같습니다.

'인류해방의 은인이며 평화의 보장자며 우리 민족의 자유와 독립을 백방으로 원조하는 소련군은 …… 38선은 깨뜨려지게 되었습니다. 그리고 꼭 깨뜨리고야 말 것입니다. …… 김일성 수상은 1949년 1월 1일 신년벽두에 성명하기를 멀지 않은 장래에 …… 미제를 철수시키고 매국단정을 타도하기에 인민군은 저력을 다할 것 …… 김일성 수상 성명서가 구체화 될 날도 시간문제이며 인민군이 원수를 섬멸시킬 날도 가까워졌습니다'[383]

1월 1일 북한에서 발표한 김일성 성명을 13일 구좌면에서 삐라로 살포한 신속성도 놀랍습니다.

이 삐라는 '1949년 2월 3일 20시 40분경 구좌면 평대리 중동 구좌면사무소[384] 서쪽 100m 지점 4거리[385]에 죽창과 철창, 다이너마이트와 유사한 폭발물로 무장한 폭도 30여 명이 출현 경비순찰 중인 이 마을 대동청년단원 윤도황(尹道璜 당시 40세)씨를 얼굴, 가슴, 복부를 무참히 난자 살해하고, 부공빈(夫公彬 당시 34세)씨와 김도근(金道根 당시 39세)씨에 중상을 입히고 도주할 당시 살포한 것'[386]이 남아 있습니다.

| 문 55 | 김대중 대통령은 4·3의 성격에 대해 뭐라고 말했나요?

답   1998년 11월 23일 김대중 대통령은 미국 CNN방송의 '문답 아시아' 프로그램에 출연해서, '제주4·3은 공산당의 폭동으로 일어났지만 억울하게 죽은 사람이 많으니 진실을 밝혀 누명을 벗겨줘야 한다'[387] 라고 전 세계에 천명했습니다.

---

382) 박서동, 『영원한 우리들의 아픔 4·3』, (월간관광제주사, 1990), 앞 19쪽.
383) 고재우, 『제주4·3폭동의 진상은 이렇다』, (백록출판사, 1998), 83~84쪽.
384) 현 리사무소
385) 현 비자림 진입로
386) 박서동, 『월간 관광제주』, (월간관광제주사, 1989. 2), 224쪽.
387) 한라일보 1998.11.24. (연합 인용)

김대중 대통령이 1998년 11월 23일 CNN과의 회견 중 4·3과 관련하여 답변한 자세한 내용은 아래와 같습니다.

○ CNN기자 질문 : '한국과 미국정부는 1948년 제주 4·3사태에 대한 진상은 서로 언제 공개할 방침입니까?'
○ 김대중 대통령 답변 : '제주문제가 국회에 청원되어 있습니다. 정부로서는 과거의 억울한 문제에 대해서는 진실을 밝힐 필요가 있습니다. 원래 시작은 **공산주의자들이 폭동을 일으킨 것**이지만, 많은 무고한 사람들이 공산주의자로 몰려서 억울하게 죽음을 당했습니다. 이 문제는 세월이 많이 지났지만, 그들의 명예를 회복시키고 해서 유가족들을 위로해 주어야 합니다.'[388]

이것이 팩트입니다.

그런데, 2017년 11월 9~11일 제주KAL호텔에서 제주4·3평화재단 주최 제7회 제주4·3 평화포럼에서 호세 라모스 오르타(J. Ramos-Horta)[389]가 '과거 극복 : 치유와 화합'이란 주제의 한글과 영문으로 된 주제 발표문 중 김대중 대통령의 CNN 회견 내용에 대해 언급한 부분을 보면, "1998년 11월 23일, 한국의 민주화에 잇달아, 김대중 전 대통령은 '제주4·3 사건은 공산주의자들이 주도한 모반폭동이 전혀 아니었습니다. 억울한 누명을 쓰고 죽은 무고한 희생자가 많습니다. 이제는 진실을 규명하고 이들의 명예를 회복할 때입니다.(The JEJU uprising was not a communist rebellion at all, but there are a lot of people who died under false accusations as innocents, so now we have to reveal the truth and clear their falce charges.)'"[390]라고 잘못 기록하고 발표하였습니다.

제주도에 거주하고 4·3을 직접 체험한 우리들도 4·3에 대해 잘 알지 못하는 판인데, 수만 리 떨어져 있는 동티모르 대통령이었던 사람이, 비록 노벨평화상을 받은 자라 할지라도 4·3에 대해 얼마나 연구했으며 정확히 파악했는지는 알 수 없으나 사실을 이렇게 정반대로 기록하고 발표하면 안 되는 것입니다. 이 원고를 직접 작성하였는지, 스스로 작성하였다면 편집과정에서 검토는 하였는지 궁금합니다.

김대중 대통령의 CNN방송 내용은, 김대중 대통령 당시 4·3특별법 제정업무를 총괄한 담당 수석비서관이었고 연세대 김대중 도서관 석좌교수로 있는 김성재도 "1998년 김대중

---

388) http://www.systemclub.co.kr/bbs/board.php?bo_table=13&wr_id=160684
389) 노벨평화상 수상자, 전 동티모르민주공화국 대통령
390) 제주4·3평화재단, 『제7회 제주4·3평화포럼』 (2017), 15쪽(한글), 26쪽(영문).

대통령은 11월 23일 CNN과 인터뷰를 하면서 '제주4·3사건은 공산폭동에 의한 것이라고 하지만, 억울하게 죽은 사람들이 많으니 진실을 밝혀 누명을 벗겨줘야 한다'고 했다"[391]라고 기록했습니다.

4·3을 폭동이나 반란이라고 말하면 4·3을 왜곡·폄훼 또는 흔들기라고 맹공하고[392] 수구·꼴통·극우라고 매도하는 사람들이 김대중 대통령이 4·3을 공산당의 폭동이라고 전 세계에 공표한 발언에 대해서는 일언반구 없습니다.

2019년 12월 31일 제주4·3평화재단 이사장 양조훈이 제민일보에 기고한 글에서 "올해도 비록 소수이지만 '4·3은 공산폭동'이라는 주장이 계속되어 유족들이 분노했다"고 썼는데 유족들이 김대중 대통령에게 분노했다는 말은 들어보지 못했습니다.

| 문 56 | 4·3 주동자 중 4·3을 폭동·반란이라고 증언한 사람은?

답　　4·3 주동자의 증언으로,

① 남로당제주도당 대정면당 위원장 이운방[393]은 다음과 같이 말했습니다.

'**주도자는 빨갱이로 봐야지, 최종 목적은 공산주의니까.** 그들의 우선 목적은 통일조국 건설이고, 그 과정에서 잘못을 저지르기도 했지'[394]라고 증언했습니다.

또 "무장투쟁을 주장한 신진세력들은 정세를 낙관했다. 당시 단선을 저지해야 한다는 인식이 팽배해진 상황에서 제주도 봉기는 일종의 기폭제가 되어 전국적인 봉기를 유발시켜 제주도에 진압병력을 추가로 내려 보내지 못할 것으로 파악했다. 경비대는 중립을 지킬 것이고, 그러면 경찰력만으로는 진압이 어려울 것이라고 예상했다. 미국 또한 국제문제로 화할 염려가 있기 때문에 직접적으로 진압에 관여하지 못할 것으로 인식했다"[395]라고 밝혔습니다.

이는 제주도에서 봉기하여 제주도를 완전 장악함은 물론 이를 기폭제로 전국적 봉기를 유발시켜 대한민국 건국을 저지하고 공산통일을 획책했다는 뜻으로 4·3이 폭동이자 반란이 명백하다는 증언입니다.

---

391) 김성재, 「제주4·3사건특별법 제정 소고」; 제주4·3평화재단, 『4·3 66주기 제주4·3전국화를 위한 2차 심포지엄』, (2014), 6쪽.
392) 제민일보 2015.11.19. 4면기사 및 14면 기고문.
393) 1910~2013
394) 제주4·3연구소, 『이제사 말햄수다』 1권, (한울, 1989), 198쪽.
395) 제주4·3위원회, 『제주4·3사건진상조사보고서』, (2003), 159쪽.

② 남로당제주읍당 세포로 활동하다 일본으로 도피한 재일 조선인 시인 김시종은 "나는 '4·3'을 한 3개월 정도 봤다. 6개월이면 조천까지 **해방구**가 될 것이라고 확신했다. 본토의 군대가 반란을 일으켜 호응해 올 것이라는 기대도 있었다. 당시 제주성내(城內)는 습격하지 않았는데, 이는 조천 등 외곽을 장악해 읍내를 고립시키면 자연스럽게 접수될 것이라고 여겼기 때문이다."[396]라고 증언했습니다.

해방구란 대한민국의 합법적인 공권력 즉 주권이 미치지 않은 특구를 지칭합니다. 이는 1단계로 제주읍을 제외한 도 전역을 공산화시켜 제주읍을 고립시킨 후, 2단계로 제주읍을 접수하여 결국 제주도 전역을 공산화하겠다는 뜻입니다. 이 역시 4·3이 반란임을 증언한 것입니다.

참고로 본토의 군대가 반란을 일으켜 호응해 올 것을 기대했다는 것은 여·순반란사건을 예상한 것입니다.

③ 남로당제주도당 조직부 연락책으로 활동하다 경찰로 전향한 김생민은,

"우리는 북한이 1949년에 쳐들어올 것으로 예상했다. 남북에서 양군(兩軍)이 철수하면 이젠 국내 문제이고, 그러니까 미군이 철수하고, 남로당 세력이 강하고, 이북에는 팔로군이 들어와 있어서, 국제 정세나 국내 정세나 모두 유리하다고 보았다. 강경파들은 그래서 무장투쟁을 하며 조금만 견디면 된다고 본 것이고, 온건파들은 '우리만 고립 된다'고 반대한 것"[397]이라고 주장했습니다. 강경파는 북한이 조기 남침할 경우 그들과 합세하면 승산이 있다는 판단 하에 결행한 것이 4·3이라고 증언한 것입니다.

④ '조천면 신촌리 강태원[398]'의 증언에 의하면 1951년 9월 어느 날 오후에 납치되어 정권수로부터 3개월 동안 정신훈련을 받았는데, 반년만 기다리면 이 섬에는 소련군이 와서 해방을 시켜주며 농민에게는 토지를 무상분배해 주고 살기 좋은 낙원이 된다'[399]라고 했습니다.

정권수는 남로당 구좌면당 위원장이며 인민유격대 부책으로서 최후까지 저항하다가 1956년 4월 3일 경찰에 의해 사살된 자인데, 4·3이 북한을 넘어 소련군의 지원을 받아 공산주의 국가를 건설하려는 그의 신념이나 사상 및 행위가 반란임을 입증하고도 남습니다.

---

396) 제주4·3위원회, 『제주4·3사건진상조사보고서』, (2003), 159쪽.
397) 제주4·3위원회, 『제주4·3사건진상조사보고서』, (2003), 159쪽.
398) 당 20세
399) 제주4·3위원회, 『제주4·3사건진상조사보고서』, (2003), 350쪽.

| 문 57 | 당시 좌익학생운동을 했던 사람의 증언은?

답 생존자 중 적극 가담자들은 노출을 꺼리며 자기 합리화에 급급하기 때문에 진솔하고 객관적인 증언 채록이 쉽지 않습니다. 이들은 4·3을 항쟁이라고 주장하면서 자신들을 희생자라고 주장합니다. 그리고 그들은 당시 남로당이 선전·선동에 의식화되었기 때문에 주관적 시야에 한정되어 있습니다.

그러나 제주 미술계에서 활동한 강용택(1932년생)은 한때 좌익학생활동에 직접 참여했던 체험자로서 그의 자서전 『꿈을 간직하고 살아온 화가』에서 다음과 같이 기록하였습니다.

제주공립농업중학교(6년제) 재학 중 1947년 8월 15일 정오 사이렌 소리와 동시에 관덕정 광장에서 삐라를 뿌리며 구호를 외친 후 분산 도주하는 데모를 이른바 벼락시위라 했다. 이 데모 주모학생으로 체포되어 18일간 경찰서 신세를 지고 퇴학처분을 받은 후 …… 제주농업학교에는 통칭 P원, M원, 콩클럽 등 3개 조직체가 있었는데 P원은 남조선노동당 정당원 약칭이고, M원은 민애청(민주애국청년동맹)원이고, 콩클럽은 2학년 이하 공산소년단 단원의 약칭이다. 둘째 형님은 P원으로 3학년 축산과 위원장이다. …… 4·3사건은 …… 민주시민항쟁이라고 고집할 수 있는 것인지 반문하고 싶다. 필자의 결론은 **좌·우의 이념분쟁**이었음이 분명하다. 한 가지 예를 들면 제주읍사무소 국기게양대에도, 어느 송신소[400] 나무 안테나에도 펄럭이는 오각별 인공기를 봤기 때문이다.[401]

| 문 58 | 학자들이 보는 4·3의 성격은?

답 많이 있으나 대표적인 것만 소개합니다.

① 한양대 명예교수 현길언 박사는 『본질과 현상』에서

'만약 (4·3을) 저항이라면 제주4·3사건으로 고통당하고 죽은 사람들은 앞서 말한 대로 희생자가 아니며 (공산)혁명전사자(革命戰死者)로서 혁명전사(革命戰史)에 길이 남을 것이다. 그러기에 이들은 대한민국 정부로부터 사과를 받을 수도 없으며 위로의 차원에서 (제주4·3평화) 공원 건립도 의미가 없다. 만약 그 사태에 변을 당한 사람들이 저항 대열에서 그

---

400) 지금은 없어졌지만 삼성혈 서쪽에 위치한 밭에 있었던 송신용 나무 안테나임.
401) 강용택, 『꿈을 간직하고 살아온 화가』, (디딤돌, 2008), 39~44쪽,.

어려운 싸움을 결행하였다면 그들은 대한민국 정부가 제정한 보상법에 의하여 위로받고 위령제를 받는 것을 원치 않을 것이다'[402]라고 했습니다.

요점은 4·3은 항쟁이 아니다, 항쟁이라면 당시 희생자는 혁명전사(革命戰史)에 길이 남을 공산혁명전사자(革命戰死者)이지 희생자가 아니라는 말입니다.

② 전 인천대학교 총장 김학준 박사는 4·3을 '제주도 반란'[403]이라 규정했습니다.

③ 1980년 발행한 존 메릴(John Merrill)의 하버드대 석사 논문 제목도 『제주도 반란』(The Cheju-do Rebellion)입니다.

④ 인터넷 신문 '제주의 소리' 2008년 4월 6일 자 보도에 따르면, 김종민[404]도 한 토론회에서 "무장대가 특정마을 전체를 쓸어버린 경우와 관련 '일부 희생자는 토벌대나 경찰 앞잡이도 아니었으며, 그중에는 오히려 무장대 지지자들도 있었는데, 단지 토벌대를 편드는 마을이라고 지목해 가리지 않고 쓸어버렸다'면서 이러한 죽임을 당한 희생자와 유족들의 심정을 감안할 때 항쟁이라는 표현은 적절하지 않다'고 설명했"[405]습니다.

그는 또 제주도에서 발행하는 『제수』 2018 봄호에 게재한 「제주4·3은 무엇인가」 제하의 글에서도, '탄압이나 항쟁이라는 용어를 무색케 하는 엄청난 '수난의 국면'이 조금씩 중첩되면서 차례로 펼쳐졌다. 따라서 현재로서는 이러한 여러 국면 중 하나만을 특정하여 명칭을 정하는 것은 쉽지 않다. 또한 비록 토벌대에 의한 희생보다 그 비율이 훨씬 작지만, 무장대에 의한 무고한 주민의 희생이 엄연히 존재하는 점도 정명 붙이기를 어렵게 하는 요인이 되고 있다.'[406]고 썼습니다. 4·3전문가로서 4·3의 정명은 봉기나 항쟁이라 단정할 수 없다는 고민을 털어놓은 것입니다.

⑤ 전남대 교수 이상봉은 '남로당 무장대가 10살, 14살짜리 소녀를 마을 유지 딸이라는 이유로 칼과 죽창과 낫으로 살해하는 등 비무장 민간인을 학살한 게 어떤 도덕적 정당성이 있느냐며 '무장봉기' '항쟁'에 의문을 던졌다"[407]고 했습니다.

---

402) 『본질과 현상』 통권 28호, (본질과현상사, 2012. 여름), 169~170쪽.
403) 김학준, 『북한의 역사』 2권, (서울대학교 출판부, 2008), 907쪽.
404) 『4·3은 말한다』와 정부보고서 집필진에 참여했고 10여 년 이상 제주4·3위원회 전문위원을 역임함.
405) 제주4·3진상규명과명예회복을위한도민연대, 『제주4·3신문자료집(2008년)』 (2010), 336~337쪽, 제주4·3위원회, 『제주4·3사건자료집』 9권, (2003), 48쪽.
406) 제주도, 『제수』 2018 봄 vol. 10, (2018), 22~23쪽.
407) 이상봉, 『폭력과 윤리 : 4·3을 생각함』, (2021). 김기철 전문기자가 국회 정경희 의원(국민의힘)실과 공동 조사하여 쓴 『여순 사건을 다시보다』, 조선일보 2021.3.25.A32면에서 재인용.

⑥ 속칭 4·28평화회담 주역이고 김달삼에 대하여 그의 유고문에서 매우 호의적 평가를 내린 김익렬 9연대장도 1948년 6월에 쓰고 8월 6·7·8일 국제신문에 기고한 글에서, 김달삼과 그 일당들을 지칭하여 '반란군'이라 18회, '폭도'라 2회, '폭도병'이라 1회, 그 행위에 대하여 '반란'이라 2회, '폭동'이라 1회를 기록했습니다.[408)]

⑦ 조남수[409)] 목사도 다음과 같이 말했습니다.

4·3 사건은 분명히 소수의 좌익 공산분자들이 폭동을 일으킨 것 …… 4·3폭동은 단선단정을 분쇄하려는 2·7폭동사건에 이어 5·10선거 저지를 위한 폭동사건……민중봉기라 한다면 제주 30만 민중이 대한민국 정부 수립을 반대하는 궐기라도 했다는 말인가? 물론 5·10선거에서 국회의원 2명을 탄생시키지 못한 것은 사실이다. 그러나 그것이 제주도민 전체의 뜻이었는가? 폭도들의 공갈, 협박에 못 이겨 산으로 끌려가게 되었고, 투표에 불참하는 결과를 가져오지 않았는가?'[410)]라고 반문하고 있습니다.

| 문 59 | 북한이 보는 4·3의 성격은?

답 '순간 북조선 통신', '로력 인민', 『력사 과학지』 등 모든 북한 매체에 나온 박헌영, 김일성, 이승엽, 김덕호, 박설영 등의 연설, 논문, 신문기사 등에 보면 북한은 4·3을 일관되게 인민봉기, 인민항쟁으로 규정하고 있습니다.

서문에서도 언급했지만 2020년 북한의 한 매체에서 발표한 '4·3성명서'를 보면 '4·3인민봉기', '조국통일을 이룩하기 위한 정의의 반미파쇼 인민항쟁'이라고 규정하고 있습니다.

그런데 안타까운 일은 4·3을 잘 알지도 못하는 사람들이 4·3명칭이나 성격을 북한이 주장하는 그대로 봉기나 항쟁이라 주장하거나 이해하고 있습니다. 역사를 전공하고 『4·3은 말한다』와 정부보고서 집필에 직접 간여하고 제주4·3위원회 전문위원으로 10년 이상 종사한 김종민도 4·3은 항쟁이 아니다라고 규정하는데 말입니다. 편협한 시각으로 봉기나 항쟁이라고 역사 해석 권한을 독점한 양 주장하려면 북한이나 당시 남로당이 주장했던 구시대적 구호나 논리를 앵무새처럼 반복할 게 아니라 새로운 설득 논리를 제시하고 증명해야 한다고

---

408) 김용철, 『제주4·3사건 초기 경비대와 무장대 협상 연구』, (제주대학교 대학원 사학과, 2009). [부록 8] 김익렬의 국제신문 기고문.

409) 1914년생

410) 1948년 12월 10일 대정면 하모리 세포책이 검거되어 조직명단이 노출되었습니다. 주민 100여 명이 희생될 위기 때 조남수 목사는 김남원 민보단장과 함께 문형순 지서장을 설득하여 대량 인명 피해를 방지했습니다. 이 공로로 1996년, 2005년 주민들이 위 세 사람의 공덕비를 모슬포에 세웠습니다. 박서동, 『월간 관광제주』, (월간관광제주사, 1988.7), 145~147쪽.

생각합니다.

| 문 60 | 남로당 자료에 있는 반란 근거는?

답　많이 있습니다.

① 남로당제주도당은 1947년 2월 20일자 예하에 내려 보낸 3·1기념투쟁 관련 제2차 지령서 '남조선노동당제주도위원회 서한' 중 '3·1운동기념투쟁의 목적'에 '사회노동당을 위시한 일체의 기만적 회색분자들을 소탕하며, 우익이라 칭하는 반동분자들을 철저히 숙청하라'[411]고 지령하였습니다.

이 지령서는 4·3 발발 1년 1개월 전, **3·1발포사건 8일 전**, 응원 경찰 최초 내도 3일 전, 최초의 고문치사사건 1년 보름 전, **서청이 내도하기 1년 2개월 전**에 내린 것입니다. 이것은 4·3이 경찰이나 서청의 탄압에 의한 항쟁이 아니라는 것을 뒷받침합니다.

또 3·1기념투쟁 당일 발포사건 이전에 제주북국민학교에서 채택한 제주읍인민대회 결정서를 보면 '모든 반동세력을 분쇄함으로써'[412]라는 내용이 있습니다. 여기서 소탕이나 숙청, 분쇄는 직설적으로 표현하면 죽여 없애라는 말입니다. 우익은 물론이고, 우리가 보기에 남로당과 4촌격인 사회노동당까지도 회색분자로 규정하여 철저한 인적 청산을 하도록 지령한 것입니다. 이것 역시 경찰·서청의 탄압이 없었을 때, 고문치사 사건이 없었을 때, 발포사건이 없었을 때 내린 지령이고 결정임을 주목할 필요가 있습니다.

그러니까 3·1발포사건이 없어도, 경찰·서청의 탄압이 없어도, 남로당은 인적청산을 완료하고 자신들의 세력만으로 공산통일국가 건설을 시도했을 것입니다. 왜냐하면 남로당은 강령에 공산통일을 규정해 놓았기 때문에 그 목표가 달성될 때까지 투쟁하는 것입니다.

② 김달삼이 직접 작성한 '제주도인민유격대투쟁보고서'에도 4·3의 목적은 '첫째 조직의 수호와 방어의 수단으로서, 둘째 단선단정(單選單政) 반대 구국투쟁의 방법으로서'[413]라고 명시했지, 4·3목적에 '경찰·서청의 탄압에 대한 저항'이라 하지 않았고, 미국의 식민지에서 나라를 구하는 구국투쟁이라 주장했습니다.

---

411) 제주4·3연구소, 『제주 항쟁』 창간호, (실천문학사, 1991), 169쪽.
김영중, 『남로당제주도당 지령서 분석』, (삼성인터컴, 2014), 32,34쪽.
412) 박서동, 『영원한 우리들의 아픔 4·3』, (월간관광제주사, 1990), 앞 10쪽.
413) 문창송 편, 『한라산은 알고 있다』, (대림인쇄사, 1995), 17쪽.

여기서 단선은 5·10제헌의원 선거를 말하고, 단정은 단독정부 즉 대한민국 건국을 말하는 것입니다, 남로당은 5·10제헌의원 선거를 파탄내고 대한민국 건국을 저지하기 위해 무장폭력 수단에 의해 적극적으로 반대하였으니 4·3의 성격은 곧 반란을 의미합니다.

| 문 61 | 미군정 자료에 있는 반란 근거는?

답　　물론 있습니다.

① 1948년 7월 2일 브라운(Rothwell Brown) 대령이 미육군 제6사단장 올랜드 워드(Orlando Ward) 소장에게 보낸 서한에는,

'제주도가 공산주의자들의 거점으로 조직되었다는 한 가지 사실은 너무도 명확합니다. 경찰의 잔악성과 비효율적인 정부도 원인이었지만 본도에 대한 공산주의자들의 계획에 비하면 지엽적인 원인들입니다.'라고 하였습니다.

이 '브라운 대령 보고서'[414]는 1948년 5월 22일부터 6월 30일까지 40일간 약 5,000명의 제주도 주민들을 심문한 결과와 민간포로수용소에 억류된 포로들의 소지품에서 발견된 서류와 유인물에서 얻어진 정보로서 신뢰도가 매우 높은 보고서라 하겠습니다.

② 또한 '브라운 대령 보고서' 부속서로서 제24군단 정보참모부 헝거(R. Hunger) 상사가 작성한 '제주도남로당 조사보고서'에 의하면,

'이런 전복활동을 도모하는 제5열 조직이 제주읍에 있는 모든 행정기관에 성공적으로 침투했다.'[415]라고 기록되어 있는 것만 보아도 미군정과 더 나아가서 대한민국 건국을 저지하려는 남로당의 목적이 뚜렷이 나타나 있습니다.

헝거 상사의 보고서는 당시 방첩대 제주지구대, 국립경찰, 정보과, 경비대 제11연대의 조사 결과를 수합한 내용으로서 신빙성이 매우 높은 보고서입니다.

③ 1948년 "8월 14일 밤 50개 이상의 봉화가 고지대에서 관측되었다. 봉화를 올린 사람들은 '조선인민공화국 만세'를 외쳤고, 경찰이 도착하기 전에 떠나버렸다."[416]는 기록 등이 있습니다.

---

414) 제주4·3위원회, 『제주4·3사건자료집』 9권, (2003), 37~53쪽. 미군정청 문서 브라운 대령 보고서는 [부록 1] 참조
415) 제주4·3위원회, 『제주4·3사건자료집』 9권, (2003), 45쪽.
416) 제주4·3위원회, 『제주4·3사건자료집』 7권, (2003), 38쪽.

| 문 62 | 일본 도피 4·3 주동자들의 자료에 있는 반란 근거는?

답 1947년 제주북국민학교에서 3·1기념투쟁을 진두지휘한 제주도민주주의민족전선 문화부장 김봉현(金奉鉉)과 소년유격대로 입산 활동했던 김민주(金民柱)[417]가 일본으로 도피해서 공동으로 펴낸,『제주도인민들의 4·3무장투쟁사』라는 책에 보면,

▲ 제주4·3은 조선민주주의인민공화국 창건을 위한 투쟁이었다고 3회[418]

▲ 투쟁과정에서 조선민주주의인민공화국 만세를 불렀다고 5회[419]

▲ 오각별 공화국기를 한라산정과 놈들이 아성인 삼성혈에 게양하였다.[420]고 명기하였습니다. 여기서 '오각별 공화국기'란 북한 인민공화국기를 말하는 것이고, '놈'들이란 대한민국을 가리키는 말입니다. 이것만 봐도 경찰과 서청의 탄압에 대한 항쟁이 아니고 탄압을 빙자해 공산통일을 위한 반란임을 알 수 있습니다.

이 책은 일본으로 도피한 저자가 직접 경험한 사실을 그 누구의 간섭이나 제약을 받지 않고 자유롭게 쓴 것이기 때문에 사실로 받아들여집니다.

나.'경찰·서청의 탄압에 대한 저항'주장에 대한 비판

| 문 63 | 서북청년단원의 규모와 입도 시기는?

답 '서청'(西靑)은 '서북청년단'(西北靑年團)을 줄여서 부르는 이름입니다. '서북'(西北)이란 평안남북도를 일컫는 관서(關西)와 황해도를 일컫는 해서(海西)에서 '서'(西)를 따고, 함경남북도를 일컫는 관북(關北)에서 '북'(北)을 따서 이를 합친 명칭입니다. 따라서 북한 전역의 출신 청년으로 조직된 단체이며 1946년 11월 30일 결성되었습니다.[421]

이들은 북한에서 반동으로 낙인 찍혀 생명에 위협을 느끼거나, 자신의 토지를 몰수당하여 생활기반이 무너지거나, 종교적 박해 등 온갖 공산 폭정을 직접 체험하고, 정든 고향을 버리

---

417) 김민주는 필명임. 본명 김태봉, 별명 김태형金泰衡, 김용남金龍南

418) 김봉현·김민주, 『제주도인민들의 4·3무장투쟁사』, (문우사, 1963), 113,116,148쪽.

419) 김봉현·김민주, 『제주도인민들의 4·3무장투쟁사』, (문우사, 1963), 152, 161, 177, 212~221쪽.

420) 김봉현·김민주, 『제주도인민들의 4·3무장투쟁사』, (문우사, 1963), 153, 154쪽.

421) 이영석, 『건국 전쟁』, (조갑제닷컴, 2019), 271쪽.

고 월남한 사람들로써 공산당을 없애야 한다는 신념이 확고하였고 그래야만 고향에 돌아 갈 수 있다는 일념으로 뭉친 결사체입니다.

　1947년 3·1사건 직전까지 본도에 있는 경찰관은 330명에 불과했습니다. 남로당이 도내 모든 마을과 기관 단체 학교 기업체에 조직을 완료하고, 3·1기념투쟁을 강행하려는 동향을 간파한 당국에서는 경찰 330명 가지고 수습할 수 없다고 판단하여 부득이 경찰력을 지원해 주도록 요청하게 되었으며, 최초로 3·1사건 6일 전인 2월 23일에 충남북 경찰 100명이 도착하였습니다.[422] 3·1발포사건으로 인명피해가 발생하고, 곧이어 3·10총파업으로 이어지니까 다급한 당국은 부족한 경찰력을 보충하기 위하여 서북청년단을 불러오게 된 것입니다. 남로당이 많은 군중을 선동하고 동원하여 금지된 집회와 시위, 파업을 감행하였기 때문에 응원 경찰이나 서청이 내려오게 된 것입니다.

　그러나 중앙에서도 서청을 내려 보내긴 했는데, 이들에 대한 숙소는 고사하고 급식대책 하나 없이 몸만 파견했습니다. 그럴 수밖에 없는 것은 중앙에서도 그럴만한 재정적 여유가 전무한 시기였기 때문입니다. 결과적으로 제주에 내려온 서청은 당장 먹고 자는 문제에 봉착했고, 스스로 해결하는 과정에서 많은 문제와 부작용이 발생했습니다. 특히 이들은 북한에서 공산당의 실상을 체험한 사람들이고, 공산당으로부터 직접 탄압을 받다가 월남한 사람들이었습니다. 더구나 도민 대다수가 남로당에 호의적이라는 선입견을 가지고 내려온 사람들이기 때문에 강경하게 대했으며 서청은 진압에 많은 공로도 있었지만 공포의 대상이었던 것도 사실이었습니다.

　서청이 내도한 기록을 검토해 보면 다음과 같습니다.

　① 1947년 4월 10일 유해진 도지사가 부임하면서 서청 7명을 경호요원으로 대동했습니다.[423]
　② 1947년 11월 2일 제주극장에서 서북청년회 제주본부가 결성되었습니다.[424]
　③ 1947년 11월 18일 서청원(西靑員)이 모금운동 과정에서 도민을 구타 5건, 협박 5건한 일로 임원이 미군방첩대에 찾아가 재발방지 약속과 사죄하였습니다.[425]
　④ 1948년 4월 8일경[426] 최치환의 인솔로 서청 200명이 파견되자 이미 와 있던 인원을

---

422) 3·1발포사건과 3·10총파업 등 사태 악화로 지원경찰은 3.15, 전남경찰 122명, 전북경찰 100명, 3.18. 경기경찰 99명 등 총 421명이 추가 증원됨
　423) 제주4·3위원회, 『제주4·3사건진상조사보고서』, (2003), 135쪽.
　424) 제주4·3위원회, 『제주4·3사건진상조사보고서』, (2003), 143쪽.
　425) 신상준, 『제주도4·3사건』 상권, (한국복지행정연구소, 2000), 671쪽.

155

추가하여 총 278명으로 전투경찰대를 편성하였습니다.[427]

이미 내려온 서청 출신 교사나 공무원을 제외하면 이때 거의 전투경찰대에 흡수되었을 것으로 보이는데 그 인원은 78명입니다.

⑤ '제주도폭동을 진압할 서북청년회원 500명을 경찰에 입대시켜달라는 요청을 받고 약 2일 후에 선발대 200명을 전투경찰대대로 편성해서 최치환 경감 인솔 하에 제주도에 투입되었으며, 조 부장[428]의 요청대로 500명이 충원된 것은 약 1개월 후였'[429]습니다.

이 기록으로 보아 4·3 발발 이후 5월까지 2차에 걸쳐 제주도에 파견된 서청은 500명 선으로 판단됩니다.

⑥ 김봉현·김민주는 '정확한 숫자(數字)는 알기가 난(難)하나 4·3인민봉기 직전까지 각시·읍·면·리에는 대략 다음과 같이 상주하고 있었'[430]답니다.

[표 13] 서청(西靑) 입도 추정 현황 (김봉현·김민주)

계	제주	애월	한림	대정	안덕	중문	서귀	남원	표선	성산	구좌	조천
760	300	40	50	40	40	50	70	30	30	40	50	20

⑦ 1948년 12월 내려온 김시훈[431]의 증언에 의하면 본인은 1차 부대로 200명이 왔으며 그 후 2~3차 부대가 내려왔지만 그 수는 몇 십 명에 불과했다고 했습니다. 이 증언에 신빙성을 둔다면, 1948년 12월 이후 2~3차 추가 입도하였으며 그 인원은 250명 선으로 판단됩니다.

이상 여러 자료를 종합해 보면, 김봉현의 주장처럼 4·3 직전까지는 아니고, 1947년 4월 10일 최초 7명이 입도한 것부터 1948년 연말까지 750명 정도가 입도한 것으로 추정되며 이는 김봉현의 추정치와 비슷합니다. 그리고 이들은 시차를 두고 경찰이나 군대에 입대하였는데 서북청년단 단원으로 구성된 2연대 3대대는 1949년 5월 15일 육지부로 완전 철수하였습니다.[432]

---

426) 4·3 직후
427) 신상준, 『제주도4·3사건』 상권, (한국복지행정연구소, 2000), 673쪽.
428) 조병옥 경무부장
429) 신상준, 『제주도4·3사건』 하권, (한국복지행정연구소, 2002), 901쪽.
430) 김봉현·김민주, 『제주도인민들의 4·3무장투쟁사』, (문우사, 1963), 53쪽.
431) 1924년생, 표선면 가시리 거주.
432) 제주4·3위원회, 『제주4·3사건진상조사보고서』, (2003), 558쪽.

| 문 64 | 4·3의 성격이 경찰·서청의 탄압에 대한 저항이 맞나요?

답 　4·3의 전 기간을 통하여 경찰과 서청의 횡포와 인권유린은 분명 존재하였습니다. 매우 잘못된 일입니다. 그러기에 우리는 이를 교훈으로 삼아 다시는 그런 일이 일어나지 않도록 반성하고 경계해야 한다는 점에 이의는 추호도 없습니다.

경찰과 서청에게는 4·3사건을 진압하라는 임무가 주어졌습니다. 경찰과 서청은 남로당 세력을 조기에 진압 색출 차단하기 위한 목적의 정당성을 수행하는 현장에서 공비와 양민 구별이 어려운 게릴라전장(戰場)에 나갔고 동료의 죽음을 직접 보고 극도의 공포와 분노를 경험했습니다. 그래서 혐의자를 조사할 때는 신속히 연루관계나 죄상을 밝혀내려는 사명감, 강박관념 등으로 인해 그때까지 남아있던 체벌폐습관행을 버리지 못하였다고 생각합니다.

이런 인권 침해의 근거로 두 건의 고문치사 사건이 있었습니다.

1948년 3월 6일 조천지서에서 최초의 고문치사 사건이 발생했습니다. 피해자 김용철[433]은 1947년 3·1사건 피의자로 수배 중이었는데, 1948년 '3월 4일 (조천면) 대흘리 2구에서 피신 중이던 것이 경찰에 체포되어 구류 중이었던 바 6일에 이르러 돌연 사망하였'[434]습니다. 김달삼의 해주연설문에 따르면 '박헌영 선생 절대 지지와 인민공화국 사수 주장'[435]을 하다가 검거되어[436] 심문 중 고문에 의해 사망하였습니다. 있어서는 안 될 사고였습니다. 고문 경찰관 5명 전원이 구속되고 그중 3명은 징역 5년, 2명은 징역 2년형을 받았습니다.

두 번째 고문치사 사건은 3월 14일 모슬포지서에서 양은하[437]가 사망한 사건입니다. '조국이 분단되기 때문에 단독선거를 반대해야 한다'[438]는 연설을 한 혐의로 연행되었으며, 양은하는 '그 무렵 조직 활동을 하던 마을 리더급 청년이었던 것으로 전해지고 있'[439]어서 조사받던 중 고문으로 사망하였습니다. 관련 경찰관 6명이 구속되고 그중 5명은 징역 5년, 1명은 징역 3년형을 받았습니다. 아무런 혐의도 없는 사람을 무조건 연행한 것은 아니고 분명한 연행 이유는 있었습니다만 경찰의 고문치사는 반인권적 행위입니다.

미소간 합의가 어려워지고 소련의 세계적화전략을 우려한 트루먼 대통령은 한반도 정책

---

433) 21세
434) 제주4·3평화재단, 『제주4·3사건 추가진상조사 자료집 2, (교육계 4·3피해실태)』, (2018). 36쪽.
435) 현길언, 『본질과 현상』 2013년 여름호(통권 32호), (본질과 현상사, 2013), 113쪽.
436) 제민일보4·3취재반, 『4·3은 말한다』 1권, (전예원, 1994), 562, 564쪽.
증언에 의하면 김용철은 조천중학원 2학년 B반(A반이라는 증언도 있고 리더급 학생이었다고 합니다)
437) 27세
438) 제주4·3위원회, 『제주4·3사건진상조사보고서』, (2003), 151쪽.
439) 제민일보4·3취재반, 『4·3은 말한다』 1권, (전예원, 1994), 569쪽.

을 재검토하기 위하여 웨드마이어 장군을 특사로 한국에 파견하여 현지 실정을 파악하게 하였습니다. 1947년 6월 27일 도착한 웨드마이어 장군에게 하지 장군의 보고 중 '체제전복적인 집단이 벌이는 무법 행동에 대한 조치를 취할 때 경찰은 해서는 안 될 선을 넘는 행동을 자주합니다. 우리는 경찰이 도를 넘지 않도록 고삐를 바짝 죄어야 합니다.'[440]라고 말한 점이나 고문치사 관련자를 처벌한 점 등 미군정 당국도 인권을 보호하기 위한 노력을 기울였습니다.

인권침해 사실은 엄정하게 비판하여야 합니다. 그러나 인권침해가 있었다고 해서 남로당의 공산통일을 위한 무장 반란행위를 정당화하거나 미화해서도 안 된다고 생각합니다.

나라정책연구원 김광동 박사가 주장한 대로 '군·경이 과잉진압행위와 그에 따른 무고한 대량희생이 있었다고 해서 남로당의 4·3무장반란사건의 본질을 바꿀 수 있는 것도 아니며, 진압과정에서 발생한 무고했던 많은 희생을 결코 부정하거나 기리지 않겠다는 것도 아니다'라는데 저는 동의합니다.

| 문 65 | 경찰·서청의 탄압에 대한 저항이라는 주장을 반박하는 근거는?

답 앞에서도 설명한 바와 같이 4·3의 전 과정에서 경찰과 서청의 탄압은 존재했고 분명 잘못된 일입니다. 그렇다고 해서 경찰과 서청의 탄압에 대한 저항으로 4·3을 일으켰다는 남로당이나 좌파의 주장은 매우 그럴 듯해 보이지만 정답은 아닙니다.

① 그런 주장의 이면에는 4·3을 일으킨 남로당의 의도와 궁극적 목적이 생략되거나 가려져 있습니다. 이는 남로당의 '강령'이나, 응원 경찰과 서청이 내도하기 이전인 1947년 3·1기념투쟁 당시 등장한 각종 '지령서'와 '결정서', '구호'에 명백히, 모든 우익반동세력을 숙청하여 공산통일을 이루기 위해 투쟁한다는 목적이 명기되어 있는 것으로 증명됩니다.

시기적으로 살펴보면 남로당은 1947년 2월 20일에 회색분자와 우익 반동을 철저히 소탕하라는 지령을 내렸습니다. 이는 공산통일혁명에 방해되는 인적 청산을 철저히 하라는 지령입니다. 제주도에 최초의 응원 경찰 100명이 도착한 것은 이 지령이 내려진 3일 후인 2월 23일이었습니다. 또한 서청 7명이 제주도에 처음 도착한 것도 숙청 지령이 내려진 후인 1947년 4월 10일이었습니다. **결국 4·3은 응원 경찰이나 서청이 오기 전에 이미 예정되어 있었습니다.**

---

440) 제주4·3평화재단, 『제주4·3사건 추가진상조사 자료집 3 (미국자료 1)』, (2020). 570쪽.

[표 14] 남로당의 우익 숙청 지령과 응원 경찰 및 서청의 내도 시기

1947.2.20		1947.2.23		1947.4.17		1948.4.3
남로당의 우익 숙청 지령	→	응원 경찰 100명 최초 내도	→	서청 7명 최초 내도	→	4·3 발발

② 4·3은 남로당이 경찰 서청의 탄압에 대한 정당방위 범위를 한참 초월했습니다. 경찰·서청의 탄압이라면 경찰·서청에 대한 공격이어야 하는데 그와 아무런 관계가 없는 어린이, 부녀자, 노인 등 민간인들을 잔인하게 살해했습니다.

③ 남로당은 대한민국 건국에 반대한 반면 지하선거를 통한 북한정권 수립에는 앞장섰습니다. 따라서 경찰·서청의 탄압에 대한 저항 주장은 남로당의 반란 행위를 정당화하고 인권침해와 대량 인명피해가 있었다는 점만을 부각시켜 왜 그런 일이 일어나게 되었는지, 그 심층 원인과 원인제공자에 대한 검토를 생략하여 남로당의 의도를 위장하고 은폐·면책·미화하려는 것입니다. 남로당 강령실천을 위해, 북한 제1기 최고인민회의 대의원 선거를 위해, 북한 정권 수립 지원을 위해, 인명살상과 방화·약탈·테러 등 폭력으로 실시한 것이 바로 지하선거라는 점을 부인할 수 없을 것입니다.

④ 적기가와 인민항쟁가를 부르며 인공기를 내건 것이나 '소련 만세!, 스탈린 만세!, 김일성 장군 만세!'를 외치고 스탈린과 김일성을 명예의장으로 추대한 것은 경찰·서청의 탄압과 전혀 무관한 것입니다.

결론은 간단합니다. 경찰·서청이 강경진압을 한다는 명분으로 도민을 선동하여 공산통일하자는 무장반격전이 4·3반란인 것입니다.

| 문 66 | 정부보고서는 4·3을 '무장봉기'라고 기록하고도 4·3희생자에서 주동자 김달삼과 이덕구를 뺀 이유는?

답 　저는 북한에서 주장하는 봉기와 항쟁의 명확한 의미를 구분하지 못하고, 두 용어가 유사한 것으로 해석하는 수준입니다. 정부보고서는 결론 부분에서 무장봉기라는 용어를 중복으로 기록해 놓고 있습니다.[441]

만약 정부보고서 말대로 제주4·3이 무장봉기라면 4·3 주동자 김달삼과 이덕구는 당연히 4·3희생자 첫 번째로 등재되어야 할 것입니다. 그러나 4·3희생자 명단에는 김달삼과 이덕구가 제외되어 있습니다. 좌파 일부에서는 이들도 4·3평화공원 봉안실에 위패를 걸어야 한다는 주장도 합니다만 제주4·3위원회에서는 4·3희생자로서 부적격한 자의 기준을 다음과 같이 정했기 때문입니다.

1. 제주4·3사건 발발에 직접적인 책임이 있는 남로당제주도당의 핵심간부
2. 군경의 진압에 주도적·적극적으로 대항한 무장대 수괴급[442]

제주4·3위원회에서 작성한 자료로써 희생자에서 제외시킬 사람은 다음과 같습니다.

참고 3. 제주4·3사건진상조사보고서상 희생자 제외대상자 명단

□ 제주4·3사건진상조사보고서, 183쪽
① 미군보서에 소개된 '남로당제주도당' 간부 명단
  ※『4·3사건 자료집 9』, 42~46쪽, (영인부분 286~289쪽)
②『제주4·3사건진상조사보고서』182쪽, 240쪽
  - 좌파측 자료에 소개된 '남로당제주도당 간부' 명단
  ※『제주도인민들의 4·3무장투쟁사』89쪽, 154쪽(해주대회 참석)
③『제주4·3사건진상조사보고서』158쪽
  - 48년 2월 '신촌무장봉기결정회의' 참석자 명단
  (당시 참석자 이삼룡의 증언)

□ 남로당제주도당 간부명단(진상조사보고서 소개)
① 진상보고서(183쪽) : 미군보고서에 소개된 남로당간부 명단(17명)
  (제주도당, 제주읍당, 제주읍특별위원회 포함)
  김유환 조몽구 현두길 김달삼 김용관 이종우 김광진 김금순(제주도당)
  강규찬 고갑수 강대석 고칠종 임태성(제주읍당) 김응환 이창수 한국섭
  이창욱 (제주읍특별위원회)

---

441) 제주4·3위원회,『제주4·3사건진상조사보고서』, (2003), 536쪽.
442) 양조훈,『4·3 그 진실을 찾아서』, (도서출판 선인, 2015), 415쪽.

②-1 진상보고서(182쪽)

　　좌파측 자료에 소개된 남로당제주도당간부명단 (21명)

　　안요검(안세훈의 호) 조몽구 김유환 강기찬(강규찬의 오기) 김달삼

　　김대진 이덕구 이좌구 김두봉 이종우 고칠종 김민생 김양근 김완배

　　현복유 김은한[443] 김석환 강대석 김귀환 고진희 김용관

②-2 진상보고서(240쪽) : 좌파측 자료에 소개된 '해주대회 참석자' (6명)

　　안세훈 김달삼 고진희 문등용 강규찬 이정숙

③ 진상보고서(158쪽) : 신촌회의 참석자(8명)

　　조몽구 이종우 강대석 김달삼 이삼룡 김두봉 고칠종 김양근

◆ 제외대상자 32명 ◆

　　강규찬 강대석 고갑수 고진희 고칠종 김광진 김귀환[444] 김금순 김달삼

　　김대진 김두봉 김민생 김석환 김양근 김완배 김용관 김유환 김은한

　　김용환 문등용 안세훈 이덕구 이정숙 이종우 이좌구 이창수 이창욱

　　임태성 조몽구 **한국섭** 현두길 **현복유**[445]

　　제주4·3위원회에서 이상과 같은 심사기준을 정하고 남로당 핵심요원 32명을 제외한 것은 4·3의 성격이 봉기나 항쟁이 아니고 반란임을 인정한 것입니다. 왜냐하면 4·3이 정말로 무장봉기라면 그 주동자나 적극 가담자를 찾아내서 그 공적을 기리는 게 도리입니다. 그런데 2014년 1월 7일 4·3특별법을 개정하여 '위원회 및 실무위원이나 그 직에 있었던 사람은 업무상 알게 된 비밀을 누설하여서는 안 된다. 이를 위반하면 2년 이하의 징역이나 1천만 원 이하의 벌금에 처한다'[446]라고 규정하여 비밀주의를 택하였습니다. 안중근 의사에 대한 자료를 발굴하여 후손들에게 널리 알려 현창(顯彰)하는 것처럼 4·3이 항쟁이나 봉기라면 비밀규정을 취소하라고 주장할 법한데 항쟁론자는 침묵합니다. 한 마디로 4·3 주동자의 행위는 자랑하고 싶은 사실이 아니라 감추고 싶은 사실이며 봉기가 아니라 무장폭동이자 반란임을 고백하는 것입니다.

　　그런데 2021년 1월 1일부터 6월 30일까지 제7차 희생자 신고기간을 추가 설정하였습니다. 아마도 위에 명시된 32명 모두를 신고하게 하고 희생자로 결정하려는 것은 아닌지 지켜

---

443) 김은한(김은한은 金殷煥=金闓煥과 동일인?).

444) 김귀환은 김귀한의 오기.

445) 굵은 글자 2명은 무슨 이유인지 희생자로 결정되었습니다.

446) 4·3특별법 제4조의2, 제14조(2014.2.7.시행) 동법 제7조2항, 제31조 3항(2021.6.24.시행)

볼 일입니다. 그러나 설령 이들을 모두 희생자로 결정한다 해도 업무상 비밀 유지 규정 때문에 우리들은 자료에 접근할 길이 원천 차단되어 알 방법이 없게 되었습니다. 모든 학문은 개방적이고 활발한 토론과 비판이 가능해야 진실에 접근할 수 있는 것입니다. 4·3을 민중항쟁이라고 주장하면서 그 희생자들이 무엇이 두려워 감추는지 정정당당하지 못합니다. 이렇게 역사가 왜곡되고 기억 조작은 이루어지면서 이들에게 대한민국 국민의 세금으로 4·3주동자들에게 거액의 보상금을 주거나 명예회복의 대상이 되어서는 안 됩니다. 이들에게 보상금을 지급하는 것은 대한민국의 정체성을 부정하는 일입니다. 4·3정부보고서는 4·3주동자를 32명으로 축소하여 결정한 바 있으나(이들 32명도 희생자로 재심사 중) 이에 결코 동의할 수 없습니다. 4·3주동자, 적극가담자, 월북자, 해외도피자 등은 희생자에서 당연히 제외되어야 합니다. 그렇게 해야 '국가유공자등 예우 및 지원에 관한법률' 제79조 1항 1호~4호에 해당하는 자는 예우 및 지원혜택에서 제외하는 것과도 형평에 맞습니다. 무고한 희생자에 대해서는 당연히 국가에서 보상해야 하지만 4·3주동자들에 대한 보상은 북한에서 하는 것이 순리입니다.

다. '조국통일투쟁'주장에 대한 비판

| 문 67 | 4·3은 조국통일 구국투쟁이라는 주장이 맞나요?

답 남로당은 '남한의 단선단정은 영구분단을 초래하기 때문에 이를 반대하여 조국통일 구국투쟁에 나섰다'는 것이 4·3이라는 것입니다. 그래서 4·3 당시 남로당 주장은 조국이 분단을 막기 위해 남한의 단선·단정을 반대하여 통일을 추구했다는 것입니다. 지금도 일부에서는 위와 같은 주장을 하면서 남북분단 현실이 이를 증명해주지 않느냐고 공격하면서 남한의 단선·단정을 추진한 사람들을 반통일 매국세력이라고 매도합니다.

이 조국통일구국투쟁의 허구성을 판단하기 위해 고려할 점은 다음과 같습니다. 첫째로 남·북한에서 누가 먼저 단정을 출범했느냐 하는 것입니다. 이 문제는 문 72에서 자세히 설명하겠습니다만 북한이 먼저 단정을 출범한 것이 확실합니다.

둘째로 공산통일이 옳은 것이냐 하는 문제입니다. 여기에 대해서는 긴 설명이 필요 없습니다. 소련이 붕괴되고, 구 공산권 국가들의 변화와 북한의 현실을 보면 공산통일은 정답이 아님이 이미 역사적으로 증명되고 판정났습니다.

통일을 이룩해야 하고 통일은 매우 좋은 것입니다만 역사발전 방향이나 인류 보편적 가치인 인권과 자유를 보장받으려면 공산통일은 답이 아닙니다.

그래서 당시 남로당이나 북한 주장처럼 '조국통일을 위해서 4·3을 일으켰다'고 주장할 것이 아니라 '공산통일을 위해서 4·3을 일으켰다'고 말하는 것이 솔직하고 역사적 진실에 적합합니다. 그것은 남로당 강령, 구호, 깃발, 노래, 삐라, 선전·선동 및 교양자료, 공격행위 등으로 증명되고도 남습니다.

위의 두 가지를 중심으로 생각해 보면 남로당의 조국통일구국투쟁 주장은 금방 교묘한 위장언어이고 용어혼란 전술임이 드러납니다. 남로당이 추구한 조국통일이란 북한과 같은 공산조국통일이고, 대한민국이 건국되기 2년 반 전에 먼저 북한 단정이 출발하였음을 은폐하고 도민을 기만하였던 것입니다.

최근 소련의 비밀문서가 많이 공개되었고 많은 연구가 진행되어 남한보다 북한이 먼저 단정을 실시했다는 사실은 이미 확실해졌습니다. 왜 일부 좌파는 최근의 연구 성과를 받아들이지 못하는지 안타까울 뿐입니다.

그리고 정부보고서 집필진 또한 미군정의 잘못은 미군정 보고서를 인용하여 엄청나게 지적하면서도 소련 자료[447]에 대해서는 단 한 줄도 언급하지 않는지 모르겠습니다. 이러한 자세는 개인적 글이라면 몰라도 정부보고서 작성자로서의 자세는 아니라고 생각합니다.

| 문 68 | 1948년 5·10선거 실시 배경과 결과는 어땠나요?

답 해방 직후 미·영·중·소가 우리나라를 보는 시각은 자력으로 정부를 운영할 능력이 없다고 보았습니다. 그보다도 미·소는 각자 정치적 계산이 앞섰을 것입니다. 소련의 속내는 그렇다 치고, 미국마저도 대일전에서 치른 희생과, 1945년에만 13만 명의 인원과, 오늘날 화폐가치로 30조 원이 넘는 자금이 투입된 핵개발 '맨해튼계획'이 성공하여[448] 얻어진 승리를 그냥 포기할 수는 없었을 것입니다.

그래서 한반도를 최장 5년간 신탁통치한 후 자립 기반이 구축되면 권한을 넘기자는 게 바로 모스크바3상회의 신탁통치 결정입니다. 여기서 미·소공동위원회를 구성하고 한반도의 모든 문제를 미·소공동위원회에서 협의 처리하기로 합의하였습니다.

---

447) '스티코프 비망록'이나 『레베데프 비망록』 등.
448) 김대식, 『과학의 창』, 조선일보 2015.9.14. A33면.

그러나 미·소공동위원회는 회의를 거듭했지만 합의를 못하고 결국 1947년 10월 18일 최종 결렬되었습니다. 결렬 이유는 간단합니다.

소련은 자국의 이익에 반하는 정부가 한반도에 수립되는 것을 받아들일 수 없어서 신탁통치를 반대하는 남한 우익세력의 참여를 끝까지 반대했고, 미국도 그런 생각이 있어서 비록 신탁통치를 반대했지만 '의사표현의 자유 보장원칙'과 인구 2/3가 남한에 거주하고 있기 때문에 이들을 완전히 배제해서 임시정부를 논한다는 것은 안 된다고 주장하여 합의를 못 본 것입니다.

특히 '소련군은 이미 미소공동위원회가 열리기 전에 앞으로 수립될 통일정부가 갖게 될 성격에 대해 보다 구체적인 계획을 세우고 있었'습니다. '그것은 1945년 3월 16일 소련외무장관 몰로토프가 스티코프에게 보낸 훈령 속에 나타나 있었'습니다. '즉, 앞으로 세워질 조선임시정부의 각료 자리는 남북한이 꼭 같은 숫자로 나눈 다음 다시 남조선 몫의 절반을 남조선 좌익이 차지하게 함으로써 북한세력과 남한세력의 비율이 3대1이 되도록 한다는 것이었'[449]습니다. 이러니까 근본부터 미·소간 합의점을 찾는 것은 불가능한 것이었습니다.

이렇게 되자 미국은 한반도 문제를 UN에 상정하였고, UN총회에서는 남북한 인구비례에 의한 총선거를 실시하기로 결의하면서 그 감독임무를 수행할 UN한국임시위원단을 구성하고 한국에 파견했습니다.

이 UN한국임시위원단이 38선을 넘어 평양에 가려고 하자 소련이 입북을 거절했습니다. 그러자 UN소총회의에서는, 그러면 선거가 가능한 남한만이라도 선거를 실시하도록 결의합니다. UN결의에 따라, 1948년 5월 10일 실시한 것이 5·10선거입니다.

전국에 200개 선거구가 있었고, 제주도에는 3개 선거구였습니다. 그런데 전국에서 유독 제주도 북제주군 갑구와 북제주군 을구 2개 선거구에서만 투표수 과반 미달로 무효가 됩니다. 그래서 전국적으로 국회의원 200석 중 198석만 당선된 것입니다.

| 문 69 | 5·10선거 때 제주도 상황은 어땠나요?

답 4·3으로 인하여 5·10선거치안은 매우 불안했습니다.

(1) 남로당의 5·10선거저지투쟁으로 선거를 못한 마을은?

---

449) 이주영, 『대한민국의 건국과정』, (건국이념보급회 출판부, 2013), 84쪽

많이 있습니다. 특히 조천면 관내 14개 모든 투표소가 선거관리위원의 투표업무 거부나 인민유격대의 습격으로 투표를 실시하지 못했습니다.[450]

제주읍사무소에는 선거 방해를 목적으로 다이너마이트를 던지기도 했습니다. 김달삼의 해주 연설문에는 '5월 10일 단신으로 삼엄한 경계망을 돌파하여 투표장소인 제주읍사무소에 수류탄 2발을 던지어'[451]라고 했습니다.

(2) 5·10선거 당일 제주도 내 투표소 피해 상황은?

기록에 나타난 선거 당일 투표소 피습상황은 다음과 같습니다. 모두 26개소가 습격당했습니다.[452]

[표 15] 도내 5·10선거 당일 투표소 피습 상황

읍면별	피습당한 마을
제주읍	일도리, 도두리, 외도리, 삼양리, 제주읍사무소(수류탄 투척)
조천면	조천리(조천면사무소 습격)
구좌면	덕천리, 평대리, 하도리
한림면	고산리, 저지리, 금악리
대정면	무릉리, 인성리
안덕면	동광리, 서광리, 광평리, 상천리
중문면	중문리, 하예리, 도순리
표선면	가시리, 세화리
남원면	남원리, 위미리
성산면	수산리

제주읍 화북, 화북3구, 도평리, 내도리, 오등리, 대정면 신평리 선거관리위원장이 피살되는 등 살벌했습니다. 위협을 느낀 선거관리위원들은 사퇴하거나 중산간 마을 출신들은 해안 마을로 피난하는 사태도 있었습니다. 이것만 봐도 당시 얼마나 살벌한 분위기에서 선거를 치렀는지 짐작할 수 있을 것입니다.

이런 남로당의 집요한 선거방해 공작으로 선거가 정상적으로 이루어질 수 없어 북제주군 갑구는 총선거인수 27,560명 중 11,912명만 투표하여 43%, 북제주군 을구는 총선거인수 20,917명 중 9,724명이 투표하여 46.5%로, 투표율 과반(過半) 미달로 무효가 되었습니다.

450) 신상준, 『제주도4·3사건』 하권, (한국복지행정연구소, 2002), 380쪽.
451) 국방부군사편찬연구소, 『제주4·3사건의 실제』, (2002), 108쪽.
452) 신상준, 『제주도4·3사건』 하권, (한국복지행정연구소, 2002), 380쪽.

이를 투표구별로 살펴보면 북제주군 갑구는 총 73개 투표구 중 43개 투표구가 선거를 실시하지 못하였고, 북제주군 을구는 총 61개 투표구 중 30개 투표구에서 선거를 실시하지 못하였습니다. 남제주군 선거구는 다행히 총 87개 투표구 중 86개 투표구에서 선거를 실시하여 오용국이 당선되었습니다.[453]

참고적으로 5·10총선 전후인 5월 7일~11일 14:00까지 선거관련 소요현황이라는 미군정 보고서에 기록된 제주도 피해상황은 다음과 같습니다.

경찰 사망 1명, 부상 21명, 우익인사 사망 14명, 부상 5명, 공산주의자 사망 21명, 투표소 습격 1개소, 주택 방화 22동으로 기록되어 있습니다.[454]

당시 투표방해가 얼마나 심각했는지 알 수 있습니다.

(3) 남로당의 선거방해 수단과 방법은?

모든 수단과 방법을 총동원하였습니다.

① 선거 전부터 그들은 선거관리위원이나 선거동조자에게 살인 방화 테러 협박으로 선거 참여를 저지했습니다.

'제주도 성산인근(우도, 역자 주)-1948년 3월 16일 오전 11시, 수상한 인물 3명을 검문하고 있던 경찰이 그들 중 2명에게 공격 받고 자신의 소총으로 심각하게 폭행당했다. 3명은 무기를 들고 도주했다.(A-1)'[455]

이처럼 4·3발발 보름 전부터 대낮에 거리에서 검문하는 경찰관을 구타하고 총기를 탈취 도주하는 사건이 발생할 만큼 남로당의 공세는 험악했습니다.

② 선거일이 임박하여 투표소를 습격하거나 선거인명부나 투표지를 방화 탈취 훼손하였습니다.

③ 선거일이 가까워지자 인민유격대와 자위대가 마을 사람들을 강제로 산간 지대로 내몰아 투표하지 못하게 하였습니다. 여기에 불응하거나 불평하면 죽음을 면치 못했습니다.

453) 제주4·3위원회, 『제주4·3사건진상조사보고서』, (2003), 210,211쪽.
454) 양정심, 『제주4·3항쟁연구』, (성균관대 박사학위 논문, 2005), 95쪽.
Hq. USAFIK, G-2. Periodic Report No. 11, May 1948
455) 미군제6보병사단사령부 1948년 3월 18일자 정보참모부 정기보고 제881호.
제주4·3평화재단, 『제주4·3사건 추가진상조사 자료집 4 (미국자료 2)』, (2020). 446쪽.

한편 무장대는 선거를 보이코트하는 방법으로 주민들을 산으로 올려 보냈다. 주민들의 산행은 5월 5일경부터 시작됐다. 주민들이 마을 인근 오름이나 숲으로 가서 머물다 선거가 끝난 후에야 마을로 돌아왔다.[456)]

북한은 '선거투쟁에 나선 제주도민들의 동향에 대해서는 선거일을 앞두고 약 5만 명의 도민들이 한라산에 올라가 집단적으로 투표 참가를 거부한 것으로 서술하였'[457)]습니다.

④ 선거 당일 투표소나 면사무소 경찰지서를 습격하여 선거를 저지했습니다.

이런 행위는 남로당제주도당 자체 결정이 아니라 평양에 있는 남조선단독선거반대투쟁전국위원회 위원장 박헌영의 지령에 따라 이루어진 것입니다. 박헌영은 지하의 남로당 조직들로 하여금 반선투쟁위원회를 조직하게 했습니다. 이에 의해 5일부터 전국적으로 봉화, 파업, 동맹휴학, 행정 및 경찰기관 습격, 교통통신시설 파괴, 요인 및 우익인사 살해가 자행된 것입니다.[458)]

이처럼 남로당의 무장폭력으로 5·10선거를 파탄 냈음에도 불구하고 거꾸로 5·10선거는 '우익 테러 속에서의 선거'[459)]라고 왜곡하고 있습니다.

※ 조병옥 경무부장 담화

1948년 5월 18일 자 자유신문은 5·10선거일 전후 남한에서 일어난 소요사건의 전모에 대하여 1948년 5월 17일 발표한 조병옥 경무부장의 담화를 보도하였는데 그 내용에 따르면 총선과 관련한 전국 피해 상황은 다음과 같습니다.

'선거사무소 피습 134, 관공서 피습 301, 테로 612, 선거공무원 피살 15 부상 61, 후보의원 피살 2 부상 4, 경찰관 피살 51 부상 128, 관공리 피살 11 부상 47, 경찰관 가족 피살 7 부상16, 양민 피살 107 부상 387, 선거사무소 방화 32, 경찰관서 방화 16, 관공서 방화 18, 양민가옥 방화 69, 도로 교량 파괴 48, 기관차 파괴 71, 객차파괴 11, 철도노선 파괴 65, 전화선 절단 541, 전신주 절단 543, 선거관계서류 피탈 116'[460)]

그러나 혹자는 해방당시 대한민국이 건국되지 않은 상태이므로 도민들이 이념과 체제 선택의 자유를 가지고 있었으니 자유민주주의나 공산주의 중 하나를 선택할 수도 있었는데,

456) 제주4·3위원회, 『제주4·3사건진상조사보고서』, (2003), 209쪽.
457) 박찬식, 「한국근현대사 연구」2004년 가을호 제30집, 북한의 '제주4·3사건' 인식, 186쪽.
458) 김학준, 『북한의 역사』 2권, (서울대학교 출판부, 2008), 990쪽.
459) 노민영, 『잠들지 않은 남도』, (온누리, 1988), 161쪽.
460) 신상준, 『제주도4·3사건』 하권, (한국복지행정연구소, 2002), 375,376쪽.

우익이 자유민주주의와 자본주의 시장경제 체제로 유도한 것이 잘못이라고 말하는 사람들이 있습니다.

이러한 주장은 남로당의 주장과 같습니다. 그런 주장을 하려면 자신들의 정당성과 도덕성이 있어야 합니다. 남로당이 더 폭력적인 방법으로 도민들의 자유 선택권을 전혀 보장하지 않고 일당독재 체제와 공산주의 체제 선택을 강요했다고 보는 것이 맞습니다. 그 이유는 다음과 같습니다.

남로당은 5·10선거에 참여하려는 사람들을 강제로 산과 들로 몰고, 선거관리위원을 죽이고, 투표함을 불태웠습니다. 이러한 남로당의 행위는 자유선택권을 보장한 것이 아닙니다.

더구나 도민 다수가 진정으로 원한 것이 공산주의였다고 자신 있게 말할 수 있는 사람은 아무도 없을 것입니다. 남로당은 도민들에게 토지의 무상분배, 무상교육, 부자와 가난한 사람 없이 평등하게 잘 살 수 있다는 선전·선동을 계속하였습니다. 선전·선동에 속았거나 협박에 못 견뎌 살아남기 위해 부득이 협조하거나 따라다닌 선량한 사람들이 많았지 공산주의에 대해 이해한 사람은 4·3을 주동한 남로당 핵심세력 이외에는 그리 많지 않았다고 봅니다.

또 그들의 주장이 결과적으로 옳았느냐를 봤을 때, 체제 경쟁이 끝난 지금 시점에 그런 주장은 무의미합니다.

(4) 5·10선거 때 북제주 2개 선거구만 파탄난 원인은?

필자의 생각으로는 육지부에서는

① 9월 총파업, 10·1대구폭동, 2·7폭동을 겪으면서 좌파의 폭력성 체험
② 북한에서 대량 월남한 사람들[461]의 체험 증언으로 소련의 의도와 공산주의 실상 및 김일성 폭정 사실이 남한 국민에게 확산
③ 북조선임시인민위원회 출범 등 북한이 선(先)단정 사실 확인
④ 소련에 의한 38선 봉쇄로 남북왕래 차단의 장기화와 해소 불투명
⑤ 소련과 미국의 한반도 전략을 이해하고 유엔의 결의 존중 등

민심의 흐름은 '최선은 아니지만 남한 단선단정이 부득이하다'는 공감대가 형성되어 있었습니다.

---

461) 남조선과도정부 외무처는 1947년 11월 20일 일제패망 이후에 월남자 수가 839,000명에 이르렀다고 발표합니다. 이것은 북조선 인구의 약 9.3% 해당합니다.
김학준, 『북한의 역사』 2권, (서울대학교 출판부, 2008), 779쪽.
1945.8~1949.9.9.까지 약 80만 명이 월남하였고, 남한에서 월북한 자는 불분명하지만 대략 25,000명 미만인 것으로 알려져 있습니다.
로버트 스칼라피노, 이정식, 『한국공산주의운동사』, (돌베개, 2018), 587,588쪽.

이런 이유로 엄청난 반대투쟁이 있었음에도 불구하고 육지부에서는 선거를 마칠 수 있었습니다. 전국적으로 선거인의 91.7%가 등록하였고 등록선거인의 95.5%의 투표율[462]을 보인 것만 보아도 알 수 있습니다.

그런데도 제주도는 이러한 국내·외 정세나 민심의 흐름에 역행하였는데 그 이유는 다음과 같다고 생각합니다.

① 지리적으로 격리된 지역으로 정보 부족 및 남로당의 선전·선동에 도민들이 현혹당함
② 남로당조직이 온존한 제주도당에 대한 기대로 중앙당이나 전남도당의 부추김
③ 김달삼 등 주동자의 영웅심, 명예욕
④ 남로당원의 소련과 북한에 대한 과신 맹신
⑤ 미국과 소련의 한반도 전략 및 유엔 등 국제정세에 대한 무지와 오판

(5) 납치 살해됐다는 화북3구 선거관리위원장의 아들 증언은?

5·10선거 당시 오두현은 화북3구의 구장이자 선거관리위원장을 맡고 있었습니다, 아들 오균택의 증언에 의하면 1948년 4월 27일 대낮에 20여 명이 습격하여 부친을 납치 살해했습니다.[463] 오균택의 할아버지도 반동이라 하여 무자비하게 죽였는데 가해자는 가까운 친족이었습니다. 이념은 형제간에도 다르다고 합니다만 가까운 친족 사이에 너무 잔인했습니다.

(6) 오등리에서 하루에 13명이 피살당하는 참사도 있었지요?

5월 8일 아침, 얼굴에 숯검정을 칠하고 죽창을 든 20여 명이 오등리 구장이며 선거관리위원장인 김경종의 집에 들이닥쳐 김경종이 집에 없자 불을 지르고 온 동네를 돌아다니며 13명을 살해했습니다. 이날 죽은 사람 중에는 김경종의 모친(박사일)[464]을 비롯하여 부인(김죽현)과 딸, 두 살짜리 젖먹이(남, 김희석)까지 반동분자 가족이라며 살해했습니다.[465] 이날 살아남았던 아들 김병언은 1990년대 초 제주도4·3사건민간인희생자유족회장[466]을 지내기도 했습니다. 이런 사실이 있음에도 불구하고 일부 좌파들은 노약자 어린이들의 피해통계를 제시하면서 이들 모두를 진압 군경이 살해했다고 선전하고 있습니다.

---

462) 양동안, 『대한민국 건국사』, (현음사, 2001), 571쪽.
463) 문창송 편, 『한라산은 알고 있다』, (대림인쇄사, 1995), 37쪽.
464) 72세
465) 김병언, 『4·3의 탁류를 역사의 대하로』, (디딤돌, 1994), 5~6쪽.
박서동, 『월간 관광제주』, (월간관광제주사, 1989. 6), 53~54쪽.
466) 현 제주4·3희생자유족회

(7) 남로당에 의해 피살된 선거관리위원은?

도내 선거관리위원 1,206명 중 15명이 살해되고 5명이 중상을 입었으니 당시 분위기를 짐작할 수 있을 것입니다.[467]

예를 든다면 서귀포 상예동 김문혁의 부친 김봉일 씨는 그 마을 선거관리위원회 부위원장이었는데 선거 당일 아침 20여 명이 몰려가 부부를 납치하여 차마 눈 뜨고 볼 수 없을 정도로 참혹하게 살해했습니다.[468]

또 표선면 가시국민학교 초대교장으로 재임하던 가시리 출신 문상형(일명 문자봉) 교장도 가시리투표구 선거관리위원장으로서 투표함을 지키다가 새벽에 인민유격대의 습격을 받아 투표함은 탈취 소각되고, 무참히 살해당했습니다.[469]

(8) 무효된 북제주군 2개 선거구의 재선거는?

5·10선거 1년 후인 1949년 5월 10일 재선거를 실시하여 북제주군 갑구는 유권자 등록률 96%에 투표율 97%로 독립촉성중앙협의회 소속인 홍순녕이, 북제주군 을구는 유권자 등록율 97%에 투표율 99%로 대한청년단 출신인 양병직이 각각 당선되었습니다.[470]

| 문 70 | 남한 단선이 분단을 초래한다는 남로당의 주장이 맞나요?

답 얼핏 들으면 이 말이 맞는 것 같지만 사실과 다릅니다.

첫째, 소련이나 김일성이나 남로당이 UN결의를 따라 선거를 실시했으면 아무 문제없이 조국통일은 이루어졌습니다. UN한국임시위원단이 처음부터 남한만을 위해서 파견된 것이 아니고 남북한 전체의 출입을 허용하고 남북한 동시 선거관리를 위해 파견된 것입니다. 당시 조직규모나 국민의 성향 등 모든 상황으로 보아 어쩌면 남로당이 기대한 결과가 나왔을지도 모릅니다. 그런데 소련의 지령을 받은 북한이나 남로당은 이를 완강히 거부했습니다. 다음의 두 자료에서는 UN결의를 거부한 당시 좌파의 논리적 모순을 지적하고 있습니다.

① 박갑동의 『박헌영』을 보면 "유엔한국위원단이 서울에 왔을 때 북한의 소련군정은 위원단의 입북을 거절하고 그 행동을 비난했었는데 김일성 역시 이에 대해 유엔의 결정을 비

---

467) 신상준, 『제주도4·3사건』 하권, (한국복지행정연구소, 2002), 382쪽.
468) 제주4·3위원회, 『제주4·3사건진상조사보고서 수정의견 접수내용』 1권, (2003), 47,48쪽.
469) 현화진, 『설송산고』, (열림문화, 2013), 19쪽.
470) 제주4·3위원회, 『제주4·3사건진상조사보고서』, (2003), 332,333쪽.

합법적이라고 생트집을 걸었다. …… 비합법적 운운한 근거로 '조선 문제에 대한 결정을 조선인민의 대표가 참석함이 없이 제멋대로 채택한 때문'이라고 밝혔었다 …… 이 역시 김일성의 자기모순으로, 얼핏 보아 이 주장은 한국민의 주체성을 내세우는 것 같지만 한국민의 참석 없이 채택된 모스크바 3상결정을 지지한 자신의 태도를 어떻게 설명할 수 있을지"[471] 라는 기록이 있습니다.

② 레베데프 비망록 1948년 4월 22일 자에 보면 민주독립당 당수 홍명희가 김두봉과 대담한 내용이 있습니다.
'홍명희(민주독립당 당수): 당신들은 유엔이 조선 사람들의 참여가 없었다는 이유 하나만으로 불법이며 부당하다고 주장하고 있다. 모스크바 3상회의에도 조선인의 참여가 없지 않았는가. 그럼에도 당신들은 모스크바 회의를 반대하지 않고 있다.'[472]라고 지적했습니다.
이런 모순적 주장은 논리를 떠나 자신에게 유리한 것만을 채택하는 상투적 내로남불 수법에서 비롯된 것이며 당시 좌익의 근본 목적이 오직 공산통일에 있었기 때문에 생긴 것입니다.

둘째, 누가 먼저 단정(單政)을 출범했느냐를 따져보면 분명히 북한이 먼저 단독정부를 수립했음을 알 수 있습니다. 남로당은 이것을 감추고 자기들 노선에 반대되는 남한 단선·단정만 부정하고 폭력으로 반대한 것이 4·3입니다. 북한이 먼저 단정을 하면 괜찮고, 뒤늦게 출발한 대한민국의 단선·단정은 조국분단이 영구화된다는 남로당의 주장은 논리의 모순입니다.

박명림도 '[…남한과 마찬가지로] 북한 역시 의심의 여지없이 단독정부였다. 그리고 그 길은 남한보다 훨씬 앞서서 나아갔다. 북한은 남북 지역 전체에 걸친 선거를 통하여 정부를 수립하였다는 점 때문에 오랫동안 통일정부라고 주장해왔으나 그것은 선전적 의미에 제한될 뿐 북한 역시 분단국가였던 것이다.'[473]라고 썼습니다.

셋째, 4·3 당시 남로당이나 4·3 주동자는 물론 북한과 현재 일부 좌파들도 '통일투쟁론'을 주장하는데, 그에 앞장 선 조선공산당 총비서 박헌영의 태도를 살펴보겠습니다.
1945년 10월 16일 '이승만이 (귀국한 후) 10월 25일 독립촉성중앙협의회(약칭 독촉獨促) 창설을 발표했을 때 (조선)공산당은 약 200개의 정당, 단체와 함께 독촉에 참가했다. 그

471) 박갑동, 『박헌영』, (도서출판 인간, 1883), 196쪽.
472) 중앙일보 1994.11.22. 8면.
473) 김학준, 『북한의 역사』 2권, (서울대학교 출판부, 2008), 1110쪽.

러나 불화는 급속히 깊어졌다. 대회 2일째에 박헌영은 이승만이 제안한 연합국과 미국 국민에 감사하는 결의안의 수정을 요구했다. 아이러니하게도 박헌영은 임시정부가 공식 정부로서 귀국했다는 구절을 삭제하자고 했을 뿐 아니라 (미·소가)분할 점령에 대한 이승만의 불평을 무마하기 원했다'[474]는 것입니다. 즉 이승만은 연합국과 미국에 감사하다는 메시지를 전달하려 했고 임시정부를 인정하려했으나, 박헌영은 이에 반대했고(아마도 소련에게만 감사하다고 하였다면 대찬성했을 것임) 임시정부를 부정했으며, 이승만은 미·소분할점령에 대해 불평하였지만, 박헌영은 미·소분할점령을 옹호했다는 사실입니다.

넷째, 김달삼도 똑같은 주장을 했습니다. 그가 1948년 8월 25일 해주 남조선인민대표자대회 연설문(이하 김달삼의 해주 연설문)을 보면 '제주도에 있어서의 조국의 통일 자유 독립을 위한 인민들의 무장항쟁', '4월 3일 즉 인민무장항쟁이 시작', '조국의 통일과 독립을 위하여'라는 말을 반복하여 사용하였는데, 김달삼이 바라는 통일은 공산통일뿐이었습니다. 다시 말하면 그들이 남한의 단정을 반대한 것은 통일이란 명분으로 포장된 적화전략에 불과합니다.

다섯째, 2020년 4월 3일 제72주년 제주4·3희생자 추념식에 참석한 문재인 대통령의 추념사에서 '제주는 해방을 넘어 진정한 독립을 꿈꿨고, 분단을 넘어 평화와 통일을 열망했습니다. …… 누구보다 먼저 꿈을 꾸었다는 이유로 제주는 처참한 죽음과 마주했고, 통일정부 수립이라는 간절한 요구는 이념의 덫으로 돌아와 우리를 분열시켰습니다.' 이 말은 제주4·3의 성격을 통일정부수립운동으로 규정하는 것 같아 보입니다. 4·3의 주체인 남로당이 추구한 목표도 통일정부수립이었는데 그 지향점은 공산통일임에도 불구하고 추념사 어디에도 공산통일정부수립을 꿈꾸었다는 정확하고도 진실 된 말은 없습니다.

"원로 국사학자 한영우 서울대 명예교수는 '4·3사건은 남로당 입장에서 보면 통일국가 수립운동이다. 6·25도 북한 입장에서 보면 조국통일전쟁 아닌가'라며 '대다수 양민이 희생당한 4·3사건을 통일정부 수립운동으로 쓰는 건 학계 판단보다 한참 앞서 나간다.'고 했"[475]습니다.

여섯째 제주4·3평화재단 이사장 양조훈도 강만길 교수의 영향을 받았는지 4·3의 성격에 대해 '분단을 반대한 통일운동이다. 앞으로 남북이 화해 국면이 되면 4·3은 대표적인 통일

---

474) 로버트 스칼라피노, 이정식, 『한국공산주의운동사』, (돌베개, 2018), 436쪽.
475) 조선일보 2020.4.22. A29면

운동의 하나로 재평가될 것이다.'[476])라고 했습니다. 하긴 장 폴 사르트르 같은 세계적 지성도 한때 6·25전쟁을 북침전쟁, 통일전쟁으로 단언했다가 나중에 사과한 적도 있는데 하물며 지금 누굴 탓하겠습니까?

수차 설명 드렸습니다만 4·3을 '통일투쟁'이나 '통일운동'이라고 하는 주장은 북한과 당시 남로당이 일관된 주장이었고 그들은 '공산'통일운동에서 항상 '공산'이란 두 글자를 교묘하게 생략한다는 점을 간파해야 합니다.

| 문 71 | 대한민국이 건국된 후 북한정권이 수립되었다고 알고 있는데,
그게 맞지 않나요?

답 사실이 아닙니다. 북한정권이 우리보다 먼저 단독정권을 수립했습니다. 그런데 대한민국이 건국되고 25일 후 북한정권이 나중에 수립되었다고 잘못 알고 있습니다. 그 이유를 알기 전에 해방 후부터 오늘에 이르기까지 북한의 공산당 개편과정을 먼저 알 필요가 있습니다.

□ **북한 조선노동당 개편과정(연혁)**[477)]
공산당은 1국 1당 원칙입니다. 따라서 조선공산당(총비서 박헌영)은 이미 서울에 재건되어 있었기 때문에 북한에 공산당을 새로이 조직할 수 없었습니다.
공산당은 조직 규율상 하부는 상부의 명령에 절대복종해야 한다는 원칙이 엄중하기에, 평양의 소련군정과 북한 김일성은 서울에 있는 조선공산당 지도부의 명령 지시에서 벗어나, 독립적 활동을 추구하려는 편법을 구상했습니다. 그래서 나온 것이 조선공산당북조선분국 설치를 구상하게 된 것입니다.
1945년 10월 10일부터 평양에서 '북조선 5도당 책임자 및 열성자 대회'를 열었고, 10월 13일 조선공산당북부조선분국 설치를 결의하자, 10월 23일 서울 조선공산당중앙위원회가 이를 승인합니다.
12월 17일과 18일 열린 조선공산당북부조선분국 제3차 중앙확대집행위원회에서 김일성이 분국책임비서로 선출되고 '중앙'이라는 용어를 끼워 넣기 시작하더니, 서울에 있는 중앙당에서 벗어나려고 조선공산당북부조선분국 대신 '북부공산당', '북조선공산당', '우리공산당'으로 부르다가, 아예 1946년 4월 19일부터 '북조선공산당'이란 호칭 하나만을 쓰고 김일성을 책임비서로 선출하였습니다.

---

476) 한라일보 2021.4.1. 7면, 오영훈·김동만·양조훈 대담

1946년 8월 28일 북조선공산당과 조선신민당이 북조선노동당으로 합당되고[478] 1949년 6월 30일 명맥만 남아있던 남조선노동당과 북조선노동당이 통합하여 조선노동당이 되면서 오늘에 이릅니다.

이상과 같이 소련의 이익 대변자로 등용된 김일성은 남북한의 공산주의자를 통제할 수 있었던 소련군정의 권능을 빌어,

1단계로 단일의 조선공산당을 남북노동당으로 분할시킴으로써 박헌영의 하부임을 면하여 1대1의 대등관계를 실현하게 되었고,

2단계로 남로당을 북로당에 통합형식으로 흡수하여 스스로 단일의 조선노동당의 위원장이 되고, 박헌영을 부위원장 2명 중 1명으로 하여 그들의 관계를 역전시켰으며,

3단계로 박헌영을 반당간첩으로 낙인찍어 사형에 처함으로써 김일성 1인 독재체제를 달성하게 된 것입니다.

그러면 1948년 8월 15일 대한민국이 건국되고 북한은 25일 후인 9월 9일에 정권이 출범하였으니 얼핏 듣기에 남한이 먼저 건국되었다는 말이 맞는 것 같아 보입니다. 또 당시 남로당이나 일부 사람들이 그렇게 주장하고 선전 홍보하였습니다. 현재 우리 학생들에게도 그렇게 교육하고 있습니다.

그러나 최근에 공개된 소련의 비밀문서를 보거나 연구결과를 살펴보면 그런 주장이나 선전이 금방 사실이 아니라는 것을 알 수 있습니다. 북한은 우리보다 2년 반 앞서 사실상 단정을 수립했습니다. 백보를 양보해서 봐도 우리보다 1년 반 앞서 확실한 단정을 출범했습니다.

북한이 단독정부를 먼저 수립했음에도 불구하고 이를 감춘 근본적 이유는 분단 책임을 남한에 전가하기 위해서 노회한 스탈린의 정치적 계산 때문입니다.

스티코프가 1948년 1월 14일 레베데프에게 지시한 '당분간 북한에서 헌법시행을 보류한다. 신헌법에 의한 선거는 남한보다 늦은 시기에 실시한다.'[479]는 지령을 북한이 준수해서입니다.

그 증거로 『레베데프 비망록』 1948년 4월 24일자를 보면, 스티코프가 레베데프에게 통화하면서,

477) 김준엽, 김창순, 『한국공산주의운동사』 5권, (청계연구소, 1988), 402~413쪽.
478) 김학준, 『북한의 역사』 1권, (서울대학교 출판부, 2008), 819, 829, 913, 920쪽. 2권, (서울대학교 출판부, 2008), 420쪽.
479) 김영중, 『레베데프 비망록』, (해동인쇄사, 2016), 72쪽. 대구매일신문 1995.2.23. 9면.

소회의에서 다음과 같은 문제들을 해결할 것
△ 철군 후 회의 참석자들이 분열되지 않도록 하고
△ 남북총선 실시 후 (주:북한)정부를 수립할 수 있도록 회의 참석자들에게 약속을 받아내고,
△ (주:김구나 김규식 등이) 반대하면 왜 평양에 왔는가와 무엇을 위해 싸워야 하는가를 따질 것

이란 내용을 봐도 알 수 있습니다.[480]

그리고 지엽적인 이유로 북한의 정치행사는 스탈린의 사전 승인이 있어야 하는 한계가 있었습니다. 평양군정과 연해주 25관구를 거쳐 모스크바로 가고 오는 절차를 밟다 보면 정치일정이 다소 늦어질 수밖에 없는 구조였습니다. 그 예는 아래와 같습니다.

'조선민주주의인민공화국 창설을 눈앞에 두고 김일성과 박헌영이 협의해 1948년 7월 31일 레베데프 장군에게 <표 10-1>, <표 10-2>와 같이 내각과 최고인민회의 의장단을 제안한다. 소련군정 사령부는 김일성과 박헌영이 제안한 초대 내각과 최고인민회의 의장단 명단을 놓고 한 달여 동안 심의에 들어간다.

이와 함께 발라사노프 정보팀은 이들 인사의 경력과 소련에 대한 충성도 등을 세밀하게 조사해 하바로프스크 극동군구 사령부와 모스크바 소련공산당 중앙위원회에 보낸다. 이 과정에서 당 중앙(당 중앙위원회나 스탈린)에게서 내각 명단에 남조선 대표를 늘리라는 지시가 떨어진다.

소련군정사령부는 북과 남, 정당과 파벌을 안배해 두 사람이 제안한 명단을 대폭 수정한 뒤 소련공산당 중앙위의 승인을 받아 최종 확정하고 김일성과 박헌영을 불러 이를 통보한다.'[481]

| 문 72 | 북한정권의 수립 시기와 단계는 어떻게 되나요?

답 북한 정권 수립은 다음과 같이 4단계를 거쳤습니다.

---

480) 김영중, 위의 책, 126,127쪽. 대구매일신문 1995.2.23. 9면.
481) 김국후, 『평양의 소련군정』, (한울, 2008), 279쪽.

[표 16] 북한 정권 수립 4단계

단계	날 짜	명 칭	구 분	비 고
1	1945. 10. 8.	북조선5도인민위원회	태아적 정부	북조선제행정국
2	1946. 2. 8.	북조선임시인민위원회	사실상 정부	대한민국보다 2년 반 前
3	1947. 2. 20.	북조선인민회의와 북조선인민위원회	확실한 정부	대한민국보다 1년 반 前
4	1948. 9. 9.	조선민주주의인민공화국		

□ 북한의 태아적 정부 - 북조선5도인민위원회·북조선제행정국

소련군정 지도로 북한은 1945년 10월 8일부터 11일까지 평양에서 북조선5도인민위원회 연합회의를 개최하여 북조선5도인민위원회를 출범하고, 산하에 북조선제행정국[482]을 둡니다. 이 북조선제행정국이 바로 정부기구입니다. 이것을 이정식 교수와 스칼라피노 교수는 북한의 태아적 정부라고 했습니다.[483] 이때 제주 출신 장종식이 교육국장이 됩니다.[484] 초대 교육부장관인 셈입니다.

□ 북한의 사실상 정부 - 북조선임시인민위원회

모스크바 및 소군정의 전략에 따라 북한 김일성은 1945년 12월 17~18일 '조선공산당북부조선분국 제3차 중앙확대집행위원회'에서 책임비서로 선출되어 사실상 실권을 장악했으며 "북조선을 통일국가 건설의 강력한 '민주기지'로 전변(轉變)시키는 것이 당의 첫째가는 과업이다"라는 소위 민주기지 창설노선을 공포하였습니다.[485] 민주기지란 북한을 먼저 공산화한 다음 그것을 기지로 삼아 남한을 공산화한다는 의미입니다.

이때 김일성의 연설문에는 확대집행위원회 앞에 중앙이라는 말을 넣어, 지금까지 1국(國)1당(黨)원칙에 의한 서울의 조선공산당 중앙당에서 분리 독립하여 북한 단정 출발을 예고했습니다.[486]

소련군정의 지시에 따라 김일성은 1946년 2월 8일부터 9일까지 평양에서 '북부조선 각 정당 각 사회단체 및 각 도·시·군 인민위원회 대표 확대회의'를 개최하여 북조선임시인민위

---

482) 통칭 북조선행정국 또는 10개 행정국이라고도 함.
483) 김학준, 『북한의 역사』 1권, (서울대학교 출판부, 2008), 843~846쪽.
484) 김학준, 『북한의 역사』 1권, (서울대학교 출판부, 2008), 852쪽.
485) 김학준, 『북한의 역사』 1권, (서울대학교 출판부, 2008), 913,920,926쪽.
486) 김학준, 『북한의 역사』 1권, (서울대학교 출판부, 2008), 913쪽.

원회를 조직하고 북조선최고행정기관 또는 북조선에 있어서의 중앙행정주권기관임을 선언하면서 김일성을 책임비서로 선출합니다.

산하 기구는 10국 3부이며[487] 이게 북한에서의 사실상 단독정부로 기능했습니다.[488] "김일성은 2월 20일 북조선임시인민위원회 제1차 회의에서 행한 연설에서 '역사상 처음으로 진정한 중앙정권기관을 가지게 되었습니다'라고 말"[489]해 북한 단정을 스스로 시인했습니다.

또 3월 5일에는 정부가 아니면 도저히 할 수 없는 토지개혁법령을 공포하고 3월 중에 이를 단행 완료함으로써, 소련은 한반도 문제에 관해서 미국과 협상할 의도가 전혀 없음을 확연하게 나타냈고, 분단의 고정화 작업에 종지부를 찍었습니다.[490] 예를 들어 개인의 토지를 정부가 아닌 누군가에 의해 **무상 몰수**할 수 없는 것입니다. 강력한 권한을 가진 사실상 정부만이 가능한 것입니다.

특히 한반도 문제를 미·소공동위원회에서 협의하기로 약속해놓고, 3월 20일 제1차 미·소공동위원회가 열리기로 합의된 상황 하에서 보름을 기다리지 않고, 소군정의 지령을 받은 김일성이 일방적으로 공산화 첫 단계인 토지개혁을 강행한 것입니다.

토지개혁에 이어 '북조선임시위원회는 1946년 8월 10일에 산업, 교통, 운수, 체신, 은행 등을 국유화하는 법령을 제정했'습니다. '국유화 한다는 것은 그것을 수행할 국가가 이미 있음을 의미'하는 것입니다.[491]

이처럼 남한의 단독정부보다 **2년 반이나 앞서 북한은 사실상 단독정부를 수립**한 것입니다. 그럼에도 불구하고 남로당은 이를 은폐하고 남한 단정만 비판하고 파탄 냈습니다.

○ **북한의 토지개혁과 남한의 토지개혁과의 차이점**

▲ 북한의 토지개혁
북한의 토지개혁은 '소련의 모델에 따라 북한사회를 개조하려는 공산주의 혁명의 첫걸음이었'습니다. '소련군 민정사령관 로마넨코 소장이 연해주군관구에 제시한 제안을 토대로 작성되었'습니다. '집행은 레닌그라드로부터 온 2명의 소련인 전문가의 자문을 받았'[492]습니다.
북한은 토지의 사유권을 인정하지 않고 **무상몰수 무상분배**입니다. 그러나 북조선토지개

---

487) 김학준, 『북한의 역사』 2권, (서울대학교 출판부, 2008), 155,156쪽.
488) 김학준, 『북한의 역사』 2권, (서울대학교 출판부, 2008), 141,145,153,154쪽.
489) 양동안, 『거짓과 왜곡』, (조갑제닷컴, 2008), 131쪽.
490) 김학준, 『북한의 역사』 2권, (서울대학교 출판부, 2008), 250,251쪽.
491) 이주영, 『대한민국의 건국과정』, (건국이념보급회 출판부, 2013), 53쪽.

혁에 대한 법령 제10조에는 '농민에게 분여(分與)된[493] 토지는 매매하지 못하며, 소작 주지 못하며, 저당하지 못한다'라고 규정하여[494] 무상분배라는 말뿐이지 실질적으로 농민에게 경작권만을 주었기 때문에 완전한 무상분배라고 정의할 수도 없습니다.

서울대 경제학부 이영훈 교수에 따르면 북한의 토지개혁은 무상몰수 → 무상분배 → 협동농장 창설 → 사유재산제 부정 → 토지국유화 고수 → 식량자급제 붕괴 → 경제 파탄으로 이어진 실패작이라고 설명합니다.

▲ 남한의 토지개혁

이승만 정부는 **유상몰수 유상분배** 원칙의 토지개혁을 실시하여 성공했습니다. 1950년 3월 10일 토지개혁법령을 공포하고, 4월 중에 거의 완료할 만큼 신속하고 강력하게 추진합니다.

몰수 대상은 자경지(自耕地) 3정보(9천 평) 이상의 토지이고 매년 수확량의 30%를 5년간 상환하면 소유권을 완전 취득하게 된 것이니 농민들에게 매우 유리한 조건입니다. 전 농업인구의 78.1%가 전 농가호수의 3~5%의 극소수인에게 귀속되었던 토지를 혁명적으로 바꾼 것입니다.

토지개혁이 끝나 한 달여 후에 6·25가 터졌는데 남한 농민들이 들고 일어나지 않은 이유는 토지개혁의 성공 때문이기도 하였습니다. 부지런히 일하여 수확의 30%씩 5년간만 납부하면 온전히 자기 토지가 되는데, 남로당이 제아무리 무상분배를 선전해도 설득력을 잃고 말았습니다.

이에 당황한 김일성과 박헌영은 '이승만 괴뢰정부 및 그 기관과 지주로부터 연부(年賦)[495]로 매입한 자작의 토지는 몰수하지 않는다'라고 공포하기에 이르렀으나 현명한 농민들은 속지 않았습니다.

남한의 토지개혁은 유상몰수 → 유상분배 → 사유재산제 인정 → 산업자본 형성 → 외국 자본과의 결합 → 경제 번영으로 이어진 성공작이었습니다.

해방 당시 남한 인구의 70%가 농업에 종사했으며, 전체 경지 가운데 2/3는 소작지였습니다. 농가 206만 호 중 자작농은 14%에 불과했고, 소작농은 수확량의 절반가량을 소작료로 냈습니다. 대한민국이 건국되고 제헌 헌법에 '농지는 농민에게 분배'한다고 명시했으며, 유상몰수 유상분배원칙에 따라 농지개혁을 추진하였습니다. 조봉암 초대 농림부장관은 지주가 평균수확량의 150%를 보상받되 120%는 농민이, 30%는 정부가 부담하는 안을 제시하였으나, 국고부담율을 5%로 하향 조정한 농지개혁법이 1949년 6월 21일 공포되었습니다.

그러나 재정 형편상 5% 국고 부담도 어려워 150% 전부를 농민이 부담하는 개정안이 1950년 3월 10일 제정·공포되고, 4월에는 '장차 자신의 농지가 된다는 전제하에 안심하고 파종할 수 있다는 농지분배예정통지서 발급을 마쳤'습니다. 1950년 당시 분배된 토지는 귀속농지 268,000정보, 일반농지 317,000정보, 그전에 704,000정보가 방매됐습니다. 결과적으로 남한의 농지개혁은 95,7%의 자작률이라는 대성공을 거두었습니다.[496)

매년 수확량의 거의 50%를 영원히 내오던 소작농민들에게 30%씩·5년만 내면 완전히 자기 소유농지가 된다니까 당시 농민들 마음이 어땠는지 짐작할 수 있습니다.

결과적으로 이승만의 토지개혁은 소작농을 자영농으로 바꿔놓았지만 김일성의 토지개혁은 농민을 집단농장의 노예로 전락시켰습니다.

1946년 3월 23일 김일성은 기본 헌법의 성격을 가진 '북조선임시인민위원회 20개 정강'을 발표했습니다.[497) 이 정강 (2)항에는 '국내에 있는 반동분자와 반민주주의분자들과의 무자비한 투쟁을 전개, 팟쇼 및 반민주주의적 정당 및 단체, 개인들의 활동을 절대 금지할 것'이라 규정했습니다.

여기서 민주주의는 바로 공산주의를 말하는 것으로서 공산주의를 반대하는 정당 단체 개인들의 활동을 엄금한다는 규정으로 공산당 일당 독재 체제로 직행하려는 것입니다. 그래서 반동분자나 반민주주의분자로 지목된 많은 사람들이 살아남기 위해 월남하게 된 것입니다.

그리고 제3차 중앙확대집행위원회 때 김일성 연설 가운데, 북조선임시인민위원회 발족을 위한 발기부(發起部)[498)의 의견을 소련군 사령관에게 진정한 결과 반대 의사가 없을 뿐 아니라 환영하였다고 설명했습니다. 이는 극비리에 소련군 사령부와 김일성을 비롯한 극소수의 공산당 간부들 사이에서 북조선임시인민위원회를 조직하려고 했음을 알 수 있으며,[499) 사전에 북조선임시인민위원회 본회의를 2월 8일에 소집하고자 하니 허가해달라는 서한을 소련군 사령부에 보내기로 결의한[500) 점으로 보아 북조선임시인민위원회는 소련의 각본과 조율에 의해 추진되었음을 알 수 있습니다.

492) 이주영, 『대한민국의 건국과정』, (건국이념보급회 출판부, 2013), 51쪽.

493) 나눠 준.

494) 조갑제닷컴 편집실, 『고등학교 한국사 교과서의 거짓과 왜곡 바로잡기』, (조갑제닷컴, 2011), 321쪽.

495) 5년 분할 상환.

496) 유영익, 「대한민국 발전의 비결: 건국 초창기의 '새로운 국민' 만들기」; 이인호, 김영호, 강규형, 『대한민국 건국의 재인식』, (기파랑, 2009), 391~392쪽.

조선일보 2015.3.21. A8면.

497) 신상준, 『제주도4·3사건』 상권, (한국복지행정연구소, 2000), 189쪽.

498) 후에 발기위원회가 됨.

499) 김학준, 『북한의 역사』 2권, (서울대학교 출판부, 2008), 145,146쪽.

500) 김학준, 『북한의 역사』 2권, (서울대학교 출판부, 2008), 141쪽.

여기에 더하여 1946년 8월 28~30일까지 3일간, 조선신민당을 흡수한 북조선노동당 창립대회가, 미리 선출된 818명의 대표 중 801명과 200명의 옵서버가 참석한 가운데 평양에서 개최되었습니다. 이 대회는 마지막 날 김일성의 폐회사에 뒤이어 다섯 번의 만세를 부르고 폐막했습니다.

① 조선의 민주주의 완전 독립 만세!

② 민주주의민족통일전선 만세!

③ 조선민주주의공화국 수립 만세!

④ 우리의 영도자 김일성 장군 만세!

⑤ 조선민족의 은인이며 벗인 위대한 스탈린 대원수 만세![501]

필자의 견해는, 이 ③번 만세가 북조선임시인민위원회를 사실상의 단독정부 수립으로 자인하는 증거로 보고 있습니다. 후에 조선민주주의인민공화국이란 명칭 중 '인민'이라는 용어만 이때 빠졌을 뿐, 다른 게 없기 때문입니다.

○ 북한의 사실상 성부를 구성하기 위한 선거방법

북한이 1946년 2월 8일 사실상 북한단독정부인 북조선임시인민위원회를 수립할 때까지 공식적 선거는 없었습니다.[502] 우리가 친목회에서 하는 것처럼 누가 한 사람을 추천하면 '옳소!'하는 식이었지요. 그런데 그들도 선거로 뽑았다는 형식을 갖춰야겠다는 생각에서 비록 흑백투표를 통해서나마 선거를 실시하였습니다.

흑백투표란 입후보자를 한 사람만 내세우고, 투표감시위원이 앉아 있는 앞에 흑색과 백색 투표함을 놓고, 찬성하는 사람은 백색 투표함에, 반대하는 사람은 흑색 투표함에 투표지를 넣도록 하는 공개 투표가 바로 흑백투표라는 것입니다.

그 내용을 보면

① 1946. 11. 3. 최초로 도·시·군 인민위원회 위원 선거를 흑백투표하고

② 1947. 2. 24~25. 리·동 인민위원회 위원 선거를 흑백투표하였으며

③ 1947. 3. 5. 면(面) 인민위원회 위원선거를 흑백투표하고

④ 1948. 8. 25. 북한에 배정된 최고인민회의 대의원 212명 선거를 흑백투표 방법으로 실시했습니다.

위에서 보는 바와 같이 흑백투표 실시도 상향식으로, 리·동 → 면 → 시·군 → 도 → 최고인민회의 대의원 순으로 실시하지 않고, ①도·시·군 → ②리·동 → ③면 → ④최고인민회의 대의원 순으로 뒤죽박죽 실시했음을 알 수 있습니다. 이는 북한 정치 일정상 부득이해서 그

---

501) 로버트 스칼라피노, 이정식, 『한국공산주의운동사』, (돌베개, 2018), 552,553쪽.

렇게 한 것인지 알 수 없습니다. 아무튼 도·시·군·면·리·동까지 비록 흑백투표 방식이긴 했지만 선거를 마쳤습니다.

그 후 북한은 우리의 국회의원 격인 최고인민회의 대의원 선거만 남겨 놓고 있었는데 남북한 전역에서 대의원을 뽑아 정권의 정통성을 주장하려고 하였습니다. 그런데 남한에서는 남로당이 불법화되었기 때문에 공개적으로 선거를 실시할 수 없어서 꼼수로 '지하선거'라는 방식을 택하게 된 것입니다.[503]

□ **북한의 확실한 정부 - 북조선인민회의·북조선인민위원회**

북한은 소련점령군의 시나리오에 따라 1947년 2월 17일부터 20일까지 북조선 도·시·군 인민위원회 대회에서 지난해 공포 시행한 토지개혁법령도 추인 받고, 북한인민정권의 최고기관이며 입법권행사기관인 북조선인민회의를 만들었습니다. 거기서 북조선임시인민위원회에서 '임시' 자(字)를 뺀 북한인민정권 최고집행기관[504]인 북조선인민위원회를 두었는데 이것이 누구도 부인할 수 없는 확실한 북한 단독정부입니다.[505]

이 두 기관의 위원장이 김일성입니다. 입법, 행정, 사법, 3권을 혼자 독차지한 것입니다. 이때를 기준해도 우리보다 1년 6개월이나 먼저 북한 단정이 이루어졌습니다. 그럼에도 불구하고 남로당은 자기 노선과 일치하기 때문에 이를 도민들에게 숨기면서 적극 지지한 반면, 뒤늦게 출발하는 대한민국은 자기 노선에 반하니까 남한 단선·단정을 반통일 매국행위라고 비난하면서 무장폭력의 만행을 자행했습니다.

지금 일부 사람들도 이런 사실이 분명함에도 불구하고 확실한 북한의 선(先)단정을 은폐합니다. 진짜 모르는 것이라면 최근의 연구 성과에 대한 공부를 게을리 한 것이고, 알면서 모른 척하는 것이라면 위선입니다.

그리고 북한의 역사학자 김한길의 『현대조선력사』에서도 북조선인민위원회를 '북조선에서의 혁명이 사회주의로 넘어가는 과도기에 들어선 프롤레타리아 독재정권'이라고 규정했습니다. 이 북조선인민위원회는 1948년 봄 현재 1950년까지 실시될 2개년 경제계획을 결정해 놓았고, 사회주의 헌법초안을 마련해 놓았으며, 중국공산당과 비밀군사협정을 체결해 놓고 있었다[506]라고 기록했습니다.

---

502) 김학준, 『북한의 역사』 2권, (서울대학교 출판부, 2008), 164쪽.
503) 북한 최고인민회의 대의원 선거는 문 75, 76 참조.
504) 행정·사법기관.
505) 김학준, 『북한의 역사』 2권, (서울대학교 출판부, 2008), 649~651쪽.
506) 양동안, 『대한민국 건국사』, (현음사, 2001), 565~566쪽.
김한길, 『현대조선력사』, (평양 사회과학출판사, 1983), 225쪽.

이와 같이 확실한 북한단독정부인 북조선인민회의와 북조선인민위원회의 출범은 소련의 각본에 의한 것이며 그 근거는 아래와 같습니다.

① 스티코프는 1946년 12월 19일 연해주군관구사령관 메레치코프, 북조선 주둔소련군사령부 정치담당부사령관 로마넨코를 불러 북조선인민회의와 북조선인민위원회 수립에 관한 협의를 마쳤습니다. 스티코프와 로마넨코가 크라프초프 중령이 작성한 보고서를 검토한 후 12월 23일 모스크바로 출발하는 연해주군관구 정치지도부장 소로킨 육군 중장 편에 스탈린에게 보고했습니다.[507]

② 스티코프는 1946년 12월 19일 로마넨코에게 다음과 같이 말했습니다.

'북조선 도·시·군인민위원회대회 소집과 북조선인민위원회 수립 문제를 제기하다. 그들은 나의 제안과 계획에 동의하다. 북조선인민위원회와 북조선인민회의 선거, 북조선인민위원회와 북조선인민회의에 대한 규정 승인'[508]이라고 기록되어 있습니다.

③ 스티코프는 1947년 1월 2일 치스치아코프와 로마넨코, 김일성을 연해주관구로 불러 1월 3일부터 5일까지 북조선인민회의 설립을 위한 북조선 도·시·군 인민위원회 소집에 대한 문제들을 협의했습니다.[509]

④ 1948년 1월 14일자 레베데프 비망록을 보면,

> ▲ 지시
> (미국측의) 한국분단계획을 폭로한다.
> 당분간 북한에서 헌법시행을 보류한다.
> 신헌법에 의한 선거는 남한보다 늦은 시기에 실시한다.

라고 기록했습니다.

이를 두고 정해구는 '북한은 1947년 11월 18~19일 개최된 북조선인민회의 제3차 회의에서 조선임시헌법을 제정하기로 한 바 있었다. 그러나 남한에서 단선·단정 계획이 보다 구체화됨에 따라 북한에서의 헌법 시행과 선거 실시를 늦추고 있다. 북은 이 같은 조치는 북한이 분단을 먼저 추진했다는 비난을 피하기 위한 것이다.'[510]라고 해설했습니다.

---

507) 김학준, 『북한의 역사』 2권, (서울대학교 출판부, 2008), 634~636쪽.
508) 전현수, 『쉬띄꼬프 일기』 (국사편찬위원회, 2004), 57쪽.
509) 김학준, 『북한의 역사』 2권, (서울대학교 출판부, 2008), 634~639쪽.
510) 김영중, 『레베데프 비망록』, (해동인쇄사, 2016), 72쪽. 대구매일신문 1995.2.2. 9면.

| 문 73 | 헌법도 북한이 남한보다 먼저 제정했나요?

답 그렇습니다. 우리는 1948년 5월 10일 제헌의원 선거를 실시하고, 6월 3일 헌법기초위원회를 구성, 헌법 초안을 만들었습니다. 그 후 7월 12일에 헌법안이 국회를 통과했으며 7월 17일에 공포 시행하여 8월 15일 대한민국이 건국되었습니다. 12월 12일 파리에서 개최된 제3차 유엔총회에서 결의안 제195호로 대한민국이 한반도의 유일한 합법정부로 승인받았습니다.

○ 제3차 유엔총회에서 대한민국을 한반도 유일 합법정부로 승인

1948년 12월 12일 프랑스 파리에서 개최된 제3차 UN총회에서 대한민국은 찬성 48, 반대 6, 기권 1표로 승인되었습니다.

〔UN총회결의 제195호 (Ⅲ) 2항에는 '유엔한국임시위원단이 감시하고 협의할 수 있었으며 한국인의 대다수가 살고 있는 한반도 내 지역에 관해 유효한 지배권과 관할권을 가진 합법정부(대한민국)가 수립됐음을 선언한다. … 그리고 이것은 한반도에서 유일한 그런(합법)정부임을 선언한다.'고 했습니다. 그런데 일부 좌파학자들은 이 선언의 전반부만을 인용하고 후반부 내용을 묵살하여 대한민국은 38선 이남에서 수립된 합법정부라고 우깁니다.[511]

여기서 아쉬운 점은, 김구와 김규식은 통일정부 수립 운동을 벌이기 위해 통일독립촉진회를 조직하고 새로 탄생한 대한민국이 유엔에서 승인되지 못하도록 막으려 했습니다. 앞으로 한국인들이 남북통일정부를 수립할 때까지 유엔이 중경임시정부를 잠정적으로 승인해주기를 요청하기 위해서 정부와는 별도로 유엔대표단을 파견하기로 하고 우선 1948년 7월 15일에 중경임시정부 프랑스주재 연락원 서영해를 선발대원으로 파리에 파견했습니다. 다행히 김규식이 대회에 불참했고[512] 북한도 같은 목적으로 파리에 대표단을 파견했지만 참석이 불허되어 마침내 대한민국은 수많은 어려움을 극복하고 UN승인을 받았습니다.

그보다 앞서 김구와 김규식은 단선·단정을 강력히 반대하였습니다. 김구에게는 중국 장개석이 유어만을 통하여 설득하고, 유엔한국임시위원단의 메논도 대한민국 건국에 동참할 것을 간곡히 권유하였으나 듣지 않았습니다. 김규식도 하지 중장이 직접 만나서 설득하고, 미군정청 버취 중위도 김규식을 직접 찾아가서 남북협상에 참가하기 위해 평양에 가지 말도

---

511) 조선일보 2018.5.3. A2면
512) 이주영, 『대한민국의 건국과정』, (건국이념보급회 출판부, 2013), 138쪽.

록 설득하였으나 거절당하였습니다. 건국이라는 지난한 노정에 지도자들이 힘을 하나로 뭉쳐도 벅찬 일인데 정말 통탄스러운 일입니다.

반면 북한은 다음과 같은 과정을 거쳤습니다.

1947.6.29.	북조선인민위원회에서 북한 애국가 확정
1947.11.18.	임시헌법 기초위원회를 설치[513](우리의 5·10선거일을 기준해도 6개월 전)
1947.12.1.	화폐개혁[514](남한은 이때로부터 5개월 후인 48.4.25. 구화폐 사용금지 조치)
1947.12.20.	북조선인민회의 조선임시헌법 초안 채택
1948.1.14.	스티코프가 레베데프에게 '당분간 북한에서 헌법시행을 보류한다. 신헌법에 의한 선거는 남한보다 늦은 시기에 실시하라'고 지시 (분단책임을 남한에 전가하려는 고도의 술책)[515]
1948.2.6.	북조선인민회의에서 조선임시헌법 초안을 전 인민의 토의에 부칠 것을 결정
1948.2.8.	북조선인민위원회 조선인민군 창설을 공식화
1948.2.9.	북조선노동당은 조선민주주의인민공화국이 수립될 것임을 재확인
1948.2.10.	북조선인민회의는 조선임시헌법 초안 발표
1948.4.24.	스탈린 조선임시헌법 최종 승인[516]
1948.4.29.	북조선인민회의특별회의 비밀회의에서 조선민주주의인민공화국 헌법안 통과[517]

※ 이때는 김구와 김규식이 남북회담 차 평양에 체류 중이었으나 전혀 눈치 채지 못했습니다. 북한 헌법안 수정 보완 과정에서 논의된 것은 국호를 조선인민공화국에서 조선민주주의인민공화국으로, 국기는 태극기를 폐지하고 새로 제정하자는 제안이 있었다는 보고가 있었습니다.[518]

1948.9.8.	북한 최고인민회의가 헌법안 승인[519]
1948.9.9.	조선민주주의인민공화국 창립을 선언[520]

---

513) 박홍순, 「대한민국 건국과 UN의 역할」; 이인호, 김영호, 강규형, 『대한민국 건국의 재인식』, (기파랑, 2009), 116쪽.

514) 북한은 주민 재산을 수탈하여 공산정권의 기반을 조성하고, 남로당의 공작금을 조달하기 위해 1947.12.1. 화폐개혁을 단행하면서 통용 중인 조선은행권을 전액 몰수하고, 주민 1세대당 신화폐인 북조선은행권을 최고 5백원씩 일률 지급했습니다. 약 30억원의 구화폐 조선은행권을 확보한 북한은 이를 대남 밀송하여 남한 경제계를 교란했습니다. 뒤늦게 남한은 1948.4.7. 화폐개혁을 했습니다.
또한 이 돈은 거물 간첩 성시백 등을 통한 대남공작금으로 사용했다고 판단됩니다.
국방부군사편찬연구소, 『국방사』, (2018), 415,416쪽.

515) 김영중, 『레베데프 비망록』, (해동인쇄사, 2016), 72쪽. 대구매일신문 1995.2.2. 9면.

516) 김충남, 「한국 국가 건설의 도전과 이승만의 응전: 한국 현대 정치사 해석의 새로운 시도」; 이인호, 김영호, 강규형, 『대한민국 건국의 재인식』, (기파랑, 2009), 440쪽.

517) 김충남, 앞의 글, 440쪽.

북조선인민회의라는 입법기관, 북조선인민위원회라는 집행기관을 갖추고 헌법과 애국가를 제정하고 화폐개혁을 하고, 정규군대를 갖추었다면 확실한 정부입니다.

이처럼 우리가 5·10선거를 치르기 전에 북한은 단정 준비를 위한 헌법 제정에 착수하여 스탈린의 승인까지 받고 사실상 확정해 놓았습니다. 분단 책임을 남한에 전가하기 위해 그 시행을 우리보다 늦게 하라는 소련 지령을 충실히 따랐을 뿐입니다.

| 문 74 | 스탈린이 북한 헌법을 수정·승인했다는 말은 무슨 말인가요?

답 김학준 박사에 의하면, '1946년 11월의 북조선인민위원회 선거와 그것에 따른 1947년 2월의 북조선인민회의 구성도, 1948년의 남북회담 개최도, 조선민주주의인민공화국의 수립을 향한 정치적 일정과 행사도, 심지어 조선민주주의인민공화국 초대 내각의 인선도, 소련 공산당 중앙위원회 정치국이 마련했거나 최소한 북조선주둔군사령부를 직접 관할한 소련극동군 연해주군관구가 마련한 큰 그림에 따라 진행됐다. 북한의 헌법 역시 소련이 마련해주었다.'[521]라고 합니다.

그는 또 '조선민주주의인민공화국의 건국과정에 소련공산당과 스탈린이 직접 개입한 폭은 참으로 넓으면서도 컸다. 갖가지 발표문과 법안들에도, 김일성의 연설문들에도, 북조선 노동당의 창당에도, 헌법의 제정에도, 그리고 정부구성원의 인선에도, 사실상 소련공산당과 스탈린이 깊이 개입했……김일성은 스탈린의 선택이었던 것이다'[522]라고 했습니다. 이처럼 북한이 자율성이나 자주성이란 없었습니다.

반면 대한민국은 헌법안이나 내각은 물론 입법부 사법부 인선에서 미국의 승인을 받은 일이 없습니다. 누가 사대주의이고, 누가 해방시켜야 할 대상이며, 누가 자주적인가는 여기서도 극명하게 구분됩니다.

남로당의 즐겨 사용하는 용어를 빌린다면 북한이야말로 소련으로부터 해방시켜야할 대상입니다. 이러함에도 불구하고 남로당은 북한을 자주독립이요 완전 해방이라 외치고, 남한은 미제의 식민지요 해방시켜야 할 대상으로 선전 선동하였습니다.

518) 김학준, 『북한의 역사』 2권, (서울대학교 출판부, 2008), 982쪽.
519) 김학준, 『북한의 역사』 2권, (서울대학교 출판부, 2008), 1083쪽.
520) 김학준, 『북한의 역사』 2권, (서울대학교 출판부, 2008), 846쪽.
박홍순, 「대한민국 건국과 UN의 역할」; 이인호, 김영호, 강규형, 『대한민국 건국의 재인식』, (기파랑, 2009), 116~117쪽.
521) 김학준, 『북한의 역사』 2권, (서울대학교 출판부, 2008), 1132쪽.
522) 김학준, 『북한의 역사』 2권, (서울대학교 출판부, 2008), 1113쪽.

| 문 75 | 남로당의 '지하선거'를 왜 8·25북한정권수립지원투쟁이라고 하나요?

답   남한은 5·10선거를 통해 국회의원을 뽑고 국회의원이 헌법을 제정했는데, 북한은 최고인민회의 대의원 선거를 못 했으니까 선거를 실시해야 했습니다. 이것도 남북한 전역에서 실시했다는 명분을 확보하여 대남 우위를 내세우려는 욕심을 부렸습니다. 말하자면 남한은 단선이지만 북한은 비록 지하선거를 통해서이긴 하지만 남·북한 전역에서 선거를 실시하여 정통성이 있다는 주장을 내세우려고 꼼수를 부린 것입니다.

그러나 남한에서는 당시 남로당이 불법화된 상태였으니 공공연하게 투표를 할 수 없게 되자 지하선거라는 형태로 실시했습니다. 이러한 이유로 남한에 배정된 최고인민회의 대의원 선출 방법은 2단계로 이루어졌습니다.

1단계로 남한에 배정된 대의원 360명의 3배수에 해당하는 남조선인민대표자 1,080명을 지하선거로 뽑았습니다. 김달삼이 월북하면서 가져간 투표지가 바로 이 지하선거 투표지입니다.

2단계로 이 대표자들이 8월 25일 해주시 인민회당에 모여 남조선인민대표자대회를 개최하고 여기서 제1기 북조선최고인민회의 대의원 360명을 뽑았습니다.

북한에 배정된 대의원 212명에 대한 선거는 8월 25일 북민전의 단일 후보에 대한 흑백투표 방식으로 선출하였습니다.

따라서 제1기 북조선최고인민회의 대의원 총수는 남북 합해서 572명입니다.[523] 이들 대의원은 북한 최고 입법기관 즉 우리의 제헌국회의원과 같은 것입니다. 8월 25일 개최된 남조선인민대표자대회는 개최 장소가 해주라서 일명 '해주대회'라 부릅니다. 남로당이 북조선최고인민회의 대의원 선거를 위해 지하선거 투쟁을 전개했고 거기서 선출된 대의원에 의해 북한정권이 수립되었기 때문에 지하선거 투쟁은 곧 8·25북한정권수립지원투쟁인 것입니다.

해주대회 기간은 1948년 8월 21일부터 26일까지이며 김일성도 참석하였습니다.

| 문 76 | 제주도 '지하선거' 실시 시기와 참여 인원은?

답   1948년 7월 7일 '조선최고인민회의 남조선대의원선거 지도위원회' 위원장 박헌영이가 주도하여 사전 준비를 마치고, 7월 15일부터 남한 전역에서 비밀리에 지하

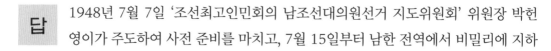

523) 김학준, 『북한의 역사』 2권, (서울대학교 출판부, 2008), 1072쪽.

선거에 들어갔습니다.[524] 강동정치학원생 200명에게 3일간 집중 교육을 마치고, 7월 10일부터 5일간 개성·연천·양양 루트를 통해 월남 잠입하였습니다.[525] 공식적으로는 8월 10일에 끝났다고 했으나 8월 20~22일까지 계속된 것으로 보입니다.[526]

김달삼의 해주 남조선인민대표자대회에서 행한 연설문에는 '통일선거가 7월 15일부터 실시되었지만 제주도에서는 7월 20일이 지내어 도착[527]되었습니다.'[528]라고 했습니다.

제주도의 지하선거도 박헌영의 지령에 의해서 실시되었습니다. 김달삼이 8월 2일 제주를 탈출 월북하면서 가져간 52,350명분의 투표지로 볼 때 탈출 전까지 실시한 것으로 보이지만, 미군정 보고서에 의하면 '8월 19일 무장폭도 20명을 포함한 폭도 40명이 세화리에 침입하여 주민들에게 북한 선거를 지지할 것을 강요하며 백지투표 용지에 서명토록 했다'[529]는 기록으로 보아 김달삼 월북 후에도 계속 실시한 것이 확인됩니다.

'제주도에서는 3개 선거구로 나뉘어 ⋯..7월 20일부터 실시되었는데, 도·면·리의 선거위원들 10~20여 명이 유격대의 보호 하에 마을을 돌아다니면서 손도장이나 서명 날인을 받는 형식으로 이루어졌'습니다.[530] 라는 점으로 보아 제주도 지하선거는 7월 20일부터 실시된 것이 맞는 것 같습니다.

지하선거는 남로당 산하 민전 등 모든 조직이 총동원되었으며, 정부보고서에도 8월 18일 서귀면에서 주민 5명이 지하선거 거부로 칼에 찔려 중상을 입었고, 8월 2일 서광리 인근에서 백지 날인 받던 무장폭도 50명과 경찰이 교전, 폭도 2명 사살, 경찰 1명 부상 당한 사실을 소개하고 있습니다.[531]

우선, 김달삼이 7월 20일부터 지하선거를 실시하여 그가 8월 2일 제주를 탈출하기까지 12일 동안 52,350명으로부터 받은 투표지를 해주까지 가지고 갔으니, 남로당제주도당과 산하 조직이 방대함, 투쟁력과 실행력, 숫자 불리기에 급급한 나머지 백지날인 등 허위성, 살인 테러 등 폭력성, 남로당의 북한정권 창출에 대한 충성심과 열성을 충분히 가늠할 수 있습니다.

524) 김학준, 『북한의 역사』 2권, (서울대학교 출판부, 2008), 1048쪽.
525) 김학준, 『북한의 역사』 2권, (서울대학교 출판부, 2008), 1049쪽.
526) 김학준, 『북한의 역사』 2권, (서울대학교 출판부, 2008), 1051,1052쪽.
527) 지령이
528) 국방부군사편찬연구소, 『제주4·3사건의 실제』, (2002), 109쪽.
529) 주한미육군사령부 일일정보 보고, 1948.8.24~8.25.〈NO. 920, 1948.8. 25.보고〉
530) 양정심, 『제주4·3항쟁연구』, (성균관대 박사학위 논문, 2005), 84쪽.
지하선거를 위해 시·군·구 선거위원회 산하에 전권위원회라는 행동대를 별도 조직 추진
김달삼은 해주대회 연설에서 제주도는 지하선거 지령을 늦게 7월 20일에야 받았다고 했습니다.
531) 제주4·3위원회, 『제주4·3사건진상조사보고서』, (2003), 238쪽.

| 문 77 | 지하선거 때 북한 요원이 제주도에 특파되었나요?

답 1948년 8월 13일자 미군정 보고서에 의하면 강동정치학원 출신으로 지하선거 지도와 감시 임무를 띤 전문요원이 제주도에 특파되었다는 기록이 있습니다.

> 이미 보도된 대로 북조선선거감시위원회 회원이 동 투표를 감시하게 될 것이다. 제주도는 인민해방군구로 불리워지고 3개 선거구로 분구될 것이다. 소규모의 폭도집단이 보도된 대로 밤에 제주도의 소촌락에 침투하여 북조선선거와 통일정부에 동의하며 남조선정부에 반대하는 청원서에 서명할 것을 강요하고 있다.[532]

라는 기록을 보면 알 수 있습니다.

| 문 78 | 북한의 주장대로 지하선거를 통한 남북한 최고인민회의 대의원에 정통성을 부여할 수 있나요?

답 여기에 대하여 김학준 박사는 남한에서의 지하선거는 결코 정상적 선거로 볼 수 없고 그런 방식으로 선출된 남한인민대표에게 대표성을 인정할 수 없다고 단언했습니다. 북한 선거에 대해서도 사실상 북로당이 지명했거나 동의한 단일후보에 대한 확인투표로 이루어졌기 때문에, 그나마도 흑백투표함을 사용한 공개투표이기 때문에 의문이 많다고 하였습니다.

설령 북한의 선거를 이해한다 해도 최고인민회의 전체의석의 62%를 조금 넘는 남한 대의원의 대표성을 인정할 수 없다고 한다면 북조선최고인민회의가 남·북조선을 대표한다는 북측 주장은 허구라고 단정했습니다.[533]

북한이 지하선거에 정당성을 주장하는데 대하여 '당시 남한 인구는 한반도 인구의 2/3를 차지하고 있었기 때문에 북한의 1/3이 참여하지 않았어도 5·10선거는 (과반이 투표했기 때문에) 합법적인 것으로 주장될 수 있었'[534]습니다. 북한이 불참한 것은 그들 스스로 거부했기 때문에 그 책임이 남한에 있지도 않다는 점에서 무시할 수 없는 의견이라고 생각합니다.

---

532) 신상준, 『제주도4·3사건』 상권, (한국복지행정연구소, 2000), 346쪽.
533) 김학준, 『북한의 역사』 2권, (서울대학교 출판부, 2008), 1075, 1076쪽.
534) 이주영, 「대한민국의 건국과정」, 건국이념보급회 출판부, 128쪽.

그리고 북조선최고인민회의 대의원 572명의 구성을 보면 북조선노동당 등 모두 31개 정당 및 사회단체를 대표한다고 표명했지만 이는 들러리 정당을 내세워 일당독재가 아니라는 점을 보여주기 위한 쇼에 불과합니다.

| 문 79 | 일각에서 분단방지 노력으로 평가하는 제1차 남북협상을 이해하는데 도움이 될 당시 정치 일정은?

답   제1차 남북협상 전후 정치일정을 살펴보면 다음과 같습니다.

- 1948. 2. 16. 김구·김규식 공동명의로 북한 김일성·김두봉에게 남북 정치협상을 제의하는 비밀 서한 발송(2·7폭동이 한창 진행 중인 혼란기에 비밀 서한을 발송하였음)
- 3. 16. 김일성·김두봉 공동명의로 김구·김규식에게 회답서신 비밀리에 발송
- 3. 25. 북조선 민전이 평양방송을 통해 남북협상회의를 4월 14일 평양에서 개최한다고 일방적 성명 발표(민전 성명 발표 며칠 뒤 김일성은 김구·김규식 및 남한 17개 정당 사회단체에 초청장 발송)
- 4. 19. 북한은 평양에서 남북조선 여러 정당 사회단체대표자연석회의 개최
- 4. 19. 김구 평양회의 참석차 서울 출발
- 4. 20. 김구 평양 도착
- 4. 21. 김규식 평양회의 참석차 서울 출발
- 4. 22. 김구 평양회의 참석 축사
- 4. 24. 스탈린 북한 헌법안 최종 승인
- 4. 25. 김규식 등 북한 찬양 일색 평양 방문 소감 발표
- 4. 26. 평양회의 공식 폐회

여기서 두 개의 결정서와 한 개의 요청서를 발표하였는데 그 내용은 다음과 같습니다.

---

① 조선정치정세에 관한 결정서

이 결정서는 한 마디로 '남북한의 공산화통일을 긍정하는 문서였다. 이 문서는 북한에서 인민위원회라는 단독정권이 수립되고 공고화되는 것은 옳은 것이고 남한에서 단독정권이 수립되는 것은 절대 저지해야 할 것을 주장하고 있는데, 이는 바꾸어 말하면 남한에서 정부 수립을 하지 말고 북한의 인민위원회를 받아드리라는 이야기가'[535)되는 것입니다.

② 남조선단선단정반대투쟁대책에 관한 결정서

이 결정서는 '평양회의에 참석한 남한지역 정당·사회단체들이 장차 구성될 남조선 단선 반대투쟁전국위원회에 자동적으로 가입된다는 점과 그 위원회의 투쟁활동에 무조건 동조할 것을 약속한 것'입니다. '그 투쟁위원회가 결국은 남로당에 의해 좌우될 것이므로 평양회의에 참석한 남한지역 정당·사회단체들은 그 문서를 통해 남로당의 단선저지투쟁에 무조건 동조할 것임을 백지위임한 셈'[536)입니다.

③ 소련과 미국에 보내는 요청서

이 요청서는 미·소주둔군사령관에게 보내는 것인데 '미·소 양군을 동시에 철수하고 남북한의 한국인들이 외국의 간섭 없이 자주적으로 전국적 선거를 실시할 수 있도록 해 달라'[537)는 내용으로 이는 소련과 북한이 유엔한국임시위원단의 입북을 거절하였기 때문에 부득이 남한만의 선거가 불가피하였던 점을 무시한 것입니다.

- 4. 27. 김구, 김규식, 허헌, 박헌영, 김일성 등 남북지도자협의회(소위 15인 회담) 개최
- 4. 29. 북조선인민회의 특별회의에서 북한 헌법 채택
- 4. 30. 김두봉의 집에서 김구·김규식·김일성·김두봉 4김회담(송전문제 등 합의)
- 4. 30. 남북지도자협의회 '남북조선제정당·사회단체 공동성명서' 채택.

---

535) 양동안, 『대한민국 건국사』, (현음사, 2001), 490쪽.
536) 양동안, 『대한민국 건국사』, (현음사, 2001), 491쪽.
537) 즉 소련의 제안을 받아 달라는 것임. 양동안, 『대한민국 건국사』, (현음사, 2001), 491쪽.

이 남북조선제정당·사회단체 공동성명서에 참여한 56개 정당 사회단체 중 한국독립당(김구), 민족자주연맹(김규식)이 참여 서명[538]하였습니다. 이외의 남한 우익진영의 정당과 사회단체들은 완전 배제되었으니 한반도 공산화 통일을 위한 중간단계의 조치를 지지하는 것과 동일한 결과를 초래했습니다. 따라서 김구나 김규식이 비록 민족분단을 막아야 한다는 고상한 뜻에서 취한 행동일지라도, 남한만이라도 공산화를 막아야 한다는 노력에 막대한 악영향을 끼치고 균형감각을 상실하였으며 상황판단을 그르친 행동이었습니다.[539] 『이승만과 김구』(전 7권)의 저자 손세일 청계연구소장도 '백범(김구)이 남북협상으로 김일성을 만나 이야기하면 통할 것으로 생각한 것은 오판(誤判)이었다'[540]라고 단언했습니다.

그 이유는 남북협상 시점에서 볼 때 북한은 이미

㉮ 북조선임시인민위원회를 조직하고(46.2.8.) 배타적 통치권을 행사했으며 사유 토지를 무상몰수(46.3.5)하는 등 사회주의화가 진행되어 사실상 북한 단정으로 분단의 길에 접어들었습니다.

㉯ 북한은 애국가도 만들어 확정(1947.6.29.)했으며

㉰ 화폐개혁을 단행(47.12.1)했고

㉱ 북한의 확실한 단정인 북조선인민회의와 북조선인민위원회(47.2.20~22)를 출범하여 분단을 고착화하였습니다.

㉲ 독자적으로 조선인민군을 창설(48.2.8)하였고

㉳ 헌법기초위원회를 구성(47.11.18)하고 심의하여 최종 스탈린의 승인까지 받았으며 (48.4.24) 그 안을 최고인민회의 특별회의에서 채택(48.4.29.)하는 등

완전한 단독정부였음에도 불구하고 이를 인정하지 않고 유엔 결의(48.2.26)에 따라 뒤늦게 출발하는 남한 단선·단정만을 비판하고 반대하여 불참하였습니다.

- 5. 1. 김구 북한 노동절 열병식 참관

이 열병식은 북한이 소련군정의 승인을 받고[541] 중국 공산당의 팔로군까지 참여시킨 성대한 군사 퍼레이드로써 놀랍도록 강해진 북한의 군사력을 남쪽 참가자들에게 과시하려는 의도된 전시 행사였습니다. 김구는 이 열병식을 보고 매우 강한 인상을 받았습니다. 이 때문에 5·10선거에 불참했는지 의문입니다.

---

538) 김학준, 『북한의 역사』 2권, (서울대학교 출판부, 2008), 964,965쪽.
이주영, 『이승만 평전』, (살림, 2014), 83쪽.
539) 양동안, 『대한민국 건국사』, (현음사, 2001), 568~569쪽.
540) 조선일보 2015.11.12. A23면.
541) [부록 2] 레베데프 비망록 1948년 4월 24일 자 참조.

- 5. 5. 김구·김규식 서울 귀환[542]

위의 남북협상회의 과정을 보면 소련의 각본에 의해 김일성이 연출한 계략에 김구와 김규식은 철저히 이용당한 것입니다. 이는 [부록 2]에 소개된 『레베데프 비망록』에 대한 이동한 박사의 해설에도 '소련과 김일성 등은 일련의 소비에트화 과정을 통해 북한 정권 수립을 위한 제반 준비를 끝낸 후 자신들이 수립한 정권에 정통성을 부여하기 위해 김구와 김규식을 회유하려고 했음이 밝혀졌습니다.'라고 했습니다.

이처럼 남북협상은 분단방지 노력을 했다는 긍정적 해석이 있는가 하면, '남북조선인민의 공통된 지지 위에서 북한 정권이 창건했다'라고 합리화하는 이론적 근거를 마련해 주는데 이용됐다는 부정적 의견이 있습니다.

필자는 후자를 지지하는 편입니다. 그 이유는 여러 가지이지만 남북협상은 레베데프 비망록을 통해서 확인 되듯이 소련의 각본에 의해 연출됐다는 점에서 그렇고,

'소련은 그 무렵 동구 여러 나라에서

① 공산당과 부르주아 정당의 연합

② 공산세력의 주도권 장악에 의한 가짜 연합화

③ 공산당의 공식적인 권력 독점이라는 3단계의 공산화 계획을 추진하고 있었다. 한반도에서도 마찬가지였다.'[543]라는 점에서 하지의 좌우합작 시도나 김구의 남북협상은 소련이나 북한의 교묘히 위장된 공산화 전초 단계임을 간파하지 못한 순진함에 불과하기 때문입니다.

김구 선생이 "내가 평양을 떠나는 날, 김일성 씨 다려 '오늘 조 선생[544]'을 다리고 가고 싶으니 갓치 가게해 주구려!' 했더니, 김일성 씨는 '아! 제 마음이야 얼마든지 갓치 가게 해드리고 싶습니다마는 어듸 제가 무슨 권한이 있어요? 주둔군 당국의 양해가 있어야 됩니다.'하였다. 나는 '그대들의 권한이 그뿐인가? 그래서야 어듸 자주정권인가?'하며 농담하였다."[545]라고 합니다. 이처럼 남북협상은 결과적으로 소득은 전무하고 김일성에게 이용만 당했다는 부정적 평가가 설득력이 있습니다.

---

542) 김구가 남북협상차 평양에 간 동기와 평양에서 느낀 소회 등은 [부록 3] 김구·유어만 대화 비망록 참조.
543) 남시욱, 『한국 보수세력 연구』 제3판, (청미디어, 2020), 295쪽.
544) 조만식.
545) 「김구 선생회견기」, 『삼천리』, (1948.9), 7쪽.

| 문 80 | 김구와 김규식의 남북협상에 대해 이승만은 어떤 입장이었나요?

답 이승만은 프린스턴대학에서 국제정치학 박사학위를 받을 만큼 당대 최고 지성인이 었습니다. 1941년 12월 7일 일본군이 하와이 진주만 공격을 하기 몇 달 전인 6월에 그는 일본이 곧 미국을 공격할 것이라고 경고한 『일본의 가면을 벗긴다』(Japan Inside Out)[546]를 출간할 정도로 국제정치와 강대국의 세계전략을 꿰뚫고 있었고, 공산주의의 실체와 전망에 대해서도 통찰하고 있었습니다. 그래서 그는 시종일관 일본이나 공산당과의 타협은 있을 수 없다는 입장을 취했습니다.

'신탁통치가 시작되면 소련이 개입하게 되어 한반도는 공산화되고 말 것'[547]이라고 확신했으며, 공산혁명의 원조 레닌이 '계급투쟁혁명을 위한 거짓말은 불가피할 뿐 아니라 혁명 주도세력의 적극적인 의무이자 선(善)이다. 약속이란 빵 껍질처럼 깨뜨려지게 마련, 약속을 지키는 것은 바보다. 적과 약속을 지키는 자는 혁명을 포기한 자다'라고 외쳤는데, 이런 그들과 무슨 타협을 하며, 또 타협이 이루어진들 그게 무슨 효과가 있겠는가에 대한 답을 알고 있었습니다.

그리고 미국은 1947년 3월 12일 '트루먼 독트린'[548]을 발표하였습니다. 이는 동유럽과 이란에서 소련의 팽창 야욕을 확인했고, 중국과 동남아의 공산화 진행을 지켜보고 나서 그때까지 소련에 대한 유화정책을 버리고, 소련을 견제하기 위한 반공적인 포위정책으로 전환한 것입니다. 이승만은 이런 국제정세를 파악하고, 남한 단정이 최선책은 아니지만 불가피한 선택임을 진작 판단하였으며, '나도 노동자 농민이 잘 사는 것을 바란다. 그러나 공산주의는 그 방법이 틀렸다'라고 말한 바와 같이 반공주의로 일관했습니다.

또 하지 장군은 1946년 6월 중도우파 김규식과 중도좌파 여운형을 내세워 좌우합작위원회를 구성하려고 했습니다. 그래서 10월에는 남조선과도입법의원을 선출하였는데 이승만은 미국 정부의 좌우합작 정책에 반대했습니다. 이는 '조직이 없는 우파가 조직이 있는 좌파와 손을 잡으면 패배할 것은 뻔했으므로 공산화로 이끌 좌우합작에 찬성해서 권력에 가담하느니 차라리 아이오와주의 시골로 물러나 닭을 키우며 살겠다고 잘라 말했다'[549]라고 합니

---

546) 이승만, 류광현 역, 『일본의 가면을 벗긴다』, (비봉출판사, 2015).
책명이 『일본 내막기』로 번역된 것도 있습니다.
547) 이주영, 『이승만 평전』, (살림, 2014), 65쪽.
548) 트루먼 독트린은 1947년 3월 12일 미국의회 상·하 양원합동회의에서 트루먼 대통령이 선언한 외교정책으로, 공산주의자들로부터 위협을 받고 있는 그리스·터키를 원조하기 위한 선언이었지만 남한을 포함한 모든 지역과 나라에 적용될 수 있는 외교원칙이었습니다.
549) 이주영, 『이승만 평전』, (살림, 2014), 60쪽.

다. 여기에 대해서도 시시비비가 많지만 저는 이승만의 판단과 선택이 옳았다고 생각합니다.

1947년 6월 27일 트루먼 대통령의 특사로 한국 현지 상황을 확인하기 위해 파견된 웨드마이어 장군과의 대화에서 하지 장군은 '현재의 접근법[550]을 쓰거나 러시아의 그림에서는 공산주의자들과 합작하면 결국 공산주의가 되는 것 같습니다'[551]라고 실토한 것을 보면 좌우합작을 강력히 추진하던 하지 장군도 좌우합작의 정치적 위험성을 뒤늦게 인식한 것 같습니다.

○ **좌우합작위원회와 남조선과도입법의원**

미군정은 제1차 미·소공동위원회가 결렬된 직후인 1946년 5월 25일부터 좌우합작에 착수하여 10월 7일 중도우파 김규식과 중도좌파 여운형을 대표로 하는 좌우합작위원회를 구성하고 좌우합작 7개 원칙에 합의하였습니다. 그 와중에 공산당이 10·1대구폭동에 개입하고, 그 여파가 확산되어 합작운동이 속도를 내지 못하게 되었습니다.

미군정은 좌우합작원칙 제6항을 근거로 10월 12일 남조선과도입법의원의 창설에 관한 법령을 공포하고 10월 21~31일까지 과도입법의원 민선 45명 (관선 45명)선거를 마쳤습니다. 그러나 좌파 3당[552]이 합당 남로당으로 개편되고, 1947년 5월 21일 제2차 미·소공동위원회가 재개되었으며, 특히 7월 19일 여운형이 암살되면서 좌우합작운동은 동력을 소진하고 사실상 막을 내리게 되었습니다.

이승만은 7월 3일 좌우합작을 주장하는 하지 중장과의 협조 포기 선언을 하여 가택연금을 당하기도 했습니다.[553]

지금에 와서 좌우합작운동에 대한 역사적 평가를 일부에서 후하게 주는 사람도 있지만 동구권의 좌우합작운동이 결과적으로 소련의 위성국화와 공산화를 초래했음을 볼 때 우리의 좌우합작운동의 실패는 공산화를 사전 예방했다는 좋은 결과를 가져왔다고 보는 것이 맞습니다.

---

550) 좌우합작 추진
551) 제주4·3평화재단, 『제주4·3사건 추가진상조사 자료집 3 (미국자료 1)』, (2020). 588쪽.
552) 11월 23일 조선공산당·조선인민당·남조선신민당
553) 이승만, 류광현 역, 『일본의 가면을 벗긴다』, (비봉출판사, 2015), 318쪽.

| 문 81 | 일부에서 남북 분단의 책임이 있다고 말하는 이승만 정읍 발언은?

답 이승만 정읍 발언은 1946년 6월 3일 이승만이 전북 정읍에서 연설 중에 한 발언을 일컫습니다. 제1차 미·소공위가 5월 6일 24차 회의를 끝으로 결렬된 한 달쯤 후이고, 제2차 미·소공위 개최가 불투명한 시기였으며,[554] 북한이 사실상 정부인 북조선임시인민위원회가 출범한 지 3개월 후에 나온 발언입니다.

그 내용은 '이제 우리는 무기(無期) 휴회된 공위(共委=미·소공동위원회)가 재개될 기색도 보이지 않으며 통일정부를 고대하나 여의케 되지 않으니 우리는 남방(南方)만이라도 임시정부 혹은 위원회 같은 것을 조직하여 38이북에서 소련이 철퇴하도록 세계 공론에 호소해야 될 것이니 여러분도 결심하여야 될 것이다'[555]라는 것입니다.

이승만 정읍 발언을 두고, 남북분단 책임이 있다고 주장합니다. 1차 미·소공동위원회가 그 어떤 합의도 이루지 못했을 뿐만 아니라, 2차 미·소공동위원회가 언제 개최될지 불투명한 상황에서, 북한이 사실상 정부를 출범시킨 마당에 이승만의 정읍 발언을 두고 남북분단의 책임이 있다고 주장하는 것은 억지와 무지의 산물입니다.

한영우 서울대 명예교수도 『미래를 여는 우리 근현대사』에서 '(남한에 단독정부를 세우자는) 이승만의 선택은 이상적인 선택은 아니었으나 당시의 국제적 현실로서는 불가피한 일이었다'라고 쓴 것에 대한 기자의 질문에 '북한에서는 김일성의 권력 장악이 빠르게 진행되고 있었다. 이승만이 결단을 안 내렸으면 오늘의 대한민국은 없다.……이승만에게 분단 책임을 묻는 것은 당치 않다'고 단언했습니다.[556]

라. '친일 청산 투쟁' 주장에 대한 비판

| 문 82 | 친일 청산을 위해 4·3항쟁했다는 주장이 맞나요?

답 해방 후 친일 청산이 안 되었다는 주장은 지당한 지적입니다.
그러나 친일 청산 때문에 4·3을 일으켰다는 것도 완전히 맞는 말이 아닙니다. 남

---

554) 제2차 미·소공위는 이승만 정읍 발언 후 1년여 후인 1947.5.21. 개최됩니다.
555) 김학준, 『북한의 역사』 2권, (서울대학교 출판부, 2008), 323쪽.
556) 조선일보 2016.1.25. A23면.

로당원이 독립운동가를 학살하고 친일인사가 4·3폭동에 적극가담한 자들이 많기 때문입니다. 친일파 청산은 당연하고 명분 있는 요구지만 남로당의 궁극적 목표와는 거리가 있습니다.

그 예로 1948년 6월 16일 남제주군 대정면 신평리 인향동 인근 중산간 도로에서 인민유격대가 독립운동가 이도종 목사를 생매장하였습니다. 친일파 단죄를 주장하는 사람들이 독립운동가를 생매장했다는 것은 남로당에 적극협조하지 않으면 독립지사도 반동일 뿐입니다. 반대로 친일파라도 남로당에 적극협조하면 혁명투사입니다. 인민해방군 사령관 이덕구는 일본군 육군 대위[557]로 복무했으니 누가 봐도 친일파입니다. 그런 이덕구가 친일 청산을 논할 자격이 있습니까?

김찬흡의 『20세기 제주인명사전』에 의하면 1990년 북한은 평양 애국열사 묘역에 있는 이덕구 가묘 앞에서 조국통일상을 추서하였는데, 이때 이덕구의 친형이며 남로당제주도당 총무부장이었던 이좌구의 아들 등 9명이 참석했다[558]고 합니다. 이덕구는 북한에 한 번도 가보지 않는 자임에도 북한에서 국기훈장 3급과 조국통일상을 수여했습니다. 그 의미를 새겨볼 필요가 있습니다.

따라서 4·3은 이념과 체제선택의 문제에서 비롯된 정치적 공산통일투쟁사건입니다. 당연히 단죄해야 할 친일파 청산이 미흡한 것은 부인할 수 없는 사실이지만 북한에 비하여 우리는 그래도 법을 정하고 그 절차에 따라 친일 청산을 했습니다. 그리고 친일 청산이 안 된 때문에 김일성 장군 만세를 부르며 대한민국 건국을 저지했다는 주장은 틀린 주장입니다.

| 문 83 | 당시 남로당의 선전처럼 북한은 친일 청산을 했나요?

답 당시 남로당의 선전을 보면 북한은 완벽하게 친일 청산을 했으나 남한은 친일파가 세운 정권이라고 주장합니다. 이것은 잘못 알고 있는 것입니다. 절대 그렇지 않습니다.

『시대정신』에 기고한 류석춘, 김광동 두 박사의 논문, 「북한 친일청산론의 허구와 진실」[559]에 의하면,

북한의 체제선전 역사서, 『조선통사』(1958), 『조선전사』(1981), 『현대조선역사』(1983) 등에서도 단 1명의 구체적 실명을 들어 친일행적이나 처벌에 대한 기록이 전무합니다.

---

557) 제주시 동회천경 가족 묘비에는 '대위로 전역'하였다고 새겨져 있음.
558) 김찬흡, 『20세기 제주인명사전』, (제주문화원, 2000), 321쪽.
559) 류석춘, 김광동, 『시대정신』 2013년 봄호(통권 58호), (시대정신, 2013), 238~262쪽.

"북한의 '친일 청산'은 선전 구호에 가까웠"습니다. "131명이 실형을 받았다고 하는데, 그들의 누군지 무슨 재판을 받았는지도 공개돼 있지 않"[560]습니다. 그리고 1946년 3월 7일 북조선임시인민위원회에서 전문 15개 조와 부칙으로 구성된 친일파 민족반역자에 대한 규정을 채택하였는데 이 규정 부칙을 보면 '이상의 조항에 해당한 자로서 현재 나쁜 행동을 하지 않은 자와 **건국사업을 적극 협력하는 자에 한하여서는 그 죄상을 감면할 수도 있다.**'[561]라고 규정하였습니다. 이는 친일파 단죄의 기준은 친일 정도가 아니라 오직 김일성 정권에 대한 충성도였습니다.

북한은 김일성 정권창출에 협력하면 친일은 전혀 문제 삼지 않는 반면 독립운동을 한 민족주의자 조만식도 공산정권에 비협조적이었기 때문에 친일파로 몰았습니다. 무자비한 숙청을 단행한 것입니다. 그리고 김일성 자신도 일본과 전쟁하는 미국과 협조한 것이 아니라 일·소중립불가침조약을 맺고 있던 소련군에 복무했습니다. 이는 엄밀한 의미에서 소련이 대일전 참전 이전까지는 김일성의 위치가 최소한 친일편에 서 있었다고 볼 수 있습니다.

참고로 북한의 친일 청산관련 자료를 소개하겠습니다.

북한의 친일파·민족반역자에 대한 규정[562]
(1946.3.7. 북조선임시인민위원회)

[다음에 해당되는 자는 친일파 민족반역자이다.]
1. 일제의 침략 당시 조선민족을 일본제국주의자들에게 팔아먹은 매국노와 그 관계자
2. 귀족 칭호를 받은 자, 중추원 부의장 고문 및 참의, 일본 국회 귀족원과 중의원의 의원
3. 악질고관(조선총독부 국장 및 사무관, 도지사, 도사무관, 도참여관)
4. 일제경찰 및 헌병 고급관리(경찰 경시, 헌병 하사관급 이상) 사상범 담임판사와 검사
5. 고등경찰 중 악질분자(인민의 원한의 대상이 된 자)
6. 고등경찰의 밀정책임자와 밀정
7. 해내외 민족운동자와 혁명투사들을 학살 또는 박해한 자와 방조한 자
8. 도회의원 및 친일단체 파쇼단체(일진회, 녹기연맹, 대의당, 방공단체 등) 간부와 악질분자
9. 군수산업의 책임경영자 및 군수품조달 책임자로 악질분자
10. 일제의 행정, 사법, 경찰 기관과 관계를 가지고 만행을 감행하여 인민들의 원한의 대상으로 된 민간 악질분자

---

560) 『양상훈 칼럼』, 조선일보 2020.8.20.A34면
561) 류석춘, 김광동, 『시대정신』 2013년 봄호(통권 58호), (시대정신, 2013), 262쪽.

11. 일제의 행정, 사법, 경찰의 관공리로서 인민들의 원한의 대상이 된 악질분자

12. 황국신민화운동을 전개하여 지원병, 학도병, 징용을 실시하는 데서 이론적 정치적 지도자로서 의식적으로 행동한 악질분자

13. 8·15 해방 후 민주주의적 단체를 파괴하며 또는 그 지도자를 암살하기 위한 음모를 꾸몄거나 테러단을 조직하고 그것을 직접 지도한 자와 그와 같은 단체들을 배후에서 조종한 자 혹은 테러행위를 직접 감행한 자

14. 8·15 해방 후 민족반역자들이 조직한 반동단체에 의식적으로 가담한 자

15. 8·15 해방 후 민족통일전선을 방해하는 반동단체의 밀정 혹은 선전원으로서 의식적으로 밀정행위를 감행한 자와 사실을 왜곡하여 허위선전을 한 자.

부칙 : 이상의 조항에 해당한 자로서 현재 나쁜 행동을 하지 않는 자와 건국사업을 적극 협력하는 자에 한하여서는 그 죄상을 감면할 수도 있다.

여기서 13, 14, 15호는 해방된 후의 북한정권에 비협조하거나 반대하는 행위를 친일파로 규정해서 처벌하려는 것이고, 부칙은 과거 친일파라도 북한정권에 협조하면 묵인한다는 규정입니다. 북한의 친일파 청산이 얼마나 엉터리인지 알 수 있습니다.

1946년 9월 25일 노동당중앙위원회 제2차 결정서 "'인민위원회 위원 선거 실시에 대한 보고'에 대한 결정서"에서 김일성은 '친일파 민족반역자 규정에 있어서 일체 기계적이며 공식적으로 되는 해석을 피해야 할 것이며, 8·15이후 건국사업에 적극 노력하여 개과천선하고 나온 자들에 대하여 관대한 처리를 할 것에 특별한 주의를 돌려라'[563]라는 기록이 있습니다.

또한 북한의 대표적인 역사서 『조선전사』 현대편 23편 '민주 건설사'에는,

'김일성 동지께서는 지난날 공부나 좀하고 일제기관에 복무하였다고 하여 오랜 인텔리들을 의심하거나 멀리하는 그릇된 경향을 비판 폭로하시면서…. 그들을 새 조국 건설의 보람찬 길에 세워주시었다'는 기록과 '과학자, 기술자, 문화예술인 등 인텔리들을 인민정권기관과 중요 산업 기업소들에 책임적 지위와 그리고 교육 문화 보건기관들의 중요부서에서 일하도록 배치하였다'[564]는 기록도 있습니다. 문제는 인력을 충당하려다 보니 부득이 친일정도가 아니고 정권에 충성도와 협조여부가 단죄 기준이 된 것입니다.

562) 류석춘·김광동, 『시대정신』 2013년 봄호(통권 58호), (시대정신, 2013), 261쪽.
출처 : 김일성, 「친일파·민족반역자에 대한 규정」, 『김일성 저작집』 2권, (평양, 조선노동당출판사, 1979), 113~114쪽.
563) 『조선노동당중앙위원회결정집, 1946.9~1951.11.』, 당중앙위원회 결정서, 2020.10.7. 류석춘틀탁TV
564) 2020.10.7. 류석춘틀탁TV

조갑제닷컴 『고등학교 한국사 교과서의 거짓과 왜곡 바로잡기』를 통해 본 북한이 등용한 친일파[565]들은 다음과 같습니다. 이들은 분명히 친일파였지만 북한에서는 전혀 문제가 되지 않았습니다.

[표 17] 북한이 등용한 친일파 명단

성 명	직 위	친일 내용
김영주	부주석	일제 만주 관동군 헌병 통역원으로 복무(북한 서열 2위-김일성의 동생)
장헌근	사법부장	일제 중추원 참의(북한서열 10위)
강양욱	북조선임시인민위원회 상임위원장	일제 도의원(북한 서열 11위-김일성 외조부 강돈욱의 6촌 동생)
정극은	문화선전성 부부장	아사히신문 서울지국 기자
김정제	민족보위성 부상(副相)	일제 양주군수
조일명	문화선전성 부상	친일단체 '대화숙' 출신, 학도병 지원 독려 유세
홍명희	부수상, 내각 부총리	임전대책협의회 가입
이 활	공군사령관	나고야 항공학교 정예 출신
허민국	인민군 9사단장	나고야 항공학교 정예 출신
강치우	인민군 기술부사단장	나고야 항공학교 정예 출신
박팔양	노동신문 창간 발기인 및 편집부장	친일 성향 일간지 만선일보 편집부장
한낙규	김일성대 교수	일제 검찰총장
정준택	부총리, 국가기획위원장	일제 광산 지배인, 일본군 복무
한희진	북조선임시인민위원회 교통국장	일제 함흥철도국장
이승엽	사법상	일제 식량수탈기관인 식량영단 이사

반면에 대한민국은 초대 내각에 친일파는 단 한 명도 없었습니다. 위 책[566]에 의하면 대한민국 초대 정부 구성원은 다음과 같습니다.

---

565) 조갑제닷컴 편집실, 『고등학교 한국사 교과서의 거짓과 왜곡 바로잡기』, (조갑제닷컴, 2011), 123쪽.
566) 조갑제닷컴 편집실, 『고등학교 한국사 교과서의 거짓과 왜곡 바로잡기』, (조갑제닷컴, 2011), 123쪽.

[표 18] 대한민국 초대 정부 구성원 명단

성명	직위	경력
이승만	대통령	임정초대대통력
이시영	부통령	임정 재무총장
신익희	국회의장	임정 내무총장
김병로	대법원장	항일 변호사
이범석	국무총리 겸 국방장관	광복군 참모장
장택상	외무장관	청구구락부 사건 투옥
윤치영	내무장관	흥업구락부 사건 투옥
김도연	재무장관	2·8독립선언사건 투옥
이 인	법무장관	항일 변호사
안호상	문교장관	철학교수
조봉암	농림장관	항일 노동운동가
임영신	상공장관	독립운동가
전진한	사회장관	항일 노동운동가
민희식	교통장관	철도교통 전문가
윤석구	체신장관	국내 항일, 6·25 때 인민군에 피살
이윤영	무임소장관	항일 목사
이청천	무임소장관	광복군 총사령관
김동원	국회부의장	수양동우회사건 투옥
김약수	국회부의장	사회주의 독립운동가
김병연	총무처장	국내 항일
이순탁	기획처장	국내 항일
김동성	공보처장	국내 항일

　　미흡했지만 우리는 북한과 달리 반민특위법을 제정하여 법률에 친일 기준을 정했습니다. 그 기준에 따라 친일파들을 검거하고 재판하여 처벌하였습니다. 미·소 강대국의 신탁통치를 반대하면서 겨우 나라를 세우다보니 무결점 자원이 절대 부족했고 이념적 분열이 극심한 상황에서 많은 어려움도 있었습니다.

　　친일파 청산은 당연한 주장입니다. 그러나 건국 초창기에 과거의 친일 청산보다 현재의 친북청산이 시급하고 절실하였습니다.

남로당제주도당의 시각은 북한이 친일파 등용문제에는 눈을 감고, 남한 친일파 단죄만 부각시켜 선동한 외눈박이였습니다. 따라서 친일 청산 문제도 균형적 시각을 가지고 남북을 비교 분석해야 진실이 밝혀지는 것입니다.

　　또 하나 예를 들어 보면, 여운형(呂運亨)은 경성일보 발행 반도학도출진보(半島學徒出陳譜)에 일제 징병에 자진 참여하라고 권유하는 '반도 2,500만 동포에게 고하는 글'을 기고[567]하였습니다. 1943년 2월 6일 일본 검사에게 제출한 진술서에서는 "일본을 위해 대중국공작을 할 수 있으니 기회를 달라"며 砲煙彈雨又經筆 爲國請纓捨一身 千億結成共榮日 太平洋水洗戰塵 (포연탄우우경필 위국청영사일신 천억결성공영일 태평양수세전진-포연탄우 속에 문필로 보답하고, 나라 위해 젊은 목숨 바치기를 청하네. 천억이 결성하여 공영을 이루는 날, 태평양 물에 전쟁의 티끌을 씻으리라.)는 한시(漢詩)까지 지어 충성을 맹세하기도 했습니다.[568]

　　조병옥도 여운형의 친일행위를 다음과 같이 비판하고 있습니다.[569]

　　"여운형 안재홍 두 사람은 일정 말기에 어떻게 처신했습니까? 전에는 항일파요, 민족적 지도자로 관록을 가진 여운형, 안재홍씨 두 분은 영국령 싱가포르가 함락되고, 필리핀의 마닐라가 일본에 의하여 점령당한 후 미·영연합국이 패전하고 일본이 승리한다고 오산한 나머지 조선총독부 고이소 구니아끼(小磯國昭소기국소)에게 불려가서 소위 대동아전쟁에 협력할 것과 황국신민이 되겠다고 맹세한 것을 기억하고 있습니까? 만약 기억이 안 난다고 하면 여기에 그 증거로서 매일신보에 실린 담화와 논문과 사진들이 있으니 자세히 들여다보시오. 누구의 필적이며 누구의 사진인가를".

　　이처럼 여운형은 친일파였으나, 이에 대해서 좌파는 아무 이야기가 없습니다.

| 문 84 | 북한 김일성이 항일투사였다고 선전하는데 맞나요?

답　　북한 김일성(金日成)은 본명이 김성주(金成柱)이고 만주에서 항일 빨치산 활동을 했던 것은 사실이지만 공을 세웠다는 근거는 확인된 것이 별로 없고 보천보전투 정도라고 합니다. 그러나 김일성이 보천보를 습격하였다고 해도 "1937년 6월 4일에 보천보

567) 『월간 조선』 2015년 3월호(통권 420호), 119쪽.
568) 대동신문 1946.2.17.~18.
569) 조병옥, 『나의 회고록』, (도서출판 해동, 1986), 163~164쪽.

를 습격한 것은 '조선인민혁명군'이 아니라 만주 게릴라 조직인 동북항일연군 제1로군 제2군 제6사 병력이었기 때문에... (김일성은) '조선인민혁명군'으로서가 아니라 중공군으로서 중공당의 명령에 의하여 행동했을 따름이다. 일제경찰 문서와 재판관계 문서들은 1937년 6월 4일의 보천보사건을 중국공산당의 '일지사변 후방교란작전' 또는 '중국공산당사건'으로 처리하고 있다"[570]는 기록이 있습니다. 그 후 김일성은 '1940년 10월 23일 소련으로 탈출하"[571]여 '1941년 초부터 소련 내무성 연해주지구 경비대 사령관 스티코프 중장의 보호하에 들어갔다'[572]는 기록도 있습니다.

항일 빨치산 활동으로 공을 세워 전설적인 진짜 김일성(金一成) 장군의 이름을 도용했다는 설도 무성합니다.

1945년 9월 19일 원산항으로 귀국한 김일성이 10월 14일 평양에 나타나 김일성 장군 환영대회를 연 것은 한 달 동안 영웅 만들기 기간이었다는 박길용 김국후의『김일성 외교비사』도 나와 있으니 통일되면 진실 여부가 밝혀질 것입니다.

김일성이 복무했다는 소련의 88특별(정찰)여단은 소련이 대일전투를 예상하고 중국 지리에 익숙하고 빨치신 경험이 있는 자를 모아 극동군구사령부 산하에 편성한 특수부대입니다. 4개 대대에 200명 규모로 조선인 60명, 중국인 100명, 소련인 40명으로 구성된 혼성부대로 부대장은 동북항일연군 지도자 중국인 주보중(周保中, 가명 황소원黃紹元)이고, 김일성은 대위로 88특별부대 제1대대장이었습니다.[573]

또 김일성에 관해서, 미국 중앙정보국(CIA)이 1949년 9월 작성하고, 그해 12월 국무부에 보고한 비밀문서가 2011년 기밀 해제되어 '미국의 소리'(VOA)가 확인하고 2017년 11월 7일 보도한 내용을 보면 다음과 같습니다.

"실제 김일성 장군은 일본 육군사관학교를 졸업하고 1919년 백두산 일대에서 항일운동을 전개했으나 어느 순간 사라졌다. 김일성으로 이름 바꾼 김성주가 역할을 대신했다…. (김성주는) 열여덟 살 때 동만주를 떠돌다 중국 공산당 지도자 리리싼(李立三)을 만나 공산당원이 된다. 리리싼은 1931년 10월 김성주 이름을 김일성 이름으로 바꿨고, 김성주는 김일성 이름으로 백두산 게릴라군 사령관 활동을 했다. 김성주는 공산주의를 전파하며 잔인한 행동을 해 리리싼을 만족시켰다. 스탈린 귀에도 소문이 들어갔다.

570) 김준엽·김창순,『한국공산주의운동사』5권, (청계연구소, 1988), 60쪽.
571) chosun.com, 2020.07.18.03:20, 강천석 칼럼.
572) 김준엽·김창순,『한국공산주의운동사』5권, (청계연구소, 1988), 76쪽.
573) 중앙일보특별취재반,『비록 조선민주주의인민공화국』, (중앙일보사, 1992), 65쪽.

소련은 1942년 김성주를 불러 3년간 혹독한 훈련을 시켰다. CIA는 '일본 패망 후 스탈린은 김성주에게 "김일성의 삶을 살 것"을 지시하고 북한 공산당 총비서로 지명했다.'고 보도했다."[574]

그 외에 '본래의 김일성은 김석원 장군 및 중국 장개석(장제스) 등과 일본 육군사관학교 학생이었고 그 김일성은 오래전 사망하였으며'[575]라는 기록이 있으니 이 또한 통일이 되면 진위가 밝혀질 것입니다.

○ 보천보 전투

보천보는 백두산에 가까운 함경남도 혜산진 부근에 있으며 행정구역상 함경남도 갑산군 보천면 보전리입니다. 갑산군은 오늘날 량강도에 소속되어 있고 당시 인구는 조선인이 280호에 1,323명, 일본인이 26호에 50명, 중국인이 2호에 10명 등 308호에 1,383명이 거주하고 일경 5명이 배치된 주재소가 있는 작은 마을입니다. 1937년 6월 4일 김일성이 부대원 90명을 인솔하고 보천보를 습격하여 농사시험장, 삼림보호구, 면사무소, 우편소에 방화하고 경기관총 1정, 소총 6정, 권총 2정, 탄약 수백 발을 노획한 전투가 보천보 전투입니다.[576] 대단히 큰 전투로 알려졌지만 실상은 그렇지 않습니다.

'러시아연방 대외정책문서 보관소' 문서 '1937년 12월 1일 서울 주재 소련총영사 아이신이 인민위원부 극동2과로 보낸 조선정세보고서'에 '1937년 6월 7일 조선일보' 기사가 있습니다.

'공산주의 부대 보천보(普天堡)전투: 지난 6월 4일 조선국경 인접지대에 있는 보천보에 김일성이 대장으로 있는 공산주의 부대 약 200명이 보천보 행정관서, 우체국, 파출소, 초등학교와 기타 큰 건물에 방화하였다. 이 방화로 손실액은 5만 엔을 상회하는 것으로 알려졌다. 사망자는 7명으로 그중 일본경찰관이 5명, 조선인 경찰이 2명이다. 중상자는 6명이 다 일본경찰이다. 김일성(金日成) 부대는 6정의 기관총을 비롯해 여러 가지 무장을 하고 있었다. 일본 국경수비대가 급파되어 전투가 계속되었다. 김일성 부대는 보천보를 도강(渡江)해 맨 먼저 전화선을 절단해 국경당국은 어떤 연락도 받지 못하고 부대가 철수한 이후에 연락을 받았다고 한다'[577]

---

574) 조선일보 2017.11.9. A25면
575) 인보길, 『이승만 현대사 위대한 3년 1952~1954』, (기파랑, 2020), 218쪽.
576) 조갑제닷컴 편집실, 『고등학교 한국사 교과서의 거짓과 왜곡 바로잡기』, (조갑제닷컴, 2011), 125~126쪽.
577) 박종효, 「러시아연방 외무성 대한(對韓)정책자료 I」, (선인, 2010) 122, 123, 128쪽

[7장]
제주4·3사건의 기점을 3·1발포사건으로
보는 것이 맞습니까?

| 문 85 | 3·1발포사건이란 어떤 사건인가요?

답 우선 3·1발포사건 전후의 상황을 알아보고 3·1발포사건에 대해 설명하겠습니다. 조선공산당 세력은 1946년 9월 총파업과 10·1대구폭동으로 2개월간에 걸쳐 전국 73개 시·군에서 격렬한 폭력을 행사하여 미군정을 뒤흔들어 놓았지만, 주동자들이 대량 검거 되어 결과적으로 심대한 조직파괴를 초래하였습니다.

1946년 11월 23일 3당을 통합하여 출발한 남로당으로서는 합법적인 대중정당을 표방하면서 파괴된 당조직정비와 세확장이 시급해지자 다시 한 번 전국적인 대중투쟁을 통하여 무기휴회 중인 미·소공위 재개촉구투쟁을 기획하고, 대중동원이 가능한 적기(適期)를 다가오는 제28회 3·1절로 삼아 대대적인 3·1기념투쟁을 기획하고 지시하였습니다.

※ 남로당중앙당의 3·1기념준비위원회 발기회 구성

1947년 1월 28일 남조선노동당의 발의로 3·1기념준비위원회 발기회가 구성되었습니다. 조선민주주의민족전선(약칭 민전)을 중심으로 '2월 2일 3·1절기념준비위원회를 정식으로 결성하고, 허헌, 여운형, 김원봉, 박헌영 등 남조선노동당 간부를 명예의장으로 추대하고 기타 임원을 선정'[578]하였습니다.

"2월 5일 조선민주주의민족전선 제1차 상임위원회 회의에서 3·1절의 '행사절차는 급속히 제정하여 남조선 전 지역에 시달할 것'을 결의"[579]하였습니다.

이 결의에 따라 남로당제주도당에 3·1기념투쟁 관련 각종 지령이 내려온 것입니다.

---

578) 독립신보, 1947.2.4.
신상준, 『제주도4·3사건』 하권, (한국복지행정연구소, 2002), 19쪽.
579) 독립신보 1947.2.9.

그러나 1947년으로 접어들면서 국내외 정세는 남로당의 의도대로 찬탁좌파세력만으로 임시정부를 조직하거나 통일을 이루기가 점차 어려워지고 있었기 때문에 새로운 활로 모색이 절실하였습니다. 그래서 조직적으로 3·1기념투쟁을 시도한 것입니다.

이때 남로당제주도당은 군정당국이 수차에 걸쳐서 엄중히 경고하였음에도 불구하고 불법집회와 시위를 감행하였습니다. 정도의 차이가 문제였지 당국의 시위 금지와 남로당의 시위 강행은 필연적으로 충돌할 수밖에 없었습니다. 그런데 그 충돌은 이외의 변수로 인해 발포와 사상자 발생이라는 인명피해로 확대 악화되었습니다. 정부보고서에 나온 발포 경위를 소개하면 다음과 같습니다.

① "사건은 한 기마경관이 관덕정 옆에 자리 잡았던 제1구 경찰서로 가기 위해 커브를 도는 순간 갑자기 튀어나온 6세가량의 어린이가 말굽에 채이면서 시작됐다. 기마 경관이 어린이가 채인 사실을 몰랐던지 그대로 가려고 하자 주변에 있던 관람 군중들이 야유를 하며 몰려들기 시작했다. 일부 군중들은 '저놈 잡아라!'고 소리치며 돌멩이를 던지며 쫓아갔다. 당황한 기마 경관은 군중들에 쫓기며 동료들이 있던 경찰서 쪽으로 말을 몰았고, 그 순간 총성이 울렸다. 당시 관덕정 앞에는 육지에서 내려온 응원 경찰이 무장을 한 채 경계를 서고 있었는데, 기마 경관을 쫓아 군중들이 몰려오자 경찰서를 습격하는 것으로 잘못 알고 일제히 발포한 것이다. 이 발포로 민간인 6명이 숨지고 6명이 중상을 입었다."

② '이날 도립병원 앞에서 발포사건이 발생했는데……이문규 순경이 공포감을 느껴…… 행인 2명에게 중상을 입혔다.'[580]

이에 대해 다른 현장 목격자는 다음과 같이 증언하였습니다.

관덕정 앞 시위군중이 기마경찰 말의 뒤꽁무니를 대막대기로 쑤셔 말이 놀라는 바람에 어린이가 넘어지는 돌발 사고가 발생했다.
- 부산시 금정구 김하영[581]과 애월면 장전리 거주 이방식의 증언 -

당시 미군정은 3·1발포사건에 대하여 다음과 같은 기록이 있습니다.

---

580) 제주4·3위원회, 『제주4·3사건진상조사보고서』, (2003), 109,110쪽.
581) 1933년생 제주읍 화북1구 출신.

1947년 3월 15일자 미군 제6보병사단 정보참모부 정기보고 제513호

'1947년 3월 1일 오전 10시, 대규모 남녀 학생 무리가 건설 중인 학교(오현중학교 저자 주)에서 불법행사를 개최했다. 경찰은 이들에게 행사를 끝마치도록 30분을 줬고, 그들은 이후 해산했다.

한편 섬의 동부, 서부, 남부에서 사람들이 모여들어 읍에서 대규모 행진이 시작됐다. 경찰은 그들을 멈추게 할 수 없었다. 분쟁을 방지하기 위해 경찰들에게는 행진 진행을 허용하고 집행부들은 나중에 체포하라는 지침이 떨어졌다.

행진은 잘 정돈돼 있었고 북국민학교로 모두 모여들었다. 모든 군정 직원과 전술부대가 경계에 들어가고 그들의 부양가족은 비행장으로 대피했다. 북국민학교에서의 행사는 오전 11시에 시작되어 오후 2시에 종료됐다.

최소 1명의 연사가 집회를 계획한 사람들이 체포될 것이라고 말했다. 해당 연사는 경찰서로 행진하여 그곳에 있는 수감자들을 석방시켜야 한다고 군중들을 재촉했다. 군중의 인원은 2만 5,000여 명으로 추산되며, 그중 1만 8,000명은 제주읍에서 온 사람이었다.

소문에 따르면 외곽 지역 마을들의 농민들은 벌금 150엔을 물리거나 미곡 배급을 불허하겠다는 위협을 받으며 참석을 강요당했다고 한다. 오후 2시 집회가 끝날 때쯤 군중은 잘 정돈된 조직을 2개의 무리로 나누어졌디.

경찰 사전 정보에 따르면 이 2개 무리는 유치장이 위치한 제1구 경찰서와 감찰청 건물(Inspection Command Building)을 공격할 계획이었다. 두 무리는 깃발과 현 수막을 들고 노래를 부르며 북국민학교 운동장을 벗어나 제주읍 시내를 행진했다.

구경꾼으로 숫자가 불어난 한 무리는 제1구 경찰서 앞에 멈췄다. 군정장관(MG Provincial Governor)과 군정청 직원 몇몇이 그곳에 있었다. 시위대는 경찰들에게 유치장으로 들어가는 것을 허용해달라고 요구했다. 경찰이 이를 거부하자 시위대는 경찰들을 향해 돌을 던졌다.

비슷한 시각에 두 번째 무리가 감찰청 건물 앞에 도착했다. 그곳에는 경기관총이 실린 1/4톤 트럭과 함께 군정중대 공안장교와 군정청 직원들이 있었다. 시위대는 기관총을 보고 멈추었다가 야유를 퍼부으며 돌을 몇 개 던졌다. 공안장교는 이 소요 현장으로 군정장관을 데려오기 위해 기마경찰 전령을 보냈다. 이 시점에 공안장교는 제1구 경찰서에 있는 시위대의 존재를 알지 못했다.

전령은 군정장관에게 메시지를 전달했고 군정장관은 1/4톤 트럭을 타고 감찰청 건물로 왔다. 1/4톤 트럭을 위해 길을 트는 과정에서 기마경찰이 의도치 않게 그의 기마로 어린이를 쓰러뜨렸다. 이 행동이 시위대를 움직이게 만든 기폭제였다. 시위대는 경찰을 향해 진군하며 유치장으로 쇄도했다.

경찰은 시위대를 향해 발포하여 그들을 해산시켰다. 폭도 5명(1명은 여성)이 사망했고, 4명이 중상을 입었다. 이 중 1명은 폭동 직후 사망했다. 2명은 경상을 입었다.'[582]

여기서 특이한 것은 미군 부양 가족을 비행장으로 대피시킬 만큼 분위기가 험악했다는 점과 외곽 지역 마을 농민들이 시위 불참시 150엔의 벌금을 부과하겠다고 협박하면서 주민을 동원하였다는 사실입니다.

정부보고서에 의하면 발포 당시 관덕정 마당에는 시위 군중이 거의 사라지고 후미만 남아 있는 상황에서 발포했다[583]고 하지만, 많은 현장 목격자에 의하면 수많은 군중이 운집해 있었고 시위 주도세력은 어깨동무를 하거나 앞 사람의 허리를 잡고 S자(字)로 지그재그 식 시위를 감행하여 광장 전역을 누볐다는 증언도 있습니다.

그리고 기마 경관이 탄 말에 어린이가 넘어진 것은 제주북국민학교 앞 200여m 지점과 관덕정 앞 등 2곳에서 발생했으며, 현장을 직접 본 김하영의 증언은 발포의 실마리가 된 곳이 관덕정 앞입니다. 경찰이 시위 군중을 향해 발포한 것은 돌발 상황에 당황한 나머지 발생한 우발적 상황이었습니다. 그러나 많은 인명피해가 발생하여 치안 상황은 걷잡을 수 없이 최악의 상태로 치달았습니다. 남로당으로서는 군중을 자극하기에 가장 효과적인 명분을 얻게 되었으며 이는 총파업으로 확대 악화됩니다.

제주읍 관덕정 앞에서 벌어진 3·1발포사건은 4·3사건이 발발하기 13개월 전인 1947년 3월 1일에 발생하였습니다.

남로당은 3·1운동을 기념한다는 명분으로 미군정에 영향력을 행사하기 위한 최상의 정치투쟁 기회라는 생각에 지난 해 9월총파업이나 10·1대구폭동의 좌절을 만회하려 하였습니다. 그래서 남로당제주도당은 제주북국민학교에서 불법집회를 마치고 불법으로 가두시위를 하던 중 예기치 않게 기마경찰에 의해 어린이가 다치는 일이 생겼고, 시위군중 200여 명이 그 기마경찰에게 돌을 던지며 함성을 지르고 쫓아가자 이를 경찰서 습격으로 오인한 경찰서 경비경찰이 당황한 나머지 발포해, 사상자가 발생한 사건으로 '3·1사건' 또는 '**3·1발포사건**'이라 합니다. 기마경찰을 추격하는 200여 명의 시위대와 경찰서를 경비하는 경찰관 간의 간격은 불과 50여m 이내의 거리여서 매우 다급한 상황이었습니다.

저는 3·1발포사건이 남로당 측에서 유도해서 일어난 사건이 아닌가 생각합니다. 그 근거로는 남로당제주도당이 1947년 2월 25일자 '3·1기념 캄파에 관한 건'에 따르면 '대중의 호흡을 같이 할 수 있고 감정을 격발시켜 전취하고'라는 지령이 있습니다. 또한 '3·1절 행사시 인민을 자발적으로 투쟁 와중에 경찰서로 돌입하도록 유도 선동하라'는 지령도 있습니다.

582) 제주4·3평화재단, 『제주4·3사건 추가진상조사 자료집 3 (미국자료 1)』, (2020). 256~257쪽.
583) 제주4·3위원회, 『제주4·3사건진상조사보고서』, (2003), 109쪽.

앞에 설명한 미군정 보고서에 나오는, 수감 중인 죄수 석방을 요구하면서 경찰서로 돌입한 점 등을 보면 민심을 격발시킬 구실 만들기를 획책한 것으로 보입니다.

| 문 86 | 남로당이 3·1절 기념식을 정치투쟁화 한 의도는?

답 남로당이 제28주년 3·1절을 맞아 의도한 목적은, 당시 독립신보 1947년 3월 1일자에 '3·1투쟁교훈 살리자' 라는 제하에 '조선인민에게 드림'이라는 글을 보면 쉽게 알 수 있습니다.

> '… 반역도당들과의 무자비한 투쟁을 통하여 조국의 민주독립을 보장한 모스크바 3상결정을 총체적으로 지지, 실천하는 광범위한 인민운동을 전개하여 인민의 압도적 여론으로서 미소공동위원회를 속개하게 하고, 미소공동위원회가 모스크바 3상결정을 총체적으로 지지, 실천하는 민주주의 정당과 사회단체만을 토대로 임시민주정부를 꼭 수립하고, 정권이 인민위원회에 넘어 오게 하여 이 인민위원회가 북조선과 같은 민주개혁을 즉시 실천하게 함에 있다. 우리 남조선노동당은 여러분의 선두에서 용감히 투쟁함으로써 기필코 자유와 민주독립을 전취할 것을 맹세한다.'[584]

여기에 추가한다면 이 기회를 이용하여 당원배가운동을 추진하여 세력확장을 시도했고 여차하면 지속적인 투쟁 구실을 만들어 결국 찬탁세력만으로 임시정부 그것도 북한과 같은 체제로 하자는 것을 노골적으로 나타냈습니다.

한반도 문제는 미·소공동위원회에서 모든 것을 협의 해결하게 되어 있습니다. 그런데 소련은 신탁통치에 찬성하는 좌파만을 앞으로 추진할 임시정부 구성에 참여하도록 주장한 데 반해 미국은 남한에 인구 2/3가 살고 있으며 '의사표현의 자유보장원칙'에 입각하여 설령 신탁통치를 반대한다 하더라도 이들 전부를 배제하는 것은 부당하니 반탁 우파도 참여시키자고 주장하여, 1946년 3월 20일 열린 제1차 미·소공위는 아무런 합의 없이 1946년 5월 8일 결렬되었습니다.

그러니 좌파에서는 미·소공위 재개를 촉구하면서 제2차 미·소공위를 대비해, 남한에는 남로당 세력이 절대 우세하다는 세과시를 함으로써 미군정을 압박하고 반탁파 우익을 배제한 후, 찬탁파 좌파만으로 임시정부 구성에 참여하려는 정치적 목적이 있었고 이를 관철하려 한 것이 바로 3·1기념투쟁입니다.

---

584) 김남식, 『남로당 연구』 1권, (돌베개, 1984), 276쪽.

| 문 87 | 남로당이 3·1절 기념식을 정치투쟁장화 했다는 근거는?

답 1947년 3·1기념투쟁이 순수한 기념식이 아니고 정치투쟁장이었다는 증거는 많이 있습니다. 남로당은 제28주년 3·1운동 기념일을 기하여 전국적으로 총동원령을 내렸습니다. 그리고 제주도내에서 발굴된 지령서만 봐도 16개 지령서에 상세히 나와 있습니다. 이 중에는 중앙당이 직접 작성한 지령서가 있습니다.

찬탁세력 좌파만으로 임시정부를 구성하고 북한과 같은 체제를 건설하자는 것을 가지고 이를 민중항쟁이라 한다면 본질을 피해가는 것입니다. 남로당제주도당은 이런 목표 달성을 위하여 즉각 말단 야체이카(세포)에 투쟁방침을 하달하고 실행합니다.

| 문 88 | 3·1발포사건이 4·3의 시작이라고 말하는데 맞나요?

답 4·3의 법적 정의 비판에서 이미 설명해 드렸습니다만 거기에 동의할 수 없습니다. 3·1기념투쟁이나 4·3무장투쟁은 남로당 강령 실천을 위한 공산통일투쟁이라는 공통점이 있고, 동일세력이 동일목표 실현을 위해 일관되게 지속해서 추진한 투쟁 중의 하나임은 분명합니다. 그러나 남로당 강령이나 3·1절 투쟁지령문을 보면 3·1발포 사건이 없었어도 5·10선거 반대투쟁인 4·3은 일어났을 것이기 때문입니다.

다만 발포사건으로 인한 인명피해가 발생하였으니 민심이 격앙되고 민·경간 반목과 충돌이 있었으며 남로당에게 투쟁 명분을 제공하게 되어 도민을 선동하는데 매우 좋은 구실을 준 것만큼은 틀림이 없습니다.

그러나 3·1발포사건은 경찰이 의도된 행위도 아니고, 어떻게 보면 남로당이 민심을 격발시킬 수 있도록 유도한 술책에 말리든, 불법 시위 중 어린이가 기마경찰에 의해 다치는 돌발적 사고에 기인하여 발생한 우발적인 사건입니다. 이로 인해 경찰에 대한 도민들의 반감은 커지게 되고 도민들은 남로당의 선전·선동에 더 큰 영향을 받게 되었으며 3·10총파업으로 확대되었고, 남로당에게는 '이 기회를 옳게 포착하여'라는 지령 내용을 실현할 기회와 명분을 확보하였던 것입니다. 발포사건으로 인해 '주민과 경찰의 관계는 악화되었는데 남로당은 이러한 분위기를 전략적으로 이용했'[585]습니다.

---

585) 현길언, 『섬의 반란 1948년 4월 3일』, (백년동안, 2014), 35쪽.

3·1발포사건과 4·3사건을 비교해보면 다음과 같은 점을 발견할 수 있습니다.

○ **공통점**
   주체가 남로당, 상급당의 지령 실천, 북한과 같은 공산통일 지향
○ **다른점**
   당면 목적
   3·1투쟁 - 미·소공위 재개 촉구, 와해된 남로당 조직 정비, 구속자 석방,
   　　　　　당원 확장, 세 과시로 미군정에 찬탁 좌파만으로 임시정부 수립 압력
   4·3투쟁 - 5·10선거 파탄, 대한민국 건국 저지, 반동숙청, 해방구 확보,
   　　　　　최종 남북 공산통일 달성

   투쟁수단
   3·1투쟁 - 군중동원, 선전·선동, 불법 집회 및 시위
   4·3투쟁 - 무장 폭동, 대한민국 건국 후 무장반란 계속

3·1발포사건은 이미 주동자들을 처벌함으로써 마무리되었고 4·3과는 13개월 간의 차이가 있기 때문에 엄밀한 의미에서 4·3사건과는 구별되는 별개의 사건입니다.

| 문 89 | 3·1기념투쟁을 위한 남로당제주도당의 준비 동향은?

답 앞에서 설명해 드린 바와 같이 제주도 좌파는 1946년 1월 15일 또는 1946년 상반기까지 각 읍·면별로 반탁궐기대회를 주도하다가 찬탁으로 급선회한 후 우익과 정면 대결하게 되었습니다.

1946년도 육지부에서는 9월 총파업과 10·1대구폭동이 일어나 많은 홍역을 치렀지만 제주도 내에는 대형사건 없이 비교적 평온하게 보냈습니다.

좌파들은 이때의 남로당을 매우 평화적이고 온건했다고 평가합니다만 공산당은 본래 역량 성숙기 이전에는 합법적 활동을 원칙으로 하고, 역량이 강화되고 분위기가 성숙되기를 기다리는 법입니다. 그들이 온건했다고 해서 기본 노선이나 전술 또는 강령이 변경된 것은 아무것도 없었고 그 기간이란 지하조직의 확대와 역량 축적 기간일 뿐입니다.

그리고 1947년 초에 이르러 남로당제주도당은 활발한 움직임을 보입니다.

- 1월 12일 제주도민주청년동맹(약칭 제주도민청) 결성(위원장 김택수)[586]

---

[586] 미군정은 1947년 5월 16일 조선민주청년동맹(민청)에 대해 해산을 명령하여 민청이 불법화되자, 1947년 6월 5일 조선민주애국청년동맹(민애청)으로 개편하여 계속 활동했습니다.

□ 제주도민주청년동맹[약칭 제주도민청] 결성

제주도민청은 1947년 1월 12일 결성을 시작으로 2월 22일[587]까지 각 읍·면 민주청년동맹 조직을 완료하고 완벽하게 3·1기념투쟁에 대비하였습니다.

읍·면 민주청년동맹 결성 때에도 제주도 민전 결성식 때와 마찬가지로 박헌영·허헌·김일성·조희영·김택수를 명예의장에 추대하였습니다.

명예의장으로 추대된 박헌영·허헌·김일성·김택수는 [표 19. 제주도 민전 간부 및 명예의장 명단]을 참조하시고, 조희영은 조선민주청년동맹 위원장입니다. 제주도민청이나 읍·면민청 결성식에서도 명예의장으로 추대한 사람 중 우익 인사는 단 한 사람도 없습니다. 그리고 제주도 읍·면 단위 청년단체조직을 하면서 북한에 있는 김일성이나 박헌영을 명예의장으로 추대하는 것도 정상이 아니지만 그렇게 한 것은 분명한 의도가 있어서입니다. 남로당 전위세력은 북한 김일성과 남로당 실질적 당수 박헌영→ 남로당중앙당 허헌→ 전남도당→ 제주도당→ 말단 읍·면당까지 일사불란한 조직과 사상적 통일체계를 갖추었음을 증명해 주는 것입니다.

이렇게 조직된 민청은 중앙에서 민애청으로 명칭이 바뀌자 자동적으로 제주도 및 각 읍·면민청들도 그 명칭을 민애청으로 바꿔 활동하였습니다.

제주도민청이 결성되고 곧 읍면 민청 조직에 착수하여 조천면(1. 25. 위원장 김원근), 구좌면(1. 30. 위원장 오원준), 서귀면(2. 9. 위원장 송태삼), 한림면(2. 9. 위원장 김행돈), 대정면(2. 10. 위원장 이종우), 성산면(2. 13. 위원장 한순화), 제주읍(2. 16. 위원장 이창옥, 이창구?), 남원면(2. 16), 애월면(2. 22. 위원장 장제형) 민청을 조직했습니다. 3·1기념투쟁 7일 전, 도·읍·면 민청 조직을 완료했습니다.[588]

- 1월 15일 제주도부녀동맹 결성(위원장 김이환, 읍·면·리까지 결성)
- 1월 27일 대의원 300명, 방청자 300여 명 참석 하에 대정면 농민위원회 결성(위원장 이운방)[589]

※ 각 읍·면 농민위원회[약칭 농위] 결성

1947년 3월 13일 자 남로당제주도당 농민부가 각 읍·면투위에 지령한 3·1기념투쟁관련 제16차 지령서, 도위지시 제3호 '농위조직에 관한 건'[590]에 의하면 3월 20일

587) 3·1사건 7일 전.
588) 신상준, 『제주도4·3사건』 상권, (한국복지행정연구소, 2000), 716~717쪽.
제주4·3연구소, 『4·3 장정』 5권, (전예원 1992), 39~40쪽.
표선면 민청 조직 여부와 안덕면 민청(위원장 이성두)·중문면 민청(위원장 김성추) 조직 일자는 미상.
589) 신상준, 『제주도4·3사건』 상권, (한국복지행정연구소, 2000), 721쪽.

까지 농위 조직 상황을 보고토록 하였으며, 농위 강령규약은 상부에서 규약이 올 때까지 우선 대정면 것을 이용하도록 지령한 점으로 보아 대정면 이외의 읍·면 지역에서도 3월 20일까지 조직을 완료한 것으로 판단됩니다.

- 2월 10일 양과자 반대 학생 시위

> • "1947년 2월 10일 관덕정광장에서 제주농업중학교, 오현중학교, 제주중학교 등 중학생 1천 수백 명이 모여 반미·양과자반대운동을 전개했다."[591]
> • '1947년 2월 10일 13시에 300~400명의 학생집단이 분명히 제주읍에 주둔하고 있는 군정중대에 반항하는 시위를 감행했다. 군정중대는 그 시위를 해산시키고 학생들을 제주읍 밖으로 쫓아내었다. 학생들은 제주읍 밖 3마일 떨어져 있는 비행장 풀밭에 방화하였다.'[592]

- 2월 12일 남로당중앙당의 지시로 북제주군 애월면에서 무허가로 암암리에 남로당 제주도당 조직.[593]
- 2월 12일 남로당제주도당 결정서 채택, 결성서에는
  '3·1운동 방침 : 3·1기념투쟁의 당내 최고 목표를 합법성 전취에 둠
                  당의 최고 목표를 삼상회의 결정 실천 획득에 둔다.
                  2월 15일까지 3·1투쟁의 의의를 하부에 지시한다.'[594]
- 2월 16일 3·1기념투쟁 관련 제1차 지령서 '3·1운동기념투쟁방침' 하달
- 2월 17일 3·1절기념준비위원회 결성(위원장 안세훈)
- 2월 19일 3·1절기념준비위원회 위원 25명이 회의
                  남로당 강령과 당세 확장을 목표로 일대 시위 감행을 결의
- 2월 20일 제2차 지령서 '남조선노동당제주도위원회 서한' 하달
- 2월 20일 러치 미군정장관 집회 및 시위 승인권 상향 조치
- 2월 21일 제3차 지령서 '각종 조사에 관한 건 등' 하달
- 2월 21일 제주감찰청은 3·1절기념준비위원회 안세훈 등 초치 상부 방침 전달

590) 제주4·3연구소, 『제주 항쟁』 창간호, (실천문학사, 1991), 204쪽.
591) 제주신보 1947.2.10.
592) 신상준, 『제주도4·3사건』 상권, (한국복지행정연구소, 2000), 322쪽.
593) 1947.4.18. 제주경찰감찰청에서 작성·배포한 「3·1폭동 습격 파업사건 발생에 관한 건」; 제주4·3평화재단, 『제주4·3사건추가진상조사 자료집 1 (4·3관련 경찰자료)』, (2018), 107쪽.
594) 제주4·3평화재단, 『제주4·3사건 추가진상조사 자료집 1 (4·3관련 경찰자료)』, (2018), 27~28쪽

- 2월 21일 제주읍부녀회를 제주읍부녀동맹으로 개편(위원장 고인식)
- 2월 22일 제주감찰청 경고문 발표
- 2월 23일 제주도 민주주의민족전선 결성(의장단 : 안세훈·이일선·현경호)

□ 중앙민주주의민족전선

'1946년 2월 15일 인공중앙위원회를 계승한 민주주의민족전선을 결성하였다. 이 민전은 일종의 정당이라기보다는 조선공산당, 인민당, 신민당을 비롯한 좌파정당과 노동단체, 농민단체, 청년단체, 부녀단체, 문화단체 등을 총망라한 좌파세력의 통일전선이었다. 공동의장으로는 여운형 박헌영 허헌 등이 추대되었다.'[595]라고 기록하였습니다. 의장에는 김원봉 백남운이 더 추대되었고 민전은 조선공산당의 지시에 따라 움직였습니다.

□ 제주도민주주의민족전선(약칭 제주도민전) 결성

제주도민전은 1947년 2월 23일[596] 제주읍 조일구락부에서 개최한 제주도민주주의민족전선 결성식에서 스탈린·박헌영·김일성·허헌·김원봉·유영준을 명예의장으로 추대했습니다.[597] 민전중앙의장 중 백남운이 빠지고 스탈린 김일성 유영준이 추가 추대되었습니다.

3·1기념투쟁도 중앙과 마찬가지로 제주도민전이 주도하였습니다. 제주도 민전 간부와 명예의장은 [표 19]와 같습니다.

[표 19] 제주도 민전 간부 및 명예의장 명단[598]

직위	이름	경 력
의장	안세훈	3·1절기념준비위원회 위원장 3·1사건대책위원회 부위원장, 남로당제주도당 위원장 북한 제1기 최고인민회의 대의원
	이일선	제주도민전 창립대회 때 사회자, 3·1기념투쟁준비위원회 선전선동부 담당 제주 관음사 주지(친일 승려, 불교 대표)
	현경호	제주중 교장(유림 대표)
부의장	김택수	제주신인회(제주도공산당 전신)총무부 간사 전남청년연맹 제3회 정기총회 의장 제주도민청 위원장 재일조총련 오사카부(府)본부상임 의장단 일원(一員)

직위	이름	경 력
부의장	김용해	신간회 오사카지부 간사, 애월면 건준 위원장 3·1절기념준비위원회 동원선전부장
	김상훈	김응빈의 친형, 항일운동가 (김응빈은 6·25 때 노동당서울시당 위원장)
	오창흔	제주도립의원 원장, 제주도의사회 초대 회장 3·1절기념준비위원회 부위원장
명예의장	스탈린	소련 수상
	김일성	북로당 부위원장 북조선인민위원회 위원장
	박헌영	남로당 부위원장(실질적 총지휘자) 조선민주주의민족전선 공동의장
	허헌	남로당 위원장, 조선민주주의민족전선 공동의장
	김원봉	인민공화당 당수 조선민주주의민족전선 공동의장
	유영준	남로당 중앙위원 조선민주주의민족전선 공동의장

작은 도 단위 민전을 창립하면서 소련에 있는 스탈린이나 북한에 있는 김일성을 명예의 장으로 추대하는 것도 이상하지만 굳이 그렇게 한 이유는 명백합니다. 그것은 김구나 김규식과 같은 독립 운동가들을 단 한 명도 포함하지 않은 것은 그들과 노선이 다르기 때문입니다.

여기서 주목할 것은 남한의 우파는 어떤 집회나 행사에서 그 어떤 친미주의자라 할지라도 '트루먼 만세'나 '미국 만세'를 부른 적이 없었고, 트루먼을 명예의장에 추대한 사실도 없습니다. 조선공산당이나 남로당은 소련을 조국이라 불렀지만 우파는 미국을 조국이라 호칭한 사실도 없습니다. 이런 사실로 미루어 볼 때 남·북한 중 누가 사대주의적이고 누가 자주적이며 누구를 해방시켜야 하느냐의 문제는 여실히 증명된다 하겠습니다.

※ 의장단에 이일선(불교), 현경호(유림)가 선임된 것은 1947년 2월 26일 남로당전남도 당부 지시 문서 중 민전강화 방침에서 '① 정당대표는 의장으로 ② 대중단체 대표는 부의장으로 ③ 그 외 신망 있고 유력한 개인 종교단체 대표를 적극적으로 민전에 흡수토록 할 것'이라는 지령에 따른 것입니다.[599]

- 2월 23일 충남·북 응원 경찰 100명 도착
- 2월 25일 제주도민전 의장단 안세훈 등이 미군정 경찰고문관 방문
- 2월 25일 제4차 지령서 '3·1기념캄파에 관한 건' 하달
- 2월 일자 미상 제5차 지령서 '민전선거강령 선전에 대한 지시' 하달
- 2월 25일 제6차 지령서 '3·1운동기념 캄파[600] 전개에 관한 건' 하달
- 2월 25일 조병옥 경무부장 담화문 발표
- 2월 26일 각 학교대표자회의 개최, 각 학교별 3·1투쟁기념준비위원회 조직, 교원노조 결성 결의
- 2월 28일 미군정청은 안세훈 등을 재차 불러 3·1절 행사 관련 최후 지시

다른 자료에 의하면, 남로당중앙당은 3·1기념투쟁을 앞두고 남로당제주도당에 '3·1절 행사 시 인민을 자발적으로 투쟁와중에 경찰서로 돌입하도록 유도 선동하라고 지령하면서 10월 인민항쟁[601]에 연계하여 투쟁하도록 했다.

1947년 2월 12일 남로당제주도위원회에서 토의 결정된 사항은

첫째, 당 중앙의 지령으로 2월말까지 당세를 표면화 시킬 것.

둘째, 3·1투쟁을 통해서 인민을 위하는 기반으로 인민이 갈망 요구하는 것 같이 선동할 것.

셋째, 3·1투쟁은 당 표면화를 전제로 투쟁할 것.

넷째, 민전 결성은 당 표면화의 선단으로 2월 20일까지 결성할 것.

다섯째, 3·1행사 주최는 민전 내지 산하단체로 할 것.

여섯째, 소학교 직원 세포의 활동으로 교원조합을 급속 결성하여 당 표면화의 복선으로 할 것.

일곱째, 3·1절에 행할 시위행렬에는 당내 슬로건 내지 삼상회의 결정을 절대 지지하자는 대외 슬로건을 거양하고 투쟁할 것.

여덟째, 조천면 내지 애월면의 면민을 제주읍으로 동원하여 제주읍에 집결케 하고 전투적 복장으로 결사적 행동을 할 것.

---

595) 제주4·3위원회, 『제주4·3사건진상조사보고서』, (2003), 92쪽.
596) 3·1기념투쟁 6일전
597) 제주4·3위원회, 『제주4·3사건진상조사보고서』, (2003), 94~95쪽.
598) 신상준, 『제주도4·3사건』 상권, (한국복지행정연구소, 2000), 330~331쪽.
599) 제주4·3평화재단, 『제주4·3사건 추가진상조사 자료집 1 (4·3관련 경찰자료)』(2018). 54쪽.
600) 캄파(kampa)는 러시아어 깜빠니아(kampaniya)의 준말, 캠페인(campaign) 정치단체나 그 구성원뿐만 아니라 널리 일반 대중을 대상으로 일정한 정치목적 달성을 위하여 행하는 정치 운동 형태의 조직 활동.
601) 대구 10월폭동

아홉째, 시위행렬은 민청결사대를 선두로 부녀동맹, 일반의 순서로 행동할 것.'[602]

등을 토의 결정했습니다.

이상과 같이 남로당제주도당은 3·1절을 앞두고, 투쟁을 직접 실천할 전위세력인 민전과 민청, 부동, 교원노조 조직을 완료하였습니다. 미군정이 금지하는 시위감행을 결의하였으며, 6차에 걸친 매우 구체적인 투쟁 방침과 투쟁 목표를 제시한 지령서를 하달하는 등 불법 집회와 시위 준비를 완료하였습니다.

한편 미군정 당국은 상황의 위중함을 파악하고 여러 번의 설득과 경고 및 응원 경찰을 요청하는 등 긴박한 상황에 대비하였습니다.

| 문 90 | 남로당의 3·1기념투쟁지령서가 지금도 남아 있나요?

답 기적 같은 일입니다만 천만다행으로 16개가 남아 있습니다. 이 지령서는 제주대학교 사회학과 조성윤 교수가 발굴하여 제주4·3연구소에 기증하자 제주4·3연구소에서는 1991년 『제주 항쟁』 창간호에 그 전문을 게재하여 알려지게 되었습니다. 남로당 측 자료로서는 김달삼이 작성한 제주도인민유격대투쟁보고서[603]와 이 16개 지령서가 유일하다 할 만큼 남로당이 직접 작성한 1차 사료로써 매우 중요한 자료입니다.[604]

이 외에도 현재 제주4·3평화재단에는 많은 경찰자료 및 남로당자료를 보관하고 있으나 그 일부만을 공개한 상태입니다.

| 문 91 | 남로당제주도당의 3·1기념투쟁 관련 16개 지령과 당국의 대응은?

답 4·3특별법이나 정부보고서는 물론, 3·1발포사건을 4·3의 기점으로 주장하는 사람들의 주장이 잘못되었음을 말씀드리겠습니다. 남로당제주도당은 중앙당 지령에 의해 3·1기념투쟁을 계획하고 실행하며 3·10총파업투쟁으로 진행되는 전 과정에서 지금까지 발굴된 것으로 16개 지령서에 따라 투쟁하였고 당국은 이에 대한 대응 조치를 취했습니다.

602) 박서동, 『월간 관광제주』, (월간관광제주사, 1989. 6), 57,58쪽.
603) 문창송 편, 『한라산은 알고 있다』, (대림인쇄사, 1995)
604) 김영중, 『남로당제주도당 지령서 분석』이라는 단행본으로 삼성인터컴에서 2014년, 퍼플에서 2017년에 발행했습니다.

전국적으로 전개된 1947년 3·1기념투쟁은 남로당의 조종 하에 민전이 주도하였습니다. 1946년 2월 19일 결성된 민주주의민족전선(약칭 민전)은 치밀한 계획 하에 추진했으며 제주도의 경우에도 1947년 2월 23일 결성[605]된 제주도민전이 주도하였습니다.

그러면 제주도 내의 3·1기념투쟁에 대하여 남로당의 지령서 중 핵심 내용을 발췌하고 당국의 대응을 날짜순으로 설명하겠습니다.

① [남로당] 제1차 지령서[606]
- '3·1운동기념투쟁의 방침' (1947년 2월 16일자)[607] 하달
제1차 지령서는 남로당제주도당이 3·1운동기념투쟁과 관련하여 지금까지 발굴된 첫 지령서입니다. 주요 내용은

▲ 각 읍·면에서는 인위(人委), 민청(民靑), 부동(婦同) 기타 각종 단체 및 직장대표자로 3·1기념준비위원회를 조직할 것……각 부락 및 직장에서도 이에 준하여 준비위원회를 조직할 것, 단 학교에서는 교직원과 학생대표로 조직할 것

▲ 단체기 및 표기기(標記旗)를 들 것

▲ 반(班) 및 직장 단위로 동원 조직하여……동원시켜 … '복장은 전투식 경장(輕裝)으로서 시위행렬도 준비위원회가 지정한 장소에 정각에 집합하되 인민위원회 기를 들것'[608]

▲ 10월인민항쟁과 현 정세에 결부시켜 민주주의임시정부 수립의 방향으로 전인민의 진로를 밝힐 것

▲ '최고지도자 박헌영 선생 체포령 즉시 철회하라!,[609] 입법의원을 타도하라!, 삼상회의 결정 즉시 실천, 근로인민은 남로당 깃발 아래로' 라는 구호를 지령하였습니다.

1차 지령서는 신탁통치를 지지하고, 남로당의 노선에 따라 인민민주주의임시정부를 만들자는 주장입니다. 즉 표면적으로는 3·1절 기념식이라고 했지만 3·1기념투쟁이라는 제목에서도 알 수 있듯이, 정치투쟁임을 분명히 했습니다.

---

605) 중앙민전보다 1년 후
606) 남로당제주도당이 예하에 하달한 지령서는 수없이 많았으나 이 책에서는 『제주 항쟁』 창간호에 게재된 지령서를 소개합니다. 그리고 제1차 지령서라는 차수(次數)는 제가 기술 편의상 임의로 부여한 것입니다. 그래서 졸저 『내가 보는 제주4·3사건』과 『제주4·3사건 문과 답』 초판에 나온 차수와 다를 수 있습니다.
607) 제주4·3연구소, 『제주 항쟁』 창간호, (실천문학사, 1991), 161~164쪽.
608) 제주4·3평화재단, 『제주4·3사건 추가진상조사 자료집 1 (4·3관련 경찰자료)』(2018). 107쪽.
609) 박헌영은 월북 도피 1946년 10월 6일 평양에 도착한 것을 알면서도 이런 주장을 했습니다.

이러한 지령을 받은 모든 마을과 기관, 단체, 학교, 직장에서는 지령대로 3·1절 기념준비위원회가 조직되고 군중 동원에 앞장섰습니다.

지금처럼 교통통신이 발달한 때도 아닌데, 제주읍과 조천면 애월면, 3개 읍·면에서 전체 도민의 1/10에 해당하는 3만 명을 제주북국민학교에 모이게 한 남로당의 동원능력은 놀라운 일입니다. 그만큼 조직이 엄청났다는 반증이기도 합니다.

여기에 대하여 4·3정부보고서 집필진으로 활동했던 박찬식은 『4·3과 제주역사』에서 '물론 각 읍·면별로 열린 대규모 집회는 남로당의 조직적인 활동의 결과이지만 외곽조직인 민전, 인민위원회, 민청, 부녀동맹, 교원조직, 직장조합 등의 대중운동이 없었다면 불가능했을 것이다'[610]라고 분석했습니다.

또한 신상준 박사는 『제주도4·3사건』에서 제1차 지령서에 대해 다음과 같이 분석했습니다.

남로당은 단순히 3·1절을 기념하기 위한데 목적이 있는 것이 아니라, 이 기회를 이용하여 남한의 자유주의나 자본주의질서를 파괴하고, 미군정을 전복하기 위한 투쟁 방편으로 이용하려 했다. 그 근거로[611]

"첫째, 3·1절기념준비위원회를 조선민주주의민족전선 산하의 인민위원회, 조선민주청년동맹, 조선부녀총동맹(중앙에서 1947년 2월 11일에 조선민주여성동맹으로 개칭함) 등 좌익단체 대표자로 조직하도록 하고 있다.

둘째, 3·1운동기념투쟁을 1946년 10월인민항쟁과 현 정세에 결부시켜 민주주의임시정부 수립에의 방향으로 전 인민의 진로를 밝히도록 요구하고 있다. 여기서의 '민주주의임시정부'는 '인민민주주의정부' 즉 '공산주의정부'를 의미하고 있는 것이다.

셋째, 각 부락 및 직장에서 각종 대중집회를 가지고 농민위원회, 조선민주청년동맹, 조선부녀총동맹, 노동조합, 기타 독서회, 연구회, 문화『써클』등의 좌익단체의 조직 강화를 도모하라고 하고 있다.

넷째, 선전·선동 및 해설사업의 자료는 좌익계의 선전문헌인 『조선근대 혁명사』와 『해방』에서 취할 것을 지시하고 있다.

다섯째, 표어에 민주주의임시정부 수립, 정권의 인민위원회로의 이양, 인민항쟁 관계자의 석방, 박헌영 체포령 철회, 입법의원[612] 타도, 삼상회의결정 지지, 남조선노동당의 깃발 아래로의 인민의 집결 등을 내세우고 있다."

610) 박찬식, 『4·3과 제주역사』, (각, 2008), 222쪽.
611) 신상준, 『제주도4·3사건』하권, (한국복지행정연구소, 2002), 26~27쪽.
612) 남조선과도입법의원

② [남로당] 3·1운동기념투쟁제주도위원회[613]를 조직[614]함

1947년 2월 17일 남로당제주도당은 제주읍 일도리 김두훈 가에서 관공서를 비롯한 사회단체, 교육계, 유교, 학교 등 각계각층을 망라한 인사 다수가 모여, 3·1운동기념투쟁제주도위원회(3·1절기념준비위원회)를 조직하고, 위원장에 안세훈, 부위원장에 현경호·오창흔을 추대하였으며, 총무부, 재무부, 재정부, 선전선동부를 두고, 위원 28명을 선정하였습니다.

③ [남로당] 3·1절기념준비위원회 위원회의[615] 개최

1947년 2월 19일 전기 김두훈 집에 3·1절기념준비위원회 위원 25명가량이 모여 3·1절 당일 군중의 집회를 계기로, 남로당 강령과 당세 확장을 목표로 일대 시위를 감행할 것을 결정하였습니다. 3·1절기념식에서 남로당원 배가운동은 물론 당국이 금지하는 시위도 강행하겠다는 방침을 결정한 것입니다.

④ [남로당] 제2차 지령서
- '남로당제주도위원회 서한'(1947년 2월 20일 자)[616] 하달

남로당제주도당이 산하 각 가두 농촌 야체이카에게 지시한 지령서로써,

1947년 2월 20일에는 전날 3·1절기념준비위원회 회의에서 결정한 사항을 문서로 구체화하여 '남로당제주도위원회 서한' 이라는 제목의 제2차 지령서를 하달하였습니다.

제2차 지령서에서 눈여겨볼 것은 3·1운동기념투쟁 방법과 3·1운동기념투쟁의 목표입니다. 이 3·1투쟁 방법과 투쟁 목표를 보면 남로당의 추구하고자 하는 최종 목표와 지향하는 모든 것을 알 수 있습니다.

▲ 투쟁방법으로 8개 항을 제시하였는데
   - 만일에 행사 및 시위행렬을 합법적으로 못하는 시에는 당 독자적으로 감행할 것임
   - 3·1행사에 …… 동원된 분자를 전부 대중조직에로 조직 혹은 가입시키고 정도에 따라 입당 수속을 할 것
   - 동원과 행렬은 준비위원회에서 정한대로 할 것 등
▲ 3·1운동기념투쟁의 목표를 다음과 같이 선언했습니다.
   - 남조선노동당을 지지하고, 그 지도하에 쉬지 않는 투쟁을 전개함으로써 또 사회노동

613) 제주도경찰국, 『제주경찰사』, (1990), 281쪽.
614) 신상준, 『제주도4·3사건』 하권, (한국복지행정연구소, 2002), 20쪽.
615) 제주도경찰국, 『제주경찰사』, (1990), 281쪽.
616) 제주4·3연구소, 『제주 항쟁』 창간호, (실천문학사, 1991), 164~169쪽.

당을 위시한 일체의 기만적 회색분자들을 소탕하며, 우익이라 칭하는 반동분자들을 철저히 숙청함으로써만이 우리의 승리를 기대할 수 있다.

이는 **우익반동 철저 숙청**이 **3·1기념투쟁의 목표**였다는 점을 분명히 밝히고, 이것이 바로 남로당이 제28주년 3·1운동기념식에서 추구하고자 하는 근본적 투쟁목표였습니다. 이때는 응원 경찰이나 서청이 오지 않았으며 고문치사도 없었던 시점임을 유의해야 합니다.

제2차 지령서도 제1차 지령서와 마찬가지로 단순한 기념식이 아니라 남로당 강령 실천을 위한 투쟁이고 소련의 지령에 의한 조기 찬탁 실천이며, 북조선과 같은 토지개혁 등의 민주 과업 시행을 촉구하고 있습니다.

참고로 북한 김일성은 1946년 1월 5일 신탁통치를 반대한다는 이유로 조선민주당 당수 조만식을 고려호텔에 연금하는 것을 끝으로 인적청산을 완료했습니다. 그 과정에서 북한 주민 일부는 전향하거나 아니면 처형, 추방, 투옥, 유형에 처해졌고 많은 사람이 월남하게 되어 이날 이후 북한에서는 공식적으로 김일성 반대세력이 일소되었습니다.

⑤ [미군정] 미군정장관 집회 및 시위 승인권 상향 조치[617]함

3·1투쟁이 전국적으로 폭동화할 조짐이 보이자, 2월 20일 아서 러치(Archer L. Lerch) 미군정장관은 각 도 수석민정관에게 지시하여 지금까지 집회 및 시위 승인권을 현지 주둔군사령관이 행하던 것을, 당해 미군정장관이 행사하도록 상향 조정하였습니다. 이는 당시 '3월 폭동설'이 나도는 등 사회가 매우 어수선하고 불안한 데 대한 예방적 준비 조치였습니다.

⑥ [남로당] 제3차 지령서
- 읍위(邑委) 제5호 '각종 조사에 관한 건'(1947년 2월 21일 자)[618] 하달
제3차 지령서는 남로당제주도당이 각 가두 농촌 야체이카에게 보낸 지령서입니다.

▲ 당비 납부 독촉의 건……22세포를 제외하고는 아직까지 미납의 상태이므로 나머지 78세포에서는 시급히 납부하시기 요망
▲ 당원명부 독촉의 건, 표기 명부를 아직도 제출하지 않은 야체이카가 11야체이카가 있으므로 이달 26일까지 기어이 제출하시압

---

617) 신상준, 『제주도4·3사건』 하권, (한국복지행정연구소, 2002), 16쪽.
618) 제주4·3연구소, 『제주 항쟁』 창간호, (실천문학사, 1991), 170쪽.

3차 지령서에 제 5호라고 되어 있는 점을 보면 3차 지령서 외에도 이미 4차례나 지령이 더 있었음을 알 수 있습니다. 당시 제주읍이 관할하는 뽀가 24개밖에 안 되었는데 100개의 세포가 있었으니 전 지역, 기관, 단체, 기업, 학교 조합 등에 깊숙이 뿌리박혀 있음을 알 수 있습니다. 그리고 이때 작성된 남로당 당원명부는 훗날 일부가 노출되어 인명피해로 이어졌습니다.

⑦ [경찰] 제주감찰청, 3·1절기념준비위원장 안세훈 등 초치 상부방침 전달[619]함

2월 21일 제주감찰청은 3·1절기념준비위원장 안세훈 외 5명을 불러, 3·1절 기념집회를 각 리·동 또는 읍·면 단위로 개최하고, 반드시 사전 허가를 받을 것이며, 시위는 절대 금지한다는 방침을 통고하였습니다.

⑧ [경찰] 제주감찰청 경고문 발표[620]함

2월 22일 제주감찰청에서는 3·1기념행사와 관련하여 다음과 같은 경고문을 발표하였습니다.

'1. 각 관공서, 기타 각 단체의 기념행사는 각자의 직장에서 행할 것

2. 가두행렬과 『데모』행진을 전적으로 금지함

3. 기타 일반의 기념행사는 리·동 또는 읍·면단위로 하고 타 리·동, 읍·면 주거자의 참가를 금함

4. 리·동 또는 읍·면단위로 기념행사를 행할 시는 반드시 집회허가원을 당국에 제출할 것'

⑨ [남로당] 제주도민청 및 제주도민전 조직 완료함

남로당제주도당의 강력한 전위행동단체인 제주도민청과 제주도민전이 3·1기념투쟁 이전에 조직이 완료되었습니다.

▲ 1947년 1월 12일 조일구락부에서 조선민주청년동맹제주도위원회(약칭 제주도민청)[621]가 조직된 것을 시발로 3·1기념투쟁 7일 전인 2월 22일까지 각 읍·면 민청 조직을 완료하였습니다.

▲ 3·1기념투쟁 6일 전인 2월 23일 조일구락부에서 읍·면대의원, 사회단체 대표 등 315명과 방청객 200여 명이 참석한 가운데 제주도민주주의민족전선(약칭 제주도민전)이 조직되고, 여기서 스탈린·박헌영·김일성·허헌·김원봉·유영준을 명예의장으로 추대

---

619) 신상준, 『제주도4·3사건』 하권, (한국복지행정연구소, 2002), 21쪽.
620) 신상준, 『제주도4·3사건』 하권, (한국복지행정연구소, 2002), 21쪽.
621) 나중에 불법화되자 민애청으로 개칭하여 활동함.

하였습니다.

이로써 남로당은 3·1투쟁을 위한 모든 조직을 완료하였습니다.

⑩ [경찰] 최초로 육지부 응원 경찰 도착[622]함

남로당의 심상치 않은 움직임을 예의 주시하던 경찰 당국은 330명의 도내 경찰력으로서는 도저히 사태에 대처할 수 없다고 판단하여, 상부에 응원 경찰 지원을 요구하였으며 2월 23일 최초로 충남 충북에서 차출한 경찰 100명이 도착하였습니다.

⑪ [남로당] 제4차 지령서
- 읍위 지시 '3·1기념 캄파에 관한 건'(1947년 2월 25일 자)[623] 하달

제4차 지령서는 남로당제주읍당 선전부에서 산하 야체이카에게 보낸 지령서로써, 내용은 주로 선전·선동 요강으로 구성되었습니다.

▲ 중선(中宣, 주:중앙당 선전부)의 지시에 의하여 2월 10일부터 3월 10일까지를 3·1기념 캄파기간으로 정하였으니……치밀하고 상세한 만단(萬端)의 준비와 반동배에 대해 □□의 중 맹공세를 취할 것

▲ 동원된 대중을 광범하게 대량으로 조직에 흡수하는 공작을 수행해야 할 것

▲ 혁명과업을 담당하는 세력은 지주·자본가 계급이 아니라 혁명적인 노동자·농민계급이라는 것,…… 민주세력의 기본역량은 노동자, 농민, 근로지식인이라는 것

▲ 삼상결정을 실행할 소·미공위는 반드시 삼상결정을 총체적으로 지지·실천하는 정당 사회단체만을 협의의 대상으로 해야 된다는 것을 설명하고 이러해야만 민주정권[624]이 수립될 수 있다

▲ 삼상결정을 부분적으로나 전체적으로 반대 혹은 파괴하려는 반동매국도당의 음모와 책동을 거대한 우리 민주 진영의 3·1캄파의 압력으로 분쇄해야 한다.

▲ 대중의 호흡을 같이 할 수 있고 감정을 격발시켜 전취하고

▲ 위대한 10월인민항쟁 만세! 북조선 민주개혁은 조선민주 완전독립의 토대를 튼튼히 구축하고 있다. 남조선에도 북조선과 같은 민주개혁을 즉시 실시하라

이처럼 4차 지령서 역시 반탁 우익을 배제하고 공산주의 나라로 통일하는 과정에서 조직을 강화하여 장기적으로 무장반격전을 대비하려고 하는 것을 알 수 있습니다. 또한 남로당

---

622) 제주4·3위원회, 『제주4·3사건진상조사보고서』, (2003), 106쪽.
623) 제주4·3연구소, 『제주 항쟁』 창간호, (실천문학사, 1991), 171~175쪽.
624) '공산정권'을 말함.

제주도당이 소련과 북한의 주장이나 정책을 맹종하고 있고 남로당제주도당은 이 지령을 발포사건 4일 전에 내렸다는 점을 주목해야 합니다.

⑫ [경찰] 조병옥 경무부장 담화문 발표[625]
2월 25일 조병옥 경무부장은 다음과 같은 담화를 발표하였습니다.

'3월 1일은 전 민족이 경건하게 축하할 국경일이다. 그런데 이 국경일에 당하여 정치적 목적을 달성할 기회로 이용할 징조가 보일뿐더러 자칫하면 질서를 파괴하여 사회를 혼란에 빠뜨릴 우려도 적지 않다. 어떤 정치적 사회적 단체는 결사자유의 미명아래 영등포, 원당면 사건 등 테로를 연출하였으며, 인심을 극도로 교란할 목적으로 선량한 시민의 주택 또는 사업장에 표지(標識)를 붙여 악질적 수단으로서 신명(身命) 재산을 위협하는 악도배들도 있다. 이와 같이 폭동을 모략 또는 실행에 옮기는 자와 민중을 위협 공갈하는 자에 대해서는 조선경찰은 그 역량을 총동원하여 그 처단에 있어서 극도의 준엄한 태도로 임할 것이니 일반은 경찰을 믿고 협조하면서 생업에 안도하고 건국을 위하여 분투하기를 바란다.'

이는 남로당의 정치투쟁 조짐과 폭력 테러 및 위협 사례를 예로 들면서, 폭동을 모략 실행하려는 징후에 대하여 엄중 경고한 것입니다.

남로당은 비협조자의 집이나 사업장을 골라 표지를 붙여 지목 응징하려 했으니 당시 상황은 무시무시했습니다. 4·3때도 이런 수법으로 테러를 자행하였습니다.

⑬ [남로당] 제5차 지령서
- '민전선거강령 선전 □□□□□에 대한 지시' (1947년 2월 □일자)[626] 하달

제5차 지령서는 남로당중앙당에서 내려온 것을 제주도당에서 그대로 예하에 지시한 내용으로써, 민전선거강령 선전에 대한 지령서입니다.

민전선거강령 선전을 위해 선전대, 연구회를 조직하고, 실천위원회를 조직하여 합법성을 확보한 후 대중적 유세대(遊說隊)를 조직하며 공장, 광산, 기업소, 농촌, 학교, 가두에서 집회 및 좌담회, 삐라, 벽보, 벽서(壁書)운동을 전개하라는 지령입니다. 이 지령서는 남조선중앙위원회 지시 제□□□□라고 되어 있는 점으로 보아 남로당중앙당에서 내려 보낸 지령 호수가 1천 개를 초과하였음을 알 수 있습니다. 그리고 제주도에 **광산**이 없음에도 언급된 것은 남로

625) 신상준, 『제주도4·3사건』 하권, (한국복지행정연구소, 2002), 18쪽.
626) 날짜의 '□'과 제목의 '□□□□□'은 판독할 수 없는 부분입니다.
제주4·3연구소, 『제주 항쟁』 창간호, (실천문학사, 1991), 176~179쪽.

당제주도당이 **중앙당 지시를 수정 없이 그대로 하달**하였음을 입증합니다.

이 지령서 말미에는 '민주독립의 인민적 토대요 민주민족전선인 민주주의민족전선 만세'가 있습니다. 만세를 부른 이유는 민전이야말로 북한 노선과 일치한 좌파의 통일전선체였기 때문입니다.

'민전지방선거 실천 만세'를 부르도록 한 내용도 있는데 이것은 1946년 12월 16일 스티코프가 '끄라프조프를 호출하다. 지방자치기관 선거와 관련한 남조선민주주의민족전선의 행동방침과 대회소집 가능성 및 입법기관[627]의 창설에 관한 지시사항을 하달하라고 명하다'[628]라는 기록으로 보아 스티코프 명령이 제주도까지 내려온 것임을 확인할 수 있습니다.

제5차 지령서 중 신기한 것은 '남조선 실업자 여러분! 만약 당신들이 사유재산제에 대한 철저한 보호와 상공업의 창의적 발전을 요구한다면 이번 민전 지방선거 강령을 절대 지지하라'라는 내용입니다. 마르크스에 따르면 "공산주의자의 이론은 '사적 소유의 폐지'라는 단 하나의 문장으로 요약할 수 있다."[629]라고 했습니다. 공산당을 승계한 남로당도 철저히 사유재산제를 부정하는, 즉 토지의 무상몰수를 계속 주장하면서 이런 구호를 외쳤습니다.

또한 '남조선 모든 종교 신자 여러분! 당신들이 만약 진정한 신앙의 자유를 얻고 생활양식을 얻으려면 이번 민전지방선거 강령의 실현을 위하여 함께 나가자!' 라는 구호도 '종교는 아편'이라는 공산주의 사상과 배치되는 내용입니다. 감언이설로 이들을 일시적으로 회유하여 끌어드리려는 혁명 2단계 전술을 구사한 것입니다. 4·3 당시 수많은 기독교 신자들이 그들에 의해 희생당한 것과 비교하면 매우 역설적 모순적 감언이설입니다.

⑭ [남로당] 제6차 지령서
- 민청 선교 지시 제1호 '3·1운동기념 캄파 전개에 관한 건' (1947년 2월 25일 자)[630] 하달

제6차 지령서는 조선민주청년동맹 제주읍위원회 선전교양부에서 작성한 지령서로써, 주목할 내용은 다음과 같습니다.

▲ 대중을 고무하여 3·1기념일을 대중을 인입(引入)하는 동기를 삼아야 한다.

▲ 반탁 소동을 일으키려는 음모를 …… 분쇄하여야 한다.

▲ 남조선의 모든 모순된 문제를 해결할 것은 오직 삼상결정 정신에 입각한 민주정부 수립에 있고

---

627) 북조선인민회의를 구상한 것임.
628) 전현수, 『쉬띄꼬프 일기』(국사편찬위원회, 2004), 55쪽.
629) 리우스, 이동민 역, 『마르크스 생애와 사상』, (오월, 1990), 117쪽.
630) 제주4·3연구소, 『제주 항쟁』 창간호, (실천문학사, 1991), 179~181쪽.

▲ 우리들의 지도자 박헌영 허헌 선생, 김일성 장군 만세!

1947년 제주읍 3·1절 행사에서, 왜 북한 김일성 만세를 불렀는가를 곰곰이 생각해야 됩니다. 김일성의 항일 업적으로 만세를 부르도록 지령했다면, 그보다 몇 배의 독립유공자 김구 선생 만세는 왜 없는지도 깊이 생각해야 됩니다.

남로당제주도당이 김일성 만세를 부른 것은 북한 정권의 첨병 역할을 자임한다는 의미이며 남한을 북한 통치영역에 통합하려는 즉 공산화통일 의도와 목표가 있었음을 증명하는 것입니다.

이런 현상의 이면을 추적해 보면 스탈린 → 스티코프 → 평양의 소련군정 → 북한 박헌영과 김일성 → 남로당중앙당 → 전남도당 → 제주도당 → 읍·면당으로 이어지는 일사불란한 조직체계를 갖추었으며 이를 통해 각종 지령과 투쟁이 이뤄지고 있음을 알 수 있습니다.

⑮ [남로당] 제주도민전 의장단 미군정 경찰고문관 방문[631]

2월 25일 제주도민전 의장단[632]은 미경찰고문관 패트리지(John S. Patrige)대위를 방문하여 요담하고, 3·1절기념행사에 대해 의견을 교환했습니다.

안세훈은 집회시위의 허가를 요청하였고, 미군정은 이미 지시한 방침에서 조금도 변동이 없음을 재차 강조하면서 당국의 질서유지 방침 준수를 당부하였습니다.

⑯ 〔교원노조〕각 학교 대표자 회의[633] 개최, 교원노조 조직 결의

2월 26일에는 각 학교대표자회의를 개최하여, 3·1투쟁기념준비위원회와 보조를 같이 하기 위하여 학교별로 3·1투쟁기념준비위원회를 조직하고, 교사들은 학생들에게, 학생들은 학부모들에게 3·1운동의 의미를 교육하고, 교원조합을 조직하기로 결의하였습니다. 3·1투쟁에 교사, 학생, 학부모까지 총동원령을 내린 것입니다. 이는 3·1기념준비위원회를 '학교에서는 교사와 학생대표로 조직할 것'이라는 제1차 지령서에 의한 조치인 것입니다.

⑰ [미군정] 미군정청은 3·1절기념준비위원회 대표 안세훈을 재차 불러 최후 지시함

'2월 28일에 제주도군정청은 3·1절기념준비위원회 대표 안세훈 외 수명을 재차 초치하여 제주감찰청장 강인수와 미국인 경찰고문관 패트리지(John S. Patridge) 대위, 제1구(제주)경찰서장 강동효 등이 배석한 가운데 당국의 의견을 설명한 다음, 스타우트(Thurman

---

631) 신상준, 『제주도4·3사건』 하권, (한국복지행정연구소, 2002), 21쪽.
632) 위원장 안세훈 3·1절기념준비위원장 겸무, 이일선, 현경호.
633) 신상준, 『제주도4·3사건』 하권, (한국복지행정연구소, 2002), 52쪽.

A. Stout) 육군소령(미국인, 전 제주도지사……)이 시위행렬은 절대 금지하고 기념행사는 제주서비행장에서 거행하라는 최후 지시를 하였'[634])으나, 남로당은 아랑곳하지 않고 강행했습니다.

이 자리에서 안세훈 등은 '자기들은 본 행사에 대하여 일체 책임을 질 수 없음으로 성명서를 발표하여 3·1절 기념행사를 중지하겠다면서 제주읍민청 사무실 앞에 광고를 게시는 하였으나 소극적 조치에 불과하였고, 이면에서는 도내 각 관공서, 단체, 학교 등 당세포를 통하여 3·1절 기념 시 인원동원을 강행토록 선동 선전하여 3·1절기념 집회의 인원동원에 성공하였'[635])습니다. 이는 바로 3·1절기념준비위원회 책임간부들이 책임을 면탈하기 위한 하나의 연극이고 당국을 속이기 위한 쇼였던 것입니다.

⑱ [미군정] 아서 러치(Archer L. Lerch) 미군정장관의 공개장 발표함

1947년 3·1절이 임박할수록 치안 질서가 우려되고 3·1절 기념행사 과정에서 좌우익 간에 격돌이 일어나고 군정청에 대한 격렬한 저항으로 사회질서가 위협에 직면할 것이 예상되었습니다. 당시 항간에는 좌익에 의한 '3월 폭동설'이 유포되어 민심은 극도로 불안하였습니다.

이에 러치 미군정장관은 공보부를 통해 '3·1절을 맞이하여 조선국민에게 고함'이라는 공개장을 발표하였는데 그 내용은 다음과 같습니다.

> ……세계 각국은 조선의 찬란한 긴 역사에 대하여 경의를 표하고 있으며 또 일본압제하의 장기간 및 일본패배 후의 재건 기간 중 조선인의 인내심과 애국심을 찬탄하였다. 그러나 폭동과 무질서 상태에 있던 수주일 간은 세계 각 국민에게 좋지 못한 반영을 주었을 것이다. 하지 중장은 방금 미국에 체재 중인데 만약 조선에 무질서한 상태가 발생한다면 그것은 곧 미국 국민으로 하여금 조선인의 자치에 대한 무책임 및 무능력의 일 증좌(一證左) 및 강력한 정부의 중대한 초석이 될 법률과 질서 있는 행동의 원칙의 포기로 생각시키게 되므로 하지 중장의 활동에 큰 지장이 될 것이다. 조선 국민 여러분! 여러분은 불통일, 불평 및 내부 분쟁 상태에서 번성하는 이러한 분자의 좋지 못한 언사를 주의해야 되며, 폭동에 유혹되지 말아야 된다. 조선의 적은 어떠한 가면을 쓰고 그들과 함께 참가할 것을 여러분에게 청할 것이다. 조선인 애국자 여러분은 조선의 체면을 손상시키는 이러한 분자를 주의하여야 한다.[636])

---

634) 신상준, 『제주도4·3사건』 하권, (한국복지행정연구소, 2002), 21쪽.
635) 강재훈, 『제주4·3의 실상』, (1991), 37쪽.
636) 신상준, 『제주도4·3사건』 하권, (한국복지행정연구소, 2002), 17~19쪽.

수주일 간의 폭동과 무질서 상태라고 지적한 내용은 3·1절 전후 사회상과 좌파의 준동을 잘 말해주는 것이며 유언비어나 선전·선동 또는 폭동에 부화뇌동하지 말고 동요하지 말라는 설득과 경고를 담은 공개장이었습니다. 그만큼 좌파의 파괴적 활동이 위험 수위에 달하였던 것입니다.

| 문 92 | 남로당의 3·1기념투쟁 때 벌인 집회시위는 합법적인 집회시위인가요?

답 3·1집회 및 시위가 적법이냐 불법이냐 하는 문제는 의견이 갈립니다만 정확히 불법입니다.

▲ 미군정 정보보고서 - 집회 및 시위 모두 무허가 불법[637]

▲ 제주도경찰국 - 집회 및 시위 모두 무허가 불법[638]

▲ 안세훈 판결문 - 교내집회 허가, 가두시위 불법[639]

▲ 애월국민학교 교원 이경천 판결문 - 교내집회 및 가두시위 불법[640]

▲ 조병옥 경무부장 담화 - '교내집회만 허가하고 행렬은 불허하였는데, 행렬까지 허가하라고 함에 부득이 집회까지 허가 취소했다……1일 시민이 남산국민학교(북국민학교의 오기)에 모였으므로 **집회만 허가**하였다.'[641]

여기에 정부보고서는, 안세훈 판결문과 조병옥 담화 끝부분을 근거로 집회는 합법, 시위는 불법이라는 입장을 취했습니다.

그러나 1일 제주북국민학교에 3만 군중이 모인 이후의 집회 허가는 사후 묵인일지언정 허가는 아닙니다. 집회허가는 법적으로 사전허가이지 사후허가란 있을 수 없습니다.

3·1절 전날인 2월 28일 미군정 당국은 안세훈 외 5명을 불러 기념행사는 각자의 직장에서 행하고, 가두시위는 금지하며, 리·동 주민은 읍·면단위로 하되 타 리·동·읍·면 주거자의 참가를 금하고 사전 집회허가를 받도록 엄중 경고하였습니다.[642] 그러나

---

637) 제주4·3위원회, 『제주4·3사건진상조사보고서』, (2003), 108쪽.
638) 제주도경찰국, 『제주경찰사』, (1990), 282~283쪽.
639) 제주4·3위원회, 『제주4·3사건진상조사보고서』, (2003), 108쪽.
640) 제주4·3위원회, 『제주4·3사건자료집』 1권, (2001), 156쪽.
641) 제주4·3위원회, 『제주4·3사건진상조사보고서』, (2003), 108쪽.
642) 제주도경찰국, 『제주경찰사』, (1990), 282쪽.

① 3·1절기념준비위원회에서 애월면과 조천면 주민을 제주읍 행사에 참여시키겠다는 사전집회허가원이 없었고 당국도 이러한 허가를 한 사실이 없었던 점
② 애월면 조천면 주민이 타 지역 집회참가 금지 기준을 위반하여 제주읍 집회에 참여한 점
③ 각 관공서와 각종 단체의 기념행사는 소속 직장에서 개최하라는 방침을 위반하여 제주북국민학교에 집결한 점
④ 제주읍 집회는 서비행장으로 허가하였으나 제주북국민학교에 집결한 점
⑤ 3만 군중이 제주북국민학교로 집결하는 과정에서 동·서·남쪽 세 방향에서 집단으로 스크럼을 짜고 투쟁구호를 외치며 당국의 저지선을 돌파하면서 집결하여 금지한 시위를 한 점

등을 볼 때 명백한 불법집회이고 불법시위인 것입니다.

강재훈의『제주4·3의 실상』에는 다음과 같이 기록되어 있습니다.

"사태가 이에 이르자 경찰은 유혈진압을 피하고 주모자는 사후에 검거하기로 군정관과 협의하여 북교[643]에서의 3·1절 기념행사 거행을 묵인하였다. ……또 식장 내에서는 '양과자를 먹지 말자, 민족반역자를 처단하라'는 등의 구호와 군정과 정부기구의 비방, 경찰에 대한 적개심 앙양 등 장내 분위기는 험악하였고 …… 인민공화국 수립만세 삼창을 끝으로 식은 종료되었다."[644]

집회의 사후허가란 있을 수 없다는 원칙에 비춰볼 때 이 기록이 그때 상황을 정확히 표현하고 있으며 이는 미군정 자료와도 일치합니다.
또 관련자 328명[645]이 처벌 받은 것으로 보아 집회 및 시위행위 모두가 불법이라는 미군정 정보보고서와 경찰 기록이 맞다고 판단됩니다.

---

643) 제주북국민학교를 말함.
644) 강재훈,『제주4·3의 실상』, (1991), 50~51쪽.
645) 징역 52, 집유 52, 벌금 56, 기소유예 불기소 168명, 계 328명. 제주4·3위원회,『제주4·3사건진상조사보고서』, (2003), 128쪽.
징역 40, 집유 47, 벌금 75, 계 162명. 박찬식,『4·3과 제주역사』, (각, 2008), 200쪽.

3·1기념투쟁에 참가한 인원과 남로당의 자체 평가는?

답 제주도 내 지역별 3·1절 행사 참가 인원은 아래 표와 같습니다.[646]

[표 20] 1947년 3·1기념투쟁 당시 읍·면별 참가 인원 집계

구분	김봉현	『4·3은 말한다』	박찬식	비 고	필자(추계)
합계	102,000		35,500~51,100		46,000
제주읍	30,000	30,000	20,000~30,000		20,000
애월면	10,000	제주읍 참가	제주읍 참가	제주읍 참가	제주읍 참가
한림면	12,000	6,000	5,000~6,000		6,000
대정면	8,000	6,000	4,000~ 6,000		6,000
안덕면	3,000		1,000~ 1,300		1,500
중문면	5,000		2,000~ 2,500		2,500
서귀면	6,000		기념행사 못함	3,000(집회)	3,000
남원면	3,000		1,000~ 1,500		1,500
표선면	4,000		독자집회 없음	2,000(집회)	2,000
성산면	4,000	집회 없음	1,200~1,500		
구좌면	7,000		1,000~ 2,000		3,500
조천면	10,000	제주읍 참가	제주읍 참가	제주읍 참가	제주읍 참가
우도			300		

3·1발포 사건과 관련이 있는 제주북국민학교 참가 인원은 아래 표와 같습니다.

---

646) 이 표에서 김봉현·김민주, 『제주도인민들의 4·3무장투쟁사』, (문우사, 1963), 46쪽에서, 제민일보4·3취재반, 『4·3은 말한다』 1권, (전예원, 1994), 286쪽에서, 박찬식, 『4·3과 제주역사』, (각, 2008), 189쪽에서 각각 인용하였으며, 저는 김봉현의 자료를 기준으로 제민일보4·3취재반이 검증했다고 밝히지 않은 안덕 중문 서귀 남원 표선 구좌 인원을 절반으로 추산하였고, 성산은 행사가 없었다는 점을 인정(박찬식은 성산에서도 집회가 있었다고 주장)하여 참가자 수를 대략 51,000~56,000으로 추산하였습니다.

[표 21] 각종 자료로 본 3·1기념투쟁 당시 제주북국민학교 집결 인원

출처	인원
동아일보(1947.3.4.)	3만 명
제주도청 파업 성명서	3만 명[647]
조병옥 경무부장 3·1사건 담화문(1947.3.10)	3만 명[648]
『제주도인민들의 4·3무장투쟁사』	3만 명[649]
『제주경찰사』(1990)	2만5천 명 (조직군중 1만7천, 기타 합하여)[650]
남로당조천면당 지시문과 남로당제주도당 제7차 지령서[651]	20,600명 (조직군중 1만6천6백명, 미조직군중 4천명)
경찰보고서(1947.4.18)[652]	25,000명
미군정 보고서[653]	25,000명

1947년 3월 3일자 남로당조천면위원회 조직부에서 작성하고 각 리위원회에 지시한 문건[654]이나 3월 5일자 남로당제주읍위원회가 작성한 제7차 지령서에는 소식군중 1만6천6백 명 불조직군중 4천 명 모두 20,600명입니다. 남로당제주읍당이 제주도당에 보고한 문서 '3·1기념행사의 진상보고'에는 '조직군중 1만7천 기타 합하여 2만5천' 명으로 나와 있습니다. 이는 조직군중 16,600명을 반올림해서 17,000명으로 하고 미조직군중 4,000 명을 7,000명으로 부풀려서 25,000명으로 한 것으로 보이고 이를 다시 확대하여 3만 명으로 추산한 것은 아닌가 추정합니다.

일부 연구자는 참석자를 5천~6천 명으로 추산하기도 합니다만 주최측이 밝힌 숫자보다 5천~1만여 명이나 많은 3만 명 주장은 과장된 것이 분명합니다. 그렇지만 3개 읍·면에서 수만 명이 모였다는 것은 남로당 조직이 얼마나 방대하고 동원계획이 치밀했는가를 짐작할 수 있습니다.

남로당제주도당의 입장에서는 많은 인원이 참여한 것에 대해 성공적이라 평가했습니다.

647) 제민일보4·3취재반, 『4·3은 말한다』 1권, (전예원, 1994), 265쪽.
648) 제주신보 1947.3.22.
649) 김봉현·김민주, 『제주도인민들의 4·3무장투쟁사』, (문우사, 1963), 44쪽.
650) 제주도경찰국, 『제주경찰사』, (1990), 285쪽.
651) 제주4·3연구소, 『제주 항쟁』 창간호, (실천문학사, 1991), 181쪽.
652) 제주4·3평화재단, 『제주4·3사건 추가진상조사 자료집 1 (4·3관련 경찰자료)』(2018). 109쪽.
653) 제주4·3평화재단, 『제주4·3사건 추가진상조사 자료집 3 (미국자료 1)』, (2020). 256~257쪽.
654) 제주4·3평화재단, 『제주4·3사건 추가진상조사 자료집 1 (4·3관련 경찰자료)』(2018). 76쪽.

특히 투쟁의 동력을 가속화할 수 있는 발포사건으로 사상자가 발생, 투쟁 명분이 확실해지니 이보다 더 좋을 수 없었을 것입니다.

그러나 남로당이 이처럼 많은 인원을 동원하였다는 사실은 두 가지 결과를 초래했습니다.

하나는 남로당이 군중동원과 군중조직이 성공적이라는 판단을 하게 되었으며 무장반격전을 전개해도 되겠다는 자신감을 가지게 했다는 점이고, 다른 하나는 당국으로 하여금 제주도가 매우 위험한 지역이라는 선입견을 갖게 한 부정적 요인이 작용하였다고 판단됩니다.

| 문 94 | 3·1기념투쟁에서 남로당이 채택한 '결정서'의 내용은?

답 3월 1일 인원동원에 성공한 남로당제주도당은 제주북국민학교에서 기념식 가운데 '3·1운동기념 제주읍인민대회 결정서'[655]를 낭독하고 채택하였습니다. 결정서의 주요 내용은 다음과 같습니다.

첫째, 삼상회의결정 즉시 실천으로써 민주주의임시정부 수립에 매진할 것.

둘째, 민전지방선거행동강령 관철로서 남조선민주개혁의 토대를 만드는 데로 매진할 것.

셋째, 모-든 반동 세력을 분쇄함으로써 국제협조와 평화확보에 매진할 것.

넷째, 전인민의 일치단결로써 민주문제 해결에 매진할 것.

    1. 조선민주주의 완전자주독립 만세

    1. 민주주의임시정부 수립 만세

    1. 조선인민공화국 수립 만세

    1. 민주주의민족전선 만세

이 결정서를 보면 3·1기념투쟁의 근본 목적이 집약되어 있습니다. 즉 소련의 지령대로 신탁통치를 실천함으로써 공산주의임시정부를 수립할 수 있고 그러기 위해서 모든 반동세력을 분쇄해야 한다는 주장입니다.

발포사건이 있기 직전 행사에서 '모든 반동세력 분쇄 결의'를 했다는 것은 경찰과 서청의 탄압에 대한 저항이 4·3이라는 논리가 무색해집니다. 오히려 남로당이 경찰과 서청을 분쇄하려고 도발하자 이에 맞서지 않을 수 없는 경찰과 서청은 남로당을 탄압한 것이 아니라 진압한 것이라고 평가할 수 있습니다.

---

655) 신상준, 『제주도4·3사건』 하권, (한국복지행정연구소, 2002), 41~42쪽.

| 문 95 | 3·1발포사건은 제주도에서만 있었나요?

답 3·1기념투쟁은 남로당이 전국적으로 계획한 정치투쟁이기 때문에 제주도뿐만 아니라 육지부에서도 극렬하였습니다. 전국적으로 진압과정에서 16명이 사망하고 22명이 부상[656]당할 정도이니 살벌했음을 알 수 있습니다.

3·1발포사건이 일어났기 때문에 4·3이 일어났다면 육지부에서는 왜 사상자가 많이 발생하였음에도 불구하고 4·3과 같은 무장폭력으로 5·10총선이 파탄나지 않았는가를 한 번쯤 생각해 볼 문제입니다. 정부보고서에도 언급된 것처럼 제주도는 남로당 세력이 온존하고 섬이라는 특수성으로 인하여 반란을 일으켜도, 육지부는 육지부대로 상황이 어렵기 때문에 제주도를 지원할 여력이 없다고 판단, 충분히 승산이 있다고 생각하여 4·3을 도발한 것입니다. 특히 당시 남로당제주도당은 국방경비대가 최소한 중립 내지 우호적 세력으로 판단했을 가능성도 엿보입니다.

| 문 96 | 3·1발포 사건 이후 남로당의 동향과 당국의 대응은?

답 발포사건 이후 수세에 몰린 미군정과 경찰 당국 그리고 투쟁명분과 기선을 잡은 남로당의 움직임을 날짜순으로 살펴보겠습니다. 여기에는 제7차 지령서부터 제16차 지령서까지를 중심으로 설명하겠습니다.

① [경찰] 조병옥 경무부장 담화 발표

3월 3일 조병옥 경무부장은 3·1절 행사와 관련 아래와 같은 담화를 발표하였습니다.

> ……3·1절 행사 중 폭행, 무기약탈 또는 경찰관서를 습격 기타 무질서한 행동을 감행할 태세를 취하였으므로 경찰은 극력 제지하여 미연에 방지하려고 힘을 다하였음에도 불구하고 도리혀 기세를 가하여 폭동에 이르렀으므로 치안 유지상 부득이 발포로서 사태를 진압 수습한 바, 전국적으로 사망자 16명, 부상자 22명 합계 38명의 귀중한 생명의 사상을 냄은 그 사상자 본인, 유가족 등을 위하여 실로 유감으로 생각하는 바이다 …… 제주도는 2월 28일 집회만 허가하고 행렬은 허가하지 않았던바, 행렬까지 허가하라고 함에 부득이 집회까지 허가 취소하였는데, 1일 시민이 남산국민학교[657]에 모였으므로 집회만 허가하였다. 그리고 이에 오후 2시 50분경 경찰서, 감찰청 등을 습격하였으므로[658] 발포하였는데 사망 6

---

656) 신상준, 『제주도4·3사건』 하권, (한국복지행정연구소, 2002), 47쪽.

명 부상 8명을 내었다. 이 제주도에는 사전에 충북 충남서 각각 50명씩을 파견했는데 3일 전남에서 50명을 또 파견했다.[659]

② [남로당] 3·1사건대책남로당투쟁위원회 조직[660]함

3월 5일 남로당제주도당 상무위원회와 제주읍당 상무위원회 간부 수십 명이 제주읍 삼도리 김행백 가에 모여 제주도 3·1사건대책남로당투쟁위원회를 조직하고, 위원장에 김용관, 부위원장에 이시형, 지도부 김용관, 조직부 김용해, 선전부 김영홍, 조사부 김영홍을 선임하고 대정면당의 건의를 토대로 하여 3·1사건투쟁방침을 결정합니다.

3·1발포사건으로 인한 인명피해 발생은 제4차 지령서에 나온 것처럼 '대중의 호흡을 같이 할 수 있고 감정을 격발시켜 전취하고'를 실천하기에 딱 맞는 절호의 기회가 되었습니다. 3월 5일 모임에서 결정된 투쟁 방침은 3월 7일자 제10차 지령서로 구체화 되어 하달됩니다만 이날 결정된 사항은 다음과 같습니다.

▲ 지령서 문안은 부위원장 이시형(李蓍珩)[661]이 위임 받아 작성하라.

▲ 당외 투쟁조직으로서 남로당에서 표면화되지 않은 인사로 3·1사건 대책위원회를 조직하여 당내 투쟁목표에 결부시켜 **민중이 자발적으로 봉기한 것처럼 지도 선동**하라.

▲ 3월 10일 정오를 기하여 총파업을 단행하라.

▲ 구호 결정 : 발포책임자 강동효 서장과 발포 경찰관을 살인죄로 즉시 처형하라.

▲ 직장별로 적당한 조건을 내세워 성명서 및 결의서를 작성 군정 당국 및 관계당국에 제출하라.

③ [남로당] 제7차 지령서
- '3·1기념투쟁에 대한 활동보고의 건' (1947년 3월 5일자)[662] 하달

제7차 지령서는 남로당제주읍당이 삼양1구 각 야체이카에게 보낸 지령서로써, 지금까지 발굴된, 3·1발포사건 발생 후 첫 번째 지령서입니다. 주요 내용은 발포사건으로 발생한 인명피해 상황 등을 하달하면서 3·1기념투쟁활동을 보고하고 향후 투쟁방침을 담고 있습니다. 여기서는 조직군중 16,600명, 미조직 군중 4천 명(총 20,600명)이 시위에 참가했다고

---

657) 북국민학교의 오기.
658) 습격사실은 없고 다만 시위군중이 습격할 태세로 그곳을 향하여 몰려갔음.
659) 신상준, 『제주도4·3사건』 하권, (한국복지행정연구소, 2002), 47~48쪽.
660) 제주도경찰국, 『제주경찰사』, (1990), 289~290쪽.
661) 졸저『내가 보는 제주4·3사건』과『제주4·3사건 문과 답』초판에는 이저행(李著行)으로 잘못 기록되었음.
662) 제주4·3연구소, 『제주 항쟁』 창간호, (실천문학사, 1991), 181~183쪽.

되어 있습니다.

▲ 3·1기념행사를 통해서 인민을 광범하게 조직화시켜 다음에 일어날 인민항쟁에 대비
하기 위한 거대한 인민 진영의 토대를 쌓을 것
▲ 3·1기념캄파를 3월 8일(북조선 토지개혁일)과 결부시켜 농민위원회 조직과 민전지방
선거강령 선전에 주력할 것

④ 삼양 1구에 살포된 농민 대상의 전단(1947년 3월 5일자)
- 민족반역자와 결탁하여 육지에서 사람 잘 죽이는 경관 100명을 불러들여 놓고

이 전단은 남로당제주도당에서 지령하여 삼양1구에서 도당 명의로 제작 살포한 삐라입니
다. 경찰을 증오하도록 하기 위해 충남북지역에서 지원 온 응원 경찰에 대하여 막말로 선동
하고 있습니다. 또한 '경찰의 무장을 즉시 해제하라!'는 구호가 있는데 이것은 미군정이 도
저히 받아들일 수 없는 요구 조건을 제시한 것입니다. 전단 말미에는 발포책임자 강동효와
발포경찰을 살인죄로 즉시 처벌하라, 경찰의 무장을 즉시 해제하라는 등 9개항을 제시하고
있습니다.

⑤ [남로당] 제8차 지령서
- 읍위 제□호 '3·1사건 투쟁에 관한 건' (1947년 3월 7일자)[663]하달

제8차 지령서는 남로당제주읍당 선전부에서 각 야체이카에게 보낸 지령서로써, 중요 내
용은 다음과 같습니다.

▲ 3·1사건대책투쟁위원회를 구성하고…… 각 세포, 혹은 단체 프락치 또는 직장 프락치
에 대해 특별한 지령 또는 전달이 있을 것이므로 만반의 준비를 하라.
▲ 각 부락 각 직장의 3·1기념준비위원회를 해체하지 말고 본 사건이 해결될 때까지 존속
시키라
▲ 이달 10일(일요일) 정오를 기하여 총파업을 단행하기로 결정하고 있는 바 동 투위로부
터 지령이 있는 경우에는 각 직장은 즉시 파업에 돌입할 수 있도록 준비하여 둘 것을 미
리 지령함

---

663) 제주4·3연구소, 『제주 항쟁』 창간호, (실천문학사, 1991), 184~185쪽.

⑥ [남로당] '3·1기념행사의 진상보고'[664]

이 진상보고는 경찰이 포고령 위반 피의자 남로당제주도당 농민부장인 김완배의 소지품에서 압수한 문서입니다. 이것은 3월 7일 제주읍위원회 명의로 작성된 점으로 보아 제주도당에 보고한 문서로 보입니다.

주요 내용은 다음과 같습니다.

▲ 참가인원수를 조직군중 17,000명, 기타 합하여 25,000명으로 분석
▲ 미군정과 경찰을 시종일관 우리의 원수, 적으로 규정하고 완전히 복수 소탕할 것을 맹세
▲ 동원된 집단을 고녀(高女)부대, 노조부대, 애월부대 등 부대로 호칭
▲ 자신들의 시위투쟁을 진조전(進阻戰), 공격전, 결전, 견적필살, 단기전 등 **전투**로 표현

여기에서 제주읍과 애월면 조천면에서 남로당 조직을 통하여 동원한 인원이 17,000명이라고 분석하고 있습니다.

이 진상보고를 통해서 알 수 있는 것은 남로당의 이념과 노선에 배치되는 모든 세력을 적이나 원수로 규정하고 대화나 타협의 대상에서 제외시킴과 동시에 기념식을 빙자하여 폭동을 유발함으로서 미군정을 무력화하려는 의도를 분명히 나타낸 것입니다. 결론은 이날 남로당의 집회 시위의 최종 목표는 미군정과 경찰 타도에 둔 전투적 행위였음을 알 수 있습니다.

⑦ [남로당] 제9차 지령서
- 지시 제□호 '농민 데이 투쟁 캄파'(1947년 3월 7일자)[665] 하달

제9차 지령서는 남로당제주도당 농민부가 각 농촌 세포에게 보낸 지령서로써, 주요 내용은 다음과 같습니다.

북조선의 토지개혁 1주년을 맞이하여
▲ 오는 3월 8일은 북조선에 있어서 토지개혁법 실시 1주년 기념일[666]에 해당하는 의의 깊은 날입니다
▲ 이 역사적 기념을 농민 데이라고 결정하고……3월 8일을 출발점으로 오는 일주일간을

---

664) 제주4·3연구소, 『제주 항쟁』 창간호, (실천문학사, 1991), 185~187쪽.
제주도경찰국, 『제주경찰사』, (1990), 285~287쪽.
665) 제주4·3연구소, 『제주 항쟁』 창간호, (실천문학사, 1991), 188쪽.
666) 이 지령서에는 1947년 3월 8일을 북조선 토지개혁법 시행 1주년 기념일로 보고 있으나 북조선토지개혁법령은, 북조선임시인민위원회 위원장 김일성과 서기장 강양욱의 공동명의로 1946년 3월 5일에 공포하였습니다. 이 법령 제17조에는 '토지개혁을 1946년 3월 말일 전으로 끝낸다'고 규정하고 있으며 3월 8일은 토지개혁법령에 관한 세칙을 공포한 날입니다. 김학준, 『북한의 역사』 2권, (서울대학교 출판부, 2008), 211,215쪽.

농민 데이 투쟁 캄파로 결정하였습니다.

▲ 농민을 대량으로 남로당에 흡수할 것, 조건이 허락하는 데 있어서는 전부 입당시킬 것
▲ 반동 진영의 유상몰수안의 기만성, 반동성을 지적할 것

9차 지령서를 보면 북조선 토지개혁을 찬양하고 1주일 간 강도 높은 농민투쟁전개를 지령하면서 전 농민을 남로당원으로 가입시키도록 지시하고 있습니다. 이 지령에 의해서 말단 세포들은 무리하게 남로당원 배가운동을 하게 되었습니다. 그래서 브라운 대령 보고서에 남로당원이 6만~7만 명이 된 것을 알 수 있습니다.

또한 남한 일각에서도 이때 토지의 유상몰수 유상분배 개혁 논의가 있었음을 알 수 있고 이를 비판하도록 지령하고 있습니다.

⑧ [남로당] 제10차 지령서
- '3·1사건대책투쟁에 대하여'(1947년 3월 7일자)[667] 하달

제10차 지령서는 남로당제주도당에서 각 면당 및 읍위와 각 야체이카에게 보낸 지령서로써, 3월 5일 제주읍 삼도리 김행백 집에서 남로당제주도당 상무위원회와 제주읍당 상무위원회 합동회의에서 결정한 투쟁방침을, 3·1사건대책남로당투쟁위원회 부위원장 이시형이 문서로 구체화하여 3월 7일 내려 보낸 지령서입니다. 지령 내용이 놀라울 만큼 주도면밀합니다.

투쟁방침을 제시하고, 당내 비밀투쟁조직으로 3·1사건투쟁위원회를, 당외 합법투쟁조직으로 3·1사건대책위원회를 조직하며, 3월 10일 정오를 기해 총파업에 돌입하라는 지령서로써 미군정에 결정적 최후적 타격을 가하려는 내용들입니다.

이를 위해 투쟁 방침을 정하고 조직활동, 선전활동, 연락체계, 당기관 활동의 강화, 투쟁슬로건 등 세부적인 사항을 구체적으로 열거하였습니다.

주요내용은 다음과 같습니다.

▲ 앞으로 오는 제2혁명단계[668]의 대중투쟁까지 더욱더욱 조장 발전시키고……결정적
　　반제파쇼투쟁을 할 수 있게……반동분자·반동경찰 및 미제의 반인민적 정책을……분

---

667) 제주4·3연구소, 『제주 항쟁』 창간호, (실천문학사, 1991), 189~195쪽.
668) 제2혁명단계는 레닌의 『두 가지 전술』에 있는 '연속 2단계 혁명론'을 말합니다. 혁명역량이 열악한 경우, 1단계로 부르주아계층을 혁명이 주체역량으로 인입하여 지배체제를 타도한 다음, 2단계로 동맹세력인 부르주아세력을 제거하고 프로레타리아 독재 사회주의혁명을 완수한다는 이론입니다. 스탈린도 '부르주아 민주주의 혁명이 성공하면 우리는 곧바로 사회민주주의혁명을 위한 투쟁을 시작해야 한다. 즉 우리는 연속적인 혁명을 추진해야 하는 것이다'라고 주장했습니다.

쇄하기 위하여 3·1사건의 기회를 옳게 포착하여 지도하지 않으면 안 된다.

▲ 중앙에서 이 사건에 대한 결정적 방침이 내려오기까지 이 노선 하에서 투쟁을 전개 시킬 것

▲ 경찰 내부의 조사, 반동진영의 동향 조사

▲ 3월 10일 정오를 기하여 총파업에 들어갈 것

▲ 당외(外) 조직으로서 남로당에서 표면화되지 않은 인사로 3·1사건대책위원회를 조직하여 당내 투쟁목표에 결부시켜 민중이 자발적으로 봉기한 것처럼 지도 선동 한다[669]

▲ 각 직장에 파업단을 구성하라

▲ 투쟁 시 요구조건을 절대적 요구조건과 일반적 요구조건으로 구분할 것. 이 중 절대적 요구조건으로,

가. 발포책임자 강동효 및 발포한 경관을 살인죄로 즉시 처형하라

나. 경찰관계의 수뇌부는 즉시 책임 해임하라

다. 피살당한 동포의 유가족의 생활을 전적으로 보장하며 피상자에게 충분한 치료비와 위로금을 즉시 지불하라

라. 3·1사건에 관련되어 피검된 인사를 즉시 무조건 석방하라

마. 경관의 무장을 즉시 해제하라 등 5가지를 내걸었습니다.

▲ 수시 강력한 데모를 계속 단행할 것

▲ 당내 기회주의자, 영웅적 관료주의자에 대한 무자비한 투쟁으로써 불순한 요소를 완전히 숙청하고

(1) 3·1사건에 관계되어 피검된 인사를 즉시 무조건 석방하라

(2) 경관의 무장을 즉시 해제하라

(3) 전농의 토지개혁 즉시 실시하라

(4) 삼상회의 결정은 즉시 총체적으로 실천하라

(5) 민족의 당 애국의 당 남조선노동당 만세!'

투쟁슬로건으로 일반적 슬로건 13개, 학교 슬로건 6개, 노동자 슬로건 3개, 농민 슬로건 4개, 경관 슬로건(경관이 한 것처럼 할 것) 4개, 소시민 슬로건 2개를 제시했습니다.

10차 지령서에 나타난 내용은 현 정세를 혁명 1단계로 본 박헌영의 1945년 8월 테제나 스탈린이 1945년 9월 20일 극비 지령 중 현 정세 판단과 내용이 일치합니다. 또한 모든 투

---

669) 제주도경찰국, 『제주경찰사』, (1990), 289쪽.

쟁은 제주도당 단독이 아니라 중앙당 지령을 받았음을 알 수 있습니다. 훗날 '군인프락치사건'과 '경찰프락치사건', 군경 복장을 하고 습격과 살인을 일삼은 후 그 책임을 군경에게 뒤집어씌우는 수법, 좌파는 한발 뒤로 물러나 있고 우파를 전면에 내세워서 사람들을 기만한 수법들은 모두 교묘한 위장 투쟁으로서 전형적인 민심이반 전술입니다.

⑨ [남로당] 3·10총파업 단행함

도내 경찰 및 사법기관을 제외한 제주도청 등 166개 기관단체 41,211명이 총파업에 참가하였습니다.[670] 제주4·3평화기념관 전시물에도 민·관 직장인 95% 이상이 참여했다고 나와 있습니다. 이러한 남로당의 총파업 성공은 그들에게 성취감과 자신감을 고조시켰지만 미군정 당국으로 하여금 제주도가 매우 위험지역이라는 인식을 가지게 하였습니다. 그래서 응원 경찰과 서청이 내려오게 되었습니다. 경찰관 직장무단이탈자 66명을 파면[671]하였는데 파면 경찰관 중에는 입산자도 있었습니다. 실제 경찰프락치 중에는 경찰특별수사대에도 2명이 침투한 사실이 적발되어 제주경찰에 대한 불신은 더욱 깊어졌으며, 그 결과도 매우 좋지 않았습니다.

⑩ 삼양1구에서 농민을 대상으로 살포된 전단(1947년 3월 10일자)[672]

이 전단은 남로당제주도당 명의로 삼양1구에서 제작 농민을 상대로 살포한 전단으로써, 농민의 궐기를 선동하는 전단입니다.

3·10총파업을 '기쁘고 거룩한 날'로 규정하였고, '최후까지 싸웁시다' 라면서, 우리들의 요구가 관철될 때까지 납세 및 공출 기타 군정의 일체 명령에도 복종하지 않기로 굳게 결의하였다는 내용과, 말미에 '발포책임자 강동효 및 발포경관을 살인죄로 처형하라', '전농의 토지개혁안을 즉시 실천하라', 는 등 9개항을 제시하고 있습니다.

⑪ [남로당] 제11차 지령서
- '총파업에 대응한 농촌 및 가두세포 활동의 건 등'[673](1947년 3월10일자)

제11차 지령서는 남로당제주도당이 각 야체이카에게 보낸 지령서로써, 강조점은 다음과 같습니다. 총파업에 대응한 농촌 및 가두세포활동, 정보조사 수집, 투쟁기금 확립, 연락선 확립, 농민위원회 조직으로 구분되어 있습니다.

670) 제주4·3위원회, 『제주4·3사건진상조사보고서』, (2003), 116쪽.
671) 제주4·3위원회, 『제주4·3사건진상조사보고서』, (2003), 116쪽.
672) 제주4·3연구소, 『제주 항쟁』 창간호, (실천문학사, 1991), 196~197쪽.
673) 제주4·3연구소, 『제주 항쟁』 창간호, (실천문학사, 1991), 197~200쪽.

▲ 도투위(島鬪委) 방침에 의하여 각 리·구에서는 3·1기념준비위원회를 시급히 리·구 □
□□ 3·1사건대책위원회로 조직(개편해도 가)할 것

▲ 세포로서 늘 독자적으로 삐라 전달전(戰)을 맹렬히 할 것

▲ 3·1사건 희생자……구금(救金)과 혼동치 말고 각 당원……11일까지 부금액 위원회
총무부로 송금할 것, 제주읍 5□ 원, 애월면 5□□, 한림면 □□□

⑫ [남로당] 제12차 지령서
- '미군정명령 일체 불복종 등' (1947년 3월 □일자)[674] 하달

　제12차 지령서에는 수신, 발신, 날짜 부분이 훼손되어 판독이 불가능한 상태입니다. 주요
내용은 발포책임자 강동효 및 발포 경관을 살인죄로 즉시 처형하라 등 6개항의 요구조건이
완전히 전취될 때까지 '미군정의 여하한 명령에도 일체 불복함', '일체 세금을 불납함', '이
요구서를 3통 작성 반드시 도대책위를 경유하여 당국에 제시하고 맹렬한 교섭전을 전개하
라'고 지령하면서 요구서 서식 견본까지 제시하고 있습니다.

⑬ [남로당] 제13차 지령서
- 투위 지시 제7호 '각 읍·면파업단대회 소집의 건' (1947년 3월 13일자)[675] 하달

　제13차 지령서는 남로당제주도당 3·1사건투쟁위원회가 각 읍·면투쟁위원회에 보낸 지
령서로써, 3월 15일 개최 예정인 각 읍·면파업단대회 소집을 알리는 내용입니다. 특이한 것
은 메시지를 작성하여 하지 중장, 민전 의장단, 연합군 앞으로 보내라는 것과, 각 읍·면에서
는 교섭원을 선출하여 군정장관에게 교섭전을 전개하라는 지령, 특히 제주도 각 읍·면 교섭
원을 중앙까지 파견하여 투쟁하라는 내용이 있습니다.

⑭ [남로당] 제14차 지령서
- 투위 지시 제8호 '파업단 구호활동에 관한 건' (1947년 3월 13일자)[676] 하달

　제14차 지령서는 남로당제주도당 3·1사건투쟁위원회 지도부가 각 읍·면투쟁위원회에
보낸 지령서로써, 파업단의 구호활동과, 위문대 조직, 대책위와 투쟁위와의 역할을 구분하
고 혼선이 없도록 함과 동시에 리(里)대책위원회를 하루 바삐 구성하고, 민청과 부녀동맹을

---

　674) 제주4·3연구소, 『제주 항쟁』 창간호, (실천문학사, 1991), 201~202쪽.
　675) 제주4·3연구소, 『제주 항쟁』 창간호, (실천문학사, 1991), 206쪽.
16개의 남로당 지령서 중 제13~16차 차수(次數)는 지령서의 출처인 『제주 항쟁』 창간호에 나와 있는 순서를 따르지 않
습니다. 『제주 항쟁』에서는 '투쟁위원회 지시' 호수(號數) 순서대로 배치되지 않아서 저는 투위(鬪委) 호수 순으로 차수
를 부여했고, 도위원회 지시는 뒤에 배치했습니다.
　676) 제주4·3연구소, 『제주 항쟁』 창간호, (실천문학사, 1991), 207쪽.

총동원하여 파업단에 격려문과 위문품을 보내 사기를 진작 시키고, 대중의 호응도를 높이라는 지령입니다.

⑮ [남로당] 투위 지시 제9호 '정보' 제2호[677] (1947년 3월 13일자) 하달

이 '정보'는 남로당제주도당 3·1사건투쟁위원회 지도부가 각 읍·면투쟁위원회에 보낸 것으로써, 파업 상황과 지방정세로 구분, 파업에 동조 또는 동조하지 않은, 그리고 파업 가능한 기관단체를 파악하여 각 읍·면에 전파하는 내용입니다. 지역별로는 애월, 한림, 대정면 파업과 시위 상황을 전파한 것으로써, 3개 면 상황뿐인 점으로 보아 수집되는 대로 신속하게 전파한 것으로 보이며, 다른 면에서 일어난 상황도 당연히 전파했다고 보이고, 문서번호가 제2호라는 것은 이미 제1호가 내려 간 것을 뜻합니다.[678]

⑯ [남로당] 제15차 지령서
- 당투위 제10호 '연락에 관한 건'(1947년 3월 13일자)[679] 하달

제15차 지령서는 남로당제주도당 3·1사건투쟁위원회 지도부가 각 읍·면투쟁위원회에 보낸 지령서로써, 실무적인 내용으로 구성되어 있습니다.

▲ 연락망을 전투태세로 개편할 것
▲ 각종 보고사항 철저 이행을 촉구할 것
  (1) 적 진영의 경비태세 동향' 보고
  (2) 연락, 지시, 건의, 보고에……조직적 활동을 거부하려는 파괴적 경향이며 고의라면 반당파적 오류를 재기하는 것
▲ 파업단 면대회를 15일 정오 그대로 하되……민청, 부총의 응원데모를 실시하여 제주 읍의 집중적 경비를 분산시키기에 노력할 것

제15차 지령서에서 최초로 등장한 내용은 '불법탄압하면 무력으로 항쟁한다'는 표어입니다. 13개월 후 일어난 4·3을 이 때 예고하고 있습니다. 그리고 제주읍에 집중된 시선을 분산시키려는 모택동의 유격전술 성동격서(聲東擊西) 전법을 구사하고 있습니다.

---

677) 제주4·3연구소, 『제주 항쟁』 창간호, (실천문학사, 1991), 207~208쪽.
678) 이 정보는 투위 지시 제9호라는 호수(號數)가 부여됐지만 구체적 행동 지시가 없어서 지령서로 분류하지 않아 별도의 차수(次數)를 부여하지 않았습니다.
679) 제주4·3연구소, 『제주 항쟁』 창간호, (실천문학사, 1991), 202~203쪽.

⑰ [남로당] 제16차 지령서

- 도위 지시 제3호 '농위조직에 관한 건'(1947년 3월 13일자)[680] 하달

제16차 지령서는 남로당제주도당 농민부가 각 읍·면당에 보낸 지령서로써, 각 읍·면별로 농민위원회를 조직하라는 지령서입니다.

▲ 3·1발포사건으로 '농민의 혁명적 열정이 앙양되어 있음을 포착하여 적 세력이 읍내 파업단에 대해 집중적으로 경비하고 있는 틈을 타서 농민위원회의 조직을 급속히 추진시킬 것'

▲ 읍·면농민위원회 조직결과를 3월 20일까지 보고할 것

▲ 북조선과 같은 토지개혁,……정권은 인민위원회로, 삼상회의 결정의 총체적 지지 등을 각 부·군·도·면 부락대회 혹은 부락좌담회 석상에서 결의하여, 1통은 하지 중장, 1통은 중앙민전으로 보낼 것

16차 지령서를 보면 제주도 행정구역에는 없는 '부'가 있는 것으로 보아 중앙당에서 내려온 지령을 수정 없이 각 읍면 단위에 내려 보낸 것으로 판단됩니다. 이처럼 지엽적인 내용도 중앙당에서 지령이 내려오는데 4·3과 같은 중대한 사안에 대하여 중앙당 지령이 없었다는 주장은 납득되지 않습니다.

이와 같은 맥락으로 16개 지령서에 등장하는 주장이나 구호는 1947년 2월 21일~22일 북조선인민회의 제1차 회의에서 채택한 선언서(11개 강령)에 나타난 내용과 일치합니다. 그 내용은 다음과 같습니다.

1. 모스크바삼상회의 결정을 정확히 실천
2. 인민공화국을 수립할 것
3. 전조선적으로 정권을 인민위원회로 넘길 것
4. 토지를 무상몰수, 무상분배할 것[681]

이러한 내용의 지령은 북한 → 남로당중앙당 → 전남도당 → 제주도당 → 각 읍면당에 지령을 내려 보낸 것이지 제주도당 창작물이 아님을 알 수 있습니다.

---

680) 제주4·3연구소, 『제주 항쟁』 창간호, (실천문학사, 1991), 204~205쪽.
681) 김학준, 『북한의 역사』 2권, (서울대학교 출판부, 2008), 657쪽.

⑱ <별지>제2차 도련(道聯)대회 소집에 관한 건(1947년 3월 4일자)

이 문건은 제16차 지령서에 첨부된 별지(別紙)로써, 전라남도농민연맹 상임집행위원회가 각 부·군·도농민위원회에 내려 보낸 것입니다.

3월 19일 광주극장에서 제2차 전라남도 농민연맹대회를 소집하니 각 부·군·도 대의원들은 위원장의 신임장을 가지고 참석하고, 도농위 해당금 3천원을 속히 보내라는 내용과, 북조선과 같은 토지개혁, 삼상회의 결정지지, 정권은 인민위원회로 이양 내용 등을 각 부·군·도·부락 단위로 대회나 좌담회를 개최하고 그 결의서를 4통 작성하여 1통은 하지 장군에게, 1통은 중앙민전으로 즉시 보내라는 지시 내용 등이 있습니다.

이상과 같이 16개 지령서와 관련 문건들을 살펴보았습니다. 여기서 남로당의 강조점은 ① 신탁통치 찬성 ② 북한과 같은 민주개혁추진 ③ 남조선 해방 ④북한 노선에 따른 통일 추구 등 입니다.

북한은 1946년 8월 28일부터 3일간 평양에서 신민당을 흡수하여 북조선노동당 창립대회가 열렸습니다. 이 대회에서 김일성은 다음과 같이 연설했습니다.

"'우리가 남조선까지 마저 완전히 해방시켜야만 전 조선에 완전 독립이 있는 것'이라고 명쾌한 결론 내렸다. 따라서 당은 진정한 인민정부의 상징인 북조선임시인민위원회를 강화하고 남조선도 북조선과 같이 모든 권력을 인민위원회가 넘겨가지도록 하여' 북한에서 실시된 민주개혁을 남한에서도 실시해야 한다는 것이다."[682]

이 연설 내용은 1947년 3·1기념투쟁 당시 16개 지령서나 진상보고, 전단, 구호 등에 고스란히 나옵니다. 이는 북한의 지령으로 해석될 뿐만 아니라 남로당제주도당이 북한 김일성 노선을 적극 지지하고 투쟁하였다는 증거이기도 합니다.

⑲ [경찰] 조병옥 경무부장 내도[683]

3월 14일 조병옥 경무부장이 내도하여 제주경찰감찰청장으로부터 도내 치안상황을 청취하였습니다. 이어서 제주도민에게, 3·1절에 발생한 불상사에 대한 원인과 대책, 그리고 동포는 자중하여 일상 업무에 충실함으로써, 건국에 이바지하기를 바란다는 요지로 파업중단과 치안질서 유지에 협조를 당부하는 내용의 '포고'문을 발표하고 도지사, 심리원장, 검찰청장, 북군수를 접견하였습니다.

---

682) 로버트 스칼라피노, 이정식, 『한국공산주의운동사』, (돌베개, 2018), 552~557쪽.
683) 신상준, 『제주도4·3사건』하권, (한국복지행정연구소, 2002), 89~90쪽.

15일에는 제주북국민학교에서 시국강연회를 열었고, 16일부터는 현지상황 점검차 경찰지서 시찰을 위해 전도를 일주하였으며, 19일에는 장문의 '담화문'을 발표한 후 상경하였습니다.

이처럼 조병옥 경무부장이 내도하여 중앙의 강력한 의지를 표명함으로서 총파업 사태는 점차 수습 국면으로 전환되었습니다.

| 문 97 | 3·1사건 당시 발포경관에 대한 조치는?

답 경찰서 앞에서 발생한 발포는 '치안유지의 대국에 입각한 정당방위'로 처리되고, 도립병원 앞에서 발포한 경찰관의 행위는 '무사려한 행위'로 해당 경찰관을 파면하였습니다. 그러나 발포경찰관에 대한 당국의 이러한 조치에 대하여 남로당제주도당은 미온적인 조치라며 크게 반발하였고 도민들도 미흡한 조치라고 평가한 것 같습니다.

| 문 98 | 제주도 3·1기념투쟁과 3·10총파업사건 이후의 투쟁은?

답 남로당은 3·1발포사건 이후 점차 강경투쟁양상을 보였습니다. 그래서 주민과 경찰 사이에 종종 충돌사건이 일어났습니다. 정부보고서와 미군정 문서에 나온 대표적인 사건을 보면 다음과 같습니다.

① 우도 사건[684]

1947년 3월 14일 우도민주청년동맹 맹원 1,000여 명이 국민학교에 모여 3·1사건대책위원회를 조직하고 발포경찰관에 대한 항의 성명을 발표했습니다. 그 후 우도 섬 한 바퀴를 돌면서 시위행진을 벌이고 우도경찰관파견소를 찾아가 삐라를 압수한 데 항의 위협하면서 파견소 간판을 파괴 소각한 사건입니다. 당시 우도파견소에는 경찰관이 3명뿐이었습니다.

이 사건은 발생 12일 후에야 경찰서에 알려졌을 정도로 고립무원이었고 그때야 응원 경찰대 15명을 급파하였으나 사건을 주도한 민청간부는 전부 도피한 후였습니다.

② 중문리 사건[685]

1947년 3월 13일 중문지서 직원 6명이 3·1발포사건에 불만을 품고 집단 사직하자 3월

---

684) 제주4·3위원회, 『제주4·3사건진상조사보고서』, (2003), 129쪽.
685) 제주4·3위원회, 『제주4·3사건진상조사보고서』, (2003), 129쪽.
제주4·3평화재단, 『제주4·3사건 추가진상조사 자료집 3 (미국자료 1)』, (2020). 298쪽.

15일 응원 경찰 15명을 파견하였습니다. 이들은 3·10파업에 가담했던 혐의자들을 검거하여 구속하였는데 3월 17일 '중문지서 유치장에 1,000명의 군중들이 몰려와 한 수감자를 석방할 것을 요구했다는 정보를 경찰로부터 받았다. 군중들은 몽둥이와 돌을 들고 있었다. 군중들이 돌을 던지며 감옥으로 돌진하기 시작하자 경찰은 발포했고, 군중 4명[686]이 부상당'한 사건입니다.

당시 경찰관으로 근무했던 중문면 하예리 출신 이동규 씨의 증언에 의하면

'중문에 가서보니 좌익측은 경찰관에게나 그 가족들에게는 물도 주지 못하게, 상품도 팔아주지 못하도록 일절 상대를 하지 못하게 하는 한편 경찰 가족에게는 철없는 어린이들을 시켜서 입은 옷에 더럽다고 침을 뱉게 하는 등 고립화 술법을 쓰고 있는 것이었다. 그리고 부모님이 계시는 우리 집에도 좌익측에서 수화불통(水火不通)시키겠다고 먼 올레에 가시를 쌓겠다는 소리가 아닌가'[687]라고 회고했습니다. 이런 분위기 때문에 사직한 경찰관도 있었다고 합니다.

③ 종달리 사건(6·6사건)[688]

1947년 6월 6일 발생한 사건이라 '6·6사건'이라고도 합니다.

1947년 5월 16일 미군정은 민청을 해산시켰습니다. 그런데 5월 21일부터 제2차 미·소공위가 재개되자 이에 대응하기 위해 6월 5일 합법단체로 민애청을 조직하게 됩니다. 이는 이름만 바뀐 것이지 지향하는 목표나 인적 구성이 민청을 그대로 승계한 단체입니다.

구좌면 종달리 민청 200여명이 6월 6일 집회를 소집하고, 제2차 미·소공위 재개에 대한 정세보고와 당면한 민청조직 개편을 위한 종달리민청대회가 있다는 정보를 입수한 세화지서 경찰관 김순영 황종옥 최한수 3명이 집회 장소에 나타나 불법집회를 단속하려하자 이에 반발한 민청 부위원장 부옥만 등이 경찰관들을 집단폭행한 사건입니다. 경찰관이 도망가다 막다른 곳에 이르자 바다에 뛰어 들었는데 갈고리로 끌어내어 무자비하게 구타하여 실신시켰습니다.

이로 인해 경사 김순영은 1949년 10월 27일 후유증으로 사망하고 황종욱과 최한수도 시름시름 앓다가 사망했습니다. 이 사건으로 71명이 수배되고 부옥만 등 42명이 검거되어 재판에 회부되었고 나머지는 도피했습니다.

---

686) 정부보고서에는 8명

687) 이동규, 『험한 땅 다스리며 개척하며』, (늘푸른디자인, 2010), 63쪽.

688) 제주4·3위원회, 『제주4·3사건진상조사보고서』, (2003), 130쪽.

④ 북촌리 민·경 충돌사건[689]

1947년 8월 13일 조천면 북촌리에서 불법 삐라를 단속하던 경찰이 주민과 충돌해서 경찰관 2명이 집단폭행으로 부상당한 사건입니다. 이 시기부터 반미 및 미군 공격을 선동하는 삐라가 살포되기 시작했으며 전반적으로 도내 치안이 점차 악화되기 시작하였습니다.

⑤ 동광리 테러사건

1947년 8월 21일자 주한미육군사령부 정보참모부 주간요약 보고 제101호에 의하면, '동광리(933-1127) 1947년 8월 3일 - 갑작스럽게 터진 곡물 수집 반대 시위에서 정부의 곡물수집위원 3명이 약 50명에게 폭행당했다.(방첩대 정보요약보고)'[690]

⑥ 함덕지서 피습사건

1947년 8월 21일자 주한미육군사령부 정보참모부 주간요약 보고 제10호에 의하면 '1947년 8월 13일 - 폭도 약 200명이 제주도 함덕(965-1155)의 지서를 공격했다. 경찰 2명이 폭행당했고 여성 1명이 우연히 총격당했다. 폭동의 이유는 미상이다.(방첩대 긴급보고)'[691]

⑦ 통신선 절단 사건 빈발

1947년 8월 31일자 미군제6보병사단정보참모부 정기보고 제682호(발췌:제24군단 정보참모부 정기보고 제617호, 1947년 8월 26일)에 의하면 '제주도 경찰 통신이 끊기다 - 지난 주 제주도 경찰이 수도관구경찰청장에게 보낸 서한 보고에 따르면 제주도의 경찰용 통신선이 최근 특정집단에 의해 반복적으로 절단되거나 헝클어져 왔다.'[692]

대략 이 시기 이후부터 남로당제주도당 지휘부가 본격적인 무장투쟁을 위하여 아지트를 조천면 선흘리 지경 밀림속으로 이동하고 훈련을 강화하면서 테러를 자행하기 시작했습니다.

689) 제주4·3위원회, 『제주4·3사건진상조사보고서』, (2003), 131쪽.
690) 제주4·3평화재단, 『제주4·3사건 추가진상조사 자료집 3 (미국자료 1)』, (2020). 499쪽.
691) 제주4·3평화재단, 『제주4·3사건 추가진상조사 자료집 3 (미국자료 1)』, (2020). 499쪽.
692) 제주4·3평화재단, 『제주4·3사건 추가진상조사 자료집 4 (미국자료 2)』, (2020). 23쪽.

[8장]
제주4·3사건은 상급당 지령 없이
남로당제주도당이 단독으로 일으켰습니까?

| **문 99** | 남로당중앙당의 지령을 받고 4·3을 일으켰다는 근거는?

답 남로당중앙당이나 전남도당의 지령 없이 제주도당이 독자적으로 4·3을 일으켰다고 주장하는 목적이나 의도는 무엇인가를 우선 생각해 보겠습니다.

그것은

① 남로당 상급당과의 연계성을 단절하여 민중항쟁론을 합리화하려는 포석

② 남로당의 목표와 만행에 대한 은폐와 책임 면제

③ 남로당제주도당이 전 책임을 부담하여 상급당과 상부선 보호

④ 대한민국 건국의 정당성과 정통성 부정 등이라고 생각합니다.

그러나 제주도당 독자 결행설은 억지논리이고 역사 왜곡에 불과합니다. 왜냐하면 4·3 주동자 김달삼이 직접 쓴 제주도인민유격대 투쟁보고서를 보거나 1947년 3·1기념투쟁 지령문들을 보면 상급당의 지령 없이 남로당제주도당이 독자적으로 행한 투쟁이 없기 때문입니다.

제주도인민유격대투쟁보고서를 살펴보겠습니다.

① 1947년 3·1기념투쟁 직후 전남도당의 지시에 의하여 각 면에 조직부(면당面黨) 직속 자위대를 조직하도록[693] 한 것입니다. 이게 무장투쟁을 준비하라는 상급당의 지령입니다.

② 3·1투쟁 직후 제주도당에서는 모슬포에 있는 9연대에 프락치 4명을 입대시켰는데,[694] 이는 무장 반격전을 전개할 때 국방경비대의 동향을 파악하고 부대 내 반동을 제거하며 부대를 동원하려는 사전 준비로 군부대까지 동원해서 대한민국 건국을 저지하려 한 것입니다.

---

693) 문창송 편, 『한라산은 알고 있다』, (대림인쇄사, 1995), 17쪽.

694) 문창송 편, 『한라산은 알고 있다』, (대림인쇄사, 1995), 75쪽. 고승옥 문덕오 정두만 류경대

③ 1947년 5월에 중앙당 올구[695] 이명장이 내려오자 경비대에 프락치[696] 입대 사실을 보고하고, 그 지도문제와 활동방침을 전남도당에 가서 지시하여 주도록 요청합니다.[697] 이는 그만큼 전남도당 지시 없이 제주도당 단독행동을 엄격히 통제했다는 증거이고, 지휘계통이 엄정해서 월선(越線)보고나 행동이 철저히 금지됐다는 증거입니다.

3·1투쟁 당시에도 '중앙당 지침이 내려올 때까지' 잠정적으로 자체 투쟁계획을 수립 시행하였고 4·3 발발 12일 후 중앙당 올구 주재하에 4·15도당부대회에서 12일간의 투쟁결과를 평가하고 제주도당 개편을 추인받았으며 5·10선거 저지 대책을 결의할 만큼 모든 행동은 철저히 중앙당 지침에 의거 행동하였습니다. 그리고 2개 군(郡)에 불과한 제주도(島)당에 중앙당 올구가 내려와 지침을 직접 하달하고 있다는 것은 중앙당에서 제주도당을 얼마나 비중 있게 인식했음을 알 수 있습니다.

④ 1948년 '3월 15일경 전남도당 파견 올구를 중심으로 회합을 개최하여 첫째 조직의 수호와 방어의 수단으로서, 둘째 단선단정반대 구국투쟁의 방법으로서 적당한 시간에 전도민을 총궐기시키는 무장반격전을 기획 결정'했다고 기록돼 있습니다.[698] 전남도당 올구 입회하에 회의를 주재하고 무장반격전을 기획하고 결정한 것은 상급당 지령으로 봐야 합니다. 왜냐하면 전남도당 올구가 안 된다고 했다면 무장반격전은 절대로 못하기 때문입니다.

⑤ 1948년 '3월 중순 전남도당 조직지도책 이(李) 동무는 재차 내도함과 동시에 **"무장반격에 관한 지시"**와 아울러······'[699]라고 기록돼 있습니다. 전남도당 올구 이(李) 동무가 '무장반격에 관한 지시'를 한 것을 4·3지령이 아니라고 할 수 없습니다.

⑥ 1948년 3월 15일 제주도당 상임위원회 회의석상에 전남도당 올구가 참여하여 '국경 프락치는 도당(島黨)에서 지도할 수 있으며 이번의 무장반격에 이것을 최대한 동원하여야 된다'고 언명하였음"[700]이라는 기록도 있습니다. 이 지시는 전남도당 올구 단독으로 결정할 수 없는 중대한 사안이기에 상급당의 지령이나 승인 없이 할 수 있는 말이 아닙니다. 따라서 전남도당 올구가 국경 프락치를 제주도당에서 지도할 수 있으며 이번의 무장 반격에 이것을

---

695) 올구는 영어 Organizer의 준말로서 조직지도책(원), 상급당에서 하급당에 파견되어 조직과 당원을 지도 감독 조종하는 임무와 권한을 가진 자.
696) 프락치(Fraktsiya)는 광의로 첩자, 밀정과 같은 의미임. 공산당이 기관 단체에 비밀리에 침투시켜 특수임무를 수행하는 자.
697) 문창송 편,『한라산은 알고 있다』, (대림인쇄사, 1995), 75쪽.
698) 문창송 편,『한라산은 알고 있다』, (대림인쇄사, 1995), 17쪽.
699) 문창송 편,『한라산은 알고 있다』, (대림인쇄사, 1995), 76쪽.
700) 문창송 편,『한라산은 알고 있다』, (대림인쇄사, 1995), 76쪽.

최대한으로 동원하라는 지시는 바로 폭동 지령입니다.

더 나아가서 전남도당 올구의 '이 지도를 중심으로 4·3투쟁전술을 수립하여 감찰청과 1구서 습격에 국경(國警)을 최대한으로 동원하고 나머지 각 지서는 유격대에서 담당하기로 양면작전을 세'웠습니다.[701] 이처럼 전남도당 올구의 지도를 중심으로 투쟁전술을 수립한 것 또한 지령으로 보는데 무리가 없습니다. 전남도당 올구는 제주도당의 상위직이지 제주도당의 결정을 따르는 하위직이 아닙니다.

⑦ '남로당제주도당은 9연대에 동원 가능 수를 문의한 바 800명 중 400명은 확실성이 있으며 200명은 마음대로 좌우할 수 있다. 반동은 주로 장교급으로서 하사관 합하여 18명이니 이것만 숙청하면 문제없다는 보고가 있었음. 동시 만일 경비대가 동원된다면 현재 1연대[702]에는 차가 없으니 차 약 5대만 돌려주면 좋고 만약 불가능하면 도보로라도 습격하겠다는 말이 있었음. 이 보고를 중심으로 즉시 4·3투쟁에 총궐기하여 감찰청과 1구서를 습격하라는 지령과 아울러 자동차 5대를 보냈음.'[703]

이것은 문상길이 중앙당 지령이 없다는 이유로 출동을 거부하여 실현되지 못하였으나 전남도당 올구의 지시와 투쟁전술에 따라 9연대 부대원의 성분 분석을 마치고 숙청 대상까지 파악하여 대비했다는 점을 보여줍니다.

4·3항쟁론자나 정부보고서에서 남로당제주도당의 단독 결행이라고 주장하는 이유는 남로당의 공산화통일투쟁을 은폐하고 경찰·서청의 탄압에 대한 '의로운 저항론'을 합리화하기 위해서 필수적이기 때문이라는 지적이 많습니다. 제주4·3위원회 전문위원이었던 나종삼도 "남로당중앙당의 폭동지령설을 시인하면 '주민봉기설' 또는 '민중항쟁설'을 주장할 수 없기 때문에⋯⋯"[704]라고 분석했습니다.

| 문 100 | 정부보고서에는 지령 문제를 어떻게 기록했나요?

답 　　정부보고서에는 '남로당중앙당의 직접적인 지시가 있었다는 자료는 발견되지 않고 있다'[705]고 전제한 후 지령이 없었다는 점을 장황하게 늘어놓았습니다. 그런 비밀스럽고 중요한 지령을 문서로 작성해서 오래 보관하고 공개하겠습니까?

---

701) 문창송 편, 『한라산은 알고 있다』, (대림인쇄사, 1995), 76쪽.
702) 9연대의 오기인 듯
703) 문창송 편, 『한라산은 알고 있다』, (대림인쇄사, 1995), 76, 77쪽.
704) 대한민국재향군인회 안보문제연구소, 『국가정체성 어떻게 발양할 것인가』, (2009), 142쪽.
705) 제주4·3위원회, 『제주4·3사건진상조사보고서』, (2003), 536쪽.

또 비밀지령은 문서 이외에도 구두, 신호, 전신, 우편, 봉화, 광고, 성명서, 표시, 신문 방송 등 여러 가지 방법을 동원하고, 인편을 통하여 문서로 전달하는 경우에도 극소수 약속된 사람에게만 전달하며, 일단 받고 나서 본 다음에는 보관하지 않고 즉각 소각·인멸하는 게 철칙입니다. 그런데 그런 직접적인 자료가 발견되지 않았으니 지령이 없었다고 단정합니다.

저는 김달삼이 쓴 제주도인민유격대투쟁보고서가 직접증거라고 믿고 있습니다. 반란을 일으킨 최고책임자가 직접 쓴 보고서에 전남도당의 올구가 '무장반격전을 지시'하였다라고 명기하였음에도 정부보고서는 상급당 지령이 없었다고 말하고 있습니다.

| 문 101 | '제주도인민유격대 투쟁보고서'를 김달삼이 직접 썼나요?

답 김달삼이 이 보고서를 직접 작성하였다는 근거는 보고서 내용을 자세히 살펴보면 알 수 있습니다.

1948년 3월 15일부터 7월 24일까지 투쟁한 기록은 기초 준비 단계부터 부대편성, 유격대 조직정비 상황, 반란의 실행, 일자별 지역별 작전일지, 전과(戰果), 국방경비대와의 관계, 국경으로부터 지원받은 내용과 회담에 임하는 전략과 결과 등이 상세히 기록돼 있는데 이는 총사령관이 아니면 도저히 파악할 수 없는 내용이기 때문입니다.

이 극비 문서는 인민유격대 사령관 이덕구 사살작전 때 그의 직속 부하 양생돌이 가지고 있던 것을 경찰이 압수한 문서로서, 이덕구 체포작전을 지휘한 화북지서장인 문창송이 1995년 『한라산은 알고 있다. 묻혀진 4·3의 진상 <소위 제주도인민유격대투쟁보고서를 중심으로>』라는 책으로 발간하였습니다.

| 문 102 | 당시 경찰 자료에 중앙당 지령을 입증하는 기록이 있나요?

답 경찰은 공공의 안녕질서 유지가 사명입니다. 따라서 그 본연의 직무상 4·3이 발발하기 훨씬 이전부터 직접 공공의 위해세력에 대한 정보를 수집하고 범법자를 수사 검거 송치하며 진압작전을 수행하였습니다. 경찰은 4·3의 시작부터 종결까지 모든 과정을 일지나 지시·보고·통보 형식의 문서로 처리하기 때문에 가장 원초적인 문서가 많이 있어야 함에도 불구하고 남아 있는 문건이 별로 없습니다.

그간 4·19 등 정치적 변혁기나 정권교체기에 문서가 노출될 경우 문책이나 물의를 예상하여 일부러 폐기하였거나 6·25전쟁 등 어쩔 수 없는 이유로 그나마 보존 관리되던 기록마저 완전히 폐기 또는 멸실되었습니다. 그나마 남아 있던 문서도 어떤 경로를 거쳐서 개인에 게 넘어간 경우도 있어서 자료 획득에 어려움이 있습니다.

극소수의 대공업무에 종사하던 경찰관이 개인적으로 경찰 기록을 복사해 놓은 남로당제 주도당, 제주읍특별위원회, 인민해방군, 혁명투쟁위원회, 구국투쟁위원회의 간부명단과 기 타 단체의 명단 중 극히 일부만 간혹 나오는 수준입니다.

따라서 저는 경찰 기록에서 남로당중앙당이 제주도당에 하달한 4·3지령문이나 증거서류 를 찾지 못하였습니다. 그러나 4·3지령과 관련된 문서는 제주4·3평화재단에서 많은 자료 를 수집 관리하는 것으로 알고 있으며 3·1기념투쟁지령서나 제주도인민유격대투쟁보고서, 미군정청 자료는 속속 나오고 있습니다.

| 문 103 | 당시 미군정 자료에 중앙당 지령과 관련한 기록이 있나요?

답 미군정 자료에 남로당중앙당이 지령한 기록들을 살펴보겠습니다.

① '1948년 1월 22일 제주도 조천에서 열린 남로당의 비밀모임을 급습했다. 압수된 여러 문서 가운데 한 특별문서의 내용 일부는 다음과 같다.

(ㄱ) 1948년 2월 중순부터 3월 5일 사이에 제주도 전역에서 폭동을 시작하라.

(ㄴ) 경찰 간부와 고위 관리들을 암살하고 경찰무기를 노획하라.

(ㄷ) 유엔(한국임시)위원단과 총선거, 군정을 반대하라.

인민공화국을 수립하라'[706]

정부보고서는 이 미군정 보고서를 C-3로 분류된[707] 정보여서 가치가 없다고 많은 토를 달면서 평가절하해 채택하지 않았습니다. 그러나 20여 일 뒤에 경찰과 방첩대가 다시 압수 한 문건에서도 똑같은 내용이 있어서 이 문서의 신빙성을 뒷받침하고 있으며, 이덕구 사살 건도 정확한 정보임에도 C-3로 분류[708]된 것을 보면 C-3라고 그냥 가볍게 볼 일이 아닙니 다.

706) 나종삼, 『제주4·3사건의 진상』, (아성사, 2013), 105쪽, 제주4·3위원회, 『제주4·3사건자료집』8권, (2003), 183쪽.

707) 제주4·3위원회, 『제주4·3사건진상조사보고서』, (2003), 155쪽.

708) 제주4·3위원회, 『제주4·3사건자료집』7권, (2003), 131쪽.

[표 22] 정보 제공원의 신뢰성과 정보의 가치 분류 기준

A	완전히 믿을 만함	1	다른 원천에서 확인
B	통상 믿을 만함	2	아마 사실이다.
C	꽤 믿을 만함	3	사실일 수 있다
D	통상 믿을 만 하지 않음	4	사실인지 의심된다.
E	믿을 수 없음	5	사실 같지 않다
F	판단할 수 없음	6	판단할 수 없다

② '제주도 - 1948년 2월 12일, 제주도에서 경찰과 방첩대는 남로당 본부를 급습해 많은 유인물과 **1948년 2월 15일부터 3월 5일까지 계속하여 소요를 일으킬 것을 지시하는 서** 류를 찾아냈다. 조사가 진행 중이다.'[709]

특히 이 문서는 B-2로 분류되었음에도 불구하고 정부보고서에서는 전혀 인정하지 않았습니다.

1948년 1월 22일 새벽 3시 경찰이 남로당 본부를 급습하여 남로당제주도당 간부 106명을 검거하고, 26일까지 115명을 추가 검거하여 총 221명을 검거하면서, 2월 중순부터 3월 5일 사이에 폭동을 일으키라는 두 건의 지령서를 압수하였습니다.

여기에 대하여 신상준 박사는 『제주도4·3사건』에서 "남조선노동당제주도위원회의 집회에서 간부들이 대량 검거됨으로써, '1948년 2월 중순~3월 5일 사이'에 무장봉기하라는 지시는 이행되지 못했고, 1948년 4월 3일로 연기된 것으로 판단된다. 만일에 이때 남조선노동당제주도위원회의 간부들이 체포되지 않았더라면, 제주도에서의 전면적 무장봉기는 1948년 2월 중순~3월 5일 사이에 일어났을 것이다"[710]라고 판단하였습니다. 하물며 2·7 폭동 지령도 이미 내려왔으니 중앙당 지령은 모두 3개나 확인된 것입니다.

③ 소위 '브라운대령 보고서'[711]와 그 부속서인 '제주도남로당 조사보고서'라는 문서에 보면 다음과 같이 기록되어 있습니다.

㉮ '제주도남로당의 활동은 전라남도 도당의 지시를 받고 있다. 남로당제주도위원회는

---

709) 나종삼, 『제주4·3사건의 진상』, (아성사, 2013), 106쪽.
제주4·3위원회, 『제주4·3사건자료집』 8권, (2003), 38쪽.
710) 신상준, 『제주도4·3사건』 하권, (한국복지행정연구소, 2002), 1130쪽.
711) [부록 1] 참조

전남도당 본부로부터 모든 지령을 받는다'[712]

여기서 모든 지령을 받는다고 했는데 가장 중요한 무장반격전 지령을 받지 않았다고 할 수 있겠습니까?

㉴ '6명 정도의 훈련된 선동가와 조직가들이 제주도에 남로당을 설치하기 위하여 외부에서 파견된 것으로 추정된다. 또한 공산주의와 그 목적에 대하여 얼마간 이해를 하고 있는 500~700명 정도의 동조자들이 파견된 6명의 특수조직책들의 운동에 참여하였다.'[713]

　　이는 시작부터 조직적으로 중앙당이 개입했고, 실제 올구가 항상 파견되어 지휘 감독을 했다는 것입니다.

　　무장반격에 대한 남로당중앙당이나 전남도당의 판단은, 제주도는 좌익 세력이 강하고 그 세력이 온존한 상태이므로 육지부에서 응원 경찰이나 군인이 가지 않으면 작전에 승산이 있다고 봤습니다. 즉 육지부 상황이 어렵게 전개되면 제주도를 지원할 능력이 없을 것이라는 기대를 한 것입니다.

㉵ '남로당에 의한 제주도 조직은 1946년에 시작되었다. 조직은 1947년 상반기 동안에 천천히 진행되었다. 남한만의 단독선거가 치러질 것이라는 사실이 분명해지자 조직 활동이 강화되었다. 특별조직책들이 본토에서 파견되었다.'[714]

이 점을 볼 때, 파견된 조직책들의 임무는 남로당제주도당으로 하여금 단선·단정을 저지하고 공산화통일투쟁을 지시·지도·감독하기 위한 것입니다.

④ 미군정 인사의 언급이 기록된 자료로 1948년 5월 7일자 동아일보와 서울신문에는 미군정장관 딘 소장이 제주도를 시찰하고 돌아와서 '제주 밖에서 들어온 공산주의자들의 선동 모략 위협에 잘못 인도된 청년들이 선거공무원, 경찰관, 애국적 제주도민들을 살해하고 있다'고 언명하였다는 기사가 있습니다.

⑤ '1947년 2월 25일~1947년 2월 26일(NO. 496, 1947.2.26. 보고)

북한에서 온 조양신 체포

1947년 2월 22일 제주경찰은 북한에서 온 조양신을 체포했다. 그는 소련 스파이 혐의를 받고 있다. 그가 갖고 온 서류들을 조사하고 있다'[715] 라는 기록이 있습니다.

---

712) 제주4·3위원회, 『제주4·3사건자료집』 9권, (2003), 44쪽.
713) 제주4·3위원회, 『제주4·3사건자료집』 9권, (2003), 40쪽.
714) 제주4·3위원회, 『제주4·3사건자료집』 9권, (2003), 39쪽.
715) 제주4·3위원회, 『제주4·3사건자료집』 8, (2003), 31쪽

남로당중앙당 거물 천검산이 4·3을 지휘했나요?

답　　1947년 3·1투쟁을 진두지휘한 제주도민전 문화부장이며 일본으로 도피한 김봉현[716]은 일본 문예지『民濤』(민도) 1988년 여름호 특집 Ⅱ에서 중앙당에서 파견되어 온 천검산에 대해,

'그래서 결정을 하는 것은 중앙에서 파견되어 온 조직책인 것입니다. 그 사람의 이름은 チョン·コムサン(천·고무상)라고 했지요. 별명은 천·가모끼라고 …… 아무튼 남로당 제주도위원회의 지도를 했던 사람이 이 사람이지요. 군사이론에도 탁월했던 것 같습니다'[717]라고 실토했습니다. 여기서 지도는 지령을 포함한 의미입니다. 천검산은 중앙당에서 파견된 올구의 가명이었습니다.

1948년 10·19여·순반란사건 직후인 10월 24일 남로당제주도당 구국투쟁위원회는 제주읍 월평리에서 소련식 혁명투쟁위원회로[718] 개편되는데 그 조직도(組織圖)를 보면 최상층부에 중앙당 올구 김서옥이 있고, 밑으로 내려가면서 전남도당 올구 이창욱, 그 밑에 투쟁지도부 김용관·김양근·김석환으로 조직되어 있습니다.[719]

이 혁명투쟁위원회 조직도만 봐도 중앙당 올구가 진두지휘하였음을 확인할 수 있고 김봉현이 증언한 내용과 일치함을 알 수 있습니다. 이 정도면 중앙당과 전남도당의 지령 지휘 하에 움직였음을 알 수 있습니다.

그리고 김봉현, 김민주의『제주도인민들의 4·3무장투쟁사』에 보면 '박헌영, 이승엽의 그릇된 전략전술로 오도되었으며, 김달삼 강규찬은 아무런 승산도 없는 지시를 받아가면서'[720]라는 말이 명기되어 있습니다. 오도되었다는 말과 지시를 받아가면서라는 말은 지령을 받으면서 투쟁했다는 말입니다.

716) 김봉현은 조총련 오사카지부 서열 4위, 조선일보 2003.6.17. A19면.
717) 고문승,『제주사람들의 설움』, (신아문화사, 1991), 387쪽.
718) 제주4·3위원회,『제주4·3사건자료집』7권, (2003), 254쪽.
'제주도에서 (게릴라)중대장들은 소련을 본받은 전형적인 게릴라 조직의 유형이 된 정치 업무를 관장하는 부중대장의 보좌를 받는다' 즉 군사문제를 총괄하는 군 사령관과 정치문제를 관장하는 정치위원으로 하는 2개 축 체제를 갖췄습니다. (문창송 편,『한라산은 알고 있다』, 26쪽. 각 지대에 정치위원을 배치하였습니다.)
719) 고재우,『제주4·3폭동의 진상은 이렇다』, (백록출판사, 1998), 38~40쪽.
720) 김봉현·김민주,『제주도인민들의 4·3무장투쟁사』, (문우사, 1963), 164쪽.

| 문 105 | 남로당중앙당 문서에 4·3과 관련한 지령이 있나요?

답 남로당중앙당 자료를 보겠습니다. 남로당중앙당 기관지 「노력인민」 1948년 6월 28일자를 보면 남조선노동당중앙위원회 서한으로 '제주도인민대중에게 드림'이라는 격려문을 내려 보냈습니다. 남로당제주도당은 이에 대한 답신으로 '중앙위원회 멧세지에 답함'이라는 답글을 올려 보냈는데 그 내용이 1948년 11월 7일자 노력인민에 게재되었습니다. 그 내용 중에 '우리들의 불굴의 투지는 상급당부의 옳은 지도 밑에서'라는 글이 있습니다. 상급당부의 옳은 지도라면 이게 지령을 말하는 것입니다. 바로 중앙당 올구의 지휘와 지령를 받았다는 증거입니다.

| 문 106 | 4·3과 관련해 중앙당이 국방경비대에 내린 지령이 있었나요?

답 국방경비대 9연대에는 남로당중앙당에서 문상길을, 제주도당에서 고승옥 등 4명을 프락치로 침투시켰습니다. 그리고 4·3투쟁을 대비해서 남로당제주도당과 국방경비대 간에는 활발한 교류가 있었습니다. 남로당제주도당은 중앙당에서 문상길을 프락치로 파견한 사실을 알고 있었습니다. 김달삼은 중앙당 올구에게 9연대에 파견된 중앙당 프락치를 도당에서 지도할 수 있도록 수시로 건의한 점에서도 그것을 알 수 있습니다.

그리고 4·3 직전에 아래와 같은 내용을 9연대에 침투시킨 프락치를 통하여 보고받았습니다.

▲ 경비대 800명 중 400명 동원이 가능하고, 그중 200명은 마음대로 좌우할 수 있음.
▲ 장교와 하사관을 포함하여 반동 18명만 숙청하면 문제없음.
▲ 병력수송용 차량 5대를 지원해 줄 것을 요청.
▲ 차량 지원이 어려우면 도보로라도 습격하겠다고 약속.

정부보고서에서는 4·3 당일 남로당제주도당이 차량 5대를 지원했음에도 불구하고 문상길이 중앙당지령이 없어서 출동하지 못한다고 거절한 것을 근거로 중앙당 지령이 없었다고 단정했습니다. 그러나 여기에는 의문이 많습니다.

① 김달삼과 문상길은 평소 잘 아는 사이입니다. 문상길은 모슬포에 있는 일본군이 쓰던 오무라(大村)병사(兵舍)에서 창설된 9연대에 근무했고, 김달삼은 바로 곁에 있는 대정

중학교 교사로 근무했습니다. 제주도당에서 9연대에 파견한 프락치 고승옥 하사관은 어떻게 상급자와 상의함도 없이 임의로 김달삼에게 차량지원을 요청하고 차량지원이 여의치 않을 경우 도보로라도 출동하겠다는 약속을 할 수 있었을까요?

② 고승옥이 문상길에게 사전 호응 궐기할 것을 제의했을 때 문상길이 중앙당 지령이 없어 출동할 수 없다고 했다면 그 사실을 왜 김달삼에게 즉보하고 차량을 보내지 말도록 조치하지 않았을까요?

③ 중앙당 지령이 없다고 했던 문상길이 4·3 발발 이후에는 김달삼과 자주 접촉하면서 정보교환, 무기제공, 탈출병추진, 박진경 대령 암살 등과 같은 드러나지 않는 활동에는 적극적으로 가담했을까요? 문상길도 이런 투쟁을 독자 결행했을까요? 병력 출동 문제는 노출된 행동으로써 당시 국방경비대의 정치적 중립노선[721]에 배치되기 때문이거나 대내외적 위험성을 고려한 조치인지도 규명되어야 할 문제입니다. 이에 대해 전 제주4·3위원회 전문위원 나종삼은 김익렬의 유고문을 근거로 문상길이 병력동원을 거절한 진짜 이유는 4·3당일 제9연대에 탄환이 1발도 보급되지 않았기 때문이었다[722]고 주장합니다. 군대가 실탄 없이 작전에 출동한다는 것은 무모한 자살행위이기 때문입니다.

상급당 지령유무에 대한 필자의 결론은 문상길에게 중앙당 지령이 있고 없고를 떠나,

(가) 5·10총선을 저지하라는 2·7폭동지령은 분명히 내려왔다는 점
(나) 2월 중순부터 3월 5일 어간 폭동을 일으키라는 복수(復數)의 지령문을 경찰과 방첩대가 압수한 사실
(다) 3월 15일경 전남도당 올구로부터 무장 반격전에 관한 지시를 제주도당이 받았다는 사실
(라) 전남도당 올구 이(李) 동무로부터 무장 반격전에 국경을 최대한 동원하라는 지시가 있었던 점
(마) 3월 15일경 전남도당이 파견한 올구를 중심으로 회합을 개최하여 단선·단정반대 무장반격전을 기획하고 결정한 점
(바) 전남도당이 파견한 올구 이(李) 동무의 지도를 중심으로 4·3투쟁의 전술을 수립한 점

등은 중앙당과 전남도당의 지령과 지도아래 실행했다는 근거로 충분합니다.

---

721) 경비대는 좌도 아니고 우도 아니다
722) 제민일보4·3취재반, 『4·3은 말한다』 2권, (전예원, 1994), 277쪽.

국방경비대에 지령이 없었다는 점에 방점을 둔 사람들도, 4·3에 있어서 그 계획 및 시작과 전개는 오직 제주도당이 주도했지 국방경비대가 주도하지 않았다는 점을 부정하지 못할 것이기 때문에, 도당에 지령하고 경비대에 지령하지 않았다고 해서 상급당 지령이 없었다고 단정할 수는 없는 것입니다.

추가적으로 신상준 박사가 제출한 1차 정부보고서 수정 의견에는 1948년 4월 28일자 미군 정보 보고서를 인용하고 있습니다. 보고서 날짜가 4·3 발발 이후이긴 하지만 이 지령이 5·10선거 이전에 입수된 정보라는 점에서 무시할 수 없는 문건입니다.

'남조선노동당의 모든 지부에 다음의 지시가 하달된 것으로 보고되었다.

▲ 선거입후보자를 살해할 의도로 폭동을 일으키라.

▲ 임무는 5월 10일까지 완료하라'[723]

위 지령이 제주도당에 직접 지령한 것이라는 명시적 근거는 없지만 남로당중앙당이 각 도에 내린 지령 중에서 제주도에 내리지 않은 지령이 없었다는 점을 감안하고 이 지령대로 폭동을 일으켰으니, 이 문서도 매우 의미 있는 지령 내용입니다.

| 문 107 | 중앙당 지령과 관련한 다른 자료가 있나요?

답   지령과 관련해서 4·3기간 중 주목할 만한 내용을 소개합니다.

① '1948년 1월 28일 남로당중앙위원회는 유엔한국위원단에 유엔 결정을 반대하는 항의서를 발송하였고',

② '1948년 3월 19일 남로당중앙위원회는 남한 단독선거 분쇄를 위한 투쟁에 나설 것을 호소하는 성명서를 발표했다.'[724]

라는 기록으로 보아 이 항의서나 성명서도 일종의 지령이며 이 지령을 충실히 이행한 것이 바로 4·3인 것입니다.

③ 4·3 이전이나 직후는 아니지만 남로당제주도당이 중앙당을 넘어 북한과의 통신연락도 있었습니다.

(1) 1948년 12월 12일부터 1949년 8월 16일까지 4·3진압작전에 참전했던 이윤(李潤)

---

723) 제주4·3위원회, 『제주4·3사건진상조사보고서 수정의견 접수내용』 1권, (2003), 398쪽.
724) 임경석, 『이정 박헌영 일대기』, (역사비평사, 2005), 411쪽.

상사가 일기 형식으로 작성한 『진중일기』에[725]

"인쇄기까지 설치하여 소위 '인민일보'라는 신문을 발간하면서 제주-평양간에 실시간적으로 무전연락을 취하여 평양에서 지령하는 선전을 매일 매일 도민에게 주입하였다"는 기록이 있습니다.

(2) 『이제사 말햄수다』 2권에는[726]

'50년도 7월 25일자에 폭도 들어난 건 우리가 여기 있을 때고, 그 다음에 군인 갔는데, 철원에서 유숙하려고 어느 집에 들어가서 밤에 그 신문 모여 있는 걸 깔아 누울려고 한 아름 안아다가 펴면서 보니까, 제주기사가 났길래 그걸 자세히 보니까 우리가 서내(署內) 대기할 때에 비상사태가 일어났던 중문사건(하원리 습격사건)이 8월 1일자 평양신문에 났더라고, 50년 8월 1일자 신문이니까 여기서 사건 난 거하고 북에서 보도된 간격이 약 6일 간격이지, 뭐 일주일 간격에 그 평양신문에 난 셈이지. 우린 그 기사를 한 1년 만에 본 거…… 이 한라산 폭도하는 사람들이 이북하고 어떤 연락이, 뭐 무전이라도 가져 가지고 하였다는 걸 알 수 있지. 그러면 남한을 넘어서 통신연락을 할 수 없단 말이여.'라는 기록[727]도 있습니다.

이는 『진중일기』 내용과 일치하는 증언이며, 북한의 지령을 받으면서 대한민국을 공격하였음을 알 수 있습니다.

또, '우리는 선전부에 있었으니 토벌대가 올라오면 제일 앞에서 도망을 가지…. 백록담에도 두 번이나 올라갔어. 선전부가 제일 안전지대로 가야 된다고 등사기, 무전기들을 짊어지고, 제일 멀리 도망치는 거라.'[728]는 증언을 보면 무전기를 가졌고, 이는 북한과 통신을 교환했다고 추측할 수 있습니다.

| 문 108 | 4·3에 대하여 북한이 지령을 내리거나 지원한 근거가 있나요?

답 4·3과 관련한 북한의 지령이나 지원한 직접적인 근거는 남북통일이 된 후 북한자료가 나타나면 확인할 수 있을 것입니다. 그러나 4·3사건 전후 과정을 살펴보면 북

---

725) 이윤,『진중일기』, (여문각, 2002), 114쪽.
726) 제주4·3연구소,『이제사 말햄수다』2권, (한울, 1989), 70쪽.
727) '50년 7월 25일 남군 인민유격대의 한 부대는 중문면에 소재하는 하원경찰지서를 습격, 경찰관을 사살하고 지서건물을 소각했으며 다수의 무기와 탄창을 노획, 아라리연구소,『제주 민중항쟁』1권, (소나무, 1988), 191쪽', 제주4·3연구소,『이제사 말햄수다』2권, (한울, 1989), 70~71쪽.
728) 제주4·3연구소,『이제사 말햄수다』1권, (한울, 1989), 50쪽.

한이 지령을 내리거나 지원한 사실들이 발견됩니다.

1948년 3월 19일자 주한미육군사령부 정보참모부 주간(1948.3.12.~3.19)요약 보고 제131호에 따르면

"평양 라디오는 단독 선거를 반대하는 대중 집회에 관한 장황한 프로그램과 성명을 통해 남조선 공산주의자들의 주장에 대한 지지를 이어갔다. …… 선전의 내용은 다음과 같았다. '동포들이여! 미국인들은 남조선에서 단독 정부를 만들려 계획하고 있다. 미국인들은 조선 인을 다시 노예로 삼으려 한다. 우리의 조국을 분단하려는 미국인들의 극악무도한 음모를 분쇄하자!'

지난 주 평양 라디오에서 남조선 공산주의자들에 대한 북조선의 금전적 지원이 북조선 관리에 의해 처음으로 시인됐다. 공산주의자 연사는 '…… 북조선의 모든 지역에서 북조선인민위원회로 보내진 성금은 남조선 인민에 대한 북조선 인민의 피가 끓는 형제적 지지를 증명한다'고 말했다"[729]

라고 기록되어 있습니다. 이는 북한이 남로당에게 5·10선거 저지를 지령하고 재정적 지원까지 했으며 이를 공개적으로 인정한 것입니다.

1946년 1월 3일 조선공산당북부조선분국 책임비서가 조선공산당 각급 및 지부 책임비서에게 '모스크바 삼상회의 결정의 조선 문제에 관한 각급 및 지부에 대한 지시'라는 제목의 지시문을 보면, 신탁통치 지지운동을 전개하기 위한 동원 선전 등의 방법을 명시하고 있습니다. 그리고 각 도당 및 지부는 1월 10일까지 그들의 활동내용을 북조선분국에 세밀하게 보고하여야 한다는 지시문을 받았습니다. 이때부터 남한의 조선공산당은 조선공산당북조선분국의 지령 하에 움직였음을 알 수 있습니다.[730] 그렇기 때문에 1947년 2월 25일자 3·1 기념투쟁 제6차 지령서 '3·1운동기념 캄파 전개에 관한 건'에 '김일성 만세'가 등장하게 된 것이지 우연한 일이 아닙니다.

이외로 4·3사건의 전 과정에서 북한이 지원한 관련 정보에는 다음과 같은 것이 있습니다.

① '1947년 4월 11일부터 4월 23일까지 심문받은 한 여간첩은 국제공산당이 북한에 2곳의 간첩학교를 운영하고 있다고 밝혔다……이 학교에서 훈련받은 제5열분자들은 러시아에서 훈련받은 장교 3명의 인솔 아래 50명씩 무리지어 남한으로 파견됐다. 남한으로 파견된

729) 제주4·3평화재단, 『제주4·3사건 추가진상조사 자료집 4 (미국자료 2)』, (2020). 459쪽.
730) 신상준, 『제주도4·3사건』 상권, (한국복지행정연구소, 2000), 182~184쪽.

첫 무리는 1947년 3월 1일께 출발해 38선을 넘는데 1주일이 걸렸다. 이 여성은 이들 학교의 일부 졸업생들이 제주도에 공산테러훈련소를 세웠다고 밝혔다.'[731]

② 1948년 6월 16일자 미24군단 971방첩대 정보요약 제29호에는
'제주도 공산주의 세력의 지도자인 김장홍(Kim Jang-hung)과 부산경비대사령부의 정보담당 요원들은 48년 4월 14일 제주도 공산주의자들이 오직 경찰만을 공격한다면 경비대는 제주도 공산주의자들과 싸우지 않기로 합의를 했다는 보고가 있다. ······ 일본군 대위 출신이었고, 그 후 옌안에서 한국 공산주의 군대의 요원이었던 김장홍의 지휘 하에 약 5,000명이 모여 있다. 정보원의 보고에 의하면 김은 45년 10월에 평양에서 제주도로 왔다. 그들을 특수공격부대라고 부르는 김장홍과 그의 부하들은...'[732]
이라는 기록도 있습니다.

③ 1948년 11월 27일자 주한미군사령관이 미극동군사령관에게 보고한 문서에 의하면 다음과 같이 되어 있습니다.

> '일반적으로 공산주의자 활동에 관한 지령은 평양에서 내려진다. 그 지령들은 북한 해주(870-1700)에 있는 남로당 본부로 보내지고 매일 38선을 오가는 (공산당) 요원들이나 잠입자들을 통해서 해주로부터 남한으로 전해 진다······ 대부분의 전달사항은 문서보다는 구두로 이루어진다. 북한당국의 또 다른 통제수단은 작전 계획의 준비를 돕고 게릴라 전술을 훈련시키기 위해서 남한 각 도에 훈련받은 조직가를 파견하는 것이다.'[733]

이 보고서에 제주도에 파견하였다는 명시적 기록은 없으나 각 도에 지령한 사항이 제주도에 제외된 적이 없고 ②항과 연관지어 보면 의미 있는 기록입니다.

④ '(1) 1948년 2월 7일을 기해 공산주의자들은 살인, 방화, 폭력, 파업, 시위, 뇌물 증여, 폭동과 혁명 사주, 협박 및 선전을 포함하여 어떤 수단으로든지 5월 10일 선거를 교란시키고 방해하며 UN한국임시위원단을 한국에서 떠나게 하려는 강력하고 포괄적인 공작을 시작했다. 이 공세 전체가 평양에서 계획되고 보레실로프(동 시베리아 군사본부)와 모스크바로부터 지시 받고 있었음은 의심할 여지가 없었다.

---

731) 제주4·3위원회, 『제주4·3사건자료집』 8권, (2003), 31,187쪽.
732) 제주4·3위원회, 『제주4·3사건자료집』 10권, (2003), 20쪽.
733) 제주4·3위원회, 『제주4·3사건자료집』 7권, (2003), 161,255쪽.

(2) 2월 7일 시도된 총파업과 소요 및 폭동은 총계획의 서막이었다.…

(3) 북한에서는 평양라디오가 이 공세의 주제들을 떠들어댔다. …… 다음과 같은 보조 선전이 공산주의자·정보원들에 의해 유포되었다.

ⓐ 인민공화국이 이미 북한에 수립되었다.……

ⓒ 김일성(북한 공산주의 지도자)은 가까운 시일 안에 남한을 무력으로 정복할 것이다.

ⓓ …… 경찰서를 습격하고 경찰관들과 우익 지도자들을 살해하라. 인민들에게 만일 그들이 총선거를 반대하지 않으면 반역자로 처벌된다고 말하라'[734]

이 지령은 2·7폭동지령이지만 4·3까지 제주도당에서 실행에 옮겨지거나 선전되었던 사실들입니다.

이상과 같은 내용들을 살펴볼 때 2·7폭동에 북한이 간여하고 있다는 점과 북한에서 각종 지령이 방송 등을 통하여 남한 각지에 전파되고 있음을 알 수 있습니다.

⑤ 북한정권 수립 후 "남로당은 (1948년)10월 5일 새벽을 기해 서울·개성·인천·대구·광주 등 전국 도시의 공공건물에 일제히 인공기를 내거는 '인공기 게양투쟁'을 벌였"[735]습니다. 이 지령을 받은 남로당제주도당도 곳곳에서 '인공기 게양투쟁'을 활발하게 실행하였습니다.

인공기의 출처가 북한이므로 이것도 일종의 투쟁 지령으로 봐야 합니다. 4월 3일 이후 4·3의 전 과정을 살펴볼 때 북한으로부터 남로당중앙당이나 전남도당을 통해서 대한민국 건국 저지 및 전복투쟁에 관한 다양한 지령은 분명 많이 있었다고 판단됩니다.

3·1기념투쟁 당시 남로당제주도당이 예하에 내려 보낸 지령서를 보면, '정권은 즉시 인민위원회로 넘기라, 남조선에도 북조선과 같은 민주개혁을 즉시 실시하라, 박헌영, 허헌 선생, 김일성 장군 만세!, 토지개혁을 즉시 실시하라'[736]는 구호가 외쳐지고, 북한에서 행한 소위 '민주개혁'이라는 '공산화 개혁'을 주장한 것으로 보아 4·3 당시에도 많은 지령이 있었던 것은 확실합니다.

⑥ 4·3이 5·10선거 단선 반대투쟁임이 분명한 점에서, 비록 4월 3일 이후이긴 하지만 5·10선거 이전 평양에서는

"전조선제정당사회단체대표자연석회의 마지막 날인 1948년 4월 26일 남조선단독선거

---

734) 국사편찬위원회, 『대한민국사 자료집』1. 'UN한국임시위원단 관계문서Ⅰ' 91쪽,

735) 남시욱, 『한국 보수세력 연구』 제3판, (청미디어, 2020), 332쪽.

736) 1947년 3·1투쟁 당시 각종 구호는 김영중, 『남로당제주도당 지령서 분석』, (퍼플, 2017) 참조

반대투쟁전국위원회를 결성하고, 허헌이 위원장이 됩니다. 허헌은 '남조선단선과 독립정부 수립에 대한 반대투쟁대책' 보고에서 '남조선의 선거를 파탄 또는 실패시키기 위해 인민대중의 선거를 보이코트 하도록 선전선동을 강화하고 그 목표를 달성하기 위해 투쟁해야 한다.'"

라고 강조하였습니다.[737]

이 지령은 남한 내 지하 활동하는 남로당원들에게 전달되어 반선투쟁위원회를 조직하고 단선 반대투쟁을 하였는데, 남로당제주도당은 이 지령대로 2개 선거구의 선거를 파탄 냈고 무효화시켰으며, 선거인들을 산으로 몰아 선거를 보이코트 하도록 투쟁하였습니다. 이는 평양에 있는 허헌의 지령에 의해 제주도당이 실행한 것이니 북한의 지령에 의해 무장반격전을 계속했다고 볼 수 있습니다.

⑦ '1949년 6·25관련 러시아연방 대통령 문서보관소' 문서를 보면 '1949년 3월 5일 스딸린과 김일성을 단장으로 한 조선정부대표단과의 회담' 때,

'스딸린: 북조선 사람을 남조선 군부에 침투시키고 있는가?

박헌영: 침투를 시켰다. 그러나 아직 노출시키지 않고 있다.'[738]라는 유의미한 문답기록이 있습니다. 박헌영은 해방 후부터 각계각층에 프락치 침투공작을 꾸준히 전개했고 제주 9연대에 문상길, 고승옥, 문덕오 등을 침투시킨 것도 공산통일을 위한 남로당의 조치였으며 이는 박진경 대령 암살과 10·19여순반란사건이 터진 후 숙군으로 정리되었습니다.

| 문 109 | 4·3에 대하여 소련이 지원한 자료가 있나요?

답 소련이 4·3에 직접적으로 지원한 자료는 발견하지 못하였습니다만 스티코프 비망록 등 간접적 자료는 있습니다.

'소련은 일제시대에도 일본과 우호관계를 유지했기 때문에 서울의 영사관을 통하여 비밀리에 남한의 공산주의자들을 지원하고 통제하면서 공산주의 확산을 진두지휘하고 있었다'[739]는 기록으로 보아 소련군정과 긴밀한 연관성이 있다는 것은 분명합니다. 그리고 소련이 북한 정권 수립에 어느 정도 개입하였는지를 살펴보면, 정황상으로 그 직간접적 영향이 남로당 말단까지 미쳤다는 추론은 가능합니다. 공산당원들은 시종 소련을 조국이라고 불렀

737) 김학준, 『북한의 역사』 2권, (서울대학교 출판부, 2008), 956쪽.
738) 박종효, 『러시아연방 외무성 대한(對韓)정책자료 I』, (선인, 2010) 308~312쪽
739) 김광동 외 8인, 『한국현대사 이해』, (경덕출판사, 2007), 24쪽.

다는 점도 시사하는 바 큽니다.

그 이외에 1948년 3월 19일자 주한미육군사령부 정보참모부 주간요약 보고 제131호에 소련이 남한 선거 저지를 위해 계속 관여하고 있음을 알 수 있는 부분이 나옵니다.

"남조선 공산주의자들에 대한 지원의 일환으로 소련 최고 소비에트는 언론 및 라디오를 통해 광범위한 반(反)선거 논평을 쏟아냈다. 이는 다가오는 남조선의 선거에 대한 소련의 증대된 우려를 보여준 것이었다. 모스크바 발 통신 선전활동은 남조선의 공산계열 언론에 인용 보도된 스탈린의 '민주노선'을 최대한 활용했다. 이 노선은 소련의 지배하에 계획된 남북통일에 대한 유엔임시위원단의 준비를 저해하려는 노력을 재차 강조한 것이었다"[740]

그리고 문 40 ⑨ 1948년 2·7폭동에서 상세히 설명했습니다만, 1948년 1월 21일 소련 스티코프가 평양에 있는 소련군정 민정사령관 레베데프에게 유엔한국임시위원단을 보이코트하고, 5·10선거를 반대하며, 남로당을 위시한 민주주의민족전선으로 하여금 5·10선거 저지를 위한 직접적 실력투쟁을 전개하도록 투쟁전술을 '전환'하라는 지령을 내렸고, 이에 따라 남로당의 태도가 강경무장투쟁으로 변한 사실 등을 보면 소련의 지령에 의해 2·7폭동이 전개되었고 그 연장선상에서 제주4·3이 발발했다고 할 것입니다.

이 대목에서 한 가지 고려할 점은 38선 이북에 소련군이 아니고 영국군이나 프랑스군이 진주하여 군정을 폈다면 과연 4·3이 일어날 수 있었을까를 생각해 보면 이 질문에 대한 답은 충분히 추정할 수 있다고 생각합니다.

| 문 110 | 남로당제주도당 개편 때 중앙당 간부들이 포진하고 있었나요?

답 4·3 발발 한 달 전인 1948년 2월 25일 조천면 선흘리에서 조몽구·김달삼·김완배·고칠종·김용관·강규찬·고학 등 주모자 14명이 모여 남로당제주도당을 '구국투쟁위원회'로 개편하였습니다. 그 조직도[741]에 의하면 제주도당 위원장 강규찬 상위(上位)에 전남도당 올구 조창구, 그 위에 제주도 출신 중앙당 올구 이두옥[742]이 편제되어 있습니다.[743]

---

740) 제주4·3평화재단, 『제주4·3사건 추가진상조사 자료집 4 (미국자료 2)』, (2020). 459쪽.

741) 표 10, 표 11 참조

742) 이두옥(李斗玉)은 1911년 조천면 조천리에서 출생, 인천상업학교 4년 때 항일운동으로 퇴학당함, 1930년 9월 6일과 1934년 10월 6일 치안유지법 위반 등으로 경성지법에서 각각 징역 1년과 3년을 받고 복역, 1932년 4월 7일 중국공산당 만주성위원회 조선국내공작위원회에서 활동하였고, 인천을 주 무대로 조선공산당 재건에도 참여하였습니다. 그 후 월북하였으나 1968년 숙청되었다고 전해집니다.
〔김찬흡, 『제주인물대사전』, 금성문화사, (2016), 629쪽, 제주도, 『제주항일독립운동사』, (1996), 890~893쪽〕

743) 고재우, 『제주4·3폭동의 진상은 이렇다』, (백록출판사, 1998), 30~32쪽.

김봉현이 『민도』에서 밝힌 내용대로 중앙당과 전남도당에서 파견한 올구가 제주도당 위에서 진두지휘했음을 알 수 있습니다. 중앙당 올구가 진두지휘했다면 이는 상급당 지령에 의해서 4·3이 시작되고 진행된 것입니다.

이 자료는 4·3 당시 경찰에서 인민유격대로부터 압수한 문건과 남로당 포로들을 상대로 조사한 자료입니다.

| 문 111 | 남로당중앙당 지령이 제주도당에 내려올 때 어떤 방법으로 이루어졌나요?

답 지령이 노출될 경우 조직에 미치는 영향은 막심합니다. 그래서 극비로 하고 1:1이 원칙이며 신분을 확인할 수 있는 신호나 암호 등을 사전 밀약합니다. 가급적 증거를 남길만한 문서, 물론 암호화한 문서까지도 신중을 기하고, 구두로 전하는 게 통상의 방법입니다. 제주도당이 지령을 받고, 결과를 보고하는 방법 또한 이 방법을 크게 벗어날 수 없었습니다.

제주읍 칠성통 입구에 위치한 어느 상점을 거점으로 제주 목포를 오가면서 모자 안쪽 깃속에 암호화한 쪽지를 주고받았다는 증언도 있습니다.

10·19여·순반란사건 조사과장 김안일 소령과 조사반장 빈철현 대위의 증언에 의하면 제주 출신 조경순이 4·3이 임박한 시기에 중앙당 군특수부대장 이재복을 안내했다는 증언도 있습니다. 조경순은 1947년 6월 김지회가 맹장염으로 전남도립병원에 입원하였을 때 담당 간호사로 인연이 되어 여·순반란사건 두목 김지회와 내연관계가 되었다 합니다. 조경순의 안내로 제주도에 내려온 이재복은 당시 1·22검거 연행 도중 탈출한 김달삼을 만나 무장반격전을 지령했다[744]고 합니다. 그 시기가 1948년 1월 말경으로 중앙당에서 2·7폭동 지령을 내린 시기와 같습니다.

1949년 4월 국군 3연대 3대대장 한웅진 대위가 토벌작전 중, 다리에 총상을 입고 주저앉아 있는 조경순을 생포하여 김지회와 홍순석의 시체를 확인하였고, 조경순은 항상 권총 2자루를 지니고 있어 '쌍권총 동무'라는 별명이 있었다 하며, 지리산에 있을 때 김지회가 자기를 대원들에게 공유물로 내 줬을 때 섭섭함을 처음 느껴 공산주의자의 비정함을 알았다며 눈물을 흘렸다고 합니다.[745]

---

744) 제주4·3위원회, 『제주4·3사건진상조사보고서 수정의견 접수내용』 2권, (2003), 791,792쪽.
745) 김찬흡, 『제주인물대사전』, (금성문화사, 2016), 792쪽.

| 문 112 | 좌파가 4·3에서 중앙당 지령을 계속 부인하는 이유는?

답 　남로당중앙당에서 단선·단정을 분쇄하라는 지령이 있었다는 사실은 누구도 부인하지 못할 것입니다. 이 지령을 전달하고 집행을 감시하며 지도할 올구가 입회하여 무장반격전을 지시하고 기획 결정한 사실이 김달삼의 기록에 명기되어 있습니다. 지령 없이 제주도당이 단독으로 결행했다는 말은 남로당 변호에 불과합니다. 제주도당 단독 결행이어야만 경찰과 서청의 탄압에 대한 항쟁론이 탄력을 받고 공산통일투쟁론을 비판하는 소지를 축소할 수 있으며 지령한 상급당과 상부선을 보호할 수 있는 것입니다.

　제주4·3은 중앙당의 지령이 있었는지 여부를 떠나 남로당이 일으킨 공산폭동 반란이 분명합니다. 남로당제주도당이 중앙당의 지침이나 강령을 수행하는데 오로지 충실할 뿐 추호도, 그리고 단 한 번도 어긴 바 없으며,[746] 대한민국 건국을 방해했고 건국 후에도 반란을 계속했습니다. 제주도당의 단독결행론을 주장해서 민중항쟁론을 정당화하고 남로당의 의도와 만행을 은폐 면책하려는 것은 위선이고 비양심적입니다.

| 문 113 | 남로당제주도당이 독자적으로 '신촌회의'에서 무장반격전을 결정했나요?

답 　신촌회의란 1948년 2월 초순경부터 보름 동안 남로당제주도당과 읍·면당 책임자 등 핵심간부만이 참석하여 애월, 구좌, 조천면을 오가면서 여러 차례 비밀회의를 개최하다가 조천면 신촌리에서 연 3일 동안 밤낮으로 무장반격전에 대하여 강경파와 신중파간에 열띤 토론 끝에 무장반격전을 결정했다는 회의를 말합니다. 개최 시기가 2월이라 '2월회의', 장소가 신촌이어서 '신촌회의'라 부릅니다. 참석자는 조몽구·이종우·강대석·김달삼·이삼룡·김두봉·고칠종·김양근 그리고 부병훈[747] 등 19명이었습니다. 강경파는 이삼룡·이종우·김달삼 등 12명이고, 신중파는 조몽구 등 7명으로 결국 무장 반격전이 12:7로 결정됐답니다.[748]

　이 신촌회의에서 남로당제주도당이 무장반격전을 독자 결정하고 감행했다고 주장하고, 정부보고서도 이 기조를 유지합니다. 그러나 신촌회의는 2·7폭동지령 등 3차례의 상급당 지령을 기초로 이루어진 회의이지 아무런 지령이 없는 상태에서 제주도당 단독으로 무장반

746) 공산당은 본래 상·하급당 간에 철의 규율로 확립된 체제입니다.
747) 국방부군사편찬연구소, 『제주4·3사건의 실제』, (2002), 21쪽.
748) 제주4·3위원회, 『제주4·3사건진상조사보고서』, (2003), 157~158쪽.
나종삼, 『제주4·3사건의 진상』, (아성사, 2013), 113~114쪽.

격전을 결정한 회의가 아닙니다. 신촌회의 결정사항은 상부의 지령을 기초로 정세판단과 대응책을 논의하고, 이를 구체화한 일종의 계획 즉 실행초안(草案) 결정회의에 불과하고, 결국 이 계획안을 전남도당 올구를 통하여 중앙당이 최종 승인(지령) 하에 무장반격전이 단행되었다고 판단합니다.

왜냐하면 남로당제주도당이 독자 결정하고 감행한 것이라면 인민유격대 사령관 김달삼이 '제주도인민유격대투쟁보고서'에 '이(李) 동무는 재차 3월 중순에 내도함과 동시에 무장반격에 관한 지시와 아울러…'[749]라는 말을 기록할 필요가 전혀 없기 때문입니다. 즉 신촌회의 실행 초안에 대해 전남 올구가 올라가서 상급당의 승인을 받고 재차 내려와 무장반격을 지시한 것이니 지령입니다.

| 문 114 | 남로당제주도당이 신촌회의에서 무장반격전을 결정하고 난 뒤 전남도당 올구가 내려와서 지시했다면 상급당의 지령이 먼저 있었다고 보기 어렵지 않나요?

답 무장반격전을 결정한 것은 2월 신촌회의이고 전남도당 올구가 3월 중순 재차 입도하여 무장반격전을 지시했으니 시간적으로 볼 때 제주도당이 먼저 단독 결정한 것이라는 주장인 것 같습니다. 이 주장의 허점은, 시간대별로 보아 신촌회의 이전에 2·7폭동 지령이 있었다는 사실을 무시하고 있다는 점입니다.

이 문제에 대하여 이해를 돕기 위해 시간대 별로 살펴보겠습니다.

- 1948. 1. 21. 스티코프가 평양 레베데프에게 남로당과 민전으로 하여금 5·10선거반대 투쟁 방법을 실력투쟁방법으로 전환 지시[750]
- 1948. 1월 하순경 남로당은 전국적으로 2·7폭동 지령
- 1. 22. 경찰은 남로당 조천지부에서 2월 중순~3월 5일 사이에 폭동을 일으키라는 지령문 압수
- 1. 22~26일까지 남로당 주모자 221명 검거, 조직 완전 노출
- 2. 12. 경찰과 방첩대가 남로당본부에서 2월 15일~3월 5일 사이에 폭동을 일으키라는 지령문 압수
- 1948. 2월 초순부터 보름 동안 남로당제주도당 핵심 간부회의, 최종 '신촌회의'에서 무

---

749) 문창송 편, 『한라산은 알고 있다』, (대림인쇄사, 1995), 76쪽.

> 장 반격전 결정(?)
> - 2. 25. 조천면 선흘리에서 주모자 14명이 모여 남로당제주도당을 구국투쟁위원회로 개편
> - 2월 말일경 제주파견 전남도당 올구 이 동무 전남도당에 출장, 약 보름 동안 육지부 체류
>   (이 기간 중 중앙당의 최종 승인을 받은 것으로 추정)
> - 3월 중순에 전남도당 올구가 재차 내도함과 동시에 무장 반격에 관한 지시
> - 3. 15일경 도상위(島常委도상임위원회)는 전남도(道)파견 올구 이(李) 동무를 중심으로
>   회합을 개최하여 첫째, 조직의 수호와 방어의 수단으로서 둘째, 단선단정 반대 구국투쟁
>   의 방법으로서 적당한 시간에 전도민을 총궐기시키는 무장반격전을 기획 결정
> - 3. 28. 재차 회합 4월 3일 오전 2~4시를 기하여 무장반격전을 전개하기로 공격 일시 확정
> - 1948. 4. 3. 무장반격전 개시

위 사실을 살펴보면 제주도당의 단독 결정이라고 하기에는

첫째, 남로당 지령은 1월 말경 2·7폭동지령과 1월 22일과 2월 12일 압수 문건에 나타난 폭동지령 등 세 번이나 포착되고 있습니다.

둘째, 신촌회의에 참석했던 전남도당 올구가 회의결과를 가지고 이도한 다음 3월 중순 재차 내려올 때까지 보름 동안 육지부에 체류한 사실에 대하여 제주4·3위원회 전문위원이었던 나종삼은 다음과 같이 분석하면서 상급당 지령이 있었음을 주장했습니다.

그에 따르면 무장반격전 지시나 경비대 동원 문제는 중앙당이 아니면 절대 내릴 수 없는 방침인데다 더욱이 전남도당 올구가 임의로 내릴 수는 절대로 없다는 것입니다.[751] 그래서 전남도당 올구 이(李) 동무는 무장투쟁과 경비대 동원에 관한 중앙당 승인을 요청하기 위해 제주도당 조직정비가 끝난 후인 2월 말경 육지부로 나갔다는 것입니다. 그리고 3월 중순경 다시 내려와 회의를 주재하고 무장반격전을 지시하면서 경비대를 최대한 동원하도록 제주도당에 지시하였다는 것입니다. 이것은 분명한 상급당 지령입니다.

더구나 상급당 올구가 무장반격전 결정회의를 주재하고 기획 결정했다면 지령으로 봐야 합니다.

필자는 4월 3일 무장반격전을 개시하기 하루 전이라도 상급당 지령이 있었다면 이를 지령으로 해석하는 것이 옳지 2월에 제주도당 단독으로 결정했다고 해서 3월 중순에 전남 올구가 무장반격전을 지시한 것을 무시하고 상급당 지령이 없다고 단정하는 것은 억지라고 봅니다.

---

750) 김영중, 『레베데프 비망록』, (해동인쇄사, 2016), 73,74쪽. 대구매일신문 1995.2.2. 9면
751) 나종삼, 『제주4·3사건의 진상』, (아성사, 2013), 116쪽.

신촌회의는 당시 1·22검거로 조직이 완전 노출되었고, 지휘부가 공백상태에 빠졌기 때문에 경찰과 방첩대에서 압수한, 2월 중순부터 3월 5일 사이에 폭동을 일으키라는 지령을 실행할 수 없게 되자 신촌회의는 이에 대한 대책회의에 불과하고, 3월 15일 도상임위원회에서 전남올구 주재로 회의를 개최하여 무장반격전을 결정한 것을 주목하는 게 설득력이 있습니다.

상급당 올구 입회하에 모든 결정을 내린 것은 누구도 부인하지 않습니다.

'산에 있을 때 제주도총사령관은 이덕구였지요?

(답) 그렇지. 그러나 행정관[752]이 볼 때 이덕구는 아무 것도 아니. 그때 들은 말인데 제주도행정관은 전라도 사람이라고 해. 도의 최고지휘관이 전라도 사람이라. 파견 나온 사람이지'[753]

라는 증언으로 보아 이덕구 상위에서 4·3을 총지휘한 자가 전남도당에서 파견된 올구이고, 사령관 이덕구를 아무 것도 아니라고 볼 정도로 막강한 권위가 있었습니다. 시종일관 상급당이 지시하고 감독하고 전투에 직접 참전한 것입니다. 그렇다면 어마어마한 폭동을 제주도당 단독으로 결행했다고 주장할 수 없다는 결론에 도달합니다.

4·3발발 이후의 일이지만 '4·3항쟁에 대해 남로당 중앙이 처음으로 언급한 것은 (1948년) 5월 25일 당기관지 노력인민 보도부터이다. 그러나 4월 중순이 되면 최소한 전남도당과는 연계가 이루어진 것 같다. 당시 순천군당에서 일했던 조직원이 전남도당의 지시문을 갖고 제주도로 가서 김달삼에게 전달했다고 한다.(심명섭〈4·3당시 순천군당 지도과장〉 증언)'[754]도 있습니다. 상급당 지령과 관련하여 유의미한 내용입니다.

상급당 올구가 직접 게릴라전에 참전한 증언으로,

어느 정도 4·3이 평정될 시기인 '1949년 가을에 산에서 내려올 때…. 우린 3명씩 조를 짜고 내려오는데 나하고 한 조가 된 사람은 도 선전부장하고, 중앙에서 내려온 오르그라'[755]

이 증언을 보면 중앙당 올구는 제2선으로 물러날 수도 있었고 도피할 수도 있었지만 직접 참전했다가 귀순기간에 하산하는 것입니다.

그리고 제아무리 제주도당에서 단독 결정했더라도 상급당 올구가 '하지 말'고 명령했다면 공산당 명령체계상 절대로 하급당에서 무장반격전을 할 수 없습니다. 거듭 말씀 드립니다만 상급당 올구가 있는 가운데 무장반격전을 전개했다면 이를 상급당 지령으로 봐야 한다는 이유입니다.

752) 올구를 지칭한 것으로 보임
753) 제주4·3연구소, 『이제사 말햄수다』 1권, (한울, 1989), 93쪽.
754) 양정심, 성균관대 대학원 사학과 박사학위 논문, (2005), 72쪽.
755) 제주4·3연구소, 『이제사 말햄수다』 1권, (한울, 1989), 50쪽.

| 문 115 | 상급당의 지령이 있었으면 신촌회의에서 치열한 내부 토론을 했을까요?

답 정부보고서 집필진이나 4·3항쟁론자는 상급당 지령설을 부인하고 남로당제주도당 단독결행이라고 주장하는 근거로 다음 2가지를 제시합니다.

① 2월 신촌회의에서 무장반격전을 결정할 때 내부적으로 19명이 모여 치열한 토론 끝에 무장 반격전이 결정되었다[756]고 주장합니다. 정부보고서에도 이를 강조했습니다. 말하자면 '지령이 있었다면 여기서 왜 치열한 내부토론을 벌였겠느냐?'라는 주장입니다. 그러나

'조선공산당제주도당 결성 직후부터 조천면 당책을 맡았다는 조규창(일명 조벽파[757])은 1995년 5월 3일 도쿄에서, 2월회의에서 안세훈 조몽구 김유환 등의 장년파는 무장투쟁을 반대하지도 않았고, 당시에 무장투쟁을 반대한다는 의견이 정식으로 제기되지도 않았다. 조규창은 2월회의에 직접 참여하지는 않았지만 해주대회에 참석한 유격대 지도자들을 통해 2월회의와 무장투쟁 전반에 대해서 들었기 때문에 이 주장은 유용하다고 여겨진다.'[758]

라는 증언이 맞다면 격론은 없었습니다.

스티코프 비망록 1946년 10월 21일 자에 '파업투쟁은 폭동으로 성장 진화했다. 산으로 들어간 사람들에게는 식량과 탄약이 부족하다. 그들의 향후 투쟁방침에 대해 교시를 내려 줄 것을 요청하다. 가까운 시일에 농민들의 투쟁이 개시될 수 있다'[759]라는 기록이 있습니다. 육지부에서는 이때부터 빨치산 활동이 개시되었고 박헌영은 스티코프로부터 투쟁방침을 교시 받고 이들을 지원하였습니다.

제주도에는 1년 뒤에 똑같은 상황이 전개됩니다.

"'도당이 1947년 9~10월에 선흘쪽으로 옮기고 이에 따라 조직도 무대를 옮겨가기 시작하여 신문사, 병원, 약국이 다 올라갔다……당시 경찰에 근무했던 분의 얘기가 47년 말에 벌써 올라간 젊은이들이 훈련했던 흔적들 즉 '아지트'[760]를 발견했다고 합니다. 따라서 저는 무장투쟁 준비를 체계적이고 계획적으로 하지는 못하더라도 이것은 싸워야 하는 문제라는 점은 공동으로 인식이 되었을 것이고 싸우는 시기의 선택문제로 압축되며 일단 준비는 시작

756) 제주4·3위원회, 『제주4·3사건진상조사보고서』, (2003), 158쪽.
757) 국방부군사편찬연구소, 『제주4·3사건의 실제』, (2002), 25쪽.
758) 양정심, 『제주4·3항쟁연구』, (성균관대 박사학위 논문, 2005), 68쪽.
조규창은 1946년말 제주를 떠나 부산과 일본을 왕래하면서 활동했고, 해주 남조선대표자대회에 참석하였으며, 6·25전쟁이 나자, 제주도 조직을 재건하라는 지시를 받고 안세훈과 함께 남파되어 광주에서 활동했습니다. 1953년 전쟁 막바지에 도피 도중 광주 외곽 동굴에서 안세훈이 사망했을 때 같이 있었습니다.
759) 전현수, 『쉬띄꼬프 일기』(국사편찬위원회, 2004), 27쪽.
760) 아지트는 러시아어 agitpunkt, 비합법운동가나 조직적 범죄자의 은신처, 근거지.

한 것이라고 보여집니다."[761]라는 증언이 있습니다.

박헌영의 적화통일 지령은 해방 직후부터 6·25까지 계속 이어져 온 것이며 그 강도는 시간이 지날수록 더욱 강해집니다. 2·7폭동지령이 하달된 이후 그 지령의 단절이나 취소 지령이 없었다는 것은 2·7지령의 지속유효성을 부인할 수 없는 것입니다. 신촌회의도 이런 연장선상에 위치하는 것입니다.

중앙당이나 전남도당에서 구체적으로 '4월 3일 새벽을 기해 공격하라!' 이와 같이 특정 날짜와 시간을 정하여 단행하라는 지령은 없었을 것이며 또 그렇게 지령할 수도 없는 것입니다. 그것은 현지 사정이 중요하기 때문입니다. 파견된 올구와 상의하고 현지사정을 분석 평가하여 가장 5·10선거를 파탄내기 유리한 시점과 방법을 택하여 결행해야 하는 엄청난 일이기 때문입니다.

결론적으로 신촌회의 당시 남로당의 단선·단정 결사반대라는 당 방침을 취소 변경한다는 지령을 받았음에도 불구하고 제주도당이 그냥 강행했다면 4·3을 독자적으로 일으켰다는 말이 맞을 것입니다. 그러나

첫째, 단선·단정을 결사반대한다는 당 방침이 불변인 점

둘째, 2·7폭동지령을 취소하거나 연기하라는 지령이 없었다는 점

셋째, 중앙당에서 제주도당에게 무장반격전을 하지 말라는 지령이 없었다는 점 등 전혀 변동 상황이 없는 상태에서 독자 결행이란 틀린 것입니다. 진실은 어떤 수단 방법을 써서라도 단선·단정을 저지하라는 지령은 분명 내려왔다는 것입니다. 치열한 토론이 있었다는 것 자체가 지령을 받았다는 전제 위에 객관적인 정세 분석과 자체 역량 및 한계를 평가하여 지금이냐 아니냐, 분위기가 성숙되었느냐 아니냐, 승산이 있느냐 없느냐, 무장공격이냐 온건노선이냐를 놓고 강·온파 간에 설득과 격론을 벌인데 불과합니다.

② 다음은 국방경비대가 4월 3일 병력수송 차량 5대를 지원해주면 출동하여 감찰청과 1구서 등 거점을 분쇄하기로 약속하였는데 거사 당일 막상 차량을 가지고 가서 국방경비대 출동을 요청하자, 문상길이 '중앙당 지령이 없어서 출동을 못 한다'라고 거절한 것으로 보아, 중앙당 지령이 없었다는 주장입니다.

이에 대해 필자의 생각은 조금 다릅니다.

문상길이 중앙당 지령이 없어서 출동을 못 한다고 말한 것을 보면, 남로당제주도당이 한 모든 행동은 중앙당 지령을 받아 이루어졌다는 반증이라고 볼 수 있습니다.

---

761) 제주4·3연구소, 『이제사 말햄수다』 2권, (한울, 1989), 40~41쪽.

다만 국방경비대 프락치 문상길에게는 중앙당 지령이 없었다는 것인데, 문상길이 말한 부분만을 근거로 정부보고서에서 상급당 지령을 전면 부인하는 것은 너무나 자의적 판단입니다.

또 신상준 박사가 1차 정부보고서 수정의견으로 제출한 내용에 의하면, 당시 조선경비대는 '좌도 아니요 우도 아니다'라는 불편부당 정책을 부대 운영 시책으로 삼고 있었기 때문에 당 계선조직으로는 제주도당에 지령을 내리면서도 군 지휘계선상으로는 지령을 안했을 수도 있다라고 주장한 바 있습니다.[762]

그래서인지 남로당제주도당이 4·3을 일으키면서 '경찰·공무원·대동청년단에게 보내는 경고문'을 보내면서 국방경비대는 제외되었습니다.

당시 국방경비대는 중립을 표방하기도 하였지만, 오일균이나 문상길처럼 남로당 프락치도 많이 침투해 있어서 대대 단위로 월북도 하고 여·순반란사건도 일어났습니다.

---

762) 제주4·3위원회, 『제주4·3사건진상조사보고서 수정의견 접수내용』 1권, (2003), 389쪽.

[9장]
제주4·3사건으로 인한 인명 피해는
얼마나 됩니까?

| 문 116 | 4·3 당시 제주도 인구는?

답　제주도 인구는 1946년 8월 25일 현재 276,148명,[763] 1948년 1월 1일 현재 281,000명[764]으로 나와 있습니다. 다른 자료에는 1946년 8월 1일 道로 승격 당시 인구가 266,400명 (남자 114,700명, 여자 151,700명)이라는 기록도 있습니다.[765]

| 문 117 | 4·3으로 인한 인명 피해는?

답　이것도 여러 가지 설이 있습니다. 최소 15,000명에서 최대 80,000명이라는 설이 있었습니다.

[표 23] 제주4·3사건 인명 피해

출 처	피해 인원
정부보고서	25,000~30,000명으로 추정[766]
제주도교육청 교육자료	15,000~60,000명[767]
『남로당 연구』 김남식(1984.4.25)	80,065명으로 기록[768]
제주신보(1957.4.3.)	7,893명
제주신보(1960.5.30., 고담룡 국회위원 언급)	65,000명[769]
제주도청(1953.)『제주도세일람』	27,719명[770]
조선일보(1960.7.17)(고창무)	5만~6만 명[771]
조선일보(1961.1.26., 김성숙 국회의원 언급)	4만~5만 명[772]

---

763) 조선은행조사부, 『조선경제연감』, (1948), 1~4쪽.
764) 제주4·3위원회, 『제주4·3사건진상조사보고서』, (2003), 69쪽.
765) 김찬흡, 『제주인물대사전』, (금성문화사, 2016), 377쪽.

출 처	피해 인원
라이언의 서한(1952.9.27)	60,000명[773]
소련 문서	15,000명, 30,000명[774]

[표 23]과 같이 피해 인원을 각각 다르게 말하고 있으나 이것은 모두 부풀려져 있는 것입니다. 제주도의회와 제주4·3위원회에서 희생자 신고를 접수하고 심의 결정한 내용을 살펴보면 정확히 추정할 수 있습니다.

① 1993년 3월 20일 '제주도의회 4·3특별위원회'가 구성되고, 1994년 2월 7일부터 피해신고를 접수하기 시작하였으며, 4월 1일 4·3조사전담요원 17명을 위촉하여 각 읍·면·동·리 별로 체계적인 조사와 신고를 받기 시작하였습니다.

② 1995년 5월 발행한 『제주도4·3피해조사 1차보고서』에 10,581명

③ 1997년 1월 발행한 『제주도4·3피해조사보고서 수정증보판』에 11,665명

④ 2000년 1월 발행한 『제주도4·3피해조사보고서 2차 수정증보판』에 12,243명이 신고되었고

⑤ 이어서 4·3특별법에 의해 2000년 6월 8일부터 제1차 신고 접수를 시작으로 2018년 12월 31일까지 여섯 차례나 신고기간을 설정[775]하여 접수하였습니다.

1960년 4·19직후부터 조사한 것을 논외로 하고, 1993년 제주도의회가 4·3특별위원회를 조직하고, 1994년부터 본격적으로 신고를 접수하기 시작한 때를 기점으로 제7차까지 신고를 받고 2022년 3월 14일 제주4·3위원회에서 심사 확정까지 장장 28년간 조사하고 접수, 심사 결정한 결과는 다음과 같습니다.

766) 제주4·3위원회, 『제주4·3사건진상조사보고서』, (2003), 537쪽.
767) 제주도교육청, 『만화로 보는 4·3의 아픔을 딛고 평화를 이야기하다』, (2008), 52쪽.
768) 김남식, 『남로당 연구 Ⅰ』, (돌베개, 1984). 378쪽,
769) 제주4·3위원회, 『제주4·3사건진상조사보고서』, (2003), 364쪽.
770) 제주4·3위원회, 『제주4·3사건진상조사보고서』, (2003), 364쪽.
771) 제주4·3위원회, 『제주4·3사건진상조사보고서』, (2003), 364쪽.
772) 제주4·3위원회, 『제주4·3사건진상조사보고서』, (2003), 364쪽.
773) 제주4·3위원회, 『제주4·3사건진상조사보고서』, (2003), 364쪽.
774) 박종효, 「러시아연방외무성 대한 정책자료 Ⅰ」, (선인, 2010,), 335, 336쪽
775) 1차 2000.6.8~2001.1.4, 2차 2001.3.2~5.30, 3차 2004.1.1~3.31, 4차 2007.6.1~11.30,
5차 2012.12.1.~2013.2.28. 6차 2019.1.1.~12.31, 7차 2021.1.1.~6.30.

[표 24] 희생자 및 유족 심의·결정현황(단위: 명)[776]

□ 제7차 추가 신고 접수현황(2021.1.1.~6.30. 단위 : 명)							
구 분	합 계	희 생 자					유 족
		계	사 망	행방불명	후유장애	수형인	
계	32,615	360	216	74	27	43	32255

□ 2022.3.14. 제28차 제주4·3중앙위원회 심의·결정현황(누계)							
구분		희생자					유족
		계	사망	행방불명	후유장애	수형인	
심사결과	소 계	14,703	10,477	3,656	275	295	85,259
	인 정	14,577	10,446	3,642	196	293	84,347
	불인정	101	14	5	79	2	734
	취 소	26	17	9			178
	철 회						

※ 제7차 신고 접수자는 계속 심사 진행 중
※ 2019년 12월 기준 철회자는 희생자 1,172(사망 641, 행불 463, 후유쟁애 12, 수형자 56), 유족 1,431명으로 집계되었으나 2022.5.11. 현재 확인 결과 철회자는 단 한 명도 없는 것으로 보아 전부 신고한 것으로 보입니다.

여기서 행불자 3,642명 중에는 몇 명이라고 추정할 수는 없지만 이산가족 상봉 신청으로 북한에 생존 중인 자 등 4·3희생자로 볼 수 없는 숫자도 포함되어 있습니다.

그리고 행정안전부는 2021년 1월 1일부터 6월 30일까지 6개월간 제7차 제주4·3희생자 및 유족 추가신고 기간을 재설정하였습니다.[777] 앞으로 지켜보면 알겠지만 제주4·3특별법 개정으로 4·3주동자, 적극 가담자, 월북자, 일본 도피자 등 부적격자들이 신고하여 9천만 원이나 되는 거액의 보상금을 수령하지 않을까 살펴볼 일입니다.

하여간 이미 희생자로 결정된 자 중에는 생존자, 일본 도피자, 월북자, 6·25당시 강제 납북자, 자연사한 사람,[778] 4·3과 무관한 사망자 등이 많이 포함되어 있으므로 이를 가감하면 15,000명에도 훨씬 못 미친다는 데 무리가 없다할 것입니다. 그럼에도 불구하고 좌파에서는 계속 3만 명을 주장하고 있으며 이 숫자가 정설로 굳어지고 있습니다.

---

776) 제주도청 4·3지원과 자료
777) 제주일보 2020.12.21. 3면, 제주4·3사건희생자 및 유족 추가신고 접수 안내 광고
778) 1989년 7월 15일 90세로 사망한 자도 있습니다.

| 문 118 | 정부보고서에 나온 희생자 2만5천~3만 명이 틀린 것인가요?

답 너무 부풀려졌습니다. 도민 전체 인구가 27만~28만 명 정도인데 개인도 아니고 정부가 인명피해를 산출하면서 최소와 최대 차이를 5,000명이나 둔다는 것 자체가 대강 짐작이나 소문을 근거로 했거나 그간 나온 기록들을 검토 없이 인용한데 불과하다고 평가합니다.

정부보고서가 불신 받는 이유가 바로 이런 것들인데, 인민유격대는 4·3 주동자 김봉현이 주장한 3천명, 또는 브라운 대령 보고서에 나온 4천명임을 분명히 알면서도 500명으로 축소한 반면, 진압과정에서 발생한 인명피해는 쌍방 합쳐 15,000여 명이 채 안 됨에도 2만 5천~3만 명으로 과장함은 물론 이 모두를 진압 군경이 가해한 것으로 홍보하고 있습니다.

실제 제주4·3평화기념관에서는 무장대 500명 토벌하려고 군경이 도민 3만 명을 학살했다고 설명하고 있습니다. 그뿐만 아니라 모든 교육자료, 홍보선전물, 학술지, 대통령 추념사, 보도 자료도 이와 같을 뿐만 아니라 인민유격대도 선거관리위원 등 양민 1,756명을 잔인한 방법으로 살해했음에도 불구하고 여기에 한 마디 설명이 없습니다.

정부에서 막대한 예산을 투입하여 조사 결정한 공인된 기록을 무시하고 과장된 피해 숫자를 인용하는 것은 정부보고서 집필자로서, 또는 지식인으로서의 자세가 아니며 후세 사람들로부터 비판받을 일이고 정부보고서 신뢰를 떨어뜨리는 것입니다.

당시 '낮에는 토벌대가 무섭고 밤에는 산사람이 무섭다'는 말이나 '곰도 무섭고 범도 무섭다'는 말이 있었던 점으로 보아 산사람들도 분명 선량한 사람은 아니었다는 사실을 단적으로 증명하는 것인데, 3만 명을 전부 토벌대가 살해했고 어린이나 노약자 부녀자도 전부 토벌대가 살해한 것으로 주장하니 남로당의 만행은 은폐되는 것입니다.

거듭 말씀드리지만 4·3인명피해는 15,000여 명에 훨씬 미치지 못한다고 판단됩니다. 이는 지금까지 신고한 희생자 인원수와 비슷하고, 1949년 4월 1일자 '제주도 상황에 대한 현장보고'라는 미군정 보고서에서도 '지난 한 해 동안 14,000명~15,000명의 주민이 사망한 것으로 추정되며, 이들 중 최소한 80%가 토벌대에 의해 살해됐다'[779]고 분석하고 있는데, 이는 대량 인명피해 발생 기간 이후에 분석한 내용이기 때문에 큰 오차가 없다고 생각됩니다.

제주4·3평화재단에서 많은 인력과 예산을 투입하여 장기간 마을별로 조사하고 펴낸『제주4·3사건 추가진상조사 보고서 Ⅰ』에 의하면 2019년 12월 30일 현재 사망자 10,389명,

---

779) 제주4·3위원회, 『제주4·3사건 자료집』 7권, (2003), 124쪽.

행불자 3,610명, 후유장애자 164명, 수형자 279명 등 총 14,442명입니다.[780] 일본도피자 5,000~10,000명을[781] 여기에 더해도 3만 명에 미달함에도 불구하고 문재인 대통령도 2018년 4월 3일 제70주년 4·3희생자 추념식 추모사에서 '제주 인구의 1/10, 3만 명이 죽은 것으로 추정 됩니다'라고 했습니다.

| 문 119 | 정부보고서에 나와 있는 가해자별 통계는?

답 가해자별 통계는 다음과 같습니다.

[표 25] 가해자별 인명 피해 통계

출 처	피해 인원	
	토 벌 대	인민유격대
정부보고서[782]	10,955명(78.1%)	1,764명(12.6%)
제주4·3희생자유족회 자료(2013년)[783]	11,849명	1,729명
제주4·3평화재단(2014년)[784]	12,000명(84.3%)	1,756명(12.3%)

인민유격대에 의한 피해 중에는 어린이, 노약자, 부녀자들도 많이 있으며 그들의 세력권 하에서 자행된 고문이나 살해 방법도 지극히 잔인하였습니다. 비록 토벌대에 의한 피해보다 수적(數的)으로 적다고 해서 그들의 책임이 완전 면제되는 것은 아닙니다. 그런데 제주4·3 평화기념관 전시물이나 기타 모든 영상물과 교육 자료에 이런 언급이 전무한 실정입니다.

브라운 대령 보고서에 의하면, 인민유격대는 "'어떤 특정 마을에 있는 모든 인민은 가치가 없어 죽어 마땅하고 조선인민공화국의 반역자'라는 말을 확고한 진실로 받아드릴 것을 대원

---

780) 제주4·3평화재단, 『제주4·3사건 추가진상조사 보고서 I』, (2019), 69쪽.
781) 신빙성에 의문이 있습니다.
제민일보 2018.7.30. 4면, "재일본제주4·3희생자위령비건립실행위원회는 27일 제주도의회 도민의 방에서 기자회견을 열고….. 실행위 등에 따르면 오사카는 일본 내에서 제주 출신이 가장 많이 거주하고 있는 곳으로 4·3 당시 화를 피하기 위해 '떠마배' 등으로 오사카로 몸을 피한 도민만 5,000명에서 많게는 1만 명으로 추정하고 있다. 재일본제주4·3희생자 유족회와 '제주도4·3사건을 생각하는 모임 오사카'는 1998년부터 매년 오사카에서 재일본제주4·3희생자위령제를 봉행하고 있지만 2000년부터 올해까지 오사카 지역에서 신고 된 4·3희생자 유족 수는 79명 정도에 불과한 상황이다."
782) 제주4·3위원회, 『제주4·3사건진상조사보고서』, (2003), 371쪽.
783) 2013년도 정기총회 자료 54쪽, 제주4·3희생자유족회, 2013.2.22.
784) 제주4·3평화재단, 『제주4·3 바로 알기』, (2014), 41쪽.

들에게 강요했"[785]는데, 이는 특정 마을 주민 전체를 집단 살해할 의도를 가졌던 것이니, 4·3을 경찰 서청의 탄압에 대한 저항이라고 볼 수 없습니다. 오직 남로당이 추구하는 목적에 반하는 소위 반동들, 위의 글에서는 '조선인민공화국의 반역자'들이 사는 마을이라면 통째로 살육할 수도 있다는 섬뜩한 말입니다만 정부보고서에는 이런 내용이 없습니다. 여기서 주목한 반동마을이 어디인지 알지 못하나 구좌면 세화리, 남원면 남원리와 위미리, 표선면 성읍리 주민이 인민유격대 습격으로 집단 살해당하였고 그들의 방화로 인하여 많은 가옥이 소실되었습니다.

▲ 남원면 남원리, 위미리, 태흥리 습격사건

1948년 '11월 28일 새벽 6시 무장폭도 약 200명과 비무장폭도 500명이 남원리와 위미리를 공격했다. 보고에 따르면 주택 250채가 폭도들에 의해 방화되었다. 민간인 50명이 사망하고, 민간인 70명과 경찰 3명이 부상당했다.'[786]

'남원리 주민 45명, 수망리 주민 3명, 위미리 주민 25명, 태흥리 주민 14명 의귀리 주민 1명, 한남리 주민 1명 등 총 89명이 무장대에 의해 희생되었다'[787]

▲ 구좌면 세화리 습격사건

1948년 12월 3일 밤 9시경 공비의 대대적 습격으로 확인된 희생자 48명, 가옥 150채 소실, 박찬금 가족은 이날 보초 근무를 서던 아들 2명을 제외한 8명이 집단학살 당했다.[788]

▲ 표선면 성읍리 습격사건

1949년 1월 13일 군·경·민 합동작전부대가 출동, 마을이 빈 틈을 이용하여 공비들이 성읍리 마을을 습격, 2시간 동안 마을을 휘젓고 다니며 학살 방화 약탈을 자행했다.[789] 이날 희생된 주민은 46명, 소실된 가옥은 116호[790]입니다.

매년 4·3희생자위령제 행사의 일환으로 제주4·3진상규명과 명예회복을 위한 도민연대 등이 주관하여 토벌대에 의한 인권침해 사례 증언을 대담 형식으로 실시합니다. 사실에 근거하여 이런 행사를 하는 것은 무방합니다. 그런데 인민유격대에 의한 인권침해 사례도 분

---

785) 제주4·3위원회, 『제주4·3사건자료집』 9권, (2003), 48쪽.
786) 제주4·3위원회, 『제주4·3사건자료집』 7권, (2003), 96쪽.
787) 제주4·3평화재단, 『제주4·3사건 추가진상조사 보고서 Ⅰ』, (2019). 290쪽.
788) 제주4·3평화재단, 『제주4·3사건 추가진상조사 보고서 Ⅰ』, (2019). 286~289쪽.
789) 제주4·3위원회, 『제주4·3사건진상조사보고서』, (2003), 441~442쪽.
제주4·3평화재단, 『제주4·3사건 추가진상조사 보고서 Ⅰ』, (2019). 296~300쪽.
790) 제주4·3평화재단, 『제주4·3사건 추가진상조사 자료집 1 (4·3관련 경찰자료)』, (2018). 503쪽.

명 존재했지만 이를 증언하는 행사는 전무합니다. 너무나 편향적 태도입니다. 토벌대보다 수적으로 적다뿐이지 그들의 잔인성 또한 극에 달했습니다. 그 사례를 몇 개 소개합니다.

□ 인민유격대 만행사례

① 1948년 11월 28일(음력 10월 28일) 07:00경 공비들이 남원면 남원리를 습격할 당시 민보단원이었던 남원리 200번지 거주 정남휴(호적명 정남국, 1916년생)의 처 김영선(당시 31세, 임신 6개월)을 비롯해서, 장남 정태언 10세, 장녀 정태희 8세, 차남 정태인 6세, 누이동생 정계양 25세, 정정양 17세, 정계양의 장녀 고성춘 3세, 차녀 고양춘 2세, 3녀 고계춘 1세, 그리고 집에서 가사를 돕던 외가친족 이복길 15세를 납치, 구덩이에 파묻어 살해했다.
(정남휴 증언[791])

② 1948년 11월 10일(음력 10월 10일) 04:00~05:00경 조천면 조천리에 거주하던 이월색[792]의 아버지 이장원, 어머니 남금례, 숙부 이수남, 남동생 이만국 9세, 이만선 7세, 이만복 4세, '어진이'라고 부르는 여동생 3세, 2세 등 8명을 무참하게 살해했다. 이월색도 일본도와 창으로 7군데를 찔렸으나 돼지 움막으로 기어들어가 구사일생 살았으며, 남동생 이만선 7세는 무서워서 "엄마 엄마"하며 우는 것을 일본도로 배를 두세 번 찌르자 창자가 배 밖으로 나와 어머니 옆에 쓰러져 죽었다. 살해 이유는 평소 돈과 쌀 등을 지원해주지 않았고, 제주읍으로 도피성 이사를 한다는 사실을 집주인이 공비에게 제보하여 참혹한 변을 당한 것이었다.
(2008.6.4. 이월색 증언)

③ 1948년 12월 31일 19:00~21:00 사이 공비들이 위미리 2차 습격 때, 남원면 위미리 거주 강학송의 아버지 강기서[793]를 창과 칼로 난자, 손과 발은 물론 신체 부분 부분을 주먹만큼씩 여러 개로 도려내었으며 심지어 성기까지 잘라버렸는데 길에서 수습한 시신 덩어리가 5kg을 넘을 정도였다.
(강학송 증언[794])

④ 애월면 용흥리 양영호(梁榮鎬)는 경찰에 근무하다, '시국이 어수선하니 경찰을 그만 두라'는 아버지의 권유로 퇴직, 집에서 가사에 종사하고 있던 중 1948년 10월 28일(음력 9월 26일) 폭도들이 용흥리를 습격, 동리 강병호(姜柄浩, 1925년생) 등과 함께 납치당하여 생사

---

791) 2005.12. 진실·화해를 위한 과거사정리위원회에 제출한 정남휴의 진실규명신청서.
792) 여, 1936년생, 본적 구좌면 세화리, 제주시 이도1동 1691-1 거주.
793) 당시 47세, 위미리 민보단장.
794) 제주4·3위원회, 『제주4·3사건진상조사보고서 수정의견 접수보고서』 1권, (2003), 46쪽.

불명 되었는데 이듬해 체포된 인민유격대의 진술을 근거로 애월면 장전리 속칭 건나물 옆 동녘동산(현재 소공원 조성)에 묻혀 있는 시체를 발굴해 보니, 시체가 완전히 부패되지 않은 상태였고 어른 새끼손가락 굵기의 철봉을 항문에서 입까지 찔러 죽였었다.

(2015.7.8. 애월읍 용흥리 강병옥 증언[795])

⑤ 1948년 11월 19일 밤 10시경 폭도 10여명이 구좌면 월정리를 습격 공회당에 방화한 후 4시간 가량 마을 곳곳을 돌아다나며 살인 방화하고 새벽 2시경 월정리 328번지 박서동(1942.9.26생)의 집에 들이닥쳐 '통시'(돼지우리)에 숨은 모친 윤원길(尹元吉 33세)을 발견하고 그곳에서 36곳을 찔러 죽인 후 배를 갈라 6개월 된 태아를 꺼내 6곳을 찔러 죽였다. 이어서 누이동생 박매옥 2세를 창으로 14곳을 찔러 살해했다. 부친이 구장을 지낸 반동가족이였다는 이유였다. …… (폭도들은)월정리 '고정생 30세는 팬티 한 장만 남기고 모조리 강탈해 갔어 …… 도망가지 못할 정도로 창으로 찌르고 총을 쏜 다음 넘어진 사람에게 바위 덩어리를 갖다 던진거야 …… 창자와 피와 살점이 사방으로 튄 것을 보니 여러 사람이 돌을 들어 던진 것 같았어'[796]

⑥ '48년 5월 19일 세주읍 도두리(道頭里)에서는 대동청년난 산부보서 피살된 김용조의 처 김성희(金性姬 24세)와 3세 된 장남을 30여명의 폭도가 같은 동리 고희숙(高熙淑) 집에 납치한 후 십 수 명이 ○○을 하였으며, 같은 동리 김승옥(金承玉)의 노모 김씨(60세), 누이 옥분, 김중삼의 처 이씨(50세), 16세 된 부녀 김수년(金水年), 36세 된 김순애(金順愛)의 딸, 정방옥의 처와 장남, 20세 된 허영선의 딸, 그의 5세, 3세의 어린이 등 11명을 역시 고희숙 집에 감금하고 무수히 난타한 후 <눈오름>이라는 삼림지대에 끌고 가서 노소(老少)를 불문하고 50여명이 강제로 00하고, 그러고도 부족하여 총창과 죽창 그리고 일본도(日本刀) 등으로 부녀의 젖가슴, 배, 음부, 볼기 등을 함부로 찔러 미처 절명하기도 전에 땅에 생매장하였는데 그중 김성희만은 9사1생으로 가까스로 살아나왔다'[797]

⑦ "(세화리에는)…... 독립운동도 했다는 소문도 있고, 과도입법의원에 당선되기도 하였으며 인물이 잘 난 거물인 문도배가 있었다, 하루는 그의 처 김녕 출신이 자기에게 찾아와

795) 1932년생. 강병호의 친동생. 강병옥의 부친 강위조(姜渭釣, 1904년생)도 1948.11.7. 음력 10.7. 폭도들에게 납치 살해되었습니다. 양영호, 강위조, 강병호의 명단은 애월면 신엄리 편에 등재되어 있습니다. 제주4·3위원회, 『화해와 상생』, (2008), 494쪽.
796) 박서동, 『월간 관광제주』, (월간관광제주사, 1988. 11), 83~87쪽.
윤원길과 박매옥은 본적지 구좌면 평대리(2007번지) 편에 등재되어 있습니다.
제주4·3위원회, 『화해와 상생』, (2008), 406쪽.
797) 박서동, 『월간 관광제주』, (월간관광제주사, 1989. 3), 53쪽.

'부녀동맹에 가입하라'고 권하면서 나이를 물어, 16세라고 대답하자 '너는 어려서 안 되겠다'고 말하고 갔다. 당시 나는 나이는 어렸지만 키가 커서 두서너살 위로 보였다. 세화리에는 음력 11월 3일날 폭도가 습격하자 경황이 없어 혼자 이웃집 돗통(돼지우리 막)에 숨었다가 살아났는데 온 마을이 불타고 많은 사람이 죽었다. 그때 이웃에 사는 지형찬은 아버지와 형 그리고 자신이 그날 보초 나갔기 때문에 3명만 살고, 나머지 가족 7명은 몰살당했다. 사돈되는 집이 불타고 사람이 죽었는데 시체를 찾으려고 타다 남은 것들을 헤치다 보니 사람의 사지를 절단하여 죽인 것을 직접 목견하였다. 세화리에는 산쪽에 가담한 사람이 세 집 뿐이었다. 김OO도 산쪽이었다.[798]

⑧ 1948. 11. 15. 밤중에 무릉리 출신 폭도 홍OO 등 3명이 남제주군 대정면 신도1리(좀 외딴곳에 위치한) 김치부(당시 48세, 신도1리 민보단 부단장) 구장의 집을 습격 방화하여 전소시키고, 김 구장을 현장에서 무참히 살해하였다. 현장에 있던 김치부의 후처가 만류하려 하자 돌방애(말방앗간)으로 끌고 가서 칼과 죽창으로 난자하여 살해했는데 임신 8개월된 아기가 배 밖으로 죽은 채 나와 있는 것을 직접 보았다. 그런 일이 있은 지 오래되지 않은 뒤에 그 폭도가 붙잡혀 무릉국민학교 앞에 있는 밭에서 총살당할 때 무릉리 사람들과 함께 증언자도 지켜봤는데 총살 직전 그가 인민공화국 만세를 부르는 것도 보았다.

(증언자 : 김성섭, 대정면 신도1리 출신, 1939년생, 제주시 용담1동 거주,

증언 청취 : 2016. 7. 12. 11:00 제주4·3정립연구유족회 사무실

대담 : 김영중 김동일 장승홍 오을탁)

인민유격대의 이러한 잔혹행위는 공포심을 최고조로 극대화하여 군경에 협조를 차단하고 응징하는 경고적 행위였습니다. 이러한 만행을 여기에 다 소개할 수는 없습니다만 인민유격대에 의해 피살된 1,756명이 거의 이런 참혹한 죽임을 당했다고 봐도 틀리지 않습니다. 그러나 이러한 결과는 전사 군경 및 민간인 유족들의 적개심을 촉발하여 즉각적인 보복으로 이어졌고, 보복은 더 큰 보복을, 폭력은 더 큰 폭력을 부르는 악순환이 거듭돼 대량 인명피해로 연결됐던 것입니다.

여기에서 국군과 경찰의 진압 목적은 대한민국 건국이고 진압 대상은 준동하는 남로당과 그 동조자 등 대한민국 반역자들인 반면, 남로당의 공격 목적은 대한민국 건국저지와 공산통일이고 학살 대상은 대한민국 건국에 헌신하는 애국인사와 남로당에 협조하지 않는 양민

---

798) 2018.11.28. 구좌읍 세화리 함형희의 고모 김옥자 1932년생 주거에서, 청취자 : 김동일, 신승원, 김영중, 함형희(함만실의 아들)

즉 남로당이 말하는 '반동'들이었습니다. 이처럼 본질적 차이가 있음을 우리는 유념해야 합니다.

이 과정에서 인민유격대는 군경 전사자의 옷을 탈취하였고, 곳곳에서 군경을 가장하고 습격하는 일이 종종 있었으니 공비에 의한 피해자는 통계 이상이라고 생각됩니다.

또한 당시 인민유격대에 의해 살해된 자의 유족들은 자신의 부모를 살해한 폭도 위패 옆에 부모님을 모실 수 없다고 생각하여 아예 신고조차 하지 않은 사람들이 많습니다. 이와 같은 사례들을 상세히 파악해야 되는데 화해 상생 명분으로 묵살하는 것인지 아니면 조사해 놓고도 비공개하는 것인지 알 수가 없습니다. 생각은 2020년 8월 13일 열린민주당 의원들이 주최한 상훈법·국립묘지법 개정을 위한 공청회에서 이른바 친일파 파묘(破墓 무덤을 파냄)법과 관련, 강창일 전 열린민주당 의원(현 주일한국대사)이 '우리 민족은 귀신 신앙이 있다. 국립묘지에 원수가 있는데 유공자, 애국선열 지사들이 저승에 가서 좌정할 수 있겠느냐'. '여러분이 돌아가신 다음에 원수가 옆에서 귀신이 돼서 논다고 하면 있을 수 있겠느냐'고 말했습니다.[799]

현충원에서는 그렇게 해서 파묘해야 되고, 제주4·3평화공원에서는 화해와 상생이라는 거창한 구호 아래 원수간의 동침이 가능한시, 논리의 일관성이 없어 보입니다.

폭도들 옆에 부모의 위패를 모실 수 없다는 예 하나를 듭니다.

조천읍 선흘리 부용하(夫龍河, 일명 夫用珍, 당시 40세)는 이 마을 유지였고, 3·1사건 이후 청년들이 밤마다 모여 적기가와 레닌 찬양가를 부르고 왓샤 구호를 외치며 행진 하자 그 청년들을 집으로 불러 "너희들은 공산주의가 무엇인지를 아는가, 알고 나서 하라"고 타이르곤 했는데 반동분자로 낙인 찍혀 1948년 4월 17일 오전 4시 안방에서 잠자던 중 흉탄에 숨졌습니다. 4·3을 의거와 항쟁이라 부르며 화해하지 않는 집단, 상생이 이루어질 수 없는 사람들과 함께할 뜻이 없어 4·3 희생자로 신고하지 않았습니다.

(2011.8.22. 제주지법 전 사무국장 부장호 증언)[800]

이 사건은 제주도인민유격대투쟁보고서에 '4월 16일 밤 선흘 반동 부용화(夫龍化, 부용하의 오기)를 숙청'이라 기록돼 있습니다.[801]

---

799) 조선일보 2020.8.14. A6면
800) 제주자유수호협의회, 『제주도의 4월 3일은?』 4집, (열림문화, 2012), 214~217쪽.
801) 문창송 편, 『한라산은 알고 있다』, (대림인쇄사, 1995), 63~64쪽.

| 문 120 | 군·경이나 우익 인사 피해는 몇 명이나 되나요?

답 2019년 12월 30일 제주4·3평화재단에서 발행한 『제주4·3사건 추가진상조사 보고서 Ⅰ』에 의하면 군인, 경찰, 우익단체원 피해 상황은 아래 표와 같습니다.

[표 26] 추가진상조사 군·경·우익단체 소속별 피해 실태[802]

소 속	계	전 사	전 상	행 불
계	1,091	928	146	17
군 인	162	160	2	
경 찰	289	191	97	1
우익단체	640	577	47	16

위 〔표 26〕에서 보는 바와 같이

① 군인 전사자는 160명, 전상 2명이고

② 경찰 전사자는 191명, 행불 1명, 전상 97명으로 군인보다 많은 희생을 당했습니다. 남로당의 주공격 목표가 경찰과 그 가족이었기 때문에 피해가 컸습니다.

③ 우익단체는 대동청년단, 서북청년회, 대한청년단, 향보단, 민보단, 청년방위대, 특공대, 학생연맹 등 남로당을 반대하고 대한민국 건국을 위해 노력하다 희생당한 애국단체원들입니다. 우익단체원 전사자는 577명, 전상 47명, 행불 16명입니다. 위 표에서 행불자 17명은 피랍 후 살해되어 시체를 찾지 못한 경우로 보입니다.

그런데 제주지방경찰청 자료에 의하면 4·3진압작전 전사자는 179명, 순직 14명,[803] 전상 92명[804]으로 확인되었으나, 나중에 나온 제주4·3평화재단 통계에는 경찰전사자가 191명으로 경찰자료보다 12명이 많습니다. 이 12명의 명단을 요구했으나 무슨 이유인지 공개하지 않아서 단정할 수는 없으나 그 인원 중 혹시 경찰프락치나 입산 공비는 없는지 검증이 필요합니다. 제주4·3정립연구유족회에서 발행한 『4·3의 진정한 희생자는』 제8집[805]에는 경찰프락치나 입산자 16명을 밝혀냈고, 그중에는 월북하여 북한 내무서(경찰서) 간부로 활동한 자도 있습니다. 이런 사람들을 가려내지 않고 희생자로 결정하여 그 유족에게 국민세금으로 억대의 위로금을 줄 수 있겠습니까?

---

802) 제주4·3평화재단, 『제주4·3사건 추가진상조사 보고서 Ⅰ』, (2019), 633쪽.
803) 제주지방경찰청, 『제주경찰 70년사』, (2015), 728~737쪽.
804) 제주도경찰국, 『제주경찰사』, (1990), 345~348쪽.
805) 제주4·3정립연구유족회, 『4·3의 진정한 희생자는』제8집, (2021), 112~131쪽.

그리고 2019년 6월 현재 제주현충원(전 제주시충혼묘지) 경찰묘역에는 4·3관련 전사경찰관 141기, 순직 1기[806]만 모셔있고, 나머지는 4·3과 관련 없는 대간첩작전 중 전사자나 순직자, 4·3 당시 애국단원 등이 모셔져 있습니다.

미군정 보고서에 의하면 체포된 남로당 지방간부가 '경찰 살해에 보상금이 걸려있는데 보상금은 순경 1만원, 경사급 1만 5,000원, 경위급 이상 2만원이라고 진술했다.',[807] 1948년 5월 8일자 동아일보 보도에 의하면 인민유격대는 '순경 1만원, 형사 2만원, 금테두리(경위 이상) 3만원씩(개중에도 경찰 유력자 100만원)의 살인 현상금을 걸고 살해를 촉구하는 것이다'라는 기사가 있는데, 당시 쌀 1가마니에 330원 정도 할 때이니 거액을 현상금으로 내걸었습니다. 당시 인민유격대의 집중 공격 대상이 바로 경찰과 그 가족 및 협조자들이었습니다.

그리고 군·경·우익단체원 희생자 총 1,091명 중 제주4·3위원회에 신고하여 4·3희생자로 결정된 자는 643명(군인 0명, 경찰 89명, 우익단체 554명)이고, 미신고자는 448명(군인 162명, 경찰 200명, 우익단체 86명)[808]입니다.

군인 출신 전사자 전원과 경찰출신 전사자 200명이 신고하지 않은 것은 무연고자이거나 아니면 유속이 있는 경우라도, 이들의 있을 곳은 현충원이지 4·3평화공원이 아니라고 판단한 경우라고 생각됩니다. 더구나 일반 민간인 유족 중에서도, 자신의 부모님을 직접 죽인 폭도 옆에 모신다는 것은 있을 수 없는 불효라고 생각하여 신고하지 않은 경우가 있습니다.

| 문 121 | 보도연맹이란 어떤 단체이며, 예비 검속자(檢束者) 희생자 수는 얼마나 되나요?

답 보도연맹은 '국민보도연맹'의 약칭인데 1949년 4월 21일 결성 준비모임을 거쳐 6월 5일 창립된 단체입니다. 해방 후 대한민국 건국 과정에 참여하지 않고 좌익 활동을 했거나 의심이 있는 세력을 전향시켜 국민통합을 이루고 새나라 발전에 기여토록 하기 위한 목적 단체입니다. 강령에도 대한민국 정부를 절대 지지하고, 북한 괴뢰정부를 절대 반대 타도하며, 공산주의 사상을 배격 분쇄한다는 내용에서 엿볼 수 있듯이 좌익을 회유 활용할 목적으로 조직한 단체입니다. 각 도 및 시·군지부까지 조직되었고, 제주도의 경우 1947년 3·1사건 관련자 및 4·3사건 관련 재판을 받았거나 수형 사실이 있던 사람, 자수자 기타

---

806) 열안지오름 토벌작전 출동 중 순직.
807) 제주4·3위원회, 『제주4·3사건자료집』 7권, (2003), 53쪽.
808) 제주4·3평화재단, 『제주4·3사건 추가진상조사 보고서 Ⅰ』, (2019), 702쪽.

이와 관련된 단체원들이 주요 가입대상이었습니다. 이들 가운데는 죄질이 경미하거나 개전의 정이 현저한 사람들이 적지 않았으나 긴급한 국가적 위난상황에서 이들을 걸러내지 못하고 예비검속 대상에 포함하였던 것입니다. 김일성이 남침한 6·25가 없었다면 예비 검속자들은 희생되지 않았을 사람들인데 억울하게 희생되었다고 생각됩니다.

그런데 6·25 발발 초기에 육지부에서는 일부 보도연맹원이 인민군에 부역(附逆)해서 완장차고 군인·경찰·고위 공무원 또는 우익인사들을 색출해서 납치하고 살해하는데 앞장 선 일이 생겼습니다. 이를 위험시한 당국에서 취한 사전예방조치가 '예비검속'입니다. 제주도의 경우도 4·3이라는 특수상황이 지속되고 있었지만 이들을 조급하게 집단 처형한 것은 매우 잘못되었고 그래서 억울한 희생이라 하겠습니다.

물론 6·25전세가 매우 불리하게 전개되어 국군이 낙동강까지 후퇴해 국운이 백척간두에 처한 때 남로당제주도당은 '인민군지원환영회'를 각 읍·면 단위로 조직하여 빨치산들과 협공을 강화했습니다. 상황이 이렇게 되자 정부는 다급하게 되었고 위험요소를 예방하는 안보상 차원에서 상부의 지시에 따라 예비 검속을 실시하게 되었습니다. 그러나 국가에 충성할 사람들이 다수 포함되었는데 옥석을 가리지 못한 것은 깊이 반성해야 할 일입니다.

또 행위에 비해 과도한 처벌은 절대 안 되는 일입니다. 당시는 위급한 전쟁 시였고 계엄령 하였지만 1950년 8월 20일 송악산 섯알오름 탄약고 터에서 집단으로 총살한 사례 등은 앞으로 인권 보호를 위해 귀중한 교훈으로 삼아야 할 일입니다.

정부보고서에 의하면 예비검속자는 820명, 1,120명, 700명이라는 인원수를 제시하고 있습니다.[809] 그러나 제주4·3평화재단에서 2019년 12월 30일 펴낸 『제주4·3사건 추가진 상조사 보고서 Ⅰ』에 의하면 모두 566명으로 기록되어 있습니다.

[표 27] 경찰서별, 읍면별 예비검속 희생자 규모[810]

경찰서별	계	제주경찰서 199명			서귀포경찰서 114명			모슬포경찰서 240명			성산포경찰서 13명		
읍·면별		제주읍	애월	조천	서귀	남원	중문	안덕	대정	한림	구좌	표선	성산
계	566	84	73	42	31	28	55	32	71	137	8	2	3
희생자	549	81	73	38	31	28	54	31	71	132	6	1	3
미신고	17	3	0	4	0	0	1	1	0	5	2	1	0

809) 제주4·3위원회, 『제주4·3사건진상조사보고서』, (2003), 427, 428쪽.
810) 제주4·3평화재단, 『제주4·3사건 추가진상조사 보고서 Ⅰ』, (2019), 491쪽.

당초 정부보고서에 예비검속으로 인한 희생자 수는 제주경찰서는 수백 명에 더하여 500여명이라는 증언, 서귀포경찰서는 150명 정도라는 증언,[811] 모슬포경찰서는 252명,[812] 성산포경찰서는 6명이라고 나와 있습니다. 그러나 정확한 인원이 나온 것은 모슬포경찰서 252명 성산포경찰서 6명[813] 등 258명뿐이고 제주경찰서와 서귀포경찰서 희생자는 증언에 의한 막연한 숫자일 뿐 정확한 근거가 없었는데, 이번 제주4·3평화재단 추가 조사에서 바로잡은 것으로 보입니다.

제주도 관내 요시찰인 예비검속자는 1950년 8월 4일 현재 총 820명[814]이고, 이를 A급-애매한 자, B급-경한 자, C급-중요한 자, D급-가장 중요한 자 등 4등급으로 분류 C·D급은 처형하고 A·B급은 석방하였는데, 검속자 820명에서 희생자 566명을 뺀 254명이 석방된 숫자로 보입니다. 그런데 2003년 발행한 정부보고서에는, 제주경찰서는 1차 153명, 2차 48명 계 201명, 서귀포경찰서 120명, 모슬포경찰서 90명, 성산포경찰서는 1차 6명, 2차 198명 계 204명 등 총 615명이 석방되었다.[815]고 기록하였으니 이번 조사보고서와 375명이나 차이가 납니다. 이 또한 2003년 낸 정부보고서에 흠 하나를 보탰습니다.

그리고 엄밀한 의미에서 예비검속자는 4·3과 직간접으로 관련된 자라고 하더라도 4·3희생자라기보다 6·25전쟁 피해자로 분류하는 것이 맞다고 봅니다.

| 문 122 | 6·25 직후 형무소 수감자 피해는?

답 형무소 수감자 피해도 예비 검속자 피해와 같이 6·25가 없었으면 형기를 마치고 석방 될 사람들인데 피해가 많았습니다. 전쟁 혼란기여서 정확한 피해 인원을 파악하기 어려운 실정이지만 정부보고서에 의하면, 6·25발발 당시 형무소에 수감된 일반재판 수형자는 200여명,[816] 군법회의 수형자는 1948년도 871명, 1949년도 1,659명 등 2,530명[817]이니 이를 모두 합하면 수형자는 총 2,730여명입니다.

여기서 1949년 2월 27일 화북에서 사형집행자 39명[818]과 같은 해 10월 2일 대통령의

---

811) 제주4·3위원회, 『제주4·3사건진상조사보고서』, (2003), 432쪽.
812) 제주4·3위원회, 『제주4·3사건진상조사보고서』, (2003), 433쪽.
813) 제주4·3위원회, 『제주4·3사건진상조사보고서』, (2003), 433~434쪽.
814) 제주4·3평화재단, 『제주4·3사건 추가진상조사 보고서 I』, (2019), 423, 432쪽.
815) 제주4·3위원회, 『제주4·3사건진상조사보고서』, (2003), 435,436쪽.
816) 제주4·3위원회, 『제주4·3사건진상조사보고서』, (2003), 448쪽.
817) 제주4·3위원회, 『제주4·3사건진상조사보고서』, (2003), 448쪽.
818) 제주4·3위원회, 『제주4·3사건진상조사보고서』, (2003), 452~453쪽.

재가를 받고 제주비행장 인근에서 사형집행 된 249명[819]을 제외하면 2,442명이 남습니다.

이들은 목포, 부산, 마산, 진주, 광주, 전주, 대전, 영천, 안동, 대구, 김천, 부천(영등포→서울남부), 마포, 서대문, 인천형무소에 분산 수용되었다가 다른 형무소로 이감되기도 하였습니다. 이 중 인천형무소 300여명,[820] 마포형무소 319명[821] 서대문형무소 200여명[822] 등 합계 819명과 부천형무소 수감자[823]는 6·25 때 북한 인민군에 의해 점령되었기 때문에 출옥하여 많은 수가 월북 또는 북한 인민의용군에 끌려갔다는 사실이 그간 증언이나 남북이산가족 상봉 과정에서 드러나고 있으므로 이들 전원을 희생자로 보는 데는 무리가 있습니다. 또 출소자도 일부 있습니다. 평택 이남인 대전 300여명,[824] 대구 200여명 중 142명[825] 부산 255명 중 93명[826]은 집단 총살된 것으로 확인되고 있습니다. 그 외 광주, 진주형무소 수감자 등은 정부보고서에 그 인원도 파악할 수 없는 상태라고 기록되어 있습니다. 여기서 인천, 마포, 서대문 수감자 819명과 대구 58명, 부산 162명을 합하면 1,039명이 되는데, 2,442명에서 1,039명을 빼면 1,403명이 남습니다. 여기에도 목포형무소 사건은 별개로 하고 타 형무소에서 만기 출소나 생존자를 제하면 집단총살 희생자는 더 적어질 것입니다. 따라서 정부보고서에서 '2,500여 명 대부분은 돌아오지 못하고 행방불명되었다'[827]라고 한 내용은 앞으로 자세한 규명이 필요한 사항입니다.

[표 28] 1948·1949년 군법회의 수형자

구 분	합 계	사 형	무 기	유기징역 등
합 계	2,530	384	305	1,841
제9연대(1948)	871	39	67	765
제2연대(1949)	1,659	345	238	1,076

---

819) 제주4·3위원회, 『제주4·3사건진상조사보고서』, (2003), 459쪽.
820) 제주4·3위원회, 『제주4·3사건진상조사보고서』, (2003), 471쪽.
821) 제주4·3위원회, 『제주4·3사건진상조사보고서』, (2003), 460쪽.
822) 박찬식, 『4·3과 제주역사』, (각, 2008), 259쪽.
823) 수감자 인원을 알 수 없습니다.
824) 제주4·3위원회, 『제주4·3사건진상조사보고서』, (2003), 472쪽.
825) 제주4·3위원회, 『제주4·3사건진상조사보고서』, (2003), 474쪽.
826) 제주4·3위원회, 『제주4·3사건진상조사보고서』, (2003), 475쪽.
827) 제주4·3위원회, 『제주4·3사건진상조사보고서』, (2003), 471쪽.

| 문 123 | 형무소 수감자 피해자를 파악할 때 목포형무소 탈옥수들을 별도로
구분해서 봐야 하는 이유는?

답　형무소 수감자 피해자를 파악할 때는

첫째, 6·25 직후 북한군에 의해 형무소 문이 개방된 인천·마포·서대문·부천 형무소와 둘째, 대전·대구·광주·전주형무소 등 좌익수들이 북한군과 동조할 우려가 있다고 판단하여 후퇴하면서 집단 총살한 형무소를 대상으로 했습니다.

그러나 목포형무소는 1949년 9월 14일에 발생한 사건으로 6·25 이전입니다. 더구나 목포형무소는 집단 탈옥이라는 특수성이 있어서 서로 교전이 있었고, 저항하다가 살아남은 탈옥수는 지리산 빨치산에 합류하였기 때문에 일반적 형무소 피해와 다르다고 하는 것입니다.

목포형무소 탈옥사건을 목포시청 학예연구사 김양희의 『1949년 목포형무소 집단탈옥사건 연구』 논문(2006년)과 박찬식의 『4·3과 제주역사』에서는 다음과 같이 설명하고 있습니다.

- '1949년 9월 목포형무소 집단탈옥사건이 발생할 당시 목포형무소 수감인원은 1,421명이었으며 이들의 대부분은 제주도4·3항쟁 관련자와 여·순사건 관련 군인 및 민간인들이었'습니다.[828]
- 4·3관련 제주 출신자는 1·2차 군법회의 수형자 1,659명 중 목포형무소 수형인명부상에 671명으로 기록되어 있습니다.[829]
- '1949년 9월 14일 목포형무소 수감 중이던 재소자 약 700여명[830]이 갑자기 폭도로 돌변, 형무소 내의 작업도구와 무기를 탈취하여 탈옥 도주하는 대규모 탈주사건이 발생하였'습니다. '사건 당시 위 형무소에는 제주도 반란군 600여명이 집단 수용되어 있었는데 이들이 음모 주동하여 탈옥을 시도한 것으로서, 탈옥수들이 총기를 소지하고 무안방면으로 진출을 시도하였으며 수일간의 군경합동 작전으로 탈옥수 중 사살 58명, 자수 7명, 체포 346명으로 진압되었으며 형무관도 사망 6명, 중상 5명, 경상 8명의 피해를 입었'습니다.[831]

828) 김양희, 『4·3과 1949년 목포형무소 탈옥사건』, (제주4·3진상규명과 명예회복을 위한 도민연대, 2006), 15쪽.
829) 김양희, 『4·3과 1949년 목포형무소 탈옥사건』, (제주4·3진상규명과 명예회복을 위한 도민연대, 2006), 20쪽.
830) 『제주4·3사건 추가진상조사 보고서 Ⅰ』 366쪽에서는 군경합동사령부가 1949년 9월 15일에 발표한 내용에 따르면 탈옥 폭동에 참가한 사람은 천 여명이고, 완전히 탈옥에 성공한 것은 353명이었다고 적고 있습니다.
831) 김양희, 『4·3과 1949년 목포형무소 탈옥사건』, (제주4·3진상규명과 명예회복을 위한 도민연대, 2006), 23쪽. 법무부, 『법무부사』, (1998), 137~138쪽.

그리고 탈옥사건 발생 2일 후인 9월 16일자 경향신문에 의하면 '탈옥수 대부분은 지난 번 제주도 반란사건으로 복역 중에 있던 장기수'라고 보도하였습니다.

또 호남신문에서는 1949년 9월 23일 현재까지 사살 298명, 체포 85명, 자수 10명, 총기 회수 10정이라고 보도[832]하고 있습니다. 이것을 보면, 검거과정에서 치열한 총격전이 있었음을 알 수 있습니다.

정리하자면, 목포형무소 사건은 형무소 내 무기고를 습격 소총 80여정과 실탄 1,000여 발을 탈취하고 집단 탈옥한 사건으로, 수사결과에 따르면 해방공간에서 목포 지역을 중심으로 경찰서를 습격하는 등 과격한 공산주의 활동을 전개하던 김두주와 서기오가 앞장섰고 형무소 내외와의 연결문제도 노출되어 의혹이 짙었습니다.

| 문 124 | 왜 이처럼 참혹하게 대량 인명 피해가 발생했나요?

답 통탄할 일입니다. 보는 시각에 따라 견해가 다를 수 있습니다만 필자는 15,000여 명의 희생자 중 핵심세력 3,000명을 제외하고, 앞서 설명드린 6·25당시 자진월북하거나 인민군에 편입된 자, 일본 도피자, 4·3과 무관한 사망자 등을 제외한 희생자는 억울한 희생이라고 봅니다.

제 나름으로 분석한 대량 인명피해 발생 원인은 다음과 같습니다.

① 건국은 해야 하고, 방위력 및 치안유지력이 부족한 상황에서 미군 철수가 예정되어 있었습니다. 그래서 조기 진압이 필요했습니다.
1948년 9월부터 좌파는 외국군 철수 주장을 하기 시작했고 소련군은 12월 25일 지리적으로 인접하였기 때문에 쉽게 철수를 완료했습니다. 이제는 남한에 남아있는 미군철수 주장이 강력하게 대두되었습니다. 미군은 1949년 3월 23일 승인된 지침에 의거 6월 말까지로 철군을 연기한다는 발표가 있었고, 고문단 500명을 제외한 미군이 6월 29일까지 완전 철수하였습니다.[833] 미군이 철수한 후 1년 만에 북한은 6·25남침을 감행하였습니다.

② 건국 초기 정부의 조기 사회 안정 기반 구축이 필요했습니다.

832) 김양희, 『4·3과 1949년 목포형무소 탈옥사건』, (제주4·3진상규명과 명예회복을 위한 도민연대, 2006), 34쪽.

833) '1947년 봄 무렵에 이르러 미군정 당국은 북한의 군사력이 12만~15만 명이며 최신 소련제 장비를 갖추고 있는 것으로 추산했습니다. 이러한 병력 수는 대한민국 정부가 수립되기 전 남한이 고작 26,000명의 병력을 보유하고 있었던 사실과 비교해 볼 때 공산주의자들이 한반도에서 외국군 철수를 강력히 주장했던 속내를 알 수 있습니다. 로버트 스칼라피노, 이정식, 『한국공산주의운동사』, (돌베개, 2018), 578쪽.

③ 좌파는 도민 80%가 남로당 또는 그 지지 세력이라는 말을 과시했고, 당국은 그대로 인식했습니다.

④ 1946년 10월 과도입법의원 선거 때 전국에서 유일하게 제주도에서 좌파 인민위원회 출신 2명이 당선되고, 1948년 5·10선거 때 전국에서 유일하게 북제주군 2개선거구가 무효 되어 제주도에 대한 인식이 악화되었습니다.

⑤ 1947년 3·1기념투쟁 참가 인원과 3·10총파업에 도청을 포함한 기관단체 기업체 학교 등 95%가 참가한데 대한 인식도 좋지 않았습니다.

⑥ 도내 전 기관단체는 물론 체제유지 보루인 군·경에 많은 남로당 프락치가 침투했고 그 가운데 제주 출신 입산자(入山者)가 속출하여 도민에 대한 불신이 확산되었습니다. 대표적 사건으로 아래와 같은 것이 있습니다.

- 1947년 3월 3·1사건 직후 경찰관 66명 집단 사직, 4·3 발발 후 일부 입산, 빨치산과 합류
- 1948년 5월 21일 제9연대 41명 집단 탈영 입산, 22일 20명 검거
- 1948년 6월 18일 박진경 대령 암살 사건 발생
- 1948년 10월 28일 군 프락치 사건, 김창봉 대위 등 80명 검거
- 1948년 11월 1일 경찰 프락치 사건, 경찰·도청·법원·검찰·해운국 등에 침투한 연루 자 83명 검거

⑦ 1948년 10·19 여·순반란사건, 1949년 5월 4일 강원도 춘천과 홍천에 주둔 중인 8연 대 1대대(대대장 표무원 소령), 2대대(강태무 소령) 월북 사건 등으로 국가적 위기감이 고조 되었습니다.

⑧ 1948년 10월 24일 남로당제주도당 인민해방군이 대한민국에 대하여 선전포고를 하는 등 무모한 공격이 강경진압을 유발하였습니다.

⑨ 자위대, 민청, 여맹, 남로당 명단 중 일부가 노출되어 피해가 컸습니다.

⑩ 군경의 인권의식이 결여됐고 전투 중 전·사상자 발생 시 또는 군경 가족과 우익 인사가 피해를 당했을 때 지나친 보복전이 있었습니다.

⑪ 게릴라전 특성상 진압작전 또는 교전 시 피아(彼我) 식별이 곤란한 점도 영향이 컸습니다.

⑫ 도민 간 갈등이 부정적으로 표출되기도 했습니다. 마을간, 씨족간, 종교간, 개인간 갈등 때문에 서로를 모함하고 그에 대한 보복이 악순환되었습니다.

⑬ 제주도의 독특한 사투리로 인해 언어 소통의 장애가 있었습니다.

⑭ 좁은 지역사회에서 가족들의 혈연관계로 인하여 정보 획득에 어려움도 있었습니다.

⑮ 주동자가 월북 및 해외 도피를 한 것이 가장 큰 문제였습니다. 김달삼, 강규찬 등 주동자가 전 책임을 지고 사태를 수습해야 되는데 월북 도일(渡日) 도피한 무책임성과 비겁성에 대해서는 역사적으로 준엄한 책임추궁이 필요합니다.

당시 선량한 도민들의 난처한 입장을 확인할 수 있는 증언을 들어 보면,

'그 사람들을 압재비로 해서 쌀 같은 것도 산에 올리고, 올리지 않으면 반동으로 그냥 낙인찍히면 쥐도 새도 모르게 싹 없어지니까 살기 위해서 쌀 같은 거 제공하지요. 그러면 밑에선 왜 쌀 줬느냐! 그것이 근데 그놈의 정보가 어떻게 빠른지 누구는 어데 쌀을 줬다 하면 금방 알게 되요. 그런데 우리 농촌 중산간 지대에는 쌀 제공 안 한 사람이 없습니다.'[834]

라는 증언에서 알 수 있듯이 당시 토벌대와 인민유격대 사이에 놓인 선량한 제주도민들이 이러지도 못하고 저러지도 못하는 참담한 실상을 알 수 있습니다.

인명피해에는 6·25 이후 형무소 수감자 및 예비 검속자 집단총살 피해도 있었습니다.

또 인명피해가 대량 발생하게 된 원인 중 하나인, 당국이 제주도에 대한 선입견이 좋지 않았다는 점에 관하여 김달삼의 해주 연설문 중에서 관련 내용을 소개합니다.

'산사람들이 일반인민대중의 적극적 지지에 의하야 고무되고 격려되고 있는 까닭입니다. 만약 부모·형제들이 적의 포위를 뚫고 정보·식량 등을 적극적으로 공급치 아니하였다면, 만약 적수공권으로 무장한 반동 경찰을 격퇴하는 인민들의 자위적 원조가 없었다면 산사람들의 투쟁이 오늘 같이 발전하지 못하였을 것입니다.'[835]

생명에 위협을 느낄 정도의 협박에 못 이겨 부득이 요구에 응한 지원을 적극적 지원이라고 선전한 것으로 보입니다만 가족이 입산한 경우에는 김달삼의 말대로 적극적으로 지원한 사람도 있었을 것입니다.

이런 직접적인 인명피해 이외에도 연좌제로 인한 이중 피해가 오래 동안 관련자들을 괴롭혔습니다. 그분들에게는 한이 맺힐 일입니다.

---

834) 제주4·3연구소, 『이제사 말햄수다』 2권, (한울, 1989), 217쪽.
835) 국방부군사편찬연구소, 『제주4·3사건의 실체』, (2002), 110쪽.

『제주경찰사』에 의하면 1964년 이후 2000년까지 북한이 직접 제주도에 침투시킨 간첩 사건의 경우만 보더라도 총 31회에 90명이고, 그중에 검거 17명, 사살 15명, 도주 56명, 자수 2명입니다.[836] 조사 결과 연고선 공작에 의해 간첩들은 대부분 혈연을 따라 침투했음이 밝혀졌습니다. 그래서 안보적 입장에서 보면 연좌제가 불가피한 점도 있었던 것이 사실입니다. 그러나 본인 책임 이외의 일로 신분상 불이익을 받는 일은 당연히 없어져야 합니다. 늦게 나마 1980년 연좌제가 폐지되었습니다만 연좌제 피해는 또 하나의 분단의 아픔이었고 당사자에게는 이중 멍에가 되었습니다.

1861년부터 4년간 지속된 미국의 남북전쟁 때 전사자는 623,000명입니다. 당시 북군의 윌리엄 테쿰세 셔먼(William Tecumshe Sherman) 장군이 말하길 '전쟁은 지옥'이라고 말했듯이 만 9년간 진행된 제주4·3사건도 지옥이었습니다.

| 문 125 | 대량 인명피해를 미연에 방지할 수는 도저히 없었나요?

답   참 좋은 기회가 있었습니다만 어쩔 수 없는 측면이 있었습니다.

1948년 1월 22일 남로당제주도당이 불순한 움직임을 파악한 경찰은 안세훈 이덕구 등[837] 수뇌부 221명을 일망타진 검거하여 4·3을 미연에 방지할 수 있는 절호의 기회가 있었습니다. 그러나 유엔한국임시위원단으로부터 5·10선거 자유분위기 보장 원칙[838]에 따라 전원 석방하게 함으로써 좋은 기회를 놓치게 되었습니다.

이들 중 핵심 세력만이라도 일정기간 격리했다면 4·3은 미연에 방지되었고 대량 인명피해도 막을 수 있었을 텐데 아쉬움이 큽니다. 유엔한국임시위원단이나 미군정당국의 정세 판단을 함에 있어 소련이 북한에서 취한 조치에 비해 너무 낭만적이고 안일하였다고 생각합니다. 또 이는 인권을 중요시하는 자유민주주의 체제의 약점이기도 합니다.

이를 상세히 설명 드리면 다음과 같습니다.

유엔소총회 의장이 유엔한국임시위원단 의장에게 보낸 1948년 3월 1일자 문서에서, '유엔한국임시위원단이 감시할 선거는 언론, 출판 및 집회의 자유에 관한 민주적 권리가 인정되고 존중되는 자유분위기 속에서 실시되어야 한다'라고 명시하였기 때문에 이 지침이 유엔

---

836) 제주지방경찰청, 『제주경찰사』, (2000), 673쪽.
837) 김달삼은 체포연행 도중 탈출.
838) 시민의 언론·출판 및 집회의 자유 보장.

한국임시위원단 → 미군정청장관을 거쳐 전국에 지시되었습니다. 조병옥 경무부장은 3월 3일 전국 경찰관서장 회의를 소집하여 이 지침을 하달하였고, 이어서 윌리엄 딘 군정장관은 3월 31일 정치범 3,140명을 석방하게 된 것입니다.[839]

제주도 경찰로서는 이미 검거한 주모자들을 석방하지 않을 수 없었고 남로당제주도당은 비록 석방은 되었으나 조직이 완전 노출되어 위기감을 느끼게 되자 무장반격전을 전개한 것입니다.

그리고 무엇보다도 1948년 4월 30일 미군정 방침에 따라 김익렬이 김달삼에게 귀순권고를 제의했을 때 김달삼이 수용했더라면 인명피해를 방지할 수 있었는데 김달삼이 모험주의 만용을 부려서 결과적으로 도민의 대량 희생을 초래했습니다.

| 문 126 | 인민유격대가 군경 복장으로 위장하고 습격한 사례는?

답 인민유격대가 마을을 습격하여 살인하고 민가를 방화하는 등 만행을 저지르고 이를 군경에게 뒤집어씌우는 수법은 그들의 전형적 민심이반 책동입니다. 군경의 즉각적인 반격을 피하는데 유리하고, 군경지원세력 즉 반동을 색출하기 위한 목적으로 자행하는 유격전술입니다.

인민유격대가 군경 복장으로 습격하여 사람을 살해한 사례를 소개하면 다음과 같습니다.

① '1948년 4월 21일 …… 밤 11시께 대정면사무소에서 숙직 중이던 박근식(구억 출신), 정을진(하모 출신) 등 면 직원 2명이 괴한들에게 피습을 당하였다. 습격자들은 당시 경찰복을 착용하고 있었는데, 무장대원들이 탈취한 경찰복으로 갈아입고 위장 기습한 것으로 추정되었다.'[840]

② '대정 - 1948년 4월 22일 아마도 앞서 모슬포에서 사건을 저지른 자들과 같은 집단으로 보이는 자들과 경찰복장을 한 무리들이 선관위원을 공격해 죽이고 등록기록을 탈취했다.'[841]

③ 1948년 '8월 1일 오후 3시 31분 김녕지서가 폭도 약 30명으로부터 공격을 받았다. 폭

839) 제주4·3위원회, 『제주4·3사건진상조사보고서 수정의견 접수내용』 1권, (2003), 441,442쪽. 신상준, 『제주도4·3사건』 상권, (한국복지행정연구소, 2000), 274~276쪽.
840) 제민일보4·3취재반, 『4·3은 말한다』 2권, (전예원, 1994), 73~74쪽.
841) 제주4·3위원회, 『제주4·3사건진상조사보고서』, (2003), 207쪽.

도들 다수는 일본제 철모와 경관 제복을 입었고 M1소총을 휴대하고 있었다. 이들 중 다수는 경비대에서 탈영한 자들로 믿어진다.(B-2)'[842]

④ '1952년 9월 16일 오전 2시경, 숫자 미상의 무장대가 국군과 경찰로 가장하고 제주방송국을 습격, 숙직 중이던 방송과장 김두규와 18세의 기술견습원 및 소년 급사 등 3명을 납치 …… 이들 납치된 3명은 며칠 후 무장대 아지트 부근에서 무참히 살해되어 땅에 묻힌 채로 발견되었다.'[843]

⑤ 1948년 '12월 3일과 4일 새벽 사이에 세화리를 습격한 무장대는 종달리도 덮쳤다. 4일 새벽 무장대는 민보단원들을 공회당 앞에 집결시켰다. 무장대가 군인 복장을 한 것에 속아 순순히 모였던 민보단원 이태화(李太化, 48), 현임생(玄壬生, 45), 윤두선(尹斗先, 32), 임두선(任斗瑄, 25), 강기옥, 오경봉 등이 현장에서 희생됐다'[844]

필자가 어렸을 때 고향에 공비습격이 있었는데, 폭도 스스로가 '폭도야!' 소리 지르며 도주했습니다. 임무를 마치고 복귀하면서 집중 표적을 피하려는 의도였습니다. 유격전술에 나오는 수법입니다.

| 문 127 | 북한에서 4·3인명피해에 대해 아무런 언급이 없나요?

답 없을 리가 있나요. 1950년 1월 15일 펴낸 남로당 기관잡지 『근로자』 제1호에 남로당 중앙정치위원회 위원인 이승엽이 기고한 '조국통일을 위한 인민유격투쟁'이라는 제목의 제주4·3관련 기사에 3만 명이라고 주장했습니다.[845]

이 3만 명설은 해방 당시 김일성이 직접 남파한 거물 간첩 성시백이 창간한 좌익신문 조선중앙일보 1949년 6월 28일 자에 게재된 내용을 이승엽이 인용한 것으로 보입니다.

이승엽이 주장한 3만 명설이 나온 이후 동 위원회 위원인 이기석도 1950년 7월에 발행한 『인민』 제7호에 '남반부인민유격대의 영용한 구국투쟁'이라는 제목으로 기고한 글에 '군경에 의한 피살자가 3만 명[846]이라고 주장하고부터 지금까지 항쟁론자들은 물론 학자나 언론인, 정부보고서에도 25,000~ 30,000명 설을 계속 주장하여 거의 정설로 고착화되고 있습

---

842) 제주4·3위원회, 『제주4·3사건자료집』 7권, (2003), 86쪽.
843) 제주4·3위원회, 『제주4·3사건진상조사보고서』, (2003), 343쪽.
844) 제민일보4·3취재반, 『4·3은 말한다』 5권, (전예원, 1998), 57쪽.
845) 신상준, 『제주도4·3사건』 하권, (한국복지행정연구소, 2002), 939, 952~953쪽.
846) 신상준, 『제주도4·3사건』 하권, (한국복지행정연구소, 2002), 939, 952~953쪽.

니다. 특히 현실은 이 3만 명 모두를 토벌대가 학살하였다고 주장하고 홍보 교육하고 있다는 사실입니다.

추가하여 '1949년 6·25관련 러시아연방 대통령 문서보관소' 문서, '1949년 9월 15일 대사 쉬띄꼬프가 스탈린에게 보낸 극비 보고서'에 '... 제주도(濟州道)에서 발생한 반정부운동과 빨치산은 동 진압작전을 살펴보기 위해 남조선 국방부장관, 내무부장관, 국무총리가 출장 갔었다. 쌍방이 큰 피해를 입었다. 진압작전은 실제로 미 고문관이 지도하였다. 남조선 정부의 공식발표는 15,000명이 살해되었다고 밝히고 있으나 북조선 당국의 자료는 일반주민과 빨치산을 합해 약 30,000명이 살해당했다.'[847]는 기록도 있습니다.

| 문 128 | 4·3을 진압하는 과정에서 과잉진압이 있었다고 하던데요

답 해방 후 미·소의 극한 대립, 좌·우익의 갈등은 물론 나라를 건국하려는 극도의 혼란기라는 시대적 상황과 민간인과 적이 구분이 어려운 게릴라전이라는 특수성이 있었습니다. 그리고 1948년 10·19여·순 반란사건과 대구 주둔 제6연대에서 발생한 3차에 걸친 반란사건,[848] 1949년 5월 4일 춘천 주둔 제8연대 제1대대(대대장 표무원)와 홍천 주둔 제2대대(대대장 강태무) 월북사건, 이어진 6·25남침전쟁을 수행하면서 한편으론 후방에서 준동하는 지리산과 태백산 지구 빨치산 토벌작전, 제주4·3을 진압해야 하는 위급한 상황이었기 때문에 온갖 어려움이 있었습니다.

게다가 4·3사건이 발발한 이후 진압임무는 경찰 → 군 → 경찰로 지휘권이 자주 바뀌었고, 군에서도 육군과 해병대로 교대되는가 하면, 육군도 부대 간 교체가 있어서 그 과정에 혼란도 컸습니다. 기간도 만 9년이나 되는 장기간이었습니다. 그럼에도 불구하고 인구 28만 명 정도의 작은 섬에서 쌍방 합해 15,000여 명이나 희생자가 발생했다는 것 자체가 지금의 잣대로 보면 성공적인 진압작전이라고 평가할 수는 없다고 봅니다.

분명 억울한 죽음이 있었다는 점은 분명합니다. 그들의 한과 유족들의 억울함은 필설로다 표현하지 못할 정도입니다. 하지만 시대 상황과 게릴라전의 특수성을 무시하고 지금과 같은 평화 시대의 잣대로 그때 혼란기의 모든 일을 재단해서도 안 된다고 생각합니다.

특히 문재인 정부 들어서서 진압작전명령을 수행한 군경을 국가공권력에 의한 국가폭력의 화신으로 규정하고 선량한 도민 3만 명을 학살했다고 매도당하는 실정입니다. 물론 장기

---

847) 박종효, 「러시아연방 외무성 대한(對韓)정책자료 I 」, (선인, 2010) 335~336쪽
848) 6연대 내 제1차 반란 1948.11.2, 제2차 반란 1948.12.6, 제3차 반란 1949.1.30.

적인 대(對)게릴라전을 수행하는 과정에서 인권침해도 있었고 과잉진압도 있었지만 그들의 희생과 헌신으로 대한민국은 건국되었고 자유민주주의와 시장경제체제를 확고히 하는데 초석이 되었습니다. 우리는 자유와 번영을 구가하고 있으며 종교의 자유, 지도자 선택의 자유, 거주이전의 자유, 직업선택의 자유, 양심과 표현의 자유를 만끽하고 있습니다. 27만여 명의 선량한 도민을 지켜냈고 김일성의 생지옥을 모면했으며 남로당의 말로(末路)처럼 숙청되거나 요덕수용소를 면했습니다. 국민은 이러한 군경의 공로를 인정한 후에 진압에 무리가 있었다는 점 또한 잊어서는 안 되고 무고한 희생에 대하여 보상과 명예회복이 필요한 것입니다.

| 문 129 | 이승만 대통령에 대한 혹평은 정당한가요?

답　역사적 인물에 대한 평가는 공과를 균형적으로 보는 역사관이 필요합니다.

4·3진압 과정에서 많은 인명피해가 있었고 당시 대통령이었기 때문에 정부수반으로서 징치적 책임이 전무하다고 할 수는 없다고 봅니다. 그러나 필자는 이승만 대통령을 과(過)보다 공(功)이 훨씬 많은 훌륭한 건국 대통령이라고 평가합니다.

대한민국 건국과정이 오늘날과 같은 수준의 민주주의와 평화적인 분위기가 아니었다는 점, 풍부한 인적자원과 경험을 갖춘 토대 위에서 진행된 게 아니라는 점, 또 남한은 공산주의를 배척하고 북한은 자유민주주의를 배척하여 남·북 공히 자신의 이념을 상대에게 수용을 강요하는 시기였다는 점, 반란을 진압해야 하는 당위성과 불가피성 등 당시의 시대 상황과 대통령으로서 국가를 보위해야 하는 책임을 감안해야 합니다.

제주4·3이나 6·25전쟁을 통일운동이라고 보는 북한이나 남로당 또는 일부 좌파들은 이승만 대통령에 대하여 공산통일을 저지한 분단의 책임자라고 평가절하하고 폄훼하지만, 대한민국의 성공을 자랑스럽게 여기는 국민들은 이승만 대통령이 아니었다면 대한민국은 없었다고 높이 평가합니다.

이승만 대통령에 대한 역사적 평가는 부록 10을 참조하시기 바랍니다.

| 문 130 | 4·3희생자 선정 기준은?

답 이는 4·3특별법에 희생자 심의·결정 기준을 정하지 않고, 제주4·3위원회에서 심의·결정하도록 한 법적 미비에서부터 잘못되기 시작했습니다.

그래서 2002년 1월 31일 제주4·3위원회 심사소위(위원장 박재승)는 '제주4·3사건 희생자 심의·결정 기준안'을 채택하였고, 이를 3월 14일 제주4·3위원회(위원장 이한동 국무총리) 본회의에 회부하여 원안대로 의결하였습니다.

4·3희생자에서 제외되어야 하는 사람은 자유민주적 기본질서에 반한 자로서 현재 우리의 헌법 체제하에서 보호될 수 없는 자로 하되, 자유민주적 기본질서에 반한 행위는 객관적으로 입증할 수 있는 구체적이고 명백한 증거자료를 요구하고 있습니다. 의결정족수는 재적위원 과반수의 출석과 출석위원 과반수의 찬성으로 결정하도록 규정하고 있습니다. 역사적 진실 규명을 정치권이 개입된 위원들의 다수결로 결정한다는 것도 정상이 아닙니다.

희생자에 대한 공정한 심사를 위해서는 심사위원 구성부터 형평성을 유지해야 하나 제주도실무위원이나 제주4·3위원회 위원 구성은 좌편향 인사들로 구성되었습니다. 그리고 유족 대표위원은 희생자 심사의 공정성을 담보하기 위하여 형사소송법상 제척, 기피, 회피제도의 정신을 존중하여 제주4·3위원회나 실무위원회에서 제외되어야 하는데 그렇지 못했습니다.

헌법재판소와 제주4·3위원회에서 4·3희생자가 될 수 없는 자에 대한 기준을 표로 만들면 다음과 같습니다.

[표 29] 4·3희생자가 될 수 없는 자[849] (헌법재판소와 제주4·3위원회 기준 대비)

2001. 9. 27. 헌법재판소 결정 (2000 헌마 238) 주심 송인준	제주4·3위원회(위원장 국무총리 이한동) 2002. 3. 14. 희생자 기준 의결
1. 수괴급 공산무장병력지휘관 또는 중간 간부로서 군경의 진압에 주도적·적극적으로 대항한 자	1. 제주4·3사건 발발에 직접적인 책임이 있는 남로당제주도당의 핵심간부
2. 모험적 도발을 직·간접적으로 지도 또는 사주함으로써 제주4·3사건 발발의 책임이 있는 남로당제주도당의 핵심간부	2. 군경의 진압에 주도적·적극적으로 대항한 무장대 수괴급

849) 2000 헌마 238 2001.9.27. 헌재 결정.
양조훈, 『4·3 그 진실을 찾아서』, (도서출판 선인, 2015), 415쪽.

3. 기타 무장유격대와 협력하여 진압 군경 및 동인들의 가족, 제헌선거 관여자 등을 살해한 자	
4. 경찰 등의 가옥과 경찰관서 등 공공시설에 대한 방화를 적극적으로 주도한 자와 같은 자	

위 [표 29]에서 보는 바와 같이 헌법재판소에서 제시한 '희생자가 되어서는 안 된다'는 기준을 제주4·3위원회에서 무시하고, 축소된 심사기준안을 의결하였습니다. 헌법재판소 결정 취지를 위반한 월권행위이며 반헌법적 행위입니다. 더구나 제주4·3위원회에서 희생자를 심의 결정하면서 스스로 정한 기준도 준수하지 않았습니다. 그래서 재심사 요청을 하는 것입니다.

실질적 심사를 위해서는 위원 구성부터 형평성이 있어야 하고 위원들에게 심사대상자 명단을 사전에 배포하여 위원 각자가 충분히 검토할 시간을 주어야 하나 그러지 않았고, 교차 검증이나 현지 확인 조사, 관계자의 의견 청취가 전무하였으며, 증빙자료가 부실합니다. 심지어 희생자를 신고할 때 3인[850] 이상 보증인을 세우도록 규정하였으나, 이웃간에 부탁을 거절할 수 없어서 부득이 보증을 서는 경우가 있었고 심지어 보증인이 전무한 경우도 허다합니다. 특히 2021년 6월 23일부터 시행되는 제주4·3특별법이 개악된 때문에 수형자 전원과 인명살상에 적극 가담한 주동자급도 희생자가 될 소지가 많아졌습니다.

---

850) 나중에는 2인

| 문 131 | 4·3희생자 결정 절차는?

답 신고를 접수하면 제1차로 제주도지사가 위원장으로 있는 제주도4·3실무위원회에서 심의하고, 제2차로 제주4·3위원회 심사소위원회에서 심의하고, 제3차로 제주4·3위원회 본회의에서 희생자가 확정됩니다. 3단계의 심의를 거치게 되어 외형상 신중을 기한 것 같지만 허점이 많이 드러나고 있습니다.

| 문 132 | 수형인 전부가 희생자로 결정된 것에 대하여 문제가 없나요?

답 수형인으로서 4·3희생자로 결정된 자는 2014년 5월 23일까지 통계는 아래 표와 같습니다.

[표 30] 수형인 중 4·3희생자로 결정된 자(2014.5.23. 현재)

일 자	제주4·3위원회 회의	수형인 희생자 결정 인원	비 고
합 계		2,657명	통계누락 2,412명
2005.3.17.	제10차 회의	606명	계 1,856명
2006.3.29.	제11차 회의	1,250명	징역 20년 이하
2007.1.24.	4·3특별법 개정안 공포(수형인도 희생자로 할 수 있다)		
2007.3.14.	제12차 회의	556명	사형318, 무기238명
2011.1.26.	제16차 회의	214명	계 245명
2014.5.23.	제18차 회의	31명	공식발표 통계

위 [표 30]에서 보는 바와 같이 수형인을 희생자로 결정할 수 있다는 4·3특별법 개정 이전인 제10, 11차 회의에서 이미 수형인 1,856명을 법적 근거 없이 희생자로 결정하였습니다.

4·3특별법 개정 후에는 제12, 16, 18차 회의에서 801명을 희생자로 결정하여 수형인은 총 2,657명(일반재판 수형인을 포함한 듯)이 희생자로 결정되었음에도 불구하고 2019년 12월 현재 공식통계에는 279명뿐입니다. 2,378명이 통계에서 사라졌는데[851] 그 이유를 알 수 없으나 신고 된 수형인들 거의가 수형인이라는 것을 피하여 일반 사망자 또는 행방불명

---

851) 제민일보, '4·3진실 찾기 그 길을 밟다. 양조훈 육필기록' 169, 170회, (2012.10.11일, 15일.

자에 포함시켜 희생자로 결정된 게 아닌가 추정됩니다.

원칙적으로 수형자는 재심을 거쳐 무죄를 받은 다음 희생자가 되어야 합니다. 법률상 그렇게 해야 당연한 것입니다만 강창일 국회의원 등의 발의한 제주4·3특별법이 개정되고 2007년 1월 24일 공포되어 4·3희생자 범위를 수형자까지 포함하도록 규정되었기 때문에 이를 근거로 재심 없이 희생자로 결정되게 된 것입니다. 저는 3권 분립 원칙을 위반하였다고 해석합니다.

1949년 10월 4일부터 10월 6일까지, 미군정보보고서에 의하면, '1949년 10월 2일 아침 9시, 제주경찰서에 투옥되었던 게릴라 249명이 대통령의 재가가 내려짐에 따라 제주비행장 인근의 해안가에서 처형되었다. 처형 명령은 제주도 헌병대장 소령 조영구가 내렸고, 대대 정보장교와 법무장교, 그리고 다른 대대의 장교들이 입회했다. 처형자 중에는 전에 제주도에 주둔했던 제9연대에서 탈출하여 게릴라에 합류했던 제9연대 장교 1명과 하사관 5명, 사병 15명이 포함되어 있었다.(C-2)'[852] 라는 기록이 있습니다.

당시 육군본부 기록심사과장으로 대통령의 재가를 받았으며 후에 법무장관을 역임한 고원증 변호사도 정식 재판절차를 모두 이행하여 사형이 집행되었다는 증언을 하였습니다. 다만 6·25전란으로 3일 만에 서울이 점령당하는 상황에서 해당 군법회의 기록이 멸실되어 제시하지 못하게 된 것이 반론의 난점입니다. 그러나 불법적인 처형이 아니고 합법적인 절차를 거친 형 집행인데 근거 서류가 없다고 무조건 불법이라고 주장하는 것은 6·25 당시 상황을 너무 모르고 하는 말입니다.

그리고 6·25 당시 일반재판 수감자 약 200명[853]에 대한 재판기록은 보존되어 있음에도 그 수형자를 희생자로 결정한 점에 대해 설명이 없고, 1948년 제9연대, 1949년 제2연대의 군법회의 2,530명은 기록이 없으니까 또는 절차를 결했으니 원천무효라고 재판하고 있습니다.

여기에 수형인명부가 있지 않느냐고 반론하면 '재판 기록 내놔라, 재판기록이 없지 않느냐? 그러니 수형인명부를 인정할 수 없다'는 것입니다. 그러나 수형인 명부란 자격정지 이상의 형이 확정된 자에 대하여 전과 기록을 관리하기 위하여 검찰청 및 군검찰부에서 작성 시·읍·면에 통보해서 그 내용을 관리하도록 하는 국가 공문서로서 재판 결과가 없으면 절대로 작성할 수 없는 문서입니다. 그렇기 때문에 수형인명부가 있다는 것은 재판하여 형이 확정

852) 제주4·3위원회, 『제주4·3사건자료집』 8권, (2003), 92쪽. 10권, (2003), 130,178쪽.
853) 제주4·3위원회, 『제주4·3사건진상조사보고서』, (2003), 448쪽.

됐다는 것입니다.

국가 기관이 작성한 군법회의 중요문서를 부인하고 수형인 몇 사람의 증언을 더 신뢰한다면, 그들이 통과시킨 정부보고서와 희생자 심사의 신빙성에도 문제가 발생하는 자기모순에 빠집니다.

그리고 최근 수형인들이 제소하여 무죄판결을 많이 받고 있는 것에 대하여 일각에서는 법적인 면을 떠나 진실의 문제이고 양심의 문제라고 말하는 사람들이 많습니다. 혼란기에 군법회의가 매우 허술한 점도 충분히 인정하지만 그렇다고 군법회의 자체를 완전히 엉터리라고 평하는 것도 문제입니다. 왜 당시에 사형, 무기, 20년 징역과 몇 개월 징역으로 구분하여 선고했는가라는 의문을 제기하고, 문옥주(필명 문국주)나 김민주(필명)와 같이 수형인 중에는 게릴라 활동을 자인한 자도 있습니다.

우려스러운 일은 2021년 6월 23일부터 시행되는 제주4·3특별법은 헌법적 가치와 사법체계를 무시하는 내용이 많이 내포되어 있습니다. 우선 군법회의 자체를 완전히 부정하고 수형인을 희생자에 포함시키는 것 자체가 대한민국 전복을 꾀한 자들에게 면죄부를 주는 위헌적 조항이고, 희생자 심사기준을 위원회에 포괄적으로 위임하여, 희생자는 무고하게 희생된 자이어야 한다는 헌법재판소 결정에 위배됩니다. 그리고 군법회의 수형자를 법무장관이 일괄 재심할 수 있다는 조항 등 당시 게릴라 활동을 한 자들에게 지나친 면죄부를 줄 우려가 농후합니다. 더 나아가 4·3당시 반란에 가담한 자에게 거액의 위로금을 지급하는 것은 대한민국 정체성을 부정하고 국민들이 지니고 있는 가치관이나 애국심에 심대한 혼란을 초래합니다.

이선교 목사 등 5명의 청구인과 단체로는 제주4·3사건재정립시민연대가 2021년 5월 10일 헌법재판소에 제주4·3특별법의 위헌성에 대하여 헌법소원심판청구를 하고 있어 그 귀추가 주목되고 있습니다.

反대한민국편에서 적극 게릴라 활동을 하던 사람들에게 마치 독립운동이나 한 것처럼 국민 혈세로 거액의 위로금을 주고 각종 혜택을 주게 된다면 국가 기강이 바로 설 수 있겠습니까? 고금동서를 막론하고 신상필벌이 확립되지 않고 거꾸로 시행되면 그 사회는 반드시 부패하고 무너집니다.

보상을 준다면 4·3사건 당시 대한민국 방침에 적극 호응한 선량한 도민들에게 주는 게 더 옳은 일입니다. 그들은 해안마을로 소개(疏開)하라면 소개했고, 복귀하라면 복귀했고, 성담을 쌓으라면 쌓았고, 보초를 서라면 보초를 섰고, 노력 동원에 나오라면 불평 없이 나갔으며 물심양면으로 군·경을 지원한 숨은 애국자들입니다. 당연한 국민의 의무라고 생각했고 병역의무와 납세의무를 성실히 수행하면서 오늘의 번영을 이룩한 숨은 공로자들이기 때문입니다. 이들은 4·3 광풍의 혼란 속에서 죽지 않고 살아남았다는 사실 자체만으로 보상을 받았다고 생각하기에 그 어떤 보상도 바라지 않는 착한 사람들입니다. 이들에게 돌아가야 할 보상과 혜택이 반대로 남로당 4·3주동자들에게 주어지는 것은 옳지 않습니다. 그래서 대한민국은 4·3주동자들에게 추모나 보상을 할 수도 없고 해서도 안 됩니다.

그들 자신들도 공산통일혁명전사(戰士)로서 공산통일혁명전사(戰史)에 길이 남기를 바랄 것이며 대한민국의 추모나 보상을 원치 않을 것입니다. 그들이 보상을 원한다면 북한으로부터 받는 게 순리입니다.

참고로 4·3관련 수형인에 대한 재심 진행 상황을 알아보겠습니다.

일반재판 수형인은 200여 명인데 그중 1명이 2020년 12월 제주지방법원 재심에서 무죄를 받고 형사보상금 1억 5,462만 원을 받았습니다. 무죄선고 이유는 적법절차 결여 또는 혐의증거 불충분입니다. 2022년 3월 33명을 시작으로 6월 21일 14명까지 4차에 걸쳐 제주지법 특별재심에서 무죄를 받은 수형인은 모두 52명이며 앞으로 특별재심은 속도를 내면서 계속될 전망입니다.

군법회의 수형인은 2,530명인데 이중 18명이 처음으로 2019년 1월 제주지법 재심에서 무죄를 받아 형사보상금으로 최소 8천만 원, 최고 14억7천만 원 총 53억 4,000만 원을 받았습니다.

진행 중인 군법회의 특별재심은 광주고등검찰청 소속 '제주4·3사건 직권재심권고 합동수행단'이 제주지법에 20~30명씩 일괄 청구하여 2022년 3월 1차부터 7월 12일 9차까지 총 220명이 법적 절차 미비 또는 유죄증거가 없다는 이유로 일괄 무죄 선고를 받았는데 조만간 군법회의 수형인 전원이 무죄를 받고 이에 따른 형사보상금이 주어질 것으로 보입니다. 무고한 희생자보다 수형인들이 훨씬 더 많은 보상금을 받고 있음을 알 수 있습니다.

해방 후 법적 제도적 장치나 절차, 훈련이 부족하였고 극도의 혼란기였으며 그나마 6·25 전쟁으로 관련 문서가 없어져 유죄증거 제출이 불가능한 상황입니다. 역사적 사실은 그 시대를 살던 사람들의 수준과 시대적 상황을 헤아려 판단하려는 노력 없이 지금의 잣대로 재판하고 있습니다. 더구나 문재인 정부 때 개정된, 직권재심청구신청 등 위헌적 요소가 다분한 4·3특별법에 따라 무더기 재심이 진행되고 있습니다. 억울한 사람이 무죄를 받는 것은 당연하나, 74년이 지난 지금 와서 군법회의 수형자 전원이 일괄하여 무죄를 받는 것은 문제가 있습니다. 왜냐하면 남로당의 대한민국 건국반대투쟁, 4·3도발, 2개 선거구 선거무효, 북한을 위한 지하선거, 양민 1,764명 학살, 대한민국에 선전포고, 인민군지원환영회 조직 반란이라는 역사적 사실이 흔적도 없이 사라지게 되기 때문입니다.

1949년 10월 2일 게릴라 249명을 대통령의 재가가 내려짐에 따라 제주비행장 인근의 해안가에서 처형했다[854]는 미군정기록으로 보아 대통령 재가까지 받은 사실을 아무 근거나 절차가 없었다고 보기 어렵습니다. 6·25 때 출옥하여 일본으로 도피한 수형인 김민주(7년 징역)나 문국주(무기징역)의 행적과 저술을 보아도 그렇습니다.

| 문 133 | 4·3희생자로 결정된 자 중 부적격한 사람도 제주4·3평화공원에 위패가 봉안되어 있다면서요?

답   제주4·3위원회에서 희생자를 결정함에 있어 신중을 기하지 않고 형식적으로 심의를 했습니다. 그 결과 4·3희생자로서 부적격자임에도 불구하고 4·3희생자로 둔갑하여 제주시 봉개동에 있는 제주4·3평화공원 위패봉안실에 위패가 진설되어 있습니다.

그 대표적인 예는 남로당제주도당 핵심간부로 경리부장, 선전부장, 간부부장을 비롯해서 인민유격대 사령관, 남로당제주도당 인민해방군 참모장, 북한 인민군 사단장,[855] 김달삼의 비서실장, 서남부지역(애월 한림 대정 안덕 중문 서귀면) 인민유격대 총책, 북한 인민군, 남로당제주읍특별위원회 학생부장, 인민유격대원끼리 살해한 자, 월북자, 일본 도피자, 자연사한 사람(심지어 1987년 90세로 자연사한 사람도 희생자), 4·3과 무관한 사망자, 군·경프락치 연루자, 탈영군인, 대통령의 재가를 받고 사형이 집행된 자 등이 있는데 화해라는 미명하에 그냥 넘길 수는 없는 일입니다.

이는 진압작전 중 전사한 군경과 건국유공 민간인 그리고 무고한 4·3희생자를 모독하는 처사로서 하루 속히 철거되어야 합니다. 그리고 이와 같이 부실하고 형식적인 심의를 한 실무위원을 비롯한 제주4·3위원회 위원들은 자성하고 책임을 통감해야 하며 앞으로 엉터리 심의된 희생자 정리에 앞장서야 할 것입니다.

또한 4·3과 관련하여 미군정 보고서와 『4·3은 말한다』, 제2연대 앨범에 주동자로 등재된 자, 남로당제주도당 구국투쟁위원회와 인민해방군 및 혁명투쟁위원회 핵심자, 9연대와

---

854) 제주4·3위원회, 『제주4·3사건 자료집』 8, (2003), 92쪽

855) 제주4·3연구소, 『이제사 말햄수다』 1권, (한울, 1989), 252쪽.
(이원옥은 조천면 북촌리 출신. 1947년 가을 입산 투쟁 중 연락임무를 띄고 1948년 10월 해상경로를 따라 20일만에 월북 성공. 6·25 때 인민군 사단장으로 7,000명을 인솔하고 남침. 낙동강 전투에서 전사)

2연대 탈영 입산자,[856] 남로당대정면당책 이운방의『미군점령기의 제주도인민들의 반제투쟁』에 수록된 핵심자,『4·3 장정』과『이제사말햄수다』에 수록된 핵심자, 일반재판 수형자, 군법회의에서 최소한 사형이나 무기 및 20년 이상 수형자(최근 재심에서 무죄판결이 무더기로 나오고 있으나 당시 상황을 고려하지 않은 판결이라고 비판하는 사람도 많이 있음), 정부보고서에 명시된 무장세력 500명은 반드시 위패를 철거해야 된다는 사람들이 있습니다. 정치권력이나 사회분위기 때문에 말은 못하고 있지만 '이건 아니다'라는 사람이 많이 있는 것도 사실입니다. 앞으로 제주4·3위원들이 심사에 신중을 기해주길 촉구합니다.

그리고 제주4·3진실규명을위한도민연대가 2018년 발행한『제주4·3진실 도민보고서』에서 4·3희생자 중 부적격자로 107명[857]을 일단 밝혔으며 이는 일찍이 제주4·3정립연구유족회에서 행안부에 서면 건의하였으나 아무런 조치가 없는 상태입니다. 그 외로 부적격 희생자에 대해서 제주4·3정립연구유족회에서는 수많은 자료를 축적한 것으로 알고 있습니다.

| 문 134 | 3단계의 희생자 심사에서 검증을 철저히 못했군요?

답 거의 그렇다고 봐도 크게 틀리지 않습니다. 관련 서류 열람이 법적으로 금지되어 확증을 제시할 수 없습니다만, 정부보고서에서도 무장대 500명이라 써놓고 이 인원을 희생자에서 제외하지 않았습니다.

단지 브라운 대령 보고서를 근거로 정부보고서에 게재한, 김달삼 이덕구 등 32명 정도를 제외하기로 정해 놓고, 그 나머지는 전원 희생자로 결정한 것이 아닌가 생각됩니다.

그러나 제주4·3위원회가 스스로 희생자가 되어서는 안 된다고 결정한 기준에 해당되는 32명 중 현복유·한국섭은 희생자로 결정됐으니 심사의 허술함을 알 수 있습니다.

그리고 심사과정에서 부적격자로 판명된 자는 '부적격판정'을 내려야 하는데 희생자 신고에 대한 철회서를 제출토록 한 것 같습니다. 아래 [표 31]의 비고란을 보면 '철회서 사본첨부'라는 내용이 바로 이것인데 이해되지 않습니다. 그리고 4·3의 진상을 규명하기 위해서라도 부적격 판정자의 명단은 반드시 공개되어야 합니다.

---

856) 제주4·3평화재단,『제주4·3사건 추가진상조사 보고서 Ⅰ』, (2019), 650~652쪽에는 29명, 문창송 편,『한라산은 알고 있다』, (1995), 82~83쪽에는 75명, 일부에서는 140명설도 있습니다.
857) 제주4·3진실규명을위한도민연대,『제주4·3진실 도민보고서』, (2018), 144~250쪽.

[표 31] 4·3희생자 중 철회자 일부 명단

○ 금회 통보자[858]

연번	희 생 자			결정여부	신 고 사 항			조치결과	비 고
	명부번호	성명	생년월일		신고인	신고일자	신고처		
1	9016	이종우	1923.1.15	미결정	추순선	2000.6.22	대정읍-14	06.6.2 희생자철회	철회서 사본 첨부
2	13641	김성주	1925.4.21	미결정	임월선	2001.5.30	예래동-110	06.6.7 희생자철회	철회서 사본 첨부
3	13596	김대진	1921.6.12	미결정	김낭규	2000.9.20	조천읍-418	06.6.1 희생자철회	철회서 사본 첨부
4	445	김두봉	1913.12.12	미결정	이경희	2000.12.4	일도1동-38	06.6.6 희생자철회	철회서 사본 첨부
5	11719	김완배	1913.12.9	미결정	김철훈	2000.9.14	조천읍-363	06.6.4 희생자철회	철회서 사본 첨부
6	13590	강규찬	1908.1.14	미결정	강종호	2004.3.30	제주도-096	06.6.9 희생자철회	철회서 사본 첨부
7	13211	김용관	1911.10.4	미결정	이성찬	2001.5.30	아라동-312	06.6.5 희생자철회	철회서 사본 첨부
8	10703	김양근	1925.5.6	미결정	김재근	2000.10.2	조천읍-511	06.6.3 희생자철회	철회서 사본 첨부
9	9414	김석환	1925.10.26	미결정	김영자	2000.11.28	조천읍-782	06.6.8 희생자철회	철회서 사본 첨부
10		김계원							

자료 제목이 '금회 통보자'라고 되어 있는 것을 보면 여러 번 통보했다는 의미이고, 비공개된 나머지 명단은 앞으로 확인이 필요한 사항입니다.

위에 명시된 철회자들도 제7차 신고 기간에 모두 신고한 것으로 보이며 보상금을 받을 것으로 짐작됩니다.

---

858) 본 자료는 한겨레신문 박○○ 기자가 내도하여 취재 중 제주4·3평화재단으로부터 입수한 것을 2015.3.6. 09:30 제주칼호텔 커피숍에서 제게 준 것입니다.

| 문 135 | '첫째, 남로당 핵심간부가 희생자로서 부적격이라면 무고한 도민을 살해한 군경도 부적격이므로 서훈이나 보훈을 회수 중지해야 된다. 둘째, 폭도는 사람을 죽일 수 있어도 국가는 불법으로 사람을 죽일 수 없다. 셋째, 국가는 국민의 생명과 재산을 보호할 의무가 있는데 국가 폭력으로 많은 사람을 살해하였으니 군경이 먼저 사과해야 한다'는 주장에 대해 어떻게 생각하시나요?

답 토론회나 4·3교육장에서 위와 같은 주장을 하는 사람이 있습니다. 매우 부적절하고 위험한 논리입니다.

첫째, 남로당제주도당 핵심 간부는 대한민국을 전복하려는 불법적 반(反)대한민국 조직의 중추이므로, 대한민국이 처벌해야 할 대상이지 대한민국이 보상해야 할 희생자가 아닙니다. 반면 군경은 대한민국을 지키기 위한 합법적 조직이고 진압명령에 의해 국가와 국민을 대신하여 법 집행임무를 수행한 것이며, 무고한 도민을 살해했다는 사법적 판단이 없는 한, 대한민국이 서훈 보훈해야 할 대상이므로 취소나 정지할 수 없습니다. 그리고 정부의 진압명령에 의한 작전임무 수행자와 정부에 바기를 든 반란군의 행동을 동일선상에 놓고 평가한다는 것은 있을 수 없습니다.

둘째, 폭도가 사람을 죽이면서 국가 안위에 위협을 가하면 국가의 안전을 위협하는 적입니다. 국가는 국민의 생명과 재산을 지키기 위하여 필요한 무력을 사용하여 적을 진압할 책임이 있습니다. 국가 존망의 갈림길에 놓여있는 극도의 위기상황에서, 우리 편이 아니면 적이고, 죽이지 않으면 죽는 전란 속에서는 국가를 위해 초법적인 국가방어조치를 취할 수 있습니다. 물론 최소한의 희생으로 목적을 달성해야 합니다.

셋째, 내전 진압 시는 최소한의 주민 희생으로 반란군을 진압해야 한다는 점과 4·3의 참상을 교훈으로 삼아 인권 보호에 최선을 다해야 한다는데 전적으로 동의합니다. 그러나 국가는 국가에 충성하는 국민의 생명과 재산을 보호할 의무가 있지, 명목상으로만 국민이면서 실질적으로는 국가에 반역하는 사람들의 생명과 재산까지 보호할 의무는 없습니다.

또 공방이 치열한 전쟁터에서 오인폭격과 같은 잘못이 있었다면 그 오인 폭격에 대해서 사과하고 바로잡아야 할 사안이지, 그런 오인 내지 과잉행위 때문에 불법침략전쟁이 용납되거나 용서될 수 없는 것입니다.

그리고 게릴라전의 특성상 반란자나 동조자만을 족집게처럼 선별 진압하기란 현실적으로 매우 어려운 일입니다. 또 4·3에 있어서 정부 측에서는 이미 사과를 했으나, 당시 남로당원이었거나 이를 지지했던 측에서는 남로당의 만행으로 인한 피해가 막심함에도 불구하고 이에 대해서 사과가 없고 오히려 봉기니 항쟁이니 하고 있으니 매우 잘못된 일입니다.

| 문 136 | 4월 3일을 법정기념일로 지정한 것이 타당한가요?

답 박근혜 정부는 각종 기념일 등에 관한 규정을 개정하여 4월 3일을 법정기념일로 지정하였습니다. 필자는 추념일 지정 자체를 반대한 바 없고, 다만 날짜만큼은 대한민국 입장에서 4월 3일 이외의 날을 선택해야 한다고 주장했는데 반영이 안 되어 아쉽습니다. 이미 결정된 사실을 재론하는 것은 불필요한 논쟁일지 모르겠으나 잘못된 점을 짚고 넘어가지 않을 수 없습니다.

안전행정부[859]에서 4·3희생자추념일 지정을 앞두고 2014년 2월 26일까지 의견을 수렴했습니다. 이때 저는 4월 3일을 4·3희생자추념일이라는 국가법정기념일로 지정해서는 안된다고 제안했습니다. 그 요지는 다음과 같습니다.

① 대한민국 건국을 반대하기 위해 반란을 일으킨 날을 대한민국 정부가 법정기념일로 지정할 수 없습니다.

② 만일 4월 3일이 4·3희생자추념일이라는 법정기념일로 지정된다면 앞으로 대구폭동, 여·순반란사건 발발일을 추념일로 지정해 달라는 요구가 예상됩니다. 그리고 4·3은 민중항쟁으로 자리매김할 가능성이 크고 여기에 반론을 제기한다는 것은 점점 어려워질 것입니다.

   이러한 우려는 2014년 3월 31일자 한라일보 1면에 바로 나타났는데, '4·3국가추념일 지정은 무엇보다 폭동·반란 등의 굴레에서 벗어나 비로소 대한민국 정사(正史)로 자리매김할 수 있는 계기가 됐다는 점에서 역사적 의미를 지닌다'고 보도한 것으로 증명됩니다.

③ 1988년 4월 8일 조총련 기관지 조선신보 일본어판을 보면 '제주도4·3인민봉기 40주년 평양시 보고회'라는 제목으로 '제주도인민의 4·3봉기 40주년을 기념하기 위하여 지난 2일 공화국 평양시 보고회가 행해졌습니다. 허정숙 당서기 등이 참석한 가운데 조국평화통일위원회 전금철 서기국장이 기념보고에서 미국과 그 앞잡이에 의한 5·10 단선을 반대하고 궐기한 제주도인민의 4·3봉기는……'이라고 보도했습니다. 북한에서 4·3을 인민봉기나 인민항쟁일로 기념하는 의도를 안다면 북한을 따라 4월 3일을

---

859) 현 행자부

305

지정해선 안 됩니다.

저는 대안으로

㉮ 1954년 9월 21일 한라산을 개방한 날

㉯ 1957년 4월 2일 마지막 공비 오원권을 체포하여 명실공히 4·3이 종결된 날

㉰ 4·3사건 전 과정에서 가장 희생자가 많이 발생한 날[860] 중에서 선택하여 지정하면 좋겠다는 의견을 제출했습니다.

저는 4·3이 종결된 4월 2일이 적합하다고 생각했습니다.

추가적으로 4·3희생자 추념일을 지정하기에 앞서

1. 성격규정도 안 된, 그리고 왜곡 편향된 현『제주4·3사건진상조사보고서』를 새로 써서 4·3사건의 성격을 명확히 규정해야 합니다.

2. 남로당의 반란 사실을 인정하며, 4·3반란론자도 당연히 과잉진압에 대해서 인정해야 합니다.

3. 헌법재판소에서 정한 기준에 따라서 부적격자를 희생자에서 제외시켜야 합니다.

4. 제주4·3평화기념관에 있는 왜곡 편향된 전시물을 완전히 고쳐야 합니다.

5. 6·25 때 북한인민군에 의해 학살된 희생자 및 유엔군 전사자에 대한 추념일을 지정해야 합니다.

이 다섯 가지가 해결되고 4월 3일이 아닌 다른 날을 추념일로 지정해야 한다는 것이 제가 제출한 의견의 요지입니다.

□ 공산주의자들의 작명[作名]·택일[擇日] 특성

① 화요회 : 공산주의 원조 칼 마르크스의 생일인(1818.5.5.) 화요일을 택해 1924년 박헌영 등이 신사상연구회를 개편 '화요회'라는 공산주의 단체 결성.

② 제주4·3사건 D-day : 레닌이 1917년 2월 하순 망명지 스위스 쮜리히에서 2월혁명 소식을 듣고 독일, 스웨덴, 핀란드를 거쳐 1917년 4월3일 망명 10년 생활을 정리하고 러시아 페트로그라드에 도착 귀환한 기념일을 택해 제주4·3사건 D-day로 결정

③ 제주도적화음모사건 : 러시아 10월 혁명일(양력 11월 7일)을 택해 1948년 11월 남로당제주도당이 제주도적화음모사건(경찰프락치사건)을 기획

---

860) 4월 2일은 추념 목적에도 부합하여 4·3희생자유족회에서도 거절할 명분이 없을 것입니다.

[10장]
김익렬 '4·28평화회담'(4·30 귀순권고 회담)의 진실은 무엇입니까?

| 문 137 | 4·28평화회담 당사자인 9연대장 김익렬 중령의 경력은?

답 김익렬 연대장은 1921년 경남 하동에서 출생하여, 1946년 군사영어학교를 나와 소위로 임관 된 후, 1948년 2월 중령으로 승진하여 9연대장이 되었습니다. 이때 김달삼과 귀순권고회담을 하였습니다. 5월 6일 9연대장에서 해임된 후 6·25 때 북진 작전에 참가했으며, 사단장과 국방대학원장을 거쳐 1969년 1월 중장으로 예편하였습니다.

| 문 138 | 김익렬과 김달삼은 일본 복지산예비사관학교 동기생인가요?

답 김익렬이 『육사 졸업생』 저자 장창국에게 동기생이란 말을 해서 이 책에 싣게 되었다는 점, 김익렬과 복지산예비사관학교 동기생인 문학동[861]의 증언에도 김익렬은 '김달삼과 회담하러 가서 만나보니 복지산예비사관학교 동기생이었다'라는 말을 한 점, 그리고 『제주 민중항쟁』과 『이제사 말햄수다』, "이산하의 '한라산'이라는 4·3장편 시, 고은의 시집 '만인보 20'"[862] 등 여러 곳에 김달삼이 김익렬과 복지산예비사관학교 동기생이라는 내용이 있는 점 등으로 보아 전혀 사실무근은 아닌 듯합니다.

다만 남로당대정면당 위원장이었던 이운방은 자신이 김달삼의 결혼식 피로연에 참석한 사실을 들면서, 김달삼이 복지산예비사관학교에 다닌 사실을 전면 부인하였습니다. 여기에 대해서 문학동은 복지산예비사관학교는 전반기 집체교육을 마치고 사관생도에게 2주 간의 휴가를 주었었는데 그때 김달삼이 고향에 내려가 결혼했을 수도 있다고 증언했습니다. 앞으로 검증이 필요한 사항입니다만 이운방의 증언이 맞다면 김익렬이가 장창국이나 문학동에게 거짓말을 한 것입니다.

---

861) 참전경찰유공자회 중앙회장 역임.
862) 김동일, 『제주4·3사건의 거짓과 진실』, (비봉출판사, 2016), 171~172쪽.
고은, 『만인보 20』, (창작과비평사, 2004), 33쪽.

김익렬 연대장이 어떤 성격의 소유자였는지 저로서는 알 길이 없지만 그의 성격에 대해 아래와 같은 에피소드 하나가 전해집니다.

> "김익렬 연대장은 '대포'로도 유명했다. 김 연대장이 뒷날 동해안 사단장으로 재직할 때 국정감사를 받게 되었다. 당시 국회의장 신익희 의원이 '사단에 부식은 충분한가?'라고 물었다. 김익렬 사단장은, '우리 사단은 아주 배불리 장병 급식을 하고 있습니다. 동해에서 멸치를 잡아서 뻥튀기로 튀기면 멸치가 동태가 됩니다. 그것으로 아주 충분합니다.'라고 대답했다. 대답을 듣고 신익희 의원은 불쾌하였다."[863]

| 문 139 | 김익렬의 기고문과 유고문은 어떤 내용의 글인가요?

답 김익렬 연대장은 1948년 5월 6일 9연대장에서 해임된 직후인 6월에 김달삼과의 회담 내용에 대한 글을 썼습니다. 이 글을 그해 8월 6·7·8일 3회에 걸쳐 국제신문에 '동족의 피로 물들인 제주 참전기'[864]라는 제목으로 연재했습니다. 이를 김익렬의 기고문(寄稿文)[865]이라 합니다. 김익렬은 그 후 29년이 지난 1977년 3월부터 4·3과 평화회담에 대해 '4·3의 진실'이라는 제목으로 글을 쓰기 시작[866]하였습니다. 이 글이 유언에 따라 그가 사망한 후 공개되었기 때문에 이 글을 유고문(遺稿文)이라 부릅니다.

그런데 김익렬이 쓴 기고문과 유고문을 대조해보면 한 사람이 한 사건을 다룬 글임에도 불구하고 서로 맞는 게 없으며 유고문 일부 내용은 소설 같은 부분도 있습니다.

정부보고서는 기고문과 유고문을 교차 검증하지 않고, 기고문 자체를 완전 묵살하고 집필진의 의도에 유리한 유고문만을 인용하여 논리를 전개하였으니 정부보고서는 조작 왜곡이라고 비판받는 것입니다.

---

863) 홍성제, 『이등병에서 장군으로』, (솔과 학, 2014), 256쪽.
864) 윤덕영, 『해방직후 신문자료 현황』, (역사와 현실, 1995).
국제신문은 1948.7.16. 휴간 중인 '민보'의 계승지로 시작해서 1949.3.6. 폐간합니다. 정부 수립 전후 중앙 5대지의 하나로, 중도우익지로 분류되며 2면이었습니다. 발행·편집·인쇄인은 이봉구, 주필은 송지영입니다.
865) 김용철, 『제주4·3사건 초기 경비대와 무장대 협상 연구』, (제주대학교 대학원 사학과, 2009), 58~68쪽. [부록 8] 김익렬의 『국제신문』 기고문.
866) 국방부군사편찬연구소, 『제주4·3사건의 실제』, (2002), 102쪽.

| 문 140 | 김익렬의 기고문과 유고문 내용이 판이한 점은?

답 구체적으로 따져보기로 하겠습니다.

① 평화회담 일자가 다릅니다.

김익렬 기고문에는 4월 30일 회담[867]했다고 기록되어 있습니다. 이는 4월 25일 2차 협상전단을 살포한데 대한 26일 김달삼 측 회답 삐라에 '29일 회견하되 장소는 추후 통지하겠다'고 하였고, 김익렬 측은 '29일까지 기다리는 것은 반란군 측의 세력을 만회(挽回)시키고, 5·1메-데의 모종행사에 큰 힘을 주는 것이 된다고 하여 29일까지는 기다릴 수 없다는 결의를 보게' 됩니다. 그래서 '27, 28, 29일 3일간은 맹렬한 전투를 개시하였는데 이 전투는 제주도 소탕전 중 제일 격렬한 전투였고 이 전투로 반란군의 보급선의 일부를 단절하였던 것이다.'라고 기록한 점에서 28일 이후에 회담을 한 것은 분명하고, 29일까지 전투가 있었다면 그 이후인 30일에 회담이 성사되었음을 쉽게 알 수 있습니다.

또 27·28·29, 3일간 맹렬한 전투가 있었다고 구체적 일자를 차례대로 기록하였으니 글을 쓰면서 오기나 신문 편집상 착오가 없음을 확인할 수 있습니다.

그리고 '29일 상오 12시에 광목잠뱅이에 밀짚모자를 쓴 34~5세의 중년 농부가 반란군의 연락으로 찾아왔다' 고 하였으니 28일 회담은 소설입니다.

그런데 유고문에는 정확한 날자가 없습니다.

막연하게 '휴전 4일째 되는 5월 1일은 노동기념일인 메이 데이……[868]'라고 하여, 오라리 방화사건일에 맞추려는 듯한 인상을 깊게 합니다. 혹자는 휴전 4일째가 5월 1일이라면 평화회담일은 4월 27일이라고 해석하는 사람도 있으며, 정부보고서에는 어디에도 없는 '협상 사흘만인' '5월 1일'[869]이라고 기록하여 헷갈리게 됐습니다.

뿐만 아니라 유고문에는 '평화회담 날짜는 4월 말로 결정되었다'[870]라고 기록하여 '말일' 또는 '30일'이라고 명확히 쓰진 않았지만 30일이라고 해석할 수 있게 되었고, 『남로당 연구』[871]나 좌파 시각에서 쓴 『제주 민중항쟁』에는 30일,[872] 『이제사 말햄수다』에는 '30일

---

867) 김용철, 『제주4·3사건 초기 경비대와 무장대 협상 연구』, (제주대학교 대학원 사학과, 2009), 60쪽.
868) 제민일보4·3취재반, 『4·3은 말한다』 2권, (전예원, 1994), 332쪽.
869) 제주4·3위원회, 『제주4·3사건진상조사보고서』, (2003), 198쪽.
870) 제민일보4·3취재반, 『4·3은 말한다』 2권, (전예원, 1994), 316쪽.
871) 김남식, 『남로당연구』 1권, (돌베개, 1984), 373쪽.
872) 아라리연구원, 『제주 민중항쟁』 1권, (소나무, 1988), 149쪽.

인가에'[873]라고 기록되어 있습니다.

4월 28일이 맞다면 정확히 4월 28일 회담했다고 쓰면 될 것을 휴전 4일째 되는 5월 1일은……이라고 막연하게 표기한 이유를 알 수 없습니다. 이는 회담 후 29년 만에 쓰면서 기억에 한계를 느낀 나머지 그렇게 쓰지 않았나 짐작할 따름입니다만, 저는 여러 정황을 종합하건데 회담일은 4월 30일이 정확한 날짜라고 확신합니다.

제주대학교 대학원 사학과 김용철 석사학위 논문에도 분명 '필자는 협상이 4월 28일에 열리지 않았다고 판단하고 있다. 협상일은 지금까지 알려진 4월 28일이 아니라 4월 30일이었을 가능성이 더 커 보인다'[874]라고 했습니다.

더구나 제주4·3평화재단 이사장 이문교도 초·중·고생에게 교육할 4·3교육 자료에, '4. 30. 제9연대 김익렬 연대장(중령) : 무장대 군사총책 김달삼 평화협상'이라고 명기하여 협상일이 4월 28일이 아니고 4월 30일임을 인정했습니다.[875]

사실이 이렇다면 정부보고서는 물론이고 제주4·3평화기념관 전시물 가운데 4·28협상이라는 부분을 당연히 수정해야 마땅한데 스스로 인정해 놓고도 그냥 있습니다.

② 회담 장소도 다릅니다.

기고문에는 '산간 농가', '확실히 한 농가에 불과', '보통 농가의 방'[876]으로 기록했는데 유고문에는 '산간부락 국민학교'[877]라고 기록했습니다. 세월이 지났다 해도 농가의 방과 국민학교도 구별하지 못했습니다.

특히 '기고문이나 유고문에는 공통적으로 9연대 주둔지가 성냥곽을 흩으려 놓은 듯이 내려다보인다고 했지만 구억국민학교 부근에서는 육안으로 모슬포를 볼 수 없는 지형임을 감안하면 …. 구억국민학교가 아니라 더 높은 지역에 있는 초가집일 가능성이 더 높아 보'입니다. 특히 '구억국민학교가 있는 지역의 해발고도도 100m를 넘지 않으며 모슬포와 구억리 사이는 모슬봉으로 가로막혀'[878] 주둔부대가 보이지 않아, 기고문에 나온 농가의 방이 맞을

---

873) 제주4·3연구소, 『이제사 말햄수다』1권, (한울, 1989), 171쪽.
874) 김용철, 『제주4·3사건 초기 경비대와 무장대 협상 연구』, (제주대학교 대학원 사학과, 2009), 2, 25쪽. 위 논문에 의하면 30일로 기록된 것은, 부만근, 『광복제주 30년』, (문조사, 1975), 조남수, 『4·3 진상』, (월간관광제주사, 1988), 박용후, 『최남의 항도 모슬포』, (제주문화, 1989). 4월 말경으로 기록된 것은, 존 메릴, 『제주도 반란』, (1975), 양한권, 『제주도4·3폭동에 관한 연구』, (서울대 정치학과 석사논문, 1988) 등이 있는데 여하간 4월 28일 협상은 정부보고서에만 있습니다.
875) 제주도교육청, "2016학년도 상반기 4·3평화인권교육연찬회, 2016.3.30.(수) 15:00, '4·3의 아픔 속에 평화 정신을'" 26쪽
876) 김용철, 『제주4·3사건 초기 경비대와 무장대 협상 연구』, (제주대학교 대학원 사학과, 2009), 64쪽.
877) 제민일보4·3취재반, 『4·3은 말한다』2권, (전예원, 1994), 319쪽.
878) 김용철, 『제주4·3사건 초기 경비대와 무장대 협상 연구』, (제주대학교 대학원 사학과, 2009), 28쪽.

것 같습니다만 정부보고서 197쪽에는 '구억리'로, 『4·3은 말한다』에는 구억국민학교[879]로 기록하였습니다.

③ 참석 인원도 다릅니다.

기고문에는 김익렬 연대장 본인, 부관 2명, 운전수 등 총 4명[880]이 연대본부를 출발하였다고 기록하고, 유고문에는 (본인), 운전병과 이윤락 중위, 도합 3명이 출발하였다고[881] 기록하여 1명이 차이가 납니다.

④ 김달삼의 요구조건도 다릅니다.

기고문에 제시된 김달삼의 요구 조건은[882] 모두 6개 조항이었습니다.

- **단정반대**
- 제주도민의 절대 자유 보장
- 경찰의 무장해제
- 제주도내 관청 고급관리를 전면적으로 경질할 것
- 관청 고급관리의 수회자(收賄者)를 엄중 처단할 것(수십 장 되는 명부를 제출하였다)
- 도외 청년단체원의 산간부락 출입금지

반면 유고문에는 가장 중요하며 첫 번째이고 미군정청측 협상자로서 도저히 받아드릴 수 없는 요구조건인 '단정반대'가 사라졌습니다.

⑤ 휴전기간도 다릅니다.

김익렬의 기고문에는 휴전기간이 7일간[883]으로 되어 있는데 유고문에는 72시간[884]으로 단축됩니다. 무려 4일, 96시간이나 단축했습니다.

⑥ 김 연대장이 평화회담 결과를 미군정에 보고한 후의 상황에 대해서도 정반대입니다.

기고문에는 '나의 의견은 통과를 보지 못하고 그날 밤부터 총공격은 개시되었고, 반란군도 상당한 기세로 대전하여 왔으며'[885] 라고 되어 있는데, 유고문에는 정반대로 '나의 요청

---

879) 제민일보4·3취재반, 『4·3은 말한다』 2권, (전예원, 1994), 133쪽.
880) 김용철, 『제주4·3사건 초기 경비대와 무장대 협상 연구』, (제주대학교 대학원 사학과, 2009), 61쪽.
881) 제민일보4·3취재반, 『4·3은 말한다』 2권, (전예원, 1994), 319쪽.
882) 김용철, 『제주4·3사건 초기 경비대와 무장대 협상 연구』, (제주대학교 대학원 사학과, 2009), 67쪽.
883) 김용철, 『제주4·3사건 초기 경비대와 무장대 협상 연구』, (제주대학교 대학원 사학과, 2009), 67쪽.
884) 제민일보4·3취재반, 『4·3은 말한다』 2권, (전예원, 1994), 326쪽.
885) 김용철, 『제주4·3사건 초기 경비대와 무장대 협상 연구』, (제주대학교 대학원 사학과, 2009), 68쪽.

에 의하여 전 경찰은 지서만 수비방어하고 외부에서의 행동을 일절 중지하라는 명령이 내려졌다. …… 오래간만에 제주도는 총소리가 그치고 평온을 되찾았다'[886]라고 자화자찬했으며 기고문 내용과 정반대입니다. 이럼에도 불구하고 정부보고서는 오로지 유고문만을 기초로 논리를 전개하였습니다. 그런데 회담 후 상황전개를 보면 기고문이 맞다고 판단됩니다.

| 문 141 | 김익렬의 유고문 중에서 사실이 아닌 내용은?

답   몇 가지 사실이 아닌 사례를 들어보겠습니다.

① 회담장에서 만난 김달삼을 보고 군계일학이라 호평했는데,[887] 담판장에 나가는 자가 적장에 대해서 이런 선입견과 평가를 하는 것이 옳은 자세인지.

② 김달삼에 대하여 일본과의 밀무역업자 정도로 평가를 했는데,[888] 골수 공산주의자임을 과연 몰랐는지 의문이 있습니다.

③ 박진경 대령 암살범이 자수했다는 데,[889] 암살범은 자수가 아니라 수사에 의해서 검거되었습니다.

④ 김달삼은 제주도에서 사망한 것이 아닌가라고 썼는데,[890] 그는 월북하였다가 남파되어 태백산 지구 빨치산 활동 중 국군에 의해 사살되었습니다.

⑤ 미군정이 자기를 10만 달러로 회유하려 했다는 데,[891] 김익렬에 대한 인사권을 가지고 있는 미군정이 돈으로 회유할 이유가 전무합니다.

⑥ 14연대 반란과 아무런 관계가 없는 오동기 중령[892]을 14연대 반란 당시 연대장이라고 썼는데, 그 당시 연대장은 박승훈 중령이고, 오동기 중령은 혁명의용군 사건 주모자로 검거 10년형을 받은 자입니다.

그 밖에도 '당시 경비대의 군인들 중에 민주주의나 공산주의 등 정치사상이나 이념을 가지고 군에 지원 입대한 사람은 거의 없었다.'라고 했습니다. 그러면 오일균과 박진경 암살범인 문상길과 그 하수인들, 그리고 남로당제주도당이 9연대에 파견한 프락치 4명은 무엇이

---

886) 제민일보4·3취재반, 『4·3은 말한다』 2권, (전예원, 1994), 331쪽.
887) 제민일보4·3취재반, 『4·3은 말한다』 2권, (전예원, 1994), 321쪽.
888) 제민일보4·3취재반, 『4·3은 말한다』 2권, (전예원, 1994), 355쪽.
889) 제민일보4·3취재반, 『4·3은 말한다』 2권, (전예원, 1994), 348쪽.
890) 제민일보4·3취재반, 『4·3은 말한다』 2권, (전예원, 1994), 353쪽.
891) 제민일보4·3취재반, 『4·3은 말한다』 2권, (전예원, 1994), 313~314쪽.
892) 제민일보4·3취재반, 『4·3은 말한다』 2권, (전예원, 1994), 347쪽.

며, 김달삼의 제주도인민유격대투쟁보고서에서, 9연대 '800명 중 400명은 확실성이 있으며 200명은 마음대로 좌우할 수 있다'라는 기록은 무엇입니까?

또 '제주도에는 공산주의자가 거의 전무하였기 때문이다.'라고 썼는데 『4·3은 말한다』에 4·3직후인 초여름경에 남로당원이 족히 3만 명이나 된다는 것은 또 무엇입니까? '경찰은 폭도의 수가 수백 내지 수천 명이라고 과장하여 보도하였으나 그것은 자기들의 책임을 은폐하기 위한 것이었고 연대의 정보 분석은 고작 200~300명으로 판단하고 있었다'라고 써 놓고, 4·28평화회담 장소에 들어서자 '주변에 있던 500~600명으로 보이는 폭도들의 시선이 일제히 나에게 집중했다'[893]라는 기록은 무엇이며 어느 것이 진실입니까?

특히 김달삼의 경우에는 그가 지하선거 투표지를 가지고 월북한 사실, 1949년 8월 강동정치학원 출신 300명을 인솔하고 남파되어 대한민국 정부를 전복하기 위해 빨치산 활동을 한 사실 등을 충분히 알면서도, 이에 대한 준엄한 비판을 생략한 채 29년이 지난 시점에서 이런 글을 썼다는 점이 이해되지 않습니다.

| 문 142 | 김익렬의 기고문과 유고문 중에서 어느 것을 믿어야 하나요?

답 저는 기고문이 더 신빙성이 있다고 판단합니다.

상식적으로 생각한다면, 기고문 작성 시기가 회담 직후[894]이기 때문에 생생한 기억을 바탕으로 정확히 썼다고 생각되고, 또 신문에 공개한 글이므로 검증을 의식하여 진실에 바탕을 두고 썼다고 판단됩니다. 또 위에서 말한 대로 유고문에는 사실이 아닌 내용이 다수 포함돼 있기 때문입니다.

그런데 정부보고서 집필진은 기고문을 무시하고, 회담 후 29년이 지난 후에 쓴 유고문을 맹신하여 논리를 전개했다는 데 큰 문제가 있습니다. 집필진이 기고문을 선택하지 않으려면 상당한 근거를 제시해야 마땅한데 이유를 제시하지도 않고 무조건 무시해 버렸습니다. 특히 유고문은 김익렬 연대장의 뜻에 따라 사후(死後)에 공개되었으니 저자에게 반문하거나 검증할 방법을 원천적으로 없게 한 겁니다.

그럼에도 불구하고 정부보고서 집필진은 '회담은 4월 28일'이다. '휴전기간은 72시간'이다, '오라리 방화사건은 협상이 파기되는데 결정적인 역할을 하였다', '미군은 오라리 방화

---

893) 제민일보4·3취재반, 『4·3은 말한다』 2권, (전예원, 1994), 282,291,301,320쪽.
894) 기고문에 작성일을 '1948년 6월'이라고 기록하였으니 협상 후 최단 1개월 최장 2개월 사이에 썼습니다. 5월 6일 연대장 교체가 있었으니 그로부터 기산해도 1~2개월 사이에 작성했습니다.

사건이 무장대 측에 의해 저질러진 것으로 편집해 놓았다. 따라서 이 영화는 강경진압의 명분을 얻기 위한 목적에서 제작된 것으로 보인다.'라고 왜곡 기술했습니다. 이는 매우 악의적이고 근거 없는 추측입니다. 메이데이 필름은 오라리 방화사건 만을 찍은 것도 아닙니다. 이 영화는 미군정 통신대에서 촬영한 필름 편집을 쉽고 분명하게 하기 위하여 촬영일시 장소를 도입부에 삽입한 슬레이터를 기준으로 보면 1948년 4월 30일부터 5월 4일까지 찍은 것[895] 중의 하나에 불과합니다.

그리고 아쉬운 점은 김익렬 연대장은 직업군인이고 고급장교입니다. 모든 보고서는 6하원칙에서 시작하고 끝나는 생활을 체질화한 분입니다. 그런데 유고문에는 6하원칙 첫 번째 '언제'가 애매하게 기록되어 있습니다. 이런 류의 글은 남을 칭찬하는 글이나 감상문이라면 무방하지만 타인의 명예나 역사적 내용에 관한 것이라면 교차 검증을 통해서 객관적으로 인용해야만 합니다.

어떤 사람은 유고이기 때문에 진실이라고 주장하지만 유서도 자기를 합리화하기 위해 얼마든지 거짓을 쓸 수 있고 또 그런 사례도 여럿 있습니다.

| 문 143 | 정부보고서에서 미군정이 4·28평화회담을 의도적으로 깨서 사태를 악화시켰다는 '오라리 방화사건'이란?

답 미군정과 경찰이 4·28평화회담 휴전 약속을 깨서 강경진압 명분을 만들기 위해 의도적으로 저질렀다는 '오라리 방화사건'은 협상약속 위반 문제 이전에 알아야 할 점이 있습니다.

정부보고서 198쪽에 '김익렬과 김달삼은 우여곡절 끝에 합의를 보았다'고 기록했는데, 이것은 사실과 완전히 다릅니다. 회담은 김달삼이 귀순항복하지 않아서 결렬된 것입니다.

남로당대정면당 위원장 이운방도 협상합의설에 대하여 단호히 부정하고 있고, 김익렬 유고문에 대한 독후감을 '어느 한 중학생의 작문을 읽는 것 같은 느낌 …. 명백히 지나친 과장이 있으며 날조의 냄새가 농후하다'.[896]고 조목조목 지적하면서 평가절하 할 정도임에도 불구하고 정부보고서 집필진은 귀중한 사료라면서 보고서에 옮겨 놓았습니다.

그러면 제민일보4·3취재반이 펴낸 『4·3은 말한다』[897]에 게재된 오라리 사건 내용을 요

---

895) 김용철, 『제주4·3사건 초기 경비대와 무장대 협상 연구』, (제주대학교 대학원 사학과, 2009), 43쪽.
896) 이운방, 김용철 편, 『미군점령기의 제주도인민들의 반제투쟁』, (광문당, 2019), 130,132,133쪽.
897) 제민일보4·3취재반, 『4·3은 말한다』 2권, (전예원, 1994), 147~176쪽.

약해서 설명 드리겠습니다.

당시 오라리는 5개의 자연마을에 인구 3천여 명이 거주하였습니다. 사회주의계열 항일인사 고사규·박기만·오팽윤·송삼배·이순정 등이 건준운동을 통해 마을을 주도했고, 5·10선거 때는 주민 2천여 명이 선거를 거부[898]하여 산으로 대이동하는 등 좌익세가 강한 마을입니다.

▲ 4월 29일 좌익들이 우익 대청단장 박두인과 부단장 고석종을 납치 살해하였고,

▲ 그 뒷날인 30일 아침, 좌익들이 대청단원 부인 강공부와 임갑생 2명을 민오름으로 납치하여 수백 명이 포위한 가운데 눈을 가리고 손을 뒤로 모아 소나무에 결박했습니다.
　- 저녁때쯤 구원경찰이 온다는 것을 눈치 챈 임갑생 여인은 포박을 풀고 기적적으로 탈출에 성공하였으나, 강공부 여인은 도망치지 못하여 나무에 묶인 채 무참히 살해되었습니다.

▲ 뒷날은 5월 1일입니다. 아침이 되자 경찰관 3~4명의 호위를 받은 대청단원 30여 명이 어제 좌익들에게 살해당한 강공부 여인을 속칭 '제기물동산'이라는 곳에 장례 치르고 난 후 경찰관이 철수하자, 분노한 대청단원들이 홧김에 좌익 활동가 허두경·강병일·박태형·강윤희·박전형의 집 등 5세대 12동에 방화했습니다.
　- 방화하는 것을 민오름에서 지켜보던 좌익청년 20여명이 총과 죽창을 들고 공격해 오자 대청단원은 철수했고, 나중에 보니 김규찬 순경 모친이 좌익 청년들에 의해 살해되었습니다.
　- 이를 보고받은 경찰기동대가 출동하여 총격전을 전개하였는데, 이때 동네 좌익청년 1명이 사망하였습니다.

이 일련의 사건이 바로 '**오라리 방화사건**' 또는 '**오라리 사건**'이라는 것입니다.

4월 3일 4·3 발발 이후 5월 1일까지 오라리에서 발생한 인명피해는 토벌대에 의해 사망 3명 부상 1명이고, 좌익에 의해서 발생한 것이 사망 4명·탈출 1명으로 좌익이 더 많은 사람을 죽였습니다. 동네 사람들끼리 죽고 죽이는 보복전의 반복된 사건입니다.

정부보고서에서는 오라리 방화사건에 대해 '미군은 이 영화[899]를 통해 오라리 방화사건이 무장대 측에 의해 저질러진 것처럼 편집해 놓았다. 따라서 이 영화는 강경진압의 명분을

---

898) 스스로 거부한 자도 있었지만 대부분 생명에 위협을 느낄 정도로 강요당하여 입산하였습니다.
899) 다큐

얻기 위한 목적에서 제작된 것으로 보인다.'[900]라고 적고 있습니다. 이것은 평화회담을 깨기 위해 경찰 측이 방화해 놓고, 인민유격대가 방화한 것이라고 뒤집어씌운 후 이를 명분삼아 강경진압을 했다는 것인데 이는 4·3정부보고서 집필진이 반미적이며 자의적이고 편향적인 해석을 공식 정부보고서에 기록한 것입니다.

미군정은 UN의 결의에 의한 5·10제헌의원 선거를 무사히 치르려는데 목적이 있었기 때문에 4·3으로 인한 제주치안상태를 확보하려고 노력하였습니다. 그러나 사태가 점점 악화되자 부득이 강경진압 방침을 세우고 5연대 1개 대대를 제주에 증파하였습니다.

미군정은 대규모 강경진압작전 개시 전에 인명피해를 줄이기 위해 김달삼에게 귀순투항을 권고하는 회담을 하도록 한 것입니다. 여기서 김달삼이 귀순은커녕 도저히 수용할 수 없는 단선·단정 반대 조건을 제시하면서 7일간이나 휴전하자고 지연전술을 구사하자 회담은 결렬되었고, 그러자 기존 방침대로 강경진압에 돌입한 것입니다.

강경진압의 결과로 발생한 인명피해가 정당하다는 게 아니고 강경진압을 하기 위한 명분을 새로이 만들 이유가 전혀 없었습니다. 미리 결론을 말씀드리면 강경진압 명분용으로 오라리 방화사건을 조작하지 않았다는 것은 진실입니다.

특히 정부보고서도 인정하는 귀순공작 회담이 실패했기 때문에 평화회담이라고 명명하기도 어렵지만, 휴전기간 중 경찰이 오라리 방화사건을 일으켜 평화회담을 깼다고 덮어씌우는 것은 정말 악의적입니다.

정부보고서에는 휴전조건 위반으로 5월 1일에 있었던 오라리 방화사건을 강조하여 기록하고 있습니다. 그런데 인민유격대 역시 4월 28일부터 5월 1일까지 제주읍 2개소, 대정면 5개소, 조천면 2개소를 습격했다고 김달삼의 쓴 제주도인민유격대투쟁보고서에 나와 있습니다.[901] 정부보고서는 이 사실을 기록하지 않았습니다.

이외에도 미군정 보고서에 있는

① PYUNG-NI(좌표 미상)의 선거관리위원장 5월 1일 새벽 2시에 피살[902]
② 제주읍 동쪽 지역과 하귀리 간의 전화선이 5월 1일 오전에 절단, 같은 날 정오부터 다음날 정오 사이에 경찰 전화선과 우편 통신선이 제주읍 동부와 서부 여러 곳에서 절단 (경찰보고)[903]

---

900) 제주4·3위원회, 『제주4·3사건진상조사보고서』, (2003), 200쪽.
901) 문창송 편, 『한라산은 알고 있다』, (대림인쇄사, 1995), 37,52,65쪽.
902) 제주4·3위원회, 『제주4·3사건 자료집』 7권, (2003), 61쪽.

③ 4월 30일 밤 서귀포와 모슬포 사이에서 송전선 및 전화선 절단(경찰보고)[904]

④ 도평리 – 5월 1일 오후 1시 마을 선거관리위원장이 신원미명의 기습자들에게 칼에 찔려 죽었다. 경찰이 사건을 조사 중이다.(B-2)[905]

⑤ 5월 1일 미군가족 8명이 새로운 기습이 시작되자 제주도 탈출[906] 등의 기록도 정부보고서에 없습니다.

참고로 '러시아연방 대외정책문서 보관소' 문서 '1948년 따스 통신 극동정보과' 기록에는 제주도 오라리사건이 서울을 거쳐 즉각 모스크바로 타전되고 있음을 알 수 있습니다.

'1948년 5월 1일(서울 발 UP-따스): 제주도에서 공산당은 대규모 빨치산전쟁을 시작하였다. 제주도(濟州道) 경찰의 보고에 의하면 제주시에서 3마일 떨어진 오라 마을에서 3시간 동안 교전이 있었다고 한다. 미군정찰기는 제주시 주변에 여러 지역을 이미 공산당이 점령하고 있다고 했으며 경찰은 거의 모든 전화선이 절단되어 있다고 했다.'[907]

이처럼 미군정당국은 선거치안 확보를 위해 폭동을 진압해야 되겠다는 판단에 따라 부득이 강경진압 방침을 수립하여 병력을 증강하였고, 김익렬은 딘의 지시에 따라 대규모 공격 前에 김달삼을 만나 귀순공작을 수행한 것입니다.

회담에서 김달삼이 귀순 투항은커녕 미군정이 수용하기 힘든 '단정 반대, 경찰의 무장해제' 조건 등을 제시함은 물론, 휴전기간을 7일로 제안하여 5·10선거 3일 전까지 지연전술을 꾀하자 이를 간파한 미군정은 실패한 회담으로 결론짓고 이미 수립한 대규모 공격 방침대로 작전을 펼친 것입니다. 이 회담은 평화회담이 아니라 사실상 귀순공작이었다는 점은 정부보고서나 김익렬 자신도 유고문에서 인정한 사실이며, 실패한 회담 뒤에는 당연히 총공격은 개시되는 것이고 이에 대해 반란군도 상당한 기세로 대전하였던 것입니다.

정부보고서도 "딘 군정장관이 제안한 '평화협상'이란 것이 결코 무장대와의 공존을 전제로 한 것은 아닙니다. 대규모 유혈사태를 피하기 위해 본격적인 무력진압을 벌이기에 앞서 항복을 받아내자는 '귀순공작'이 딘 군정장관의 구상이었습니다. 김익렬 9연대장도 그의 회고록(유고문)에서 '평화협상'이라는 표현을 사용했지만 그 구체적 내용은 '귀순공작'이었다."[908]라고 밝혔습니다.

903) 제주4·3위원회, 『제주4·3사건 자료집』 7권, (2003), 61쪽.
904) 제주4·3위원회, 『제주4·3사건 자료집』 7권, (2003), 61쪽.
905) 제주4·3위원회, 『제주4·3사건 자료집』 8권, (2003), 44쪽.
906) 제주4·3위원회, 『제주4·3사건 자료집』 7권, (2003), 189쪽.
907) 박종효, 「러시아연방 외무성 대한(對韓)정책자료Ⅰ」, (선인, 2010) 287쪽
908) 제주4·3위원회, 『제주4·3사건진상조사보고서』, (2003), 195쪽.

김익렬 유고문에는

"이런 작전목적을 달성키 위해 1단계로 시도한 것이 '화평·귀순공작'이었다. 즉 강력한 군대병력을 배경으로 냉각기를 두면서 화전(和戰) 양면의 귀순공작을 하는 것이었다. 우리는 공산주의자 이외는 적으로 인정하지 않으며 나머지 사람들은 죄과의 대소를 불문에 부칠 것이며, 공산주의자라도 귀순하면 용서할 것이라는 관대한 포고령을 내렸다."[909]라고 되어 있습니다.

이처럼 김익렬이 4월 30일에 김달삼을 만난 것은 미군정의 방침에 따라 그를 귀순시키려는 회담이었음에도 불구하고, 정부보고서에는 '4·28 평화협상'이라는 허상을 만들어 놓고 잘못 기록했습니다.

또 브라운 대령 보고서에 의하면 '두 명의 11연대장들이 공산 선동가들과 협상을 벌이면서 단호한 작전이 필요한 곳에 지연 전략을 구사하는 결과를 초래하였다'[910]라고 하였습니다.

김달삼이 쓴 제주도인민유격대투쟁보고서에도 '김익렬이가 사건을 평화적으로 수습하기 위하여 인민군 대표와 회담하여야 하겠다고 사방으로 노력 중이니 이것을 교묘히 이용한다면 국경(國警)의 산(山) 토벌을 억제할 수 있디는 결론을 얻어……'[911]라고 기록한 것과 연관된 내용으로서 인민유격대는 지연술책을 썼던 것입니다. 그렇기 때문에 미군정 당국에서는 기고문에 나온 것처럼 김익렬의 회담결과나 의견을 받아들일 수 없었던 것입니다.

사실이 이러한데 정부보고서 53~54쪽을 보면 '교차 검토 검증작업'을 하였다고 3회나 강조하였으며 이를 위해 데이터베이스 검색은 하나의 필드만을 이용한 것이 아니라 두 개 혹은 그 이상의 필드를 이용했다고 강조하여 무오류 보고서임을 내세웠지만 저는 '평화협상 추진' 항에서 그런 흔적조차 발견할 수 없었습니다.

더욱 문제인 것은 이처럼 잘못 작성된 정부보고서가 마치 4·3전범(典範)이나 된 것처럼 역사교과서로 인식되고 사용된다는 것이 위험하고 또 이를 영역(英譯) 일역(日譯)하여 해외에 전파하였으니 매우 우려스럽습니다. 양식 있는 지식인이라면 자신이 쓴 글이 그것도 개인 보고서가 아닌 국가기록이라면 잘못된 점을 지적 받는 즉시 솔직하게 인정 사과하고 수정하는데 최선을 다해야 하며 그렇게 수정한 다음 배포하는 게 도리입니다. 잘못된 정부보고서가 외국에 전파 제공된다는 것은 국격을 해치는 일로서 일종의 국치(國恥) 행위입니다.

---

909) 제민일보4·3취재반, 『4·3은 말한다』 2권, (전예원, 1994), 309쪽.
910) 제주4·3위원회, 『제주4·3사건자료집』 9권, (2003), 41쪽.
911) 문창송 편, 『한라산은 알고 있다』, (대림인쇄사, 1995), 78쪽.

곧 유네스코 기록유산으로 보내질 것 같은데 엉터리 정부보고서를 보내면 국가 체면은 어떻게 되는지, 과연 그런 생각이나 염치는 있는지 모르겠습니다.

| 문 144 | 박진경 대령을 부정적으로 평가하는 데 동의하시나요?

답 2013년 6월 11일자 제주일보에 제주4·3희생자유족회 사무국장 김관후가 검증도 안 된 김익렬 유고문을 근거로 제주시 충혼묘지 입구에 세워진 '박진경 대령 추도비를 문젯거리로 본다'는 제목의 글을 읽고, 필자가 같은 신문 18일 자에 이 글을 반박하면서 김익렬 유고문을 포함해서 4·28평화회담 전반에 대하여 공개토론을 제안한 바 있습니다. 그러나 지금까지 이에 대한 아무런 응답이 없습니다.

아마도 글쓴이나 정부보고서 집필진들도 김익렬 유고문에 문제점이 많다는 점을 내심 인정하는 것이 아닌가 생각합니다. 토론장에 나와 흠집을 지적받느니 무대응이 상책이라는 판단인 것 같습니다. 그렇게 하면 거짓이 영원히 묻혀 질 것이라 믿겠지만 역사는 엄정합니다. 그리고 이 공개토론 제안은 앞으로도 유효하며 누구라도 가능함을 분명히 밝혀 둡니다.

앞에서 김관후 국장이 거론한 것처럼 좌파에서는 9연대에 파견된 남로당 프락치 문상길 일당과 김익렬에 대해서는 긍정적 평가를 내리고 있는 반면 그들에 의해 암살된 박진경 대령에 대해서는 매우 부정적 시각을 견지하고 있는데 저는 동의할 수 없습니다. 여기서 박진경 대령 암살에 대해 알아보겠습니다.

○ **박진경 대령 암살 사건 발생 전 상황**[912]

박진경 대령이 제주도에 부임한 4일 후 문상길과 김달삼이 만나 암살을 모의했고 부임 43일 만에 모의한대로 암살당했습니다.

- 1948년 4월 3일 4·3사건 발발, 유엔한국임시위원단 선거치안 불안 표시
- 4월 9~10일 유엔한국임시위원단 감시1반 내도, 선거치안 상황 보고 청취 및 점검
- 4월 15일 유엔한국임시위원단 1·2·3반이 서울에서 합동회의 개최, 제주지역 상황이 매우 불안하다고 우려 표명
- 같은 날 남로당중앙당 올구 주재로 제주도당 대책회의(4·15도당부대회) 개최, 12일간의 투쟁결과 평가, 도당 개편 추인, 5·10선거 파탄대책 결의
- 4월 16일 미군정은 5·10선거를 안전하게 치르기 위해 제주지구에 군병력 투입 방침 결정
- 4월 18일 딘 장군은 제주도민정장관 맨스필드 중령에게, 대규모의 공격에 임하기 전에

소요집단의 지도자와 접촉해서 그들에게 항복할 기회를 주는데 모든 노력을 다 하라고 지시[913]

- 4월 중순 김달삼과 문상길 접촉

밀접한 정보교환, 최대한의 무기공급, 인민군 원조부대로서의 탈출병 추진, 교양자료의 배포, 최후단계에는 총궐기하여 인민과 더불어 싸우겠다고 약속

- 4월 20일 부산 제5연대 1개 대대(오일균 대대)를 제주도에 증파,[914]

이때 미군정 보고서에 의하면 '1948년 4월 14일 전후….. 좌익이 경찰만을 공격한다면 경비대는 좌익과 전투하지 않겠다는 내용의 협정을 맺고, 경비대는 좌익과 전투하지 않을 것이며, 좌익은 경비대를 공격하지 않을 것이라는데 합의했다'[915]고 했습니다. 그래서인지 경비대는 이때까지 진압작전에 매우 소극적으로 임했습니다.

- 4월 20일 전후 김익렬·오일균과 김달삼 회담(김익렬 1차회담)[916]

구국항쟁의 정당성, 경찰의 불법성, 국경과 인민을 이간시키려는 경찰의 모략 등에 의견 일치를 보아 김익렬은 사건의 평화적 해결을 위해 적극 노력하겠다고 약속

- 4월 20일경 문상길은 99식 총 4정, 오일균은 카빈탄 1,600발, 김익렬은 카빈탄 15발을 각각 김달삼 측에게 제공

- 4월 22일 경비대가 최초로 토벌전에 참가[917]

- 4월 22일 김달삼에게 '협상에 응하라'는 전단을 공중 살포[918]

- 4월 27일 미 24군단 작전참모 타이센 대령의 지시로 슈 중령 제주 도착, 작전회의[919]

▲ 시간 장소 : 12:00 제주공항

▲ 참석자 : 20연대장 브라운 대령, 제주도 주둔 20연대 병력 책임자 케이스트 소령, 한국 5연대 고문관 드루스 대위, 슈 중령, 맨스필드 중령.

　　　※ 브라운 대령은 맨스필드 중령에게 제주도 상황처리에 관하여 주한미군 사령관의 지시사항 고지

　　　a. 경비대는 즉시 임무를 수행하여야 한다.

　　　b. 모든 종류의 시민 무질서는 종식되어야 한다.

　　　c. 게릴라 활동을 신속히 약화시키기 위하여 경비대와 경찰 사이에 확실한 결속이 이루어져야 한다.

　　　d. 미군은 개입하지 말아야 한다.

- 4월 27~29일까지 3일간 맹렬한 전투[920]

- 4월 29일 상오 12시 김달삼 측 34~35세 남자가 9연대 찾아와 30일 상오 12시 안덕면 산간부락에서 회담 제의

- 4월 30일 김익렬과 김달삼 귀순권고회담[921](김익렬 2차 회담)

- 5월 5일 딘 군정장관이 안재홍 민정장관과 조병옥 경무부장 대동 입도, 회의 후 당일 상경(5월 6일 딘 장군 기자회견 = 이번 폭동은 도외에서 침입한 소수의 공산분자들의 모략에 선동되어 양민들이 산으로 들어가서 현 정부를 지지하는 사람들을 살해하고 있는 것을 알게 되었다)[922]
- 5월 6일 제9연대장 김익렬 중령을 박진경 중령으로 교체
- 5월 7일 남로당중앙당 올구 내도, 국경프락치 도당에서 지도할 수 있다고 언명(김달삼·오일균 5월 10일 회담을 조종한 것으로 추정됨)
- 5월 10일(총선일) 제주읍에서 군책 김달삼과 조책 김양근은 제9연대 오일균 대대장, 이윤락 정보관과 부관 등 양측 5명이 비밀 회합하여 정보교환, 무기공급, 국경의 사보타주 전술, 반동의 거두 박진경 이하 반동 장교 숙청, 탈출병 추진 등 합의[923]
- 5월 15일 수원 제11연대 본부와 1개 대대가 제주로 이동, 제9연대 1개 대대와 제5연대 1개 대대를 제11연대에 배속하고, 박진경 연대장 취임[924]
- 5월 17일경 오일균은 M1 2정, 동 실탄 1,443발, 카빈 2정, 동 실탄 800발 제공[925]
- 5월 20일 문상길 지시로 43명 탈영(99식총 43정, 실탄 14,000발 휴대)[926]
22명 검거(※ 탈영자 총 75명 중 사살 1명 검거 25명)
※ 국경의 무기공급 합계 : 총기 67정 실탄 5,958발
(문상길 99식총 4정, 오일균 카빈총 2정 실탄 2,400발,
M1총 2정, 실탄 1,443발, 김익렬 카빈실탄 15발)
- 6월 1일 박진경 연대장이 중령에서 대령으로 진급
- 6월 18일 박진경 대령 암살

912) 문창송, 「한라산은 알고 있다」, (대림인쇄사, 1995), 78~83쪽.
제주4·3연구소, 「제주4·3진실과 정의」, (2018), 148~152쪽,
913) 제주4·3위원회, 『제주4·3사건진상조사보고서』, (2003), 192쪽.
914) 제주4·3위원회, 『제주4·3사건진상조사보고서』, (2003), 191쪽.
915) 제주4·3위원회, 『제주4·3사건 자료집』 8권, (2003), 184쪽.
916) 이때 김익렬을 수행하여 현장에서 보초를 섰던 사람은 2중대 소대장 김준교 소위라고 본인이 증언하였음.
917) 제주4·3위원회, 『제주4·3사건진상조사보고서』, (2003), 191~192쪽.
918) 제주4·3위원회, 『제주4·3사건진상조사보고서』, (2003), 192쪽.
919) 제주4·3위원회, 『제주4·3사건 자료집』 7권, (2003), 237쪽.
920) 국제신문 1948.8.6. 김익렬 기고문
921) 김영중, 『제주4·3사건 문과 답』 수정증보판, (제주문화, 2016), 266~267쪽.
922) 제주4·3위원회, 『제주4·3사건진상조사보고서』, (2003), 203~204쪽.
923) 문창송 편, 『한라산은 알고 있다』, (대림인쇄사, 1995), 79~80쪽.
당시 2중대 소대장 채명신(예비역 중장)의 증언에 의하면 부관은 나희필 소위라고 함(대대에는 부관 제도가 없는데 김달삼과 회담을 위해서 연대 부관을 대동했다는 것은 위세를 과시하기 위한 것으로 보이고 따라서 부관이 회담에는 참석하지 않은 것으로 판단됩니다).
924) 국방부군사편찬연구소, 『4·3사건 토벌작전사』, (2002), 120쪽.
925) 문창송 편, 『한라산은 알고 있다』, (대림인쇄사, 1995), 80쪽.
926) 9연대 집단 탈영은 기록마다 차이가 있습니다.

박진경 대령은 선무귀순공작에 탁월한 지도력을 발휘하였고, 당시 대량 인명피해도 발생하지 않았습니다. 제주에서 대량 인명피해가 발생한 것은 1948년 11월 17일 계엄령 선포 이후의 일입니다.

> (11연대 박진경) 연대의 작전개념은 우선 제1단계로 선무귀순공작을 실시하는 것이었다. 이에 따라 공비와 주민을 분리하여 좌경화된 민심을 회복시키기 위하여, 부대 주둔지 단위별로 주민 선무공작에 주력하면서 입산공비들에게는 귀순을 권고하는 것이었다. 제2단계 작전은 폭도들이 이에 불응하고 대항해 올 경우 적극적인 소탕작전을 펼치는 것이었다.[927]

김달삼은 군이 진압작전에 직접 투입되고, 이를 위해 경비대 병력을 대폭 증강한데 대하여 큰 위협을 느낀 나머지 경비대의 예봉을 꺾고 진압작전을 교란하기 위하여 박진경 연대장을 암살하기로 합의 결정하였습니다. 즉 "문(상길) 중위와 그 부하들은 박(진경) 중령의 잔인한 행태로 인해 암살하게 되었다고 주장했"습니다. "그러나 … 제주도민을 향한 '잔인한 행태'라고 주장되었던 박 중령의 일련의 행동 등이 있기 전에 남로당에서는 박 중령을 1948년 5월 10일의 결정에 의거해 암살"[928]한 것입니다.

따라서 박진경 연대장은 상부의 정당한 명령에 의해 남로당의 폭동을 진압하여 대한민국 건국을 위해 헌신한 군 지휘관이지, 민족반역자가 아닙니다. 박진경 암살 역시 반국가적 만행이지 민족애적 행위가 아닙니다. 오히려 적군인 남로당제주도당 인민해방군에게 카빈총 실탄 15발을 공급한[929] 김익렬의 행위를 비판해야 합니다.

그리고 김익렬이 이미 4·3 폭동진압 명령을 받고 임무수행 중 교체된 후임자에게 암살범 문상길이 말한 것과 똑같이 '박진경은 민족반역자다.'라고 단정할 수 있는지 이해되지 않습니다. 문상길은 골수 공산주의자이고 재판정에서의 진술도 자기 합리화나 변명적 성격이 짙다고 해석됩니다.

이럼에도 불구하고 KBS 제주방송총국 TV는 2021년 4월 2일 '암살 1948'이라는 기획특집을 방영하면서 일방적 시각으로 문상길을 미화하였습니다. 공영방송 KBS가 어쩌다 이렇게 형평성을 잃고 이 지경이 되었는지 개탄스럽습니다.

『한라산은 알고 있다』=4.20. 43명, 99식총 43정, 실탄 14,000발(81쪽).
정부보고서=4.20. 41명(90% 제주 출신, 217, 218, 552쪽)
미군정보고서=4.21. 41명, 병기 41정, 실탄 5,600발(『제주4·3사건자료집』 7권 68쪽).

927) 국방부군사편찬연구소, 『4·3사건 토벌작전사』, (2002), 121쪽.
928) 손경호, 『4·3사건의 배경, 전개, 진압과정 1945~49』, (오하이오주립대학교 박사학위 논문, 2008). 206쪽.
929) 문창송 편, 『한라산은 알고 있다』, (대림인쇄사, 1995), 80쪽.

| 문 145 | '제주의 쉰들러 김익렬'이라는 호칭에 동의하시나요?

답　　2011년 4월 21일 KBS제주방송국에서 '제주의 쉰들러 4·3의 의인 김익렬 장군'이라는 특별좌담을 2번이나 방송했는데 김익렬이가 '제주의 쉰들러' 또는 '4·3의 의인'이라는 호칭에 절대 동의할 수 없고, 제주4·3평화기념관 전시물에 의로운 사람 제1호로 김익렬을 내세운 것도 가당치 않으니 당장 시정해야 합니다. 그리고 조속히 정부보고서 4·28평화협상 내용을 전면 수정해야 합니다.

| 문 146 | 정부보고서에서 왜곡한 4·28평화회담을 비판한 논문이 있나요?

답　　2009년 2월 제주대학교 대학원 사학과 김용철의 석사학위 논문『제주4·3초기 경비대와 무장대 협상 연구』가 있습니다. 논자는 이 논문에서 기고문과 유고문을 비교하여 다음과 같이 분석하고 비판했습니다.

① 김익렬과 김달삼 회담일은 4월 28일이 아니고 4월 30일이다.
② 정부보고서가 4·28평화협상이 4·3사건의 평화적 해결을 가져올 수 있는 거의 유일의 계기로 언급되는 것은 인정하기 어렵다.
③ 무장대의 주장은 단정 반대이고, 단정을 목표로 하는 미군정과는 사실상 평화적인 사태해결 가능성이 없었다.
④ 김달삼의 요구조건들은 단정반대를 비롯해서 경찰무장 해제, 도내관청 고급관리 전면 경질 등 미군정이 제주도에 대한 지배를 포기하라는 것과 다름이 없어 협상당사자가 합의할 수 없는 내용들이다.
⑤ 미군정은 김익렬의 생각과는 달리 이미 일관된 강경진압 방침이었다. 4월 17일 경비대에 진압명령을 하달했고, 20일에는 부산 주둔 5연대 1개대대 병력을 충원받았으며, 27일부터 29일까지 강경진압작전을 수행하였다. 미군정은 협상합의가 불분명하기도 하지만 상황을 반전시켜야 하는 시기도 아니었기 때문에 굳이 강경진압 명분을 만들기 위하여 '오라리 사건'을 조작할 필요가 전무했다. 즉 오라리 사건은 4·3 사건 당시의 많은 사건 중 하나일 뿐이다.
⑥ 4·3 발발부터 5월 1일까지 많은 사람이 죽는 피해가 발생하던 상황에서 굳이 사건을 조작하면서 강경진압의 명분을 만들어야 할 필요는 없다.

매우 정확한 분석 논문이고 저도 전적으로 동의합니다.

이 문제는 다음 항 정부보고서 비판에서 재론하겠지만 4·3정부보고서 집필진은 김익렬의 기고문을 무시하고 신빙성 없는 유고문만을 맹신 인용하여 자신들의 시각과 일치하는 결론을 내린 후[930] 여기에 미군정과 경찰에 모든 책임을 뒤집어씌운 비열한 행태를 보였습니다.

그러므로 날조 왜곡된 정부보고서 뿐만 아니라 이에 근거한 제주4·3평화공원 전시물도 조속히 시정되어야 합니다.

저는 '정부보고서' 책임 집필자(수석전문위원)인 양조훈에게, 왜 김익렬의 기고문과 유고문을 교차 검증하지 않고 유고문만을 근거로 정부보고서를 썼느냐고 지적하였으나 명쾌한 대답을 듣지 못하였으며, 4·3사건 전반에 대해 무제한적 토론회를 갖자고 제의하였으나 이마저도 '워낙 의견차가 있어서……'라는 이유로 응하지 않았고, 제주4·3희생자유족회장들도 필자의 제안에 '나 혼자 결정할 수 없는 일이라서'라고 말하며 현장을 떠난 이후 여태 소식이 없습니다.

---

930) 집필진이 쓴 『4·3정부보고서』는 『4·3은 말한다』 내용과 일치해 정부보고서는 『4·3은 말한다』 복제판, 표절판이라는 비판이 있습니다.

[11장]
『제주4·3진상조사보고서』는
무엇이 잘못되었습니까?

| 문 147 | 『제주4·3사건진상조사보고서』중 왜곡·편향된 내용이 있나요?

답 정부보고서는 입법취지에 어긋난 보고서입니다. 먼저 진상을 규명하고 난 후, 부차적으로 발생한 인권침해 문제를 그것도 쌍방 공히 거론하고 비판해야 합니다. 말하자면 폭동·반란 국면과 진압국면을 구분하고, 토벌대와 인민유격대 쌍방을 공평하게 기술하여야 하며 일방의 주장이나 증언과 자료를 편향적으로 인용해서는 안 되는데, 현재 정부보고서는 그렇게 되어 있지 않습니다.

또 정부보고서는 역사 교과서적 성격이 강하므로 4·3의 성격을 먼저 규정해 놓고 내용에 있어서 정확성, 공정성, 진실성, 객관성이 보장되어야 합니다. 정부보고서는 일개의 개인, 학자, 언론사, 연구소가 작성하는 문서가 아니고, 작성 주체가 정부 산하 국무총리를 위원장으로 하는 제주4·3위원회입니다. 따라서 대한민국 정부의 보고서라는 기조 위에 작성되어야 하는 것입니다. 정부보고서를 작성한 노무현 정부도 1948년 8월 15일 건국된 대한민국 후계체입니다. 따라서 대한민국의 입장에서 작성해야 합니다. 당연히 4·3의 진상을 규명함에 있어 당시 남로당이 추구했던 대한민국 건국 저지 행위, 공산통일이라는 근본적 목적과 수단 방법을 용인(容認)하거나 은폐·미화·면책해서는 안 되는 것입니다.

그런데 이런 요구사항을 하나도 담아내지 못하였기 때문에 반쪽짜리 보고서가 되고, 갈등을 증폭시키는 보고서가 되는 등 문제투성이가 되었습니다.

둘째, 정부보고서가 『4·3은 말한다』를 표절한 복제판이라는 비판이 있습니다.

① 예를 들면 『4·3은 말한다』 4권 368쪽 인용번호 57번을 보면, '제주도, 『제주도지』(상)(1982) 622쪽'으로 되어 있습니다. 이는 계엄령과 관련된 내용으로 정부보고서 277쪽 인용번호 121번과 똑같은데, 실제는 『제주도지』622쪽이 아니고 462쪽입니다. 『4·3은 말한다』에 잘못 기록한 것을 검증 없이 '복사'하여 정부보고서에 가져다 '붙이기'한 것입니다.

② 2003년 2월 7일 정부보고서작성기획단 제10차 회의 때 국방부 군사편찬연구소장(기획단 위원)이 작성 제출한 자료에 의하면 '특히 제민일보, 『4·3은 말한다』는 무려 70회나 검증 없이 인용되고 있음'이라고 지적하고 있습니다. 이 정도면 표절 수준이 아니라 복제 수준이라 하겠습니다.

| 문 148 | 왜 그런 정부보고서가 나오게 됐나요?

답 노무현 대통령이 정부보고서 작성 지침을 미리 내렸기 때문입니다.

2003년 2월 25일 제주4·3진상조사보고서작성기획단 제12차 회의 3차 토의 회의록 1쪽을 보면 '오늘 취임한 노무현 대통령께서 대통령 당선자의 자격으로 지난 12일날 제주도를 방문한 바 있습니다. 제주도에 방문하셨을 때 4·3진상규명에 대해서 다음 두 가지 말씀을 언급한 바 있습니다. 하나는 4·3진상규명에 있어서 이데올로기적 문제에서 벗어나서 다루어야 한다…. 다른 하나는 강만길 교수 등…. 진보적인 학자들을 참여시켜서 의미 규정을 제대로 해야 한다'라는 내용이 있습니다. 이 지침에 따라 위원회 구성이 형평성을 잃었고, 4·3이라는 역사적 사실을 객관적 학문적으로 규정하지 않고 정치적으로 재단하는 결과가 되었습니다.

글은 사람이 쓰는 것입니다. 글 쓴 사람의 면면을 보면 쉽게 알 수 있습니다. 중립적 학자나 최소한 좌우 동수의 인원으로 집필진을 구성하고 심도 있는 토론을 거쳐 써야 되는데 전혀 그렇지 못했습니다. 제주4·3위원회에 처음 참여했던 김점곤 경희대 명예교수가 특위 운영이나 진행에 불만을 표시하며 사퇴했고, 뒤이어 예비역 한광덕 장군과 이황우 교수 등 3명이 정부보고서에 '부동의' 의사를 표시하면서 퇴장 사퇴해버렸습니다. 집필진 중 나종삼은 채용계약 때부터 6·25 이후만 담당한다는 조건으로 들어갔기 때문에 의견 반영이 불가능했습니다. 그러니까 대한민국 입장의 의견이란 있을 수 없었습니다. 토론다운 토론도 없었고요.

탈무드에는 '만장일치는 무효다'라는 말이 있습니다. 이런 분위기에서 정답을 구한다는 것은 하늘의 별따기입니다. 당시 제주4·3위원회위원 한광덕, 이황우 위원의 전하는 말에 의하면 이의를 제기하는 대한민국 입장에 섰던 사람 전부가 사퇴하니 장애물이 완전 사라져서 남로당 측에 유리하도록 일방통행 일사천리로 통과됐답니다.

| 문 149 | 정부보고서 중 구체적으로 어떤 부분이 잘못 기술되었나요?

답 앞에 설명한 것과 약간 중복됩니다만 종합적 검토라는 의미에서 정부보고서에 잘 못된 내용을 지적해 보겠습니다.

① **4·3의 성격을 누락**한 것이 가장 큰 잘못입니다.

정부보고서는 4·3이 남로당의 폭동·반란이라는 성격 규정을 하지도 않았고 이에 대한 준 엄한 역사적 비판이나 책임 추궁도 하지 않았습니다. 오직 군경 등 정부 당국이 잘못한 부분 을 과장하여 기록하였습니다.

② **진압의 불가피성은 축소**하고 **진압의 피해는 과장**했습니다.

정부보고서에는 사회 질서 유지를 위해 진압을 하지 않을 수 없었던 불가피성에 대한 설 명이 전무합니다. 정부보고서의 논조대로라면 대한민국 건국을 방해한 남로당의 폭동·반란 을 당시 군경은 구경만 했어야 옳다는 결론에 도달합니다. 이게 대한민국 정부보고서가 취 할 태도인지 묻지 않을 수 없습니다. 더구나 토벌대의 희생은 축소·생략하고 진압으로 인한 피해는 과장하여 군경은 민중항쟁에 역행한 반역자가 된 느낌입니다.

이에 대해 신상준 박사는 '개인의 인권존중주의만이 아니라 국가의 공공질서유지라는 이 중적 기조 속에서 해석해야 하며, 남조선노동당과 인민유격대의 폭동에 대한 질서유지 차원 의 군경토벌대 진압 작전을 부정시할 때에는 이 보고서의 가치는 크게 손상될 것으로 생각 된다.[931]'라고 지적한 바 있습니다.

③ **김달삼에 대한 역사적 평가가 잘못**되었습니다.

정부보고서에서 4·3의 주동자인 김달삼에 대해 어떻게 기술하고 있는가는 4·3의 성격을 어떻게 규정하는지와 직결되는 문제이기 때문에 아주 중요합니다.

그런데 정부보고서에서는 '김달삼 등 무장대 지도부가 1948년 8월 해주대회 참석, 인민민 주주의 정권 수립을 지지함으로써 유혈사태를 가속화시키는 계기를 제공했다고 판단된 다'[932]라고 기술하여, 4·3 주동자의 만행을 준엄하게 꾸짖지 않았습니다. 그리고 '김달삼의 월북이 곧 제주4·3사건 발발 때의 기본적 성격을 변화시키는 것은 아니지만'[933]이라고도 했 습니다. 여기서 말하는 4·3의 기본 성격이란 결론 부분에 언급됐던 무장 봉기를 말합니다.

---

931) 제주4·3위원회, 『제주4·3사건진상조사보고서 수정의견 접수내용』〈1〉, (2003) 374쪽.
932) 제주4·3위원회, 『제주4·3사건진상조사보고서』, (2003), 536쪽.
933) 제주4·3위원회, 『제주4·3사건진상조사보고서』, (2003), 240쪽.

제대로 된 대한민국 정부보고서라면 엄청난 폭동·반란을 주동한 김달삼, 피로 얼룩진 지하선거 투표지를 가지고 월북하여 북한 정권수립에 앞장 선 김달삼, 대한민국 전복을 위하여 남파되어 빨치산 활동을 한 김달삼, 4·3사건을 저질러 놓고 그에 대한 모든 책임을 지지 않고 비겁하게 도망간 김달삼을 엄하게 꾸짖으며 역사적 책임을 물었어야 합니다. 또한 김달삼의 월북이 갖는 의미를 그의 행적과 그 결과를 토대로 객관적으로 해석해서 4·3의 성격을 규정하는 근거로 삼아야 할 것입니다.

④ 폭동이나 반란이라고 하지 않고 '**봉기**'라고 그것도 중복 언급한 점입니다.

정부보고서의 서문에서는 4·3의 성격 규정을 후대 사가의 몫으로 넘겨 놓고 결론 부분에 가서는 '제주4·3사건은 ……경찰 서청의 탄압에 대한 저항과 단선·단정 반대를 기치로…… 무장대가 무장봉기한'[934] 것이라고 했습니다. 남로당이 주장하는 대로 4·3을 폭동·반란이 아닌 '봉기'인 것처럼 기록한 것입니다.

남로당에 의해 사전 군대조직화되고 훈련된 유격대가 명령에 따라 당원과 동조자들을 동원해서 폭력으로 대한민국 건국을 저지하려는 폭동·반란을 일으켰고, 경찰·서청의 탄압에 대한 정당방위의 한계를 한참 넘은 습격·살인·방화와 테러·납치·약탈·협박을 저질렀습니다. 이런 행위를 봉기라고 하는 것은 이해가 되지 않습니다.

⑤ **단선·단정 반대 기치론도 잘못**된 것입니다.

정부보고서에는 '무장대는 … 단선·단정 반대, 통일정부 수립 촉구 등을 슬로건으로 내걸었다'[935]고만 기술하고 그 슬로건에 대한 비판이나 허구성에 대한 설명이 전무합니다.

북한이 우리보다 2년 반이나 먼저 사실상의 단정을 수립하고 토지개혁 등을 실시했기 때문에 단선·단정 반대는 허구였습니다. 또 당시에는 미·소의 대립이 첨예했던 시대상황에서 남한의 단선·단정은 불가피했는데 그에 대한 설명이 없습니다. 그리고 유격대가 지향하는 통일정부의 성격을 생략했습니다. 바로 쓰자면 남로당은 공산통일정부 수립 촉구라고 써야 진실이고 정직한 겁니다.

⑥ **김익렬과 김달삼 회담을 날조 왜곡했습니다.**

▲ '김익렬 중령은 무장대 측과의 4·28협상을 통해 평화적인 사태 해결에 합의했다. 그러나 이 평화협상은 우익청년단체에 의한 오라리 방화사건 등으로 깨졌다.'[936]라고

---

934) 제주4·3위원회, 『제주4·3사건진상조사보고서』, (2003), 536쪽.
935) 제주4·3위원회, 『제주4·3사건진상조사보고서』, (2003), 534쪽.
936) 제주4·3위원회, 『제주4·3사건진상조사보고서』, (2003), 534쪽.

단정하였습니다. 김달삼과의 귀순 권고 회담일은 분명 4월 30일이기 때문에 '4·28평화협상'이란 자체가 엉터리입니다. 정부보고서에 수록된 회담 날짜 4월 28일은 '휴전 4일째 되는 5월 1일은 메이데이'라는 유고문을 역산하여 『4·3은 말한다』와 정부보고서 집필진이 정한 날입니다.

▲ 미군이 공중 촬영한 무성영화를 '오라리 방화사건이 무장대 측에 의해 저질러진 것처럼 편집해 놓았다. 따라서 이 영화는 강경진압의 명분을 얻기 위한 목적에서 제작된 것으로 보인다'[937]라고 했는데, 확실한 근거 제시도 없이 이런 식의 자의적 해석을 정부보고서에 서술한 것은 외교문제가 될 만한 잘못입니다. 왜 사실도 아닌 것을 가지고 엉뚱하게 미국에 책임을 전가하는지 의도가 의문시됩니다.

▲ 정부보고서는 '왜 4월 28일로 예정된 평화협상을 앞둔 시점에서 대대적인 작전을 펼쳤는지 의문이다'[938]라고 지적하였습니다. 적과 협상하기 전에 유리한 고지를 점하기 위해 상대를 압박하는 전략은 지극히 당연하고 상식적 조치이며 이미 미군정은 강력한 진압 방침을 수립하고 실행 단계인데 수준 이하의 지적을 했습니다.

▲ 2003년 2월 7일 정부보고서작성기획단 제10차 회의록에 의하면 하재평은 '김익렬 유고 내용에 대해서는 허와 실에 대한 진위문제를 확인해야 합니다'라고 지적했으나 양조훈 수석전문위원은 '확인하고 검증하는 것은 철저히 했다'라고 답변했습니다. 이 답변은 필자가 김익렬 기고문과 유고문을 검증한 결과 완전한 거짓말임이 확인되었습니다.

⑦ 다랑쉬 굴 사건이 왜곡되었습니다.

1948년 12월 3일 인민유격대 100여명이 세화리를 습격하여 학교와 민가 150채를 방화하고 48명을 살해한 일이 있은 후, 그 뒷날[939] 민·군·경 합동 토벌과정에서 굴을 발견하고 굴에서 나와 자수하도록 수차 권유하였으나 불응하자 입구에 건초를 놓고 불을 질러 11명이 질식사한 사건입니다.

제주경찰서의 보고서와 참고인 진술조서, 사건 직후 남로당구좌면당책 정권수의 조치 등을 통해서 살펴보면 다음과 같은 기록이 있습니다.

937) 제주4·3위원회, 『제주4·3사건진상조사보고서』, (2003), 200쪽.
938) 제주4·3위원회, 『제주4·3사건진상조사보고서』, (2003), 196쪽.
939) 정부보고서는 12월 18일

▲ 굴에 있던 사람들은 정권수의 휘하에서 철창을 가지고 기본적 경비를 하면서 상부의 지시에 따라 통신연락, 보급, 정보수집 등의 임무를 맡았던 공비들이었다는, 당시 인민유격대원의 증언

▲ 이들 일당이 구좌면 **종달리 김호준을 납치 살해**한 사실

▲ 현장에 남아 있는 유류품 중에는 철창, 대검, 철모, 탄띠, 군화, 도끼 등이 발견된 점

▲ 정권수의 지시에 따라 그 부하가 사건 직후 동굴에 임하여 신원확인, 사체정리를 했다는 증언

이런 기록으로 보아 다랑쉬굴이 인민유격대 근거지였다는 점을 충분히 알 수 있었음에도 불구하고 선량한 민간인이 피난해 있는 것을 군경이 학살했다고 왜곡하였으며, 제주4·3평화기념관에도 굴 모형을 만들어 놓고 그렇게 해설하고 있습니다.

저는 대한민국재향경우회제주도지부 회장 재임 시 이 문제를 1차 정부보고서 수정의견으로 제출[940]했지만 반영되지 않았습니다. 이것은 집필진이 보고 싶은 것만 보고 듣고 싶은 것만 듣고, 믿고 싶은 것만 믿으려는 편협한 확증편향주의의 산물입니다.

⑧ 계엄령 불법성에 대해 11쪽이나 중언부언하였습니다.

물론 계엄기간에 무고한 죽음이 많았다는 점을 지적하는 것은 무방합니다만 정부가 합법적으로 국무회의 의결을 거쳐 선포했고, 관보에 게재했으며 사법부도 **계엄선포 행위 자체가 아무런 법적근거 없이 이루어진 불법적인 조치였다고 단정하기 어렵다**[941]고 인정한 것을 불필요하게 시비했습니다.

사법부에서 합법적이라는 점을 분명하게 밝혔음에도 불구하고 '계엄령의 불법성 여부에 대해서는 명확한 판단을 유보했다'[942]고 왜곡했는데 집필진이 정부보고서 작성자라는 막중한 책임의식 없이 개인 보고서 쓰듯 작성한 것이라는 비판이 있습니다.

위의 판결문에 "'동 계엄선포행위는 합법적 조치였다'고 직설적으로 표현하지 않은 것은 …… '명확한 판단을 유보'한 것이 아니라 이를 합법적 조치로 인정하고 있는 것"[943]이라는 신상준 박사의 해석에 동의합니다.

---

940) 대한민국재향경우회제주도지부, '제주경우 제19호, 제주4·3사건진상조사보고서 수정의견(반론) 제출', 2003.7.9. 참여단체 : 대한민국상이군경회제주도지부, 대한민국전몰군경유족회제주도지부, 대한민국전몰군경미망인회제주도지부, 6·25참전동지회제주도지부, 자유수호협의회, 대한민국건국희생자유족회, 제주도경찰참전유공자회. 제주4·3위원회, 『제주4·3사건진상조사보고서 접수내용』〈1〉, (2003) 39~41, 69~120쪽.
941) 제주4·3위원회, 『제주4·3사건진상조사보고서』, (2003), 283쪽.
942) 제주4·3위원회, 『제주4·3사건진상조사보고서』, (2003), 283쪽.
943) 제주4·3위원회, 『제주4·3사건진상조사보고서 접수내용』〈1〉, (2003), 459쪽.

수차 반복하지만 건국 초기 혼란상을 도외시하고 현재의 잣대로 당시 상황을 재단하는 것은 잘못입니다. 당시 상황을 보면 계엄령을 발령할 수밖에 없는 긴박한 상황이었습니다.

□ 제주지구 계엄령 발령 이전 상황 일지

1948.	4. 3.	4·3 발발
	4. 15.	남로당제주도당 대책회의(4·15도당부대회)
	4. 19~5. 5.	김구 김규식 남북협상 차 북한 방문
	4. 30.	김익렬 김달삼과 귀순 협상
	5. 6.	제9연대장 김익렬과 박진경 교체
	5. 7.	남로당중앙당 올구 내도(3일 후 김달삼 오일균회담에 모종의 작용 가능성 있음)
	5. 10.(총선일)	김달삼과 오일균 회담 정보교환, 무기공급, 국경의 토벌작전 사보타주, 탈출병 추진, 박진경 암살 등 합의
	5. 21.	9연대 장병 41명 개인병기와 실탄 5,600발 가지고 집단 탈영(B-2)[944]
	5. 22.	9연대 탈영병 41명 중 20명 검거 소총 19정과 실탄 3,500발 회수(B-2)[945]
	6. 18.	박진경 대령 암살(부임 1개월 12일만에)
	8. 2.	김달삼 등 4·3 주동자 제주 탈출 월북
	8. 15.	대한민국 건국
	10. 19.	여·순(제14연대)반란사건 발발
	10. 24.	인민유격대 사령관 이덕구 대한민국에 선전포고
	11. 2.	대구 6연대 1차 반란사건
	11. 17.	제주지역 계엄령 발령

건국한 지 두 달밖에 안 되는 신생 대한민국을 부정하고 전복하려는 10·19여·순반란사건이 일어나고 이어서 24일 이덕구가 선전포고를 하는 등 계엄을 선포해야 할 만큼 다급한 상황이 발생했는데, 계엄법이 없으니 부득이 헌법 부칙을 적용, 일제(日帝)의 법령을 원용한 조치가 불가피했던 것입니다. 예컨대 건국 당일 살인사건이 발생했을 때 우리나라 형법이

---

944) 제주4·3위원회, 『제주4·3사건 자료집』 7권, (2003), 68쪽.
945) 제주4·3위원회, 『제주4·3사건 자료집』 7권, (2003), 70쪽.

없기 때문에 일제시대 형법으로 다스릴 수밖에 없는 논리와 마찬가지입니다.

⑨ 4·3주체세력은 축소되고 인명피해는 과장되어 있습니다.

무장대라는 인민유격대 수는 주동자 김봉현이 3,000명이라고 밝힌 사실이나 브라운 대령 보고서에서 4,000명의 장교와 사병으로 구성되었다는 기록을 뻔히 알면서도 500명으로 축소한 반면, 4·3으로 인한 인명피해는 쌍방 15,000여 명 정도임에도 불구하고 이를 25,000~30,000명으로 과장하였습니다. 이 자료가 정설로 고착화되었으며 그렇게 교육하고 있는 실정입니다.

그리고 남로당원 수도 4·3 당시 5,000~6,000명, 그 직후 초여름 경에는 족히 3만 명에 이르렀는데 이런 내용이 없는 것은 물론 이들의 책임에 대한 설명도 없습니다. 제주4·3평화재단 자료에도 남로당 인민유격대가 12.3%인 1,756명[946]을 살해했습니다.

왜 대한민국 정부보고서가 남로당의 잘못은 축소하고, 군경토벌대의 잘못은 사실 이상으로 부풀렸는지에 대한 의문이 남습니다. 특히 쌍방 인명 살상행위에 대한 설명은 객관적이며 사실에 근거해야 하고 형평성을 유지해야 합니다.

제대로 된 정부보고서라면 토벌대와 인민유격대 간의 충돌임으로 보고서 지면 배분도 양과 내용 면에서 균형이 맞아야 합니다. 인명피해를 기준하더라도 토벌대에 의한 피해자 10,955명(78.1%), 무장대에 의한 피해자 1,764명(12.6%)이므로 이 비율을 준수해야 함에도 불구하고 실제는 토벌대의 잘못은 130쪽(97%), 인민유격대 잘못은 4쪽(3%)뿐입니다. 대한민국 정부보고서가 왜 이렇게 됐습니까?

⑩ 군 주요작전 및 군·경프락치 사건이 누락 또는 축소되어 있습니다.

5·10총선 선거관리위원 등 민간인 다수, 군인, 경찰이 전사하는 희생[947] 위에 4·3을 진압하고 대한민국을 건국했는데, 군 작전상황을 대부분 생략하거나 축소하였고, 군과 경찰에 침투한 프락치 사건도 생략하였습니다. 군·경 프락치 사건은 사전 진압이 되었기에 망정이지 하마터면 제주도가 남로당해방구가 될 뻔한 큰 사건이었습니다.

---

946) 제주4·3평화재단, 『제주4·3 바로 알기』, (2014), 41쪽.

947) 군인 162명(전사160, 전상 2), 경찰 289명(전사 191, 전상 97, 행불 1), 우익단체 1,091명(피살 577, 부상 47, 행불 16). 제주4·3평화재단, 『제주4·3사건 추가진상조사 보고서 Ⅰ』, (2019), 633쪽.

□ 군의 중요 전투 누락 또는 축소

1948년 10월 29일 장전리 전투	게릴라 200여 명과 8시간 전투 끝에 100여명 사살[948]
1948년 12월 19일 신엄리 전투	무장대 30여명이 신엄리를 습격했다는 신고를 받고 출동한 탁종민 중위 이하 1개분대원이 매복작전에 걸려 1명을 제외한 분대원 전원 전사하고, 2차 지원 출동한 11중대장 부상, 15명 전사[949]
1949년 1월 1일 오등리 주둔군 피습	
1949년 1월 6일 월평리 전투	
1949년 1월 12일 의귀리 전투	
1949년 2월 4일 총기피탈 사건	
1949년 2월 16일 남원리 전투	
1949년 3월 9일 노루오름 피습 사건	군인 27명 전사, 민보단 사망 9명[950]
1949년 3월 말 녹하악 전투	2연대 4중대장 김주형이 지휘하는 군과 이덕구가 지휘하는 게릴라 1천여 명이 전투, 게릴라 사살 178명, 총기 207정 노획

이상의 전투는 '보고서에는 몇 개의 전투만 간략하게 소개하고……중요한 전투를 보고서에 누락시키고 군이 일방적으로 양민을 학살했다는 기록만 나열하였습니다. 이는 군이 별 전투도 하지 않고 양민만을 학살했다고 주장하기 위한 의도였다.'[951]라는 의심이 듭니다.

□ 군 프락치 사건[952] 누락

군 프락치 사건은 1948년 10월 28일 제주도경비사령관 제9연대장 송요찬 소령이 작전 협의차 홍순봉 제주도경찰국장에게 전화하려다 혼선에 의해 우연하게 확인된 사건입니다. 9연대 구매관 강의원 소위 등이 10·19여·순반란사건 모방 반란을 시도하다가 거사 직전 탄로나 인민유격대와 내통한 9연대 제2대대장 김창봉 대위 등 연루자 80명을 검거했습니다.

948) 나종삼, 『제주4·3사건의 진상』, (아성사, 2013), 266~267쪽.
949) 대한민국재향군인회 안보문제연구소, 향군안보총서 09-1 『2009년도 호국·안보세미나보고서』, (2009), 170쪽.
950) 대한민국재향군인회 안보문제연구소, 향군안보총서 09-1 『2009년도 호국·안보세미나보고서』, (2009), 170,171쪽.
951) 대한민국재향군인회 안보문제연구소, 향군안보총서 09-1 『2009년도 호국·안보세미나보고서』, (2009), 170쪽.
952) 나종삼, 『제주4·3사건의 진상』, (아성사, 2013), 260~264쪽.

□ 경찰 프락치 사건[953] 누락

이 사건은 1948년 '11·7사건' 또는 '제주도적화음모사건'[954]이라 불렀듯이 남로당제주도당이 러시아 10월혁명 기념일을 계기로 제주도적화혁명 완수를 위하여 치밀하게 계획된 사건으로, 문국주의 「조선사회운동사 사전」 118쪽에도 상세히 기록되어 있습니다. 통신 장악, 유치장 개방, 무기고 탈취, 경찰 및 정부 관료와 우익인사 암살, 전(全)관공서 방화를 계획한 사건으로서, 10월 24일 이덕구의 선전포고로 인하여 일정이 앞당겨져 11월 1일, 거사 30분 전에 경찰 프락치 서용각이 전향하여 위생계장 고창호에게 제보함으로서 경찰 및 도청, 법원, 검찰청, 읍사무소, 해운국 등에 침투한 프락치 83명을 검거한 사건입니다.

군 프락치사건과 경찰 프락치사건은 판이 뒤엎어질 정도로 매우 위중(危重)한 사건으로서 『4·3은 말한다』에도 게재되어 있음에도 불구하고 같은 집필진이 작성한 정부보고서에는 누락되었습니다.

⑪ 북촌사건이 형평성을 잃고 기술되어 있습니다.

북촌사건이란 1949년 1월 17일 발생한 조천면 북촌리 주민 집단총살사건을 말합니다. 사건의 발단은 사건 전날 오후 구좌면 월정리 주둔 제2연대 3대대 12중대원이 조천면 함덕리에 있는 대대본부에서 월정리로 가던 도중 동복리와 김녕리 사이 '개여물동산'에서 공비 매복조의 기습으로 김원식·김건조·김현수·박병규 등 4명이 전사하고 민간인 운전사 1명이 살해[955]당했으며, 그 뒷날[956] 아침에 위 부대원이 월정리에서 함덕리로 이동 중 북촌리 어귀 '마가리동산'에서 다시 매복조 기습을 받고 이순범·이영준·김선락·최하중 등 4명이 전사한 사건이 연달아 발생했습니다.[957]

이틀 동안 전우 8명을 잃은 3대대 군인들은 이성을 잃게 되었고, 마침 군인을 기습한 무리 일부가 북촌리 안으로 도망갔으며, 교전현장에서 돼지고기 반찬에 김이 모락모락 나는 쌀밥이 발견되자 공비들을 이 동네 사람으로 본[958] 3대대 군인들이 북촌리를 포위한 후 전 주민을 북촌국민학교에 집결시키고, '마을로 도망친 폭도는 나와라'고 몇 번 말했으나 나오지 않자 주민 중 군경가족을 제외하고 집단 총살한 사건입니다.

---

953) 제민일보4·3취재반, 『4·3은 말한다』 4권, (전예원, 1997), 133~143쪽.
954) 남로당이 11월 7일을 제주도적화음모사건 거사일로 정한 것은 러시아 10월혁명기념일(러시아력으로 10월 25일, 양력으로 11월 7일)을 선택한 것입니다. 러시아는 1918년 1월 26일부터 구력을 폐지하고 양력을 사용하기 시작했습니다.
955) 제주4·3희생자유족회, 『제66주년 기념 제주4·3사건』통권 14호, (2014) 144~148쪽.
956) 17일, 북촌사건 당일
957) 제주4·3평화재단, 『제7기 4·3역사문화아카데미』, (2014), 125쪽.
958) 제주4·3위원회, 『제4·3사건진상조사보고서 수정의견 접수내용』1권, (2003), 67쪽.

사건 자체는 참극이고 재발해서는 절대 안 될 일입니다. 다만 정부보고서에는 아래와 같은 중요한 내용이 다뤄지지 않았습니다.

- 북촌리는 해방 후부터 좌익세가 강한 '민주부락'이었다는 점
- 1947년 8월 13일 북촌리 주민과 경찰관과의 충돌 및 항의시위 사건
- 1948년 2월 9일 순찰경찰관의 권총 피탈사건
- 5·10선거를 보이콧한 마을이고 투표소가 방화로 소실된 사건
- 1948년 5월 16일 북촌항 피항선에 승선한 우도지서장 양태수 경사와 진남양 순경을 살해한 사건
- 북촌 출신 인민유격대가 민간이 14명을 납치, 살해 직전 군부대에 의해 구출된 사건
- 1949년 1월 16일[959] 군인 4명, 민간인 1명 전사사건
- 북촌 사건 이후인 1949년 2월 4일 제2연대 군인이 무기 수송 도중 북촌리 인근에서 매복조에 기습당해 군인 23명, 경찰 1명이 몰사하고, 민간인 1명이 중상을 입은 사실

정부보고서에는 오직 북촌사건 당일 군인 2명이 피습·전사[960]했기 때문에 집단 총살했다는 식으로 축소 기록했습니다. 또 원인(遠因)을 생략하고 근인(近因)만 적시함으로서 군인은 무조건 주민을 학살하였다고 인식할 소지가 많게 기록했습니다. 그리고 당시 집단 총살자 수에 대해서도 현장에 있던 분이 매우 다른 증언을 한 내용도 수정 의견으로 제출한 바 있었으나 반영되지 않았습니다.[961]

또 필자가 1차 정부보고서 수정 의견으로, 경찰관도 아니며 일개 운전 보조원에 불과한 김병석의 신빙성 없는 증언을 지적했음에도 불구하고 경찰관의 증언인 양 인용한 것도 있습니다. 그 내용은 다음과 같습니다.

'저들을 살려 주십시오'라고 애원했습니다. 그러자 대대장은 '나도 살려주고 싶지만 그러면 어떻게 저들이 의식주 문제를 해결할 수 있느냐'고 물었습니다. …… '함덕리는 큰 마을이니까 다 해결됩니다'고 대답했습니다. 내가 계속 사정하니까 대대장은 '그러면 네가 책임져라'면서 사격을 중지시켰습니다.'[962]

---

959) 북촌사건 전날
960) 제주4·3위원회, 『제주4·3사건진상조사보고서』, (2003), 413쪽.
961) 제주4·3평화재단, 『제7기 4·3역사문화 아카데미』, (2014), 125쪽에는 17일 희생자를 260명으로 집계했으나, 현장에 집결했다가 군인가족으로 총살을 면한 한수섭(1931년생)은 40명씩 2회 80명이라고 증언하였습니다. 제주4·3위원회, 『제주4·3사건진상조사보고서 수정의견 접수내용』 1권, (2003), 67쪽.
962) 제주4·3위원회, 『제주4·3사건진상조사보고서』, (2003), 414쪽.

대대장이 주민들 의식주 해결 못할 것을 걱정해서 총살을 했다는 말이나, 순경도 아닌 일개 운전보조원에게 '네가 책임져라'하고 사격을 중지했다는 것은 이해하기 힘듭니다. 살기등등한 집단총살 현장에서는 말 한 마디 하기 어려운 게 정상입니다. 증언자의 정확한 신분도 확인하지 않고, 개인보고서도 아닌 정부보고서에 그대로 옮겼다는데 의문이 많습니다.

증언자는 확신해서 증언했을 수도 있습니다. 그러나 사람의 기억력에는 한계가 있고 착각할 수도 있으며 허장성세 성향인 사람도 많습니다. 정부보고서에 인용하려면 최소한 교차검증이라도 해야 하는 것입니다.

⑫ **3·1발포사건**을 4·3의 **도화선**이라고 **잘못** 기록했습니다.

이는 오직 4·3 발발 원인을 3·1발포사건 때문이라고 귀착시키려는 의도 하에 왜곡한 것이라는 비판이 있습니다. 이렇게 되면

첫째, 해방 후 좌우익이 찬탁과 반탁으로 갈려 대립충돌하게 된 때로부터 3·1사건까지 1년 2개월간 치밀하게 전개한 좌익 활동을 감쪽같이 사라지게 합니다.

둘째, 3·1발포사건 때문에 4·3이 일어났다는 논리가 성립합니다.

셋째, 그 결과 민중항쟁이 합리화됩니다.

그러나 공산주의 통일국가 건설이 최종 목적임을 주동자인 이운방 대정면당책 스스로 실토하였습니다. 더구나 발포사건이 있기 직전 제주북국민학교에서 군중 3만 명이 모인 가운데 채택한 결정서에서 '모든 반동세력을 분쇄'하자고 주장한 점, '조선인민공화국 수립 만세'를 부른 점에서 볼 수 있듯이 많은 군중을 동원한 불법 집회시위에서 발생한 돌발적 발포사건을 명분으로 군중을 선동하여 결국 5·10선거 파탄과 대한민국 건국 저지로 공산통일혁명을 이루고자하는 것이 남로당의 최종 목적임에도 이를 비켜갔습니다.

⑬ **교육시설 파괴** 사실이 **왜곡**되어 있습니다.

정부보고서에 의한 학교시설 파괴 현황은 토벌대가 17개 학교를 파괴했고 인민유격대는 12개 학교[963]라고 마치 토벌대가 많이 파괴한 것으로 되어 있으나 제주도교육청 조사에 의하면 거꾸로 인민유격대가 27개 학교를 방화 파괴하였고 토벌대는 16개 학교입니다.[964]

이처럼 인민유격대에 불리한 자료는 눈을 감고 토벌대에 대해서는 사실 이상의 잘못을 지

---

963) 제주4·3위원회, 『제주4·3사건진상조사보고서』, (2003), 524쪽.
964) 제주도교육청, 『4·3사건 교육계 피해조사보고서』, (2008), 238쪽.
제주4·3평화재단, 『제주4·3사건추가진상조사 자료집 2, (교육계 4·3피해실태)』, (2018), 483~486쪽에는 도내 92개 학교 중 토벌대에 의한 피해 20개교(40%), 무장대에 의한 피해 27개교(54%), 주민에 의해 3개교(6%)라고 기록되어 있습니다.

적하였습니다.

⑭ 4·3의 시기(始期)와 종기(終期)가 잘못 규정되어 있습니다.

4·3의 시기(始期)는 1948년 4월 3일인데 의도적으로 1947년 3월 1일로 정했고, 4·3의 종기(終期)도 한라산 개방일인 1954년 9월 21일이 아니라 1957년 4월 2일 마지막 공비 오원권을 생포하여 명실 공히 4·3이 종료된 날로 고쳐 기록해야 합니다.

⑮ 『대한경찰전사』 비판에 오류를 보이고 있습니다.

정부보고서 169쪽에 『대한경찰전사』에는 4월 3일 당일의 사건을 설명하면서 '폭동주모자들이 제주경찰감찰청 및 제주경찰서를 기습 점령함으로써 일시에 제주 전 경찰에 대하여 결정적인 타격을 가함과 아울러 전 제주를 공산계열의 손아귀에 넣으려는 가공할 폭동 기도를 한 다음……'이라고 기술되어 있습니다.

정부보고서는 이 부분을 잘못 이해하여 비판하였습니다. 아마도 제주경찰감찰청과 제주경찰서는 습격을 당한 일이 없는데 『경찰전사』에는 습격당한 것으로 기록했다고 해석하는 모양인데, 이는 위 인용문의 전반부 '함으로써'까지 만을 떼어내서 해석한 오류입니다. 인용문의 후반부 '가공할 폭동기도를 한 다음'까지를 한 문장으로 보면 하나도 틀린 기록이 아닙니다.

참고로 정부보고서만 잘못된 게 아닙니다. 제주4·3위원회에서 발행한 『제주4·3사건 자료집』도 남로당에 불리한 내용이 누락된 것이 발견됩니다.

예를 들면 이기영의 수기 '제주도 현지 실정 보고'[965]가 서울신문 1949년 3월 30일, 31일, 4월 1일자에 총 3회 연재되었습니다. 그런데 『제주4·3사건 자료집』에는 가장 중요한 1, 2회가 없고 마지막 회만 소개되어 있습니다.[966] 누락된 수기에는 '이재민만 10만여 명, 무자비한 폭동 발단 좌익의 모략이 도화선'으로 문장이 시작되고 있으며 그 내용도 남로당을 비판한 것이 있습니다.[967] 그리고 브라운대령 보고서에 남로당원이 6만~7만 명이라고 나와 있는데 6,000~7,000명으로 축소했습니다.[968]

⑯ 괴선박 출현설 또는 소련잠수함 출현설에 대한 부정

정부보고서(254~259쪽)에는 "1948년 10월 경부터 집중적으로 터져 나온 이른바 '괴선

---

965) 강용삼, 이경수, 『대하실록 제주 백년』, (태광문화사, 1984), 727~740쪽.
966) 제주4·3위원회, 『제주4·3사건자료집』 3권, (2002), 35~37쪽.
967) 제주자유수호협의회, 『제주도의 4월 3일은?』 3집, (열림문화, 2011), 120쪽.
968) 제주4·3위원회, 『제주4·3사건 자료집』 9권, (2003), 40쪽.

박 출현설' 혹은 '소련 잠수함 출현설'은 강경진압을 합리화시키는 중요한 명분으로 작용했다. … 이처럼 '괴선박 출현설'은 강경진압을 펼치는 시점에 앞서 꼭 터져 나왔고, 실제로 대규모 유혈사태의 구실로 작용했다. … 괴선박 출현설은 사태가 거의 끝나갈 무렵에 가서야 근거 없는 낭설임이 밝혀졌지만 당시에는 강경진압작전의 중요한 빌미로 작용했다는 점에서 강경작전에 대한 반대여론을 무마하기 위한 조작의 의혹이 있다"고 여섯 쪽에 걸쳐 장황하게 설명하였습니다.

그러나 필자는 여기에 동의할 수 없어서 수정의견 제출 시 이 내용을 길게 반박한 바 있지만 반영되지 않았습니다.

미군이 강경진압 명분으로 괴선박 출현설을 유포했다는 것도 어디서 본 듯한 설정입니다. 바로 오라리 방화사건과 이를 공중촬영한 것이 강경진압 명분을 만들기 위한 것이었다는 주장과 같아 보입니다. 실제 소련 선박이 제주 근해에 출현했다는 사실은 1948년 8월 17일 서울신문 보도를 비롯해 자주 보도되었고 미군정 보고서에도 자주 보입니다. 미군정이 하릴없이 강경진압 명분을 얻기 위해 이런 허위문서를 작성했다는 것은 악의적일뿐만 아니라 미군정의 정보능력이나 시스템을 모르는 데서 비롯되었다고 생각합니다.

1946년 7월 10일자 수한미군사령부 정보참모부 정기보고 제270호에는

'6월 27일, 소련 군함 엔에세이(ENESSEY)호가 제주도 해안 0.5마일 지점 조천리 부근에서 좌초했다. … 6월 28일, 엔에세이 호보다 조금 더 큰 군함이 예인선 크기의 작은 배를 동반하고 같은 위치에 나타나 해안가 4마일 지점에서 연기를 내뿜으며 이리저리 움직였다. … 6월 30일, 군정장교 2명과 6사단 장교가 아무런 제지도 받지 않고 좌초된 선박에 승선했다. … 블라디보스토크에서 온 그 선박은 연료순환장치와 통신용 송신기가 고장'났다는 기록이 있습니다. 그리고 그 선원들의 요청에 따라 미군 사령관이 고장 사실을 소련 함대사령관에게 전문으로 알려줬다고 합니다.[969]

제주 근해에는 소련 선박이 알게 모르게 자주 왕래하였으며 이것이 미군 정찰에 포착된 것입니다. 정보의 신뢰성에 문제가 있을 수는 있지만 제주도 사태 진압만을 위해 허위로 괴선박 출현설을 작성해서 유포했다는 주장은 오라리 방화사건에 이어 또 하나의 왜곡입니다.

⑰ 교차검증이나 해명 없이 앞뒤가 맞지 않게 기록했습니다.

정부보고서 중 군법회의에 대한 증언 내용을 보면 동일인이 앞에서는 군법회의가 있었다고 기록하고, 뒤에 가서는 군법회의가 없었다고 진술한 것을 기록했습니다.

---

969) 제주4·3평화재단, 『제주4·3사건 추가진상조사 자료집 3 (미국자료 1)』, (2020). 53쪽.

『제주4·3사건진상조사보고서』235쪽에는 군수 참모 김정무의 증언을 들어 군법회의가 있었음을 기록하였습니다.

김정무의 증언 요지는 송요찬의 지시로 군사재판 재판장을 맡았고 제주도지사였던 박경훈 사건을 맡아 법무관 및 심판관과 숙의한 끝에 징역 3년형을 선고했다는 내용입니다. 또 정부보고서 작성을 실질적으로 주도한 양조훈이 쓴 책 『4·3 그 진실을 찾아서』[970] 328쪽에도 동일한 내용이 있습니다.

그러나 『제주4·3사건진상조사보고서』462~463쪽에는 군법회의 재판의 법적 검토를 하는 가운데 "'1949년 군법회의' 당시 제9연대 부연대장인 서종철과 제9연대 군수참모 김정무는 모두 민간인에 대한 군법회의 사실을 알지 못했다."고 기록하고, 또 '1949년 당시 2연대 1대대장이었던 전부일은 서북청년회원 3명을 군사재판 처리한 적은 있지만, 민간인 1,659명에 대한 군법회의는 모른다고 증언하였다'고 기록하였습니다.

이처럼 동일인이 앞에 증언은 군법회의가 있었다하고 뒤에 증언은 군법회의가 없었다고 기록했습니다.

심지어 정부보고서 466쪽에는 군법회의 자체를 실행하지 않았거나 형식적 재판으로 일관했다고 강조하고 있는 것을 볼 수 있습니다.

- '제주에서의 두 차례 군법회의에 대해서 한국정부 및 국회에서 전혀 언급된 바 없고, 당시 국내 신문에 관련 기사가 전혀 없다는 사실이다.'
- '국회 속기록이나 국무 회의록, 대통령 재가문서 등을 보면 4·3사건에 관한 여러 논의가 있었으나 군법회의 관련 내용은 찾아 볼 수 없다.'

그러나 수형인명부와 형집행지휘서의 존재는 적법한 사법절차를 거쳐 형집행하였다는 증거입니다. 당시 군법회의 사형수 중에 고등군법회의 설치장관이 확인 과정이나 재심의 과정에서 감형된 자가 96명이나 있었다[971]는 것은 재판이 있었다는 증거입니다. 문재인 정권 때 개정된 위헌적 요소가 있는 4·3특별법에 따라 수형인들이 직권재심 재판에서 전원 무죄가 선고되고 있지만 시대상황을 전혀 고려하지 않는 재판이라는 비판이 많습니다.

---

970) 도서출판 선인, 2015.3.5.
971) 제주4·3위원회, 『제주4·3사건진상조사보고서』, (2003), 459쪽.

| 문 150 | 1차 정부보고서에 대한 수정의견을 6개월 동안 받아서 수정하지 않았나요?

답 수정의견이 반영되지 않았다고 보는 것이 정답입니다. 형식적으로 수정의견을 받아서 반영했다는 모양새만 갖춘 것입니다.

2003년 3월 29일 제주4·3위원회에서 1차 정부보고서를 통과시키면서 9월 29일까지 6개월간 새로운 자료나 증언이 나오면 재심의하여 수정하기로 하였습니다. 그래놓고 4월 29일에야 보고서를 발간 배포하였으니 사실상 수정의견 접수 기간은 5개월이었습니다. 그런데 1차 보고서를 발행한 날 바로 받아 볼 수 없어서 필자는 두 달이 지나서 구했습니다. 582쪽이나 되는 것을 읽고, 수정의견을 쓰기 시작하니 매우 촉박했으나 기한에 맞추려고 철야 작업해서 수정의견을 썼습니다. 집필진이 충분한 검토를 할 수 있도록 마감기일 2개월 20일 전인 7월 9일 대한민국재향경우회제주도지부 등 도내 8개 보훈안보단체 공동명의로 제주4·3위원회에 제출[972]했습니다. 그러나 반영된 것은 하나도 없습니다.

전국적으로 접수된 수정의견은 **376건**[973]인데 이를 10월 4일 제주4·3위원회 검토소위에 회부하여 단어 오류 등 극히 지엽적인 33건에 대해서만 수정하고 본회의에 상정, 10월 15일 통과시켰습니다. 376건의 수정의견 중에서 **33건**에 대해 자구(字句) 정도 수정한 것을 가지고 철저히 수정했다고 말하는 것은 억지입니다.

제대로라면 9월 30일 수정의견 접수 마감 시간 전까지 접수된 내용은 제주4·3위원회 위원과 소위원회 위원 수만큼 인쇄해서 전 위원에게 배부하고 이를 충분히 읽을 시간을 주고 난 다음, 토론을 거쳐 정식 회의에 부의해야 하는 것이 정상입니다. 9월 30일 접수 마감 → 집필진 검토 → 인쇄 원고 작성 → 인쇄 계약 및 납품 → 제주4·3위원회 전 위원에게 배부 → 의견 제출자에게 의문점 확인 및 교차 검증과 집필진 자체 토론 → 소위 및 중앙위원 개인별 검토 → 소위원회 토론 → 본회의 상정 토론 → 본회의 확정이라는 단계가 필수입니다.

접수 마감으로부터 보고서 확정까지 단 15일인데 이는 제아무리 천재라도 물리적으로 도저히 이런 절차 이행이 불가능한 기간입니다. 집필진은 심도 있는 토론을 거쳤다고 변명하지만 15일은 각급 위원들이 **1,496쪽**을 한 번 읽기도 어려운 기간입니다.

심지어 당시 제주4·3위원회 위원인 한광덕 장군은 '수정의견 접수내용'이라는 인쇄물을

---

972) 제경우 제19호(2003.7.9.). 제주4·3사건진상조사보고서 수정의견(반론) 제출, 대한민국재향경우회제주도지부, 대한민국상이군경회제주도지부, 대한민국전몰군경유족회제주도지부, 대한민국전몰군경미망인회제주도지부, 6·25참전동지회제주도지부, 자유수호협의회, 대한민국건국희생자제주도유족회, 제주도경찰참전유공자회 이상 8개 단체.

973) 총 1,537쪽, 중복 부분 제외 1,496쪽.

받아본 적이 없다고 합니다. 그러니 위원들이 심도 있는 토론 자체가 있을 수 없고, 있었다면 형식적이거나 또는 집필진 등 소수 인원에 한할 수밖에 없었다고 확신합니다.

집필진의 일원이고 제주4·3위원회 전문위원인 김종민은 제주지법 법정 증언에서 마치 수정의견을 고의로 늦게 제출했다는 뉘앙스로 '수정의견들은 마감기일 임박해서 제출하였다'라고 하였는데, 반론자의 입장에서는 전문적 연구자가 아닌 이상 늦게 보고서를 입수해서 읽고 → 자료 발굴 → 검토 → 반론 작성 등의 과정을 거치다 보면 기한이 촉박하게 마련입니다. 대단히 중요한 정부보고서인 만큼 접수 기한 내에 제출한 것은 모두 검토 반영해야 하고 반영하지 못한 내용에 대해서는 그 이유를 제출자에게 상세히 회신해야 하는 것입니다.

2003년 2월 7일 보고서작성기획단 제10차 회의[974]에서 양조훈 수석전문위원은 '법상 진상조사보고서 작성에 대해서는 시일이 정해져 있'[975]음을 강조하면서 '이는 정치적인 스케줄도 연결돼 있다. 노무현 대통령이 금년 4월 3일 입장표명이 있어야 할 것이 아니냐 하는 전제로 하고 있다. 그걸 역순으로 본다면 어쨌든 3월 중에는 중앙위원회서 보고서가 어떤 형태든 간에 마무리가 돼야 만이 그 내용을 토대로 해서 대통령께서 입장표명이 있지 않겠느냐 이렇게 보고 있습니다.'라고 발언하였습니다. 법정기한 내에 처리하지 않은 것도 관련자들의 책임이지만 이를 넘겼다 해서 국가적으로 큰일이 나는 것도 아니며 4월 3일은 다음 해에도 있는 것입니다. 노무현 대통령의 정치 일정에 맞춰 그때까지 확정하느라 졸속처리했다는 의심이 가는 대목입니다.

한광덕 제주4·3위원회 위원의 말에 의하면 수정의견 접수와 소위원회 및 본회의 검토는 순전히 형식적 절차에 불과하였고, '번갯불에 콩 구워 먹듯'이 그냥 통과했으며 수정의견 제출자에게 확인을 받거나 교차 검증을 한 적이 전무했습니다. 필자도 수정의견을 냈지만 전화 한 번 받은 적 없었고, 당연히 반영된 것도 전무합니다. 당장 처리하지 않으면 나라가 흔들리는 것도 아닌데 왜 그렇게 서둘렀는지 도저히 이해할 수 없습니다. 그래서 내놓은 작품이 현재의 정부보고서입니다.

⑱ 또한 정부보고서에 '무장대가 군경을 비롯하여 선거관리요원과 경찰가족 등 민간인을 살해한 점은 분명한 과오이다'[976]라고 되어 있는데, 남로당제주도당이 만 9년간 대한민국을 적으로 여기고 맞선 사실을 놓고 단순히 '과오이다'라고 기록한 것도 적절한 표현이라고

---

974) 1차 정부보고서 결정을 앞둔 회의.
975) 위원회가 구성된 후 2년 6개월 내에 진상조사보고서를 작성하게 규정했다는 점.
976) 제주4·3위원회, 『제주4·3사건진상조사보고서』, (2003), 536쪽.

볼 수 없습니다.

| 문 151 | 정부보고서는 다시 써야 한다고 생각하시나요?

답 당연히 새로 써야 합니다. 정부보고서가 잘못될 것이라는 정확한 예언은 2003년 3월 제주4·3위원회 위원으로 있다가 첫 번째로 사퇴한 김점곤 경희대 명예교수가 하였습니다.[977]

---

① 보고서가 4·3사건의 원인보다는 군경의 과잉진압에만 초점을 맞추고 있다. 특히 4·3사건을 역사적 안목이 아닌 단순히 가해자와 피해자라는 편 가르기 식으로 서술하고 있어 27일 회의 불참은 물론 아예 위원직을 사퇴하겠다

② '1948년에 일어난 남북간의 정치전을 지금의 정서로 판단해서는 안 된다는 게 내 입장'이라며……'일차 자료가 제대로 없는 상황에서 객관성이 부족한 자료를 인용해 사건 규정을 하는 것은 어느 쪽을 위해서도 바람직하지 않다. 현재 위원회 내부 입장대로 상황이 진행된다면 오히려 **민족 분열**이 생겨날 것'

김점곤 위원은 위와 같이 말하고 사퇴하면서 정부보고서가 화해와 갈등 봉합이 아니라 지금과 같이 갈등 증폭을 초래한다는 점을 정확히 예측하였고 그 예측은 적중했습니다.

그리고 이런 현상은 이미 정부보고서작성기획단 단장 선임에서부터 잉태되었습니다. 제주4·3사건진상조사보고서작성기획단장은 국무총리가 단원 중에서 임명토록 규정되어 있습니다. 이한동 국무총리는 국사편찬위원회 이상근 근현대사실장을 단장으로 임명하였습니다. 이상근은 전문성이나 직책으로 보아 단장으로 적임자였습니다. 그런데 김대중 정권 당시 제주4·3위원회 수석전문위원인 양조훈 측이 여당 추미애 의원, 청와대 김성재 정책수석, 한광옥 비서실장 등을 움직여 이미 국무총리 결재까지 마친 이상근을 취소하고 역사학에 아무런 경력도 없는 박원순 변호사를 단장으로 임명하였습니다. 그야말로 행정 관례상 전무후무한 무리수를 두어 2001년 1월 17일 기획단을 출범시켰습니다.[978] 이렇게 한 일련의 행위는 국정농단행위로 역사에 분명히 기록될 것입니다. 역사를 조금이라도 아는 사람이 팀장을 맡았다면 이 정도 오류투성이의 정부보고서가 나오진 않았을 것입니다. 이렇게 잘못된 정부보고서를 가지고 지금 초·중·고생의 4·3 교재 자료로 제공되고 있는 실정이니 큰일입니다.

---

977) 제주자유수호협의회, 『제주도의 4월 3일은?』 5집, (열림문화, 2012), 47쪽~48쪽.
978) 양조훈, 『4·3 그 진실을 찾아서』, (도서출판 선인, 2015), 316~317쪽.

이제 4·3정부보고서는 정치 입김을 배제하고 양심적인 학자에 의해서 새로 써야 합니다. 현길언 박사의 『본질과 현상』에 의하면 노무현 대통령은 '태어나지 말아야 할 정부에 대해서 저항하여 일어난 4·3사태'[979]라고 말했다는데 이 말은 자가당착의 표본입니다. 노무현 대통령에게 '귀하는 어느 나라 대통령입니까?'라고 질문한다면 뭐라 대답할 것입니까? 이러한 시각과 역사의식을 가진 대통령 정부에서 작성한 보고서이고 그의 정치일정에 맞추려다보니 객관성 유지가 어려웠을 것이라는 비판이 있습니다.

끝으로, 정부보고서를 새로 써야 한다는 주장에 대해 일부 사람들은 첫째, 내용에 하자가 없고 둘째, 정권이 바뀔 때마다 보고서를 새로 써야 하느냐는 등의 이유로 정부보고서를 수정하는 데 반대합니다. 그러나 위에서 지적한 바와 같이 내용 면에서 많은 오류가 있습니다. '학자나 지식인으로서의 의무는 정직해야 한다는 것이지 특정 그룹에 충성하는 것이 아니다'라는 프랜시스 후쿠야마 스탠퍼드대 교수의 경고를 상기하더라도 잘못된 것은 솔직히 인정하고 즉각 수정해야 합니다. 가장 용기 있는 사람은 자기의 잘못을 인정하는 자입니다.

그런 의미에서 박원순 정부보고서 작성기획단장과 집필 책임자 양조훈 수석전문위원 등은 내용에 오류가 있다는 것을 솔직히 인정하고, 수정하는 길에 앞장서 줄 것을 촉구하고 기대해 봅니다.

그런데 그동안 정부보고서의 무오류를 고집하며 교육 홍보에 매진하던 사람들이 최근에 이르러 다시 쓰려는 움직임이 있습니다. 하지만 누가 어떻게 쓸 것인가? 집필진 구성이며 성격규정에 있어서 남로당이나 북한의 시각을 버릴 것인가? 오히려 민중항쟁이나 통일운동으로 왜곡하지는 않을지 의문이 많습니다. 그간의 흐름을 보면 '4·3정신 이어받아'를 내걸다가 '완전한 4·3해결'을 주장하더니 이제는 '정의로운 4·3해결'을 표방하고 있습니다. 대한민국 건국저지를 위한 폭동 반란이 4.3정신이며, 공산통일이 완전한 4.3이며, 문재인 대통령이 말한 '좋은 나라를 꿈꿨던 제주4.3'이 정의로운 4.3인지 추이를 지켜 볼 일입니다.

이 장을 마감하면서 정부보고서 집필진에게 『열국지』에 나오는 중국 제(齊)나라 우상(右相) 최저(崔杼)와 태사(太史) 백·중·숙·계(伯·仲·叔·季) 4형제의 일화를 통해 감히 한 마디 하겠습니다. 최저는 자신의 치부를 감추기 위해 역사를 기록하는 태사 3형제를 차례로 불러 고쳐 쓰라고 지시하였으나 굽히지 않자 죽이고, 마지막 남은 동생 계(季)를 불러 지시했다. 그는 죽음의 위협 앞에 섰지만 형들과 똑같이 '사실을 사실대로 쓰는 것이 역사를 맡은 사람

---

979) 『본질과 현상』 통권 32호, (본질과 현상사, 2013. 여름), 123쪽.

의 직분입니다. 오늘 내가 쓰지 않더라도 반드시 천하에 이 사실을 알릴 사람이 있을 것이니 최 우상(右相)이 저지른 일을 감출 순 없습니다.'라고 당당히 말하자 최저도 할 수 없이 계(季)를 돌려보냈다는 고사를 곰곰이 새겨보길 권합니다.

[12장]
제주4·3평화기념관 전시물은
무엇이 잘못되었습니까?

| 문 152 | 제주4·3평화기념관 전시물에 어떤 문제가 있나요?

답 일일이 지적할 수 없을 만큼 잘못된 것이 많습니다. 대한민국 예비역 육·해·공군·해병대영관장교연합회 등 여러 단체에서 시정해달라고 수차 진정했지만 요지부동입니다. 그곳에 있는 전시물이나 해설이 잘못된 정부보고서를 근거로 제작 전시되었기 때문입니다.

① 우선 전시물의 양적인 면만을 살펴보더라도 남로당이 저지른 행위는 전체 전시물 중에서 3컷뿐이고 그것도 매우 간결합니다. 한 마디로 당시 정부 당국과 진압 군경의 공로는 전무하고, 무조건 양민을 학살한 것으로 느끼게 되었습니다.

4·3은 1948년 4월 3일 발발했고 4개월 반이 지난 8월 15일 대한민국 정부가 수립되었습니다. 대한민국 정부 수립 이후 대한민국을 상대로 선전포고하고 1957년 4월 2일 최후의 무장공비 오원권을 생포할 때까지 8년 7개월 17일 동안 대한민국에 무장폭력으로 대항한 사실이 완전히 누락되어 있습니다. 이것은 제주도나 대한민국 정부가 만든 전시물로서는 매우 부적절합니다.

② 전시물 중 편향되었다는 간단한 예로
▲ 좌파 입장을 대변하는 책이나 자료는 많이 전시해 놓았으나, 4·3항쟁 논리를 비판받을 소지가 있는 제주도인민유격대 투쟁보고서와 그것이 게재되어 있는 『제주4·3사건 자료집』제12권은 없습니다.
▲ 왜곡된 김익렬의 유고문은 전시했으나 그가 국제신문에 기고한 기고문은 없습니다.
도서관도 아니라 누가 읽어 볼 수도 없는데 전시마저 생략한 것은 기획자가 일정한 결론을 정해놓고 이를 합리화하기 위하여 불리한 자료는 작은 것이라도 완전히 빼버린 것입니다.

대량 인명피해가 있었으니 인권 보호 차원에서 검증된 내용을 비판하는 전시물은 당연합니다. 그러나 진압 군경과 인민유격대의 충돌이라면 그 양이나 내용 면에서 형평성을 유지해야 합니다. 그런데 형평성은 고사하고 내용 면에서도 자극적이고 선동적이며 과장·왜곡된 내용이 많습니다.

1948년 5월 8일 자 동아일보에는 공비들의 만행에 대해 '인민봉기를 했으면 했지 총탄에 맞아 거꾸러진 시체를 다시 칼로 난자하고, 목을 매고, 심지어는 귀를 자르고 코를 깎아버릴 뿐 아니라, 임신부의 배를 찌르지 않으면 안 될 원한은 무엇이며 그 이유는 무엇인가?'[980]라는 기사가 있습니다. 제주4·3평화기념관은 군경의 잘못은 적나라하게 전시하고 이와 같은 유형의 인민유격대 만행은 은폐하여 형평성을 결여했습니다.

③ 4·3과 아무 관련도 없는 제노사이드 전시실이나 광주5·18 사진, 필리핀, 남아공 등의 민중 항쟁 사진을 전시한 것도 군경의 진압작전을 학살이라고 결론을 지어 놓고 관람자로 하여금 결론에 도달토록 유도하려는 숨은 의도가 엿보이는 전시물들입니다. 다랑쉬굴 모형도 마찬가지입니다.

④ 4·3평화기념관은 예술을 감상하는 미술관이나 영화관이 아닙니다. 모든 것이 사실에 근거해서 빼거나 더함이 없이 사실만을 전시물이나 영상물로 제작·전시해야 합니다. 그런데 4·3과 무관하거나 사실이 아니거나 사실이라도 과장한 전시물이 너무나 많습니다.

예를 든다면 '제주4·3영상기록 평화와 인권'이라는 13분짜리 영상물을 보면, '다만 제주4·3사건의 이해를 돕기 위해 일부 화면은 한국전쟁, 여순사건의 자료를 사용했음을 밝힌다'라는 짤막한 자막을 잠깐 스쳐지나가게 넣고 4·3과 전혀 무관한 6·25전쟁과 여·순반란사건 사진을 인용하여 마치 4·3 당시 진압 군경이 양민을 학살하는 것처럼 느끼게 제작 상영하고 있습니다. 특히 여·순반란사건 사진은 반란군이 경찰과 양민을 학살한 사진인데 이 사진을 마치 4·3사건 때 군경이 저지른 것처럼 자극적인 인상을 받도록 조작하여 상영하는 것은 정말 기가 막힐 일입니다. 이것은 4·3을 똑바로 이해시키는 게 아니라 거꾸로 이해시키는 일이라고 생각됩니다.

이러한 예는 비단 이곳 전시물뿐만이 아니고 4·3 관련 각종 행사에 오래전부터 다반사로 이루어지는 일입니다. '1987년 7월 집회 선전 포스터에 다른 사진을 가지고 4·3 사진인 냥 인용한 것이라든지, 1988년 10월 26일 제주대학에서 있었던 사진전에는 6·25 당시 전북 전주 공동묘지 사진이 출품됐을 만치 4·3의 왜곡은 도를 넘고 있'[981]다고 지적 받았습니다.

---

980) 제주4·3위원회, 『제주4·3사건자료집』 2권, (2001), 85쪽.

따라서 연간 20만 명[982]의 학생과 관광객이 다녀간다는 제주4·3평화기념관에 있는 전시물도 균형 있게 새로 제작·전시해야지, 지금처럼 남로당의 만행을 은폐하고, 반(反)대한민국, 반(反)군·경 사상을 고취하는 교육장이 되어서는 안 됩니다.

2015년 6월 25일 권낙기가 대표로 있는 '통일광장' 소속 비전향 장기수 14명이 제주4·3평화기념관 전시물을 단체 관람하였습니다. '이들은 해방 이후와 6·25전쟁 당시 빨치산이나 인민군 포로, 전쟁 이후 북에서 남파된 정치공작원, 통혁당사건 등 남한에서의 자생적 반체제 운동가 출신, 1970년대 이후 해외 활동으로 체포된 재일동포, 1970년대 중반 이후 인혁당과 같은 조직사건에 연루된 인사 등으로 분류된다'는 대한민국 반역 사범들입니다.

그중에 '함경남도 출신의 강시백[983] 할아버지는 4·3전시관 관람 소감을 묻는 기자 질문에 "잘해놨네 ~ 어이구 참 잘해놨어"라신다. 빨치산 출신인 강 할아버지는 이어 "지리산, 가야산, 덕유산, 황매산 등에서 무려 5년이나 은신하면서 수백 번 전투에 참가했어. 죽을 고비를 수백 번 넘겼다는 얘기지"란다'[984]라고 보도했습니다. 대한민국을 전복하고 공산통일을 위해 5년간 빨치산 활동을 한 국가반역 사범인 비전향 장기수가 전시물을 보고 '참 잘해 놨다'라고 반복 감탄할 정도라면 4·3평화기념관 전시물 내용이 얼마나 반대한민국적이고 종북·좌편향적인가를 알 수 있는 것입니다.

이런 왜곡과 편향의 결과는 제주4·3평화기념관 전시물 관람자가 남긴 메모를 살펴보면 알 수 있습니다. 어떤 인물에 대한 평가는 공과(功過)와 시대적 상황을 고려해야 하는데 이승만을 학살자로만 매도하거나, 미국이 우리나라의 해방과 건국 6·25전쟁 등에 많은 도움을 준 사실이 있음에도 불구하고 오로지 미국에 대한 비난으로 점철된 글이 보입니다. 심지어 대한민국을 저주하는 수준의 글도 있습니다. 자유민주주의 시장경제체제인 대한민국의 모든 혜택을 누리면서 이러한 비난을 한다는 것은 너무 심하다고 생각합니다.

결론은 정부 당국과 진압 군경의 공로는 묵살하고 어두운 그늘만 부각 또는 왜곡했으며, 북한정권이나 남로당의 죄악과 만행은 은폐·면책했으니 당장 시정해야 합니다.

981) 박서동, 『월간 관광제주』, (월간관광제주사, 1989. 2), 186쪽.
982) 2008년 3월 개관한 제주4·3평화기념관 방문자 통계(기념관측 자료).
2010년 202,026명/2011년 22만 명/2012년 20만 명/2013년 19만 명/2014년 14만 명.
983) 87세. 가명
984) 「통일 꿈꾸는 비전향 장기수들의 생애 마지막(?) 제주여행」, 『제주의 소리』 2015.6.26. 13:47 김봉현 기자.

[그림 3] 제주4·3평화기념관 전시물 관람 소감 메모

4.3일 사건...
이 사건은 국민 모두가 고슬피해
야하는 일 입니다.
정말어지 이승만 그 동물은 유치
장에가서 콩밥주기도 아까운
어젯든
고인의 명복을 빕니다.
다신 어런 일이없도록 후세가
잘 해주었으면하는 바램이네요

마음의 아픈이
당신들의 새명을...
(고리 잔느소서)
마음속 깊이 씨기며...
미쭉 화해라 세계평화를
제게에서 시작합시다.
미국놈을 뭇아냅시다

평화기념관을 둘러보고 나니
초기이승만 정권과 꾀 뒤에서
비후를 같은 마음정에 대해
화가 치민다. 어떻게 끄건
잔인한 방법으로 고문하고 죽겄는지
이늘 전 국민이 꼭 바고 앓고
4·3항쟁 희생사들에 대한
죽조와 첫억 용자~들에
대한 사과까지 제대로
받아내어 하겠다.

작은 아이이야기 박근
버런
박근혜 시발놈의
새끼 벤해지에
칼빵을 났러-
칼빵을 끊았지

이스라엘 야드 바셈 로버트 로제트 사료관 관장은 '역사관(歷史館)은 미래관(未來館)입니다. 하나의 작은 사건이라도 국민이 서로 다르게 기억하고 있다면 그 나라 앞날은 분열입니다. 같은 곳에 있어야 같은 곳을 봅니다. 그래야 나라에 힘이 생깁니다.'[985]라고 하였는데 바로 제주4·3평화기념관 전시물을 두고 하는 경고로 들립니다. 따라서 전시물은 과장이나 허위가 있어서는 안 되고 사실만을 전시해야 한다고 생각합니다.

우리가 남로당의 공산통일투쟁을 진압하고 자유민주주의 시장경제체제로 대한민국을 건국한 것이 얼마나 다행스럽고 자랑스러운 일인가를 알아야 합니다. 그래서 제주4·3평화기념관 전시물도 일방적으로 이 나라가 태생적으로 문제가 있었던 나라라거나 대한민국을 미워하는 역사관(歷史觀)을 주입하는 장소가 아니라 대한민국을 사랑하는 역사관(歷史觀)을 갖도록 교육하는 장소로 수정되어야 합니다.

| 문 153 | 제주4·3평화기념관에 미국에 대해서 어떤 내용이 전시되어 있나요?

답 제주4·3이 미군정 하에서 시작된 사건으로서 보는 이에 따라 여러 가지 생각을 가질 수 있다고 봅니다.

특히 정부보고서는 결론 부분에서 '4·3사건의 발발과 진압과정에서 미군정과 주한미군 사고문단도 자유로울 수 없다. 이 사건이 미군정 하에서 시작됐으며……'[986]라고 4·3사건에 대해 미국의 책임을 거론했고 정부보고서에 의해 만들어진 전시물이기 때문에 그 내용이 포함되어 있습니다.

그러나 제 견해는 다릅니다. 2013년 3월 26일 제주학생문화원 소극장에서 DBS동아방송 제주방송국 주최 '제주4·3 화해와 상생의 길은 없는가?' 주제 토론회에서 제주4·3희생자 유족회 사무국장 김관후가 '4·3사건에 대해 미국이 책임을 인정하고 배상해야 된다'라고 주장하였습니다. 필자는 이에 대해 '우리들이 전분 찌꺼기를 걸러 먹을 정도로 궁핍할 때 미국이 옥수수 가루와 분유를 줘서 먹고 살았고, 막대한 원조를 해줘서 그걸로 신생 대한민국의 재정·국방·교육에 투자해서 살아났으며, 특히 6·25 때 미국 젊은이 36,940명[987]이 전

---

985) 조선일보, 2015.8.15. A17면.

985) 조선일보, 2015.8.15. A17면.

986) 제주4·3위원회, 『제주4·3사건진상조사보고서』, (2003), 539쪽.

987) 참전 1,789,000명, 부상 92,134명, 실종 3,737명, 포로 4,439명. 이중근, 『6·25전쟁 1,129일』, (우정문고, 2013), 1002쪽.
1991년 미국 뉴욕 베터리파크에 건립한 한국전참전용사비에는 전사 54,246명, 부상 103,284명, 실종자 8,177명, 1995년 워싱턴DC 포토맥 공원에 건립한 한국전참전기념비에는 전사 54,246명, 부상 103,284명, 실종 8,177명, 포로 7,140명으로 새겨져 있습니다.

사하면서 우리나라를 구해줬으면, 설령 4·3사건에 미국이 책임이 있다손 치더라도 그만하면 충분한 배상이 이루어진 것 아니냐'고 반박한 사실이 있습니다.

2013년 10월 18일 제주대 '세계 환경과 섬 연구소' 고창훈 교수를 중심으로 제주대 국제교류센터 대회의실에서 '미국 평화점령기 전후 제주도민 대량 학살의 제주4·3의 사회적 치유를 통한 제주섬 문명화 모델 만들어 나가기'를 주제로 제주4·3평화교육포럼을 개최했습니다.[988] 이어서 2014년 4월 29일 같은 장소에서 고창훈 교수는 '4·3희생자와 유족에 대한 개별적 배상을 미국정부와 한국 정부가 공동으로 실행할 때 제주4·3의 정당한 해결은 가능해진다며 이의 해결을 위한 4·3의 사회적 치유를 위한 한미공동위원단 구성 청원문은 제주도민들의 당연한 요구……'라고 하였습니다.[989] 그 후 2015년 3월 24일부터 29일 어간에 제주대 고창훈 교수, 천주교제주교구 강우일 주교 등이 미국 하원을 방문하여 '제주4·3의 정의를 통한 사회치유 한미공동위원회' 명의로 4·3에 대한 미국의 책임 인정과 배상을 요구하는 청원서를 제출했고 100만인 서명운동에 착수했습니다. 이러한 일련의 행동은 자칫 외교 문제화할 사안으로서 매우 신중할 필요가 있다고 생각합니다.

최근 미국의 정부와 재야에서 한국의 중국 경사론(傾斜論)을 거론하는 미묘한 시기에, 그간 미국의 원조와 한국 방위에 기울인 인적 물적 희생은 도외시하고 4·3 책임과 배상을 요구하는 일은 자칫 반한 감정을 유발할 우려가 있습니다. 미국 대선 공화당 후보 경선에 나온 도널드 트럼프가 2015년 8월 유세에서 한국은 '미국에서 엄청난 돈을 벌어가면서도 자기 나라 안보는 미국의 희생에 무임승차하고 있다'는 발언으로도 미국 정치계에서 한국을 보는 시각이 전과 같지 않다는 점을 알 수 있는데 한·미우호 증진을 위하여 신중할 필요가 있다고 생각됩니다. 북한이 핵과 미사일을 가지고 우리를 겨냥하고 있는 마당에 한미동맹에 금이 가거나 외교상 도움이 안 되는 일이 없었으면 하는 것이 필자의 희망입니다. 그러나 현재도 미국의 책임 인정, 사과와 배상을 요구하는 일들이 계속 추진되고 있습니다.

4·3은 남로당이 일으켰는데 소련이나 북한, 그리고 남로당에 대해서는 말 한 마디 없는 사람들이, 우리에게 도움을 준 미국에 대해서만 책임 인정과 배상을 요구하는 것도 이해되지 않습니다. 4·3과 남북분단과 전쟁에서 우리의 책임은 추호도 없고 오로지 미국 책임이라는 자세도 남탓만 하는 모양세라서 필자는 개인적으로 옳다고 보지 않습니다.

문상길과 같이 근무했다는 한성택도 미군이 한라산공비토벌작전에 참가한 것을 본 적이

---

988) 「제주4·3사건 미국 책임 물어야」, 『제주일보』, 2013.10.21, 8면.
989) 제민일보 2014.4.30. 4면.

없다고 증언하였습니다. 미군정은 5·10선거 치안 확보를 위해 오일균 대대를 증파하면서도 작전에 앞서 김달삼을 설득하여 귀순하도록 지시하면서 미군은 이번 작전에 참가하지 않도록 명령하였습니다. 그렇다면 4·3이 발발하고 4개월 후 대한민국이 건국되었으니 건국 이후의 책임은 대한민국이 지는 것이고 엄밀히 따지면 미군정은 4개월인데 4·3 全 기간에 발생한 인명 피해에 대해 미국이 책임 인정, 사과, 배상을 요구하는 것은 재고해야 된다고 생각합니다.

| 문 154 | 제주도교육청의 4·3 교육 내용에 문제는 없나요?

답 지역별로 그 지방의 올바른 역사를 후손들에게 교육한다는 것은 바람직하고 좋은 일입니다. 그러나 위에서 살펴 본 바와 같이 성격 규정도 없고, 왜곡 편향된 정부보고서를 가지고 아무 것도 모르는 초·중·고생에게 4·3교육을 한다는 것은 매우 위험합니다. 인격형성이 미성숙하고 감수성이 많은 아이들에게 이념적 오류를 주입시켜 자칫 선입견을 평생 가지게 할 우려가 있기 때문입니다. 따라서 사실과 대한민국 정체성에 입각하여 양쪽 주장을 확인하고 분석하는 교육을 해야 합니다. 그래야 옳고 그름을 판단할 수 있고 4·3을 바르게 이해할 수 있는 것입니다. '한쪽 말만 들어서는 안 된다'라는 속담도 있습니다.

제주4·3정립연구유족회에서는 2015년 3월 27일 이석문 제주도교육감을 방문, 구두와 서면으로, 초중고생 대상 4·3특별교육계획에 자문위원 구성, 교사와 교육시간의 공정한 배분 등을 건의했으나 반영된 것은 하나도 없습니다, 이와 같은 제주도교육청의 조치들은 스스로는 잘한다고 평가할지 모르겠지만 많은 부작용을 초래할 것이 분명합니다. 그리고 교육 자료도 매우 우려스러울 정도로 좌편향 일색입니다.

또 이러한 우려는 현실로 나타나고 있다는 조짐이 있습니다.

2015년 제주4·3평화재단이 주최한 4·3주제 제16회 전국청소년문예공모전에서 만화부문 우수상을 받은 도내 어느 중학교 2학년생의 '한라산의 불'이라는 만화를 보고 저는 섬뜩한 느낌이 들었습니다. 분명 이 그림은 순수하게 학생 독창적 작품은 아니고 누구의 지도 아래 그린 것이라고 판단했습니다만, 그러나 이런 식의 교육이 반복 강화되는 것은 학생들의 장래를 위하여 매우 불행한 일임에 틀림없습니다. 왜냐하면 2015년 3월 5일 세종문화회관에서 마크 리퍼트 주한미대사를 테러한 김기종도 중학교 2학년 때부터 반미주의자는 아니었을 것이라는 생각 때문입니다.

[그림 4]에서 산은 한라산 즉 제주도를, 노루는 제주도민을 상징하고 있습니다. 독수리 모양의 거인이 쓴 모자에 별은 성조기의 별이며 미국의 국조(國鳥)가 독수리인 점을 감안하면 미국을 지칭하는 것이고, 사나운 개로 표현되는 Mr. Lee는 이승만 대통령을 지칭하는 것입니다. 따라서 이 그림은 미국이 이승만을 시켜 제주도민을 학살했고, 미국은 이승만에게 'Good job'이라고 칭찬하는 내용입니다. 전형적인 反이승만, 반미주의를 노골적으로 표현한 그림입니다.

이 어린 학생이 자라나면 반미, 반이승만, 친중, 친북성향으로 오도될 우려가 농후합니다. 학생의 앞날을 생각하면 끔찍한 일인데 교사들이 이렇게 학생들을 가르쳐도 되는지 걱정이 됩니다.

[그림 4] '한라산의 불'990)

제주□중학교 2학년 □□□

990) 제주4·3평화재단, 『제16회 전국청소년4·3문예공모 입상 작품집』, (2015), 161쪽.

[13장]
도민 간의 진정한 화해와 상생의 길은
무엇입니까?

| 문 155 | 4·3희생자추념식에 누구나 참석할 수 있으려면 어떤 조치가 선행되어야 하나요?

답 현충원은 나라의 독립을 위해서 순국하거나 나라의 위기를 구하기 위하여 생명을 바친 호국영령들을 모셔 놓은 곳입니다. 일반 국민이 현충원을 참배하는 이유는 대한민국과 대한민국 국민을 위해서 생명을 바친 분들의 애국심과 희생정신을 기리고 추념하기 위해서입니다. 이는 어떤 정파나 좌우를 떠나서 공통적 정신이고 마음입니다.

그것처럼 우리가 제주4·3평화공원에 참배하는 이유는 무고하게 희생된 분들에 대해 추념하기 위한 것입니다. 그런 곳에 대한민국 건국을 폭력으로 방해하고 대한민국의 선량한 국민을 살해한 사람의 위패가 섞여 있다는 것도 큰 문제인데, 그런 것을 알면서 또는 모른 채 대한민국 헌법수호를 선서한 대통령이나 일반 사람들이 참배하고 있다는 것은 헌법정신에도 위배 될 뿐만 아니라 심사숙고할 필요가 있다고 생각합니다.

필자는 2015년 4월 3일자 조선일보 사설 '대통령이 제주4·3추념식에 참석할 수 있으려면'과 4월 4일자 동아일보 사설 '4·3공원에서 좌익 무장폭동 주도자는 빼야'에서 지적한 의견에 동의합니다. 따라서 4·3 주동자는 하루 속히 재심사하여 희생자에서 제외시키고 부적격 위패는 내려야 합니다. 그래야 모든 사람들이 마음속으로 참배를 할 수 있습니다.

일본 아베 신조(安倍晉三)수상이나 고위 관료들이 야스쿠니신사(靖國神社) 참배에 대하여 우리 국민들이 분노하는 것은 그곳에 246만 명의 위패 중 도쿄전범재판에 회부된 A급 전범 14명[991]의 위패가 있기 때문입니다. 제주4·3평화공원에는 수많은 4·3 주동자들 위패가 있고, 심지어 북한 인민군 사단장도, 남파간첩 위패도 있는 상황에서 우리가 일본 아베를 비판할 자격이 있을까요?

---

991) 도쿄 A급 전범 28명 중 교수형 7명, 판결 전 병사자 2명, 종신형 16명 중 4명, 20년 금고형 2명 중 1명, 계 14명이 야스쿠니신사에 '쇼와 시대의 순난자'라는 이름으로 합사되었으며 나머지 1명은 매독으로 인한 정신 장애로 소추 면제되었습니다.

만약 '수많은 위패 중에 주동자 위패는 소수이니 거기에 참배하는 게 무슨 문제냐?'라고 한다면, 왜 14명에 불과한 일본 야스쿠니신사에 일본 수상의 참배에는 우리들이 격분하느냐를 생각해야 합니다. 바로 '그게 무슨 문제냐?'고 하는 것이 진짜 문제인 것입니다.

또 수많은 위패 중에는 경찰 위패도 있으니 참배하는 것이 무슨 문제냐고 합니다. 사실상 경찰 위패가 현충원이 아니고 그곳에 가 있다는 것 자체가 사려 깊지 못한 일이지만 이렇게 뒤섞어 놓으므로써 가치 혼란을 초래했습니다.

대한민국 정부가 주관하는 추념일에는 전 국민이 공감하는 대상에 한하여 위령과 추념이 행해져야지 대한민국 건국을 반대한 주모자급이 단 1명이라도 포함되어서는 안 되는 것입니다.

그러나 문재인 대통령이 70주년, 72주년 73주년 희생자 추념식에 참석했으니 필자의 이런 주장은 공허한 메아리로 전락하고 말았습니다만 대한민국 건국을 방해한 4·3 주동자 측이 아무런 사과나 잘못을 인정함이 없는 한 필자의 소신에는 변함이 없습니다.

여기서 잠깐 제주4·3희생자 추념식 때 문재인 대통령의 추념사를 살펴보겠습니다. 이 책 서문인 '제3판을 내면서'부터 이미 설명 드린 내용은 제외하고 살펴보겠습니다.

① 대한민국 헌법 제66조 제2항에는 '대통령은 국가의 독립·영토의 보전·국가의 계속성과 헌법을 수호할 책무를 진다'라고 규정되어 있습니다. 그렇다면 대한민국 문재인 대통령 정부도 1948년 8월 15일에 건국된 대한민국의 후계체이고 초대 이승만 대통령으로부터 기산(起算)하여 제19대 대통령으로 취임했습니다. 따라서 제주4·3이 대한민국 건국을 위한 5·10총선을 파탄내기 위해 남로당이 일으킨 사건인 만큼 4·3희생자 추념식 추념사에는 맨 먼저 대한민국 건국을 방해한 남로당의 저지른 행위에 대하여 역사적으로 준엄히 꾸짖고 난 다음, 건국 희생자 영령에 대한 추념과 동시에 그 유족을 위로 한 연후에, 진압과정에서 발생한 군경의 인권침해로 인한 무고한 희생자와 그 유족에게 사과와 위로를 전해야 하는 것이 마땅한 도리라고 생각합니다. 그런데 그렇지 않았습니다.

② 문재인 대통령은 추념사에서 '국제적으로 확립된 보편적 기준에 따라 생명과 인권을 유린한 잘못된 과거를 청산하고'라 하면서 '인권'을 14회(70주년 5회, 72주년 5회, 73주년 4회)나 인용했습니다. 인권변호사 출신 대통령으로서 지당한 말이고 우리들이 준수해야 할 가치입니다. 그러나 그렇게 인권을 주장하는 대통령이 북한에 생존해있는 국군 포로나 납북자 송환 문제, 2016년 제정된 북한인권법이 정한 북한인권재단 설치 운용 등 후속조치가 별

로 없습니다. 2019년 11월 북한 선원 2명을 포승줄로 묶고 안대를 씌운 채 강제 북송시키는 일을 비롯하여 북한 주민 2,500만의 인권에는 관심이 없는 듯 합니다. 2020년 우리 해수부 공무원이 서해에서 북한군에 의해 총살당하고 불태워졌는데 북한에 대해 사과, 책임자 처벌, 재발 방지 및 배상을 요구했다면 얼마나 좋았겠습니까. '남북관계발전에 관한법률'을 개정[992]하여, 헌법에 보장된 국민의 기본권 표현의 자유를 침해한다는 국제적 망신을 초래하는 등 인권 문제에 일관성이 없습니다. 지위가 높은 사람일수록 언행일치로 모범을 보여야 합니다.

③ 문재인 대통령은 제73주년 4·3추모사에서 '4·3은 2개의 역사가 흐르고 있다'고 하였습니다.

하나는 '국가폭력으로 국민의 생명과 인권을 유린한 우리 현대사 최대의 비극이 담긴 역사이며 평화와 인권을 향한 회복과 상생의 역사'이고

다른 하나는 "'완전한 독립'을 꿈꾸며 분단을 반대했다는 이유로 당시 국가권력은 제주도민에게 빨갱이, 폭동, 반란의 이름을 뒤집어씌워 무자비하게 탄압하고 죽음으로 몰고 갔다"는 것입니다.

당시 군경이 진압과정에서 잘못은 분명 있었습니다. 이는 남로당이 극렬하게 공격을 자행했기 때문에 초래된 부작용인 것입니다. 그러나 그들의 헌신이나 희생이 없었다면 오늘날 대한민국이 존재했겠나를 생각하면 국군통수권자로서 그들을 무시하거나 폄훼해서는 안 된다고 생각합니다. 건국과정은 물론 6·25와 같은 국난을 극복하면서 군경은 안보와 질서 유지에 혁혁한 공적이 있습니다. 그러한 공적과 희생에 대해서는 무시하고 '국가폭력'이라는 말을 9회(70주년 2회, 72주년 2회, 73주년 5회)나 반복 사용하여 당시 정부나 군경에 대한 증오심을 자극하니 마음이 괴롭고, 전사한 호국 영령들을 편히 잠들게 하려면 어떠한 방법을 어디서 찾아야 할지 가슴이 먹먹합니다.

또 그 추념식에 참석했던 국방장관이나 경찰청장은 문 대통령의 추념사를 들으면서 과거 4·3폭동과 반란을 진압한 군경의 후계 지휘관으로서 어떤 생각을 했는지 궁금하고, 남로당과 같은 공산세력의 폭동이나 반란을 구경만 해야 된다는 의미인지 도무지 이해할 수 없습니다.

---

992) '남북관계발전에관한법률' 개정법률은 보통 대북전단금지법이라 불리워 집니다. 2020.6.4. 북한 김여정이 담화 중 (대북전단 살포) '저지 법이라도 만들든지'라고 말한 지 4시간 30분 후 통일부에서 그런 법률안을 준비 중이라는 발표에 이어 청와대, 국방부에서도 유사한 의견을 냈고 많은 비판 속에 법 개정을 강행하여 2021.3.30. 시행됩니다. 일각에서는 '김여정 하명법'이라고 혹평하는가 하면 4월 15일 미국의회 산하 톰 랜토스 인권위원회에서 이례적으로 이법에 대한 청문회를 열고 한국 정부에 대해 강한 비판을 하였습니다.

그리고 '완전한 독립'이란 용어는 1946년 2월 8일부터 3일간 평양에서 개최한 북조선노동당 창립대회에서 김일성이 선언한 "우리가 남조선까지 마저 완전히 해방시켜야만 전 조선에 '완전 독립'이 있는 것"[993]이라고 했는데 물론 문 대통령이 이 말을 그대로 인용하진 않았다고 생각하면서도 하고 많은 말 중에 왜 그런 용어를 사용했는지 의아한 것도 사실입니다.

④ 문재인 대통령은 70주년 추념사에서 '제주 인구의 1/10, 3만 명이 죽은 것으로 추정됩니다.'라고 했는데 대통령 발언은 확실한 통계에 근거해야 합니다. 정확한 근거도 없고 너무 과장된 숫자를 인용했습니다.

아무튼 대한민국 대통령의 대국민 메시지는 대한민국 정체성과 정통성의 기초 위에 사실에 근거하고 국민통합에 초점이 맞춰져야 하는데 4·3추념사에서는 통합보다는 증오와 자학과 편향적 내용으로 일관했다는 비판이 있습니다. 강원대로스쿨 명예교수이며 한국헌법학회 고문인 김학성은 문 대통령의 제주4·3추모사는 헌법위반이라고 질타했습니다.[994] 다시는 문재인 대통령과 같이 대한민국의 정체성을 파괴하는 추념사가 나와서는 안 될 것입니다.

| 문 156 | 도민 간 화해와 상생을 하려면 어떻게 해야 하나요?

답 저는 오래전부터 도민이 화해해야 된다고 강조해 왔습니다. 그래야 제주도가 발전하고 국가가 발전할 수 있기 때문입니다.

그러나 화해와 상생은 역사적 진실을 솔직히 인정하는 바탕 위에서 진정한 자기반성과 상대방에 대한 배려에서 출발해야 합니다. '너도 잘못했지만 나도 잘못했다'라고 해야만 진정한 화해가 되는 것이지, '너는 잘못했지만 나는 잘못한 게 없다'라고 고집하면 화해할 수 없습니다.

앞에서는 화해하자면서 뒤에서는 일방적으로 과잉진압 부분만 부각시키고 당시 남로당의 죄과는 은폐하고 면책한다면 어떤 반응을 나타내야 온당하겠습니까?

대한민국 군경은 대한민국을 건국한 공(功)이 있지만 진압과정에서 무고한 인명피해를 초래한 과(過)가 있습니다. 과잉진압이 있었다고 해서 남로당이 취한 주장이나 만행이 옳은 건

993) 로버트 스칼라피노·이정식, 「한국공산주의운동사」, (돌베개, 2018), 557쪽.
994) 조선일보, 2021. 4. 14. A30 하단 광고, 뉴데일리 2021.4.30. 김학성 칼럼, 남로당 폭동을 진압한 군경을 '국가폭력'으로 폄훼한... 文 '4·3추모사'는 헌법위반이다.

아닙니다. 남로당은 대한민국 정부 수립을 반대하고 반란을 일으킨 잘못과 그로 인해 많은 도민에게 인적 물적 피해를 발생케 한 원인제공자로서 과(過)가 분명히 있습니다. 정확히 말하자면 과(過)의 정도를 넘어 중대한 반역적 범죄행위가 분명히 많았습니다.

당시 남북이 대립했던 사실을 직시하고, 남로당이 얼마나 무모했고 잘못했는지를 인정하며, 쌍방 가해자들에 대한 감정적 증오를 버리고 이성적으로 접근해야만 갈등을 해소할 수 있다고 생각합니다. 자칫 수적(數的) 우세나 정치문제화로 접근하면 안 됩니다. 수단과 방법을 가리지 않고 힘으로 밀어붙여 일단 바꿔만 놓으면 그때 소수가 반대한들 무시하면 그만이라는 마음을 가졌다면 화해는커녕 갈등만 조장하고 증폭시킬 것입니다.

4·3을 항쟁이라고 주장한 바 없다는 제주도 당국이나 4·3희생자유족회에서, 제주시청 앞마당에 있는 '4·3저항정신 표현' 조형물을 존치하는 모습을 보면 4·3을 항쟁이라고 하지 않는다는 말에 진정성을 의심케 하고, 더 나아가서 4·3성격에 침묵하고, '4·3정신 이어받아'라는 주장을 한다든지, 4·3을 해결하는데 미국의 책임을 묻고 배상을 요구하는 서명운동을 한다는 것은 신중치 못한 행동이라 생각합니다.

4·3희생자추념일도 정치권이 개입하고 정치세력화한 관련단체가 문제를 만들었다고 보는 견해가 많습니다. 쌍방이 합의할 수 있는 문제부터 하나씩 해결하려 하지 않고 새로운 이슈를 만들어 힘으로 밀어붙이려 합니다. 4·3토론회에서도 자기 의사에 반하거나 이론적으로 몰리면 폭력으로 제어하려는 경우를 몇 번 당해 본 저로서는 이렇게 하면 화해는 어렵다고 생각했습니다.

2013년 3월 26일 4·3희생자유족회와의 토론회에서 제가 인용하였습니다만, 4·3 때 토벌대를 피하여 사선을 넘나드는 고난을 체험했고, 토벌대에 의해 많은 근족을 잃은 피해자 현임종[995] 지역 원로도 그의 회고록에서 제안한 바와 같이 '노무현 대통령께서 제주4·3사건 당시 무자비하게 진압하고 막대한 인명피해를 준 군경의 잘못과 그동안 연좌제로 많은 사람에게 괴로움을 주었던 것에 대하여 정부를 대신하여 제주도민에게 사과했다. 이제는 4·3사건을 일으킨 당사자 즉 종북 좌익(남로당)쪽에서 사과할 차례라고 생각한다. 그래야만 가해자니 피해자니 하는 말 자체가 없어지고 상생의 정신으로 사태수습을 할 수 있으며 참다운 평화가 찾아온다고 믿고 있다'[996]는 데 전적으로 동의합니다.

---

995) 1934년생
996) 현임종, 『속, 보고 듣고 느낀 대로』(대동출판사, 2013), 77쪽.

좌우를 막론하고 책임이나 반성 없이 앞으로 나아가는 것은 불가능합니다. 대한민국 정부가 4·3은 대한민국 건국을 저지하기 위한 남로당의 폭동·반란임을 4·3성격으로 규정하고 이에 4·3희생자유족회가 동의하며, 남로당제주도당 핵심간부 등 부적격자를 희생자 명단에서 삭제하는데 동의하면 화해는 이루어집니다. 반대로 4·3을 항쟁이라 주장하면서 주동자 등을 4·3희생자라 주장하는 한, 영원하고 진정한 화해는 기대할 수 없다고 봅니다.

| 문 157 | 제주도내 관련 단체 간에 4·3평화공원에 공동으로 참배하는 것을 국민통합의 모범사례라고 홍보하는데 동의하시나요?

답 화해는 우리가 반드시 이루어야할 목표이며 제주도민 중 화해와 상생을 원하지 않은 사람은 없다고 확신합니다. 그리고 저도 화해주의자입니다.

그러나 4·3 화해는 쌍방 피해자가 많고 이념과 시각차가 워낙 크기 때문에 화해에 앞서 반드시 선결되어야 할 조건이 충족되어야만 진정한 화해가 이루어지는 것입니다.

그 이유는 화해 당사자 간에 서로의 잘못을 솔직하게 인정한 토대 위에서 이루어져야 하기 때문입니다. 여기에는 4·3사(史)를 정립하고 대한민국의 정체성과 정통성을 확립한 후라야 한다는 의미도 포함된 것입니다. 무조건 화해란 있을 수 없는 것이며 또 쌍방의 과오가 있음에도 불구하고 이를 덮어버리거나 어느 일방의 잘못만 인정해서도 안 되는 것입니다.

앞에서도 예를 들었습니다만 위안부 피해 할머니에 대한 일본정부의 책임인정과 사과가 있어야 한일 간 우호가 증진되는 것이지 이런 것이 생략된 채 무조건 덮어버리고 화해하자는 논리는 성립될 수 없는 것과 같습니다. 더구나 일본 아베 총리가 위안부 문제에 형식적인 사과를 한 후에 국제기구에서 딴소리하고 역사교과서를 왜곡한다면 한일간 진정한 우호관계는 어려운 것입니다. 4·3화해도 이와 마찬가지입니다.

다시 말해서, 4·3을 반란이라고 주장하는 사람들은 진압과정에서 인권침해와 과잉진압이 있었음을 인정해야 합니다. 그리고 4·3을 민중항쟁이라고 주장하는 사람들은 남로당이 대한민국 건국을 저지하기 위한 반란행위에서 사건이 비롯되었음을 인정해야 합니다. 왜냐하면 그것은 분명한 사실이고 역사적 진실이기 때문입니다. 그래서 쌍방이 과거를 반성하고 사과해야 되는 것입니다.

5·10선거 때 남로당의 집요한 공세로 제주에서 2개 선거구가 파탄났으나 대한민국은 결국 탄생하였습니다. 대한민국이 건국된 후 오랜 기간 동안 정부기관과 마을을 습격하고 살인 방화 약탈한 행위를 부인하거나 덮어버리고 그러면서도 군경의 인권침해나 과잉진압만

을 부각시키면서 화해하자는 것은 화해를 하려는 자세도 아닐 뿐 아니라 새로운 쟁점과 갈등을 추가하는 일에 불과합니다. 이렇게 해서 이루어진 화해는 형식적 화해, 일시적 화해, 일부의 화해는 될지언정 진정한 화해, 영구적 화해, 우리 모두의 화해는 아닙니다.

더구나 개인 간의 화해와 달리 4·3당사자였던 관련 단체, 예를 들면 재향군인회, 전몰군경유족회, 전몰군경미망인회, 상이군경회 그리고 참전유공자회, 참전경찰유공자회와도 사전에 심도 있는 토의와 합의 하에 이들과 공동으로 추진해야 합니다. 그랬다면 이들 단체들로부터 대표권도 없고 위임받은 사실도 없는 단체가 독자적인 행보를 취했다는 비판을 면할 수 있었다고 생각합니다. 앞서나가다가 상대의 전략에 완전히 이용당했다고 비판하는 사람도 많아 안타깝습니다.

| 문 158 | 어떻게 하면 진정한 화해가 될 수 있나요?

답 첫째, 4·3은 미·소 강대국과 남북한 및 좌우 대립충돌에서 비롯된 사건입니다. 단순히 지역적인 관점으로 전모를 판단한다는 것은 근본적 오류에 빠진다는 점을 명심해야 합니다. 따라서 대한민국의 건국사와 제주4·3은 세계사와 연결하여 이해하고 교육되어져야 합니다.

둘째, 4·3진상규명에서 전체를 무시하고 오로지 가해자와 피해자라는 이분법적으로 접근하면 안 됩니다. 4·3문제를 정치와 분리하고, 대한민국 정통성과 정체성을 인정하는 양식 있는 학자, 4·3전문가 그리고 법조인들을 위촉하여 좌편향 인사 일색에서 탈피한 제주4·3위원회가 새로 구성되어 4·3의 성격을 규정하고 여기에서 도출된 문제를 시정하는 노력이 있으면 가능합니다. 제주4·3위원회 위원을 비롯해서 제주도4·3실무위원회와 제주4·3평화재단 이사 구성도 형평성을 유지하면 해결된다고 봅니다.

그런데 2015년 4월 1일 제주4·3평화재단에서는 제1회 4·3평화상을 시상했습니다. 수상자 중 김석범은 1925년생으로 본명이 신양근이고 일본에서 출생하였지만 부친 본적이 제주시 삼양동입니다. 그는 1951년까지 일본공산당원이었고 1968년 조총련을 탈퇴할 때까지 조총련계 학교 교사와 조총련 기관지 조선신보 기자로 재직하면서 반한적(反韓的) 활동을 열심히 했던 자입니다. 그의 수상소감 발표나 인터뷰 기사를 보면 신탁통치를 지지하는 등 4·3 당시 남로당 주장과 별다름이 없습니다. 그래서 재입국이 금지되었다가 문재인 정부에서 해금시켰습니다. 그는 유명한 소설가임으로 문학상을 준다면 모를까 좌경 반한인사에게 대한민국 국민 혈세로 5만 달러를 준 것을 놓고 도저히 이해할 수 없다고 합니다. 이 건 평화상이 아니라 신(新)갈등상이라고 말하는 사람들이 있고 도민의 화해와 상생에도 역 행하는 처사라고 비판하는 사람이 많습니다.

셋째, 표를 의식하여 4·3을 선거에 이용하려는 선거직 정치인들이 4·3논의에서 한발 물 러나야 합니다. 학문적 합의적 해법을 찾아야지 유족들에 대한 인기영합적 발언이나 정치적 선동, 일방적 강행 방법은 악수(惡手) 중에서도 최하수(最下手)입니다.

넷째, 제주4·3평화기념관에 전시된 왜곡된 전시물을 바로 잡아야 합니다. 너무나 편향적 이고 왜곡된 내용이 많이 전시되어 있습니다.

다섯째, 4·3 주동자와 적극 가담자의 위패를 내려야 합니다.

북한 노동당 소속 남파간첩이 4·3희생자로 둔갑하여 그 위패와 비석이 버젓이 있는데 매 년 위령제 때마다 대통령이 참석하여 참배하라고 요구하는 것을 지켜보면서 이 무슨 해괴한 일인지 통탄을 금할 수 없습니다.

'역사 바로 세우기'를 위해서 부적격 희생자를 재심사하라는 것은 정당한 요구입니다. 그 럼에도 불구하고 재심사는 절대 안 된다고 전방위적 주장을 하는 것은 역사적 진실을 외면 하는 일입니다. 더구나 이를 극우 보수의 '4·3흔들기 폄훼 왜곡' 또는 '화해 상생을 저해'하 는 일이라고 매도하는 것은 옳은 일도 아닐 뿐만 아니라 진정한 화해의 길도 아니라고 생각 합니다.

특히 2016년 3월 3일 제주4·3희생자유족회장 양윤경은 취임 일성으로 '4·3특별법이 제 정된 지 15년이 지났지만, 배·보상이 이뤄지지 않고 있다. 아직은 때가 아니라고 말하는 사 람들이 있다. 도대체 그 때는 언제인가. 피해 당사자가 겪은 정신적, 물질적 피해는 돈으로 해결할 수 없지만, 당사자들이 남아 있을 때 해결해야 한다'[997]라고 주장하였습니다.

이날 제주하니관광호텔에서 열린 2016년도 제주4·3희생자유족회 정기총회에서 금년도 사업계획으로 '가칭 제주4·3배·보상특별위원회 구성 및 전국화 사업'을 전개하기로 결정 한 마당에 부적격자에 대한 재심사는 더욱 엄격해야 할 필요성이 확인되었습니다. 왜냐하면 만에 하나라도 대한민국에 반역한 자에게 배·보상이 이뤄져서는 안 되기 때문입니다. 더구 나 배·보상의 비용은 대한민국 국민의 혈세로 지불해야 되기 때문입니다.

이런 연유로 4·3관련 업무를 담당하는 공무원이나 제주4·3실무위원을 비롯한 제주4·3

---

997) 제주의 소리, 2016.3.3. 11:55, 12:49 이동건 기자

위원회 위원들은 희생자 심사결정에 보다 신중한 업무처리가 요구됩니다. 직무를 태만하여 잘못된 결정 때문에 배·보상이 이뤄진다면 그만큼 국민이 부담은 커질 것이고 역사적 진실을 왜곡하는 일이므로 이에 대한 법적 책임도 져야 마땅합니다.

그리고 저는 이참에 제주4·3희생자유족회에서 부적격 위패 철거에 앞장설 것을 제안합니다. 그래야만 배·보상을 요구하는 정당성이 확보되기 때문입니다. 북한 노동당 남파간첩에게 배·보상하라고 요구할 수는 없다 하겠습니다.

나라정책연구원 김광동 박사는 4·3문제의 갈등은 남북통일 될 때까지 계속 될 것이라는 비관적 전망을 한 바 있습니다. 그러나 언제 이루어질지 모르는 통일만 마냥 기다릴 수도 없고 가급적 우리 세대에 합의를 도출하여 다음 세대에는 진정 화합하는 그런 토양을 만들었으면 하는 게 제 희망 사항입니다.

미국은, 1861년부터 1865년까지 남북전쟁을 치렀습니다. 이때 미국 인구가 약 3,100만 명이었는데, 623,000여 명이 전사했습니다. 나중에, 미국이 참전한 제1·2차 세계대전과 6·25남침전쟁, 베트남전쟁에서 전사한 군인이 모두 614,000여 명이니, 남북전쟁 때 9,000명이 더 전사한 셈입니다. 처참했습니다. 이때 참전하여 전사하거나 부상당한 군인과 그 가족 또는 남북지역민 간에 앙금이 전혀 없었다면 거짓말입니다. 그러나 링컨 대통령은 "누구에게도 악의를 품지 말고 모두에게 관용을 베풉시다."라고 호소했습니다. 그래서 미국에는 남북전쟁사 기록은 있지만, 남북전쟁기념관은 없습니다.[998] 미국 지도자들의 도량(度量)과 지혜와 노력으로 국민을 통합하고 화해하여 국가 발전을 견인하였음을 보고 숙연한 마음이 들었습니다

그런데 우리는 어떠합니까? '화해와 상생'이라는 거창한 구호를 내세우면서도, 제주4·3평화기념관 전시물을 보면, 4·3을 일으킨 남로당의 의도와 만행은 사라졌고, 대한민국 건국의 어려움과 오늘의 영광은 묵살했으며, 건국의 주역들을 증오케 하고, 군경은 '양민학살'의 주범으로 묘사되어 있습니다. 미국에는 이런 류(類)의 자학적이고 갈등과 분노와 증오심을 증폭시키는 기념관이 없습니다. 우리도 여기서 교훈을 얻었으면 좋겠습니다만 그렇지 못할 경우에는 최소한 형평성이라도 유지했으면 합니다.

끝으로 제가 전적으로 동의하진 않지만 초대 제주4·3민간인희생자유족회장을 역임한 김병언 선생이 제시한 화합 방안을 소개하겠습니다.

'4·3의 논의가 활발하면 활발할수록 제주인으로선 아픈 상처다. 모두의 화합을 위해서는

---

998) 허화평, 『사상의 빈곤』 4 (새로운 사람들, 2016), 9~50쪽,

명예로운 진상규명이 우리의 과제임에는 틀림없다. 그러나 피아간의 상대가 있고, 양시론(兩是論)도 있을 수 있기에 어느 한 시대의 아픔으로 (여겨) 서로가 서로를 아끼고 위로함으로써 4·3의 상처가 시(是)를 내세우거나 비(非)를 매도하지 말아야 할 것이다.'⁹⁹⁹⁾

---

999) 박서동, 『월간 관광제주』, (월간관광제주사, 1989. 6), 56쪽.

마무리하며

제주4·3사건을 경험한 세대들이 사라지고 있는 반면 4·3사건이 민중항쟁이라고 알고 있는 젊은 세대들이 늘어나고 있습니다. 이런 현실에서 제주4·3사건을 잘못 이해하고 있는 사람들을 위해 제주4·3사건과 관련된 주요 쟁점을 13장 158개의 질문을 중심으로 설명했습니다.

제주4·3사건은 1948년 4월 3일 소련과 북한의 노선을 추구하고 그들을 배경으로 하는 남로당중앙당과 남로당전남도당의 지령을 받은 남로당제주도(島)당 공산주의자들이 대한민국 건국을 저지하고 공산화통일을 위해 일으킨 폭동·반란으로서, 1957년 4월 2일 마지막 공비 오원권을 체포하여 사건을 완전 종결할 때까지 만 9년간 반란을 진압하는 과정에서 수많은 도민이 무고하게 희생된 사건입니다.

'반란'과 '무고한 희생'이라는 두 가지 사실을 부인한다면 그것은 오도된 지식에 매몰되었거나, 편향적이거나 아니면 개인적 어떤 감정의 분출에 불과하다고 생각합니다. 그러나 아무리 희생이 많았다 하더라도 제주4·3사건의 본질이 변하는 것은 아닙니다. 또 본질을 밝힌다고 해서 무고한 사람들의 희생에 대해서 가볍게 여기는 것도 아닙니다. 많은 무고한 희생이 있을수록 더 정확하게 그 원인을 밝히고 다시는 그런 비극이 없게 하는 것이 저희 후손이 해야 할 역사적 사명일 것입니다.

해방 후 극도의 혼란 속에서 국제 정세의 흐름을 읽지 못하고 공산주의에 심취해 있던 지식인들이 도민들에게 이상적인 선전을 하면서 무모하게 대한민국 건국을 방해하는 전선에 나감으로써 군경과의 갈등이 심화되게 됩니다. 그러기 전 중앙당의 지령을 받고 3·1기념식을 정치투쟁장으로 이용하려고 했던 남로당의 계획과 3·1발포 사건이 맞물려지면서 상황이 악화 되었습니다. 3·1기념투쟁 때 인원동원에 자신을 가진 좌파는 국내외 정세를 오판하고 무모하게 제주4·3사건을 도발하였습니다. 그 와중에 서청인력을 지원받게 되면서 부작용이 나타나고, 6·25전쟁이 터지면서 상황은 더욱 악화되었습니다. 이 과정에서 수형인과 예비검속 대상자들이 인명피해로 연결된 것입니다.

이런 맥락에서 봤을 때 제주4·3사건은 단순히 3·1발포 사건에 대한 민중항쟁도 아니고, 단선·단정에 반대하기 위한 순수한 조국통일투쟁이라고 보는 것에도 무리가 있습니다. 남로당이 공산통일을 달성하기 위해 1946년 찬탁투쟁부터 1948년 2·7폭동으로까지 이어지는 일관된 정치투쟁의 일환으로 생겨난 사건이기 때문입니다. 이런 관점에서 제주4·3사건은 역사적으로 규명되어야 하며 그것은 희생과는 별도로 다루어져야 합니다.

제주4·3사건은 대한민국 건국 과정에서 군경의 희생, 또 과잉 진압으로 인한 도민들의 억울한 희생, 모두를 떠올리게 합니다. 이것은 우리들에게 자유민주주의를 지키는 것이 얼마나 소중한 것인지 그리고 어려운 것인지, 지금까지도 이어져 오는 이념 대립을 어떻게 풀어나가야 하는지에 대해서 시사하는 바가 큽니다. 그런데 제주도민 모두에게 아픔인 제주4·3사건이 오늘날 도민간의 대립을 가져오고 있는 현실이 너무 마음 아플 뿐입니다.

현재 4·3을 폭동이나 반란으로 보는 사람들 중에 과잉진압을 부정하는 사람은 없다고 봅니다. 오직 4·3항쟁으로 보는 사람들만이 폭동·반란을 인정하지 않을 뿐입니다. 진정한 화합을 이루려면 우선적으로, 엄연한 역사적 사실 앞에 솔직하고 겸손할 필요가 있습니다. 개인적 감정을 초월하고 정치적 이해를 떠나야 합니다. 제주도와 대한민국의 앞날을 위해 우리 다 같이 겸허하고 진솔한 자세로 문제에 접근하여 대한민국의 정체성을 확립하고, 지나긴 과거보다 다가올 미래를 위해 마음과 힘을 합쳐 진진힙시다.

그리고 화해와 상생이 바라는 것은 국민통합입니다. 국민통합이란 온 국민이 한 가지 생각을 하는 것이 아니라 다른 생각을 가진 사람들끼리 서로를 인정하며 조화롭게 행동할 때 이루어지는 것이지 법으로, 위력으로, 억지로, 무조건 나를 따라오라는 식이라면 요원합니다. 무엇보다도 우리가 하나 되기 위해선 제일 먼저 철저한 자기 성찰에서 출발하여 반성하고 이해와 용서가 있은 다음이라야만 가능합니다.

부　록

[부록 1]
미군정청 문서 '브라운 대령 보고서'

■ 1948년 7월 2일 주한미군정청
브라운 대령이 워드 장군에게 보낸 서한
수신 : 미육군 제6사단장 올랜도 워드(Orlando Ward) 소장

친애하는 워드(Ward) 장군님:

저는 부산으로 가서 장군님과 사모님을 직접 뵙고 작별인사를 드릴 생각으로 5월 19일의 장군님의 편지에 답장을 하지 않았습니다. 그러나 제가 여유 있게 제주도를 출발하여 부산을 여행할 시간이 없었습니다.

저는 유감스럽게도 제6사단과 제20연대를 떠나게 되었습니다.

저는 장군님께서 관심을 가질 것이라는 희망으로 저의 제주도에서의 활동에 대한 보고서 사본을 동봉합니다. 저는 제주도 폭동의 원인에 관하여 많은 다른 의견들이 있음을 깨닫게 되었습니다. 저는 저의 보고서가 현재의 제주도의 명확한 전체 모습을 나타내기를 희망합니다. 제주도가 공산주의자들의 거점으로 조직되었다는 한 가지 사실은 너무도 명확합니다.

그 증거는 일단 우리가 실제로 그 문제를 파고들어갔을 때 부정할 수 없었습니다. 경찰의 잔악성과 비효율적인 정부도 원인이었지만 본도에 대한 공산주의자들의 계획에 비하면 지엽적인 원인들입니다.

루스(Loose) 중위는 제20연대의 제주도 파견관으로서 훌륭히 임무를 수행하고 있습니다. 그는 유능한 청년 장교이며 상황을 잘 파악하고 있습니다.

저는 군정중대가 매우 약한 모습이라는 점에서 장군님과 전적으로 동감입니다. 그러나 저는 노엘(Noel) 소령과 제가 노력하여 군정중대를 다소 정상으로 되돌려 놓았다고 생각합니다. 그동안 저에게 베풀어 주신 모든 일에 감사드립니다.

로스웰 브라운(Rothwell Brown) 대령

〈첨부문서〉 1948년 7월 1일 제주도 활동 보고서

(역주 : 48년 7월 17일 딘 소장이 노엘 소령에게 보낸 공문의 첨부문서 참조)

■ 1948년 7월 17일
브라운 대령의 제주도 활동 보고서
수신 : 제59군정중대 민정장관 에드가 노엘(Edgar A. Noel) 소령

주한미육군사령부 군정청

노엘 소령 귀하

여기 브라운 대령의 '1948년 5월 22일에서 1948년 6월 30일까지 제주도에서의 활동 보고서' 복사본을 동봉한다. 브라운 대령의 보고서 제6항에 있는 건의가 완전히 이행되기를 바란다.

그러나 제주도를 원상태로 회복시키기 위해 우리는 제주 도민들에게 군정청이 무엇인가 명확하고 건설적인 제안을 갖고 있다는 것을 보여줘야 한다.

서울에 있는 모든 정부 부처에도 관심사 가운데 제주도를 우선순위에 두도록 지시했다.

본관은 귀관이 언제든지 도움과 조언을 청하기를 바란다. 우리는 제주도에 대한 필요한 자료들을 모두 갖고 있지는 않다. 그러나 모든 방법을 동원해 제주도의 안전을 지키기 위해 노력을 다 할 것이다.

본관은 귀관이 우리가 이전에 가졌던 어떤 지방행정기관보다 더욱 효율적인 기관으로 건설해 나가고 있다고 확신한다. 부패와 비효율성이 없는 도청이 되도록 하기 위해 지속적인 노력을 할 것이다. 마찬가지로 경찰을 부패가 없고 인간적이며 효율적인 조직으로 유지하는 데에는 난관이 있을 것이다.

그러나 본관은 귀관이 경찰 고문관 고페닝(Mr. Chorpening)에게 이 일을 위임하기 바라며, 그가 좋은 결과를 얻어내기를 기대한다.

경찰과 경비대 사이의 갈등은 반드시 최소화돼야 하며 갈등이 완전히 제거되기를 바란다. 가장 주요한 무기 가운데 하나인 재교육 계획에 대해 지원과 지도를 아끼지 않기 바란다. 이 보고서는 귀관이 보관해도 좋다.

미육군 사령관 소장 윌리엄 딘(W. F. DEAN)

〈첨부문서〉 브라운 대령 보고서(48년 7월 1일자)

주한미육군사령부 군정청
1948년 7월 1일

제목 : 1948년 5월 22일부터 1948년 6월 30일까지 제주도에서의 활동보고
수신 : 주한미국육군사령부 군정청 사령관

1. 약 5,000명의 제주도 주민들을 심문한 결과 다음과 같은 정보를 얻었음.

남로당에 의한 제주도의 조직은 1946년에 시작되었다. 조직은 1947년 상반기 동안에 천천히 진행되었다. 남한만의 단독선거가 치러질 것이라는 사실이 분명해지자 조직활동이 강화되었고 특별 조직책들이 본토에서 파견되었다. 이들은 모두 한국인들이었다. 주요 지도자들은 공산주의 침투전략을 위한 집중교육을 받았다. 다른 나라 국적을 가진 사람들이 참여하고 있다는 증거는 없다. 선거 이전 기간 동안 공산주의 세포조직이 제주도의 모든 마을과 도시에 조성되었다.

이들 세포조직은 한 명의 지도자, 선동 전문가 그리고 보급 전문가, 그리고 큰 도시에는 현존하는 정부의 붕괴 시 시민행정 기능을 담당할 요원 등으로 구성되어 있다. 촌락에 조직된 공산주의자 세포조직 이외에 제주도를 위한 인민민주주의 군대(the People's Democratic Army)가 구성되었다.

이 군대는 2개 연대와 보충 전투대대로 구성되어 있다. 장교요원들이 임명되었고 신병모집은 활발하다.

폭동이 최고조에 달했을 때 인민민주의 군대 약 4,000명의 장교와 사병을 보유한 것으로 추산된다. 이들 중 10% 정도는 총으로 무장하였고, 나머지는 일본도와 재래식 창으로 무장하였다. 남로당의 여성조직도 구성되었으며 전체 회원명단이 밝혀졌다.

2. 6명 정도의 훈련된 선동가와 조직가들이 제주도에 남로당을 설치하기 위하여 외부에서 파견된 것으로 추정된다. 또한 공산주의와 그 목적에 대하여 얼마간 이해를 하고 있는 500~700명 정도의 동조자들이 파견된 6명의 특수 조직책들의 운동에 참여하였다.

또한 주민 6,000~7,000[1000]여 명이 남로당에 실제 가입한 것으로 추정된다. 그러나 참여한 사람들 중 대부분은 남로당의 배경과 목적에 대한 이해가 없으며 공산주의 운동에 대한

1000) 제주4·3위원회, 『제주4·3사건 자료집』 9, (2003), 284쪽 영어 원문이 between sixty and seventy thousand people로 되어 있어 6만~7만이 맞습니다.

이해와 그에 대한 참여의사가 없다는 것이 매우 분명하다. 그들 중 대부분은 2차 대전과 그 이후의 곤궁함으로 인하여 깊이 영향을 받은 무지한 교육받지 못한 농부들과 어부들이며, 그들은 남로당이 그들에게 제시한 보다 나은 경제적인 보장에 쉽사리 설득 당하였다.

3. 남로당을 통한 공산당의 활동이 제주도에서 5·10선거 이전에 성공했던 몇 가지 요인이 있다. 그것들은

    a. 제주도 주둔 제59군정중대의 민간업무 집행 장교들의 공산당의 목적과 전술에 대한 이해와 주도권의 현저한 부족

    b. 1946년에 남로당이 세운 철저하고 장기적인 계획이 1948년 5월까지 고도로 훈련된 선동가와 조직가들에 의하여 능숙하고 단호하게 수행 되었다는 점

    c. 모든 공산주의 선동 조직의 능숙하고 지속적인 사용

    d. 미국의 효율적인 역선전의 부재

    e. 한국정부 관리들의 독직과 비능률

    f. 제주도 주민의 불안하고 혼란스러운 경제적 생활

    g. 제주도 경찰조직의 비효율적인 구성, 특히 효율적인 경찰 정보부서 확립의 실패

    h. 제주도 주둔 미군정중대 요원들과 방첩대 간의 협조 부족

4. 제주도에서 주요 폭동의 전개와 선거의 무효를 초래하고 선거폭동을 성공 으로 이끈 몇 가지 요소들은 다음과 같다.

    a. 제59군정중대의 민간업무 담당 장교는 다음과 같이 신속하고 단호하게 행동하여야 함에도 실패했다.

        (1) 초기 폭동을 자신에게 즉시 가용한 병력을 이용하여 진압하는데 실패하였다.

        (2) 제주도 경찰을 통제하는데 실패하였다.

        (3) 제주도에 도착한 예비 경찰병력을 효과적으로 동원하는데 실패하였다.

        (4) 제주도에 도착한 한국 경비대 병력에게 적극적인 명령을 발표하고 그 명령을 확실히 실행할 적극적인 조치를 취하는데 실패하였다.

    b. 지나친 잔혹행위와 테러가 제주도에 도착한 경찰 예비병력에 의하여 자행되었다.(이것은 위의 (2)항과 (3)항으로 인한 직접적인 결과였다.)

    c. 공산주의 동조자들의 한국 경비대 침투는 두 명의 11연대장들이 공산 선동가들과 협상을 벌이면서 단호한 작전이 필요한 곳에 지연전략을 구사하는 결과를 초래하였다. 만일 군정중대의 민간업무 담당 장교〈Chief Civil Affairs Officer〉가 단호하고 적극

적으로 행동하였더라면 한국 경비대는 즉각 효과적으로 대처할 수 있었을 것이다.)

    d. 제주도 주민들 사이에 광범위하게 퍼진 공포와 민간 정부기능의 완전한 붕괴는

        (1) 모든 정부부서와 각급 지역에 공산주의 세포조직이 완벽하고 광범위 하게 존재하였기 때문이다.

        (2) 폭동을 반대하는 모든 개인들에 대한 공산주의 지도자들에 의한 즉각적인 살해와 파괴 때문에 초래되었다.

        (3) 충성스런 시민들에 대한 경찰, 경비대, 군정중대의 보호 실패 때문에 야기되었다.

    e. 제주도 주민들의 정부 지배를 반대한 자연스런 경향과 제주도의 무법성의 역사와 배경.

    f. 제주도 대부분의 가족들을 연결하는 혈연과 그것으로 인하여 정보의 취득이 어려운 점.

5. 폭동을 진압하기 위하여 1948년 5월 22일에 취해진 조치

    a. 경찰은 모든 해안 마을들을 보호하며, 무기를 소지한 폭도들을 체포하며, 양민에게 테러를 가하고 살해하는 것을 중지시킬 분명한 임무를 부여 받았다.

    b. 경비대는 제주도의 내부에 조직된 인민민주주의군대의 모든 요소를 진압할 분명한 임무를 부여받았다.

    c. 경찰과 경비대에 의하여 체포된 모든 포로를 심문할 취조실이 설립되었다. 심문센터에서 획득한 정보는 명백한 범죄자의 재판준비에 이용되거나 혹은 폭동에 참가한 개인들을 체포하는데 이용되었다.

    d. 행정기관 관리들은 경찰과 경비대의 보호를 받으며 행정기관 기능은 최대한 신속히 복구되었다.

6. 제주도에 폭동의 재조직을 방지하기 위하여 권고된 조치들.

    a. 제주도에 최소한 일년 동안 경비대 1개 연대를 주둔시킬 것.

    b. 제주도 경찰을 효율적이고 훈련된 단위로 재조직할 것.

    c. 장기적이고 지속적인 미국적 교육 프로그램을 실시할 것, 이 프로그램은

        (1) 공산주의 사악성의 적극적인 증거를 제시할 것.

        (2) 미국적 방법이 장래를 위한 적극적인 희망과 제주도의 건전한 경제적 발전을 제공한다는 점을 보여줄 것.

        (3) 공산주의 선동 주장에 대한 효율적인 역선전을 제시할 것.

    d. 제주도에 가능한 한 독직과 비능률이 없는 민간정부를 제공할 것.

로스웰 브라운(Rothwell H. Brown) 대령

〈첨부문서〉 제주도 남로당원들을 조사해 얻은 제1차 부문 보고서

(이 보고서에 대한 추가보고서는 1948년 7월 10일 보낼 것임)

제주도 남로당 조사보고서
1948년 6월 20일

1. 개관
2. 보고서 범위
3. 남로당
   1) 조직
      a. 전라남도위원회
      b. 제주도위원회
      c. 제주읍·면위원회
      d. 면위원회
      e. 마을위원회
      f. 인민위원회
   2) 군사부
      a. 인민해방군
         (1) 조직
         (2) 전투
         (3) 훈련과 보안
         (4) 정치학습
         (5) 무기와 탄약
         (6) 보급선
      b. 자위대
         (1) 조직
         (2) 임무
      c. 세포
         (1) 조직과 임무
      d. 연계 조직
        남로당 조직표
        제주도 개관

1. 개관

이 보고서는 제주도 사령관 브라운(R. H. Brown) 대령의 구두명령에 따라 준비됐다. 여기 제시된 정보의 대부분은 제주도 취조팀이 작성한 다양한 평가를 담고 있는 취조보고서에서 발췌했다. 그 외 다른 정보출처는 방첩대 제주지구대, 국립경찰, 정보과, 경비대 제11연대, 그리고 현재 제주도 민간인 포로수용소에 억류된 포로들의 소지품에서 발견된 서류와 유인물들이다.

2. 보고서 범위

이 보고서는 제주도 남로당의 당과 군사조직 양쪽의 현재 상황과 조직, 지휘체계 등에 대한 정보를 요약한 것이다.

이 보고서에 나와 있는 정보의 상당부분은 인민해방군, 즉 재산무장대(Mountain Raiders)와 그 지원단체인 자위대 등의 조직원들과 접촉해왔던 포로들로부터 얻은 것으로 남로당 활동에 대한 내용을 어느 정도 자세하게 제시하고 있다.

3. 남로당

1) 조직(도표 참조)

a. 전라남도위원회

현재까지 제주도 남로당의 활동은 전라남도 도당의 지시를 받고 있다. 남로당 제주도위원회는 도당 본부로부터 모든 지령을 받는다.

b. 제주도위원회

섬에 있는 이 최고위원회는 면과 마을에 있는 하부 위원회, 인민해방군의 군사부, 관련 좌익단체들에 보내는 모든 지령을 내린다. 남로당 제주도위원회는 다음과 같이 조직돼 있다.

위원장 : 김유환
부위원장 : 조몽구
그리고 간부부장 : 현두길은 다음의 각 부장들을 조정하고 통제한다.
조직부장 : 김달삼
선전부장 : 김용관
농민부장 : 이종우
노동부장 : 이종우
청년부장 : 김광진
여성부장 : 김금순
재정부장 : 김광진

c. 제주읍위원회

여러 자료를 통해 얻어진 정보에 따르면 제주읍이라고 불리는 제주도의 핵심읍(역주 : 원문에는 면으로 돼 있음)은 이 섬에 있는 11개의 면 조직 형태와는 다르다.

제주도에서 가장 크고 가장 인구가 많은 이곳에는 2개의 독립위원회인 일반위원회와 특별위원회가 조직돼 활동하고 있다.

그러나 양쪽 위원회는 제주도위원회를 통해 당의 모든 지령을 받고 있으며 기능은 다음과 같이 정의할 수 있다.

(1) 제주읍 일반위원회

제주도위원회와 같은 방식으로 조직된 이 위원회는 읍내 당의 합법 활동에 대한 사법권을 갖는다. 이 위원회는 섬에 있는 11개의 다른 남로당 면위원회와 같은 기반에서 활동하고 구성이 같다.

조직원들은 다음과 같다.

위원장 : 강규찬
부위원장 겸 조직부장 : 고갑수
간부부장 겸 총무부장 : 강대석
선전부장 : 고칠종
청년부장 : 임태성

(2) 제주읍 특별위원회

남로당 제주읍 특별위원회는 제주읍에만 있는 당의 지하조직을 지휘한다. 더욱이 우리가 입수할 수 있는 정보에 따르면 위원회 자체는 제주읍 위원회와 같은 노선에 따라 조직되고 제주도위원회로부터 모든 명령을 받는다.

특별위원회 임무

특별위원회 조직원들은 당의 전복활동을 지휘한다. 그들의 임무는 군정청, 국립경찰, 경비대, 학교, 우익단체 같은 전략적 정보청취소에 정보원을 심는 일 뿐 아니라 위에 언급된 조직 내에 소규모 비밀 '세포'를 증강해 당의 목표를 지속적으로 추진하는 것이다.

지방 법 집행기관들에 따르면 이런 전복활동을 도모하는 제5열 조직이 제주읍에 있는 모든 행정기관에 성공적으로 침투했다.

정보원 2명은 제주읍 특별위원회가 유일하게 제주읍 세포의 활동을 지시하며 11개 면에는 이런 특별위원회가 없다고 강조했다.

이런 비밀 세포들은 제주읍 특별위원회 위원장에게 정보를 지속적으로 제공하고 있다.

전복활동을 도모하는 이 조직의 무모하고 냉혹한 효율성을 보여주는 놀랄만한 한 가지 사례는 국방경비대 제11연대장을 살해한 일일 것이다.

이 연대장의 활동은 경비대에 침투한 세포들에 의해 확실하게 보고됐다.

더욱이 전복활동을 꾀하는 특별위원회는 남로당이 불법화될 경우에 이와 관련한 일상적인 비효율성이나 방해없이 제주도위원회의 기능을 맡게 하기 위해 만들어졌다.

이런 측면에서 제주읍 특별위원회는 임무를 확대하는 한편 제주도 지하조직의 최고위원회가 될 것이다. 제주읍 특별위원회는 다음과 같은 인물로 구성돼 있다.

    위원장 : 김응환
    조직부장 : 강대석
    선전부장 : 이창수
    학생부장 : 한국섭
    재정부장 : 이창욱

    d. 면 위원회

면위원회들은 제주도의 최고위원회와 같이 여러 부서로 조직되어 있다. 또 모든 하위 군사조직과 준군사조직처럼 구성돼 있으며 한 조직원이 담당한다.

    e. 마을 위원회

위에 언급한 것처럼 마을위원회는 한 조직원이 여러 부서의 임무를 겸한다.

그러나 취조보고서는 마을 위원회가 최소한 조직원 3명, 즉 위원장과 선전부장, 조직부로 구성된다고 밝히고 있다.

    f. 인민위원회

여러 취조보고서에 따르면 최소한 한 마을에서 폭도들이 마을사람들에게 위원장을 지명하도록 강요한 다음 박수갈채로 인민위원회 위원장을 선출하도록 했다.

이 사례에서는 1945년 일본이 항복한 뒤 조직됐던 인민위원회의 위원장을 역임했던 사람이 선출됐다. 이런 선거절차는 무장한 폭도들이 감시하는 가운데 이루어졌다.

현재 제주도 민간인 수용소에 수감된 인민위원회 위원장은 폭도들이 마을을 떠난 뒤 그들의 명령에 따라 선전 및 조직부장으로 임명됐다고 밝혔다.(상세한 내용은 2.군사부와 3. 훈련 및 보안을 참조)

2) 군사부

주 : 한 소식통에 따르면 이 부서의 이름은 1948년 4월 초 구국투쟁위원회로 바뀌었다. 이 보고서에서는 군사부라는 용어를 계속 사용할 것이다.

개관

남로당 제주도당의 무장부대는 인민해방군의 군사부에서 명령을 받고 있다.

인민해방군과 자위대 등 2개의 주요 부서로 구성된다. 인민해방군 구성원들은 재산무장대들이며 그들은 제1선의 전투부대라 할 수 있다.

자위대는 재산무장대 인력을 보충하고 마을과 폭도부대 사이의 연락책임을 맡는 기능 이외에 일반 군대의 보급부 기능을 수행하고 있다.

a. 인민해방군(재산무장대)

소규모 폭도부대들은 1948년 1월 이전 한림지역의 오름 중턱에 설치된 전 일본군 군사시설에서 조직돼 생활했다.

경찰보고에 따르면 1948년 2월초 대규모 군사훈련에 관한 최초 보고 가운데 하나를 받았다. 당시에 폭도 300여 명이 애월면의 오름(역주 : 샛별오름으로 추정)에서 훈련 중인 것으로 보고됐다.

다이너마이트와 식량, 민간인 옷이 훈련 장소에서 발견됐다.

그때부터 폭도들은 이 섬의 모든 지역에서 비협력자들을 죽이고 주택을 불태웠으며 포로들을 데려가는가 하면 시골에 테러를 가하는 등 적극적인 활동을 해왔다.

(1) 조직

모든 보고에 따르면 제주도 각 면은 현재 최소한 적극적인 활동을 벌이는 폭도 1개 중대를 구성하기에 충분한 인원을 제공하고 있는 것으로 파악됐다. 이런 중대들과 대대들은 종종 그들 고유의 마을 이름을 사용했다. 경비대의 압력이나 경찰의 기습활동 등에 따라 폭도부대의 병력 규모는 계속 달라진다.

(2) 전투서열

모든 소식통을 통해 얻은 정보에 근거해 폭도부대의 평균 인원에 대한 다음과 같은 구성표를 그릴 수 있다.

부　　대	병　　력
대대, 각 면에 1개 이상	60 ~ 80
중대, 대대당 2개 중대	25 ~ 35
소대, 중대당 2개 소대	13 ~ 15
분대, 소대당 2개 분대	5 ~ 7

대대 지휘관들은 정보부, 병기부, 보급부, 의료부 등의 조직을 갖고 있다는 증거가 있다.

한 보고서에 따르면 폭도들과 근무하던 환자가 아프게 되자 내과의사가 매일 방문해 약을 주고 주사를 놓았다고 밝혔다. 그러나 별도의 병원 건물은 없다고 말했다.

중대 지휘관들은 소련군의 영향을 받거나 이를 본뜬 모든 군대의 전형인 정무 담당 부지휘관(역주 : 정치지도원)의 도움을 받는다.

폭도부대에서 취사병으로 일했던 정보원은 그가 속했던 부대가 약 80명으로 구성돼 있으며 이 병력은 2개 중대로 구성된 1개 대대와 1개 기동부대로 나누어진다고 밝혔다. 기동부대는 폭도 사령관의 직접 명령에 따라서만 움직인다.

장교들은 보통 일본식 권총과 철모로 신원이 확인되며, 대부분 일본식 장교 칼로 확인된다.

주 : 남로당 연락병에게서 획득한 한 자료는 모든 부대에 유포하기 위한 것으로 보이는 일반적인 정보 고시 형태로 인쇄됐다. 이 자료에는 "...철모를 더 이상 착용하지 않는다" 라고 언급돼 있다.

경례를 하지 않으며 어떤 표식이나 신분증명서, 또는 군 상징 표식도 보고되지 않았다. 폭도들은 서로 '동무'라고 부른다.

(3) 훈련 및 보안

폭도부대에서 이뤄지는 군기와 훈련의 강도에 대한 보고 내용들은 다소 다르다.

한 보고서는 "지휘관이 인원을 파악할 수 있도록 막사 앞에 2열 종대로 집합하는 하루 3차례의 점호가 있으며 오전 점호 뒤에는 1시간 동안 달리는 등 엄격한 체력훈련이 계획 된다"고 밝히고 있다.

또 다른 부대에 대한 보고서에는 부대에 있는 동안 나무 모으기와 숯 만들기 식량창고에서 식량을 운반하는 등의 가사임무만 한다고 언급돼 있다.

대부분의 부대 입구에는 보초(한국어 빗게)를 서며 100야드 정도 떨어진 곳에 2개의 검문초소가 있다는 것이 한 폭도부대에서 보고됐다.

보고서에 따르면 한 건물에 살고 있는 모든 사람들은 새로 들어온 사람들과 엄격하게 격리되며, 막사 부근을 떠나지 말도록 명령받는다.

또 이 부대에 있는 건물들은 약 100야드 정도씩 떨어져 있으며, 인접 건물에 있는 사람 사이의 개인적인 접촉은 이뤄지지 않는다고 밝혔다.

실제 습격 나갈 때만 여러 건물의 인원들이 2열 종대로 집합해 점호를 받으며, 무기와 실탄이 지급된다.

(4) 정치학습

폭도부대에 소속된 정치지도원들은 끊임없이 남로당의 목적을 강조하며 특히 습격에 앞서 "어떤 특정 마을에 있는 모든 인민은 가치가 없어 죽어 마땅하고 조선인민공화국의 반역자다"라는 말을 확고한 진실로 받아들일 것을 대원들에게 강요한다.

정치지도원들은 또 경찰이나 경비대에 잡힐 때는 부대의 위치나 인원을 누설하지 말고, 오도(誤導)하거나 거짓말하도록 하는 것과 같은 세부지침을 대원들에게 지시한다.

부대 지휘관들에게는 '선전 선동 활동'과 관련해 신중하게 준비되고 씌어진 지침들이 하달된다. 이 지침들은 흔히 그렇듯이 폭도들이 결정을 해야 할 경우에 각각의 단계를 주의 깊게 고려한 것으로서 폭도 지휘관은 모든 마을 주민들을 불러 모아서 연설을 하게 되어 있다. 지침에는 "실내 집회가 위험하지 않습니까?"와 같은 질문들을 하게 되어 있고 답변도 상세히 나와 있다.

몇몇 보고서에 따르면 보안을 이유로 간부들은 이름을 내세우지 않고 단순히 '지휘관'으로 명명된다.

(5) 무기와 탄약

폭도들은 미제와 일제 무기들을 사용하는데 일본제 장비들이 압도적이고 99식 일제 소총이 주류를 이룬다. 미제 카빈총과 M1 소총을 보유하고 있음이 확인됐으며 한 보고서는 약 25명으로 구성된 기동부대가 미제 카빈총 10정과 일제 99식 소총 15정으로 무장했다고 밝혔다.

대부분의 보고된 사례를 보면 실탄은 실제 습격이 계획될 때만 지급된다.

그리고 총을 갖고 있는 폭도들은 습격이 끝난 뒤 사용하지 않은 실탄을 반납하라는 명령과 함께 20~50발의 실탄을 받는다.

상태가 나쁜 일제 기관총 부품이 경비대가 급습한 부대에서 발견됐다.

폭도들이 갖고 다녔던 다른 무기들은 일본 장교 칼과 총검, 지팡이나 곤봉, 죽창과 같은 숨길 수 있는 에페(끝이 뾰족한 칼) 모양의 긴 비수들이 있다.

지난 3주 동안 소련제 장비는 발견되지 않았다.

접촉한 모든 소식통들도 그런 것이 있다는 것을 언급하지 않았다.

(6) 보급선

폭도들은 '지원기관' 즉, 면내 마을에 있는 남로당과 긴밀한 연락을 유지하며 이 마을의 남로당은 사전계획에 따라 음식물과 의류, 자금, 인력충원, 명령과 정보를 제공한다. 남로당 부대는 자위대에 있는 폭도들의 연락과 보급에 책임이 있다.

b. 자위대

남로당의 주요 부분인 이 조직은 1948년 2월께 마을 단위로 제주도 전역에 걸쳐 조직됐으며 1948년 5월 초 인민자위대로 명칭이 바뀌었다.

(1) 조직

이 조직은 표면상으로는 폭도들의 활동으로부터 마을을 보호하기 위해 만들어졌으나 사실상 교활한 폭도부대의 임시보급창이며 마을기지다.

자위대는 자신이 지원하는 폭도부대와 비슷하게 군사노선에 따라 조직되었으며 각각의 부락과 소대와 분대마다 장교(지도자)를 두고 있다.

마을 자위대에 대한 명령은 남로당 마을위원회 위원장이 내린다.

(2) 임무

자위대의 임무는 이름이 뜻하는 것과는 다르다. 폭도들의 공격으로부터 마을을 보호하는 것이 아니라 어떤 부대가 마을을 습격할 때 테러 공격에 적극 참여하고 폭도들과 합류하는 것이다. 경비대나 경찰이 가까이 있을 때만 경고한다. 자위대 구성원들은 군대가 전투를 계속할 수 있도록 보급조직 임무를 수행한다.

식량과 자금 모집은 정기적으로 이뤄지고 이렇게 모집된 식량과 자금은 폭도부대의 연락원에게 전달하기 위해 마을 남로당위원회 위원장에게 건네진다.

전 자위대원들로부터 얻은 자세한 보고서에 따르면 언제, 무엇을, 누구에 의해, 누구로부터 어느 정도 모집했는지 언급돼 있고 전달 계획도 작성돼 있다.

한 보고서에는 폭도 2명이 실제 자위대의 구역 책임자로 활동했고 그들을 통해서 면 지역의 폭도부대와 남로당 마을 조직 사이에 매우 긴밀한 연락이 이뤄지고 있다고 밝혔다.

접촉한 정보원들은 면 단위 자위대 조직에 관해서는 정보를 갖고 있지 못했다. 현재까지는 단지 마을과 마을 내에 있는 부락조직들만이 활동하는 것으로 보인다.

c. 세포(전복 세포)

(1) 임무와 조직

남로당은 관공서와 법 집행기관, 학교, 우익인사단체 등과 같은 정보청취기관에 프락치들을 심기 위해 온갖 노력을 다하고 있다.

(주 : 경비대의 공세가 시작된 뒤 인쇄된 일자불명의 한 문건에는 경찰로 근무하는 (남로당) 당원들은 이런 긴장된 시기에 특별히 더 조심해야 한다고 언급했다.)

제주읍 특별위원회의 임무에 대해 말할 때 위에서 언급했듯이, 이들 프락치들의 임무는 관찰과 보고 등의 수동적 역할뿐 아니라 전복활동을 꾀하는 세포를 적극적으로 조직하는 것이다.

제5열 분자(역주 : 프락치)들이 마을이나 면위원장에게 보고하는지, 또는 아직까지 알려지지 않은 특별 경로를 통해 남로당 제주도위원회에 보고하는지 등에 대해서는 알려지지 않았다.

제주읍 특별위원회가 섬 전역에서 이런 전복조직의 활동을 명령한다는 주장을 받쳐주는 정보는 현재까지 없다.

    d. 연계조직들

명목상 독립된 좌익단체들인 아래 나열한 단체들은 남로당의 정책을 지지하고 많은 구성원들이 이중회원으로 활동하고 있다.

    민애청
    남조선 민주여성동맹
    전평

제24군단 정보참모부 헝거(R. Hunger) 상사

〈남로당제주도당 조직도〉

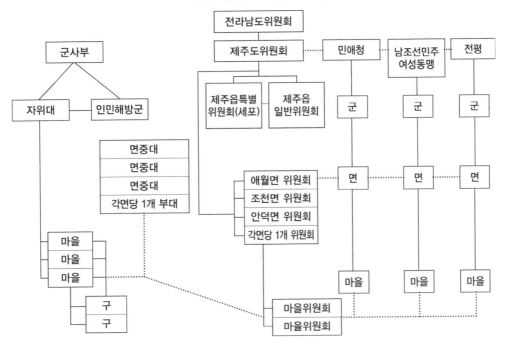

〈지도 – 제주도 개관〉

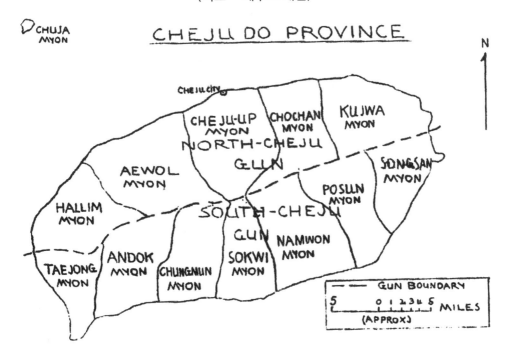

[부록 2]
레베데프 비망록

레베데프 비망록의 자료적 가치는 1948년 김구와 김규식이 참석한 평양 남북협상이 소련의 각본에 따라 이루어졌음을 극명하게 보여줌으로서 남북협상의 성격과 역사적 진실을 밝혀주는데 있습니다. 본고는 1994년 11월 15일~11월 24일 사이에 중앙일보가 7회에 걸쳐 연재한 기사 전문(全文)을 그대로 옮긴 것입니다.

더 상세한 내용은 1995년 1월 1일부터 2월 28일까지 매일신문이 24회에 걸쳐 연재한 것을 단행본으로 낸 김영중, 『레베데프 비망록』, (해동인쇄사, 2016)을 참조하기 바랍니다.

니콜라이 게오르기예비치 레베데프(Nikolai Georgievich Lebedev) 소장
1945년 8월 말 소련점령군사령부 정치사령관
1947년 중반 민정사령관 겸임
1992년 5월 모스크바에서 90세 사망

46년 만에 밝혀진 남북(南北)정치협상 진상
「평양(平壤)의 4김(金)회담」(1)[1001]

(모스크바 = 김국후(金局厚) 특파원)

본사 현대사(本社 現代史)연구소 소(蘇)군정 정치사령관 레베데프 비망록 단독 입수

"남(南)조선 인민은 미국(美國)을 의심하고 있다"
남측에 발언권 부여 여부 등도 문의
남측 지도자 초청 스티코프에 질문

1001) 중앙일보(中央日報) 1994년 11월 15일 8면

◇ **3월 24일**[1002] **[확대회의에서 김일성에게 지시]**
- 남북한(南北韓) 정세보고는 김일성파, 김두봉파, 허헌파(남로당 위원장 박헌영이 보고
를 못할 경우) 3개 그룹 대표가 한다.
- 의견을 교환한 후 정치정세에 관한 결정을 채택한다.
- 회의일정을 채택한다.

<회의 첫날>
1. 개회사
2. 주석단 - 당수, 단체 지도자들
3. 회의순서와 절차 채택
※ 축사
김두봉, 김구, 허헌, 김규식, 김달현(북조선천도교청우당 당수), 이극로(건민파 대표), 최
용건(조선민주당 당수), 김원봉(조선인민공화당) 8명 축사자 이름은 밝힌다. 회의 후 경축
공연은 합창과 오케스트라

<회의 2일째>
1. 첫 문제에 대해 3통의 보고 - 토론은 15분
2. 첫 번째 문제에 대한 결정서 작성을 위한 위원회 선출

<회의 3일째>
1. 토론 후 첫 번째 문제에 관한 결정서 채택
2. 두 번째 문제 보고자는 허헌(보고내용은 선전효과와 조직에 대해 강조할 것)

<김일성에게 지시>
▲ 48년 8월 15일까지 소련과 미국정부에 보내는 소군과 미군철수에 관한 메시지를 채택
할 것
▲ 남한의 총선을 반대 분쇄하기 위한 투쟁위원회를 결성할 것

◇ **3월 25일**
(당)대회에서 중앙검열위원을 선출하지 말라고 김일성에게 충고했음.
당에서는 노동자가 우선이다. 근로대중의 정치적 지도자로서의 노동당.

1002) 1948년

노동당은 마르크스 레닌주의 학설을 기초로 한다.

(여타 민주적 정당들도 마찬가지)

<김일성 보고>

▲ 국내 정세 = 모스크바 삼상회의 결정에 대해 남조선 국민은 미국을 의심하고 있다.

◇ 3월 26일

(남조선 방송을 청취할 수 있는) 일체의 라디오를 통제하라고 김일성에게 지시

<스티코프와 회담 (20시30분)>

1. 북한 인민들은 다른 당의(남북연석회의에)참석을 반대하지 않는다.

2. 조선인민은 미군정과 유엔한국임시위원단 없이도 조선 문제를 해결할 수 있다.

3. 2~3일 간 더 기다리자. 그래도 오지 않으면 신문기사를 내거나 기자회견을 통해 성명을 발표한다.

4. 남북대표자 연석회의는 모스크바 결정을 기반으로 한다. 누가(蘇美공위) 결렬시켰으며 어떤 결과를 초래했는가. 벌써 3년 동안 정부 없이 허송했다. 모스크바 결정을 관철했더라면 상황은 달라졌을 것이다. 즉 정부가 이미 수립됐을 것이다. 일치단결하여 당은 사업을 잘 한다. 단결만이 이런 결과를 가져다준다.

5. (남북대표자 연석회의) 준비를 시작해야 한다. 자료 준비가 중요하다.

▲ 대회에 대해서는 보안을 유지한다.

▲ 스티코프가 불가닌(국방부차관)을 만나기 위해 월요일에 모스크바에 간다. 남북연석회의에서 제정당의 단합을 반드시 강조하고 기타 소수 정당들을 격려해야 한다.

◇ 3월 27일

북로당 제2차 당대회 개회

참석인원 9백90명(여자 1백42명)

▲ 노동자 4백61(46.6%)

▲ 농민 2백56(25.9%)

▲ 사무원 2백32(23.4%)

▲ 기타 41(4.1%)[1003]

1003) 직군별

▲ 고등교육 1백44(14.5%)

▲ 중등교육 1백95(19.7%)

▲ 초등교육 6백51(65.8%)[1004]

북조선로동당 제2차 대회(1948.3.27~3.30)[1005]

참석인원(총 대표 999명 중 990명 참석)

1. 성별 : 남자 848명(85.6%), 여자 142명(14.4%).
2. 직업별 : 당기관일꾼 221명(22.3%), 생산참가노동자 264명[1006](24.8%), 농민 204명 (20.6%), 농산기술자, 생산기술자, 지배인 56명(5.7%), 교원 20명(2.0%), 의사 7명(0.7%), 문예인 4명(0.4%), 군대 내무국 정권기관일꾼 162명 (16.4%), 사회단체 일꾼 63명(6.4%), 기타 7명(0.7%).
3. 지식정도 : 대학교 전문학교 정도 144명(14.5%), 중학교 정도 195명(19.7%) 소학교 정도 651명(65.8%).

김일성의 총화보고에 대해 16명이 발언했다.

토론에서

○ 김구와 김규식의 평양 초청에 따른 문제와

○ (반당적 요소가 짙은) 오기섭에 대해 집중 토의했다.

◇ 3월 31일

<김일성에게 지시>

김창만(북로당 선전부장)이 소련을 비판하고 다닌다.

우리는 앞으로 그를 신임하지 않을 것이다.

당대회 개회사를 할 늙은이를 고를 것.

◇ 4월 1일

<스티코프에게 문의>

▲ 조만식을 연석회의에 초청하거나 만나겠다는 문제가 제기되면 어떻게 대처해야 좋을 지?

1004) 학력별
1005) 저자 주.
김학준, 『북한의 역사』 2권, (서울대학교 출판부, 2008), 896쪽.
1006) 246명의 오기

▲ 남한 기자들을 회의장에 출입 시켜야할지. 이들이 연석회의를 어떻게 보도할까. 북한 기자들의 출입은?

▲ 연석회의에서 소련군사령부의 축사가 필요한가?

▲ 기타 정당 단체 대표들에게 발언권을 부여해야할지?

▲ 이 회의를 임시인민회의(전 조선을 대표한)의 성격으로 부여할 필요는 없는지?

▲ 회의에서 꼭 만장일치를 고집해야 하는지, 그렇지 않아도 되는지?

◇ 4월 2일

서울 방송에 의하면 김구·김규식 중도당들이 우리가 보낸 연석회의에 대한 편지를 받았다고 한다. 아마 그들이 동의한 것 같다.

<문일(김일성 비서, 소련파)의 남한 정보보고>

김구 집에서 연석회의에 초청된 당수들이 회의를 갖고 앞으로 평양에서 개최될 연석회의에 대한 대책을 토의했다.

회의 식순과 어떤 노선을 택해야 할지 등이 집중 토의됐다고 한다.

- 남한 기자들이 앞으로 개최될 연석회의에 대해 딘 미국 소장에게 질문

- 연석회의에 대한 당신의 의견?

　　▲ 우리는 선거를 준비 중이므로 남북대표자연석회의에 대해 관심이 없다.

- 당신은 남한대표단 평양 수송에 협력하겠는가?

　　▲ 우리는 북으로부터 초청 받은 사람들이 북한에 가는 것을 방해하지도 않고, 협력도 하지 않겠다.

- 남한의 주요 지도자 중 한 사람인 김구가 방북을 한다면 안내할 의향은?

　　▲ 김구는 북한 가는 길을 모르는가. 기차도 있고 자동차도 있지 않은가. 소련군사령부는 유엔한국임시위원단의 입북을 거절했다.

우린 더 이상 입북 신청을 하지 않겠다.

김구 등은 회의 일정 등 문제를 북측과 사전에 협의하기 위해 자신들의 대표를 북에 보낼 예정으로 알고 있다.

<스티코프에게 남한에 대한 정보보고>

▲ 국경이 모두 닫혀 있다.

▲ 군대와 경찰이 아주 많다.

▲ 계속 감시를 하고 있으나 이에 대한 대책을 전화로 지시해 달라.

◇ 4월 3일

4월 3일 새벽 3시에 청년대표단이 도착한다. 그들을 마중해야 한다.

그들에게 음식과 돈을 지급하도록 지시했다.

▲ 김구(金九)와 김규식(金奎植)의 숙소로 브라운(미국 선교사) 집을 제공하려면 수리해야 한다. 이것이 여의치 않으면 평양에 도착할 4월 8일부터 돌아갈 때가지 호텔을 제공한다.

▲ 남북연석회의 토론과정에서 발생될 문제에 대한 우리 측의 전략을 미리 세우도록 김일성에게 지시

▲ 김구와 김규식처럼 중간 정당들에게도 공식 초청장을 보내야 할지. 아니면 라디오와 신문에 초청보도를 하는 것이 좋은지

　- 남조선에서 새 화폐 발행을 준비하고 있다고 한다.(신빙성 있는 정보)

남북(南北)연석회의란

48년 평양(平壤)에서 개최‥

김구·김일성(金九·金日成) 등 미소(美蘇) 즉시 철군 등 합의

남북연석회의는 48년 4월 19일부터 4월 30일까지 평양에서 남북 56개 정당 사회단체 대표 5백45명이 참가한 가운데 열린 일련의 정치회담을 말한다. 이 회의는 48년 2월 김구(金九)·김규식(金奎植) 등 남쪽의 『양김』이 김일성(金日成) 김두봉(金枓奉) 등 북쪽의 『양김』에게 서신으로 남북협상 개최를 제의하자 북쪽이 전조선정당사회단체 대표자 연석회의 형태로 열 것을 수정 제안함으로써 성사됐다. 김구 김규식 등 두 민족 지도자의 남북협상제의는 당시 남한에서 남한만의 단독정부 수립 움직임 등 민족의 분단이 대세로 굳어가자 『어떻게든 분단은 막아야 한다』는 절박한 상황에서 이루어졌다.

회의 기간 중 ▲ 4김회담 ▲ 남북요인 15인회담 ▲ 정당사회단체대표자 연석회의 등 다양한 형태의 모임을 통해 남북 정치인들이 한 자리에 모여 분단을 막기 위한 방안을 모색했다. 김구·김규식·박헌영·백남운 등 남쪽 대표 11명과 김일성·김두봉·최용건·주영하 등 북쪽 대표 4명이 참가한 남북요인 15인 회담에서는 ▲ 미소양군 즉시 철수 ▲ 全조선정치위원회 주도로 남북총선거 실시 ▲ 남한단독선거 반대 ▲ 외국군 철수 후 내전 발생 부인 등 4개항에 합의했다.

이와 함께 김구·김규식·김일성·김두봉의 『4김회담』에서는 ▲ 북측의 남쪽에 대한 송전 계속 ▲ 연백(延白)수리조합 개방 ▲ 조만식(曺晚植)의 월남문제 등에 합의하는 정치적 성과를 얻기도 했다. 그러나 이 같은 약속은 이후 남북에 각각 단독정부가 수립됨으로써 휴지조각이 되고 말았으며 북측은 오히려 남북연석회의를 자신들의 정권정통성 확보에 이용했다.

자료적 가치[價値]

이동현(李東炫)(현대사 전문기자·정박政博)

해방정국사[政局史] 공백 메울 결정적 근거

소[蘇]군정, 김일성[金日成] 앞세워 한반도 적화[赤化]획책
북[北]정권 정통성 위해 김구·김규식[金九·金奎植] 회유

『레베데프 비망록』은 자료의 희귀성과 가치성이라는 측면에서 매우 중요한 자료다. 비망록의 작성자인 레베데프는 1945년 8월 말부터 소련점령군사령부의 정치사령관을 역임했고, 47년 중반부터는 민정사령관을 겸임하면서 북한 정권 탄생에 가장 핵심적인 역할을 담당했기 때문이다. 이 비망록은 48년 평양에서 개최된 남북연석회의가 소련 측의 각본에 따라 개최된 것임을 극명하게 드러냄으로써 남북연석회의의 주도자와 조정자가 소련 측임을 분명히 보여주고 있다.

이러한 사실은 이제까지 밝혀지지 않았던 것으로 후기 해방정국에서 가장 뜨거운 쟁점으로 부각된 남북협상의 성격과 그 역사적 진실을 밝혀주는 중요한 대목이다.

비망록은 일기형식으로 기술되어 있어 남북연석회의의 전모를 진행과정에 따라 일목요연하게 파악할 수 있다. 비망록에 의하면 남북연석회의에 대한 명령계통은 당시 소련군 극동사령부 정치위원이었던 스티코프-레베데프-김일성으로 이어지고, 주요 결정은 스티코프와 레베데프간의 협의를 거쳐 김일성에게 지시되었음을 알 수 있다.

이 과정에서 소련군 극동사령관 비르소프와 스티코프 사이에 북한에 대한 정책결정의 주도권을 놓고 미묘한 갈등이 있었음이 드러났다.

소련 측과 김일성 등은 일련의 소비에트화 과정을 통해 북한 정권 수립을 위한 제반 준비를 끝낸 후 자신들이 수립할 정권에 정통성을 부여하기 위해 김구와 김규식을 회유하려고 했음이 밝혀졌다.

이를테면 그들에게 일정한 직위를 부여하는 대가로 그들의 참여하에 헌법을 통과시킨 후 정부를 수립할 계획을 세운 것이 바로 그것이다.

비망록에서 드러난 한 가지 충격적인 사실은 김구가 『(남한에서) 나를 5월 10일까지 암살하려는 것을 알고 있다』고 언급한 대목이다.

김구의 암살 배후자가 현재까지 밝혀지지 않은 상태에서 김구가 이 무렵에 벌써 자신에 대한 암살을 예견했다는 점은 폭력과 테러로 얼룩진 당시의 격동의 정치상황을 실감케 한다. 또 한 가지 주목을 끄는 대목은 북한 조선노동당의 초대 위원장과 최고인민회의 상임위원회 의장 및 김일성대학교의 총장 등을 역임하다가 58년 연안파에 대한 숙청 때 실각된 김두봉을 소련 측이 48년 4월부터 민족주의적인 성향을 지녔다는 이유로 특별감시를 지시했다는 사실이다.

이와 같은 내용들은『레베데프 비망록』을 통해 모두 처음 공개된 것들로 이 비망록의 자료적 가치를 단적으로 입증해 주는 대표적인 사례들이다.

해방정국에 대한 올바른 이해는 이 시기의 실질적인 주도세력인 미국과 소련의 자료를 함께 분석할 때만이 가능하다. 미국 측 자료는『25년이 경과한 자료는 미국의 국가이익을 해치지 않은 한 모두 공개한다』는『자료공개법』에 따라 대부분 입수가 가능하다. 그러나 소련 측 자료는 극히 일부 자료를 제외하고는 거의 공개되지 않았으므로 이용 자체가 불가능한 실정이다.

이렇게 볼 때『레베데프 비망록』은 한국 현대사의 새로운 역사적 진실을 밝히고 있다는 점에서뿐만 아니라 현대사 자료의 커다란 공백의 한 부분을 메워주고 있다는 점에서 대단히 귀중한 자료임에 틀림없다.

46년 만에 밝혀진 남북(南北)정치협상 진상
「평양(平壤)의 4김(金)회담」(2)[1007]

(모스크바 = 김국후(金局厚) 연구위원)

본사 현대사(本社 現代史)연구소 소(蘇)군정 정치사령관 레베데프 비망록 입수

> "김구[金九] 올 때까지 대표자회의 연기"

"남[南]조선경찰 김구·김규식 바짝 추격"
"38선까지 데려다 주겠으나 다시 돌아올 생각은 말아라"
미군정[美軍政] 장관 김구[金九] 선생에

◇ 4월 6일

백남운(白南雲 근로인민당 부위원장)외 3명이 4월 5일부터 원산에 체류 중.

이들은 허윤구(許允九 남로당, 6일 평양 도착 예정)와 나승규(羅承圭) 등 민중동맹 2명이다.

남조선에서 우익과 중간파가 적극적으로 나서고 있다.

좌익들은 무슨 이유인지 침묵하고 있다.

1007) 중앙일보(中央日報) 1994년 11월 16일 8면

김원봉(金元鳳 조선인민공화당 당수)과 남로당 중앙위도 한 마디도 하지 않는다.

▲ 미군정의 딘소장은 김구를 38선까지 데려다 줄 수 있으나 그는 남조선으로 다시 돌아올 생각은 말아야 한다고 말했다고 한다.

조소앙(趙素昻 한독당 부위원장)은 북조선에 남는데 반대하지 않는다고 말했다.

▲ 백남운은 남조선 경찰이 김구와 김규식을 바짝 쫓고 있다고 전했다.

◇ 4월 8일

<스티코프의 지시, 0시 30분>

백남운에게 다음 사항을 물어 보고할 것

▲ 남조선인민들의 민심은

▲ 남조선인민 대다수는 총선을 지지하는가, 반대하는가

▲ 김구 대리인과 만나 김구의 경호문제 협의할 것

▲ 김구가 꼭 회의에 참석토록 할 것

<소련의 연석회의 지침>

▲ 남한 총선 반대와 분쇄

▲ 유엔한국임시위원단 조선에서 추방

▲ 蘇·美軍 철수

▲ 총선은 외국군 철수 후 실시

김구와 김규식이 보낸 비서 안경근(安敬根 김구 측)·권태양(權泰陽 김규식 측)은 사리원에 있다. 오늘 12시에 평양에 온다.

<김일성·김두봉·백남운 회담, 7일 저녁>

백남운 : 홍명희(洪明熹 민주독립당 당수)에 의하면 김구와 김규식이 인민들이 대표자회의에 큰 기대를 걸고 있으니 남북조선인들은 단결해야 하며 국가 기관 창설을 위한 준비위원회를 구성해야 한다고 주장했다.

남조선에선 서북청년들이 주택가를 돌며 남조선 총선에 대한 찬성여부를 묻고 있다. 찬성하면 도장을 찍도록 하고 도장을 안 찍으면 좌익이라며 앞으로 어떻게 되는지 두고 보라고 협박하고 있다. 인민 60%가 도장을 찍었다.

인민들은 연석회의 결과를 기다리고 있다. 김구와 김규식은 늦더라도 꼭 오겠다고 약속했다. 그들은 며칠간만 기다리고 자신들이 없으면 회의를 진행하지 말라고 당부했다. 홍명희에게도 이 같은 당부를 했다고 한다.

김구가 오지 않으면 회의가 연기되는가.

김일성 : 4월 14일 꼭 개회될 것이며 김구가 올 때까지 대표자회의는 연기 한다. 김구가 꼭 와야 하고 우리는 그를 기다릴 것이다.

만일 남북공동기관을 구성하자면 그를 기다려야 한다.

백남운 : 그들이 국경을 넘어오긴 어렵지 않다. 김구에게 북조선의 공장과 민주 건설성과 를 보여주면 그는 고무될 것이며 그에게 투쟁의욕을 줄 것이다.

김일성 : 우리는 헌법을 채택하지만 내각은 구성하지 않을 것이다.

김두봉 : 김구와 김규식에게 직위를 주고 헌법 채택 이후 범민족정부를 구성할 계획이다.

<레베데프 지시, 김일성에게>

▲ 회의 참석자들이 돈이 없다. 이들에게 비용부담을 시킬 수 없다.

▲ 김구에게 언론·활동의 자유를 주라

▲ 토의시간을 제한하지 말되 토의가 끝나면 실천사항을 결의토록 하라

▲ 토론에서 한쪽의 독단이 없도록 하라

▲ 김구와의 회담을 꼭 관철 시킬 것

◇ **4월 8일**

4월 7일 2명의 연락원을 보냈다고 서울방송이 전했다. 이들은 자동차로 와 38선을 넘었다.

10일 동안 북조선에서 체류할 것이라며 회의를 4월 24일로 연기해 달라고 요구했다. 이들은 『김일성·김두봉에게』라는 제목의 김구 편지를 전달했다.

내용은 『3월 15일자 서한을 우리는 감사히 받았다. 우리 두 동무(김구 측 안경근, 김규식 측 권태양)를 연락원으로 보내니 이들에게 지시를 주기 바란다.』라고 쓰여 있다. 이들은 김일성과 김두봉을 만나

▲ 4월 24일로 회의를 연기하되 이를 북조선 방송으로 통보할 것

▲ 초청한 인사 외에도 선거를 반대한 인사들을 더 초청할 것

▲ 지난 일은 잊어버리고 백지에서 출발하자. 서로 잘못이 있었음을 인정 하자는 문제를 해결하겠다고 말했다. 그리고 이들은 남조선에서 기자 2~3명이 올 수 있다고 했다.

<레베데프 구상?>

김구에게 물어봐야겠다.

그가 바라는 자유는 어떤 것인지.

남조선에서 총선반대서명운동을 하고 있다는데 사실인지.

누가 남조선의 선거를 막을 수 있는지

※ 김구는 남조선인민들의 절대적인 신임을 받고 있는가.

※ 김구와 김규식의 서한 내용을 스티코프에게 보낼 것.

해설

소(蘇)군정 남한정세 손금 보듯

백남운(白南雲) "스파이 노릇" 협상전략 핵심(核心)역
레베데프 남(南)서 김구 영향력에 의구심

비망록 내용의 대부분이 지금까지 역사의 뒤안길에 묻혀 있다가 처음으로 공개된 것들이다.

1948년 3월 25일 밤 평양방송을 통해 4월 14일 평양에서 『남북 정치협상』을 개최한다고 발표한 평양주둔 소군정(蘇軍政)과 북한지도부는 남한의 좌익세력 등을 통해 미군정(美軍政)과 남한의 정세를 면밀히 파악해가면서 김구(金九)와 김규식(金奎植)의 입북 지연 대처 방안 등 남북정치협상에 대한 전략을 짜나가고 있음이 극명하게 드러나고 있다.

다른 참석자들보다 먼저 평양에 도착한 백남운(白南雲) 근로인민당 부위원장은 소군정 정치사령관 레베데프와 북조선인민위원장 김일성(金日成), 북로당위원장 김두봉(金枓奉) 등을 만나 남한의 정세와 김구, 김규식의 입북동향과 회의 참석 목적 등을 소상히 전달, 소군정의 남북 정치협상에 대한 전략 구상에 결정적인 역할을 하고 있다.

그는 서울에 있으면서 소군정 및 북조선공산당지도부와 은밀히 남한의 좌·우익 및 미군정 동향 등 정세보고와 한반도의 소비에트화에 대한 깊이 있는 논의까지 했음을 시사하는 대목들이 두 김과의 회담 외에도 비망록 곳곳에서 나타나고 있다.

이 같은 공을 인정받아서인지 그는 북한의 초대 교육상을 지내는 등 말년까지 북한에서 요직을 지내기도 했다.

소군정과 북한지도부는 회의를 여러 차례 연기해가면서도 김구와 김규식의 입북을 기다리면서 이들 두 지도자를 기어코 참석시키려는 의지가 확실히 드러나고 있다.

두 지도자의 입북과 회의 참석을 관철시키기 위해 김구에게 언론·활동의 자유를 최대한 보장하고 참석자들에게 비용까지 지원할 것을 결정했다.

소군정의 이 같은 의도는 두 지도자가 법통을 갖고 있는 임정(臨政)의 대표이자 당시 남한의 대표적 정치지도자였기 때문에 소련의『민주기지』인 북한정권수립의 정통성과 두 지도자의 상징성을 감안한 고도의 전략이 숨어 있는 것으로 보인다.

특히『북한의 두 김씨가 남한의 두 지도자에게 직위를 주고 헌법 채택이후 범민족 정부를 구성할 계획』이라고 회유한 것 등도 같은 의도와 맥락으로 해석될 수 있다.

이런 가운데서도 소군정(레베데프)은 김구가 남한의 단독선거를 막는데 과연 영향력을 행사할 수 있으며 그에 대한 국민들의 신임도가 어느 정도인지 등 의문을 떨치지 못하고 있다.

(모스크바 김국후金局厚 연구위원)

46년 만에 밝혀진 남북(南北)정치협상 진상
「평양(平壤)의 4김(金)회담」(3)[1008]

(모스크바 = 김국후(金局厚) 연구위원)

본사 현대사(本社 現代史)연구소 소(蘇)군정 정치사령관 레베데프 비망록 입수

소[蘇], 김일성[金日成]에 신문[新聞]보도 일일이 지시

"명단[名單] 공개·사진게재 등 재가 얻을 것"

"허위정보 흘려 남조선 혼란시키라"

◇ 1948년 4월 9일

<소련군 극동(極東)사령관 비르소프 암호전문>

앞으로 조선에 대한 모든 지시는 나를 거쳐야 한다고 스티코프 동지에게 전하라. 그는 나의 정치부관이지 소련대표가 아니다.

○ 북조선에 스탈린의 초상화가 너무 많다.(레베데프 지적)

1008) 중앙일보(中央日報) 1994년 11월 17일 8면

◇ **4월 12일**

<스티코프 전문>

김일성에게 아래와 같은 신문보도문을 전달하라.

북조선 정당과 사회단체의 요청에 의하여 북조선 주둔 소련군사령부는 북조선의 민주정당과 사회단체 초청으로 평양에서 개최되는 남북연석회의에 참석하기 위해 입북하는 남조선의 정당·사회단체들의 입북을 방해하지 않겠다고 성명했다.

○ 4월 12일 현재 평양 도착.

 △ 백남운(白南雲 근로인민당부위원장)과 비서 2명

 △ 나승규(羅承圭 민중동맹조직부장)

 △ 홍남표(洪南杓 남로당 중앙위원)

 △ 허성택(許成澤 조선노동조합전국평의회 의장) 등 2명

 △ 민중구락부 2명

 △ 전국농민총연맹 1명.

<스티코프(오전 6시)와 둔킨 (외무부 고문, 오전4시) 지시>

김일성은 김구의 요청에 의해 회의가 연기됐다고 보도하고 대표단이 도착하면 순차적으로 맞이할 것.

회의에서

▲ 조선인민과

▲ 소·미 정부에 보내는 두개의 간단한 호소문을 채택할 것.

◇ **4월 14일**

<스티코프와 협의. 오후 7시>

▲ 입북한 정당대표들의 명단을 보도할 것인지 - 남조선 사람들과 협의하라

▲ 그들의 사진은 - 회의에서 논의하라

▲ 신문에 공개, 비공개 대상자는 - 해당자들이 결정하되 나의 재가를 받을 것

▲ 김원봉(金元鳳 조선인민공화당 당수)의 공개 또는 비공개 여부 - 본인과 상의, 신중히 결정하고 나의 재가를 받을 것.

<스티코프의 지시>

▲ 남조선 대표들이 사전에 연설을 준비토록 그 내용을 지도

▲ 연설내용에 스탈린의 말을 인용

▲ 회의에 대한 라디오방송 홍보를 계속.

◇ 4월 15일

<김일성에게>

▲ 인민회의 4월말 소집할 것

▲ 인공기와 인민군기를 제작하되 붉은 색과 청색, 흰색과 검은색 (선과 악 상징)을 배합하도록.

◇ 4월 16일

미군정 하지에게서 전기요금협상에 관한 서한이 오지 않으면 김일성에게 4월 20일부터 남조선에 대한 송전을 중단토록 지시.

◇ 4월 17일

서울방송에 의하면 김구가 4월18일 출발한다고 성명했다.

<김구의 기자회견 문건>

나는 이북에 가고 싶다. 일부 사람들이 나를 비판하고 있다. 어떤 사람들은 내가 북조선에 잘못을 빌러 간다고 말하고 있다. 그렇지 않다.

결코 그러기 위해 가는 게 아니다. 나는 긴 편지를 쓸 수도 있다. 그러나 이런 편지는 우선 외국인들의 손에 들어 갈 수가 있다. 나는 한 핏줄인 동포들과 모국어로 이야기하러 간다. 나의 방북은 내 신변에 큰 위험을 초래할 수 있으나 내가 조선인민을 위해 평생을 싸워왔기에 두렵지 않다. 5월 10일 내로 나를 암살하려는 것을 알고 있다. 4월 18일에 우리는 떠난다. 김규식은 1주 늦게 출발할 것이다.

<스티코프의 지시. 오후 8시>

▲ 조선인민에게 보내는 호소문 내용에 혁명 논리와 투쟁 전략을 강조

▲ 북조선 인민이 선택한 노선이 옳음을 간접적으로 표현

▲ 남북인민들이 공동으로 투쟁하도록 유도

▲ 제민주정당은 이승만(李承晩) 반대투쟁에 일치단결

▲ 회의 참석자들이 남조선으로 돌아 갈 것이라는 허위정보를 계속 흘려 미군정과 남조선 당국이 혼란에 빠지도록 할 것

▲ 남조선 대표와 상의해 신문에 진짜 이름이나 가명으로 발표할 것

▲ 반동자와 미군간첩이 낄 수 있으니 자격심사위를 강화하여 진짜 이름은 꼭 알아둘 것

◇ 4월 19일

▲ 11시 김구의 출발정보에 따라 4월 19~20일 지도자회의 개최여부 결정.

▲ 김규식측 두 대리인이 도착해 어떤 문제에 대해서도 동의를 받았다고 라디오로 보도할
  것. 4월 18~19일 밤에 김규식측의 두 대리인 평양 도착.

이들은 『민족통일을 위해 유엔의 후원을 받는 것은 민족자주독립 실현의 조건이다』는 연
석회의에서 토의될 원칙적인 문제를 제의하고 다음과 같은 메모를 가지고 왔다.

- 어떠한 형태의 독재정치도 배격할 것
- 사유재산제도를 인정하는 국가를 건설할 것
- 전국적 총선거를 통해 통일중앙정부를 수립할 것
- 어떠한 외국에도 군사기지를 제공하지 말 것
- 미·소군의 철수는 양군 당국이 조건, 방법, 기한을 협정하여 공포할 것.

<라디오로 방송할 것>

배성룡과 권태양 연락자들이 가지고 온 준비조건은 전적으로 해결되었다.

기술적 조건이 요구되는 것이 모두 해결되었다.

○ 회의는 시작하되 신문엔 아직 발표하지 말라. 소회의에 31명이 참석했다.

46년 만에 밝혀진 남북(南北)정치협상 진상
「평양(平壤)의 4김(金)회담」(4)[1009]

(모스크바 = 김국후(金局厚) 연구위원)

본사 현대사(本社 現代史)연구소 소(蘇)군정 정치사령관 레베데프 비망록 입수

> 백범(白凡) "나는 김일성(金日成) 만나러 왔을 뿐"

주석단(主席團) 참석 거절 단독회담 희망
김구(金九), 북측 총선 동의 요구를 거부

◇ 1948년 4월 19일

<남북연석회의>

▲ 김두봉(金枓奉 북로당北勞黨위원장) 개회사(주註:예비회의. 오전 11시)

1009) 중앙일보(中央日報) 1994년 11월 21일 8면

김구(金九)와 김규식(金奎植)의 요청에 의해 회의가 연기되었다.

조선해방을 위해 피를 흘린 소련군은 북조선에서 철수할 것을 제의했다.

미군은 피를 흘리지 않았다. 김구와 김규식은 아직 도착하지 않았으나 이 두 사람 때문에 더 기다릴 수 없다.

우리가 이렇게 오래 기다린다는 것을 역사는 용서하지 않을 것이다.

얼마 안 있으면 총선거(주註:남한의 총선)가 실시될 것이니 더 기다릴 수 없다. 온갖 난관을 헤치고 회의에 온 남측대표들을 열렬히 환영한다.

▲ 김원봉(金元鳳 인민공화당 위원장)

우리나라의 긴박한 문제를 해결하기 위해 우리가 여기에 모일 수 있게 된 것도 김일성(金日成)의 공로가 컸음을 인정해야 한다. 이 회의에서 우리는 완전한 의견 일치를 얻어야 한다.

▲ 백남운(白南雲 근로인민당 부위원장)

김일성이 제안한 회의일정을 지지한다. 국제공산당(코민테른) 당수도 조선의 재건을 위한 우리의 회의를 지지했다. 빨리 남으로 가서 사업을 시작해야 한다.

- 본회의(주註:모란봉 극장)는 18시5분에 개회되고 1시간 반 동안 진행됐다. 김일성, 박헌영(朴憲永. 남로당南勞黨부위원장), 허헌(許憲. 남로당위원장)이 등단했다.

개회사는 김월송(金月松. 82. 남조선 반일反日투사회)이 맡고 주석단은 만장일치로 선출됐다.

김두봉·허헌·최용건(崔庸健 조선민주당 당수)·백남운이 축사를 했다.

모두 소련의 역할과 업적에 대해 말했다.

<스티코프에게>

국경을 차단할 때가 됐다고 생각한다. 회의참석을 이유로 국경을 넘는 사람은 더 이상 통과시키지 말아야 한다.

<김일성, 김두봉, 김구 예방>

김구 : 나는 김일성과의 단독회담에 큰 의미를 부여한다.

김일성 : 근본과업은 독립에 대한 위협이다. 나는 아무 욕심이 없다. 당 대표들이 많이 왔다. 당수는 회의에 꼭 참가해야 한다.

나는 홍명희(洪命熹 민주독립당)와 엄항섭(嚴恒燮 한독당韓獨黨 선전부장)도 만나고 싶다.

김구 : 나는 회의의 주석단에 들어가지 않겠다. 그런 곳에 참석하는 것이 습관이 되지 않았

다(주註:그가 결코 참석을 거절한다면 참석하지 말라고 하고 그의 대리인이 참석했으면 좋겠다고 비망록의 필자 레베데프는 적고 있다). 나는 이 회의에 큰 의미를 부여하지 않는다. 그러니 당신들 계획대로 회의를 계속하라. 나는 단지 김일성을 만나러 왔다.

단독회담에서 우리가 해야 할 긴박한 문제를 해결해야 한다.

나는 김규식이 제안한 선행조건 질문을 작성하는 데 참여하지 않았다.

그것은 김규식이 한 것이다.

김두봉 : 미군이 조선에서 철수할 가능성이 있는가.

김구 : 그들은 내쫓기 전엔 안 나간다고 생각한다. 북의 헌법은 단독 정부 수립을 의미하는 것이 아닌가.

김두봉 : 당신은 그렇게 생각하는가.

김구 : 남에서 북의 헌법에 대한 보도가 많아 그렇게 믿게 된다.

김두봉 : 뱃속에 있는 아이를 놓고 아들이다, 딸이다 하며 왈가왈부하는 것과 같다.

김일성과의 회견 때 김구는 자기 당 대표들과 협의하기 전에는 회의에 참가할 수 없으며 결코 주석단에 들어가지 않겠다고 거듭 말했다.

<우리의 결정은>

공개회의는 계획대로 4월 21일에 시작한다. 47명의 지도자 호소문에는 정부 수립 제안이 포함돼야 한다고 김일성과 김두봉이 제의

※ 문제

김구와 그의 측근들이 회의를 파탄시키고 퇴장하면 어떻게 하나.

『나가라』고 하고 그들을 미국간첩으로 몰자.

그리고 회의는 계속한다. 김구와 대화를 계속한다. 중요한 것은

▲ 총선반대 - 조선분단 및 정당·단체 분열 불허

▲ 소·미(蘇·美)주둔군 철수 후 정부 수립-상부(주註:스탈린 또는 소련공산당 중앙 위원회) 지시대로

▲ 회의는 계획대로 진행된다. 김구측 사람들 중 참석할 사람은 참석 해도 좋다. 그들이 소란을 피우면 이 대회는 총선을 반대하자는 것인데, 왜 퇴장하느냐고 몰아붙일 것.

<도착 또는 오는 중>

조소앙(趙素昻 한독당 부위원장), 이극노(李克魯 건민회建民會대표), 엄항섭, 여운홍(呂運

弘 사회민주당社會民主黨 선전국장) 등 75명이 오는 중이다.

합하면 남조선 사람은 2백5명. 김규식은 이 중에 포함되지 않았다. 오고 있는 사람은 아침에 평양도착 예정. 홍명희가 평양에 도착했다.

◇ 4월 21일
<김일성-김구 회담>

김일성 : 만일 당신이 회의에 참가하지 않는다면 여기에 온 목적이 무엇인가.

김구 : 나는 ▲ 정치범 석방 ▲ 38선 철폐 등 문제를 해결하려고 왔다.

　　　　내가 어떻게 총선거를 실시하는데 동의하는 서명을 할 수 있겠는가. 그렇게 되면 우리 당은 비합법적 처지에 처하게 될 것이다.

서울방송에 의하면 김규식이 오전 6시 평양으로 출발했다.

4월 20일 아침 기차로 21명이 도착했다.

사회민주당 3명, 한국독립당 8명, 민주독립당 9명, 건민회 1명.

46년 만에 밝혀진 남북(南北)정치협상 진상
『평양(平壤)의 4김(金)회담』(5)[1010]

(모스크바 = 김국후(金局厚) 연구위원)

본사 현대사(本社 現代史)연구소 입수 레베데프 비망록

소[蘇] "박헌영[朴憲永]도 빠뜨려선 안 된다"

김구·김규식[金九·金奎植] 북[北]경찰 무례에 격분
홍명희 "유엔이 불법[不法]이면 모스크바회의도 불법[不法]"

◇ 1948년 4월 21일
<회의과정>

회의 집행부(주註:주석단)에 조소앙(趙素昻 한독당韓獨黨 부위원장), 여운홍(呂運弘 사회민주당社會民主黨선전국장)을 포함시켰다.

정세에 관한 김일성의 보고는 깊은 관심 속에서 진행됐다. 36차례나 박수가 터져 나와 보고가 중단되기도 했다.

1010) 중앙일보(中央日報) 1994년 11월 22일 8면

보고 후 북측의 북로당(北勞黨 이주연), 민주당(民主黨), 청우당(青友黨) 등 3명이 토론했고, 남측의 홍남표(洪南杓, 남로당南勞黨 중앙위원), 김(金)모(남조선南朝鮮민주애국청년동맹) 등 2명이 『북조선에서는 조선인이 통치하고 지도한다. 이는 우리 인민의 업적이다. 붉은 군대, 소련인민, 스탈린 지도자에게 심심한 감사를 드린다. 그리고 지도력을 발휘한 김일성에게도 감사드린다.』는 발언을 했다.

저녁에는 회의 참가자들에게 최승희(崔承喜) 무용을 관람시켰다.

김규식 일행에게 3대의 승용차와 1대의 화물차를 제공했다.

<스티코프와 통화. 4월 21, 22일>

① 최용건(崔庸健 조선민주당朝鮮民主黨 당수)과 김달현(金達鉉 북조선청우당 北朝鮮青友黨 당수) 없이는 문제를 해결하지 말 것

② 박헌영(朴憲永) 등도 없어서는 안 된다

③ 조선의 민주통일전선이 굳건하도록 남조선 민주주의민족전선과 북조선 민주주의민족통일전선의 분열을 방지할 것

④ 북조선 인민들이 서울에 간 것이 아니고 남조선 인민들이 우리에게 왔다는 사실을 중시하라.

　　북조선 인민들은 그들을 따라 남조선으로 가지 않을 것이다

⑤ 남조선의 총선반대 투쟁에 분열이 없도록 하고 지도자들이 인민들의 신임을 받도록 하라

⑥ 남북측에서 토론에 활용할 웅변가를 사전에 많이 확보해 둘 것.

◇ 4월 22일

<김일성·김두봉의 대화>

4월 21일 8~9시까지 김두봉과 홍명희가 만났다. 면담은 다음과 같은 문제들을 놓고 진행되었다.

홍명희(洪命憙 민주독립당民主獨立黨 당수)

① 당신들은 유엔이 조선 사람들의 참여가 없었다는 이유 하나만으로 불법이며 부당하다고 주장하고 있다.

　　모스크바 3상회의에도 조선인의 참여가 없지 않았는가.

　　그럼에도 당신들은 모스크바 회의를 반대하지 않고 있다

② 왜 소련정부의 철군 제안을 지지해야 한다고 강조함으로써 미국에 비해 소련을 더 유리한 입장에 놓으려고 하는가.

김두봉 : 그것은 사실이 아니다. 주둔군 철수 문제를 제의한 것은 미국이 아니라 소련이다.

홍명희 : 물론 그게 사실이다. 그러나 강조할 필요는 없다.

김규식이 비서 등 일행과 함께 도착했다.

이 자리에 김구·조소앙·홍명희가 왔다.

김규식은 『나는 피곤하다. 4월 23일 회의에 참석하겠다』고 말했다

(주註 : 이 부분은 김일성이 레베데프에게 보고한 것으로 보임).

김구·조완구(趙琬九 한국독립당韓國獨立黨 중앙상무위원)·조소앙·홍명희가 회의에서 축하 연설을 했다.

<스티코프에게>

① 회의에 참석한 대의원 그룹이 흥남화학공장을 방문하고 싶어한다.

남에서 미국인들이 이 공장이 망해 가동되지 않고 있다는 소문을 퍼뜨리고 있다(백남운·기타)

② 김두봉이 김구·김규식·조소앙·홍명희와 함께 내일 그 사정을 알아보려고 그 공장을 방문하려 한다. 그들 방문을 허락해야 하는가.

진남포와 평양으로 국한하는 것이 낫지 않은지. 귀하의 의견은?

③ 추후 계획

오늘은 첫 번째 문제를 끝낸다. 내일은 두 번째 문제에 착수하여 내일 중으로 끝마치도록 노력한다.

<문일文日(김일성 비서)의 보고>

▲ 회의에서 남조선의 인텔리들은 만일 우리에게 이런 조건과 김일성 같은 지도자가 있었더라면 상황이 달라졌을 것이다.

▲ 김구는 5분 동안 연설을 통해 『우리는 단결해야 한다. 어떤 내용과 목적으로 어떻게 단결할 것인가를 결정해야 한다. 당신 나라에는 대체로 좋은데 경찰이 무례하다. 청년들도 마찬가지다. 지령을 잘못 받았던 것 같다』고 말했다.

◇ 4월 23일

김일성의 보고에 의하면 김구와 김규식 두 영감을 국경에서 북조선 경찰이 공손치 못하게 대한 것에 격분했다. 많은 사람들 앞에서 김구에게 『반동자를 옹호한다』며 욕설을 퍼부었고

김규식의 가방을 샅샅이 뒤졌다. 김규식은 오늘 몸이 아파서 못 일어났다. 노인병인가, 아니면 꾀병인가.

김일성은 회의 전에 늙은이들의 숙소를 방문하기도 했다.

<스티코프로부터>

박헌영과 김일성을 본 위원회(주註:남한의 총선반대투쟁위원회 같은)에서 선출할 것인지에 대한 우리(소蘇군정)의 의견을 신속히 전보로 보낼 것.

그에게 어떤 역할을 부여하는 것이 필요한지.

<김일성에게>

주(駐)모스크바 북조선 무역대표부 개설 정형을 보고할 것.

46년 만에 밝혀진 남북(南北)정치협상 진상
『평양(平壤)의 4김(金)회담』(6)[1011]

(모스크바 = 김국후(金局厚) 연구위원)

본사 현대사(本社 現代史)연구소 입수 레베데프 비망록

소[蘇] "남[南]대표에 총선[總選] 후 정부 수립 약속 받아라"

김두봉 "김규식[金奎植] 평양에 묶어두자" 제안
스티코프, 김두봉[金枓奉]의 반소[反蘇] 민족주의 경향 상세히 파악 지시

◇ 1948년 4월 23일

<김일성·김규식회담>

① 우리들의 불참아래 회의를 시작한 것에 대해 불만이 있다.

② 왜 미(美)제국주의라고 부르는가. 미국이라고 불러야 한다.

③ 소회의(주註:예비회담)를 시작해야한다(그는 4월 24일에 소회의를 시작할 수 있다고 생각하고 있다).

④ 왜 대표단이 입북할 때 무성의하게 마중했는가.

1011) 중앙일보(中央日報) 1994년 11월 23일 8면

402

○ 스티코프에게 남북연석회의를 성공적으로 끝마친 것을 축하하는 군중 대회를 개최하겠다고 건의했더니 4월 25일 일요일에 열도록 승인했다.

◇ 4월 24일
<스티코프와 통화>
① 연석회의에 만족한다.
② 남조선 대표들이 보고 싶어 하는 것은 모두 보여줘라.
③ 원한다면 군대(연대)도 보여줘라.
④ 헌법초안 가운데 토지 관련 조항에서 추가로 지역특성과 지질에 따라 부농(富農)을 허용하라.
⑤ 소회의에서 다음과 같은 문제를 해결할 것.
　　▲ 철군 후 회의 참석자들이 분열되지 않도록 하고
　　▲ 남북 총선을 실시한 후 정부 수립을 할 수 있도록 회의 참석자들에게 약속을 받아내고
　　▲ 반대하면 왜 평양에 왔으며, 무엇을 위해 싸워야 하는가 라고 따져라.

◇ 4월 25일
<만찬에서>
김규식 : 나는 항상 조선 문제는 조선사람 스스로 해결해야 한다고 주장해 왔다. 이번 회의에 실망했다.
　　　　이 만찬회에 참석하는 것이 양심에 꺼린다. 우리는 아직까지 아무 하는 일이 없는데 우리에게 전도금을 주는 형식이다.
　　　　북한은 돌이킬 수 없는 일들을 벌써 벌여 놓았다.
　　　　나는 늘 미국의 장단(주註:서양음악)에 맞춰 춤을 추었지만 지금부터 조선의 장단 (주註:만찬회에서 연주되고 있는 민속음악)에 맞춰 춤을 추겠다.
　　　　누군가가 나를 30년간 공산주의자로 만들려 했다.
　　　　나는 한때 공산당 이루쿠스파에 가입했으나 제명당했다.
　　　　그 후 나는 결코 공산주의자가 되지 않았다.
김구 : 여기에 올 때 내가 가장 나이 먹은 영감이라고 생각했는데 와 보니 82세 노인(주註: 김월송金月松)도 있더라(김구는 더 이상 말하지 않았다).

○ 김두봉은 김규식을 5월 10일까지 평양에 묶어두자고 제안했다(주註: 이 제안은 김규

식이 남한으로 내려가면 미(美)군정에 의해 대통령으로 선출될 가능성이 있어 묶어두
자는 의미로 해석됨).

○ 38선에 군 사단 또는 국경경비여단을 배치할 것인지를 김일성과 협의 해야겠다(주註:
레베데프가 남북연석회의 참석자들의 귀환을 전후해 38선에 긴장이 고조되고 있음을
감안한 것으로 해석됨).

○ 스티코프에게『평양을 공화국의 임시수도로 한다』는 헌법 조항을 그대로 둘 것인가에
대해 문의했더니 그 조항은 아예 없애라고 지시했다.

◇ 4월 26일

<10~11시 30분까지 스티코프와 대화>

▲ 5월 1일 이후에 김구와 김규식을 꼭 보내라.

▲ (상황에 따라) 박헌영과 기타 사람들도 5월 1일 남으로 내려가도록 하라.

▲ 김구와 김규식 앞에서 절대 굽신거리지 말아라.

▲ 남조선의 좌익과 긴밀한 연계를 유지하도록 하라.

▲ 김두봉의 노선(주註:반소反蘇 및 민족주의 경향)을 상세히 파악해두라.
  누가 또 그런 노선을 견지하는가.

* 김두봉은 전화로

▲ 인민회의와 군중대회에 소련사람들은 오지 말도록 하고

▲ 인민군 사열 때(주註:메이데이 행사) 김구를 주석단 자기 옆으로 초대 할 것을 북로당
  위원장 명으로 지시했으나 허가이(북로당 조직부장)가 단호히 반대했다고 보고했다.

○ 지령
  - 남조선 언론의 총선에 대한 보도를 방송으로 강력히 비판할 것.

◇ 4월 28일

<김일성·김규식 회담>

김규식이 임시적 성격의『남북지도자협의회』에서 다음 문제를 논의하자고 제안했다.

1. 남북 연합기구 창설
  ① 그렇게 되면 단선(單選)에 동참한 정당들도 우리 편으로 넘어 올 것이다.
  ② 그렇지 않으면 그들은 고립될 것이다.
  ③ 남한 국민들은 우리를 지지하는 그룹이 있다는 것을 믿게 된다.

2. 이 회의는 단선반대 투쟁뿐 아니라 통일조선을 창조하는 미래 조선의 초석이 될 것이다.

3. 우리의 평양방문에 대한 결과가 있어야 한다.

<지도자 협의회 명단>

남측(9명) = 김구(한독당 당수), 김규식(민족자주연맹 위원장), 홍명희(민주독립당 당수)

　　　　　 이극노(건민회 대표), 조소앙(한독당 부위원장), 허헌(남로당 위원장)

　　　　　 박헌영(남로당 부위원장), 김원봉(인민공화당 위원장)

　　　　　 백남운(근로인민당 부위원장)

북측(8명) = 김두봉(북로당 위원장), 김일성(북조선 인민위원장 겸 북로당 부위원장)

　　　　　 최용건(조선민주당 당수), 김달현(천도교청우당 당수)

　　　　　 최경덕(직업동맹 위원장), 박정애(여성동맹 위원장)

　　　　　 이기영(조·소문화협회 위원장), 현칠종(농민동맹 위원장)

* 조선통일촉진전국준비위원회라고 부를 것.

(주註 : 지도자 협의회 명칭에 대한 소군정측의 구상으로 보여짐)

46년 만에 밝혀진 남북(南北)정치협상 진상
『평양(平壤)의 4김(金)회담』(7·끝)[1012]

(모스크바 = 김국후(金局厚) 연구위원)

본사 현대사(本社 現代史)연구소 입수 레베데프 비망록

> "조만식 남행[南行]" 백범[白凡] 요구에 김일성[金日成] 침묵

백남운[白南雲]·홍명희 등 평양[平壤] 잔류 희망
김구[金九] 피난처 제공 타진에 김일성[金日成] 긍정적 반응
인민[人民]회의 『조선민주주의 헌법』실시 결정

1012) 중앙일보(中央日報) 1994년 11월 24일 8면

◇ 48년 4월 29일

<허가이 보고>

남북 지도자협의회에 관해 김구(金九)는 남한대표 9명은 모두 우익파로 하고 박헌영(朴憲永)과 중간좌익파는 제외하거나 북측 대표로 하라고 요구했다. 이때 주녕하(남북연석회의 영접위원장)가 그의 제의에 대해 반대했다.

김구와 김규식(金奎植)이 인민회의에 참석할 경우 북조선 단독정부 수립에 참여했다는 비난이 두려워 불참을 결정한 것으로 분석된다.

◇ 5월 3일

김일성(金日成)에게 물어 봐야겠다.

▲ 왜 김두봉(金枓奉)이 남측 대표들과 식사를 자주 하는지

▲ 김구와 김규식 귀환 일자는 언제가 좋은지.

<김구와 김일성 회담. 1시간 30분 동안>

회담 분위기는 좋았다.

① 한독당 당원 석빙문제에 대해

△ 김구 : 감옥에 있는 우리당원들을 석방시켜라.

△ 김일성 : 한독당 당원이어서 체포한 것이 아니고 그들은 테러분자들이다.

△ 김구 : 테러분자들이라면 석방시키지 말라.

② 조만식에 대해

△ 김구 : 조만식(曺晩植)은 식사 등이 형편없어 많은 고생을 하고 있다고 한다. 조만식이 나와 함께 남한으로 갈 수 있는 선물을 달라

(김구의 이 같은 요청에 대한 김일성의 대답이 비망록에 기록돼 있지 않음).

나는 늙은이다. 나를 아껴야 한다. 남한의 공산당원들에게 미리 전해라.

원칙적인 문제(38선 철폐 등)를 해결해야지 지엽적인 문제에 매달려서는 안 된다고. 원칙적인 문제라면 그들과 대화할 수 있다.

③ 남한 송전(送電)문제에 대해

△ 김구 : 당신들이 단전(斷電)하려 한다는 기사를 읽었다. 전기료가 북한보다 비싸다. 우리는 지금까지 전기료를 제 때에 지불하고 있다고 생각한다.

미국사람들은 돈을 어디에 쓰고 있는지 모르겠다.

당신들에게 전기료를 지불하지 않고 있다고 자주 방송을 해라.

그러면 우리도 주장할 근거가 생긴다.

④ 자신의 장래 활동에 대해

△ 김구 : 만일 미국인들이 나를 탄압한다면 북한에서 나에게 정치적 피난처를 제공할 수 있는가.

△ 김일성 : (긍정적으로 대답했다.)

○ 김일성은 김구를 만난 후 이어 조소앙(趙素昻)을 만났다고 김일성의 비서 문일이 저녁에 보고했다.

◇ 5월 4일

<김구의 기자회견>

남한에는 해결해야 할 문제가 산적해 있다. 북한에는 건설 기반이 조성되고 있으나 남한에는 그렇지 못하다.

① 건국에 대해

민족 자주독립에 기초한 진정한 민주국가를 세워 국민의 이익을 옹호해야 한다.

- 남한에서는 미국인들이 깊이 간섭하는가?

▲ 내정에 깊이 간섭하고 있으며 이 때문에 국민들의 불만을 자아내고 있다.

- 서울방송에 의하면 남조선에는 총선을 위한 자유분위기가 조성되었다고 하는데.

▲ 그렇지 않다.

② 출발 직전에

김구가 주녕하에게 반말로 『내가 무엇을 원하고 있다고 생각하는가. 나는 어떤 권력도 직위도 싫다』고 말했다.

◇ 5월 5일

<스티코프와 상의할 것>

① 백남운(근로인민당 부위원장)·이극로(건민회 대표)·홍명희(洪命憙 민주독립당 당수) 등 당수급 3명이 평양에서 일하기 위해 북조선에 남겠다고 한다.

이들은 모두 대학에서 일하기를 희망하고 있다.

② 허정숙(許貞淑)의 남편 박 니콜라이 알세이비치(북조선 인민위원회 국가 계획국장)는 어떻게 되었나. 허헌(許憲)이 걱정하고 있으니 알아 봐라 (소련에 가족을 둔 박朴이 허정숙과의 동거로 말썽이 나서 『병 치료』라는 명분을 붙여 소련으로 소환시켰다고

91년 레베데프가 기자와의 인터뷰에서 밝혔다. 그러나 이 사실을 모른 스티코프가 허헌의 부탁을 받고 물어본 것으로 해석된다.)

◇ 5월 7일

<스티코프에게>

○ 중국인민지원군 대표들이 수풍수력발전소의 공동관리와 전력공급에 대한 문제를 제기하고 있다.

우리의 의견

- 중국 중앙정부가 수립될 때까지는 공식협상을 하지 말 것.

◇ 5월 8일

<스티코프 지시>

UP통신에 김구가 자신의 당원들에게 총선을 방해하지 말라고 지시했다는 보도가 있다. 확인해 보고하라.

◇ 5월 11일

<스티코프에게>

김구가 자신의 당원들에게 선거를 방해하지 말라는 지시가 있었다는 보도는 사실과 다르다.

<인민회의 결정>

① 조선이 통일될 때까지 북조선 국토에서 인민회의 제5차 회의에서 채택된 조선민주주의인민공화국 헌법을 실시할 것.

① 조선민주주의 헌법에 기초하여 조선최고인민회의 대의원 선거를 실시할 것.

① 구성된 최고인민회의는 『조선정부』 수립을 위해 조선의 통일을 지지하는 남조선 대표들이 참여할 수 있도록 할 것.

① 북조선인민회의 상임위원회에 최고인민회의 대의원 선거법 작성, 중앙선거위원회를 구성할 권한과 책임을 부여한다. 끝.

[부록 3]
김구(金九)·유어만(劉馭萬) 대화 비망록

본고는 필자가 서울 종로구 이화장에 보관된 영문 사본과 이를 한글로 번역한 자료를 입수한 것 중 한글 번역본이며, 이 내용은 조갑제닷컴 편집실에서 펴낸『'고등학교 한국사 교과서'의 거짓과 왜곡 바로잡기』, (2011), 99~102쪽에도 실려 있습니다.

金九(김구)·劉馭萬(유어만) 대화 비망록

劉馭萬(유어만) : 나는 선생님의 어떤 면보다도 정직한 분이란 점에서 존경하여 왔습니다. 나도 비록 외교관이지만 솔직하게 이야기하는 사람입니다.

서울에 부임하게 된 것은 나로선 최초의 외교관 임무입니다.

오늘 선생님을 화나게 만들지 모르지만 정직한 사람과 정직한 사람 사이의 대화를 하기 위하여 방문한 것입니다.

金九(김구) : (알았다는 뜻으로 고개를 끄떡일 뿐)

劉 : 유엔 위원단의 한 사람으로 상해를 방문하고 돌아온 후 꼭 만나 뵙고 싶었습니다. 며느님과 아드님께서 중국에 체류 중인 것으로 알고 있고 엄씨도 선생님과 같이 살고 있지 않는 것으로 알고 있어 나를 통역할 사람이 없다고 생각하여, 그래서 자주 여기에 올 수가 없었습니다.

金 : 귀하가 말한 그 사람들이 여기에 없어도 귀하를 위하여 통역할 사람은 있어요.

劉 : 나는 오철성이 보내는 편지를 갖고 있는데 공사관에 두고 왔습니다.

중국 외무장관 왕시굴도 직접 편지를 보낼 것입니다. 蔣介石(장개석) 총통께서도 편지를 직접 쓰려고 하였는데, 외무장관이 오늘 대화에 대한 보고를 받고 나서 쓰시도록 건의를 드렸습니다. 저는 이 세 통의 편지가 같은 메시지를 선생께 전하는 것임을 잘 알고 있습니다. 즉, 李 박사와 협력해달라는 것입니다. 우리는 李(이) 박사와 선생과 金奎植(김규식) 박사가 남한 정권을 수호하는 데 협조해주기를 진심으로 기원합니다. 이런 중국 격언(格言)이 있습니다. "집안에서 형제들이 다툴 순 있지만 그렇게 함으로써 다른 사람들로부터 비방을 自招(자초)해선 안 된다."

선생들 사이에서 이견이 많다고 해도 소련이 지배하는 세계공산주의라는 공통의 위협 앞에선 다 형제들입니다. 나는 선생의 아들 김신을 나의 친구라고 생각합니다. 그래서 제가 하는 말이 듣기 거북하시더라도 아들이 자신의 아버님에게 진심으로 드리는 말씀 이라고 생각 해 주십시오. 만약 선생께서 공산주의를 신봉하고 가담하실 생각이라면, 저는 그렇게는 믿지 않습니다만, 제발 그렇다고 말씀하십시오. 그렇다면 우리는 정치 적 敵手(적수)로서 서로 헤어지고 다시는 만나지 않으면 됩니다.

金 : (심각한 표정으로 웃으면서) 나는 항상 무슨 일이 일어날지 알고 있어요. 사실은 내가 마음에 준비하고 있는 게 있습니다. 내 최측근한테도 이야기하지 않은 것이라 당신에게 털어놓는다는 게 적당하지 않다고 생각합니다.

이 정도만 말씀드리지요. 머지않은 장래에 모든 것을 밝히겠습니다. 귀하를 포함한 내 친구들이 좋아하든 않든 간에, 귀하는 기다려 주실거죠?

劉 : 지금 생각하고 계시는 것을 말씀하지 않으셔도 좋습니다. 오히려 말씀하시지 않도록 권하고 싶어요. 저에게 부과된 메시지 전달은 끝났으므로 허락해주신다면 선생님께서 고민하고 계시는 최종적인 결정을 내리실 때 도움이 될 만한 저의 개인적 생각을 말씀 드릴까 합니다.

金 : (찬성은 아니지만 예의상 승낙한다는 표정을 지음)

劉 : 내가 李 박사에게 선생과의 협조 가능성을 타진할 때마다 그분의 대답은 변함없이 "만 약 그가 나와 함께 일할 생각이라면, 나는 기꺼이 그에게 다가가 환영하겠다"라는 말이 었습니다. 나는 李 박사께서 부통령직을 선생에게 제의하실 생각을 갖고 있다는 인상을 갖고 돌아가곤 하였습니다. 나는 귀하께서 그런 자리를 초월하신 분이라 그런 점에 대 하여 제가 언급하게 된 것을 유감으로 생각하실 것입니다. 선생께선, "부통령 같은 것은 집어치워! 어떤 공직도 맡지 않겠어!"라고 말씀하실 수도 있습니다. 그러나 만약 선생께 서 李(이) 박사와 협력하시고 싶다면 새롭게 구성되는 정부에서 그런 자리를 차지하는 것이, 적어도, 많은 사람들과 당황하고 있는 선생의 지지자들에게 右翼(우익)진영의 단 결을 보여주는 상징적인 가치가 있다고 생각합니다.

선생께선 애국활동의 찬란한 기록을 갖고 계십니다. 선생께서 최근 평양에서 열린 소위 남북한 지도자 협의회에 관계하신 일은 그런 기록에 타격이 되었습니다.

북중국에서 조선인들이 공산주의자들에게 포로가 되면, 목숨이 아까워서 그러겠지만, "우리는 김구 지지자들입니다. 그분이 공산주의자들의 목적을 위하여 일하고 있다는 것을 잘 아시지 않습니까"라고 말하는 일들이 생기고 있습니다. 선생의 모든 동지들은 선생의 찬란한 과거 업적이 이런 식으로 허물어지는 것을 지켜보면서 참으로 안타깝게 생각합니다.

金 : 나도 잘 알고 있는 일입니다. 북한 공산주의자들은 나를 자신들의 협력자로 간주합니다. 내가 귀하께 이야기했듯이, 모든 사람들이 내 입장을 곧 알게 될 것입니다. 그렇다고 내가 남한 정부에 참여한다는 뜻은 아닙니다. 귀하도 알다시피 李 박사는 한민당의 포로가 되어, 말하자면 그들이 하자는 대로 해야 하는 신세입니다. 내가 만약 정부로 들어가면 피할 수 없는 갈등이 일어나 문제를 일으킬 것입니다. 내가 바깥에 머무는 게 낫습니다. 나는 그 더러운 정치싸움에 연관되는 게 싫습니다.

劉 : 선생님의 말씀은 오히려 바깥에서 계시는 것보다는 정부에 들어가셔야 한다는 논리를 갖게 합니다. 李(이) 박사께서는 한때 선생님의 동지이셨던 신익희, 이범석, 이청천 씨 같은 분들을 麾下(휘하)에 두고 있습니다. 선생께서 참여하셔서 그들에게 힘이 되어주시지 않으신다면 모든 게 한민당 뜻대로 되고 말 것입니다. 李(이) 박사께서 國益(국익)을 위하여 그렇게 하고 싶으셔도 혼자서 그 정당을 제어하는 것이 어려울 것입니다. 선생께서 정부에 들어가셔서 그들을 견제하면 李(이) 박사를 강화시켜줄 것이고 만약 버리신다면 李 박사를 한민당의 수중에 떨어지게 할 것인데, 선생께서도 한민당이 국가의 운명을 견제 없이 함부로 농단하여선 안 된다고 생각하시지 않습니까.

金 : (정치싸움 등 이미 말한 것을 되풀이 한 다음) 더구나 나는 한 특정 정당의 비방전에 의하여 反美(반미)주의자로 광범위하게 색칠당하였습니다. 나는 중국과 미국만이 한국에 도움이 되는 이웃나라라고 생각하는 데도 말입니다. 우리가 나라를 건설하는 데는 미국의 도움이 필요한데 내가 정부를 구성할 때 그 안에 있으면 미국인의 동정심에 찬물을 끼얹어 국가이익을 해치게 될 것입니다.

劉 : 선생님 말씀은 틀렸습니다. 李(이) 박사도 한때 반미주의자로 惡評(악평)을 받은 적이 있었습니다. 지금은 미국 사람들이 태도를 바꿔 그를 지원하게 되었습니다. 한국 정부를 수립하는 것은 결국 한국인의 고유한 일입니다. 한국에 있는 미국인이 선생을 어떻게 보는가 하는 것은 문제가 안 됩니다. 그들은 결국 가게 되어 있습니다. 하지 장군도 명예롭게, 창피를 당하지 않고 소환될 것입니다. 가도 괜찮습니다. 귀측이 단결하고 유엔이 전폭적으로 지원하게 되면 미국측이 떠나가는 일도 앞당기게 될 것입니다.

金 : 귀하는 중국이 한국을 인정하는 첫 번째 나라가 될 것이라 생각합니까?

劉 : 나는 자신 있게 말할 입장이 되지 못합니다. 그러나 중국, 미국, 영국이 최대한 빠른 시일 내에 그렇게 할 것이라는 점을 믿어 의심하지 않습니다.

金 : 미국이 (지금 입장을) 물릴 수 없다고 생각하십니까?

劉 : 불가능합니다. 왜냐하면 미국인들이 한국의 독립을 확고하게 지지하니까요.

金 : 내가 (평양에서 열린) 남북한 지도자 회의에 참석한 한 가지 동기는 북한에서 실제 일어나고 있는 일들을 알아보려는 것이었습니다. 공산주의자들이 앞으로 북한군의 확장을 3년간 중단한다고 하더라도, 그 사이 남한에서 무슨 노력을 하더라도 공산군의 현재 수준에 맞서는 군대를 건설하기란 불가능합니다. 러시아 사람들은 비난을 받지 않고 아주 손쉽게 그것(주-북한군)을 南進(남진)하는 데 써 먹을 것이고, 단시간에 여기서 정부가 수립될 것이며, 인민공화국이 선포될 것입니다.

劉 : 러시아가 전쟁을 각오하지 않으면 그런 일은 일어나지 않을 것인데, 그들은 전쟁을 원하지 않는다고 봅니다. 과거에 러시아는 두 번 국제적인 압력에 굴복한 적이 있습니다. 한 번은 한국으로부터, 또 한 번은 요동반도로부터 물러났습니다. 유엔을 통하여 세계 여론이 일어나면 러시아는 그 충격 앞에서 다시 굴복할 것입니다. 여기서 만들려고 하는 정부가, 북한정권이 러시아의 꼭두각시인 것처럼 미국의 꼭두각시라면 나는 선생께서 어느 쪽과도 협력하지 않으려 하는 입장을 쉽게 이해할 것입니다. 유엔의 지지 덕분에 한국 정부는 主權(주권)국가가 될 것이고, 통일을 성취할 基地(기지)가 될 것입니다. 선생께서 한국이 약하게 보일수록 선생께선 조건 없이 (建國건국을 위하여) 투신하셔야 합니다. (끝)

[주]

1) 이 비망록은 서울주재 중화민국 공사(公使)이며 유엔한국임시위원단의 중국 대표인 유어만이 1948년 7월 11일 오전 11시 김구의 자택을 방문, 한 시간 넘게 대화하였고 그 내용을 영문으로 요약하여 당시 국회의장 이승만(李承晩)에게 전달한 문서입니다.

2) 이 문서는 이화장(梨花莊, 서울시 종로구 이화장1길 32)에 보존되어 있다가 지금은 연세대학교 이승만연구원이 소장하고 있습니다.

3) 이 대화록에서 유어만 공사는 장개석 총통의 뜻을 받들어 이승만, 김구, 김규식이 화합하여 대한민국 건국에 협조하도록 막후에서 노력하였음을 엿볼 수 있습니다.

4) 이 대화록은 김구가 대한민국 건국에 반대하고 남북회담에 참여하는 등 공산주의자들과의 협상에 동참하게 된 동기나 심리상태를 이해할 수 있는 내용입니다.

1948년 5·10선거 때 투표소 간판, 투표함, 투표록

이 자료는 1948년 5·10제헌국회의원 선거 당시 북제주군 애월면 하가리 선거관리 위원장 장성호의 자 장재춘의 제공으로 필자가 최초 입수 공개하게 된 것입니다.

현재 이 5·10선거 투표소 간판, 투표함, 투표록은 소장자가 제주대학교 박물관에 기증하였습니다.

가. 간판(재질 : 송판松板) - 크기 : 가로 27cm, 세로 85cm

국회의원 애월면
제11투표구 선거인등록소

(애월면 제11투표구는
북제주군 애월면 하가리)

나. 투표함[재질 : 송판松板]

▲ 투표함 전체 외형

▲ 겉뚜껑을 연 모습

▲ 속뚜껑을 연 모습

- 크기 : 가로 76cm, 세로 60.5cm, 높이 50.5cm
- 구조 : 맨 위에 잠금 장치가 있는 뚜껑이 있고, 그 뚜껑을 열면 투표용지 투입구 두 개
가 나있는 잠금 장치식 안 뚜껑이 있다. 투표함 양 옆에는 운반하기 쉽게 철제
손잡이를 설치했으며 투표함 모서리마다 견고하게 분리 방지용 ㄱ자(字)형 철
제 장식을 박아 놓았다.

다. 투표록

제11구 투표록

투표록

단기4281년(주 : 서기 1948년) 5월 10일 집행

국회의원 선거 제주도 북제주군 애월면 제11투표구 투표록

1. 좌(左)의 위원은 오전6시 30분까지 투표소에 참회(參會)하였음.

　　위원장 장성호(張成昊)

　　위　원 윤성보(尹性輔)

　　　　　　문창훈(文昌勳)

　　　　　　장재휴(張齋休)

　　　　　　임영배(林永培)

　　　　　　임수광(林秀光)

　　　　　　임치선(林致善)

　　　　　　윤성률(尹性律)

　　　　　　임효봉(林孝奉)

　　　　　　오창기(吳昌琪)

2. 투표소는 오전 8시 10분에 열렸음.

3. 투표소의 입구와 투표용지에 표하는 각 장소에는 각 의원 후보자 사진에 그 성명과 기호를 표시하여 첨부하였음.

　　단 사진은 김도현 박창희 2位 분 첨부함

4. 위원장은 위원 성명을 지정하여 투표시간 중 선거인이 정당하게 투표함에 투표봉투를 넣은 것을 감시하였음.

5. 좌(左)의 참관인은 투표 개시 시각까지 투표소에 입소(入所)하였음.

　　의원후보자 박창희(朴彰禧) 대리인 애월면 애월리 1717번지

　　　　　　　　홍만표(洪萬杓)

　　의원후보자 김도현(金道鉉) 대리인 애월면 하가리 977번지

　　　　　　　　오창도(吳昌道)

6. 위원장은 투표개시 전에 위원 전수(全數)입회 하에 투표소에 참회(參會)한 선거인이 면전에서 투표함을 열고 그 공허함을 보인 후 쏙뚜껑을 잠겄음.

7. 선거인을 선거인명부에 대조하고 그 서명 또는 무인을 바든 후 위원장은 선거인 면전에서 투표용지에 날인하며 봉투 1매와 투표 용지 1매식 교부 하였음.

8. 위원장은 투표에 표하는 장소의 입구에 전 투표시간 중 위원 임영배, 위원 임수광 2인을 배치하였음.

9. 좌(左)이 선거인은 투표방법을 부지(不知)함에 인하여 위원장의 투표용지를 회수하였음.
   주소 애월면 하가리 번지 불상 성명 문순하(文順河)

10. 좌(左)이 선거인은 투표방법 부지(不知)를 소속반장 이원표(李元杓)에게 지도를 바더 투표하였음.
    주소 애월면 하가리 번지 불상 성명 문순하(文順河)

11. 오전 9시에 우기(右記) 사항 데로 연락원 2명 문두진(文斗璡) 고창완 (高昌完) 애월지서로 연락 도중에 애월지서원이 지시에 의하여 오전 11시 급(及 및) 오후 2시에 연락 보고하라는 명령이 유(有)함으로 연락을 중지함.

12. 위원 오칭기(吳昌琪)는 일난 참회(參會)하였으나 오전 9시 15분 식사 관계로 퇴출하고 후보위원 고만수(高萬壽)는 오전 9시 25분에 참회 (參會)하였음.

13. 좌(左)이 선거인은 선거 방법 부지함에 인하여 투표용지 1매를 오손함으로 위원장으로부터 일단 퇴장을 명함.
    주소 애월읍 하가리 번지 성명 강여숙(康汝淑)

14. 위원 오창기는 식사 완료함으로 오전 9시 40분에 참회(參會)하였음.

15. 후보위원 고만수(高萬壽)는 위원 오창기(吳昌琪)의 식사 완료하야 참회(參會)함으로 오전 9시 40분에 퇴출하였음.

16. 좌(左)이 선거인은 투표 방법 부지하야 투표용지 1매를 오손하였으나 그 투표용지 그데로 투표케 하였음.
    주소 애월면 하가리 번지 성명 강여숙(康汝淑)

17. 오전 11시에 애월에서 연락원 2명 내착(來着)하여 9시 □분(□分) 75명, 11시 146명 계221명을 보고함.(단, 11시 현재)

18. 오후 1시 애월지서원 1명이 내착(來着)하여 투표상황보고를 최촉함으로 연락원 2명 장윤옥(張允玉)외 1명을 애월로 보내었다.
    단, 애월지서원이 소지한 시계와 제11투표구의 시계와 30분 차가 유(有)함.

19. 오후 2시 50분에 투표 입구에 입소를 대기하고 잇는 선거인이 없음으로 위원장은 투표 소를 폐쇄할 시각이 온 것으로 선고(宣告)하고 투표입구를 폐쇄하였음.

20. 오후 2시 50분 투표소 내에 잇는 최후 선거인의 투표가 끊낫음으로 즉시로 위원장은 위원 전수(全數) 참회(參會) 하에 투표함의 투표함의 안 밖 뚜껑에 각 봉인하고 투표함을 봉쇄하였음.

21. 투표함의 봉쇄한 즉시로 그 밖 뚜껑이 열쇠를 봉투에 넣고 위원장과 입회한 위원의 봉 인한 후 투표함은 송치할 위원장 장성호(張成昊) 위원 임영배(林永培) 오창기(吳昌琪) 이를 보관함.

22. 선거인수 좌(左)와 여(如)함

선거인명부 상의 선거인 총수 397인

투표용지 교부 수 383매

선거인명부에 등록된 자 397명

23. 남은 투표용지봉투 54매, 투표용지 54매

24. 투표함을 송치할 위원 좌(左)와 여(如)함

직명 위원장 장성호(張成昊)

위원 임영배(林永培)

위원 오창기(吳昌琪)

25. 위원장은 투표록을 작성하야 이를 즉독(卽讀)하고 입회한 위원과 더부러 연서 날인함.

위원장 장성호(張成昊) (인)

위원 윤성보(尹性輔) (인)

문창훈(文昌勳) (무인)

장재휴(張齋休) (인)

임영배(林永培) (인)

임수광(林秀光) (인)

임치선(林致善) (인)

윤성률(尹性律) (인)

임효봉(林孝奉) (인)

오창기(吳昌琪) (인)

26. 오후 2시 50분에 투표 사무를 완료함.

※ 소장자 : 당시 하가리 선거관리위원장 장성호(張成昊)의 자

　　　　　제주시 삼도2동 거주 장재춘(張齋春 1940년생)

소장자의 설명에 의하면,

- 간판은

　　당시 향사 입구에 게시하였으며, 금이 간 것은 5·10선거를 반대한 남로당 측이 발로 걸
　　어차서 생긴 것이고, 지금까지 보존이 가능한 것은 당시 외양간 구석 위, 눈에 잘 띄지
　　않은 곳에 숨겨두었기 때문에 피탈 또는 훼손되지 않았으며,

- 투표록은

　　장성호 선거관리 위원장이 남로당 측으로부터 습격을 받게 되자, 급히 '애기구덕'(제주
　　도 고유의 전통 육아용품, 대(竹)로 만든 애기 침대) 밑에 숨겨두고 피신하여 피탈되지
　　않았으며 투표록에 진 얼룩은 당시 애기구덕에 눕혀 있던 애기의 오줌으로 생긴 것이라
　　합니다.

　　투표록은 표지 포함 총 9쪽으로 되어 있으며 한글과 한자 혼용 종서(縱書)로 오른쪽에서
　　부터 왼쪽으로 기록했습니다. 맞춤법이 틀린 것도 원문 그대로 옮기고 한자(漢字)만 한
　　글로 옮겼습니다.

- 하가리 선거관리위원은 위원장 포함 10명이며 이중 인민유격대에 의해 희생된 자는
　　임효봉(林孝奉) 위원 1명뿐이라 합니다.

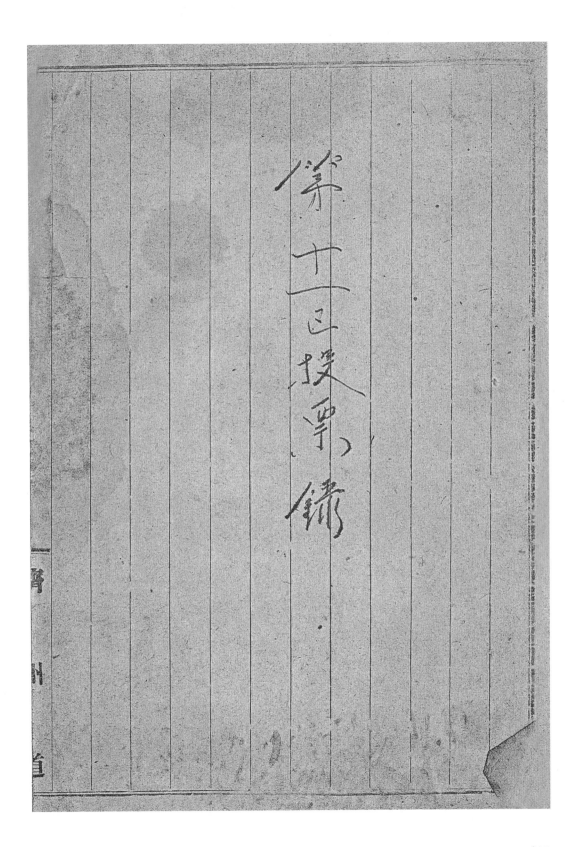

第十三 援票鑄

投票錄

檀紀四千二百八十二年五月十日執行
國會議員選擧濟州道北濟州府漢月面士安學校投票錄

一、左와如히委員이午後二番에서投票所인士安學校에參會하야開會하ㅅ음

委員長　張成昊

委員　尹性輔

委員　文昌勳

張齊鍊

林永培

林孝光

林致善

尹桃律

林孝拳

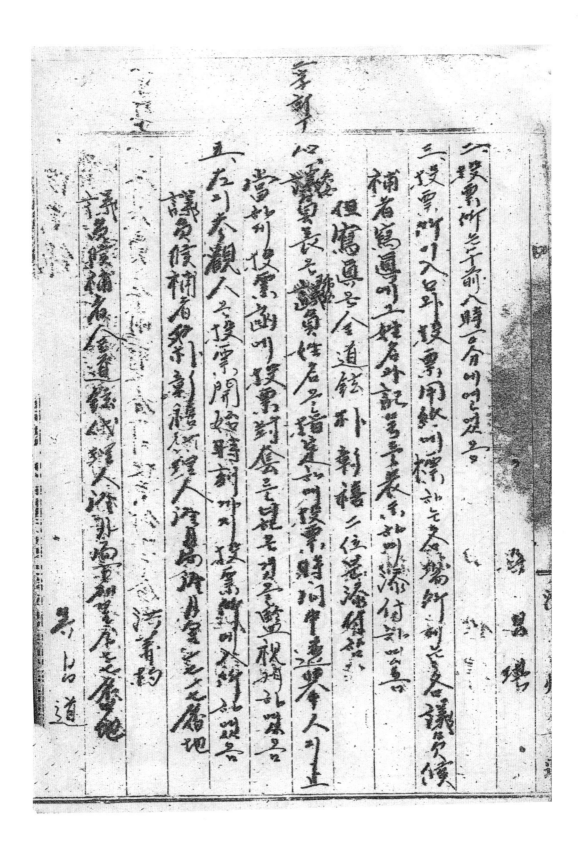

六、委員長이 投票開始前에 各委員 全數立會下에 投票所에 參會하야 選擧
人이 函前에서 投票函을 열고 빈空虛함을 보인後 鍵을 下하고도 닫힌後頭에
七、選擧人이 選擧人名簿에 對照하야 工署名之地에 卯左하야도 後委員
長之選擧人函을 前에서 投票用紙에 交付함에 對 委員 一名이 投票用
紙一枚式을 交付하야 卯名
八、委員長은 投票票에 穗히 老場所에 入口에 全投票時에 同半히 議委員
林永瑞 委員 林秀羹 之人을 配置하야 卯名
九、左에 選擧人이 投票方法을 不知하야 同히 委員長의 投票用紙
를 回收하야 卯卯名
佳竹 水計南雪加里屬地不詳   姓名 文煩河
又、左에 選擧人은 投票方을 詳知못하야 屬雜長李元約에 稻道로之工
來에 投票에和頒名

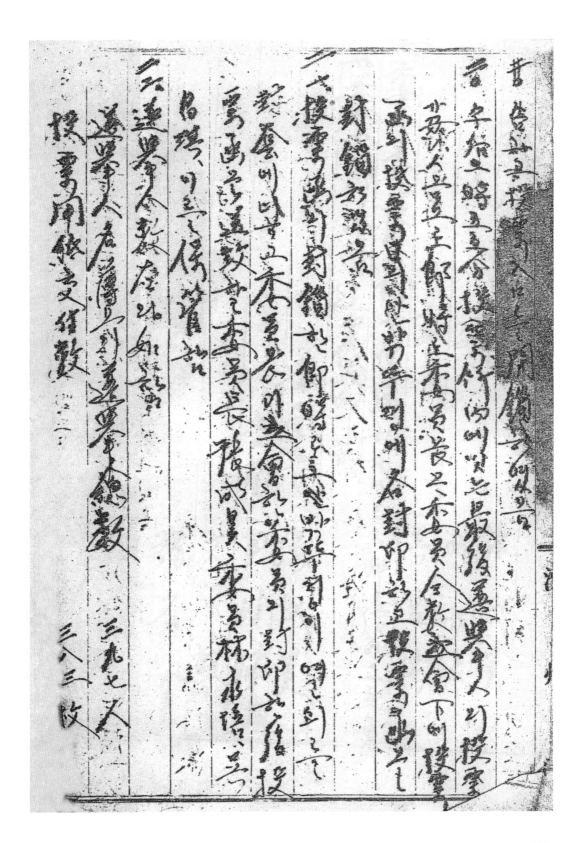

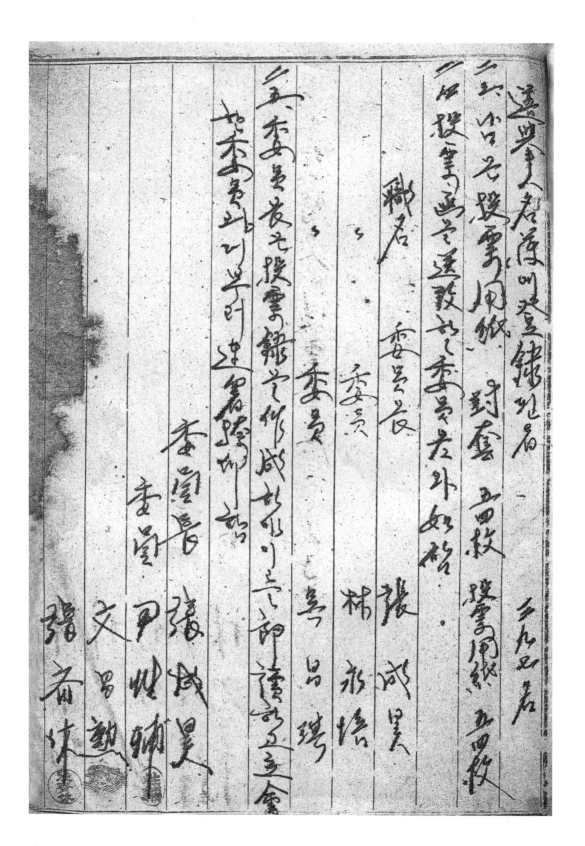

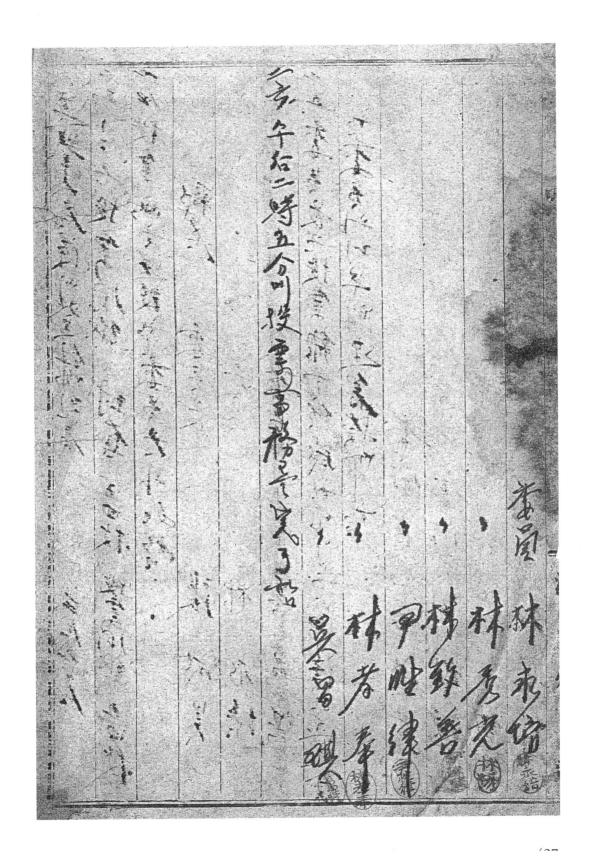

乙亥午右二時五分可授票事務委員完了畨

審員　林永培　林秀光　林鈇善　甲睡律　林芬奉

[부록 5]
김달삼의 해주 인민대표자대회 연설문
(1948년 8월 25일)[1013]

대표자 여러분!

저는 박헌영 선생의 하신 선거에 대한 보고를 듣고 감격하였으며 특히 제주도 투쟁에 언급하실 때 지금까지 적과 가렬한 피투성이 투쟁을 하든 저로써는 생생한 기억이 머리 위에 떠올르는 것을 금치 못했습니다.

저는 박선생의 보고를 전면적으로 지지함과 동시에 제주도 안에서는 그동안 어떻게 싸웠으며 이번 민주주의인민공화국최고인민회의 대의원 선거투쟁을 어떻게 하였는가 하는 구체적 사실을 잠깐 말씀해 드리고저 합니다.

제주도에 있어서의 조국의 통일 자유 독립을 위한 인민들의 무장항쟁은 여러분이 아시다시피 지금은 더욱 치열히게 승리적으로 빌전되고 있습니나. 그러면 제주도에 있어서는 전체 인민들이 이렇게 일어나지 않으면 안되었는가 하는 그 구체적 원인부터 저는 잠간 말씀드리랴고 합니다.

미제국주의는 우리 제주도에서도 남조선 다른 지역에서와 똑같이 친일파, 민족반역자, 반동파친미분자 등 매국도배들에 의거하야 가진 란폭한 분활식민지 침략정책을 강행하고 있습니다. 민주주의 애국자들과 무고한 일반 인민들은 까닭없이 불법체포. 고문. 투옥 당하였습니다. 일반농민과 어민들은 강제공출과 혹독한 착취에 신음하고 있으며 일반 인민들은 무권리와 가렴주구에 신음하고 있습니다. 더욱히 남조선 근로인민의 유일한 전투적 전위대-남조선 로동당을 비롯한 민전산하의 민주주의적 애국단체들은 가장 잔악한 탄압의 대상이 되었습니다. 그렇기 때문에 제주도 인민들은 이에 단호히 반대하야 결정적으로 투쟁을 전개하였습니다.

작년 3·10투쟁에 있어서도 어린 국민학교 아동들로부터 미군정 관리에 이르기까지 제주도 전체인민들이 파업과 맹휴와 대중적 시위로써 미제국주의 식민지화정책에 대하야 단호한 반항을 행하였습니다.

1013) NARA, RG242, 북한 노획문서. 연설문 원문을 그대로 옮겼기 때문에 맞춤법이 틀리거나 사투리가 있습니다. 국방부 군사편찬연구소, 『제주4·3사건의 실체』, (2002), 103~111쪽,

이 3·10파업투쟁을 계기로 하여 반동은 더욱 폭압과 테러를 강화하여 제주도는 조병옥 친위대들의 가장 야수적인 포위 인민토벌장으로 변하였습니다. 이때부터 금년 4월 3일 즉 인민 무장항쟁이 시작되던 그날까지 제주도에서는 일제의 인민들의 합법성이 모조리 박탈당하고 적(敵)은 경관의 대량증원, 서청테러단의 륙지로부터의 이입, 모든 관청, 학교 직장에 있어서 일체의 요직을 모조리 륙지 서북출신 악질반동으로써 독점하는 등 단말마적 압박정책을 실시하였습니다.

그러나 인민은 눌리면 눌릴수록 더욱 단결하며 더욱 강한 힘으로써 반항하고야마는 것입니다. 드디어 제주도 인민들은 지난 2월 7일을 기하여 남조선 전 지역에 걸쳐서 쏘·미양군의 즉시 동시 철퇴, 유엔위원단의 퇴거, 단선반대 등 투쟁에서 제주도 4만 농민들은 시위로써 인민항쟁의 막을 열어 놓았습니다.

이 같은 제주도 인민의 정당하고도 평화적인 항거에 놀래인 미제국주의자 그 주구-반동경찰은 그 탄압정책을 더욱 잔인한 학살정책으로 강화시켰습니다. 남로당을 비롯한 민전 산하의 민주주의적 애국단체에 대한 폭압은 더욱 악날화해졌으며 민주주의 애국자와 일반 인민들에 대한 살인 방화 강도 파괴는 공공연히 자행되었습니다. 놈들의 비인간적 만행과 폭압이 얼마나 잔인 무도하였는가는 다음과 같은 실례들이 충분히 말하여 줍니다.

3월 4일 조천면에 사는 김용철이라는 22세밖에 안된 중학생을 잡어다가 반동살인경찰은 빨갱이라고 서내에서 구타 고문한 후 화침질을 하여 공공연히 학살하고 말었습니다. 그러나 김용철동무는 최후의 순간까지 「박헌영선생 절대 지지」와 「인민공화국 사수」를 웨치면서 그놈들에게 항거하였든 것입니다. 사건은 이것만이 아닙니다.

연다러 3월 14일 대정면에서 양은하라는 27세 된 농민을 잡어다가 전신의 뼈를 하나 남김없이 산산히 부시어 죽여버렸으며 18일에는 제주읍 도두리에 사는 박모라는 한 농민을 잡어다가 고문하여 빈사지경에 이르게 한 후 죽기 직전에 가족을 불러다가 살아있을 때 석방했다는 증명을 그 가족으로부터 받은 일이 있었는데 결국 그 농민은 그 경찰서 문을 나와 5분만에 죽어버렸던 것입니다.

20일에는 애월면에서 송원하라는 지서장놈이 애월리 거주 농촌부인에게 폭행을 한 후 산에 데리고 가서 일본도로 란자하여 24개소의 상처를 입힌 일이 있고, 조천면 선흘리에서는 빨갱이 근거지라는 구실로 가옥 5호에 방화하고 가축 20두 이상을 총살하였으며 심지어는 심림에까지 방화한 사실이 있습니다.

이와 같은 것은 사실의 특정적인 것을 몇 가지 예를 들어 말한 것에 불과한 것이며 그 당시의 제주도 정세는 「생지옥」이라는 한마디로써 충분히 표현할 수 있는 것입니다.

이와 같은 미제국주의의 직접지휘로 이루어진 전대미문의 야만적 테러와 학살 그리고 파괴 약탈 속에서 신음하여 오는 제주도 인민들에게 미국인들과 그 주구들이 조국의 분할을 공고화하고 남조선을 완전히 미국의 식민지로 만들려는 단독선거 실시가 발표되자 인민들의 적에 대한 분노와 증오가 어찌 폭발되지 않겠습니까? 이에 조국의 통일과 독립을 위하여 단호히 일어서라고 부르짖으면서 제주도 인민들은 자연발생적으로 총궐기하였습니다. 이것이 제주도 4·3인민항쟁이 일어나지 않을 수 없었던 원인이며 이것이 제주도 인민군 즉「산사람」들이 생기게 된 원인인 것입니다.

드디어 4월 3일 오전 2시를 기하여 인민군 즉「산사람」들은 총궐기했습니다. 이날 인민의 일부이며 반동의 거점인 지서 20개소를 일제히 습격하여 악질경관 10명과 11명의 테러단 서청원 그리고 악질반동 10명이 인민군의 애국정신에 불타는 정의의 총칼 앞에 제거되었으며 그 외 경관 3명, 반동 5명이 부상되었으며 1개지서는 완전히 소각되고 1개 지서는 반정도 소각되고 인민군은 미국 카빙총 기타 다수의 물품을 로획했습니다.

이러하여 그 빛나는 인민항쟁의 막을 연 제주도 무장반격투쟁은 그 후 계속발전 강화되어 오늘날에 이르기까지 적에 대하여 결정적인 치명상을 주었으니 이는 다음의 숫자적 종합 성과에 여실히 표현되어 있는 것입니다.

- 전투 : 지서습격 회수 31회, 야외접전 회수 15회 이상, 계 45회 이상
- 숙청 : 경관 100명 이상, 한민. 독촉. 서청. 대청 기타 반동 400명 이상 계 500명 이상
- 부상 : 경관 30명 이상, 반동 40명 이상, 계 70명 이상
- 지서소각 : 5개 반
- 투항 : 경관 5명, 반동 2,000명 이상
- 포로 : 30명 이상
- 피검자 탈환 : 80명 이상
- 전선절단 : 893개소
- 도로파괴 : 79개소
- 로획 : 소총.탄환. 쌀. 의복. 철갑. 군도. 창 등 다수입니다.

그러면 다음 중요한 전투 몇 개를 말씀해 드려 인민항쟁의 편모를 소개해 드릴려고 합니다.

4월 15일 애월면 광령부락 뒷산에서 우리 소수 정예는 적 기동대 35명과 1킬로에 걸쳐 약 한시간 동안 산악전이 전개되었는데, 이 싸움에서 적은 3명의 희생을 낸체 사체 1개를 유

기하고 도주하여 버렸으며 가장 통쾌한 사실은 먼저 말씀드린 3월 4일 조천지서에서 애국학생 김용철 동무를 고문 치사시킨 서북출신 악질순경 한 놈이 이 세 놈 가운데 끼여 죽었다는 것입니다. 김동무의 원수는 우리 인민군의 손으로 가팠습니다.

5월 13일 조천면 함덕지서를 습격하여 마침내 지서를 지키고 있던 경관 6명을 숙청하고 피검자 30여명을 탈환함과 동시에 지서를 완전히 소각해 버렸습니다. 이에 기뻐한 인민대중들은 인민의 원수 악질경관의 사체를 끌면서 일대 군중대모를 전개하였습니다.

5월 14일에는 한림면 저지지서를 습격하였는데 적 10여 명은 2명의 사체를 유기한 체 도주하여 버렸으며 피검자 30여명을 탈환한 후 지서를 완전히 소각하고 그 직후 이에 호응하는 부락민과 합류하여 굉장한 무장시위를 단행했습니다.

여기서 하나 특기할 것은 지난 5월 7일 애월면 장전과 수산 사이 송림에서 소위 "토벌대"란 이름으로 특파되어온 조병옥의 친위대이며 경찰전문학교 학생 100명 중 60명이 첫 행동을 개시한 것을 탐지한 우리 소수정예는 이를 포착하여 이와 다섯 시간 이상 가렬한 전투 끝에 적은 대장이하 22명 이상의 사상자를 내고 도주하여 버렸습니다. 그 후 그들은 「도저히 전투를 못하겠으니 서울로 돌려보내 달라」고 3일간 맹휴 끝에 나머지 38명만 공포에 떨면서 제주도를 떠난 사실이 있습니다.

5월 20일에 국방경비대 제9연대 대원 43명이 반기를 들고 연대를 탈출하여 대정지서를 습격하여 반항하는 악질경관 6명을 숙청하고 지서를 소각한 후 산으로 올라가 인민군과 합류한 사건도 있었습니다.

5월 24일엔 안덕지서를 급습하여 경관 25명과 접전 끝에 그들에게 사망자만 6명을 내게 하는 타격을 주었습니다.

5월 26일에는 대정면 신평리 가두에서 적 기동대 60명이 추럭 3대에 타고 가는 것을 소수 부대로써 우리는 포위 습격한 결과 적은 희생자 14명의 시체와 모자 탄환 등 다수를 유기한 채 도주하여 버린 일도 있었습니다.

그러면 이러한 치열한 인민항쟁 속에서 전위부대들의 자기 희생적 투쟁의 몇 가지를 말씀드려 그 편모를 소개해 드릴려고 합니다.

4월 3일 투쟁에 있어 한림면 여관에 서청 테러단원 7명이 숙박하고 있는 것을 한 청년이 단신 군도(軍刀) 하나를 가지고 맹습하여 15분 이내에 전원을 숙청한 다음 유유히 도라온 일이 있습니다.

4월 14일 제주읍 화북리에서는 우리 동무 6명이 경관 대청 합해서 25명에게 포위당하여 전멸의 위기에 빠졌을 때 한 청년은 가졌든 권총 하나로써 이와 항전하여 적을 격퇴한 후 전원 무사히 탈출하여 나온 사건도 있습니다.

4월 18일 애월면 애월리에서 청년 2명이 권총 하나를 갖이고 가로에서 달려드는 경관 4명과 대전하여 그중 2명을 숙청한 후 무사히 돌아온 일도 있습니다.

5월 10일에는 단신으로 삼엄한 경계망을 돌파하여 투표장소인 제주읍 사무소에 수류탄 2발을 던지어 결국 그 투표장소로 하여금 일대 혼란을 일으켜 투표를 불가능하게 한 후 무사히 탈출하여 돌아온 청년도 있습니다.

그러나 이러한 치열한 투쟁 속에서 물론 우리도 극히 소수이기는 하나 귀중한 희생을 내지 않을 수 없었습니다. 리종유. 강대옥. 김봉히 등의 동무들이 일선에서 적의 흉탄에 쓰러졌는데 그 동무들이 이 세상을 떠나면서 우리에게 부탁한 말은 무엇이겠습니까? 「뒷일을 부탁한다. 동무들을 믿고 나는 안심해서 죽는다. 인민공화국 만세!」 모다가 이렇게 해서 죽었습니다. 그 얼마나 비장한 일이 아니겠습니까?

이와 같이 우리들은 동지들의 시체를 넘으면서도 죽엄을 두려워하지 않고 오직 조국통일 독립과 민족해방을 위하여 싸워왔으며 또 싸우고 있습니다. 그리하야 우리들은 항상 그 수에 있어서도 압도적 다수일 뿐만 아니라 그 장비에 있어서도 머리에서 발끝가지 미국의 최신식 정예무기로써 무장한 저 반동·살인대와 항전하야 언제든지 그들에게 결징적 타격을 주어 패주케 하였습니다.

산사람들을 호응 지지하는 인민들의 자위투쟁도 실로 굉장한 것입니다. 그중 몇 가지 말씀드리면 자기 아들을 반동경관에게 잃은 70세 넘은 노인은 자기 자식의 원수를 갚는다고 자기 메누리와 같이 인민군의 행군에 종군하여 일선에서 싸운 일도 있습니다.

소년 소녀들은 담배를 말아서 인민군에 보급하며 또 수기 신호를 해서 적의 부락침입을 미연에 발견 방지하며 또 전투가 끝난 뒤에 곳 달려가서 적의 유기품을 주어서 그를 산에 보내는 등 또 위문문을 써서 산으로 보내여 인민군의 사기를 일층 더 앙양시키는 등 그야말로 눈부신 활동을 하고 있습니다.

부인들은 자진하여 혹은 산에 가서 인민군의 밥을 지어주며 옷을 지여주며 빨래를 해주는 등 부락에 있으면서 쌀 부식물 신발 등을 산으로 보내여 주며 특히 녀맹에서 산으로 보내는 위문문과 위문품은 산사람들의 유일의 오락으로 되었습니다.

청년들은 모두가 자위대로써 부락의 자위에 당했는데 4월 16일부터 18일까지의 3일간 제주읍 이호리에서는 부락민과 적 기동대 25명이 연속적으로 대전하여 공수공권으로 이를 완전히 격퇴시킨 가장 영웅적 부락자위대 활동도 있었든 것입니다. 더욱히 4·3투쟁이 터지자 대중들은 누구의 지도도 없이 자기들의 창발력을 발휘하여 전도적 일대 시위를 단행하였

432

으며 자기들의 원수인 반동분자들의 가옥을 군중적으로 습격했습니다.

이상과 같이 전 제주도 인민들의 적극적지지 참가로써 전개된 제주도 투쟁은 드디어 5월 10일 남조선 단독선거를 완전히 실패케 하는 가장 중요한 역할을 하였습니다.

북제주에서는 소위 선거가 완전히 실시되지 못하고 남제주에서도 유권자의 불과 몇 퍼센트만이 강제로 참가하고 절대다수가 보이코드를 행하였든 것입니다.

제2차 남북제정당·사회단체지도자협의회의에서 결정한 남북통일 선거로서 통일적 립법기관을 창설하고 통일적 중앙정부를 수립하자는 활동이 전개되자 전도 주민들의 지지가 거대하게 폭발된 것이 가장 필연적인 것은 누구에게나 의심할 여지가 없는 것입니다. 단선을 반대하는 투쟁에서 빛나는 성과를 거둔 제주도 인민들은 이번 최고인민회의 선거지지 투쟁에도 가장 빛나는 성과를 거두는 것은 조금도 괴이할 것이 없습니다.

륙지에서는 통일선거 실시가 7월 15일부터 실시 되었지만은 제주도에서는 이 지시가 7월 20일이 지내어 도착되었습니다.

그러나 통일선거는 7월 말까지 벌써 유권자의 80퍼센트에 가까웠을 것을 저는 여러분에 보고할 수 있을 것을 확신합니다.

대표자 여러분!

이와 같이 우리 제주도 전체인민들은 용감하게 투쟁하고 있습니다.

우리 제주도 인민들은 미제국주의와 미군 직접 지휘하에 있는 압도적 다수의 반동경찰 살인테러단 국방경비대의 필사적 공격에도 불구하고 이것을 결정적으로 분쇄하면서 더욱 승리적으로 투쟁을 발전 강화시키고 있습니다. 그러면 무엇이 우리들로 하여금 이러한 승리를 갖어오게 한 것이겠습니까?

그것은 첫째로는 이미 위에서도 말씀드린 바와 같이 30만 제주도 전체인민들이 불타는 조국애로써 강철같이 단결하여 미제국주의와 그 주구 매국노 리승만 김성수 리범석 도배들의 남조선 분활식민지 침략정책을 단호히 반대하고 조국의 통일과 독립을 쟁취하기 위하여 죽엄을 두려워하지 않고 용감히 싸우고 있는 까닭입니다. 특히 인민군 즉 산사람들이 일반 인민대중의 적극적 지지에 의하야 고무되고 격려되고 있는 까닭입니다. 만약 부모 형제들이 적의 포위를 뚫고 정보 식량 등을 적극적으로 공급치 아니하였다면, 만약 적수공권으로 무장한 반동경찰을 격퇴하는 인민들의 자위적 원조가 없었다면 산사람들의 투쟁이 오늘 같이 발전치 못하였을 것입니다. 인민과의 연계! 인민의 지지! 이것이야말로 우리들의 승리에 가장 중요한 요인입니다.

둘째로 이번 제주도 무장구국항쟁은 고립된 투쟁이 아니라 전체 조선인민들 특히 남조선 전체인민들의 위대한 구국투쟁의 일환인 까닭입니다. 남조선 인민들의 광범한 전국적 투쟁을 전개하고 있는 환경은 적으로 하여금 우리 제주도 무장투쟁을 적극적으로 공격할 수 없게 하는 것임을 우리들은 잘 알고 있습니다. 전체 조선인민들의 노도 같은 투쟁-이것이 우리에게 빛나는 성과를 얻게 한 기본원인의 하나입니다.

이번 제주도 인민들의 거대한 구국투쟁에서 우리들의 조국의 통일과 독립을 위하여 싸우는 위대한 인민의 단결된 힘 앞에는 미제국주의와 그 주구 매국도배들이 아모리 필사적으로 발악하드라도 그들의 분활식민지화의 흉모는 반드시 실패할 것이면 인민들은 반드시 최후의 승리를 얻고야 말 것을 더욱 확신하게 되었습니다. 그러므로 제주도 전체 인민들은 승리에의 희망과 확신을 굳게 하여 더욱 용감히 더욱 줄기차게 죽엄과 희생을 두려워하지 않고 최후의 승리가 올때까지 조국이 완전통일 민주독립을 쟁취할 때까지 싸울 것을 굳게 맹세하고 있습니다.

대표자 여러분!

이제 우리는 남조선 인민의 절대다수의 투표로서 선거되여 통일입법기관을 선거하고 우리의 손으로 통일 중앙정부를 수립하게 되었습니다.

이것은 과연 위대한 승리입니다. 제주도 인민들이 전 남조선 형제들과 함께 흘린 피는 이제 헛되지 않게 되었습니다.

적선(敵線)에 쓰러진 우리의 동지들의 유지는 그 성공의 앞길이 광범하게 열리었습니다.

인민의 원수 매국노 리승만 김성수 리범석 도배들이 인민의 재판에서 엄중한 판결을 받을 날이 가까워 왔습니다.

여러분!

조선 최고인민회의 남조선 대의원 선거를 성공적으로 완수합시다.

조선 최고인민회의와 통일중앙정부의 깃발 밑으로 북조선 형제들과 공고한 단결로서 통일과 독립을 위하야 끝까지 매진합시다.

우리 조국의 통일과 독립국가 건설의 물질적 토대를 이루는 북조선 민주개혁을 남조선에서 하로 속히 실시하도록 우리는 용감히 싸웁시다.

1. 민주조선 완전자주독립 만세!
1. 우리 조국의 해방군인 위대한 쏘련군과
   그의 천재적 령도자 쓰딸린 대원수 만세!

[부록 6]
남로당제주도당 인민해방군 사령관
이덕구의 선전포고

본고는 필자가 2019년 10월 24일 이덕구가 선전포고 한 지 71주년 되는 날에 제주시 벤처마루 10층에서 제주4·3진실규명을위한도민연대 주최로 개최한 강연회에서 강연한 내용입니다. 그 후 일부 내용을 추가하였습니다.

1. 시작하며

제주도 유사 이래 최대 비극이고 참사인 제주4·3사건(이하 제주4·3)이 일어난 지도 어언 71년이 지났습니다. 장구한 세월이 지났음에도 불구하고 아직도 명쾌한 해결의 기미가 보이질 않습니다. 대한민국 애국세력(우파)은 제주4·3이야말로 대한민국 건국을 저지하고 공산통일을 획책했던 남로당의 폭동·반란이며 진압과 교전 중 무고한 희생자가 많이 발생했다고 보는 반면, 좌파는 봉기나 항쟁으로 규정하면서 남로당의 근본적 의도와 만행에 대해서는 외면하거나 교묘한 말과 글로 왜곡·은폐·미화하기를 반복 강화하기 때문입니다.

제주4·3은 역사적 사실이므로 시각을 달리하는 학자들이 함께 연구와 토론을 통한 학문적으로 접근하는 바른길이 있음에도, 정치적 힘이나 다수의 위력을 이용하여 성격을 정의하고 재단하려는 흐름이 엄연히 존재합니다.

이는 또 하나의 '기억 조작 행위'로서 역사 바로 세우기나 대한민국 정통성과 정체성을 확립하는 데 심각한 영향을 미칠 수 있는 위험하고 개탄스러운 일이고 역사를 대하는 올바른 태도도 아닙니다.

1945년 해방되고 우리나라는 두 동강이 났습니다. 국가적·민족적 분열과 비극의 시작이었습니다. 승전국인 미국과 소련이 그동안 우리나라를 식민 지배하던 일본으로부터 항복을 접수하고 일본군의 무장을 해제하며 그들을 송환하기 위해 38선을 경계로 이남에는 미군이, 북쪽에는 소련군이 점령하여 그 임무를 수행하면서 향후 추진할 새 나라 건국과업을 지원하려 했습니다.

그러나 對일본전에 연합했던 미국과 소련의 체제와 국제 전략은 정반대였습니다. 미국은 미국대로 자신의 국익을 우선하였고, 소련은 소련대로 자신의 세력 확장을 도모했습니다.

즉 양국의 속셈은 처음부터 달랐으므로 합의는 불가능했습니다. 모스크바 3상회의에서 결정된 신탁통치 문제나, 독립국가 수립 前단계인 임시정부 참여와 구성 문제에서 양측은 첨예하게 대립해서 제1·2차 미·소공동위원회의가 결국 결렬되었습니다.

남과 북은 각자의 이념과 체제를 선택할 수밖에 없게 되었습니다.

북한은 소련의 일관된 방침에 의해 1946년 2월 사실상의 북한 단독정부인 북조선임시인민위원회와 1947년 2월 확실한 북한 단독정부인 북조선인민회의와 북조선인민위원회를 거치면서 북한 김일성 정부 수립 정책을 착착 추진했습니다. 반면 남한에 있던 미군정은 소련이 북한에서 펼친 일관되고 치밀한 정략과 달리, 공산당 인정, 좌우합작 추진, 자유로운 선거분위기 조성 등 낭만적 정책으로 혼선을 초래하였고, 남로당의 불법화 등은 한참 늦었습니다.

남로당은, 남북왕래가 단절되고 좌우대립이 격화된 상황에서 유엔에 의한 총선 실시로 남한에 자유민주주의 국가가 건국될 경우 자신들의 입지가 사라지고 위험해질 것을 예상하여 사생결단 저항했습니다.

선전·선동에 능한 이들은 빈부가 없는 사회 건설 등 체제 우월성이 있는 것처럼 기만하고, 폭동·반란 명분을 그럴듯하게 내세웠습니다. 이에 많은 도민이 현혹되었습니다. 군중 동원에 성공한 그들은 3·1발포사건 등 몇 가지 돌발변수를 최대한 활용하여 도민들을 자극하고 조직화에 성공했으며, 점차 무장하여 게릴라전을 전개하면서 6·25정규전까지 연결을 시도했습니다. 1948년 10월 선전포고와 1950년 7월 각 읍·면별로 인민군지원환영회를 조직하고 빨치산과 합세하여 공세를 강화하고 수많은 인명을 살상한 것이 그 대표적 사례입니다.

온갖 어려움을 극복하고 1948년 8월 15일 대한민국은 건국되었습니다.

신생국가에서 정치적 사회적 안정이 절대적으로 필요한 때임에도 제주4·3은 악화일로였습니다. 정부는 이를 평정하려고 14연대 1개 대대의 제주 파견을 명령했는데 1948년 10·19여순반란사건이 발생했습니다. 이에 고무된 제주도인민해방군 사령관 이덕구는 10월 24일 대한민국을 향해 선전포고를 했습니다.

오늘은 이덕구가 대한민국에 '선전포고'한지 71주년 되는 날입니다.

제주4·3이 '국가공권력에 의한 양민학살사건'으로 변질되고 봉기와 항쟁으로 고착시키려는 전방위적 활동이 전개되는 시기에 제주4·3진실규명을위한도민연대가 많은 제약과 어려움을 극복하고 이런 문제를 공론화하게 된 이 행사는 매우 뜻깊고 용기있는 일입니다.

2. 남로당제주島당 인민해방군 조직

▲ 1947년 3·1기념투쟁 직후 전남도당의 지령에 따라 각 면당 직속 자위대 조직을 추진했으나 별로 진전이 없었습니다.

▲ 3·1기념투쟁 이후, 3·10총파업, 3·14 우도사건, 3·17 중문리사건, 6·6 종달리사건 등 연속적인 투쟁이 있었습니다.

▲ 1947년 8월 남로당제주도당(위원장 김유환)은 군사체제로 돌입, 인민해방군(사령관 김달삼)을 조직했습니다.

직속부대로 기동대(사령관 이덕구)와 산하에 제주읍·조천면·남원면·한림면·애월면에 유격중대를, 한림·애월에 자위대를 추가 편성했습니다.[1014]

※ 제주'島당(아지트)은 1947년 9~10월에 (조천면) 선흘쪽으로 옮기고 이에 따라 각 조직도 무대를 옮겨가기 시작하게 됩니다. 이때 신문사 병원 약국이 다 올라갔다는 말도 있습니다.'[1015]라는 증언도 있습니다.

3. 인민해방군[1016] 사령관 이덕구의 선전포고

1948년 4월 3일 새벽 남로당제주도당 인민유격대는 남로당중앙당과 전남도당의 지령을 받고 도내 12개 경찰지서를 일제히 습격하여 당일 경찰관 10명을 포함하여 5·10선거 선거관리위원과 어린이·부녀자·노인 등 27명이 피살되었고, 공비는 단 4명[1017]만 사살되었습니다.

4월 3일부터 5월 3일까지 한 달 동안 사망 60명, 부상 91명, 납치 21명, 방화 45건이 발생[1018]했으며, 7월 24일까지 113일간 인명피해를 보면, 경찰관과 양민 307명이 사망한데 비해, 공비 사망은 16명[1019]에 불과했습니다.

1014) 고재우, 『제주4·3폭동의 진상은 이렇다』, (백록출판사, 1998), 26~28쪽.

1015) 제주4·3연구소, 『이제사 말햄수다』 2권, (한울, 1989), 40쪽.

1016) 2대 사령관은 김대진이었는데 관음사 전투 등에서 실패하자 이덕구가 사령관직을 이어 받았다는 설도 있고, 그 명칭도 인민해방군 사령관, 인민유격대 사령관, 군사부총책(군책) 등 다양했습니다.

1017) 문창송 편, 『한라산은 알고 있다』, (대림인쇄사, 1995), 14, 15쪽.

1018) 대검찰청 수사국, 『좌익사건 실록』 제1권, (1965), 379, 380쪽,
사망 60명(경찰 12, 동가족 6, 공무원 5, 양민 37), 부상 91명(경찰 21, 동가족 3, 공무원 9, 양민58), 납치 21명(경찰 2, 양민 19)

1019) 문창송 편, 『한라산은 알고 있다』, (대림인쇄사, 1995), 73,74쪽.

이처럼 초반 전세는 남로당의 선제적 공세로 경찰서와 지서 소재지를 제외하고 특히 밤에는 인민유격대가 도내 전역을 완전히 장악했습니다.

제주도의 상황이 심각하여 경찰력만으로 5·10선거 치안을 확보하고 사태를 수습하기에 역부족임을 깨달은 미군정 당국은 군대 투입을 결정하고 부산에서 1개 대대를 제주에 증파했습니다. 여기서 강경진압작전을 전개하기 이전에 인명피해를 최소화하기 위하여 김익렬 9연대장으로 하여금 김달삼에게 귀순권고 회담을 지시했습니다.

좌파에서 주장하는 소위 '4·28평화회담'[1020]입니다. 이 회담은 목적을 이루지 못하고 실패했습니다. 김달삼은 귀순할 의사가 추호도 없는 골수였기 때문입니다.

그러는 가운데 1948년 5월 6일 9연대장 교체가 있었습니다. 김익렬 후임으로 박진경이 부임했습니다. 박진경이 부임한지 4일 만인 5월 10일 제헌의원 선거를 하는 날 제주읍에서 김달삼과 오일균 등 양측 5명이 회담하여 박진경 암살을 모의했습니다. 박진경 대령은 부임 43일 만에 모의한 대로 문상길 하수인에 의해 암살당했습니다.

8월 2일 김달삼이 해주대회 참석차 지하선거 투표지 32,350명 분을 가지고 월북하자 이덕구가 인민해방군 사령관 자리를 이어 받았습니다.

1948년 8월 15일 대한민국이 건국되자 남로당의 느끼는 압박감은 위중하였지만, 북한으로부터 내려오는 김일성 정권 수립 소식이나 각종 지령 등은 4·3 주동자들에게 희망과 힘이 되었습니다. 더구나 10·19여순반란사건이 발생한 것을 권토중래할 수 있는 절호의 반격 기회로 판단했습니다.

1948년 10월 24일 남로당제주도당구국투쟁위원회는 제주읍 월평리에서 주동자 14명이 모여 남로당, 민애청, 여성동맹, 농민위원회와 탈영병 등을 혼성하여 소련식 혁명투쟁위원회로 개편[1021]해서 체제를 정비하고, 당일 대한민국에 선전포고를 했습니다.[1022]

남로당제주도당은 러시아 10월혁명기념일[1023]을 계기로 총반격을 기획한 것입니다. 이

1020) 김익렬·김달삼 회담은 4월 28일이 아니고 4월 30일이며, 목적은 귀순권고 회담이었습니다.
1021) 고재우, 『제주4·3폭동의 진상은 이렇다』, (백록출판사, 1998), 39,40쪽.
1022) 김봉현·김민주, 『제주도인민들의 4·3무장투쟁사』, (문우사, 1963), 165쪽.
문국주 『조선사회운동사 사전』, (사회평론사 1981), (고려서림 1991), 117쪽.
문국주 『조선사회운동사 사전』은 『조선사회주의운동사 사전』으로 널리 인용되고 있으나 잘못입니다. 고문승, 『제주사람들의 설움』, (신아문화사, 1991), 신아문화사, 410쪽.
1023) 러시아 2월혁명은 러시아력으로 1917년 2월 23일이나 양력으로 3월 8일이고, 10월혁명은 러시아력으로 같은 해 10월 25일이나 양력으로 11월 7일입니다.

덕구의 선전포고문과 군경에게 보낸 '호소문'은 당시 제주신보 편집국장 김호진[1024] 등 3명이 3천 매를 인쇄[1025]해서 배포했습니다. 그 내용은 다음과 같습니다.

선전포고문[1026]

잔인하기 이를데 없는 경관들이여!
미 제국주의와 이승만의 개들이여!
너희들은 무고한 도민·남녀노유를 가리지 않고 학살하고 있다.
천인(天人)도 용서할 수 없는 만행을 일편(一片)의 주저함이 없이 범해 오고 있다.
지금까지 우리들은 너희들의 극악비도(極惡非道)한 악사(惡事)를 동족으로서 부끄럽지만 참고 견디어 왔지만, 은인자중도 이제는 한도에 달하였다.
인민의 원한에 대한 복수심을 가지고 너희들을 처단하기 위해서 가까운 시일 내에 권토중래하기로 결정하였다.

인민군 사령관 이덕구

국방군과 경찰원들에게 보내는 '호소문'[1027]

친애하는 장병, 경찰원들이여!
총 뿌리를 잘 살펴라! 그 총이 어디서 나왔느냐?
그 총은 우리들의 피땀으로 이루어진 세금으로 산 총이다!
총 뿌리란 당신들의 부모, 형제, 자매들 앞에 쏘지 말라!
귀한 총자 총탄알 허비 말라!
당신네 부모, 형제, 당신들까지 지켜준다!
그 총은 총 임자에게 돌려주자!
제주도 인민들은 당신들을 믿고 있다!
당신들의 피를 희생으로 바치지 말 것을!
침략자! 미제를 이 강토로 쫓겨내기 위하여!
매국노 이승만 악당을 반대하기 위하여!
당신들은 총 뿌리를 놈들에게 돌리라!

1024) 28세
1025) 문국주, 『조선사회운동사 사전』, (사회평론사 1981), (고려서림 1991), 117쪽.
신상준, 『제주도4·3사건』 하권, (한국복지행정연구소, 2002), 597~598쪽.
1026) 문국주, 『조선사회운동사 사전』, (사회평론사, 1981), (고려서림, 1991), 117쪽
신상준, 『제주도4·3사건』 하권, (한국복지행정연구소, 2002), 598쪽,

당신들은 인민의 편으로 넘어가라 !
내 나라, 내 집, 내 부모, 내 형제 지켜주는 빨치산들과 함께 싸우라 !
친애하는 당신들은 !
내내 조선인민의 영예로운 자리를 차지하라 !

4. 선전포고의 요건 문제

이덕구의 선전포고문이 6하 원칙에 비춰 요건불비를 말하는 사람이 있습니다. 그러나 일개의 지방단위 빨치산 책임자가 작성한 선전포고문으로서 목적, 대상, 시기, 주체가 있고, 동시에 배포한 군경에게 보낸 호소문을 보면 요건상 흠이 있다하여 선전포고를 부인할 정도는 아닙니다.

우선 '선전포고는 국가(단체)에게 전쟁을 공식적으로 선언하는 것인데, 전쟁 목적(인민들의 원한과 복수를 위해서), 대상(경찰, 미국, 대한민국 정부), 시기(머지않은 장래 : 경찰 프락치 사건에서 11월 1일임을 알 수 있습니다)를 명확하게 제시하고 있',[1028]습니다. 또 주체(인민해방군 사령관 이덕구)도 명시되어 있습니다.

특히 이 선전포고는 시대를 달리해서, 우파 아닌 인사들 여러 명이, 각자 쓴 책에서, 분명하게 '선전포고'라 기록하였고, 여기에 저자들이 의문을 제기한 바 없는 것으로 보아 그들도 이덕구나 남로당제주도당의 진의가 선전포고임을 확인했거나 자인한 듯 합니다.

▲ 문국주, 『조선사회운동사 사전』, (도쿄 사회평론사, 1981. 서울 고려서림, 1991)
▲ 김봉현·김민주, 『제주도인민들의 4·3무장투쟁사』, (오사카 문우사, 1963)
▲ 제민일보4·3취재반, 『4·3은 말한다』 4권, (전예원, 1997)
▲ 고창훈, 『해방전후사의 인식』 4권, (한길사, 2012)
▲ 김관후, 『4·3과 인물』 증보판, (제주문화원, 2019)

1907년 헤이그 제2차 만국평화회의에서는 전쟁을 하려면 '사전에 명백하게 선전포고를 하거나, 어떤 상황에서 전쟁을 시작한다는 조건부 최후통첩을 보내야 한다'고 했으나, 1941년 12월 7일 일본이 하와이 진주만을 공격할 때에도 영문 5천 단어 분량의 최후통첩 서면에

1027) 김봉현·김민주, 『제주도인민들의 4·3무장투쟁사』, (문우사, 1963), 166쪽.
신상준, 『제주도4·3사건』 하권, (한국복지행정연구소, 2002), 597쪽.
1028) 강방수, 『4·3진실 아카데미』 강의자료, 제주4·3진실규명을위한도민연대, (2019.3), 34쪽,

'일본정부는 미합중국 정부의 태도로 미루어 앞으로 교섭을 계속할지라도 타결에 이를 수 없다고 인정치 않을 수 없음에 관하여 이렇게 미합중국 정부에 통보하게 된 것을 유감으로 여기는 바이다'라고만 되어 있습니다.

적을 혼란시키려는 술책이 숨어 있는 이 문서는 공습시작 20분 전에 주미 일본대사가 미국무부 장관에게 전달하려다 번역 지연으로 공습 1시간 후 전달되었지만 이것이 일본이 미국에 대한 선전포고문[1029]인 사례에서 보듯이 선전포고는 일정한 요건을 구비하지 않는 경우도 있고, 아예 선전포고가 없는 전쟁도 많습니다.

참고로 2020년 7월 31일 제주언론학회와 제주4·3평화재단이 공동주최한 '4·3과 미디어'란 주제의 학술회의에서 이덕구의 선전포고에 대해 약간의 의문이 제기되었습니다.

또 하나의 허구를 조작하려는 시동이 아닌지 걱정이 됩니다. 왜냐하면 남로당 당원으로서 4·3에 적극 참여하다 검거되어 무기징역형을 받고, 마포형무소에 수감 중 6·25 때 북한군에 의해 석방된 후 월북하여 조선노동당 당원으로 활동하다가 북한의 정책에 불만을 느낀 나머지 탈출, 중국을 거쳐 일본에서 생을 마감한, 제주읍 도두리 출신 문옥주(文玉柱)[1030]가 『조선사회운동사 사전』에서, 그리고 4·3을 주동하거나 직접 참여한 김봉현·김민주가 『제주도인민들의 4·3무장투쟁사』에서, 이덕구의 선전포고 사실을 분명히 밝혔는데도 여기에 의문을 제기하는 사람이 과연 문국주, 김봉현, 김민주보다 더 4·3을 체험하고 연구한 자인지 의문이 들어서입니다.

5. 선전포고 이후의 상황

정부측 대응은 선전포고 직전인 1948년 10월 11일 제주도경비사령부[1031]가 설치되었으므로 대대별로 작전책임지역을 할당하는 등 진압작전에 치중하는 한편 남로당 세포소탕작전을 전개했습니다.

남로당도 이덕구의 선전포고 이후, ① 공격부대 규모 확대, ② 군경 프락치 총동원, ③ 군 주둔기지 공격 등 투쟁전술전환과 강도(強度)를 강화했습니다.

대표적 사례는 다음과 같습니다.

1029) 조선일보 2019.12.10. A32면, 미군함정 6척 침몰, 미군 전사 2,403명, 부상 1,143명.
1030) 필명 문국주文國柱, 1919~1996, 일본 전수대학 경제학부 졸업.
김찬흡, 『제주인물대사전』, (금성문화사, 2016), 354쪽.
제주4·3평화재단, 『제주4·3사건 추가진상조사 보고서 Ⅰ』, (2019), 344쪽.
1031) 사령관 김상겸→송요찬

▲ 군 프락치 사건

1948년 10월 28일 9연대 내 구매관 강의원 소위 등이 주축이 되어 여·순반란사건을 모방해서 반란을 기획한 사건입니다. 9연대장 송요찬이 홍순봉 제주경찰국장과 작전협의차 전화하려는 도중 전화선 혼선으로 우연히 탐지되어 인민유격대와 내통한 제2대대장 김창봉 대위 등 연루자 80명을 검거한 사건입니다.[1032]

▲ 경찰프락치 사건[일명 제주도적화음모사건]

1948년 11월 1일, 경찰 내에 침투한 프락치들이 통신 장악, 유치장 개방, 무기고 탈취, 경찰 및 정부 관리와 우익인사 암살, 숲 관공서 방화 등을 기획한 사건으로 거사 30분 전, 서용각이 전향, 위생계장 고창호 경위에게 제보함으로써 경찰, 도청, 법원, 검찰, 읍사무소, 해운국 등에 침투한 프락치 83명을 검거한 사건입니다.[1033]

그때까지 남로당은 소수 인원으로 습격 살인 방화 약탈하고 도주하던 소단위 전술을 구사하였으나, 선전포고 이후부터 공격부대를 중대 단위로 하는 등 대단위 전술로 전환했는데, 막대한 피해를 입는 결과가 되었습니다. 그 대표적 사례는 다음과 같습니다.

▲ 장전리 전투[1034]

1948년 10월 29일(군 프락치사건 뒷날) 애월면 장전리에서 좌익 200여명이 폭동과 혼란을 일으키기 위하여 회합하는 것을 탐지하고 9연대 제1대대가 급습하여 135명을 사살

▲ 한림리 전투[1035]

남로당 인민유격대는 1948년 11월 2일 점심식사 전 대낮에 9연대 2대대 6중대가 주둔하고 있는 한림국민학교를 기습, 중대장 이하 14명이 전사하고, 추격작전 중 7명이 전사했습니다. 계속하여 도주자를 수색하던 중 게릴라 100여명이 은신한 장소를 발견하여 포위하고 있다가 새벽에 기습공격해서 100여 명을 사살했습니다.

▲ 남원리·위미리 전투[1036]

1948년 11월 28일 게릴라 700여명이 습격, 주택 250채 방화, 민간인 사망 50명 부상 70명, 경찰 부상 3명

1032) 나종삼, 『제주4·3사건의 진상』, (아성사, 2013), 260~264쪽.
1033) 나종삼, 『제주4·3사건의 진상』, (아성사, 2013), 264~266쪽.
1034) 강방수, 『제주4·3사건 진상규명을 위한 세미나』 자료, (재,애국정책전략연구원, 2019.4.9.), 69쪽.
1035) 강방수, 『제주4·3사건 진상규명을 위한 세미나』 자료, (재,애국정책전략연구원, 2019.4.9.), 69쪽.
1036) 제주4·3위원회, 『제주4·3사건자료집』 7권, (2003), 96쪽.

▲ 녹하악 전투[1037]

1949년 3월 말 이덕구는 게릴라 1천여 명을 직접 지휘하여, 일단 안덕지서와 면사무소를 공격해서 부근에 주둔하던 2연대 1대대 1중대 병력이 출동하면 그 틈을 이용하여 1중대 기지를 유린하고, 무기 탄약 식량 피복 등을 탈취하려고 했습니다. 4중대[1038]는 전투대대장 임부택의 작전명령에 따라 녹하악 수색작전을 수행하는 중 새벽 4시경 무장대와 마주쳐 조우전을 전개하기 시작했습니다. 기관총과 박격포의 지원을 받으며 오전 내내 격전을 벌인 끝에 178명을 사살하였고 잔비는 분산 도주하는 등 결정적 타격을 주었습니다.

문국주는 선전포고에 대해 그의 저서 『조선사회운동사 사전』에서 다음과 같이 기록했습니다.

> '이 사건으로 제주시내의 남로당 조직(주:경찰 프락치)은 궤멸적 타격을 받게 되었다. 또한 국방경비대 내의 남로당 조직(주:군 프락치)이 붕괴된 이후 인민유격대는 정보의 입수가 불가능해지고, 유격대의 전술을 점차로 알게 된 경비대는 포로를 선두로 해서 수색「토벌」을 계속 반복하게 되었다. 그래서 유격대의 보급소, 무기 수리소, 아지트, 식량창고 등의 근거지가 적에 의해서 격파되고 많은 피해를 입게 되었다. 특히 소련의 10월혁명기념일을 계기로 공세를 준비하고 있던 중 유격대의 주력부대가 강습당하여 대타격을 받은 경우도 있었고, 이덕구 등의 주력부대에 의한 제주 시내에의 공격은 실현되지 못하기에 이르렀다.'[1039]

이처럼 이덕구의 선전포고는 하마터면 제주도가 완전히 남로당해방구가 될 뻔한 위기를 극복하는 기회로 작용했다고 볼 수 있습니다.

1037) 나종삼, 『제주4·3사건의 진상』, (아성사, 2013), 317쪽.
1038) 중대장 중위 김주형
1039) 문국주, 『조선사회운동사 사전』, (사회평론사 1981), (고려서림 1991), 117,118쪽
신상준, 『제주도4·3사건』 하권, (한국복지행정연구소, 2002), 598~599쪽.
고문승, 『제주사람들의 설움』, (신아문화사, 1991), 411쪽.

6. 맺으며

이상 이덕구의 선전포고에 대한 전말과 내용을 대강 살펴봤습니다.

전 국민이 전폭적 참여와 지지[1040]로 1948년 8월 15일 건국한 대한민국을 향해 중무장한 군사조직 사령관 명의로 선전포고한 행위는 반란이지 봉기나 항쟁일 수 없습니다.

건국 후 2년도 안 된 시기에 김일성이 6·25남침전쟁은 강토를 폐허로 만들었고 수많은 사상자와 고아와 이산가족이 생겼습니다. 그렇지만 우리들은 피나는 노력으로 무에서 유를 창조하여 7번째 3·5클럽[1041]에 진입했습니다. 세계 12위의 경제 강국으로 러시아의 경제력과 비슷합니다.

한반도 작은 땅에서 그것도 반 토막 난 국토에서 아무런 자원도 없는 우리가 기적을 이룬 것입니다. '정의가 패배하고 기회주의가 득세한, 태어나서는 안 될 나라'가 아니고 대한민국은 위대하고 자랑스러운 나라입니다.

여기에 1등 유공자는 이승만과 박정희입니다.

여기서 저는 남로당이 대한민국에 기여한 게 무엇인가를 질문합니다. 아무리 찾아봐도 남로당이 한 일은 못된 짓뿐이다. 그렇기에 4·3 주동자는 대한민국에 반역 사범이지 민중항쟁한 유공자가 될 수 없습니다.

그들과 동조자들이 주장이 맞다면 그들은 당연히 북한에 있어야 순리이고 상식입니다. 대한민국에서 모든 혜택을 받으면서 고마움을 모르고 대한민국의 정통성과 정체성을 부인 왜곡하는 것은 무식하거나, 양심이 없거나, 좌파 이념 확증편향자입니다. 좌파들의 4·3에 대한 주장이 설득력을 가지려면 최소한 당시 남로당의 주장이나 해방 후 지금까지 북한에서 주장하는 4·3성격과 완전히 다른 논리를 제시하고 증명해야지 그들의 주장을 녹음 재생하듯 되풀이하면 억지로 보여 설득력이 없습니다.

대한민국과 제주도를 사랑하는 여러분!

제주4·3사건은 누가 일으켰습니까?

여러분은 어느 나라 국민입니까?

여러분 중에 지금 북한에 가서 살고 싶은 사람이 있습니까?

우리와 후손들이 지금까지 살아왔고, 현재 살고 있으며, 앞으로 살아가야 할 대한민국에

1040) 선거인 등록율 91.7%, 투표율 95.5%.
양동안, 『대한민국 건국사』, (현음사, 2001), 571쪽.
1041) 3·5클럽은 1인당 GDP가 3만 달러 이상에 국민이 5천만 명 이상인 국가

서 남로당이 한 짓이 무엇인가를 정확히 알아야 하고, 그들이 잘못했다면 마땅히 역사적 책임을 준엄하게 물어야 나라가 바로 서고 역사가 바로 서는 것입니다.

무고한 희생자에 대한 명예회복과 보상은 당연히 있어야 하지만,

지금 우리가 할 일은 '자유민주적 기본질서'라는 대한민국의 헌법적 가치를 수호하기 위해서 제주4·3의 진실규명에 앞장서고 최선을 다하는 것입다.

누군가, 나를 대신해서 해주기를 바라는, 무임승차 의식을 버려야 합니다.

그래야 나라가 망하지 않고 후손들이 편안해집니다.

바른말을 할 수 있는 경험세대들이 몇 명 안 남았고, 그들의 여생도 불과 몇 년뿐입니다. 저가 바라는 것은 오직 나라를 사랑하는 마음에서 후손들이 대대손손 자유롭고 건강하고 풍요롭게 잘 살기를 바라는 마음에서 호소하는 것입니다.

[부록 7]
남로당제주도당 '인민군지원환영회'

　북한은 남침전쟁을 사전 치밀하게 계획하고 소련과 중공의 사전 승인과 지원을 받았습니다. 1949년 6월 말에 남한에서 미군이 철수하고, 8월에 소련이 원자탄 실험에 성공, 10월에 중국이 공산화, 1950년 1월 12일 발표한 미국의 극동방위선 소위 '에치슨라인'에서 한국이 제외되는 등 국제여건도 북한에 유리해졌습니다. 북한은 1949년 과거 조선의용군[1042]의 2개 사단에 1950년 만주에서 조선인 부대가 추가로 돌아와 약 4만 명의 정예부대를 보강하게 되었습니다.

　이처럼 북한은 6·25직전 201,050명[1043]의 병력을 확보하고, 전투기 226대와 전차 242대[1044]를 확보했는데, 한국은 군 병력이 10만에 경찰력 5만 정도 뿐이었[1045]고 전투기나 탱크는 한 대도 없는 열악한 상황에서 1950년 6월 25일 새벽 38선 전역에서 북한의 전면 기습남침을 당하였습니다.

　더구나 북한은 '6·25 이전에 최소한 북한군 1만여 명이 소련의 훈련계획에 따라 훈련을 받'는[1046] 등 전투력을 강화한 후 남침하였기 때문에 우리는 3일 만에 서울을 빼앗기고 후퇴를 거듭하다가 낙동강을 방어선으로 하여 사투하게 되었습니다. 여기서 패하면 대한민국이 지도에서 사라지게 되는 절체절명의 위기였습니다.

　이때 남로당제주도당은 대한민국의 등 뒤에서 비수를 꽂은 것입니다.

　'7월에 들어서자 인민군지원환영회를 제주읍을 비롯한 각 면 단위로 조직하는 한편, 행정, 사법기관들에 대하여 전후 대책의 수립을 강력히 요구하면서 빨치산들을 원호하는 운동을 전면적으로 전개하여 나갔다. 이와 병행하여 인민군대의 과감한 진공에 고무 추동된 제주도 빨치산들은 봉기한 인민들과 합류하여 더욱 치열한 유격투쟁을 전개하였다. 즉 7월 초순부터는 인민유격대들도 본토 유격 잔전에 발맞춰 적극적인 활동을 개시 하였는바, 1950년 7월 하순부터 인민유격대는 동일적인 잔전 계획 밑에 괴뢰 군경들에 대한 적극적

　　1042) 중국인민해방군 제164사와 166사 소속
　　1043) 육군 182,680, 해군 15,570, 공군 2,800.
이중근, 『6·25전쟁 1,129일』, (우정문고, 2013), 1000쪽.
　　1044) 남정옥, 『북한남침 이후 3간 이승만 대통령의 행적』, (살림출판사, 2015), 4쪽.
　　1045) 로버트 스칼라피노, 이정식, 『한국공산주의운동사』, (돌베개, 2018), 605쪽.
　　1046) 로버트 스칼라피노, 이정식, 『한국공산주의운동사』, (돌베개, 2018), 603쪽.

인 공격을 개시하여 적들의 간담을 서늘케 하고 인민들의 열렬한 환영을 받게 되었다. 7월 25일 남군(南郡)[1047] 인민유격대의 한 부대는 중문면에 진격하여 하원경찰지서를 습격하고 치열한 교전 끝에 경찰원 전원을 완전히 소탕한 후 다수 무기와 탄환을 로획하고 지서 건물을 소각하였다.

이와 함께 북군 인민유격대의 김이봉(와흘)을 중심으로 한 부대는 조천면 농촌 지대에 침투하여, 인민들에게 하루 속히 출동하여 조국해방전선에 단결하여 각종 투쟁으로 인민군 진격에 호응합시다! 라는 군중 정치사업을 통하여 군중을 한없이 격동시켰으며, 그들에게 승리에 대한 끝없는 신심과 새 힘을 불러일으켰다. 한라산 밀림 속에 아지트를 정한 빨치산들은 인민군대의 진공과 호응하여 도내 도처에서 이와 같은 강력한 무력전을 감행하고, 적들을 공포와 불안 속에 휘몰아 놓았다.

그의 활동은 고립적이며, 단발적이기는 하였으나 확고한 통제력과 조직력을 갖고 1956년까지에 그의 무비의 영웅상을 발휘하였다.'[1048]

남로당제주도당 인민군지원환영회는 1950년 6월 25일부터 1951년 8월 31일까지 14개월간 한라산 빨치산과 합세하여 제주도 내 기관, 마을을 습격해서 많은 피해를 입혔습니다. 그 피해 상황은[1049] 아래 표와 같습니다.

1950.6.25.~1951.8.31.(14개월간) 남로당의 공세로 인한 도내 피해상황[1050]

| 습격 회수 | 피해 마을 수 | 관공서 방화 | 민가 소실 | 인 명 피 해 | | | | | | | | 피랍 민간인 |
| | | | | 사 망 | | | | 부 상 | | | | |
				계	군	경	민	계	군	경	민	
56	33	4	324	77	10	29	38	35	6	6	23	41

위 표에서 보는 바와 같이 이 기간 중 33개 마을에 56회나 습격하여 77명을 살해하고 35명에게 부상을 입혔으며, 41명을 납치하였습니다.

56회 습격사건 가운데 김봉현·김민주가 『제주도인민들의 4·3무장투쟁사』에서 밝힌 '중문면 하원경찰지서 습격'사건을 보겠습니다.

1047) 남제주군
1048) 김봉현·김민주, 『제주도인민들의 4·3무장투쟁사』, (문우사, 1963), 257,258쪽.
1049) 강재훈, 『제주4·3의 실상』, (1991), 260~273쪽.
1050) 강재훈, 『제주4·3의 실상』, (1991), 260~273쪽.

○ 『하원향토지』[1051]에 의하면

　　남제주군 중문면 하원리는 중산간 마을로써 한라산 서남부지역 남로당 아지트와 마을 사이에 울창한 숲이 있어 공비들 은신이 용이한 반면, 하천 등 장애물이 없어서 진퇴가 수월한 위치에 있습니다. 이런 지리적 취약점을 지닌 하원리는 모두 6번 공비의 습격을 당했는데 그중 제5차 습격이 바로 김봉현이 말한 습격사건입니다.

▲ 1차 습격 : 1948.12.10. 11:30(음 11.10) 100여 명이 습격, 다이너마이트를 터뜨리며 다량의 식량과 의류를 약탈하고, 민간인 2명 살해, 1명 중상, 2명 납치살해, 공비 1명 사망

▲ 2차 습격 : 1949.1.15.(음 12.17) 밤 습격, 민간인 5명 살해

▲ 3차 습격 : 1949.1.22. 습격, 가옥 4동 방화 전소

▲ 4차 습격 : 1949.1.26.(음 12.28) 밤 습격, 민간인 1명 살해, 1명 중상

▲ 5차 습격(6·25 한 달 뒤) : 1950.7.25.(음 6월 11일) 밤 습격
　　　　가옥 99동 방화, 마을 전체가 초토화되었으나 다행히 인명피해는 없었고, 당국에서는 북한군이 제주에 진짜 상륙한 것으로 판단할 만큼 대대적이고 과감한 습격이었음.

▲ 6차 습격 : 1951.5.1.(음 3월 26일) 밤 습격
　　　　여자한청단장 납치 살해, 가옥 1동 방화 전소

※ 하원리 출신 6·25참전자 69명 중 24명이 전사했고, 4·3으로 인한 인명피해는, 군경에 의한 사망 36명, 공비에 의한 사망 향토방위대원 11명, 경찰관 전사 1명임

　　그리고 남로당제주도당은 2년 전부터 팔로군이 북한군에 증원되었다는 사실을 알았습니다. 또 1949년 1월 1일자 김일성 성명이 13일자 구좌면 일대에 살포된 삐라에서 알 수 있듯이 북한이 남침할 것이라는 사실도 확신하였습니다. 실제 북한군이 목포까지 내려왔으니 곧 제주에 상륙할 것을 기대하였고, 그렇게 되면 인민군과 합세하여 대한민국을 전복하려고 했던 것입니다. 특히 이들은 북한 인민군이 제주도를 점령했을 경우를 대비해서 예상되는 모든 행정적 사법적인 대책을 사전 수립하라고 관계기관에 협박까지 하였습니다. 여기서 사법기관이 수립할 대책이란 반동들에 대한 인민재판 계획인 것입니다. 상상만 해도 끔찍합니다.

　　이처럼 6·25직후 남로당제주도당 인민군지원환영회가 얼마나 대한민국에 적대적 행위를 자행했는지를 알 수 있습니다.

1051) 하원마을회, 『하원향토지』, (1999), 376~383쪽.

6·25남침전쟁은 3일 만에 서울이 점령당하고, 낙동강까지 후퇴하였다가 유엔군과 함께 9월 15일 인천상륙작전의 성공으로 전세를 역전시켰습니다. 9월 28일 서울을 탈환하고, 후방 한라산 지리산 태백산 등지에서 준동하는 빨치산을 토벌하면서 10월 1일 38선을 넘고 국군 선발대가 압록강 초산까지 진격하여 통일을 눈앞에 보는 듯했습니다.

그러나 10월 19일 중공군이 압록강을 도하 인해전술 공세를 전개함으로써 전세는 다시 불리해졌습니다. 1951년 1월 4일 서울을 재점령당하고 평택까지 후퇴하게 되었고 우리는 전열을 재정비하여 반격에 나선 결과 3월 15일 서울을 재탈환하였습니다. 그렇게 공방을 계속하다가 개전 3년 1개월만인 1953년 7월 27일 현재의 휴전선을 경계로 휴전하여 오늘에 이르고 있습니다.

이상 여러 가지 정황을 검토한 결론은 4·3이 인민봉기나 민중항쟁이 아니고 분명히 공산통일을 지향한 반란입니다.

참고로 제주에서 최근에 있었던 사실 하나를 소개하겠습니다.

□ 서울 남북정상회담·한라산 방문 제주환영위원회 조직

2019년 1월 4일 오전 11시 제주도의회 도민의방에서 제주4·3희생자유족회 등 40개 단체가 '서울 남북정상회담·한라산 방문 제주환영위원회'를 결성하였다는 기자회견을 했습니다.[1052]

이 위원회는 대북제재 해제 필요성과 한반도 평화통일 전망 등을 다루는 평화통일 강연회도 개최할 것이라고 밝힌 바 있으나, 그 명칭부터 4·3때 '인민군지원환영회'가 연상되었습니다.

그리고 친북성향 운동단체인 한국대학생진보연합(대진연)이 주장하는 '김정은 국무위원장 서울 방문을 환영합니다'와 제주환영위원회는 무엇이 같고 무엇이 다른가에 대해 의구심이 들기도 했습니다.

여기에 대해 제주4·3진실규명을위한도민연대(상임대표 신구범)는 1월 17일 11:00 제주도의회 도민의 방에서 '김정은이 제주 방문은 이미, 김정은 방남에 합의했고, 또 김정은 외조부의 고향인 제주도 한라산을 찾아본다는 게 인지상정일 수도 있겠지만 그러나 김정은으로

1052) 제민일보 2019.1.7. 12면

서는 그에 앞서 6·25남침을 비롯한 김신조 청와대 습격, 버마 아웅산 사건, KAL기 폭파, 천안함 폭침, 연평도 포격, 비무장지대 목함지뢰 폭파 등 그동안 대한민국에 대하여 그들이 저지른 만행에 대한 진중한 사과가 선행되어야 한다'는 기자회견을 했습니다.

김익렬 국제신문 기고문
게재일 : 1948년 8월 6일/ 7일/ 8일

1948년 8월 6일
同族(동족)의 피로 물들인 濟州參戰記(제주참전기)

前 弟九聯隊長 金益烈 中領 記(전 제9연대장 김익렬 중령 기)

남해의 고도 …… 제주도는 우리에게 가슴 아픈 쓰라린 기억을 남겨주었다. 어찌하여 우리는 싸워야 하였으며 또 싸우면서 우리는 무엇을 배웠을 것이냐? 성봉 한라산(漢拏山)만이 이 동족간의 처참한 "피의 기록"을 아는 듯 말없이 서 있고 파도치는 백사장에는 무심한 갈매기 떼만이 동방(東方) 약소민족(弱少民族)의 비극을 아는 듯 처량히 울고 있는 것이다. 그러나 우리는 이 하고 싶지 않은 싸움에서 너무도 많은 것을 배웠다. 이 몸소 체험한 쓰라린 교훈은 가슴 속 깊이 간직하고 평화와 독립을 찾기 위하여 통일과 단결과 그리고 아름다운 동족애로써 이 아슬아슬한 위기를 헤엄쳐 나가지 아니치 못하는 까닭에 이번 제주도사건을 철저히 분석하고 해명하지 않을 수 없다. 수평선 저쪽에 본토(本土)를 바라보며 전통과 근면(勤勉) 속에서 살아온 평화의 섬나라 … 제주도에도 해방이 가져온 모진 바람이 불었으니 그것이 곧 "산사람"과 군경(軍警)의 무력충돌로 나타나게 되었다. 그동안 당국도 각종의 보도기관도 이 사건을 상세히 보도는 하였으나 아직까지도 소위 "산사람"이라고 부르는 반란군(叛亂軍)의 정체며 그들을 지도하는 수령(首領)에 대하여는 하등의 보도와 발표에 접하지 못하였다. 그들은 어떻게 조직되었으며, 무슨 방법으로 무력대항을 하였으며 그 최고지휘자는 과연 어떤 인물일 것이냐? 다행히 본사(本社)는 당시 국방경비대(國防警備隊) 제주도 최고지휘관(濟州道最高指揮官)으로 있다 사령부(司令部) 소속으로 전임한 김익렬(金益烈) 중령(中領)이 말하는 반란군 지휘자 김달삼(金達三)과 김중령과의 회견기를 게재함으로써 금차 사건의 편모를 소개코자 한다. 다음은 김익렬 중령의 수기(手記)의 一부이다.

무엇 때문에 流血(유혈)?
[上] 낮에는 農夫(농부) 밤에는 山사람部隊(부대)
當日(당일)의 回憶(회억)

지난 4월 3일 새벽三시를 기하여 제주도 11개 경찰지서와 관공서(官公署), 우익정계요인(右翼政界要人)의 암살과 방화 등을 감행한 좌익계열의 폭동사건은 세간의 이목을 집중시킨 채 동족상쟁의 피어린 참상만이 우리들의 가슴을 아프게 하고 있을 따름이요 아직까지도 반란군진두(叛亂軍陣頭)에서 총지휘를 하는 소위 인민군총사령(人民軍總司令)의 정체(正體)는 어떤 것인가? 이것은 필자와 필자의 부관(副官) 두 사람 이외에는 누구 하나 그 정체를 확실히 알지 못하며 전투지휘가 상당히 능하느니 뭐니 하여 사실 아닌 사실이 그들을 영웅으로 만드는『아디프로』(선동·선전-필자)가 횡행함을 볼 제 필자는 적지 않은 불만을 느끼는 바이며 그릇된 선전을 시정하려는 의미에서 직접 인민군사령관이라 칭하는 김달삼(金達三)과의 2시간여의 회담기를 발표하여 사회 여러분들의 정당한 판단에 맡기려는 바이다.

發端[발단]은 警察[경찰]에서 山사람이 되기까지

사건의 발단은 소위 4·28파업사건[1053]과 3·1기념행사 관계로 제주도내에서 약 2천5백 명의 청년이 경찰에 구금(拘禁)되었고, 이 구금으로 3명의 고문치사(拷問致死)자가 생기고 3월 15일 치사자 이(李) 모라는 청년의 시체(屍體)를 투강(投江) 하려다가 그 가족들에게 발견된 것이 극도로 민심에 큰 충격을 준 것이라고 한다.

이러한 민심은 차차 극도로 악화하여 3월 28일 애월리(涯月里) 산간부락에서 약 2백여 명의 도민이 무장하고 전투훈련을 한다는 정보를 입수한 경비대 측에서는 4월 2일 당시 제주도경찰청 김영배(金英培)청장과 군경 협조하여 모종사건의 발생을 미연에 방지하자는 협의를 굳게 하고 필자는 한림(翰林)에서 숙박하고 있는 동안 그 이튿날 새벽에 제주도 일대에 이 사건이 발생된 것이다. 그러나 경비대로서는 상부의 명령이 없음으로 아무런 행동을 개시하지 못한 채 만반의 전투준비를 하고 있었을 뿐이고, 낮에는 농부(農夫)고 밤에는 반란군에 가담하는 일이 많은 소위『산사람』의 정체를 분별하기 어려운 도외(島外)에서 온 경찰대(警察隊)의 무차별 사살은 상호간 너무나 엄청난 살생이 생겼을 뿐더러 무력(武力)으로써는 도저히 동 사건의 원만한 해결을 볼 수 없다는 것을 알게 되었다.

事態[사태]는 去益混亂 雙方會合提議[거익혼란 쌍방회합제의]

관계에서는 제주도 유지와 관공서원이 주동이 되어 시국대책위원회(時局對策委員會)를 조직하고 민족청년단(民族青年團)이 주동이 되어 시국수습특사대(時局收拾特使隊)를 조직하고 반란군 측과 연석회의를 개최하여 동 사건의 평화적 해결을 도모하려고 하였으나 여의치 못

1053) 1947년의 전국적인 2·7총파업 또는 제주도의 관민총파업인 3·10총파업을 잘못 기록한 것으로 보입니다.

하여 이 좋은 계획은 수포로 돌아가고 말았다. 경비대에서 본격적인 전투를 개시한 것은 4월 20일 증원부대(增援部隊)가 제주도에 오고서부터이다.

그러나 경비대의 근본방침은 사살(射殺)보다는 선무에 주력을 두었다. 그러함으로 경비대가 좌익이라는 칭호를 받게 된 한 가지 조건이기도 하였다. 동족상쟁하는 싸움마당에서 다 같은 민족끼리 더구나 단일민족인 우리 대한국민으로서는 차마 총부리가 똑바로 가지 못하는 것도 그 당시에는 속일 수 없는 민족적 감정의 발로가 아닐까 생각한다.

이러한 의미에서 4월 22일 상오 12시『민족사상을 고취하고 동족상쟁의 비극을 피하며 평화적 해결을 하기 위하여 4월 24일『너희들이 원하는 장소에서 책임자와 직접 면담하되 신변은 절대 보장할 것이며 이러한 평화적 용의에 응하지 않으면 산상으로 올라가는 보급선을 중단하며 최신식 기계화 부대를 동원할 것이다』… 라는 선포문(宣佈文)을 비행기로써 산포하였다.

傳單[전단]을 交換 身分保障[교환 신분보장]을 念慮[염려]

4월 24일 상오 6시에『평화회담에는 응할 용의가 있으나 신분보장 한다는 말은 믿을 수 없다. 작년 서울에서도 신분보장 운운하고 체포한 사실이 있는데 믿을 수 없다』고 삐라로써 회답이 왔다. 4월 25일『절대 신변 보장한다』는 고문(告文)을 또 뿌렸다. 4월 26일 또 삐라가 전달되었다.『경비대의 신사성(紳士性)을 믿는다. 29일 12시 경에 회견하되 장소는 추후 통지하겠다』고 회답이 왔다. 이 삐라를 받은 경비대에서는 즉시 참모회의를 개최하고 이 회담 진행에 관한 사항을 토의하였으나 5·1 메-데를 앞둔 4월 말이니만치 방금까지의 전투행동을 중지하고 29일까지 기다리는 것은 반란군 측의 세력을 만회(挽回)시키고 5·1메-데의 모종행사에 큰 힘을 주는 것이 된다고 하여 29일까지는 기다릴 수 없다는 결의를 보게 되어 27, 28, 29 3일간은 맹렬한 전투를 개시하였는데 이 전투는 제주도 소탕전 중 제일 격렬한 전투였고 이 전투로 반란군의 보급선의 일부를 단절하였던 것이다. 이로 인하여 반란군은 큰 타격을 입었고 이러한 전세(戰勢)로 10여일 내외에는 완전히 반란군을 선무할 수 있을 만큼 되었던 것이다. 29일 상오 12시에 정보부(情報部)에는 광목잠뱅이에 밀짚모자를 쓴 34, 5세의 중년 농부가 반란군의 연락으로 경비대를 찾아왔다. 얼굴빛은 비록 검다고 하나 넓은 이마와 광채 나는 눈은 심상치 않을 뿐만 아니라 완전무장한 경비대원의 보초선을 유유히 활보하는 모양은 비록 반란군이기는 하나 남아(男兒)의 호연지기(浩然之氣)가 있음을 칭찬할 만 하였다.

單騎[단기]로 處窟[처굴]에 生死難測[생사난측]의 行程[행정]

그는 간단한 인사가 있은 후 30일 상오 12시에 안덕면(安德面) 산간부락에서 회견할 것을 제기하고 공격이 심하였음을 말하는 한편 무조건하고 항복한다는 말까지 전하고는 회견하는 데는 쌍방 모두 3인 이하로 하되 경비대 측에서는 총지휘관인 연대장과 그 밖에 두 사람으로 하고 무장은 서로 사양하자고 말하였다. 나는 이러한 조건을 무조건하고 수락하였다. 그것은 어떠한 일이 있든지 간에 만나고야 평화적인 해결이 될 것을 잘 알고 있었기 때문이기도 하였다.

연락원이 돌아간 후 경비대에서는 즉시 참모회의를 개최하고 이러한 정도의 요구조건(要求條件)에 대한 우리들의 응수조건(應酬條件)을 토의하고 그날 밤 나는 나의 집에 나가서 잤다. 아니 잔다는 것보다는 좀 더 마음의 여유를 가질 수 있는 조용한 시간이 필요하였던 것이다. 무차별하고 사살하는 반란군 측의 진중에 들어가야만 할 나의 신변을 생각할 제 이 마지막 길을 가는 사형수의 가슴 쓰린 마음을 생각하여 보기도 하였다. 그러나 나는 군인이라는 적지 않은 자부심은 이러한 큰 문제를 앞에 놓고 나에게 큰 편달의 힘을 주는 것이다. 만일 다시 돌아오지 못할 일이 생긴다면은 하고 나의 주위에 있는 여러 가지 것을 정리하고 밤이 늦게 유서를 두 통 써놓았다. 한 통은 가족에게 주는, 한 통은 제갈량(諸葛亮)이 추풍오장원(秋風五丈原)에서 강유(姜維)에게 주던 것과 같은 후군을 부탁하는 것이었다. 이러한 모든 준비를 하는 동안 나는 아내가 병영에 들어오는 것까지 거부하였다. 비밀군무관계라고 …. 일이 끝난 다음 아무런 근심 없이 자고 있는 어린 아이들의 머리를 만져보기도 하였다. 이것이 마지막인지도 모르기 때문이다. 그 이튿날 아침 나의 가족에게는 서울까지 군무로 출장 간다고 말하여 놓고 경비대에 돌아왔다. 동행할 두 장교를 제외하고 모든 장정을 모아 작별인사를 하였다. 그중에는 나의 가는 길이 슬픔의 길이라는 듯 눈물을 흘리는 장교도 몇 사람 있었다. 그러나 나는 결코 약한 모양을 보여줄 수는 없었다. 평시 같은 목소리로 작별인사를 하고 나서 두 사람의 부관 그리고 자동차 운전수 도합 네 사람은 커다란 해망과 슬픔을 가득 품고 산상으로 달렸다.

1948년 8월 7일

*動亂(동란)의 濟州參戰記(제주참전기)

- 前 第九聯隊長 金益烈 中領 記(전 제9연대장 김익렬 중령 기)

深山到處(심산도처)에 警戒線(경계선)
(中) 꽃그늘에 덮인 司令部(사령부)는 蕭條(소조)
好奇(호기)와 恐怖 羊腸九曲(공포 양장구곡)을 돌아서

산이라고 하여도 자동차가 통행할 수 있는 도로가 있다. 이 도로는 일본군(日本軍)이 본토 작전에 대비하고자 제주도 한라산 산록 일대에 강제부역으로 만든 길이다. 이 길을 따라 올라가면 산병호(散兵壕), 토굴(土窟)이 이곳저곳에 있다. 반란군들은 이것을 근거지로 모든 작전을 감행하고 있는 것이다. 일행은 연대본부를 떠나 20마일 지점에 이르렀다. 여기는 한라산으로 올라가는 길목으로 도로 좌우편엔 제주도 어느 곳에서나 볼 수 있는 돌덩이가 제멋대로 쌓여있고 그 사이에는 풀덤불 가시덤불이 엉키어 있었다. 어제 연락 왔던 농부의 말과 같이 적당한 장소에서 안내를 하겠다는 산사람들이 어디서 어떻게 감시하고 있는지 도무지 분간하기도 어려운 곳이었다. 자동차는 쉴 사이 없이 이 돌담(石墻석장) 사이를 달리고 있다.

길이 돌담을 따르는지 돌담이 길을 따르는지 돌담은 줄창 길옆에 좁은 성(城)을 이루고 있고 우리 일행의 마음도 이 길 모양 한결같이 호기심과 공포감으로 주마등같이 설레고 있었다.

"정지!" 어디선지 무게 있는 호령소리가 들렸다. 긴장했던 참에 우리 일행은 적지 않게 놀래었다. 자동차 운전수는 무의식중에 차를 멈추었다.

숲 속의 伏兵(복병) 의심 품는 산사람

바라다 보이는 돌담 위에 일본 九九식 보병총을 메고 일본육군 철투를 쓴 젊은 사나이는 산사람이라는 것이 의심할 여지도 없지만은 광목베잠뱅이가 군데군데 흙이 묻은 것 등으로 보아 땅바닥에 엎드려 있었던 모양이다. 우리 일행은 아무 말 없이 그들의 하는 양을 바라다 볼 뿐이었다. 사실 그들의 한 두 사람을 체포하거나 총격하는 것이 목적도 아니고 그렇게 할 무기도 우리 일행은 가지고 있지를 아니 하였었다. 그 농부군인은 잠시 우리의 행장과 태도를 물끄러미 바라다보다가 돌담에서 뛰어 내렸다. 『연대장님 수고하시오』 확실히 제주도말은 아니었다. 우리 일행은 아무 말도 아니하였다. 다만 그 농사꾼의 태도와 주위를 유심히 바라다보았을 뿐. 사실 그 주위 돌담 사이에는 약 20여 명 가량으로 추정되는 반란군들이 복병하고 있는 것을 볼 수가 있었고 그들이 가지고 있는 무기가 99식, 칼빈, M1 등이라는 것도 알 수가 있었다. 『이 길로 좀 더 가다가 왼편으로 올라가시오』이것은 그 폭도가 우리 행장을 다 보고난 뒤에 길을 안내하는 말이다. 우리 일행은 역시 아무 말대답도 없이 가르쳐 주는 방향으로 자동차를 몰았을 뿐이다. 이제는 제법 산중에 들어왔다. 멀리 동남간으로 바라다 보이는 한라산의 용자(勇姿)는 오늘의 좋은 성과를 상징이나 하는 듯 뽀얀 구름을 산중허리에서부터 슬슬 돌려 감고 있고 해발 3백 미터들이나 되는 이 지점에서, 우리 경비대가 주둔하고 있는 대대(大隊) 중대(中隊)들의 자동차와 병사들이 성양곽(성냥갑-필자)을 흩트려 놓은 듯이 내려다보인다. 이 순간 나는 무엇인가를 생각하였다.

到處[도처]에 步哨[보초] 지게 진 女人部隊[여인부대]

그것은 이렇게 자세히 볼 수 있는 우리 진지와 행동을 알고도 좋은 전과(戰果)를 갖지 못하는 반란군 측의 군사지휘도 가히 짐작할 것이며 그들 산사람들에게 중화기(重火器 野砲 重機關銃) 등이 없다는 것도 다행하기도 하였다. 엔진소리도 요란히 달리는 자동차의 면전에는 지게를 진(이 地方(지방)에서는 女子도 지게를 진다) 수 3인의 여인들이 있음을 보았다. 며칠 전 전투에도 지금 저 여인들 모양으로 산상에 식량을 운반하는 것을 보았다. 저들도 필시 그러한 역할을 하는 여인들이라는 것은 가히 추측할 수 있는 일이다.

"정차(停車)!" 이 여인들도 역시 보초(步哨)의 한 사람들이었다. 역시 그 좌우 돌담과 수풀 사이에는 약 四십 명으로 추정되는 복병이 있었다. 그중의 한 여인은 아까의 농부 모양으로 우리들의 행장에 상당한 주시를 하는 모양이다. 한참 만에 우리는 이 둘째 번의 보초선을 통과하였다. 『왼편으로 꼬부라져 오른편으로 돌고 좀 더 가다가 또 왼편으로 돌으시오』이것이 그 여인들이 일러주는 길안내였다. 우리는 역시 한마디 말도 없이 일러주는 길만 따라 올라갔다. 그들은 우리에게 확실히 길을 일러주고는 즉시로 근거지로 연락을 할 것이 분명하다. 우리 一행의 눈에는 보이지 아니하였다. 벌써 연대본부를 떠난 지 1시간 30분이 되었고 거리로는 약 40마일을 올라왔으나 아직 어디에서 만나게 될 것인지는 우리로서 추측하기도 곤란하다.

草幕司令部〔초막사령부〕처음 對面〔대면〕에 一驚〔일경〕

처음 출발할 즈음에는 마음이 산란도 하였지만은 막상 이러한 지점에 와보니 그리 겁나거나 초조로울 나위도 아무 것도 없이 무슨 반드시 오고야말 필연 같은 사명의 길을 가는 것과 같은 기분과 이 회담이 원만하고 확실히 성공을 보게 된다면? 하는 기대와 내가 요구할 몇 가지 조건, 들어줄 조건 등을 몇 번씩이고 외워보곤 하였다.

여인지게꾼部隊〔부대〕

하염없이 달리는 자동차를 운전하는 운전수는 땀을 뻘뻘 흘리고 있다. 그도 그럴 것 나의 입장과는 좀 다르기도 하니까 무리는 아니겠지만은…….

『집이 보이유!』운전수는 놀란 어조로 고함을 쳤다. 확실히 집이 보였다. 초가삼간 문자 그대로 아주 보잘 것 없는 집이었다만은 저 집이 필시 그 무슨 곡절이 있는 듯 산사람들은 그 집을 둘러싸고 있는 것으로 미루어 저 집 속에 나와 만날 반란군의 지휘자 있는가 느낄 수가 있었다. 점점 가까이 갈수록 집도 확실히 엿보이고 그 집 앞에는 아까의 농부군인 모양 철모에 99, 칼빈 보병총을 맨 한 사람의 폭도가 서 있었다. 우리의 차는 그 폭도의 앞으로 다가갔다. 그 폭도병도 역시 우리의 행장을 유심히 바라보는 것이다. 산간농가로서는 보기 드물게 깨끗이 소제가 되어 있고 들에는 백일홍(百日紅), 봉선화 등 여름을 자랑하는 꽃들이 아름답게 피어 있었다. 비록 조그마하지만 돌을 이리저리 치우고 몇 가지의 야채도 심어놓았고 내가 생각하던 것과 같이 무슨 지저분한 구호(口號)나 삐라 등이 하나도 눈에 띄지도 않을뿐더러 붙였던 자리조차 발견할 수가 없다. 물론 이렇듯 깊은 산 속에까지 경찰이나 청년단체들이 들어오지는 않을 곳인데도 불구하고 내가 본 바에 의하면 확실히 한 농가에 불과하였다.

화초를 가꾸어 놓은 것과 뜰 소제가 깨끗한 것 등은 이 집에 어린아이나 젊은 여인이 있다는 것을 말하는 것 같기도 하였다.

보초병은 자동차와 운전수를 밖에 남겨두고 우리 3인을 방으로 안내하였다. 방안도 역시 아무런 장치도 벽보(壁報)도 없는 보통 농가의 방이고 다만 이 회담을 하기 위한 멋대로 만든 책상이 하나 방 가운데 놓여 있었다. 조금 있다가 문이 열리면서 젊은 사나이가 부하인 듯한 또 하나의 청년을 데리고 들어왔다.

"동무 오시느라 수고했소" 앗! 나는 그 순간 너무도 놀라지 않을 수가 없었다. 너무나 … 너무나 의외였다. 그것은 내가 생각하던 반란군의 지휘자와는 너무도 상반대 되는 인물이기 때문이었다. 이 때 시간은 정각 12시 조금 전이었다.

*動亂(동란)의 濟州參戰記(제주참전기)

- 當時(당시)의 司令官
  前 第九聯隊長 金益烈 中領 記(사령관 전 제9연대장 김익렬 중령 기)

彼我(피아)의 一張一弛(일장일이)
平和手段(평화수단)의 解決策(해결책) 드디어 水泡(수포)
꽃 같은 美丈夫 司令大名(미장부 사령대명)은 金達三(김달삼)

반란군사령이라고 하면은 누구나 다 봉두난발(蓬頭亂髮)하고 그 사람의 인상(人相)도 좀 험하리라 생각될 뿐 아니라 음성(音聲)까지라도 무시무시하리라고 생각되었던 것이었다. 그러나 내가 본 소위 인민군사령이라는 사람은 정말 놀랄 사람이었다. 마치 무슨 영화에 나오는 인기배우와도 같이 맑고 넓은 이마와 검은 눈썹 아래 별 같이 반짝이는 두 눈, 키는 좀 큰 편이나 몸집은 그리 건강치 못하다기보다는 가냘픈 축이었다. 산에서 진두지휘를 하였을 양이면 피부 빛이라도 검붉을 것인데 살빛은 모란꽃 같이 뽀얗고 새로 만든 듯한 소위 마카오 곤색 내리달이 무늬 있는 양복과 복숭아 같은 빛깔의 와이셔츠를 입고 넥타이도 서울서 유행되는 마카오제품이었다. 구두는 미국장교들이 신고 있는 것과 같은 것이고 양말도 역시 외국품이었다. 아무튼 어느 모로 보든지 간에 반란군 지휘자라고는 이해하기 어려운 사람이요 몸차림이었다. 나는 얼마 후에 비로소 입을 열어 우리는 조선의 예법에 따라 예의로써 시작하고 예의로써 끝마치기를 제의하였다. 그도 역시 동감이라는 듯이 빙그레 웃었던 것이다. 목소리, 웃는 모습 좀 보기 드문 미남자(美男子)였다. 그는 자기의 성명을 김달삼(金達三)이라고 말하였다.

超(초)모던의 차림 身分(신분)은 묻지 말라

나도 나의 이름을 일러주고 나이는 몇 살이나 되느냐고 물었으나 그는 대답하기를 좋아하지 않았고 서로의 신분이나 과거, 미래, 현재에 언급하지 말자고 하므로 나도 그리 알아둘 필요도 없고 구태여 물어볼 생각도 하지 않았다. 그러나 나이는 23에서 25사이의 청년이고 말솜씨는 서울지방 말이며 상당한 지식을 가진 사람같이 생각되었으며 특히 그는 침착한 태도를 취하였다. 나는 자주 열려있는 문으로 실외(室外)를 보았다. 이 집 앞에는 역시 돌담이 쌓여있는데 그 돌담 틈으로 총구멍이 웅긋중긋 박혀있는 것을 보고 빙그레 미소를 지으며 말

없이 김달삼의 태도를 엿보았다. 그는 확실히 당황하였다. 얼른 이 눈치를 챈 김달삼의 부하는 방문을 닫았다. 나는 마침 가지고 있던 가족사진을 보이며 당신도 가족이 있느냐고 물었다. 그는 나의 사진을 물끄러미 들여다보고 퍽이나 처량한 얼굴을 지었다. 그 순간 김달삼은 무슨 결심이 있는 듯이 회의진행을 재촉하였다. 『여기가 바로 당신의 숙소요!』하고 나는 쓸데없는 말을 해보았다. 『아니오, 이 회의를 위하여 좀 빌렸을 뿐이지요……』문이 열리며 나이가 한 스무 살 쯤 되는 여자가 보리차를 가지고 들어왔다. 이것도 이해하기 곤란한 것이 미남자 김달삼이와 비교하여 어떠한 의미로서는 좋은 동무라고 볼 수 있듯이 상당한 미인이었다.

麥茶[맥다]로 接待[접대] 수수께끼의 居處[거처]

그 여자는 머리를 파마하였고 값진 옷을 입고 있었다. 나는 속으로 김달삼을 가르켜 이 친구는 남자를 선동하고 저 여자는 부녀를 선동하는 것인가? 그러나 그 여자는 내가 그리 자세히 볼 사이도 없이 나가버렸다. 김달삼은 차를 권하였다. 나는 웃으면서 이 차는 먹고 배 앓는 것이나 아니냐고 물어보았다. 그도 따라 웃으면서 글쎄 적당히 생각하여 주시오 하고 자기가 먼저 찻종을 들었다.

내가 미리부터 생각하고 있던 바와도 달리 김달삼이가 인간적으로 그리 악인 같은 인상(印象)이 없고 기치창검(旗幟槍劍)이 삼대같이 들어서 있는 곳이나 아닌가 하는 예측도 아주 보이지도 않는 산중이거니 한 것이 경비대 주둔지구에서 쌍안경으로 자세히 보면은 우리가 이 집으로 들어가는 것까지도 볼 수 있다는 것 등이 나의 마음의 안도감을 준다기보다는 믿는 마음을 가지게 하였던 것이다. 나는 또 한 번 농담을 하였다. 지금 그 여자는 누구요? 이 미지의 여인의 정체를 알고도 싶었다. 그는 다만 이 집 딸인 모양이라고 말끝을 흐려버리고 말았다.

담배는 "럭키" 會議開始[회의개시]를 催促[최촉]

그는 나에게 담배를 권하였다. 그 담배는 제주도내에서는 그리 흔하지 않은 『럭키스트라익』이었고 장난삼아 만지작만지작 하는 『라이터』는 『오-스토라리야』 제품이었다. 그러한 미국 물품은 어떻게 손에 넣었는가? 하고 웃음의 말로 던지었다. 이 모든 것은 미군이 보급하여 주는 것이지요! 하고 역시 농담을 하였다. 더 싸움을 계속할 수가 있소? 하고 나는 뜻밖의 이야기를 건네자 김달삼도 긴장한 얼굴로 『네!』하고 대답하였다. 그러면 왜 항복하는 것이요. 항복이라기보다는 이 농번기의 저 많은 농민들이 불쌍한 것이요 하고 그는 자기 주위에 많은 농민이 있는 것처럼 이야기 하였다. 나는 호주머니에서 한 폭의 제주도 지도를 꺼내어놓고 안덕(安德)서 한림(翰林) 두 면간을 연필로 좍 그으면서 이 지구가 제일 중대하지요? 하고 그의 태도를 엿보았다. 이 지구는 반란군 측 본부와 그 외 분대간의 연락과 식량의 보급선이었던 것이다. 그는 차마 소리는 내지 못하여도 상당한 놀란 표정이었다. 그도 그럴 것이 그들에게 있어는 이 지구가 생명선이기도 하다.

회의를 시작합시다 하고 그는 다시 한 번 재촉하였다. 나도 이에 응하여 이 회의의 진행은 경비대측이 맡아보겠다고 선언하였으나 그들은 별로 반대하는 말도 없이 회의는 곧 시작하기로 되었다. 나도 물론 그러하였겠지만은 회의가 선언되면서부터 김달삼은 몹시도 긴장한 것이었다.

劈頭〔벽두〕에 一喝 責任所在〔일갈 책임소재〕를 追窮〔추궁〕

나는 말하기를 왜 우리는 동족끼리 싸워야 되며 그것도 그칠 줄 모르는 장기대립(長期對立)이 될 것인가? 세계 어느 나라에서도 볼 수 없는 순수한 단일민족이 아니냐고……. 더구나 이번 이 반란으로써 귀중한 우리국민의 생명이 수없이 쓰러진 것은 누구 하나의 잘못보다도 통절히 비애를 느끼는 바이므로 너희들도 진정한 민족적 감정에서 다시는 이러한 무모한 반란을 절대 금지하여 줄 것을 맹서하라고 자못 준열한 선언을 하였다. 김달삼도 말하기를 금번의 전폭적인 항복을 생각한 것도 사실은 우리가 이 이상 전투지속이 불가능하여서가 아니라 저 수많은 인민들이 불쌍하기 때문이다. 하루에도 수없이 많은 희생자를 정말 견딜 수 없이 괴로웠던 것이다. 그러나 연대장은 다시 이러한 인민봉기(人民蜂起)가 없기를 말하였으나 "현 남조선의 미군정을 어떻게 보십니까?" 그는 딱 잘라서 말소리 마디마디에 힘을 주어 말하였다. 나는 군인이니만치 정치적인 모든 것은 알지도 못하며 알려고도 하지 않는다. 그러나 금번 너희들의 반란이 결코 남조선 미군정에 대한 불만이라기보다도 그 어떠한 정치 목적을 달성하기 위한 상투적인 구호라는 것은 짐작할 수 있는 일이다. ……. 그는 아무 말도 없었다. 우리는 다시 긴장한 태도로 돌아가 나는 경비대 최고지휘관으로써 다음의 세 가지를 제의하였다.

1. 完全(완전)한 武裝(무장)을 解除(해제)할 것
2. 殺人 防火 强姦犯人(살인 방화 강간범인)과 그 指導者(지도자)의 全面的 自首(전면적 자수)
3. 所謂 人民軍(소위 인민군)의 幹部 一切(간부 일체)를 人質(인질)로써 구금한다
4. 但 以上三條件(단 이상 3조건)은 條約日(조약일)로부터 七日間(7일간)으로 한다

대략 이러한 세 가지 조건이었다.

正當(정당)한 抗爭 犯罪者(항쟁 범죄자)는 아니라고

김달삼은 얼굴을 붉히며 1, 2 조건은 다 복종할 수가 있으나 3 조건만은 복종할 수 없다. 이것은 지금 범인(犯人) 취급을 당하고 있는 우리는 어느 점으로 보아서나 범죄로써의 성질의 것이 아니다. 만일 이것이 범죄로써 구성된다면은 경찰과 사설단체의 살인 방화 강간 약탈은 어째 범죄가 구성되지 않는다는 말인가? 우리는 경찰과 사설 청년들과 똑같은 의미에서 이번 인민봉기를 해석하기가 싫다. 사실 금번 사건의 책임은 경찰과 사설청년단체들에게 있다. 우리는 다만 우리 인민대중의 고혈(膏血)을 기부(寄附)로써 강요하거나 자기들을 환영만 잘못하여도 좌익이니 빨갱이니 하여 구금 혹은 모함 ○○하여 왔으니 이것을 정당방위하기 위하여 제주도인민은 봉기한 것인데 이것을 범인으로써 취급한다는 것은 뜻밖이라고 김달삼은 점점 침착하여지며 말하였다.

그러나 그들의 의견은 통하지 못하였다. 그들은 항복한다는 전제조건 하에 이 회담이 시작된 만치 이만한 조건은 반드시 시행될 것이라는 것을 각오하여야 할 것이라고 확실히 말하여 주었다. 김달삼은 우리의 요구조건은 一단 수락하고 반란군 측의 제반조건을 다음과 같이 제의하였다.

1. 單政反對(단정반대)
2. 濟州道民(제주도민)의 絶對自由 保障(절대자유 보장)
3. 警察(경찰)의 武裝解除(무장해제)
4. 濟州道內 官廳 高級官吏(제주도내 관청 고급관리)를 全面的(전면적)으로 更迭(경질)할 것
5. 官廳 高級官吏(관청 고급관리)의 收賄者(수회자)를 엄중 處斷(처단)할 것 (數十狀<수집장>되는 名簿<명부>를 提出<제출>하였다)
6. 道外 靑年團體員(도외 청년단체원)의 山間部落 出入禁止(산간부락 출입금지)

등이었다. 그러나 나는 이러한 모든 조건은 나로써의 받을 수 없는 것뿐이므로 전면적으로 이를 거부하였고 다만 인민이 자기 집으로 돌아갈 수 있는 시간과 구호를 알선하고 범인의 일시적 구금만은 경비대에서 할 수 있는 일이므로 그 외는 행정관리들에게 잘 주선할 것을 약속하였다. 그 사이에는 여러 가지 논쟁도 있었고 의견대립도 있었다.

萬事休矣(만사휴의)! 總攻擊(총공격)을 開始(개시)

결국은 경비대 측의 요구대로 통과를 보게 되었고 그들의 요구에 의하여 나는 나의 가족 전부를 1주일간 인질(人質)로써 그들이 내밀히 감시하기를 결정하였다. 한편 경비대 간부

일명과 병사 수명으로 조직된 분대를 많이 작성하여 전면적 무장해제를 단행할 것과 경비대는 산 밑에 분산 주둔하고 인민의 귀속에 편리를 도모하도록 할 것을 결정하였다. 회의가 무사히 끝나갈 무렵 우리들은 악수를 하고 헤어지려 하였다. 김달삼은 책상 서랍에서 권총을 꺼내어 자기 머리를 향하여 겨누고 며칠 남지 않았소 하며 빙그레 웃는 것이었다. 우리는 방에서 나왔다. 나는 웃는 말로 일이 잘 되었소. 만일 10여일만 더 계속하였으면 이 집 있는데 무장군이 올라왔을 것이다. …. 두 사람은 마주 웃었다. 그렇지만은 나는 어떤 의미로 보아 수만의 동지를 획득하였소. 이것은 경찰 경비대 사설청년단체 등이 절대로 협력하여준 덕택이기도 하오……(사진 上은 작전본부, 下는 산사람들)

내가 경비대에 돌아온 것은 오후 4시가 지난 다음이었다. 대원들은 내가 살아 돌아옴을 기뻐하는 것은 말할 것도 없지만은 내 자신도 기쁘기 한량없었다. 그러나 그날 밤부터 시작한 작전회의와 최고부의 명령은 놀랄만한 것이었다. 이제는 반란군의 근거지를 알았으니 곧 총공격을 개시하라는 것이었다. 나와 김달삼과의 회견은 하나의 전략(戰略)적인 것이라고 최고부에서는 말하였다. 나는 그 의도는 전략적이었으나 이 사건의 평화로운 해결을 위하여 또한 유一한 방법이라는 것을 주장하였으나 나의 의견은 통과를 보지 못하고 그날 밤부터 총공격은 개시되었고 반란군도 상당한 기세로 대진하여 왔으며 모슬포에 있는 나의 가성에는 이날 밤부터 폭탄이 들어오기 시작하였으며 누구인지는 모르지만은 동네 부녀자로 생각되는 여인들은 물동이에다 『다이너마이트』를 넣어가지고 돌담 너머로 던지곤 하는 것이다. 나는 이 회담이 있은 얼마 후에 최고사령부 명령으로 모 지구에 전임(傳任)하였던 것이다. (끝)

부기

본고는 2009년 2월 김용철의 제주대 대학원 역사학과 석사학위 논문 『제주4·3사건 초기 경비대와 무장대 협상 연구』에 첨부된 '부록'에서 재인용하였고, 한자로 된 숫자는 아라비아 숫자나 한글로 옮겼습니다.

맞춤법과 띄어쓰기는 대부분 현행에 맞추었고, 한자는 괄호 안에 한글을 써 넣었습니다.

위 논문 4쪽, 각주 14)를 보면 김익렬의 기고문이 게재된 국제신문에 대해 다음과 같이 설명하고 있습니다.

'당시 국제신문의 발행·편집·인쇄인은 이봉구이고 주필은 송지영이다. 신문은 2면으로 발행되었다. 1948년 7월 16일자로 휴간 중인 『민보』를 계승하여 발행을 시작하였고 1949년 3월 6일 폐간된 신문으로 정부 수립 전후 중앙 5대지의 하나로 평가되고 있으며 중도우

익지로 분류되고 있다. (윤덕영, 「해방 직후 신문자료 현황」; 『역사와 현실』, 1995)'

　한겨레신문 허호준 기자도 김익렬의 기고문 게재 신문은 '국제신문'이라고 했습니다. 그런데 성공회대 교수 허상수, 『4·3과 미국』, (다락방, 2015), 369~372쪽에는 '부산일보'로 나와 있는데 이는 착오인 듯 합니다.

[부록 9]
대한민국 건국절 논쟁

김 영 중

1. 글을 시작하며

2016년 8월 15일 박근혜 대통령은 광복절 경축사 서두에 '오늘은 제71주년 광복절이자 건국 68주년을 맞이하는 역사적인 날입니다.'라고 했습니다.

이에 대하여 문재인 당시 더불어민주당 전 대표는 이날 자신의 페이스북에 '대한민국이 1948년 8월 15일 건립됐으므로 그 날을 건국절로 기념해야 된다고 주장하는 사람들이 있습니다. 역사를 왜곡하고 헌법을 부정하는 반역사적, 반헌법적 주장입니다. 대한민국의 정통성을 스스로 부정하는 얼빠진 주장입니다.'라는 글을 올려, 대통령의 경축사를 비판했고, 덩달아 정치계, 언론계, 학계에서 이에 대한 논쟁이 분분해졌습니다.

특히 이 논쟁은 국정 역사교과서 지정 문제와 결부되면서 너욱 증폭되기도 했습니다.

그 이유는 대한민국 생일인 건국절을 1919년 4월 11일 상해임시정부 수립일[1054]로 하느냐 아니면 1948년 8월 15일로 하느냐에 대한 이견 때문입니다. 대한민국은 경제적 성장뿐 아니라 정치적으로도 자유와 인권이 보장되는 자유민주주의 국가로서 민주화를 이룩한 위대하고 자랑스러운 나라임에도 불구하고 지금까지 생일이 없는 유일한 나라입니다.

2. 상해임시정부[1055] 수립일을 건국일로 규정했을 경우의 문제

가. 대한민국 상해임시정부 건국강령에 명시된 건국 개념과의 충돌

양동안 교수는 임시정부가 건국을 미래의 과제로 설정하고 있음을 다음과 같이 말하고 있습니다.

1054) 상해임시정부 수립과정은 1919년 4월 10일 상해에서 임시의정원을 개원하고, 4월 11일 임시의정원 1차 회의에서 국호를 대한민국으로 정하였으며, 최초의 민주공화제에 따른 선언문과 임시정부 헌법인 임시헌장 10개조를 제정 발표하였고, 임시정부 행정부인 국무원을 선출하였으며, 4월 13일 임시정부 수립을 내외에 선포하였습니다. 정부는 지금까지 4월 13일을 임정수립일로 기념해 왔으나 2019년부터 4월 13일보다 2일 빠른 11일로 변경 기념하기로 결정했습니다. 조선일보 2018.4.14. A11면

1055) 임시정부는 1919.3.17. 블라디보스토크에서 대한국민의회를, 4.13. 상해에서 대한민국 임시정부를, 4.23. 한성(서울)에서 한성임시정부를 각각 수립했습니다. 3개 임시정부가 9월 11일 상해 대한민국임시정부로 통합하고 초대 대통령에 이승만, 국무총리에 이동휘를 선출했습니다.

'중국에서 활동하던 대한민국 임시정부는 1941년 11월 28일 건국강령을 발표했다. 건국강령은 향후 건국과정에서 임시정부가 실천해야 할 중요한 정책 대강을 천명한 문서이다. 이 건국강령은 임시정부의 활동 시기를, 외국에서 독립운동을 하는 시기를 복국기(復國期)로, 조국의 영토에 들어가서 활동하는 시기를 건국기(建國期)로 규정하고, 건국강령 발표 당시 임시정부의 활동은 복국기 활동으로 정의했다.'[1056]

'대한민국 건국강령

…… 第2章 復國(제2장 복국)

1) 선포독립하고 국호를 일정히 하여 행사하고 임시정부와 임시의정원을 세우고 임시약법(臨時約法)과 기타 법규를 頒布(반포)하고 인민의 납세와 병역의 의무를 행하며 軍力(군력)과 외교와 黨務(당무)와 인심이 서로 융합하여 적에 대한 혈전을 정부로서 維續(유속)하는 과정을 復國의 第1期(제1기)라 할 것임

2) 일부 국토를 회복하고 黨·政·軍(당·정·군)의 기구가 국내에 轉尊(전존)하여 국제적 지위를 본질적으로 취득함에 충족한 조건이 성숙할 때를 復國의 第2期라 할 것임

3) 적의 세력이 포위된 국토의 俘虜(부로)된 인민과 侵占(침점)된 정치경제와 말살된 교육과 문화 등을 완전히 탈환하고 평등지위와 자유의지로써 각국 정부와 조약을 체결할 때를 復國의 완성기라 할 것임……

第3章 建國(건국)

1) 적의 일절 통치기구를 국내에서 완전히 박멸하고 國都(국도)를 奠定(전정)하고 중앙정부와 중앙의회의 정식 활동으로 주권행사하며 선거와 입법과 任官(임관)과 군사와 외교와 경제 등에 관한 국가의 政令(정령)이 자유로이 행사되어 三均制度(삼균제도)의 강령과 정책을 국내에 진행하여 시작하는 과정을 건국의 第1期라 함

2) 三均制度를 골자로 한 헌법을 실행하여 정치와 경제와 교육의 민주적 실시로 실제상 균형을 도모하며 전국의 토지와 대생산기관의 국유가 완성되고 전국 학령아동의 전수(全數)가 고급교육의 免費受學(면비수학)이 완성되고 보통선거 제도가 구속 없이 완전히 실시되어 全國 各里洞村(전국 각리·동·촌)과 邑面(읍·면)과 島郡府(도·군·부)와 道(도)의 자치조직 행정조직과 민중단체와 민중 조직이 완비되어 三均制度와 배합 실시되고 경향 각층의 극빈계급의 물질과 정신상 생활정도와 문화수준이 최고 보장되는 과정을 건국의 第2期라 함

3) 건국에 관한 일절 기초적 시설 즉 군사, 교육, 행정, 생산, 위생, 경찰, 농공상, 외교 등 방면의 건설기구와 성적이 예정계획의 과반이 성취될 때를 건국의 완성기라 함'[1057]……

1056) 양동안, 『대한민국 '건국일'과 '광복절' 고찰』, (백년동안, 2016), 57쪽.

위의 대한민국 건국강령은 제1장 총칙, 제2장 복국, 제3장 건국 등 총 3장으로 구성되어 있으며, 상해임시정부 김구 주석이 1945년 11월 23일 환국하고 1개월 보름 후인 1946년 1월 8일 국내에서 다시 발표했습니다.[1058] 이때까지도 임정 스스로 건국 이전 준비 단계인 복국기로 규정하였음을 재확인할 수 있습니다.

나. 상해임시정부 요인 등의 성명 및 담화 내용과의 상충

(1) 김구 임시정부 주석의 성명문 등

① 1945년 9월 3일 김구 대한민국임시정부 국무위원회 주석은 임정의 당면정책과 국내외 동포에게 고하는 성명을 발표했습니다.

이때 제시한 임시정부 당면 정책 14개 중 일부는 다음과 같습니다.

> '6) …… 보선(普選)에 의한 정식정권이 수립되기까지의 국내과도정권을 수립하기 위하여 국내외 각층 각 혁명당파, 각 종교집단, 각 지방대표와 저명한 각 민주영수회의를 소집하도록 적극 노력할 것.
> 7) 국내과도정권이 수립된 즉시 본 성부의 임무는 완료된 것으로 인(認)하고……
> 8) 국내에서 건립된 정식정권은 반드시 독립국가, 민주정부, 균등사회를 원칙으로 한 신헌장에 의하여 조직할 것.
> 9) 국내의 과도정권이 성립하기 전에는 국내 一切 질서와 대외 一切 관계를 본정부가 부책(負責) 유지할 것'[1059]

이 임시정부 당면정책에서 말하는 정식정권 수립은 독립국가 건국을 의미하는 것으로써, 정식정권 수립(건국)을 위해 우선적으로 국내과도정권 수립을 위해 노력하겠다고 천명하여 건국 이전 과도기적 단계임을 밝히고 있습니다. 특히 국내에 건립될 정식정권은 반드시 …… 신헌장에 의해 조직할 것이라는 당면정책 제8항대로 1948년 7월 17일 신헌장(헌법)을 제정했고 그 헌법에 의해 8월 15일 대한민국을 건국한 것입니다.

1057) 이중근, 『광복 1775일』 2권, (우정문고, 2015), 37~38쪽. (상권 284~285쪽)
(『광복 1775일』은 1~10권으로 된 소책자와 상·중·하로 된 대책자 등 2종류가 있습니다)
( )는 필자주이며, 대한민국 건국강령 全文은 이중근, 『광복 1775일』, (우정문고, 2015), 2권 35~40쪽(상권 283~287쪽)에 게재되어 있습니다.
1058) 이중근, 『광복 1775일』, (우정문고, 2015), 2권 35쪽(상권 283쪽).
1059) 이중근, 『광복 1775일』, (우정문고, 2015), 1권 94~96쪽(상권 88~89쪽).

② 1945년 10월 20일 재 중경(충칭)한국임시정부 대변인이 임정의 환국 등 당면 제 문제에 대해 언명한 바에 따르면 '임시정부는 본국 귀국 후 총선거로서 정식정부가 수립될 때까지 우선 전정당, 종교단체, 직업단체, 저명혁명가대표자를 망라하여 잠정적 내각을 조직한다'[1060]라고 발표하여 정식정부가 수립(독립된 국가 건국)될 때까지 잠정내각을 조직하겠다는 계획을 발표했습니다. 이 또한 건국 이전 과도기적 단계임을 뜻합니다.

③ 1945년 11월 24일(환국한 뒷날) 김구 임시정부 주석은 경성(서울)방송국을 통하여 '앞으로는 여러분과 같이 우리의 독립 완성을 위하여 진력하겠습니다.'[1061]라고 귀국인사 방송을 했습니다. 이 때까지는 독립의 미완성 단계 즉 건국이전 단계로 보고 있다는 것을 의미합니다.

④ "김구 임시정부 주석은 1947년 3월 서울 원효로에 건국을 위해 일할 인재들을 양성하기 위해 '건국실천원양성소'를 설립했다. …… 김구 주석이 건국실천원양성소를 1947년에 설립했다는 것은 그때까지도 건국이 이뤄지지 않았다.(따라서 1919년에 건국되지 않았다)고 생각하고 있었음을 시사한다."[1062]

(2) 김규식 임시정부 부주석의 초청장

"김규식 박사는 1946년 12월 자신의 의장으로 있는 남조선과도입법의원 창설기념식 참석 초청장을 보내면서 당시 정치 활동가들을 '건국도상에 다망하신' 분들이라 표현했다."[1063]

(3) 임정요인들의 기념 휘호(揮毫)

1945년 11월 4일 중국 중경에서 김구 주석을 비롯한 임정요인들이 환국을 앞두고 여럿이 함께 남긴 기념 휘호에서도 법무부장 최동오는 평화건국(平和建國), 문화부장 김상덕은 단결건국(團結建國), 국무위원 황학수는 건국필성(建國必成)이라는 글을 남겼고 여기에는 "광복된 조국의 미래에 대한 기대와 열망을 담은 '건국(建國)'……등의 단어가 많이 들어가 있"[1064]습니다. 임정요인들의 환국 시점에서 앞으로 꼭 이룩할 목표가 건국임을 다짐한 휘호라 하겠습니다. 이처럼 김구나 임정요인들도 상해임시정부를 건국이라고 주장하지 않았습니다.

1060) 이중근, 『광복 1775일』, (우정문고, 2015), 1권 183쪽(상권 151쪽)
1061) 이중근, 『광복 1775일』, (우정문고, 2015), 1권 234쪽(상권 188쪽)
1062) 양동안, 『대한민국 '건국일'과 '광복절' 고찰』, (백년동안, 2016), 60쪽.
1063) 양동안, 『대한민국 '건국일'과 '광복절' 고찰』, (백년동안, 2016), 60~61쪽.
1064) 조선일보 2017.7.3. A23면, 조선일보 2018.1.4. A21면.

(4) 온건 좌익정당인 사회당 당수 조소앙의 성명

임정 지도부의 한 사람이었고 1948년 4월 '평양 남북협상에 참여했던 조소앙이 이끄는 사회당의 1949년 8·15 성명'에도 '8·15 이날은…… 우리 민족 해방 4주년 기념이요, 우리 대한민국 독립 1주년 기념이다. …… 독립 1주년 기념일인 8·15를 맞이하는 우리는 ……'[1065]이라고 했습니다.

(5) 기타
① 민주국민당 당수 김성수 담화

1949년 8월 15일 민주국민당 당수 김성수는 담화에서 '금 8월 15일은 일제로부터 해방한 지 만4주년이 되고, 대한민국의 독립을 세계에 선포한 지 1주년이 된다'[1066]라고 말했습니다.

② 신생회 대표 안재홍 담화

1949년 8월 15일 담화 내용입니다.

"중도파 단체인 신생회 대표 안재홍은 대한민국 건국에 불참했음에도 불구하고, …… '대한민국은 진정한 민주주의 민족통일 독립국가의 기업(基業)으로서 그 강화완성이 요청되고 있다. 건립 1주년에 그 업적은 경이(驚異)함직하다……. 국권강화의 실적이 있어 동서 15개 국의 정식 승인을 받게까지 된 것은 경이라고 함이 타당하고 이 점 경하할 일이다.'"[1067]

③ 신익희 국회의장 등의 기념사[1068]

1950년 8월 15일 대구시 문화회관에서 거행된 광복절 기념식에서
㉠ 신익희 국회의장은 '대한민국 독립 2주년 기념일',
㉡ 허 억 대구시장은 개회사에서 '대한민국 독립 제2주년 기념일',
㉢ 조병옥 내무부장관은 '내무부장관의 해방 5주년 광복절 2주년 기념사'에서 '금년 8월 15일은 해방 후 5주년이 되는 날이요 대한민국이 탄생한 지 두 돌이 되는 거룩한 날이다'라고 말했습니다.

1065) 양동안, 『대한민국 '건국일'과 '광복절' 고찰』, (백년동안, 2016), 32~33쪽.
1066) 양동안, 『대한민국 '건국일'과 '광복절' 고찰』, (백년동안, 2016), 150쪽.
1067) 양동안, 『대한민국 '건국일'과 '광복절' 고찰』, (백년동안, 2016), 150~151쪽.
1068) 대구매일신문 1950.8.15. 양동안, 『대한민국 '건국일'과 '광복절' 고찰』, (백년동안, 2016), 155쪽.

④ 이인 대법원 검사총장 취임사[1069]

1946년 5월 24일 이인 대법원 검사총장[1070]은 취임사에서

'사상·언론·출판·집회의 자유를 존중하나 상당한 책임과 한계를 벗어나 건국을 방해하거나 안녕질서를 교란하는 행위는 단호 배제할 것'이라고 강조했습니다. 이는 앞으로 건국을 추진하는 과정에서 방해나 질서교란 행위를 엄중 경계하는 말로써 건국을 미래 과제로 규정한 것입니다.

⑤ 경향신문 보도

"경향신문은 1949년 8월 15일 '건국 1주년 기념 문화인 간담회' 기사를 보도했고", "8월 16일 대한민국 독립 1주년 기념식과 시가지 풍경을 보도하면서 '독립 1주년', '건국 1주년', '정부 수립 1주년', '광복 돌맞이 날(광복 1주년)' 등을 호환적 동의어로 사용했습니다."[1071]

⑥ 김대중·노무현 前 대통령 8·15경축사

㉮ 김대중 대통령은 1998년 광복절 경축사에서 '오늘은 광복 53주년 기념일이자 대한민국 정부 수립 50주년을 맞이하는 역사적인 날입니다…..대한민국 건국 50년사는 우리에게 영광과 오욕이 함께했던 파란의 시기였습니다'라고 말했습니다. 뿐만 아니라 1998년 8월 15일부터 9월 25일까지 조선일보사와 예술의전당이 주최한 '대한민국 50년 - 우리들의 이야기' 사진전 개막식에 참석한 김대중 대통령은 '공산주의자들이 극단적 반대를 물리치고 건국(建國)을 한 과정부터 6·25의 시련을 극복하고 마침내 세계가 놀란 한강의 기적을 이룬 대한민국의 역사는 위대하고 자랑스러운 것'[1072]이라고 말했습니다.

㉯ 노무현 대통령도 재임 중인 2003년 광복절 경축사에서 '…..일본제국주의 압제에서 해방되었습니다…. 그로부터 3년 후에는 민주공화국을 세웠습니다. 국민이 주인이 되는 나라를 건설한 것입니다'라고 말했고,

2007년 광복절 경축사에서도 '…. 그리고 3년 뒤 이날, 나라를 건설했습니다. 그리고 오늘 우리가 자유와 독립을 마음껏 누리고 사는 대한민국을 만들었습니다'라고 말했습니다.

1069) 이중근, 『광복 1775일』, (우정문고, 2015), 2권 190~191쪽(상권 398쪽)
1070) 1946.12.15. 사법부의 기구명칭과 직명변경에 따라 대법원 검사국은 대검찰청으로, 검사총장은 검찰총장으로 개칭. 이중근, 『광복 1775일』, (우정문고, 2015), 3권 205~206쪽(상권 571쪽)
1071) 양동안, 『대한민국 '건국일'과 '광복절' 고찰』, (백년동안, 2016), 151쪽.
1072) 조선일보 2018.8.18. A21면

다. 여운형의 건국준비위원회 결성

1945년 8월 15일 '여운형은 해방 당일 저녁 건국준비위원회(약칭 건준)를 전격적으로 결성'[1073]하고 이를 전국 조직으로 확대했습니다.[1074]

이를 두고 강만길 교수도 '발족 초기의 건국준비위원회는 당면 목표를 치안의 확보, 건국 사업을 위한 민족역량의 일원화, …… 등에다 두고, 한편으로 각 지방의 지부 조직을 확장해 갔다'[1075] 라고 밝혔듯이, 이때 여운형 등 좌파들도 대한민국 건국을 미래과제로 규정하고, 그 준비를 위한 위원회를 조직하였던 것입니다. 이미 건국이 되어 있었다면 건국을 준비하기 위한 별도의 전국적 위원회를 조직할 필요가 없는 것입니다.

라. 여운형의 조선인민공화국 선포의 변

1945년 9월 6일 건국준비위원회는 전국인민대표자대회를 열어 조선인민공화국의 성립을 선포하였습니다. "여운형은 정부를 급조하는 이유를 말하면서 '지금은 건국을 위한 비상시이니 비상조치로서 이렇게 할 수밖에 없었다'"[1076]라고 해명했습니다.

마. 상해임정 수립 이후부터 해방 전까지의 독립운동 문제

건국은 완전한 독립과 동의어입니다. 1919년 4월 11일을 명실상부한 대한민국의 건국일이라면 그 때부터 1945년 8월 15일 해방될 때까지의 항일독립운동은 도대체 무엇이냐는 의문이 제기됩니다. 건국되고 완전 독립되었는데 무슨 독립운동이냐 라는 자기모순에 빠집니다.

상해임시정부 수립 후 선열들은 건국(완전한 독립)을 위해 치열한 항일 독립운동을 전개했습니다. 따라서 이 독립운동은 건국 이후의 운동이 아니고 바로 건국을 위한 독립운동이었습니다.

상해임시정부 건국설 주장에 대해 문갑식 월간조선 편집장은

"셋째, 임시정부를 세운 그 자체는 대단한 쾌거지만 국민들은 일제에 의해 징용가고 종군위안부로 끌려가고 있었던 것을 '건국절'은 어떻게 설명한단 말인가?

1073) 남시욱,『한국 진보세력 연구』, (청미디어, 2009), 23쪽.
1074) 제주도(島) 건준은 1945년 9월 10일 제주농업학교 강당에서 각 읍·면대표 100여명이 참석 결성됩니다. 제주4·3위원회,『제주4·3사건진상조사보고서』, (2003), 75쪽.
1075) 강만길,『고쳐 쓴 한국현대사』, (창작과비평사, 1994), 255쪽.
1076) 강만길,『고쳐 쓴 한국현대사』, (창작과비평사, 1994), 258쪽.

넷째, 1919년에 건국했다면 대한제국이 1910년 일본에 강제 병합당하고 나라를 잃은 시기가 불과 9년에 불과하다는 말인가?"[1077]라고 비판하였습니다.

바. 헌법재판소의 결정문에 대한 부정

"2014년 12월 19일 헌법재판소가 선고한 통합진보당 해산 결정문 141쪽의 표현 '해방 이후 1948년 대한민국의 건국과 더불어 채택한 헌법 ……'"[1078]이라고, 대한민국 건국일을 1948년 8월 15일로 단정했는데 상해임정 건국설을 주장하면 이를 부정하게 됩니다.

그리고 1948년 8월 15일 건국설을 위헌이라고 주장하는 독립운동 관련단체들과 정치권에서 헌법소원을 제기한 바 있었으나 2008년 11월 27일 헌법재판소 전원재판부에서 재판관 전원일치 의견으로 각하되었습니다.[1079]

사. 대통령 및 국회의원의 선수(選數)와 대수(代數)의 기준 시점

선거관리위원회에서 전국 모든 세대주에게 보낸, 2017년 5월 9일 실시하는 대통령선거 공보에도 '제19대 대통령선거 책자형선거공보'라 명기하였는데 이는 1948년 7월 20일 당선된 이승만 초대 대통령을 기점으로 기산(起算)하여 제19대 대통령이며, 2016년 4월 13일 총선에 의해 구성된 현 국회는, 1948년 5월 10일 선거[1080]에 의해 구성된 국회를 기점으로 기산하여 제20대 국회입니다. 이 모두 1948년 선출된 대한민국 대통령과 국회의원이 제1대임을 나타내는 것으로써, 역대 대통령이나 국회의원들이 인정한 사실이며, 선거관리위원회에서 대선이나 총선 때마다 선거 홍보물과 당선인에게 교부하는 '당선증'에 이를 명기[1081]하고 있습니다. 이는 대한민국 건국이 1948년 8월 15일임을 말해줍니다.

아. 관보 및 이승만 대통령의 담화에 대한 해석

(1) 1948년 9월 1일자 관보 제1호

이승만 정부의 공식 기록인 1948년 9월 1일자 관보 제1호에 '대한민국 30년 9월 1일'이라고 기록되어 있습니다. 이 기록 하나만을 보면 1919년 임시정부 출범을 대한민국 건국으로 볼 수 있습니다.

1077) 『월간조선』 2017년 9월호(통권450호) 59~60쪽.
1078) 연세대 교수 류석춘 칼럼, 조선일보 2012.12.21. A 38면.
1079) 2008. 11. 27. 2008 헌마 517, 조선일보 2017.8.15. A 6면
1080) 5·10선거에서 법정 유권자의 91.7%가 등록하고, 등록 선거인 95.5%가 투표해 국민 절대다수의 참여와 지지로 대한민국이 탄생하였습니다. 양동안, 『대한민국 건국사』, (현음사, 2001), 571쪽.
1081) 공직선거법 공직선거관리규칙 제108조(당선증의 서식, 붙임 2 당선증)

그러나 연세대 교수 류석춘은 다음과 같이 지적했습니다.

"이승만은 대통령이 되기 전부터 국내외에서 독립운동을 하면서 스스로 생산한 문서에 1919년을 기점으로 '민국(民國) 00년'이란 표현을 즐겨 써 왔다. 당신이 임시정부의 수반이었기 때문에 더욱 더 독립운동의 당위성을 과시하는 전략으로 그러한 표현을 사용했다. 이승만 정부의 공보처가 1948년을 '대한민국 30년'이라고 표현한 배경이다. 그렇지만 이를 근거로 1919년 건국이 맞는다고 주장하려면 동시에 다음과 같은 다른 국가의 기록은 어떻게 해석할지 답을 제시해야 한다"[1082]

① 1953년 공보처가 발행한 "'대통령 이승만 박사 담화집'에 실린 1949년 8월 15일 기념사에 '민국 건설 제1회 기념일인 오늘을 우리는 제4회 해방일과 같이 경축하게 된 것입니다.'"[1083]라는 기록이 있습니다.

② 1950년 8월 15일 대구시 문화극장에서 거행된 광복절 기념식에서 이승만 대통령은 기념사에서 '금년 8·15경축일은 민국독립 제2회 기념일'[1084]이라고 했습니다.

③ 1951년 8월 15일 광복절 경축 겸 남북통일 전취 국민총궐기대회에서 '행정부는 분명히 제3회 광복절이라 표기하고 대통령 기념사 역시 독립 3주년이라고 명시했'습니다.[1085]

자. 국가구성 4대 요소 구비 문제

건국(建國)이라는 말은 국가를 세운다는 뜻입니다.

'국가란 특정지역을 배타적으로 지배하면서 영토 내의 물리적 강제력을 독점하고, 영토에 거주하는 주민들에게 특정 질서를 강제하며, 외부세력과의 관계를 형성하는데 외부세력의 간섭을 받지 않는 포괄적인 정치적 결사이다.'[1086] 그래서 국가의 구성을 위해서는 영토·국민·정부·주권이라는 4대요소가 구비되어야 완전한 국가가 되는 것입니다.

"정치학이나 법학에서 국가 구성의 필수 요소 또는 국제사회에서 국가로 대우 받기 위해 갖추어야 할 조건을 설명하는 유용한 준거로, '국가들의 권리와 의무에 관한 몬테비데오 협약(Montevideo Convention)' 제1조의 내용을 이용하고 있다. 몬테비데오 협약 제1조는 '국제법의 인격체로서의 국가는 다음의 자격요건을 갖추어야 한다.

1082) 류석춘 칼럼, 조선일보 2012.12.21. A38면
1083) 양동안, 『대한민국 '건국일'과 '광복절' 고찰』, (백년동안, 2016), 32쪽.
1084) 양동안, 『대한민국 '건국일'과 '광복절' 고찰』, (백년동안, 2016), 139쪽.
1085) 양동안, 『대한민국 '건국일'과 '광복절' 고찰』, (백년동안, 2016), 139쪽.
1086) 양동안, 『대한민국 '건국일'과 '광복절' 고찰』, (백년동안, 2016), 17쪽.

(a) 상주하는 인구

(b) 명확한 영토

(c) 정부, 그리고

(d) 다른 국가들과의 관계를 맺을 수 있는 능력'이라고 규정하고 있다."[1087]

몬테비데오 협약 제1조에 의하면 상해임시정부는 '영토에 지속적으로 정주(定住)하는 인구 (또는)……국적자로 등록한 상주하는 인구'가 없었고,

중국 상해에 있었기 때문에 '주변국들 또는 국제사회가 인정해 주는 영토(또는)……외부의 개인이나 집단이 함부로 침입할 수 없는 지역이라는 인식을 가질 정도로 수비되는 영토'도 없었고,

'영토에 거주하는 인구에 대해 실효적 통제를 할 수 있는, 혹은 영토에 거주하는 인구가 준수할 법률을 제정하고 집행할 수 있는 정부'에 미치지 못했으며,

국제적 승인을 받으려고 무진 애를 썼지만 실패하여 '대외적 독립성과 자주외교권 즉 주권'[1088]을 갖추지 못한 게 사실입니다. 따라서 상해임시정부는 건국을 위한 준비였고 출발이었지 객관적으로 완전한 국가를 건국하였다고 규정하기에는 무리가 있습니다.

차. 대한민국 헌법 전문 해석의 의미

대한민국 헌법 전문에 '우리 대한국민은 3·1운동으로 건립된 대한민국임시정부의 법통…… 을 계승하고'라고 규정되어 있습니다. 이는 대한민국이 1919년 3·1운동이나 그해 출범한 임시정부의 정신과 법통을 계승해야 한다는 의미입니다. 그래서 1948년 7월 20일 제헌헌법에 따라 국회에서 초대 정·부통령 선거를 실시하여, 상해임시정부 초대 대통령이었던 이승만을 대통령으로 선출[1089]하고, 부통령으로 상해임시정부 법무총장과 재무총장을 지낸 이시영을 선출[1090]하였으며,[1091] 상해임시정부 광복군 참모장이었던 이범석을 국무총리 겸 국방장관으로 지명, 8월 2일 국회의 승인[1092]을 받음으로써 3·1기미독립운동의 정신과 대한민국임시정부의 법통을 계승했다 할 것입니다.

강규형 교수의 주장을 인용하겠습니다.

1087) 양동안, 『대한민국 '건국일'과 '광복절' 고찰』, (백년동안, 2016), 18쪽.
1088) 양동안, 『대한민국 '건국일'과 '광복절' 고찰』, (백년동안, 2016), 18~19쪽.
1089) 투표자 196명 중 이승만 180표 92.3%, 김구 13표 6.6%, 안재홍 2표, 서재필 1표.
1090) 1차투표 이시영 113표, 김구 65표, 조만식 10표, 오세창 5표, 장택상 3표, 서상일 1표. 2차투표 이시영 133표, 김구 62표.
1091) 조선일보, 2018.7.25. A23면.
1092) 찬성 110표, 반대 84표. 조선일보 2018.8.6. A21면

"1919년은 3·1운동과 임시정부 수립이라는 역사적 사건을 통해 대한민국이 '잉태'된 것이기에 큰 의미를 갖는다. 왕정복고가 아닌 민주공화정을 추구하고, 독립된 근대 국민국가를 만들자는 이상은 대한민국 정체성을 세운 것이고, 그 정신과 법통을 이어받은 것이 대한민국이다. …… 한반도에서 처음으로 실시된 자유선거이자 보통선거였던 5·10선거에서 국민주권이 구현됐고, …… 1948년 8월 15일 제1공화국이란 대한민국 정부가 출범한 것은 국가의 '탄생'이었다. …… 임정과 1945년 해방, 그리고 1948년 대한민국 출범은 결코 대립하는 것이 아니고 일련의 과정으로 해석해야 한다."[1093]

그리고 양동안 교수는 다음과 같이 말합니다.

'1948년을 대한민국 건국연도라고 말하는 것은 객관적 사실을 사실대로 말하는 것이며, 결코 임시정부의 가치를 평가절하하려는 의도와는 상관이 없는 것이다.'[1094]

즉 1948년 건국설을 주장하는 어느 누구도 3·1운동이나 상해임시정부의 독립정신을 폄훼하거나 무시한 일이 전혀 없습니다.

카. 좌파 역사연구단체의 주장 번복[1095]

1948년 8월 15일 대한민국 건국설을 꾸준히 부정하고 공격하던 역사문제연구소·역사학연구소·한국역사연구회 등 3개 좌파 역사연구단체는 상해임정 100주년 기념일 뒷날인 2019년 4월 12일 공동으로 '국가정통론의 동원과 역사전쟁의 함정'이라는 주제로 학술대회를 개최하여 그동안 자신들이 스스로 도입한 '임정법통론'을 손바닥 뒤집듯이 번복했습니다.

상해임정 건국론 즉 임정법통론을 인정하면 정통성은 대한민국에 있다는 것을 증명하는 것인 반면 북한은 역적이 됩니다. 그렇기 때문에 북한은 이를 처음부터 철저히 부정해 왔습니다. 조선공산당 기관지 해방일보도 김구 등 임정 요인들을 '국외에 있는 반일혁명파의 한 당파에 불과한 것으로'[1096] 폄훼했고 북한도 임정에 대하여 중국 '장개석의 중국공산당 타도에 동조한 반동세력'[1097]으로 규정합니다.

1093) 명지대 교수 강규형 칼럼, 조선일보 2016.8.29. A 21면
1094) 양동안, 『대한민국 '건국일'과 '광복절' 고찰』, (백년동안, 2016), 98쪽.
1095) 조선일보 2019.4.13.03:27 김성현 기자, 조선일보 이선민 선임기자 2019.4.15.03:00
1096) 로버트 스칼라피노, 이정식, 『한국공산주의운동사』, (돌베개, 2018), 439쪽.

당시 박헌영의 태도도 북한 시각과 같습니다.

이승만이 1945년 10월 16일 귀국하고 '10월 25일 독립촉성중앙협의회(약칭 독촉獨促)의 창설을 발표했을 때 공산당은 약 200개의 정당, 단체와 함께 독촉에 참가했다..... 박헌영은 이승만의 제안한 연합국과 미국 국민에 감사하는 결의안의 수정을 요구했다. 아이러니하게도 박헌영은 임시정부가 공식 정부로서 귀국했다는 구절을 삭제하고자 했을 뿐 아니라 분할점령에 대한 이승만의 불평을 무마하기 원'[1098]한 것처럼 임시정부가 공식 정부로서 귀국했다는 구절을 삭제하려고 할 만큼 임정을 인정하고 싶지도 않으면서도 미·소 분할점령은 원했습니다.

문재인 대통령도 2019년 100주년 3·1절 남북공동행사를 추진하다가 북한이 호응하지 않아서인지 흐지부지 되었고,[1099] 상해임정 수립 100주년에 맞춰 이 날을 대한민국 건국절로 성대히 기념하겠다고 수차 공언하였으나 북한의 눈치를 봤는지 아무런 해명도 없이 조용히 지나갔습니다.

3. 결론

이상 건국일과 관련된 여러 가지를 검토했습니다.

상해임시정부는 광복군을 창설하고 일본에 선전포고를 하는 등 치열한 독립운동을 전개하였고 그 정신과 노력의 결과는 오늘날 대한민국 건국과 번영의 기초가 되었습니다. 우리들은 선열들의 숭고한 항일독립정신을 계승해야 하고 기려야 합니다.

다만 건국일의 관점에서 상해임시정부는 그 건국강령에 명시된 바와 같이 대한민국 건국을 위한 본격적 체계적 제도적 시동을 건 복국(復國) 단계인 임시정부이지 완전한 독립국가를 건국하였다고 보기에는 무리가 따릅니다.

결론은, 1948년 8월 15일 명실상부한 국가구성 4대 요소를 갖춘 대한민국을 건국하였으며, 유엔총회에서 한반도 유일 합법정부로 승인을 받음으로써 국제법적인 주권국임을 확인받았습니다. 그리고 국민 절대다수가 참여한 최초의 보통선거에 의해 선출된 대표가 헌법을 제정하고 그 절차에 따라 건국한 대한민국은 당연히 1948년 8월 15일을 건국일로 정하는 것이 마땅하다 하겠습니다.

1097) 이주영, 『대한민국의 건국과정』, (건국이념보급회 출판부, 2013), 49쪽.

1098) 로버트 스칼라피노, 이정식, 「한국공산주의운동사」, (돌베개, 2018), 436쪽.

1099) 문재인 대통령은 취임 후 '건국 100주년'을 강조하다가 임정을 부정적으로 평가하는 북한과 정상회담을 가진 후에는 슬며시 사용하지 않았지만, 2017년 광복절 경축사에서 '2019년은 대한민국 건국과 임시정부 수립 100주년을 맞는 해'라 했고, 이날 백범 묘소 방명록에 '건국 백년을 준비하겠습니다.'라 기록했으며, 2018.1.2.에는 국립현충원 방명록에도 같은 글을 써놓았습니다.

좌파들이 1948년 8월 15일을 대한민국 건국일로 보지 않는 이유는 '이승만 지우기'입니다. 이승만이 건국한 대한민국에서 온갖 혜택을 다 누리면서도 공산화를 막아낸 위대한 공로를 오히려 김일성의 시각과 같이 대한민국 건국은 물론 6·25남침전쟁을 막아낸 것까지도 통일방해로 해석하면서 '국부 이승만', '건국대통령 이승만'을 부정하며 온갖 모욕을 가합니다. 배은망덕한 처사입니다

[부록 10]
이승만 대통령에 대한 역사적 평가

김 영 중

대한민국을 건국하고 국제공산침략세력을 물리친 건국 대통령에 대해 분단의 원흉이라는 등 온갖 내용으로 혹평하는데 이는 많은 오해와 무지에서 비롯된 결과입니다.

4·3사건과 관련하여 많은 인명피해가 발생한 문제에 대해서도 이승만 대통령을 학살자라고 매도합니다. 물론 당시 대통령이었기 때문에 정부 수반으로서 정치적 책임이 전무하다고 할 수는 없다고 봅니다. 그러나 한 인물에 대한 평가는 보는 시각에 따라 다를 수 있습니다. 저는 이승만 대통령을 과(過)보다 공(功)이 훨씬 많은 훌륭한 건국 대통령이라고 평가합니다.

개혁운동가로서 고종 폐위사건에 연루되어 5년 7개월을 복역했으며, 30세의 만학도로 명문 워싱턴대와 하버드대 및 프린스턴대에서 5년 만에 학사, 석사, 박사학위를 취득[1100]하였고, 당대 국제정치정세를 통찰할 수 있는 능력을 가진 국내 유일의 최고 지성이었습니다.

그래서 한성임시정부는 집정관총재로, 초기 상해임시정부는 국무총리로, 연해주의 대한국민의회는 국무총리로, 서울에서 수립하려던 조선민국임시정부는 부도령(副都領)으로, 평북지방에서 세우려던 신한민국정부는 국방총리로, 상해 통합임시정부는 대통령으로 추대 또는 선출했던 것입니다. 당시 타의 추종을 불허할 만큼 명성과 권위를 지녔기 때문입니다.[1101] 동서양의 문화와 교양을 겸비했고, 공산주의가 풍미하던 시절에 공산주의의 말로와 소련의 세계 공산화 전략을 적확(的確)히 꿰뚫어 보고 김일성 노선에 정면 반대 입장을 고수한 선견지명이 있었습니다.

이승만은 잘못하다가는 우리나라가 소련의 위성국이 될 위험이 있다는 것을 미리 알았습니다. 공산주의 실험이 결국 실패할 것도 미리 알았습니다. 그리고 북한이 반드시 실패할 것이라는 것도 알았습니다.

이런 이승만의 선견지명과 실천은 옳았으며 그 덕분에 우리들은 생명의 길을 걷게 되었다고 확신합니다. 오늘날 북한의 실정을 볼 때 더욱 그렇다고 판단하며, 국민들로 하여금 암흑

1100) 1910.7.18
1101) 남시욱, 『한국보수세력연구』 제3판, (청미디어, 2020), 386쪽.

의 길, 죽음의 길로 가지 않도록 자유민주주의 노선으로 유도한 조치는 백번 옳은 일이라 생각합니다.

그리고 농지개혁을 성공리에 단행하였고, 국제공산주의 세력의 침입[1102]을 방어하였으며, 무엇보다도 한·미상호방위조약[1103]을 맺어 대한민국의 안보기반을 공고히 했습니다.

전쟁 중에도 선거를 실시하여 민주정치제도를 정착시켰습니다.[1104] 또한 초등학교 6년 의무교육제를 실시하는 등 문맹퇴치에 노력하였고 교육에도 많은 투자를 하여 인재를 육성하였으며, 기간산업 건설에 매진한 공로자입니다. 거기다 전쟁 중임에도 평화선을 선포[1105]하여 독도 영유권을 확실히 했으며, 당시 내국인 누구도 생각지 못한 원자력 연구의 기초를 놓았습니다.

3·1운동이 일어나기 전해인 1918년 10월 여운형의 동생 여운홍과 미국인 선교사 샤록스가 하와이를 방문했을 때 이승만은 국내에 있는 민족지도자 송진우, 함태영, 양전백 등에게 밀지를 보내 대중봉기를 독려했습니다.[1106]

또 이승만은 태평양전쟁 발발 이전인 1940년 2월 2일 충칭(重慶)의 임시정부 수반 김구에게 비밀 서한을 보내 '지금 미 육·해군은 은밀한 준비에 열심입니다. 우리를 향해 아래와 같은 요구가 있습니다. 만일 (미·일) 전쟁이 벌어지면 도움을 바란다고 합니다'라면서 일본군 주요 시설을 공격하는 작전계획을 수립해 달라고 요청하는 등 많은 노력을 했습니다.[1107]

1946년 7월 미군정은 남한 사람들을 대상으로 '당신은 어떤 체제를 선호하느냐'라는 여론 조사를 실시한 적이 있었습니다. 그 결과 자유민주주의를 선호한다는 대답은 17%, 사회주의·공산주의를 선호한다고 대답한 사람은 72%[1108]였습니다. 그런 상황일 때 이승만은

1102) 6·25
1103) 1953.7.12
1104) 1952.8.5. 직선제 정·부통령 선거.
이승만, 『일본의 가면을 벗긴다』, (비봉출판사, 2015), 320쪽.
1105) 1952.1.18
1106) 남시욱, 『한국보수세력연구』 제3판, (청미디어, 2020), 131,385쪽,
1107) 남시욱, 『한국보수세력연구』 제3판, (청미디어, 2020) 388쪽,
1108) 김길자, 『이승만을 말한다』 (대한민국사랑회, 2015), 93~94쪽,
정규재외 10인, 『청춘, 민주주의사용설명서』, (펜앤북스, 2020), 146쪽에는 미군정 여론 조사 결과를 사회주의 선호 71%, 자본주의 선호 14%, 공산주의 선호 7%, 모르겠다 8%이고, '당신은 자신이 어느 쪽이라고 생각하느냐'는 설문에 중립 54%, 우익 30%, 좌익 16%로 기록되어 있고. 1947년 9월 23일 미국육군성 차관 드레퍼 일행이 방한 시 오리엔테이션에서 하지 장군이 발표한 내용에 따르면 '공산주의자들이 러시아를 조국이라고 부르고 레닌과 스탈린을 구원자라고 부른다는 사실을 알게 되었습니다. 공산주의자들은 러시아 국기와 붉은 깃발을 걸었고 잠시 동안 조선 국기는 걸지 않았습니다', 또 '조선인들은 모두 어느 정도 사회주의자입니다. 민주주의 자본주의적 시각으로 봤을 때 그들은 자본주의보다

자유민주주의 체제로 건국하고 아무 것도 없는 나라에 기초를 확실히 마련하려는 신념과 의욕이 있었습니다.

미·소냉전과 건국 직후 6·25전쟁을 극복하면서 반공포로 석방[1109]과 같은 인권에 바탕한 통 큰 결단으로 한·미방위조약 등 미국의 한반도 정책을 유리하게 이끈 탁월한 정치력을 발휘하여 지금도 우리들은 그 혜택을 누리고 있습니다. 그럼에도 불구하고

① 이승만에게 분단 책임이 있다는 비판이 있습니다.

북한이 사실상 단독정부인 북조선임시인민위원회를 출범한 3개월 후에 행한 소위 이승만 정읍발언 등을 예로 들면서 분단 책임을 이승만에게 전가하는데 '초강대국인 미국과 소련이 싸우는 한, 통일된 한반도는 불가능하다고 본 거의 유일한 인물이었다'라는 고려대 겸임교수 김일주 박사의 의견에 동의하면서, 분단의 책임은 오히려 유엔결의를 따르지 않고 소련의 지령을 맹종한 김일성에게 있다 하겠습니다.

② 3선개헌으로 장기집권을 노렸다는 비판이 있습니다.

건국 초기 극도로 혼란한 정국 하에, 근대국가 건설과정에서 공통적 현상인 강력한 정부, 정치적 안정성이 필요했음을 이해할 필요가 있고 이는 일본, 터키, 싱가포르, 대만, 말레이시아, 이스라엘의 경우에서 유추할 수 있다고 봅니다.

안병직 서울대 명예교수는 다음과 같이 반문했습니다.

> '이승만 대통령이 없었다면 오늘의 대한민국은 없다. 자유민주주의 체제를 지키려다 보니 자기모순에 빠졌다. 당시 권위주의 대신 민주주의로만 나라를 운영했다면 우리 체제는 벌써 박살이 났을 것이다. …… 이승만이 진짜 독재자였다면 스스로 하야를 했겠는가'[1110]

1960년 3월 15일 제4대 대통령 선거를 한 달 앞두고 야당 조병옥 대통령 후보가 급서하여 이승만은 대통령에 무투표로 당선되게 되었습니다. 그러나 나이가 85세로 연로한 상태였기 때문에 유고 시 대행할 부통령을 야당 장면에게 내줄 수 없다고 생각한 이기붕 충성파가 무리하게 부정선거를 강행하여 불행한 결과가 발생하였고 그에 대한 책임을 지고 스스로 하야한 것입니다. 그리고 그는 12년간 집권했지만 매우 청렴했습니다. 하와이에서 생을 마

사회주의에 가깝습니다.'라고 말했습니다.
제주4·3평화재단, 『제주4·3사건 추가진상조사 자료집 4 (미국자료 2)』, (2020). 109, 126쪽.
    1109) 1953.6.18
    1110) 조선일보, 2015.8.14. A1, A8면.

감하는 순간 병원비도 없어 교민들이 돈을 모아 해결할 정도였습니다. 그가 하와이 30년 생활 중 쌓아 놓은 공익재산은 인하대학 설립의 종자돈이 된 것도 널리 알려진 사실입니다.

③ 친일파를 등용했다는 비판이 있습니다.

북한과 달리 대한민국 건국 초기 내각에 친일파는 없습니다.

이승만 정부를 친일파 정권이라고 선전하던 북한은 초기 내각에 친일파가 많았습니다. 친일 인사라도 김일성에게 협조하면 혁명투사로 중용하고, 독립운동가라도 김일성에게 협조하지 않으면 친일파 반동분자로 매도하여 숙청했습니다. 오로지 공산혁명에 참여 여부가 친일청산 판단기준이었습니다. 이미 문 40에서 상세히 설명드렸습니다만 이승만은 건국 초기 좌익의 격렬한 저항으로 인한 혼란 상황에서 과거의 친일 청산도 중요하지만 무엇보다도 당면한 북한의 대남공작활동과 남로당 잔존세력의 발호 등 현재의 친북청산이 더 시급하고 중요하다고 판단했습니다.

대검찰청 수사국이 발행한 『좌익사건 실록』제1~11권(1965~1975)을 보면 대한민국 탄생 과정에서 좌익이 얼마나 집요하게 선전선동, 음모, 폭력 등의 만행을 저질렀는지 알 수 있습니다.[1111]

이는 해방 후부터 6·25전쟁이 시작하기 전에 전사한 군경이 8,824명[1112]이나 되는 점만 봐도[1113] 짐작할 수 있습니다. 온 국민이 힘을 하나로 모아도 어려운 과업인데 같은 우파인 김구와 김규식마저도 5·10총선을 적극적으로 반대하고 대한민국의 유엔승인을 적극적으로 방해하려 하였으니 어려움은 형언키 어려웠습니다.

'독일 패망 뒤 서독 법무부 간부의 53%가 히틀러 나치당원 출신이었'습니다. '이승만 정부 내 일제관료 출신은 32%인데 (비해), 4·19혁명 뒤 민주당 장면 정부에선 그 비율이 63%였'습니다. '그러지 않고선 정부를 운영할 수 없었다. 이것이 인간사회의 어쩔 수 없는 현실이다'[1114]라는 주장도 있습니다.

④ 4·19 당시 학생 186명이 사망한 책임이 있다는 비판이 있습니다.

매우 안타까운 일이고 국정의 총체적 책임을 지는 대통령으로서 당연히 비판받을 일입니다. 그러나 그는 부정선거를 지시한 사실이 없으며, 부정선거 사실을 뒤늦게 알게 되었고, 부

1111) 제주4·3사건이나 9월총파업 사건을 단순히 한 건으로 계산해도 6·25 이후 184건을 포함해서 모두 977개의 크고 작은 폭동과 테러를 자행했습니다.
1112) 육군 7,459명, 해군 25명, 해병대 8명, 경찰 1,332명
1113) 서울 용산구 소재 전쟁박물관 자료
1114) 조선일보, 2020.8.20. A 34면 양상훈 칼럼 중

상학생이 입원한 서울대병원을 직접 찾아가 '불의를 보고 일어날 줄 모르는 젊은이가 있는 나라는 희망이 없다'라고 격려했으며 '국민이 원한다면 하야 하겠다'는 성명을 발표하고 즉각 하야하면서 청와대[1115]를 나올 때 '이제는 관용차, 대통령차를 탈 수 없다'라고 하면서 청와대에서 이화장까지 걸어가겠다고 했습니다.

⑤ 이승만 대통령이 6·25때 혼자 도망갔다는 비판이 있습니다.

남침 3일 만에 서울이 점령당하는 마당에 서울에 남아서 김일성에게 포로가 될 수는 없는 것입니다.

6·25남침 때 기고만장하던 김일성도 우리가 북진할 때 생포당하지 않으려고 중국으로 도주하였습니다. 국가의 영속성 유지를 위해서나 후일을 도모하기 위해서 지휘부가 불가피하게 작전상 후퇴해야 하는 것은 당연합니다. 그래서 현재 대한민국이 존재하는 것입니다.

북한 남침 이후 이승만 대통령의 3일간 행적[1116]을 시간대별로 살펴보면,

6.25. 04:00 북한군 전차 242대, 전투기 226대로 전면 남침 개시

05:00 육군본부 상황실에서 육군총참모장 채병덕에게 남침상황 보고
▲ 장석윤 치안국장이 백성욱 내무부장관에게 남침상황 보고

06:00 전군 비상령 하달, 육군 전 장병 비상소집

06:30 백성욱 내무부 장관 전국경찰에 비상경계령 하달, 전투태세 돌입 지시

07:00 채병덕은 신성모 국무총리 서리 겸 국방부 장관에게 보고하기 위해 전화하였으나 받지 않자 공관인 마포장에 가서 상황보고
▲ 국방부 정훈국 보도과장이 중앙방송을 통하여 북한 남침사실 보도

08:00 채병덕은 김백일 행정참모부장과 협의, 후방 3개 사단 출동과 수도경비사 예하 3개 연대 출동대기 명령

09:00 미국 군사고문단도 북한의 전면 남침 확인

09:30 이승만 대통령은 예전처럼 휴일에 창덕궁 비원 반도지(半島池)에서 낚시

10:00 경무대경찰서장 김장흥이 이승만 대통령에게 '북한의 대거 남침'사실 보고, 대통령 즉시 경무대(청와대) 귀환(전쟁 발발 후 6시간 경과)

10:30 ▲ 신성모 국방부 장관이 이승만 대통령에게 직접 09:00 개성이 함락되

1115) 당시 경무대
1116) 남정옥, 『북한남침 이후 3일간 이승만 대통령의 행적』, (살림출판사, 2015)에서 발췌

고, 탱크가 춘천 근교에 도달했다고 보고하면서 '크게 걱정하실 것 없습니다' 라는 말을 되풀이 함.

대통령은 신성모의 보고를 받은 즉시, 이범석 전 총리와 허정 전 장관을 부르라고 하면서 국무회의 소집 지시

▲ 경찰 정보는 '상황이 심각하고 위급하다'고 판단

▲ 채병덕 총장은 의정부 전선 시찰 후 북한 전면공격 확인

▲ 무초 주한미대사가 미국무장관에게 "공격의 성격과 시작된 방식으로 보아 '대한민국에 대한 전면 공격'으로 판단된다"고 전문으로 보고

이처럼 국방부장관과 내무부장관 보고가 다르고, 무초 대사와 맥아더 주일연합군사령부의 보고가 서로 차이가 나서 상황판단에 혼선 초래

시간미상   이승만 대통령 전화로 무초대사 경무대로 부름

11:00   신성모 국무총리서리 주재 국무회의를 열었으나 특별한 대책을 내놓지 못하고 (대통령은 국무회의 기간 중 무초대사와의 회담 구상)

11:35   이승만 대통령은 경무대에서 무초대사와 전쟁 상황 및 대응 방안 논의 및 미국의 신속한 지원 요청

12:00   국무회의 산회

▲ 이승만 대통령은 호놀룰루 총영사 김용식에게 전화, '미 본토에서 군함 3척을 구입해 하와이에 머물고 있는 손원일 해군총장에게 조속 귀국' 토록 지시[1117]

12:00   국방부 담화 발표

13:00   대통령은 주미한국대사 장면에게 정일권 손원일 장군 조속 귀국 조치 지시

13:35   김일성은 평양 라디오방송을 통하여 '남한은 평화통일을 위한 우리의 모든 제안을 거부해 왔으며, 옹진반도 해주의 북한군을 공격해 왔으므로 그 결과 반격하게 되었다'는 연설로 전쟁책임을 남한에 전가

14:00   대통령 주재 비상국무회의 개최

의정부 전선을 보고 온 채병덕 총장이 전황보고에서 '후방 사단을 출동시켜 반격을 가하면 능히 격퇴할 수 있을 것으로 본다'고 낙관 발언

15:00   무초 대사는 이승만 대통령과의 회담결과를 에치슨 국무장관에게 전문으로 보고, 내용은 도쿄 맥아더 사령관으로 하여금 '한국군을 위한 특정 탄약 10일분, 중화기와 소총 등을 즉시 부산으로 보내 달라'고 요청[1118](105미

리곡사포 90문, 박격포 700문, 카빈소총 4만 정 추가요청)
▲ 장면 대사 미국무부 방문 긴급 지원 요청

15:30 비상국무회의 산회

19:00 무초 대사는 이승만 대통령이 미공군지원을 요청한다고 미국무부에 보고

22:00 이승만 대통령은 무초대사를 다시 경무대로 불러 회담(이때 이범석은 미리 와 있었고 무초와 신성모가 같이 들어와서 사실상 4자회담이 되었음)
▲ 이승만 대통령은 신성모 국방부장관에게 전현직 '군사경력자들의 자문을 받아 난국을 타개하라'고 특명

24:00 무초대사는 4자 회담결과를 미국무장관에게 전문으로 보고

6.26. 03:00 이승만 대통령은 맥아더 장군에게 전화 '한국에서의 전쟁 사태에 대한 미국의 책임(미군 철수 등)을 묻는 전화'를 하면서 지원요청

04:00 이승만 대통령은 무초대사에게 전화를 걸어 미국의 지원을 재차 촉구

04:30 이승만 대통령은 무초대사에게 '미극동군사령관 맥아더와 알몬드 참모장에게 한국군에 필요한 F-51 전투기 10대와 탄약 등을 대구로 보내달라고 요청하려 했는데 받지 않는다'고 전화

05:00 무초대사는 대통령과 통화한 내용을 정리, 에치슨 국무장관과 맥아더 원수에게 알리면서 신속한 지원을 요청

06:00 무초대사 방송

아침 이승만 대통령 내무부 치안국 방문 전선상황 점검 후 경무대 귀환

08:00 신성모 국방부장관이 북한 남침 사실과 국군의 선전하고 있다고 방송
※ 이 과정에서 '국군 제17연대 해주 돌입' 오보 방송과 '국군은 의정부 탈환 북진 중'이라는 오보 방송이 나감.

10:00 대통령의 특명에 따라 현역 및 재야 '군사경력자' 회의 개최
(참석자 : 국방부장관 신성모, 육군총장 채병덕, 공군총장 김정렬, 해군총장 대리 김영철,[1119] 김홍일 소장, 송호성 준장, 전 통위부장 유동열, 전 국무총리 이범석, 전 광복군 사령관 지청천, 전 제1사단장 김석원 예비역 준장)
이 자리에서도 채병덕은 '현재 군은 의정부에서 북괴군을 반격하고 있으며 전황은 유리하게 진전되고 있다'고 설명. 김홍일은 작전지도방침 확립 등 결정적 조언

(※ 이승만 대통령이 대전에 있을 때, 장택상과 신익희가 국방부장관을 이범석으로 바꾸라고 건의하였으나 옆에 있던 무초대사가 혼란을 자초한다고 반대. 신성모와 무초 대사는 친분관계에 있었음)

11:00 국회 제6차 본회의 개회, 이승만 대통령과 전 국무위원 참석, 국회에 협조 요청 국방·내무장관·육군총장으로부터 전황설명 청취 후 '비상시국에 관한 결의안' 5개항 채택 (13:00 정회 후 14:00 비밀회의 속개, 유엔과 미 의회 그리고 미국 대통령에게 보내는 메시지와 미국무기구입대책위원회 조직안을 결의하고 16:00 산회)
   ▲ 무초대사도 국회 결의 내용을 워싱턴에 보고

12:00 국방부 담화 발표

13:00 의정부 함락, 대통령 피신 문제 거론, 대통령은 거절, 신성모 장관은 계속 '걱정하실 것 없다'고 말함

14:00 이승만 대통령은 육군본부와 치안국 상황실 방문 전황 청취 후 경무대로 귀환 중 적의 야크기 서울 상공 선회

16:00 프란체스카 여사 기밀서류 챙기고 교통부장관에게 특별열차 대기토록 함. 신성모 장관이 경무대에 와서 '각하 별일 없습니다. 사태는 호전되고 있습니다.'라고 보고 하자 프란체스카 여사는 피난 계획 취소
   ▲ 이승만 대통령은, 27일 아침에 국무회의 소집 지시

21:00 김태선 서울시경국장이 경무대에 들어와 서대문형무소 수용 좌익사범들을 거론하며 대통령 긴급피난 권유

22:00 비서들이 피난열차 대기를 김석관 교통부장관에게 연락

23:00 무초 대사는 미 국무부에, 지금 '전투상황으로 보아 우리가 탈출하지 못할 수도 있다'는 긴급 전문 발송

시간미상 맥아더 원수가 '한국에 무스탕(F-51) 전투기 10대 인도를 발표'

6.27. 01:00 이승만 대통령은 주미한국대사관에 전화 '트르만 대통령을 만나 군사원조의 시급함을 설명하고 협조를 요청하라'고 지시
   ▲ 이승만 대통령은 맥아더 장군에게 전화했는데 보좌관이 '사령관이 자고 있다'고 하자 '당신들이 아니 도와줄 것 같으면 여기 미국 사람들도 완전치 못할 것'이라고 말하자 프란체스카 여사가 대통령의 입을 막았

다고 함.

02:00   비상국무회의에 참석했던 국무총리서리 겸 국방부장관 신성모, 서울시장
        이기붕, 조병옥 박사가 대통령 긴급 피난을 강력 권고했지만 완강히 거절.
        ▲ 조병옥은 프란체스카 여사와 비서들에게 '각하의 고집을 꺾어야 합니
          다. 빨리 피난을 보내셔야 합니다'라고 강력 권유.
        ▲ '북한군 전차가 경무대에서 4km도 안 되는 청량리까지 들어왔다'는 경
          찰 보고와 김태선 치안국장이 '서대문형무소가 무너지면 경무대가 위
          험하다'[1120)]는 말에 피난 결정

03:00   이승만 대통령 경무대에서 서울역 향발

04:00   이승만 대통령 서울역 출발
        ▲ 장면 대사 트루먼 대통령 방문 긴급 지원 요청, 트루먼 대통령은 상당한
          무기와 탄약 수송명령을 하달했다고 말함

06:00   무초대사는 한국 대통령과 각료 대부분이 서울을 떠나 남쪽으로 갔다고
        국무장관에게 1보

08:00   무초대사는 '07:00 신성모 국무총리서리가 자기를 찾아와 대통령이
        03:00에 진해로 떠났고, 각료들은 07:00에 특별열차편 남쪽으로 출발했
        다'는 내용을 국무장관에게 2보

11:00   대통령은 남행하는 차중에서 그간 피로누적으로 깜빡 잠이 든 사이에 대구
        에 도착,
        조재천 경북지사와 유승열 제3사단장을 불러 전쟁대비를 지시한 다음 차
        를 돌려 북행,

15:00   ▲ 드럼라이트 주한미대사관 참사관이 이승만 대통령에게 "소련이 거부권
          을 행사하지 못한 경위, 미국의 공식적인 태도를 밝히면서, '이제는 각
          하의 전쟁이 아니라 우리의 전쟁이다'"라는 보고 받음
        ▲ 장면 대사가 트루먼 대통령을 만나 한국에 무기 탄약 수송 명령 등 지원
          약속을 했다는 사실을 확인하고 충남지사 관사로 이동 전쟁지도
        ▲ 대통령은 미국의 지원약속과 유엔안보리의 한국지원 결의를 확인하자
          이를 국민들에게 알려 민심안정을 기해야겠다는 판단 하에 대전KBS
          방송과장 유병은을 불러 대통령이 위치는 비밀로 하고 대통령 육성방
          송을 할 수 있도록 중앙방송과 연결 지시

21:00   ▲ 이승만 대통령은 KBS중앙라디오 방송을 통하여 '미국이 지원이 있으니

안심하라'는 요지의 방송(3회)[1121]

첫 방송이 나간 직후에 북한군이 KBS를 점령하게 되자 방송국 직원들이 당황한 나머지 녹음테이프를 제거하지 못한 채 피난하게 되어 방송은 계속 되었고, 덩달아 6. 28. 02:30 한강철교가 폭파되면서 서울시민의 피난길이 막히고 서울이 점령당하자 이승만 대통령이 혼자 살려고 도망쳤다는 오해가 증폭되게 되었습니다.

이상의 내용을 개관하면,

이승만 대통령은 북한이 기습남침 6시간 후 최초 보고를 받고, 대내적으로 국무회의를 소집하고, 국방부와 치안국 상황실을 방문하여 전황을 확인하고, 국회에 출석하여 협조를 구하였으며, 전현직 군사경력자회의를 개최하는 등 최선을 다하였습니다.

미국에서 전함 3척을 구입하고 귀국 중 하와이에 있는 손원일 제독에게 조속히 귀국하도록 지시하는 한편, 장면 주미대사에게 미국 대통령을 만나 지원을 요청하도록 지시하고, 무초 주한미대사를 경무대로 두 번이나 부르고, 시간에 구애 없이 밤중에도 전화하여 긴급지원을 요청했습니다.

그리고 도쿄에 있는 맥아더 연합군사령관에게 수차 전화하여 긴급지원을 직접 요청하는 등 최선을 다했습니다.

6·25는 미군이 철수하고 1년 후에 신생 대한민국이 감당하기 어려운 상황에서 발생했습니다. 1949년 8월에 소련이 원자탄 실험에 성공하는가 하면, 10월 중국 대륙이 공산화 되었고, 1950년 1월 에치슨라인 발표로 한반도가 극동 방위선에서 제외되는 등 위기에 처한 상황에서 발발했습니다. 북한은 스탈린과 모택동의 인적·물적 대량 지원 하에 치밀한 계획을 세워 도발했습니다. 우리는 전혀 전면전을 예상하지 못했고, 준비가 안 되었기에 전쟁을 수행할 군대와 장비는 북한군과 비교하여 상대도 안 될 형편이었습니다.

이승만 대통령은 유능한 참모도, 아무런 안보 매뉴얼도, 정보기관이나 자문기구도 없이 오직 대통령 혼자 처리했습니다. 초미의 국가 위난 상황에서 미국 관계자들에게 직접 지원

1117) 이 군함은 국민방위성금 15,000달러와 이승만 대통령 하사금 45,000달러로 구입하였고, 7월 16일 진해항에 입항하였음.

1118) 무초대사가 요청한 특정 탄약 10일 분 이외에 105mm 곡사포 90문, 60mm 박격포 700문, 카빈소총 4만 정을 요청하였습니다.

1119) 총장 손원일은 전함 구입 때문에 출국했다가 귀국하는 중

1120) 당시 서대문형무소에 좌익사범 포함 7천여 명, 미포형무소에 3,500여 명이 수용되고 있었음.

1121) 방송시간이 27일 22:00~23:00까지 3차례 방송되었다고 하나 류석춘 교수는 그의 유튜브 방송 '류석춘의 틀탁TV'에서 21:00에 방송했다고 했습니다.

을 요청해 그들을 설득할 수 있었던 것도 이승만 대통령의 지식과 영어 실력이 있었기에 가능했습니다.

북한군 전차가 청량리까지 출현하였는데, 대통령이 북한군에 포로가 되지 않기 위해서 피난은 불가피했습니다. 국가의 계속성과 존립성 그리고 미국 및 유엔의 지원을 받기 위한 시간적·공간적 필요가 있었기 때문에 피난은 당연하고 잘한 처사입니다.

이승만 대통령은 미국과 유엔의 지원약속을 확인한 후 이를 국민에게 신속히 알려야 되겠다는 판단에서 대전에서 중앙방송과 연결하여 연설한 것이 공교롭게 북한군이 중앙방송국을 점령하는 시간과 겹쳐, 녹음방송이 계속된 것이 오해를 증폭시키게 되었습니다. 이승만 대통령은 75세 고령임에도 불구하고 나라를 구하는데 최선을 다하였습니다.

⑥ 이승만 대통령은 임시정부에서 탄핵 당했다는 비판이 있습니다.
먼저 이승만이 상해임시정부에 체류 일지를 살펴보겠습니다.

-1919. 9. 6.   상해임시정부 의정원에서 이승만을 대통령으로 선출
-1920.11.15. 화물선, 중국인 시체 운반 칸에 중국인을 가장하여 승선해서 하와이 출발[1122]
-1920.12.5.   상해 도착, 12월 28일 초대 대통령 취임식(대통령 추대하고 1년 3개월 뒤)
-1921.1.5.   첫 각료회의 때부터 공산주의파 국무총리 이동휘 등이 '위임통치 청원'[1123] 문제를 공격하기 시작하면서 격렬한 노선 갈등으로 계속 퇴진 압박
-1921.5.29.   이승만은 8월 27일 워싱턴에서 군비축소회의(태평양회의)가 개최된다는 소식을 접하고 여기에 참석하기 위하여 '외교상 긴급과 재정상 절박'이라는 고별교서를 발표하고 상해를 떠남(임정 대통령 재임기간 5개월 보름)
-1925.3.23.   노백린 등이 이승만 탄핵 발표(이승만이 상해를 떠나고 3년 10개월 후)

이승만은 상해임정 대통령으로 선출되었으나 미국 현지에서 진행하고 있던 업무를 정리해야 했고, 더구나 30만 달러 현상수배 상태이기 때문에 곧바로 상해에 갈수 없는 형편이어서 16개월 후에 부임했으며 5개월간 재임하다 상해를 떠났습니다.

1122) 이승만의 친구인 보스윅은 장의사를 운영해서 하와이의 중국인들이 죽으면 관에 넣고 고국으로 보내주는 일을 했습니다. 그가 이승만이 상해로 출발하는데 도움을 줬습니다.

1123) '조선 위임통치 청원'은 민족자결주의에 힘입어 정한경과 이승만이 서명하고 안창호의 지지를 받아, '조선을 현재의 일본 지배로부터 자유롭게 하여, 앞으로 완전한 독립을 보장하는 조건으로 국제연맹의 위임통치 아래 두는 조치를 우드로 윌슨 대통령에게 청원한 것입니다. 1919년 1월 일본이 승전국으로 파리강화회의에서 큰 영향력을 지닌 당시 상황에서 이런 방안은 가치 있는 전략으로 공감을 받는 실정이어서 김규식도 같은 생각으로 파리강화회의에 참석해서 위임통치를 청원했습니다. 신채호는 이에 대해 이승만을 이완용보다 더한 매국노로 비판하였습니다.

건물임차료도 지불하지 못해 집을 비워줘야 할 정도로 재정난에 봉착하여 이때쯤은 사실상 임정이 존재했다고 볼 수 없는 지경이었으며, 그 후 개최한 '민족대표자회의'에서도 각 파끼리 싸우다 아무런 합의도 없이 헤어져서 이때부터 임시정부는 실질적으로 없어졌다고 볼 수 있습니다. 그런데, 1925년에 무슨 탄핵이며 그때 이승만이 아니라 어느 누가 임시정부를 회생시킬 수 있었을까를 생각해 보지 않은 사람들의 빈말입니다.

탄핵을 추진한 자들은 이승만의 미국에서 활약상을 알지 못했고, 탄핵 후의 대책도 없었습니다. 결과적으로 탄핵은 국익에도 아무 득이 없는 분란과 험담에 불과한 조치였습니다.[1124]

지금 우리들은 이승만 대통령이 만난을 무릅쓰고 건국한 자유민주주의 시장경제 체제인 대한민국에서 북한보다 잘 살고 있습니다. 당연히 그의 건국 공로를 기려야 합니다. 이승만 대통령을 평가할 때는 반드시 대한민국 건국과정이 오늘날과 같은 수준의 민주주의와 평화적인 분위기가 아니었다는 점, 풍부한 인적자원과 경험을 갖춘 토대 위에서 진행된 게 아니라는 점, 또 남한은 공산주의를 배척하고 북한은 자유민주주의를 배척하여 남·북 공히 자신의 이념을 상대에게 강요하는 시기였다는 점, 반란을 진압해야 하는 당위성과 불가피성 등 당시의 시대 상황과 대통령으로서 국가를 보위해야 하는 책임을 감안해야 합니다.

미국 워싱턴DC 링컨 대통령 기념관에 가보면 그가 남북전쟁을 수행하는 과정에서 언론을 통제하고 권위주의적 통치를 한 사실을 찾을 수 없습니다. 그의 장점만을 부각시켜 놓았습니다.

또 중국 모택동도 '대약진운동' 기간인 1958~1962년 사이에 3,600만에서 4,500만 명이 아사했고[1125] 그 후 '문화혁명'으로 엄청난 수의 사람을 죽였지만 등소평은 그를 '과3 공7'이라고 평가했고 위안화와 천안문 광장 건물벽에 초상화가 있습니다. 한 인물의 평가는 그 시대상과 그의 공과(功過) 및 장단점을 공평히 평가해야 하는데 왜 우리나라는 그가 건국한 나라에서 모든 혜택을 누리면서도 장점은 제쳐두고 단점만 들춰내고 비난하는지 곰곰이 생각해 볼 일입니다.

1124) 로버트 스칼라피노·이정식, 「한국공산주의 운동사」, (돌베개, 2020), 1078~1079쪽.
상해임시정부가 다시 소생한 것은 1932.4.26. 윤봉길 의사의 의거 후 분위기가 일신되었고 1937년 중일전쟁 이후 중국 정부의 지원을 받게 된 이후였습니다.
그리고 이승만이 임시의정원에 의해 탄핵 면직 될 때 의정원은 안창호 세력과 공산주의자들에 의해 장악되어 있었고 탄핵 당시 의정원 참석자는 10여명에 불과했습니다.
이주영, 「대한민국의 건국과정」, (건국이념보급회 출판부, 2013), 17쪽.
1125) 송재윤, 『슬픈 중국 인민민주독재 1948~1964』,(까치, 2020), 351쪽.

[부록 11]
이념논쟁에 대하여

김 영 중

대한민국은 다양한 의견을 인정하는 체제이고, 이제는 좌파 이념에 경도된 소수가 움직여도 끄떡없는 수준에 이르렀으니 이념논쟁을 할 필요가 없다고 주장합니다. 분명 맞는 말인 것 같지만 그것은 학자들이 탁상이론이거나 선동가의 말장난에 불과하고 대단히 위험하고 틀린 발상입니다.

단단한 쇠로 만든 드럼통도 밑에 뚫린 바늘구멍 하나로 그 속에 든 기름이 몽땅 새는 법이고, 견고한 둑도 개미구멍 하나로 무너집니다.

1905년 러시아에 볼세비키 당원은 최대 4만여 명이었습니다. 당시 러시아 인구가 1억 5천만 명이었으니 0.027%에 불과하였고, 1917년 2월 혁명 당시는 23,600명으로 0.016%에 불과하였지만 혁명에 성공하였다는 역사적 사실을 우리는 잊지 말아야 합니다.

2013년 이석기 RO사건에서 보았듯이 종북 세력이 국회라는 제도권까지 침투 암약하였다는 사실은 이미 대한민국 안보에 빨간불이 켜졌다는 신호입니다.

전 김일성대학 총장이었던 황장엽은 '남한에 간첩과 이와 유사한 사람이 5만여 명 있다'는 경고를 했는데 그냥 해 본 소리가 절대 아닙니다. 이석기 구속 재판 중 선처해 달라는 탄원서에 서명한 사람이 10만 명이라는 보도가 있었는데 이들 전부는 아닐지라도 우리가 무시해 버릴 수 없는 숫자가 포함된 것도 분명한 사실입니다.

레닌은 1900년 '이스크라'(불꽃)를 창간했습니다. 여기에는 '**타오르는 거센 불길도 한 점의 불꽃(이스크라)으로부터!**'[1126]라는 선동구호가 있습니다. 우리는 이 구호를 유심히 새겨 볼 필요가 있습니다.

그리고 우리나라 현실에서 이념을 버리려 한다면 전체주의, 공산주의, 종북 이념을 버려야지 이에 오염된 자들을 선도하거나 대항하는 자유 대한민국의 이념까지 함께 버려서는 안 된다고 생각합니다.

최근에 이르러 특히 문재인 정권 이래 남북평화 분위기에 들뜬 국민들이 안보관이 극도로 해이해졌습니다. 북한의 대남적화통일전략은 불변이며 핵을 가지고 우리를 위협하는 마당

1126) 아피냐네시, 이동민 역, 『레닌의 생애와 사상』, (오월, 1988), 57쪽.

에 평화타령만 하다가 큰일 납니다.

북한 김정은은 2021년 1월 5일부터 12일까지 조선노동당 제8차대회 사업총화보고에서 핵관련 발언을 36차례나 언급하면서 강력한 국방력에 의거해 조국통일을 앞당기겠다고 했습니다. 이는 무력으로 적화통일하겠다는 공개 선언입니다.

이런 상황에서 우리가 대북문제를 거론할 때마다 '전쟁이냐? 평화냐?'를 선택하라고 하는데, 어찌 평화라는 목적에 전쟁이라는 수단을 동열에 놓고 선택하라는 말인지, 이런 무지와 억지가 어디 있나 싶습니다. 평화를 위해서 전쟁을 피할 수 없을 때는 전쟁을 해야 하는 것입니다. 전쟁을 피하고 평화만을 추구한다면 항복하면 됩니다. 그래서 우리가 노예 같은 삶을 산다면 그것이 우리가 바라는 진정한 평화입니까?

조선 말기에 우리는 총 한 발 쏘지 않고 일본의 식민지가 되어 36년간 죽을 고생을 했습니다. 그걸 평화라고 할 수 있습니까? 한가한 말장난을 할 때가 아닙니다. 우리는 한미동맹을 실질적으로 굳건히 하고 외교 국방을 강화하여 북한이나 외국이 함부로 넘볼 수 없도록 대비해야 합니다.

우리가 경제력으로 북한보다 월등하다고 해서 북한 보기를 우습게 여기다간 큰 코 닥칩니다. 북한의 대남적화전략은 상상을 초월합니다.

조선노동당 규약 서문에 '조선로동당의 당면 목적은 공화국 북반부에서 사회주의 강성 국가를 건설하여 전국적 범위에서 민족해방 민주주의혁명의 과업을 수행하는데 있으며 최종 목적은 온 사회를 김일성 김정일주의화 하여 인민대중의 자주성을 완전히 실현하는데 있다'고 규정하였습니다. 이는 한반도 적화전략을 규정한 것이며, 인민대중의 자주성 실현은 즉 '공산주의 실현'인 것[1127]이라는 점을 명심해야 합니다.

남북간 합의가 휴지 조각이 된지 오래인데 개성남북연락사무소가 폭파되고 우리 해수부 소속 조난 공무원을 해상에서 사살하고 불태우는 비인간적 만행을 저지르는 북한에 평화를 구걸하고 그들의 평화공세에 홀린 듯 대처하다가는 큰 화를 입게 될 것입니다.

6·25 직전에도 북한의 위장평화공세로 우리의 눈과 귀를 멀게 하여 큰 화를 당했습니다.

---

1. 북한 김일성은 6·25남침 전쟁 준비를 완전히 끝내고 이를 눈치 채지 못하게 하기 위한 술수로, 1950년 6월 7일 북한 조국통일민주주의전선으로 하여금 '호소문'을 통해
   ① 8월 5일~8일의 전국 총선거 실시
   ② 8월 15일, 이 선거에 의한 전국최고입법기관회의 소집

1127) 『북한철학사전』, (1985), 62쪽. 유동열의 안보전선 유튜브 178회

③ 6월 15~17일 전체민주주의 정당 사회단체대표자회의 소집
④ 이승만 등 아홉 명의 민족반역자와 유엔조선위원단의 개입 배제
⑤ 남북대표자협의회 및 총선 실시 기간의 사회 질서 보장 등 5개항을 한국정부에 제의
2. 6월 19일 북한의 최고인민회의 상임위원회는, 북한의 최고인민회의와 남한의 국회를 연합해 헌법을 채택하고 이를 토대로 전국 총선거를 실시하자고 주장하면서 이때 북한 측은 조만식과 남한에 수감 중인 김삼룡, 이주하[1128]를 교환하자고 제의했다.[1129]

전쟁 개시 1주일 전에 전개한 북한의 이 위장평화공세가 얼마나 교활합니까?

나라가 망하면 개인도 없습니다. 베트남이 망한 이후 보트피플의 운명을 보고도 교훈을 얻지 못하고 마치 남의 일이라고 여긴다면 반드시 그 대가를 치를 것입니다. 안보에는 설마가 우리를 망치고 그때 가서 후회하면 늦습니다.

대한민국의 헌법적 가치 수호를 위한 이념은 국가의 보위와 국민의 안전을 위하여 포기해서는 절대 안 되는 것입니다. 문재인 대통령은 제70회, 제72회, 제73회 제주4·3희생자 추념식 추모사에서 이념이란 용어를 무려 14회나 사용했습니다. 그러나 제주4·3에서 이념을 버리라는 주장은 이해할 수 없습니다. 4·3을 거론하면서 이념을 버리라는 그 이념이야말로 진짜 버려야 할 이념이라고 생각합니다.

미·소냉전 시대가 끝났다고 하지만 남북한 간에는 엄연히 냉전이 존속되고 있으며 미국과 중국 사이에는 새로운 냉전이 전개되고 있습니다. 이런 상황에서 반공을 사갈시하고 자유민주주의 이념을 경시하는 주장은 우리의 정신적 무장해제입니다.

김원치 검사는 '대한민국은 공산주의에 대한 거부에서 출발한 나라이다. 그것이 바로 우리나라의 정체성이'[1130]다라고 말했습니다. 바로 자유민주주의 이념은 대한민국의 건국이념이고 대한민국 국민이 목숨 바쳐 지켜낸 이념입니다.

어느 시대 어느 국가는 물론 개인도 세계관과 국가관 그리고 인생관을 가지고 있습니다. 앞으로 전개될 시대에 알맞고 국가와 국민의 안전과 번영, 자유와 인권을 누릴 수 있는 이념은 중요한 가치이며 자유민주적 기본질서라는 헌법적 가치는 우리들이 계속 지켜 나아가야 한다고 생각합니다. 대한민국 헌법은 '자유민주적 기본질서'라는 이념헌법입니다. 자유, 반

1128) 1950.3.27. 검거
1129) 로버트 스칼라피노, 이정식, 『한국공산주의운동사』, (돌베개, 2018), 609,610쪽.
1130) 김원치, 『법과 인생』, (기파랑, 2008), 179쪽.

공 등의 이념은 수호할 가치가 있는 이념이고, 70여 년 만에 실패가 증명된 공산주의 이념은 미련 없이 버려야 할 폐기물입니다.

[부록 12]
제주4·3사건 관련 주요 인물

1. 김달삼(金達三, 1924~1950)

본명은 이승진(李承晉, 일본명 미후라소깽三浦召權삼포소권, 가명 김달삼, 이상길), 남제주군 대정면 영락리에서 이평근의 차남으로 출생, 유년시절 부모를 따라 대구로 이주, 대구심상소학교를 졸업하고 중학교로 진학하였다가 아버지를 따라 도일, 오사카에 거주하면서 교토(京都) 성봉(聖峰)중학교를 거쳐 도오쿄 중앙대학 1년을 수료했다.

남제주군 대정면 안성리 출신인 남로당중앙당 선전부장 강문석이 사용하던 가명 김달삼을 이어받고 그의 딸 강영애와 결혼하였다.

1946년 10월 대구폭동 때 대구대학교 시체사건(의과대학생들이 자연사한 시체를 메고 경찰이 쏴 죽인 시체라고 선동하면서 가두시위한 사건)에 주모자로 깊숙이 개입했고, 조선공산당경북도당대구시당 서부지역 당세포조직 책임자로 활약하다가 연말경 귀향하여 대정면 하모리에 거주하였다.

남로당 대정면 조직부장과 대정중학교 사회과 교사로 재임하면서 당 활동과 변증법적 유물론, 유물사관 등 이념교육에 열중하였다. 그 후 남로당제주도당책과 군사부 책임자로서 4·3을 주도하다가 1948년 8월 2일 지하선거 52,350명분의 투표지를 가지고 제주를 탈출한 후 목포를 경유 해주 남조선인민대표자대회에 참석 소위 '김달삼 해주연설'을 했고, 제1기 최고인민회의 대의원과 북한 헌법위원회위원으로 선출되었으며 북한 국기훈장 2급을 받았다.

1949년 8월 제3병단 단장으로 강동정치학원 졸업생 300명을 이끌고 남파되어 빨치산 활동을 하다가 '1950년 4월 3일 월북하였다. 한국전쟁[1131]이 일어나자 다시 남하하여'[1132] 활동 중 국군에 이해 사살되었다. 그는 일본 복지산예비사관학교 출신이라는 설과 이를 부정하는 설이 있으며 평양 신미동 애국열사 묘역에 가묘가 있다. 그의 묘비에는 그의 사진과 함께 '김달삼 동지 / 남조선 혁명가 / 1926년 5월 10일생 / 1950년 9월 30일 전사'라고 새겨져 있다. 그는 1925년생이고 1946년 10월 20일 대정초급중학 촉탁 교사에 임명되었다는 기록도[1133] 있어 출생 연도가 1924, 25, 26년 등 3개나 된다.

1131) 6·25전쟁
1132) 양정심, 『제주4·3항쟁연구』, (성균관대 박사학위 논문, 2005), 22쪽.

또 김달삼 사망과 관련하여, '1950년 6·25관련 러시아연방 대통령 문서보관소' 문서에 '1950년 4월 10일 소련대사관 참사관 이그나찌예프가 외상 븨쉰스끼에게 보낸 극비 암호 전문: 조선민주주의인민공화국 내각 부수상이 다음과 같은 말을 전했다. ... 2) 김책(金策)이 4월 3일 남조선 빨치산 지도자 김달삼이 남조선에서 평양에 왔다고 전했다. 김달삼은 남조선 신문과 방송에서 토벌대와 전투에서 살해당했다고 공식 보도한 인물이다. 김달삼은 남조선에서 빨치산운동 상황을 보고하고 또 지시를 받으려고 평양에 왔다고 한다.'[1134]는 기록도 있습니다.

2. 강문석(姜文錫, 1906~1953)

남제주군 대정면 안성리 강기룡의 장남으로 출생하였고, 가명으로 김달삼, 강문도, 아라이(황정荒井), 야마시다(산하山下) 등을 사용하였다. 대정공립보통학교 4년을 졸업하고, 제주심상소학교를 거쳐 경성고보(경기고 전신)를 졸업한 후 1925년 모슬포에 한남의숙(漢南義塾)을 설립하여 4년과정 초등교육을 담당하였다. 1928년 4월 도오쿄로 건너가 일본 공산당 당원이 되고 1931년 상해로 건너가 중국 공산당에 입당, 강소성 법남구(法南區) 한인지부 책임자로 활동하였다. 1939년 국내에서 박헌영과 경성콤그룹의 멤버로 활약, 1941년 두 번째 투옥되었다가 해방 뒷날 청주형무소에서 석방되었다. 1945년 9월 조선공산당 결성을 위한 열성자대회에서 이주하 허성택 등과 함께 서기국원, 산업노동조사소 소장, 10월 조선공산당 선전부장 및 중앙위원, 민주주의민족전선(민전) 중앙위원, 1948년 북한 제1기 최고인민회의 대의원, 1950년 10월 노동당 중앙위원회 사회부장, 1953년 8월 노동당 중앙위 제3기 제6차 전원회의 상무위원을 역임했다.

북한 상업성 부상을 역임했다는 설도 있으나 6·25 휴전 후 박헌영 제거 당시 숙청되었다. 그는 사위 이승진에게 자기가 사용하던 가명 김달삼을 물려주었다.

3. 이덕구(李德九, 1920~1949)

북제주군 조천면 신촌리 이근훈의 3남으로 출생, 오사카 일신(日新)상업학교를 거쳐 입명관(立命館)대학에 경제학과 4학년 재학 중 학병으로 입대, 관동군 소좌(소위에 해당)로 복무하다가 대좌(대위)로 제대하였다.(제주시 동회천경 소재 이덕구 묘비에도 '대위'로 전역했다고 새겨짐) 해방 후 서울에서 활동하다가 친형 이좌구의 요청으로 귀향, 조천면 민청 책임

1133) 제주도교육청, 『4·3사건 교육계 피해조사보고서』, (2008), 197쪽.
1134) 박종효, 「러시아연방 외무성 대한(對韓) 정책자료 I」, (선인, 2010) 398쪽

자와 조천중학원 역사·체육교사로 근무하였다. 4·3 발발 후 3·1지대장으로 입산 활약하다가 김달삼이 월북하자 그의 뒤를 이어 제2대 인민유격대(인민해방군) 사령관이 되고, 1948년 10·19여순반란사건 직후인 10월 24일 대한민국에 대하여 선전포고하였다. 패색이 짙어지자 지리산 빨치산과 합류를 기도하던 중 1949년 6월 7일 경찰토벌대에 의해 사살되었다. 북한에 간 적도 없는 그에게 북한은 국기훈장 3급과 1990년 제정된 조국통일상을 추서하였으며 평양 신미동 애국열사묘역에 묘비를 세워줬다. 조국통일상 추서 자리에는 북한에 거주중인 이용우(이덕구의 친형 이좌구의 둘째아들) 등 9명이 참석하였다고 전해진다.[1135]

4. 김봉현(金奉鉉, 1919~1996)

북제주군 한림면 금악리 출신, 오사카 간사이(關西)대학 법학과를 졸업, 일본 공산당 출신, 해방 후 귀향하여 로고스(Logos) 창설지도, 제주제일중학원(오현중 전신) 역사교사, 1947년 제주도민주주의민족전선(민전) 문화부장으로 3·1기념투쟁과 3·10총파업투쟁에 전위적 역할을 담당하였다. 4·3사건을 주도한 인물 중 하나로 검거를 피해 1948년 말 일본으로 도피, 조총련 오사카지부 서열 4위로 활약하였고, 저서로『제주도 역사지』(1960),『제주도 인민들의 4·3무장투쟁사』(김민주와 공편,1963),『제주도 혈의 역사』(1977) 등이 있다.

5. 김민주(金民柱는 필명, 본명은 김태봉金泰奉, 김태형金泰衡 김용남金龍南으로도 불림)

북제주군 구좌면 덕천리 출신, 김봉현과 함께『제주도인민들의 4·3무장투쟁사』를 공편했다.

하기와라 료(萩原遼 추원료)의 저서『북조선에서 사라진 친구와 나의 이야기』에는 김용남으로 소개되어 있다. 김용남은 4·3 당시 15세로 조천중학원 스승 이덕구를 따라 입산하여 소년게릴라 활동을 하였으며[1136] 당시는 조선민주주의인민공화국이 우리들의 공화국이고 조국이라고 믿고 공화국 영광을 위하여 죽는 것은 아깝지 않다는 생각을 하였다고 술회하였다. 그 후 그는 체포되어 1949년 7월 5일 군사재판에서 국가보안법과 내란죄 위반으로 7년형을 선고받고 인천소년형무소에 수감 중 6·25 때 남침한 인민군에 의해 석방되면서 북한 인민군으로 참전하였고 15일간의 형무관 교육을 받아 목포형무소 형무관이 되었다.

1135) 제주4·3연구소,『이제사 말햄수다』1권, (한울, 1989), 250쪽.
김찬흡,『20세기 제주인명사전』, (제주문화원, 2000), 321쪽.
1136) '김민주는 면당과 리세포 사이를 왔다 갔다 하면서 연락하는 역할을 했다.'
양정심,『제주4·3항쟁연구』, (성균관대 박사학위 논문, 2005), 139쪽.

한미연합군이 인천상륙 후 지리산으로 피신 빨치산 활동을 하다가 단양에서 미군에 포로가 되어 거제도포로수용소를 거쳐 영천포로수용소에서 4개월간 수용되었는데 1953년 6월 반공포로석방 때 자유의 몸이 되었다.

부산항만노동자로 종사하다가 1957년 말경 아버지가 있는 일본으로 밀항했다. 1996년 소송 끝에 일본 정부로부터 특별재류허가를 받고 토오쿄에 거주하면서 재일조선인청년동맹에 가입 활동하였으며, 탐라연구회 회장을 역임할 때인 1991년 12월 김태형이란 이름으로 제주도문화상을 받았다.

김민주는 일본 공산당 기관지 아카하타(赤旗)기자 하기와라 료가 평양특파원으로 부임할 때, 그의 만류에도 불구하고 북송선을 탄 동생 김태원(金泰元 김일성대 졸)의 생사 확인을 부탁 받고, 또 하기와라 료의 오사카 덴노지(天王寺)고교 야간부 동창이며 친구인 제주 출신 윤원일(尹元一 청진의대 졸)이 북송 후 행적이 끊겨 이들을 수소문하다가 신변에 위협을 느꼈던 사실이 소개되어 있다.

그 후 김민주는 아사히신문에 '김일성 부자에게 내 아우를 돌려달라'는 글을 실어 북한을 비난한 바 있고, 일본인 오가와 하루히사(小川晴久소천청구)와 하기와라료와 함께 '북송동포의 생명과 인권을 지키는 회의' 공동대표를 맡고 있다 한다.

김민주는 2008년 4월 3일 제60주년 제주4·3희생자위령제에 참석, 위패봉안실을 방문하였을 때 자신의 이름 김태봉 위패가 진설된 것을 발견하고 이의를 제기한 바 있다.

필자는 2008년 4월 이런 사실을 지적하였으나 9년이 지난 2017년 7월 25일 제21차 제주4·3위원회에서, 그것도 본인 및 유족의 자진 철회라는 형식을 통하여 희생자에서 취소 결정되었습니다.[1137] 실로 만 9년 만에 바로 수정된 것이니 부적격 위패 정리가 얼마나 지난한 일임을 알 수 있다.

6. 문상길(文相吉, 1925~1948)

경북 안동에서 태어났다. 2차 대전 당시 일본군 하사로 제주에서 복무한 경력이 있으며 좌익 성향 국군준비대를 거쳐 조선경비사관학교 3기이다. 국방경비대 제9연대 남로당중앙당 직속 세포책으로 활동하면서 소위로 부임하였다가 중위로 진급, 제3중대장이 되었다. 하수인 손선호 하사를 사주하여 연대장 이치업 소령의 음식에 독극물을 투입 독살을 시도했으나 1개월 정도 입원치료로 미수에 그쳤다. 연대장 박진경 대령을 암살한 사실이 적발되어

1137) 행안부 제주4·3사건처리과 – 191, 2017.10.12.

동년 9월 23일 손선호·신상우·배경용과 함께 총살형이 집행되었다.[1138] 피투성이가 된 박진경 대령의 시체를 닦으면서 눈물을 흘리며 슬피 울었던 위생담당 하사가 박 대령을 직접 쏜 손선호였다니 그 연극 솜씨가 교활하다.

문상길은 1948년 8월 12일 4차 공판 검사 질문에 김달삼을 '두 번째 만났을 때는 박 대령 부임 후였는데 그 때 김달삼은 30만 도민을 위하여 박 대령을 살해했으면 좋겠다고 말하였을 뿐 아무런 지령도 받지 않았'다고 진술하였다.[1139]

김달삼의 '제주도인민유격투쟁보고서'에 따르면

- 4월 중순 5연대 1개 대대가 제주에 증파된다는 정보를 입수하고 문상길은 김달삼을 만나 밀접한 정보 교환, 최대한의 무기 공급, 인민군 원조부대로서의 탈출병 추진, 교양자료의 배포 등의 문제에 의견 일치를 보았고 더욱이 최후 단계에는 총궐기하여 인민과 더불어 싸우겠다고 약속하였다.
- 4월 중순경 문상길은 99식 총 4정을 김달삼 측에 제공
- 5월 20일 문상길은 최 상사 이하 43명에게 지시하여 각자 99식 총 1정과 실탄 14,000발을 가지고 탈영시켰다고 기록되어 있습니다.

※ 이에 앞서 5월 10일 총선거하는 날 오일균 대대장·부관·이윤락 정보관과 군책 김달삼·김양근 등 5명이 제주읍에서 만나 박진경 대령 암상을 모의했고, 문상길은 이 암살 계획에 따라 부하를 시켜 6월 18일 박진경 대령을 암살한 것이다.

2021년 4월 2일 KBS 제주방송총국 TV에서 기획특집 '암살 1948'을 방영하였는데 일체의 반론 없이 일방적으로 박진경 대령 암살 주모자이며 남로당 9연대 프락치 문상길을 미화하여 비판을 받았습니다.

7. 안세훈(安世勳, 1893~1953, 가명 안요겸安要謙, 안요검安堯儉, 안요해)

북제주군 조천면 조천리 안태환의 차남으로 출생, 한학을 공부하고 조천리 개량서당 신명사숙 숙장(塾長)으로 재직하면서 반(反)일본, 反외세, 反봉건 교육방침으로 후진들에게 많은 영향을 끼쳤다. 1926년 간도로 가서 간도간민교육연구회 상무서기로 근무하면서 독립운동가들의 활동상을 보고 감명을 받았다.

1138) 서울신문 1948.9.25. 총살형 취재기사에는 23일 문상길·손선호는 총살형이 집행되었으나 배경용·신상우는 총살 집행 직전 무기징역으로 감형되었다고 보도했다.
이중근, 『광복 1775일』 7권, (우정문고, 2015), 248쪽.
1139) 이중근, 『광복 1775일』 7권, (우정문고, 2015), 133쪽.

치안유지법 위반으로 2년형의 옥고를 치르고 광복 후 조천면 인민위원장, 제주도민전 위원장, 남로당제주도당 초대 위원장, 3·1절기념준비위원회 위원장 등을 역임했다. 4·3 발발 후 월북, 8월 해주대회에 참석하고 제1기 최고인민회의 대의원이 되었으나 김일성 체제에 실망하였는지 6·25 때 '제주도 조직재건의 사명을 띠고 남파되었으나 제주도로 내려가지 못하고,'[1140] 어린 시절 한학을 공부했던 전남 광산군 하남면 장덕리(현, 광주광역시 광산구 장덕동) 친척집에 은신하다가 병사했다.(해주대회에 참석했고, 남로당조천면책이었던 조규창 일명 조벽파는, 안세훈이 광주부근 토굴에서 사망했을 때 같이 있었다는 증언도 있음)

8. 오일균(吳―均, 1925~1949)

충북 청원 태생, 1945년 4월 일본 육군사관학교 제61기생으로 입교하였으나 4개월 만에 해방되자 귀국하여 같은 해 12월 미군정청이 개설한 군사영어학교에 입학했다. 그는 찬탁 쪽에 기울어졌으며 육사 생도대장으로 있을 때는 좌경사상에 몰입했다. 전북 이리에서 국방경비대 제3연대 창설 시 연대 정보과장이 되고, 소령 승진 후 진해 제5연대 소속 대대장으로 근무하다가 1948년 4월 20일 제주 9연대 김익렬 연대장 소속으로 피견명령을 받고 대대병력과 함께 제주에 도착하였다. 그는 사상적으로 문상길 소위와 연계하면서 김달삼과 회담하여 정보교환, 무기 공급, 탈출병 추진과 토벌작전에는 사보타주[1141] 전술을 쓰며, 박진경 연대장 암살에 합의하였다. 그는 인민유격대에 카빈총 2정 실탄 2,400발, 엠원총 2정, 실탄 1,443발을 제공하였으며, 박진경 대령 암살사건 조사과정에서 그의 정체가 탄로나 처형되었다.

9. 고경흠(高景欽, 1910~1963)

고경흠은 현재 제주시 삼도동에서 태어났다. 가명으로 김민우(金民友), 차석동(車石東), 남해명(南海明), 김영두(金榮斗), 일본명은 마지마(眞島진도), 마키노(牧野啓夫목야계부)를 사용했다.

1925년 제주도공산당 전신인 제주신인회 창립 멤버다.

어려서 서울로 유학, 정동 공립보통학교를 졸업하고, 경성공립중학교에 입학하였다가 중퇴하고, 보성전문학교에 입학 1년간 수학하고,

1140) 양정심, 『제주4·3항쟁연구』, (성균관대 박사학위 논문, 2005), 17쪽.
1141) 사보타주(sabotage)는 보통 노동자의 태업(怠業)을 말한다. 즉 고의로 작업능률을 저해하는 행위이며 쟁의 중에 기계나 원료를 파손하는 행위를 포함한다.

1927년 학생운동으로 퇴학처분을 받았다. 곧 일본으로 건너가 '재 동경조선청년동맹' 집행위원으로 활동하면서 동지들과 '제3전선사'(第3戰線社)를 창립하고 기관지 '제3전선'을 발간했다.

1927년 9월 제3전선사 간부들과 국내에서 조선프롤레타리아예술동맹(KAPF)의 개편에 참여하고 사회주의 문예운동을 전개했다. 동년 10월 '신간회 도쿄지부'에 가입 활동 중 지명 수배되자 상해로 탈출하였다.

1929년 3월 상해에서 ML파 공산주의 지도자와 만나 코민테른 '12월 테제'에 의거한 조선공산당 재건운동 방침을 협의했다. 그 후 일본으로 돌아와 '고려공산청년회 일본부' 재건에 참여하여 출판부에서 기관지 '노동자농민신문', '현단계' 발간에 종사했다. 그는 프롤레타리아 문예 운동을 통하여 당 재건운동에 활용하기 위하여 결성된 무산자사(無産者社)에 참여하다 귀향했다.

1929년 7월 제주에서 피검되어 일본으로 압송도중 탈출, 11월 중국 천진으로 갔다.

1930년 4월 도쿄에서 '전기'(戰旗), '인터내셔널', '무산자' 등의 잡지 발간을 주관하면서 많은 논설을 발표하였는데 "ML계 고경흠은 공산주의자들을 신간회에서 분리하고 신간회를 해소하려는 공작에 착수하였다. 그가 4월에 집필한 논문 '조선공산당 볼세비키화의 임무'에서 조공을 '사상단체'의 범주를 벗어나지 못했다고 비판하고, 8월에 작성된 논문 '민족개량주의의 반동적 跳梁(도량)을 분쇄하자'에서 신간회 지도자들을 '민족개량주의자'라고 규정하였다. 그는 우익 개량주의자들은 동아일보를 중심으로 집결해 있었고, 좌익민족개량주의자들은 '신간회 지도부를 중심으로 하는 일련의 소브르조아지 상층'으로 이루어져 있었다"[1142]라고 분석했다.

1931년 2월 '조공재건설동맹'을 결성 중앙집행위원과 선전부원이 된다. 이 단체는 '조선공산주의자협의회'로 개편되면서 출판위원으로 선정되었으며 기관지 '코뮤니스트', '봉화' 출판에 종사했다. 동년 8월 하순 무산자사 연루혐의로 검거되어

1934년 7월 28일 경성지법에서 징역 4년을 선고 받고 복역 중

1935년 11월 10일 가족의 설득인지 알 수 없으나 사상전향 의사를 밝혀 서대문형무소에서 가출옥되었다. 곧 여운형이 사장으로 있던 조선중앙일보 편집부원이 되었다. 사상전향자 중심 '시국대응전선 사상보국연맹 경성지부' 간사가 되고

1940년 3월 여운형이 일본을 방문할 때 비서로 수행하였으며,

1142) 로버트 스칼라피노, 이정식, 『한국공산주의운동사』, (돌베개, 2018), 227~229쪽.
김찬흡, 『제주인물대사전』, (금성문화사, 2016), 58~59쪽.

1944년 서울에서 여운형이 조직한 비밀결사 '건국동맹' 결성에 참여했다. 동년 5월 '독립신문'을 창간하면서 주필 겸 논설위원이 되어 여운형의 정치노선을 대변하였고,

1945년 해방 후 장안파공산당 결성에 참여하였으며 건국준비위원회 서기국장을 지냈다.

1946년 10월 남로당 창당세력과 대립한 여운형이 사회노동당 창당준비위원회를 조직하자 중앙위원으로 참여했으나 11월 탈당하고,

1946년 조선인민당 당수 여운형의 특사로 평양에 가서 김일성과 회담하였다.

1947년 5월 근로인민당 결성에 참여하고 '미소공동위원회대책 정치위원회' 위원이 되었으나 7월 19일 여운형과 같은 차에 동승하고 가다가 여운형이 암살되자 곧 월북,

1948년 8월 북조선 제1기 최고인민회의 대의원이 되고,

1956년 4월 조선노동당 대회 때 중앙후보위원으로 서열 45위까지 올랐으나,

1963년 김일성에 의해 숙청되어 파란만장한 일생을 마감하였다.

제주 출신으로서 좌익 항일활동을 하며 두각을 나타낸 인물들은 많지만 지식과 경력, 직위로 보나 한국 일본 중국 북한을 무대로 종횡무진 활동한 영역으로 보아 제1인자를 꼽으라면 필자는 고경흠이라 하겠다.

[부록 13]
한국 현대사 및 제주4·3사건 일지

1910. 8. 29. 대한제국 멸망

1918. 제주-오사카 간 정기여객선 함경환(咸鏡丸 500톤) 운항 시작

※ 1924년 강원환(江原丸 720톤), 복견환(伏見丸 700톤)

1930년 군대환(君代丸 930톤), 경성환(京城丸 1,200톤),

복목환(伏木丸 1,600톤)으로 대체 운항

1919. 3. 1. 민족대표 33인 독립선언서 낭독, 3·1독립 운동

4. 13. (상해) 대한민국 임시정부 수립, 초대 대통령 이승만 선출

1937. 일본이 모슬포에 비행장 건설, 오무라(대촌大村)해군 항공대 설치

1941. 6. 이승만 미국에서 일본이 미국을 공격한다는 「일본의 가면을 벗긴다」

(JAPAN INSIDE OUT) 출간

12. 7. 일본군이 하와이 진주만 공격 태평양 전쟁 시작

1943. 9. 8. 제2차 세계대전 주축국 이탈리아 항복

11. 22.~11. 26. 카이로회담(한국이 적절한 절차를 거쳐 독립해야 한다고 선언)

11. 28.~12. 1. 미·영·소 수뇌 테헤란회담, 12. 1. 카이로 선언 발표

1945. 2. 4.~2. 11. 얄타회담, 미 루스벨트 대통령은 소련 스탈린 수상에게 대일참전 요청

스탈린은 독일 항복 후 3개월 내에 참전 약속

2. 9. 일본은 미군과의 본토 결전에 대비 7개 방면의 육·해군결전작전 준비명령

(암호명 : 결7호작전)

3. 12. 일본 대본영에서 결7호작전 시행을 제17방면군 사령관(한반도 방어책임)

에게 하달

4월 제주도의 모든 군 지휘 제58군사령부 편성(사령관 영빈좌비중永津佐比重 중장)

※해방 당시 제주도 주둔 일본군 58,320명(제주 제외 남한 일본군 121,400명)

제58군사령관 휘하에

제96사단 = 1945. 4월 서울에서 제주도 북부지역으로

제111사단 = 5월 만주 관동군에서 제주 서부지역으로

제121사단 = 5월 만주 관동군에서 제주 서부지역으로

제108여단 = 5월 일본에서 제주 동부로 입도, 지역 담당

1945. 5월	일본군은 제주도민 22만 명 중 부녀자·아동·노약자 5만 명, 본토이주 계획 수립 시행 (옥쇄작전 계획) 중 미군 공습으로 중단
5. 7.	제주 목포간 정기여객선 고와마루(황화환晃和丸) 미군 공습 침몰, 민간인 수백 명 희생
5. 8.	제2차 세계대전 주축국 독일 항복
6. 29.	소련 외무부에서 '코리아 : 짧은 보고서' 작성 코리아 독립 후 대책 강구
7. 6.	북한에 친소파 전진배치(김일성 부대 및 소련국적 조선인 등 103명 북한 각 시도위수사령부 등에 배치)
7월	미군이 한림항 일본 군기고 폭격 인근 민간인 큰 희생
7. 17.~8. 2.	포츠담회담, 일본에 무조건 항복 경고, 미국은 소련에게 대일전 참전 요청
8. 6.	미군이 일본 히로시마(廣島)에 원자탄 투하 14만 명 사망
8. 9.	미군이 일본 나가사키(長崎)에 원자탄 투하 7만 4천명 사망
8. 9.	24:00 소련은 독일 항복 90일째 되는 날, 나가사키 원폭투하 12시간 후 일· 소중립불가침조약 파기 대일 선전포고, 북한으로 진공
8.10.	소련군, 웅기 및 나진 점령
8.15.	일본이 무조건 항복, 조국 광복 (미군은 3년 8개월 전쟁 끝에 승전국이 되었지만 소련군은 한반도 전쟁에서 참전 6일 만에 승전국이 됨)
8.16.	여운형 중심 조선건국준비위원회(약칭 건준) 결성
8.17.	좌익여성 중심으로 건국부녀동맹 결성
8.17.	평남 건국준비위원회(위원장 조만식),
8.17.	조선공산당 평남지구 위원회 결성
8.17.	건국준비위원회 중앙조직 완료(방송 신문 장악)
8. 20.	박헌영 서울에서 조선공산당재건준비위원회 결성 및 '8월테제' 발표
8. 20.	소련군 원산 상륙, 사령관 치스치아코프 대장 '조선 인민에게' 첫 포고
8. 25.	좌익계 중심으로 조선학도대 결성
8. 26.	소련군은 평양 입성, 38선 이북지역 점령, 조선주둔소련군사령부 개설
9. 2.	연합군과 일본 간에 도쿄(東京)항에 정박한 미군함 미조리호 함상에서 항복 조인식

1945. 9. 2	맥아더 일반명령 제1호 발령(38선을 미·소군사경계선으로 포고)
9. 6.	중앙건국준비위원회(건준)가 조선인민공화국(인공) 창건 선언, 건준 지방 조직은 인민위원회로 불리기 시작
9. 7.	맥아더 태평양미국육군총사령관 포고 제1. 2. 3호 발령
9. 8.	하지 중장이 인솔한 미 24군단 인천 도착
9. 9.	미 선발부대 7사단 서울 입성, 조선총독 아베 노부유키(阿部信行)로부터 항복 문서 서명 받음
9월	초순 스탈린은 비밀리에 김일성을 모스크바로 불러 북한 최고지도자로 낙점
9.10.	소련군정 '독립조선의 인민정부수립요강' 하달
9.10.	제주농업학교 강당에서 각 읍·면대표 100명이 모여 제주도건국준비위원회 결성 (위원장 야체이카 출신 오대진)
9.11.	박헌영 조선공산당 재건 총비서가 됨
9.12.	제7사단장 아놀드 소장을 재조선미국육군사령부 군정청 군정장관에 임명
9.18.	조선공산청년동맹 조직
9.19.~9. 22.	김일성, 원산 경유 평양 도착
9. 20.	스탈린 북한에 단독정부 수립 극비지령
9. 21.	모슬포항에서 선박이 폭발 4~5척이 침몰하고 73명이 부상
9. 22.	제주도건준이 인민위원회로 개칭(위원장 오대진), 里단위까지 조직
9. 26.	일본군 무장해제팀 미 제7보병사단 파우웰 대령 인솔 부대 제주입도
9. 26.	조천면 한 마을에서 30대 남자가 친일경력으로 청년들로부터 집단폭행 사망
9. 27.	남한 잔류 일본군 송환 시작(대전 이남은 부산항, 대전 이북은 인천항)
9. 28.	일본군 항복접수팀 미군 그린 대령 제주 입도, 동일 항복 접수팀으로 미군 제184보병연대 그린 대령과 38명의 장교 등 입도, 일본 제58군사령관 도야마 중장으로부터 항복문서에 서명 받고, 미 24군단 정보참모 해리슨 대령 등 장교 수명만 남기고 상경
9. 28.	평남 인민정치위원회 부위원장 현준혁 피살(3일설도 있음)
10. 1.	일본군 제58군 소속 49,619명 (이외에 한국에 주소를 둔 일본군 5,277명과 한국출신 병사 노무자 11,934명 등 17,161명은 9월 1일 이전 귀향조치)
10. 5.	미군정 일반고시 제1호 미곡의 '자유시장' 시책 시행 - 배급제 폐지
10. 7.	건준, 조선인민공화국으로 발전적 해체

1945.10. 8.	북조선5도인민위원회 연합회의 개최
10. 10.	조선공산당서북5도당책임자 및 열성자 대회 비공개리 개최, 김일성 북조선 민주기지 창설노선 제시
10월	조선공산당전남도당제주도(島)위원회 결성(제주시 민가에서 20여명 참석)
10. 13.	조선공산당 서북 5도당 책임자 및 열성자대회 폐막, 조선공산당 북조선분국 설치
10. 14.	소련점령군 평양군중대회를 통해 김일성을 등장시킴
10. 16.	이승만 미국에서 귀국
10. 17.	미 군정청, 남조선인민위원회가 비합법적 조직이라고 공표
10. 21.	국립경찰 발족, 제8관구경찰청(전남) 제22구 경찰서(도 일원) 발족
10. 21.	허헌, 이강국 등 이승만에게 조선인민공화국 주석 취임 간청
10. 22.	제주도 잔류 일본군 송환팀 미 제749야전포병부대 입도
10. 23.	제주도 잔류 일본군 송환 시작, 11. 12. 일본군 송환 완료(총 10차)
10. 25.	독립촉성 중앙협의회 결성(총재 이승만)
10. 25.	전남도지사에 린트너 중령 발령, 일본인 도지사 면직
10. 27.	전남(제주포함)군정실시 선포
10. 28.	북조선5도행정국 정식 발족=북한의 '태아적 정부' 출범
11. 2.	이승만 서울에서 독립촉성중앙협의회 결성
11. 3.	조만식 평양에서 조선민주당 창당
11. 6.	전국노동조합전국평의회(전평) 결성대회
11. 7.	함흥에서 반공학생 데모 발생, 소련군과 충돌
11. 9.	제59군정중대 47명(후에 27명 증원) 제주도 입도 (해방 후 86일, 지휘관 스타우드 소령, 군정장관으로 호칭)
11. 10.	미 6사단 20연대 배속 제51야전포병대대 분견대 입도
11. 1.	이승만, 박헌영과 통일문제 요담
11. 2.	미군정, 남한에서 일제 시기 법률의 계속 적용을 선포
11. 5.	전국노동조합전국평의회 결성
11. 12.	제주도 일본군 송환 완료(10차례, 도내 거주 일본민간인 860명도 함께)
11. 12.	여운형 조선인민당 결성
11. 18.	북조선민주여성동맹 결성

1945.11. 19.	북조선행정국 10개국(局) 설치완료

1945.11. 19. 북조선행정국 10개국(局) 설치완료

11. 23. 임정 주석 김구 등 환국

11. 23. 신의주 학생 시위 발생 소련군과 충돌

11. 30. 북한 조선노동조합전국평의회 북조선총국 설치

12. 1. 북한 전역에 인민재판소 개소

12. 5. 미군정은 군사영어학교 설치

12. 8. 전국농민조합총연맹 조직(의장 이승엽)

12. 9. 조선공산당제주도위원회 결성(10월 초 결성설도 있음)

12. 12. 조선청년총동맹 결성

12. 13. 조선독립동맹의 김두봉 이하 다수 입북

12. 16.~26. 모스크바3상회의 개최, 코리아에 관한 의정서 채택(5년간 신탁통치)

12. 17.~18. 조선공산당북부조선분국 제3차 중앙확대집행위원회, 책임비서 김일성 선출

12. 22.~24. 조선부녀동맹 결성

12. 25. 소련 붉은군대 총정치사령관 슈킨 대장 '북조선 정세에 관한 보고서' 작성 보고

12. 26. 대한독립촉성국민회(약칭 독촉, 이승만계열)제주도지부 발족(위원장 박우상)

12. 27. 모스크바3상회의 신탁통치 실시안 발표,

12. 28. 신탁통치 국내 전파, 좌·우 공히 반탁 운동 돌입

12. 29. 임정(김구 중심), 서울에서 신탁통치반대국민총동원원위원회 결성

12. 30. 한국민주당 당수 송진우 피살

12. 31. 조선공산당 서울시위원회 위원장 김삼룡 명의 반탁전단 시내 살포

1946.1. 1. 조만식, 모스크바3상회의 신탁통치안 반대의사 표시

1. 2. 조선공산당, 모스크바3상회의 결정지지 선언, 소련 지시에 따라 찬탁선회

1. 2. 조선공산당북부조선분국, 모스크바 결정 지지선언, 조선독립동맹, 조선공산당 중앙위원회, 기타 공산주의자들 찬탁으로 선회(제주도는 1월 16일 이후)

1. 5. 조만식 반탁이유로 평양 고려호텔에 연금
(북한주민은 전향, 월남, 숙청, 감금, 유형 등으로 이때 인적청산 완료)

1. 6. 평양에서 대규모 신탁통치 지지 시위

1월 군정청 법령 제24호 '미곡수집령' 공포 - 공출제도 부활

1946. 1. 10.~1. 12.   조선인민공화국 중앙위원회 전국 각도인민위원회대표자회의에서
3상회의 결정 지지결의안 채택

1. 15.   조선국방경비대 발족 - 국군의 모태

1. 16.   미·소공동위원회 개최를 위한 예비회담 시작 (2월 5일까지)

1. 16.   조선민주청년동맹 북조선위원회 결성

2. 8.   북조선임시인민위원회 출범(사실상 정부 = 북한의 선단정先單政)

2. 14.   미군정은 우파결집을 위해 하지 사령관의 자문기구로 대한국민대표민주의원
(의장 이승만, 부의장 김구·김규식) 발족

2. 15.   좌파는 인공중앙위원회를 계승한 민주주의민족전선(민전) 결성
(공동대표 여운형·박헌영·허헌)

2. 16.   조선독립동맹을 조선신민당으로 개칭

3월   대한독립촉성청년연맹제주도지회(위원장 김충희) 발족

3. 5.   북한 북조선임시인민위원회 토지개혁법령 공포

3. 20.   제1차 미·소공동위원회 개최(미국대표 아놀드 : 소련대표 스티코프)

3. 23.   북한 북조선임시인민위원회 김일성 20개 정강 발표

3. 30.   조선독립동맹, 조선신민당으로 확대 개편(위원장 김두봉)

3. 30.   전평 북조선총국을 북조선 노동조합총동맹으로 개편

3. 30.   조선신민당 결성(위원장 김두봉)

3. 31.   북조선 토지개혁 완료

4. 18.   김일성, 여운형을 초청 약 1주일간 비공개 회담

4. 25.   조선민주청년동맹 조직

5. 1.   스탈린, 미·소공위 참가 소련대표에게 '반동세력들이 조선임시정부에 참가
하게 될 가능성을 봉쇄하라'는 명령 하달

5. 15.   미군정, 조선정판사 위폐사건 진상 발표

5. 18.   미군정, 조선공산당 본부 수색, 정판사 폐쇄

5. 19.   북한 전역에서 모스크바3상회의 결정 절대지지 및 조선임시정부 수립 환영
집회 개최

5. 25.   북한 전평에서 독립하여 북조선직업총연맹 발족

5. 25.   미군정, 좌·우합작운동의 추진을 위한 예비 모임 주선

6월   제주도에 콜레라 만연 - 8.29.까지 369명 사망

1946. 6. 2.	아놀드 군정장관이 내도 도제(道制)실시 여부 검토
6. 3.	이승만 정읍 발언
6. 14.	김규식과 여운형 좌우합작회담 개시
7. 1.	서울에서 좌우합작위원회 구성
7. 2.	재조선미국육군사령부군정청 법령 제94호 '제주도(道)의 설치' 공포(러치 군정장관)
7. 2.	미군정, 서울주재소련영사관 폐쇄
7. 8.	김일성종합대학 창설 결정
7. 14.	한국독립당(한독당) 당수 김구 제주도당부 격려차 방문, 한독당제주도당 개편대회(위원장 홍순용)
7. 14.	백남운 남조선신민당 창당
7. 22.	북한 북조선민주주의민족전선위원회(약칭 북민전) 발족
7. 25.	서울에서 좌·우합작위원회 제2차 예비회담
7. 29.	서울에서 좌·우합작위원회 회담
7. 29.	조선신민당과 북조선공산당 합당 발표
7. 31.	김일성·여운형 회담
7월	하순 스탈린은 김일성을 재차 소환 북조선의 소비에트화 정책 조기실현 투쟁 지시
8. 1.	제주도가 전남에서 분리 도(道)로 승격(미국 스타우드, 한국 박경훈 공동 도지사제 실시)
8. 1.	제8관구(전남)경찰청 제22구 경찰서에서 제주감찰서로 분리
8. 10.	북조선임시인민위원회, 산업·교통·운수·체신·은행 등의 국유화에 관한 법령 공포
8. 28.	북조선, 모든 정당 북조선노동당으로 통합
9. 1.	북조선노동당(북로당) 창립대회 기관지 노동신문 창간
9. 6.	미군정은 해방일보 등 좌파신문 폐간 조치
9. 7.	박헌영 이주하 이강국 등 공산당 간부 체포령
9. 11.	제주감찰서가 제주감찰청으로 승격
9. 23.	부산에서 철도파업, 남한 전역으로 확산, 소위 '9월 총파업' 돌입
9. 27.	여운형 로마넨코 비밀회담

1946. 9. 28.   스티코프는 로마넨코로 하여금 박헌영에게 남한 시위자금으로 200만 엔을 전달하고 남조선 파업투쟁에 대해 요구조건이 받아드려 질 때까지 파업투쟁을 계속 하도록 지시

9. 29.   스티코프는 남조선 파업투쟁의 진행 과정에 대한 전문을 스탈린에게 보냄

10. 1.   대구폭동사건(남한 전역으로 확산, 73개 시·군 110만 명 참가)

10. 2.   스티코프는 남한 시위자금으로 300만 엔을 박헌영에게 주라고 지시

10. 6.   박헌영이 남조선을 탈출하여 북한 평양 도착

10. 7.   김규식과 여운형, 좌우합작위원회 결성, 합작7원칙 발표

10. 9.   10·1대구폭동사건의 여파로 제주도에서도 소요발생, 전남 미군부대 급파

10. 12.   남조선과도입법의원 설치에 관한 법령 발표

10. 22.   스티코프는 김일성과 박헌영을 만나 남조선노동당을 조직하기로 합의

10. 29.   북조선 중앙은행에 관한 결정(중앙은행을 소련군 관할에서 임시인민위원회 직속으로 이관)

10. 31.   입법의원 선거 (한국민주당 15, 대한독립촉성회 14, 부소속 12, 한국독립당 2, 인민위원회 2, 총 45명, 제주도 좌파 인민위원회 출신 2명 당선)

11. 3.   북한 북조선임시인민위원회는 도·시·군인민위원회 위원 선거 실시(흑백투표)

11. 16.   모슬포에서 조선경비대 제9연대 창설(연대장 장창국 부위)

11. 23.   조선공산당, 조선인민당, 남조선신민당이 통합 남조선노동당(남로당) 결성, 조공제주도위원회는 남로당제주도위원회로 자동 개편

11. 27.   북조선 적십자사 창립

11. 30.   서북지역 7개 청년단체 서북청년회 결성

12. 2.   (스티코프는) 박헌영은 향후 행동방침에 대한 지령을 허헌에게 하달한다는 지침 부여

12. 4.   여운형, 좌·우합작 합당 공작 단념의사 발표

12. 5.   북조선통신사 설립

12월   조천 김유환 가에서 남로당전남도당제주도위원회 결성(위원장 안세훈)

12. 6.~7.   소련군정은 자금 39만원과 122만 루불을 대남공작금으로 박헌영에게 제공

12. 12.   남조선과도입법의원 개원

1946.12.14.	제주감찰서가 제주감찰청으로 승격, 제주경찰서는 제1구경찰서(제주, 북제주군 관할)가 되고, 서귀포지서는 제2구경찰서(서귀포, 남제주군 관할)로 승격
12.22.	김규식 민중동맹 출범
1947.1.7.	북한, 조선역사편찬위원회 설치
1.11.	복시환 사건 발생(법환리 교포가 기증한 고향 전기가설자재를 밀수품이라고 적발 처리과정에서 제주감찰청장 신우균이 비리자행)
1.12.	조선민주청년동맹제주도위원회 창설(위원장 김택수) (제주읍민주청년동맹 위원장 문재진 = 읍·면·리까지 조직)
1.15.	제주도 부녀동맹위원회 결성(위원장 김이환, 읍·면·리까지 조직)
1.16.	우익진영 35개 단체, 김구 중심 반탁독립투쟁위원회 발기
1.25.	조천면민주청년동맹 결성(위원장 김원근 등 4인), 박헌영 허헌 김일성 조희영 김택수 명예의장으로 추대
1.27.	대정면농민위원회(위원장 이운방) 결성
1.30.	구좌면민주청년동맹 결성(위원장 오원준)
2.2.	남로당 3·1절기념준비위원회 결성
2.7.	제주감찰청을 제주경찰감찰청으로 개칭
2.9.	서귀면민주청년동맹 결성(위원장 송태삼), 박헌영 허헌 조희영 김택수 명예의장으로 추대
2.9.	한림면민주청년동맹 결성(위원장 김행돈), 박헌영외 4인 명예의장으로 추대
2.10.	대정면민주청년동맹 결성(위원장 이종우)
2.10.	제주시내 중·고등학생 300~400명(제주신보 1천여 명)이 관덕정 광장에서 양과자 반대시위
2.13.	성산면민주청년동맹 결성(위원장 한순화)
2.16.	제주읍민주청년동맹 결성(위원장 이창욱), 박헌영외 4인 명예의장으로 추대 ※ 주 : 위원장이 문재진이라는 자료도 있음
2.16.	남원면민주청년동맹 결성
2.16.	남로당제주도당은 3·1투쟁관련 제1차 지령서 '3·1운동기념투쟁 방침' 하달
2.17.	남로당 중앙당의 지령에 따라 제주에서도 김두훈 가에서 3·1절기념준비위원회 결성(위원장 안세훈, 위원 28명) 산하 전 조직에 총 동원령
2.17.~20.	북조선인민회의 조직(※ 확실한 북한 단정=입법기관)

1947. 2. 19.	남로당제주도당은 김두훈 가에서 3·1절기념준비위원회 위원 25명이 모여 회의, 3·1절을 기해 남로당 강령과 당세확장을 목표로 일대 시위를 감행하기로 결의 2. 20. 남로당제주도당은 3·1투쟁관련 제2차 지령서 '남조선노동당제주도위원회 서한' 하달
2. 20.	복시환 비리사건으로 신우균 제주감찰청장 직위해제 (3. 24. 파면, 후임 강인수 발령)
2. 20.	3월 폭동설과 관련 러치 미군정장관은 집회 및 시위의 승인권을 주둔군 사령관에서 해당 지역 군정장관으로 상향조치
2. 21.	제주감찰청은 3·1절기념준비위원회 위원장 안세훈 등 5명 초치, 집회는 각 읍·면 단위나 리·동에서 개최하고, 허가 받아야 하며, 시위는 절대 불허 방침 통고
2. 21.	남로당제주도당은 3·1투쟁관련 제3차 지령서 '각종 조사에 관한 건' 하달
2. 21.	제주읍부녀회를 제주읍부녀동맹으로 개편(위원장 고인식)
2. 22.	북조선인민위원회 조직(위원장 김일성) (확실한 북한 단정 = 북조선인민정권의 최고 집행기관)
2. 22.	경찰은 3·1절 기념행사 관련 시위 절대불허 방침 경고문 발표
2. 22.	애월면민주청년동맹 결성(위원장 장제형), 김일성 박헌영 허헌 조희영 김택수 명예의장으로 추대 ※ 주 : 1월 12일부터 조직하기 시작한 제주도 및 각 읍·면 민청 조직 완료
2. 23.	조일구락부에서 500여명 참석, 민전제주도위원회 결성 (의장 안세훈, 이일선, 현경호) 3·1투쟁 전면에 나섬. ※ 명예의장으로 스탈린, 박헌영, 김일성, 허헌, 김원봉, 유영준 추대
2. 23.	충남 50명, 충북 50명 계 100명의 응원경찰 최초 입도
2. 24.~25.	북한 북조선임시인민위원회는 리(동)인민위원회 위원 선거(흑백투표)
2. 25.	남로당제주도당은 3·1투쟁관련 제4차 지령서 '3·1기념캄파에 관한 건' 하달
2. ?.	남로당제주도당은 3·1투쟁관련 제5차 지령서 '민전선거강령 선전에 대한 지시' 하달
2. 25.	남로당제주도당은 3·1투쟁관련 제6차 지령서 '3·1운동기념캄파 전개에 관한 건' 하달

1947. 2. 25.	안세훈(남로당제주도당 위원장, 민전도위원회 공동대표, 3·1절기념준비위원회 위원장)과 민전의장단이 미군정 경찰고문관 페트릿지 대위 방문, 집회 허가 신청
2. 25.	3월 폭동설과 관련 조병옥 경무부장 담화문 발표
2. 26.	각 학교대표자회의 개최, 각 학교별 3·1투쟁기념준비위원회 조직 및 교원 조합 결성 결의
2월	광복청년회제주도지회(단장 김인선) 창립
2. 28.	제주도군정장관 스타우드 소령이 안세훈 등을 미군정장관실로 불러 시위 절대 불허와 기념행사를 서비행장에서 개최하도록 최후 통첩
3. 1.	남로당 및 민전은 제주북국민학교에서 3·1기념식 강행(25,000~30,000명 참가) - 이외에 학생들이 오현중학교에서 별도 기념행사 후 합류
	※ 기마경찰에 어린이 다치고 군중이 경찰을 추격하자 경찰서 경계경찰이 발포하여 민간인 6명 사망 6명 중상(전국적으로 사망 16명, 부상 22명)
	※ 동일 도립병원 앞에서 당황한 경찰이 발포로 민간인 2명 중상, 경찰은 19:00~06:00 통금 실시 및 시위주동자 등 25명 검거, 목포경찰 100명 제주향발
	※ 남로당은 3·1사건 직후 도당의 지시에 의거 각 면에 조직부 직속 자위대 조직 착수
	※ 기타 한림·대정·중문·서귀·남원·표선·구좌에서 집회 시위 3·1투쟁에 전도 집회 참가자 51,000~56,000여명
3. 3.	경찰 자체 발포사건 조사단 구성
3. 3.	조병옥 경무부장 3·1절 행사와 관련한 담화 발표
3. 5.	남로당제주도당은 제주읍 삼도리 김행백 가에서 제주도3·1사건 대책남로당투쟁위원회(위원장 김용관) 결성, 당내 비합법조직
	※ 당외 합법조직으로 3·1사건대책위원회(위원장 홍순용 부위원장 안세훈) 조직
3. 5.	북한, 북조선인민위원회는 면인민위원회 위원 선거(흑백투표)
3. 7.	남로당제주도당은 3·1투쟁관련 제7차 지령서 '3·1기념투쟁에 대한 활동보고의 건' 하달
3. 7.	남로당제주도당은 3·1투쟁관련 제8차 지령서 '3·1사건투쟁에 관한 건' 하달

1947. 3. 7.	남로당제주읍당은 '3·1기념행사의 진상보고' 작성
3. 7.	남로당제주도당은 3·1투쟁관련 제9차 지령서 '농민 데이 투쟁 캄파' 하달
3. 7.	남로당제주도당은 3·1투쟁관련 제10차 지령서 '3·1사건 대책 투쟁에 대하여' 하달
3. 8.	3·1발포사건 관련 재조선미육군사령부와 미군정청 합동조사단 입도(책임자 카스티어 대령)
3. 9.	제주읍 일도리 김두훈 가에서 제주3·1사건대책위원회 (합법)조직(위원장 홍순용, 부위원장 안세훈)
3.10.	남로당제주도당은 '친애하는 농민 여러분!' 전단 살포
3.10.	남로당제주도당은 3·1투쟁관련 제11차 지령서 '총파업에 대응한 농촌 및 가두세포 활동의 건' 하달
3.10.	제주도내 민·관 총파업
	제주도청3·1대책위원회(위원장 산업국장 임관호) 구성 파업성명 발표
	※ 제주도 전체 기관 단체 직장인의 95%인 166개 기관단체 41,211명 참여
3. ?.	남로당제주도당은 3·1투쟁관련 제12차 지령서 '미군정명령 일체 불복종 등' 하달
3.11.	강인수 감찰청장이 도립병원 앞 발포사건 유감표명
3.11.	파업효과 극대화, 연합전선 구축, 제주읍공동투쟁위원회(위원장 고예구) 구성
3.12.	트루먼 독트린 발표 - 미·소 냉전 시작
3.12.	박경훈 제주도지사 사직 해면
3.13.	3·1발포 사건에 항의, 중문지서 경찰관 6명 자진 사퇴
	※ 같은 사례로 경찰관 66명 직장이탈 파면(이중 3명 구속) 후에 일부 입산
3.13.	합동조사단 카스티어 대령 팀 이도
3.13.	남로당제주도당은 3·1투쟁관련 제13차 지령서 '각 읍·면파업단대회 소집의 건' 하달
3.13.	남로당제주도당은 3·1투쟁관련 제14차 지령서 '파업단의 구호활동에 관한 건' 하달
3.13.	남로당제주도당은 3·1투쟁관련 제15차 지령서 '연락에 관한 건' 하달
3.13.	남로당제주도당은 3·1투쟁관련 제16차 지령서 '농위조직에 관한 건' 하달
3.14.	조병옥 경무부장 내도 담화 발표

1947. 3.14.	우도사건 발생, 우도 민청 맹원 등 1천여 명이 국민학교에 집결, 3·1사건대책위원회를 조직하고 시위 후 우도경찰관파견소(직원 3명) 간판 파괴 소각, 사건 발생 12일 후에야 경찰서에 알려짐. 응원경찰 15명 급파
3.14.	박경훈 도지사 스타우드 제주도군정장관에게 사표 제출
3.15.	전남 122명, 전북 100명 등 응원경찰 222명 제주에 급파
3.15.	조병옥 경무부장 제주북국민학교에서 시국 강연, 파업 주모자 검거 지시
3.15.	경찰이 제주도총파업투쟁위원회 간부 검거를 시작으로 민전 및 남로당 간부 연행
3월	중순 미군 CIC 제주사무소 설치
3.15.	제주경찰감찰청 내에 본토 출신경찰 중심으로 특별수사대(과장 이호) 설치
3.13.	중문지서 직원 6명이 3·1사건에 항의 사직하자,
3.15.	응원경찰 20여명을 증파하고 총파업 가담자를 연행 구금
3.17.	중문리사건 발생
	주민 1천여 명이 모여 면민대회 후 중문지서로 몰려가 구금자 석방을 요구, 경찰이 해산명령하고 이에 불응한 군중에 발포하여 8명 부상
3.18.	경기경찰 99명 제주 파견(응원경찰 총 421명으로 증가)
3.18.	강인수 제주경찰감찰청장 3·1사건으로 검속된 사람은 약 200명이라 발표
3.19.	중앙 민전은 제주도3·1절 발포와 3·10 총파업을 중시, 특별조사반 파견 방침 발표
3. 20.	조병옥 경무부장 상경, 담화발표. 관덕정 앞 발포는 치안유지의 대국에 입각한 정당방위, 도립병원 앞 발포는 무사려한 발포
	※ 미군정보팀은 '제주의 총파업에는 좌·우익이 공히 참가하고 있으며 제주도민 70%가 좌익단체에 동조자'라고 상부에 보고
	3. 20.까지 각 읍·면농민위원회 결성 완료(3월 13일자 제16차 지령서에 근거하여 추정)
3. 22.	남로당 지도하에 민전을 중심으로 전국적 24시간 총파업 단행
3. 24.	복지환 비리사건으로 신우균 제주감찰청장 파면
3. 24.	중앙 민전 특별조사반 (단장 조사부장 오영) 4명 제주 입도
3. 24.	북조선 도·시·군·읍·면·리 인민위원회 관계 규정 등에 관한 결정서 채택
3. 26.	제주북국민학교 학부모 긴급회의 3·1사건 관련 교원석방 등 요구

1947. 3. 28.	중앙 민전 특별조사단장 오영 서귀포에서 체포(3. 22. 전국 총파업관련)
3. 28.	경무부 파업선동자 전국에서 2,176명 검거, 제주는 230명이라고 발표
3월	제9연대 모병활동 전개(8차, 1948년 1월경 부대원 400명 선, 후에 타도에 까지 모병 800명 선)
3월 말	경기도 김태일 부청장이 제주에 파견 특별수사대 지휘 (3월 중 3·1사건 관련 검거자 총 230명)
3. 31.	제주경찰감찰청장 강인수 후임으로 서울 출신 김영배 발령
3. 31.	제주도 산업국장 임관호 등 3·10파업관련 제주도청 간부 10여 명 검속
4. 1.	조병옥 경무부장 파업사건에 가담한 제주 경찰관 66명 파면 발표
4. 2.	제주도군정장관 스타우드 소령 후임으로 베로스 중령 부임
4. 3.	3·10총파업 연루자에 대한 군정재판 개정(4. 12.까지 4차 공판, 총검거자 500명 중 260명 군정재판에 송치)
4.10.	박경훈 도지사 후임으로 전북출신 유해진 발령
4.14.	러치 군정장관은 3·1사건관련 군정재판을 한국재판소로 이관 명령
4. 21.	제주3·1사건 한국재판소 공판 시작(5. 23.까지 10차 328명)
4. 22.	미군정은 우파 대한민청 해산 명령
4. 28.	응원경찰대의 교체 병력으로 철도경찰 245명 제주경찰에 배속, 경찰 정원 500명으로 증원
4. 28.	제9연대장 장창국은 제주신보에 '국방경비대는 좌도 아니고 우도 아니다'라 는 국방경비대 모병광고
5. 6.	제주검찰청은 경찰감찰청으로부터 송치된 3·1사건 피고는 328명이라 발표
5. 7.	응원경찰대 400여 명 제주에서 철수
5.16.	미군정은 좌파 조선민청 해산명령
5. 21.	제2차 미·소공위 재개(미국측 대표 브라운 : 소련측 대표 스티코프)
5. 21.	제9연대장 장창국 후임으로 이치업 소령 부임
5. 23.	3·1사건 관련 피고인 328명 공판 완결 (총 328명=징역금고 52, 집유 52, 벌금 56, 기소유예 불기소 168)
5. 24.	강동효 제1구경찰서장 발포 및 비리사건 관련 해임
5. 26.	피의자 고문사건으로 한림지서장·차석 등 경찰관 2명 구속
6.1.	경찰, 제주읍내 중학생 20명 삐라 살포 혐의로 검속

1947. 6. 2.	제주여중 3년생, 파시즘교육 반대 등을 요구하며 동맹휴학
6. 5.	(5.16. 조선민청이 해산명령을 받자)조선민주애국청년동맹(민애청)으로 재편 등록
6. 6.	종달리사건 발생(6·6사건), 종달리에서 민청 200여명이 불법집회를 단속하던 경찰관 3명이 집단 구타로 실신하고 포박 당함(관련 수배자 71명 중 42명 검거)
6.10.	김구 반탁투쟁위원회의 미·소공위 참가 반대하고 사표
6.14.	북한, 민전산하 각 정당 사회단체 열성자 대회
6.16.	북한, 미·소공위와의 협의에 참가할 각 정당 사회단체 35개를 결성(전체 대표 김일성 선출)
6.16.	경찰 6·6사건 관련 수배자 71명이라고 발표
6.17.	좌익계 중심으로 민주학생연맹 출범
6.18.	교원양성소 학생 8명, 제주농업중학생 2명, 조천중학원 학생 2명 등 30명 삐라 살포 및 불법시위 혐의로 검거 10명에 체형언도
6. 22.	제주신보, 3·1사건 유족 조위금 317,118원 모금 보도
6. 29.	북한 북조선인민위원회 애국가 제정
7월	제주도민전의장 현경호, 제주도에 단체등록, 재발족
7. 2.	미·소공위 양국 대표단 평양 체류 중 미 브라운 소장 조만식 회견
7. 3.	이승만 좌우합작을 주장하는 하지 중장과의 협조 포기 선언, 가택연금 당함
7. 3.	삐라사건으로 집행유예 받은 학생이 퇴학당하자 제주농업학교 3년생들 농성
7. 9.	정치적 집회 금지 행정명령 제3호 해제 = 정치적 목적의 가두시위 계속 금지
7.14.	김영배 제주경찰감찰청장은 '제주도민만은 좌·우가 손을 잡고 나가도록 합작 운동에 노력할 심산'이라 발표
7.18.	전 제주도지사 박경훈, 제주도 민전 의장에 추대
7.19.	근로인민당 당수 여운형 암살
7. 20.	입법의원에서 민족반역자 부일협력자 전범 간상배에 대한 특별법 통과
7. 27.	남로당은 미·소공위재개경축 및 임시정부수립촉진인민대회 개최 지령 (7·27투쟁)
7. 28.	제주도 군정장관 베로스 중령, '좌우익의 정당을 물론하고 그 관계자가 관공리 직원으로 취직할 수 있다. 이것이 민주주의 원칙'이라 표명

1947. 7월	민애청제주도위원회(위원장 강대석)로 개칭, 4·3핵심세력
7월	대한독립촉성청년연맹제주도지회와 광복청년회제주도지회가 대동청년단 (대청) 으로 통합
7월 말	한림면 명월리에서 하곡수매 과정에서 주민과 충돌
8. 7.	제주 CIC에서 '극우파 제주도지사는 좌익분자들에게 인기가 없다. 그의 암살을 요구하는 삐라가 여러 장 뿌려졌다'고 보고
8. 8.	안덕면 동광리에서 하곡수매 과정에서 주민들이 공무원 3명을 집단구타
8.12.	경찰은 전국적으로 좌익들의 8·15투쟁을 예방하기 위해 좌파 검거작전 돌입
8.13.	북촌리 주민과 경찰 충돌사건 발생, 북촌에서 삐라 살포 후 도주하는 주민에게 경찰이 발포 3명 총상, 성난 주민이 경찰관 2명을 집단구타하고 200여명이 함덕지서에 몰려가 항의하자 기관총 공포발사 해산(동 사건관련자 40명 검거)
8.14.	북조선인민회의, 북조선인민위원회, 북조선 각 정당 및 사회단체 등 8·15해방2주년기념보고대회 개최(남로당도 8·15투쟁 시도)
8.14.	제주경찰, 8·15투쟁음모 관련 민전간부, 남로당원, 민전의장 박경훈 등 20 여명 검거
8.15.	남로당은 8·15해방2주년기념시민대회 개최 지령(3·1투쟁 재연 시도, 8·15투쟁을 지령했으나 사전 제압 당함)
8.17.	8·15투쟁관련 검속했던 제주도민전의장 박경훈 등 석방
8.19.	제주도 전역에 곡물수집 반대 삐라 살포
8. 28.	유해진 도지사, 사상문제 등 이관석 학무과장 등 도 과장급 4명 권고사직
8. 31.	하곡 수집율 전국 67.6%, 제주 13.7%
9. 6.~7.	제주도민전 인사 폭행피해사건 발생
9. 8.	전 제주도민전의장 현경호 제주중 교장 자택 습격(서청소행 판명)
9월경	남로당제주도당 본부를 조천면 선흘경으로 이동(신문사, 병원, 약국 대동)
9.17.	마셜 미국무장관이 몰로토프 소련 외상에게 한국문제 해결을 위한 유엔 토의 제안
9. 21.	광복군 총사령관 이청천 중심 22개 우파청년단체 통합 대동청년단(대청) 발족
9. 23.	제2회 유엔총회, 미국의 한국 문제 토의 제안 채택
9. 26.	소련유엔대표, 한국문제는 미·소공위에서 토의하고 1948년 초에 미·소양 군 철수 제안

1947. 9. 27.	경찰, 불온문서 작성 관련 생필품영단 직원 및 교사 등 36명 검속
9. 30.	광복청년회제주도지회(단장 김인선) 중심 대청제주도단부 조직
10. 3.	독립촉성청년연맹 제주도지부(위원장 김충희)중심 대청제주도지부 조직
10. 6.	구좌면 행원리에서 좌·우익 청년간 충돌 우익 5명 좌익 11명 체포
10. 6.	제주지법은 3·1불법집회를 주도한 제주도 민전의장 안세훈에 집행유예 선고
10.18.	제2차 미·소공위 결렬
10. 21.	소련대표 서울에서 평양으로 철수
10월	대한독립촉성청년연맹제주도지회(김충희)와 광복청년회제주도지회(김인선) 통합 대동청년단(대청) 발족
11. 2.	제주극장에서 서북청년회(서청)제주도단부(위원장 장동춘) 결성
11. 3.	딘 소장 제3대 주한미군 군정장관으로 취임
11. 3.	김영배 제주경찰감찰청장, 사설단체 불법 기부강요행위에 대한 경고문 발표
11. 4.	대청제주도단부와 대청제주도지부 통합 성명 발표
11. 5.	제주읍사무실에서 족청제주도단부 창립위원회(위원장 최남식) 결성 제주도건준부위원장을 지낸 최남식은 당일 사임, 후임 백찬석
11. 5.	통행금지시간 22:00~05:00로 변경
11.12.	미군정청 특별감찰관 넬슨 중령 지휘 하에 제주도정 감사(48. 2. 28까지)
11.14.	유엔총회에서 미국이 제안한 한국 총선안, 유엔한국임시위원단 설치안, 정부 수립 후 양군 철수안 각각 가결
11.18.	북한 임시헌법기초위원회 설치
11.18.	CIC는, 서북청년회 지도자가 제주도에서 모금 시 강요 테러행위에 대해 사과했다고 보고
11.18.	북한, 제3차 북조선인민회의에서 '조선헌법제정 준비에 관한 보고' 후 조선 임시헌법기초위원회 설치를 토의
11.19.	북한 조선임시헌법 제정위원회 및 법전작성위원회 조직
11. 21.	대청 2개단체 통합 제주도단부 임시대회 개최, 단장 김인선, 고문 김충희 선출
11.25.	서북청년회제주도단장은 '제주도는 조선의 작은 모스크바'라고 말해왔다고 CIC가 상부에 보고
12. 1.	북조선, 비밀리에 화폐개혁 실시
12. 20.	서울에서 김규식 민족자주연맹 발족(위원장 김규식)

1947.12. 20. 북조선인민회의 조선임시헌법초안 채택

12. 22. 김구, 남한 단정 수립 반대 성명

12. 30. 북조선 직업총동맹, 17개 산별 355,000명 조직

12. 21. 대청제주도단부 결성(단장 김인선, 단원 1,000여명)

12월 조선민족청년단(족청)제주도단부(단장 백찬석) 결성

1948. 1. 1. 북한, 간부양성기지로 강동정치학원 개교

1. 8. 유엔한국임시위원단 서울 도착

1. 9. 김일성 '유엔한국임시위원단은 북한에 한 발짝도 들어올 수 없다'고 언명

1.15. 남로당제주도당 조직부 연락책 김생민(후에 전향 경찰 복무) 체포, 조직체계도 노출

1. 22.~26. 남로당제주도당 지휘부 이덕구 등 221명 검거

1. 22. 경찰은 남로당조천지부를 급습 2월 중순부터 3월 5일 사이에 폭동 지령문 압수

1. 22. 유엔한국임시위원단 입북 거부당함

1. 23. 유엔한국임시위원단은 남북한 선거 협의 대상으로 남한 6명(이승만, 김구, 김성수, 김규식, 허헌, 박헌영) 북한 3명 지명

1. 27. 미군정장관은 5·10선거자유분위기 보장을 위한 3개 원칙 지시 '정치적 자유분위기 보장 원칙'에 의해 미군정의 특사령으로 1·22검거자 전원 석방(이덕구 등 6명은 42일 만에 석방)

1. 27. 김구, 유엔한국임시위원단에서 남·북주둔군 철수 후 자유선거 가능 주장

2. 4. 민족자주연맹, 남북협상 추진 결정

2. 6. 북조선인민회의는 조선임시헌법 초안을 전인민의 토의에 붙일 것을 결정

2. 7. 남로당은 전국적으로 총파업 및 폭력투쟁, 소위 '2·7구국투쟁' 돌입

※ 9개 구호 중 유엔한국임시위원단 반대, 남조선단정 반대, 정권을 인민위원회로, 조선민주주의인민공화국 만세가 있고, 민전도 이에 호응, 위대한 구국투쟁에 궐기해야 한다는 성명 발표

※ 오대산 태백산 지리산 등지에서 유격투쟁 전개

※ 2·7투쟁관련 2. 20까지 전국적으로 사망 39명, 부상 133명, 검거 8,479명

2. 8. 조천면 함덕리 청년들 도로 차단, 이를 제거하려던 자와 충돌, 경찰 출동 12명 검거

1948. 2. 8.	북조선인민위원회, 조선인민군 창설 공포(총사령관 최용건)
2. 9.~11.	제주지역에도 경찰지서 습격, 삐라 살포, 시위 발생, 소련국가 제창, 290명 검거. (안덕면 사계리 청년들이 경찰관 2명을 생매장 직전 출동한 경찰에 의해 구출)
2. 9.	좌익청년들에 의해 한림면 저지지서 피습
2. 9.	조천면 북촌리 순찰 중인 경찰관 권총 피탈 사건 발생
2. 9.	북조선노동당은 조선민주주의인민공화국 수립을 재확인
2.10.	한림면 고산리 청년 100여명이 시위 후 경찰지서를 공격하자 발포, 1명 부상하고 해산, 관련자 10명 검거
2.10.	북한, 북조선인민회의, 조선임시헌법초안 발표
2.11.	제주경찰 2·7폭동에서 방화 1건, 테러 9건, 시위 19건 발생 발표
2.12.	제주경찰과 방첩대는 남로당본부를 급습 2월 15일부터 3월 5일까지 폭동 지령문 압수
2.16.	김구·김규식 공동명의로 북한 김일성 김두봉에게 남북정치협상 제의 비밀 서한 발송
2. 25.	남로당제주도당 수뇌부 14명은 조천면 선흘리에서 남로당제주도당을 구국투쟁위원회로 개편
2. 26.	유엔 소총회의에서 선거가능지역에서 선거 실시 결의
2. 26.	전북 경찰지서 26개소 일제히 피습 등 2·7지령 후 전국 126개 경찰관서 피습
2월	초순~중순, 최종 신촌회의에서 19명이 모여 폭동 결의(남로당 정치위원 이삼룡 증언) ※ 주 : 신촌회의는 2월 25일 이전
2월	말일경 남로당전남도당 올구 제주에서 이도(약 보름 동안 육지부 체류)
3. 1.	유엔소총회 의장이 유엔한국임시위원단 의장에게 선거자유분위기 보장 서한 발송
3. 1.~2	한독당, 남북요인회담추진위원회 설치
3. 3.	조병옥 경무부장은 전 경찰관서장 회의에서 선거자유분위기 보장과 경찰관의 정치활동 금지 지시
3. 6.	조천지서에서 3·1사건 수배자 조천중학원 2년생 김용철 21세 고문치사
3. 8.	김구·김규식·김창숙·조소앙·조성환·조완구·홍명희 등 7인 남한총선 반대 공동성명

1948. 3. 9.	김일성, 민전 제25차 회의에서 남한 단독선거 절대반대 연설
3.10.	북한 각 공장 기업소 노동자, 남한 단독선거 반대 궐기대회
3.14.	북한 각 지역에서 남한 단독선거 반대 집회
3.14.	모슬포지서에서 포고령위반자 영락리 양은하 27세 고문치사
3.	중순 전남도당 올구 이 동무가 재차 내도 무장 반격에 관한 지시와 아울러 국경을 최대한 동원하도록 지시
	※ 3월 15일경 전남도당 파견 올구를 중심으로 회합을 개최하여 무장반격전을 기획결정(제주도인민유격대투쟁보고서)
3.16.	김일성·김두봉 공동명의로 김구·김규식에게 회답서신 비밀리에 발송
3.17.	미군정, 제헌국회의원선거법 공포
3. 20.	새별오름에서 무장대 67명이 훈련 중인 것을 경찰이 공격 해산
	3. 25까지 남로당도상임(특히 투위 멤버)으로서 군위를 조직 자위대 200명 편성
3. 25.	북한 북조선민주주의민족통일전선, 평양방송을 통해 남북연석회의 제의, 김일성은 김구 김규식 및 남한 17개 정당 사회단체 대표자에게 초청장 발송
3. 28.	4월 3일 2~4시에 무장폭동 전개(D-day) 결정(자위대 320명)
3. 29.	한림면 금능리에서 경찰과 서청에게 '민족반역자'라고 욕한 박행구 22세를 집단 구타 후 즉결처형
3. 30.	5·10선거 선거인 등록업무 개시
3. 31.	딘 미군정장관은 정치범 3,140명 석방
4.1.	미군정, 남북회담 반대 성명 발표
4. 2.	이승만, 남북회담 반대 성명 발표
4. 3.	제주4·3사건 발생(24개 경찰지서 중 12개 지서 피습)
4. 5.	미군정은 전남경찰 100 여명을 제주에 급파, 제주경찰감찰청에 제주비상경비사령부(사령관 경무부 공안국장 김정호) 설치 및 제주도령으로 해상교통 차단 해상봉쇄
4. 8.	주한미군을 1948년 12월말까지 철수키로 잠정 결정
4.10.	국립경찰전문학교 간부후보생 100명 제주 파견
4.13.	모슬포 주둔 제9연대(연대장 김익렬) 특별부대(10명 미만)를 제주읍에 파견
4.14.	조병옥 경무부장이 '도민에게 고함'이란 선무문 발표

1948. 4.14.	5·10선거 선거인 등록업무 마감(전국 평균 91.7%, 제주 64.9% 최하위)

1948. 4.14. 5·10선거 선거인 등록업무 마감(전국 평균 91.7%, 제주 64.9% 최하위)

4.14. 서울 문화인 108명, 남북회담지지 공동성명 발표

4.15. 남로당제주도당 대책회의(신촌회의 때 제주도당이 개편된 것을 중앙당이 이때 사후 승인)

4.16. 미군정은 조병옥 경무부장의 건의에 따라 5·10선거 대비 향보단 조직, 경찰 지원

4.17. 미군정은 제주주둔 미군 제59군정중대장 맨스필드 중령을 통해 경비대 제9연대에게 진압작전 참가명령

4.18. 제주읍 도평리 투표소 피습, 선거기록 피탈

4.18. 유해진 도지사 외 32명으로 시국수습대책위원회 결성

4.18. 딘 장군은 59군정중대장 맨스필드에게 적을 공격하기 전 항복할 기회 부여 지시

4.19.~26. 평양에서 제1차 전조선제정당 사회단체 대표자 연석회의 개최

4.19. 조천면 신촌리 투표소 피습, 선관위원 피살

4.19. 김구 평양회의 참석차 서울 출발, 20일 평양 도착(김규식은 21일 서울 출발)

4. 20. 부산주둔 미군 제3여단 고문관 드루스 대위에게 제주 파견 명령

4. 20. 진해주둔 5연대 1개대대 제주파견 명령 제주도착

4. 20. 남·북조선 정당 사회단체 대표자 연석회의 평양에서 개막

4. 21. 제주읍 이호리, 내도리, 대정면 동일리 선거인등록사무소, 모슬포에 경찰복장 무리가 면사무소와 지서 공격(우익 1명 사망),

4. 22. 김구 평양회의 참석 축사

4. 22. 경비대 최초 토벌전 참가

4. 22. 김익렬 연대장이 평화협상을 요청하는 전단 항공 살포

4. 24. 조천면 조천리에서 통금위반자 문홍목 21세가 경찰이 쏜 총에 사망

4. 24. 스탈린은 북한 헌법 최종 승인

4. 25. 남한 구 화폐 사용금지 조치(북한이 화폐개혁 후 4개월 25일 후에 내린 조치)

4. 25. 김규식 등 북한 찬양 일색 평양 방문 소감 발표

4. 26. 평양회의 공식 폐회(조선정치정세에 관한 결정서와 남조선단선단정반대투쟁대책에 관한 결정서 채택)

4. 27. 미24사단 작전참모 타이센 대령의 지시로 슈 중령 제주입도(익일 상경)

1948. 4. 27.   남북 지도자협의회(소위 15인회담) 개최

4. 28.   미군은 노형리에서 통일조선 건국을 위해 김구 이승만 살해 삐라 발견

4. 28.~29.   북조선인민회의 특별회의, 스탈린이 승인한 조선민주주의인민공화국 헌법초안 채택

4. 29.   오라리 대청단장 박두인, 부단장 고석종 납치 살해

4. 30.   대정면 신평리 선관위원 피살

4. 30.   평양 김두봉의 집에서 김구·김규식·김일성·김두봉 4김회담 (송전문제 등 구두합의)

4. 30.   김익렬·김달삼 귀순권고 회담 - 구억리

4. 30.   오라리 대청단원 부인 강공부 임갑생 납치, 임갑생 탈출 강공부 피살

4. 30.   남북조선 제정당 사회단체 지도자협의회, 평양에서 공동성명 발표(김구 김 규식 참여 서명)

4. 30.   오후 4김을 포함한 남북요인 15인회담 공동성명 발표

5. 1.   제주읍 도평리 선관위원상 피살

5. 1.   오라리 강공부 여인 장례 후 오라리 좌익 활동가 집 방화사건 발생

※ 4월 30일 무장대에 의해 살해된 강공부 여인의 장례를 치른 대청단원들 은 좌파활동가 집 5세대 12채 민가에 방화하고(이때 미군기가 공중촬영) 철수할 때 무장대 20여명이 추격하다 동리 출신 경찰관 어머니를 살해하 였고, 이를 진압하기 위해 경찰 기동대가 출동 무장대를 추격하는 과정에 서 동네 좌익 청년 1명이 사망한 사건

5. 1.   김구 평양에서 군대 열병식 참관

5. 3.   딘 군정장관은 경비대 총사령부에 (제주도)무장대 총 공격 명령

5. 3.   조천면 조천리 선관위원 전원 집단 사퇴

5. 3.   평양에서 김구·김일성 회담

5. 5.   딘 군정장관, 안재홍 민정장관, 조병옥 경무부장, 송호성 경비대사령관 내 도, 비밀회의 후 상경

5. 5.   제주읍 화북리 선관위원장, 내도리 구장 등 피살

5. 5.   김구·김규식 평양에서 귀경, 하지 선거참여 호소 성명

5. 5.   남로당제주도당은 주민들을 산으로 강제 이주시키기 시작하여 선거 종료 후 귀가

1948. 5. 6.　제9연대장 김익렬 전격 교체 후임에 박진경 중령 부임

　　5. 6.　조천지서 직원 7명 고문치사 관련 3~5년 징역 선고

　　5. 6.　김구·김규식 평양에서 귀경하여 남북협상에 관한 공동성명 발표

　　5. 7.　미군정장관 딘이 제주시찰 후 기자회견, 제주밖에서 들어온 공산주의자들의 선전선동에 현혹된 청년들이 선관위원 경찰관 애국적 제주도민들을 살해 방화하고 있다고 보도(동아일보, 서울신문)

　5. 7.~10.　제주도내에서 경찰사망 1, 부상 9, 실종 4, 우익인사 사망 7, 부상 3, 폭도 사망 21(미군보고서- 폭도사망은 1명이란 보고서도 있음)

　　5.10.　제헌의원 선거 = 5·10선거(전국 200개 선거구 중 북제주군갑구와 북제주 군을구 선거 무효)

　　　　※ 중문면 투표소 피습, 성산면 투표소 60명이 방화, 제주읍사무소에 다이 나마이트 2개 폭발, 제주공항 남쪽에 250명과 50명 집단이 출현 경찰과 총격전, 표선면 투표소 피습 2명 사망, 구좌면 송당리 피습 사망 2명 부상 1명, 조천면 14개 투표소 기능마비, 조천면 북촌리 투표소 방화, 표선면 가시리 투표소 피습, 이장과 교장 피살, 교장부인 부상, 성산면 투표소 피 습 4명 피살, 조천면 조천리 좌익 1명 사망.

　　5.10.　제주읍에서 인민유격대 군책 김달삼 조책 등 2명과 국경측 오일균 대대장 및 부관 9연대 정보관 이 소위 등 5명이 회담 박진경 연대장 암살 등 합의

　　5.11.　도두리 선거관리위원장과 대동청년단장 및 그 가족들을 납치 살해

　　5.14.　북조선 정권, 대남 송전 중단

　　5.15.　경비대 제11연대 제주도 이동과 동시 제9연대를 11연대에 합편(연대장 박 진경) 구성 : 9연대1개대대, 부산5연대 차출 1개대대, 대구6연대 차출 1개 대대, 수원에서 창설 시 1개대대

　　5.16.　조천면 북촌리항에 피항 중 우도지서장 양태수 경사, 진남양 순경 살해당함

　　5.18.　수도경찰청 최난수 경감이 인솔하는 특별수사대 입도

　　5.19.　조병옥 경무부장은 응원경찰 450명 제주로 출발 지시

　　5. 20.　미군정은 미 6사단 예하 광주 주둔 제20연대장 브라운 대령을 제주지구 미 군 사령관으로 파견 진압작전 지휘 통솔 임무부여

　　5. 21.　제9연대 41명이 99식총 각 1정과 실탄 14,000발 휴대 탈영 (5. 22. 탈영병 20명 체포, 소총 19정 실탄 3,500발 회수)

1948. 5. 22.	향보단 해산(제주도에는 임무 지속)
5. 26.	딘 군정장관은 제주도 2개선거구에 대한 선거무효와 6월 23일 재선거 실시 포고 발표(5월 24일자, 도내 선관위원 1,206명중 피살 15명 중상 5명)
5. 28.	유해진 지사 경질, 후임에 제주출신 임관호 임명
5. 29.	과도정부 입법의원 해산
5. 31.	제헌국회 개원, 이승만 국회의장 선출
6월	북조선 정권, 김구와 김규식에게 제2차 남북지도자협의회 참석 요청, 김구와 김규식은 참석 거부
6. 1.	박진경 대령 승진
6. 9.	모슬포지서 경찰관 6명 고문치사 관련 3~5년 징역 선고
6.10.	딘 군정장관은 6월 23일 재선거 실시를 무기 연기하는 행정명령 발표
6.10.	국회법 통과 국회의장에 이승만 피선
6.11.	최천 제주경찰감찰청장 정직처분(응원경찰의 고문 살해 등 물의 야기 책임)
6.11.	제주 출신 오용국 국회의원이 제주소요사건에 대한 임시특별위원회 설치 긴급 동의(제안자 수 미달로 상정 안 됨)
6.17.	제주경찰감찰청장에 본도 출신 김봉호 임명(6. 24. 부임)
6.18.	박진경 제11연대장 암살
6.19.	광주제우회에서 4·3평화적 해결 촉구 청원(제주도경찰국장에게)
6. 21.	박진경 암살로 후임에 최경록 중령을 임명(부연대장 송요찬 소령) (6. 21~6. 26. 경비대 토벌작전 중 구좌면 송당리 지경에서 48명, 제주읍 삼양리에서 29명 등 253명 체포 = 무장대는 일시 소강상태)
6. 22.	서울 경비대총사령부에서 박진경 대령 장례식
6. 23.	조병옥 경무부장 담화 발표 - 종전 진압방침 고수
6. 28.	남로당중앙당은 기관지 노력인민을 통해 제주도당에 격려서한 보도
6. 29.~7. 5.	북조선 정권, 평양에서 제2차 남북조선 제정당 사회단체지도자협의회 개최하고 조선최고인민회의 선거 결정 ※ 남측은 1차연석회의 때 북한에 잔류자와 비밀 북행한 20여개 정당 사회단체 대표 참석, 김구·김규식 불참
7. 1.	서울제주회에서 40여 정당 사회단체에 4·3관련 건의서 제출
7. 1.	김봉호 청장은 신임연대장 최경록 임석 하에 전도 읍·면장회의 개최, 유화

책 선언, 어획금지 해제, 도내 여행증명제도 폐지 천명

1948. 7. 1. 제헌국회에서 국호를 대한민국으로 결정

7. 5. 제주 목포 간 정기여객선 여행증명제도 폐지

7. 5. 부산제우회에서 하지 중장 등 관계 요로에 4·3관련 청원서 제출

7. 6. 민독당 회의실에서 40여 정당 사회단체가 모여 대책위 구성 토의

7. 7. 조선최고인민회의 남조선대의원선거지도위원회(위원장 박헌영) 조직

7. 9.~10. 북조선인민회의, 조선민주주의인민공화국 헌법 실시 및 조선최고인민회 의의 선거실시를 결정

7. 10. 철도경찰 제주도 파견

7. 10. 북한, 인민회의 제5차 회의에서 북한 헌법을 북한 전역에서 실시하기로 결정, 7월 중순경부터 남한 전역에서 지하선거 실시

1948. (8. 21. 해주에서 개최되는 남조선인민대표자회의 참가할 남측 대표자, 각 시·군에서 5~7명씩 총 1,080명을 선출하는 선거, 실제 8월 22일까지 실시)

7. 11. 최초 괴선박 출현 = 이틀 후 상선으로 판명

7. 12. 박진경 대령 암살 사건 연루자 문상길 중위 등 8명 서울 압송

7. 12. 통위부 이형근 참모총장 기자회견 - 제주도 사태는 일단락

7. 15. 제9연대 부활, 연대장에 송요찬 소령, 부연대장에 서종철 대위 임명

7. 18. 한독당 등 22개 정당 사회단체가 제주도사건대책위원회 구성 평화적 해결 주장

7. 19. 철도경찰 200명 제주도파견

7. 19. 김구와 김규식 제2차 남북협상에 대한 공동성명 발표

7. 20. 김구 남한 단정 불참선언

7. 20. 국회에서 초대 대한민국 대통령으로 이승만 당선

7. 21. 제3여단 소속 2개대대를 차출 제주 제9연대에 배속

7. 21. 김구와 김규식 통일독립촉진회 결성

7. 22. 제주경찰청 특별수사대에서 제주신보 기자 검거 (구국투쟁위원회 조직 지하투쟁 전개 혐의 = 벌금형 석방)

7. 24. 제11연대는 창설지 수원으로 철수

7. 24. 북한, 태극기의 폐지와 새 국기 제정에 관해 인민회의 의장 김두봉 담화

8. 2. 서광리 인근에서 무장폭도 20명 등 50명이 백지날인 정보입수 경찰이 출동 교전, 경찰 부상 1명, 폭도 사살 2명

1948. 8. 2.	김달삼 등 해주대회 참가 차 제주 탈출
8. 9.	박진경 암살범 고등군법회의 개정(재판장 이응준 대령 주심)
8. 11.	제주도에서는 향보단 부활 민보단 창설 5만여 명
8. 13.	육지부 여행증명제 부활
8. 14.	박진경 암살범 형 선고(총살 2, 무기 3, 5년 징역 1, 무죄 2)
8. 15.	대한민국 건국(하지, 미군정 폐지 발표)
8. 17.	괴선박(소련선박) 출현설
8. 18.	서귀면에서 지하선거에 불응한 주민 5명이 폭도의 칼에 맞아 중상
8. 19.	세화리에 무장폭도 20명 등 40명이 침입 백지투표 강요하다 경찰이 격퇴. 한림면 협재리에서 백지투표 정보 입수 한림지서 경찰이 출동 교전 중 경찰 1명 전사
8. 21.	해주에서 남조선인민대표자회의 개막. 총 1,080명 중 1002명 참가(제주출신 안세훈, 김달삼, 강규찬, 이정숙, 고진희, 문등용 등 6명 참가) ※ 주석단 35명 선거에서 허헌, 박헌영, 홍명희와 함께 김달삼이 선출
8. 24.	한·미군사협정, 한국군의 지휘권은 미군에 귀속(이승만 : 하지)
8. 25.	북한 최고인민회의 대의원 선거 실시(북한측 212명, 남한측 360명 선출) (제주출신 = 안세훈, 김달삼, 강규찬, 이정숙, 고진희 문등용 등 6명 선출)
8. 26.	한·미상호방위원조협정 체결
8. 26.	한국에 임시군사고문단 설치(100명, 연말경에는 241명)
8. 27.	주한미군사령관 하지 이임, 후임에 콜터 장군
8. 28.~29.	북조선인민회의 특별회의 개최, 조선민주주의인민공화국 헌법 안 통과
8. 29.	800명 가량의 응원경찰 제주에 도착.
9. 1.	반민족행위처벌법 국회통과
9. 6.	12개 정당 사회단체 합동 '동족상잔 중지하라' 성명 발표
9. 8.	최고인민회의, 조선민주주의인민공화국 헌법 승인
9. 9.	북한에 조선민주주의인민공화국 김일성 정권 출범
9. 13.	미군정, 행정권 완전 이양 후 한미 공동성명
9. 15.	주한미군 비밀리에 철수 시작
9. 15.	김구와 김규식이 파리 유엔총회에 소 한국 총선 실시 요구 서신 발송
9. 19.	소련, UN결의에 따라 북한주둔군의 연말 철수방침 발표

1948. 9. 22.	반민족행위처벌법 공포
9. 23.	서울운동장에서 반민법 반대 반공구국총궐기대회
9. 23.	박진경 암살범 문상길 손선호 총살형 집행
9. 29.	김구, 유엔한국임시위원단에 양군 철수 요구 성명
10. 1.	정일권 경비대 총참모장, 김영철 해안경비대 참모장 제주 시찰
10. 1.	무장대는 대낮에 장례 치르는 제주읍 도남리 김상혁 정병택 정익조 습격 살해
10. 5.	김봉호 제주경찰감찰청장 해임, 후임 홍순봉 임명(10. 6. 부임)
10. 7.	인공기 게양 투쟁이 제주도 내 많은 마을에서 시작되었음이 확인됨
10. 8.	제주해안에 소련잠수함 출현설,
10. 8.	이승만 대통령 미군철수 연기 요구
10.11.	제주도경비사령부 설치(사령관 김상겸 대령, 부사령관 송요찬 소령)
10.13.	국회 소장파 의원 47명이 외군철퇴 긴급동의안 제출
10.17.	송요찬 9연대장 해안에서 5km 이상 통금 포고령 발령
10.18.	해군이 제주해안 봉쇄, 여수주둔 제14연대 1개대대 제주도에 증파 명령
10.19.	여수 주둔 제14연대 반란사건 발생
10. 23.	제주읍 삼양지서, 조천면 조천지서 습격 당함
10. 24.	남로당제주도당은 민애청, 여맹, 농위를 혼성 소련식 혁명투쟁위원회로 개편
10. 24.	남로당인민유격대 사령관 이덕구는 대한민국에 선전포고
10. 25.	여수 순천지구 계엄령 선포
10. 27.	미군 통제 하에 경비대가 여수 탈환 반란 진압
10. 28.	군프락치 사건 발생
10. 28.	애월면 고성리 장전리 전투
10. 29.	수도청장이 향보단을 부활 민보단 조직 완료 담화
11. 2.	대구 제6연대 1차 반란사건 발생
	(장병 사망 14 부상 5, 경찰 사망 4, 민간인 사망 10)
11. 2.	이승만 대통령은 미국 측에 국군 5만 병력의 훈련과 장비 지급 요청
11. 7.	인민유격대 서귀면 서귀리 습격 방화
11. 7.	경찰프락치 사건 발생
11. 7.	노력인민은 남로당중앙당의 격려서한에 대한 제주도당의 답한(答翰)보도
	(7월에 보낸 것이 늦게 보도됨)

1948.11. 9.	제주도 총무국장 김두현이 서청에 의해 타살 희생
11월	중순경 강경진압작전 개시, 중산간 마을 소개령 시작
11.12.	미국 특사 무쵸, 여·순사건 등으로 연말 미군 철수 재고 요청
11.17.	제주도에 계엄령 선포
11.19.	국회에서 주한미군 계속 주둔 요구 결의안 통과
11.19.	제주경찰감찰청을 제주도경찰국으로 개편
11.20.	국회에서 국가보안법 통과
11.28.	인민유격대 무장 200명 비무장 500명이 남원면 남원리와 위미리를 집중 공격 주민 사망 50명 부상 70명, 경찰 3명 부상, 가옥 250채 소실(남원리 300채, 위미리 400채가 소실되었다는 증언도 있음)
12. 1.	국가보안법 공포
	12월부터 마을 수호 석성 축성 시작
12. 3.	제1차 계엄고등군법회의 개정(12.3.~12. 27. 12차례 총 871명 유죄판결)
12. 3.	인민유거대 사령관 이덕구가 지휘한 110여명이 구좌면 세화리 습격, 주민 50여 명 살해 가옥 150여 채 방화
12. 4.	(12. 18.?) 민·경·군 합동토벌대, 다랑쉬굴 발견, 자수권유에 불응 11명 희생
12. 6.	제주 주둔 제9연대와 대전 주둔 제2연대 교체 계획 보고(미 고문단)
12. 6.	대구 제6연대 2차 반란(장교 2명 사망)
12. 8.	국회에서 반란지구 출신의원으로 구성된 선무반 파견 결의
12.12.	UN총회에서 대한민국을 한반도의 유일한 합법정부로 승인
12.15.	국군조직법에 따라 통위부를 국방부로, 조선경비대를 대한민국 육군으로 개칭
12.15.	한림면 두모2구(한원리) 무장대에 의해 주민 13명 피살
12.16.	대전 주둔 제2연대 선발대 제주 도착(12. 29. 본격적 진압작전 개시)
12.17.	미국무부, 12월말 주한미군 철수 방침 재고 요청
12.19.	서청 250명 제주 도착(25명 경찰, 225명은 군인이 됨, (이외에 서청단원 200명이 이미 와 있었다는 증언이 있음)
12.19.	제주 주둔 제9연대 선발대 대전 도착
12.19.	애월면 신엄리 전투
12. 21.	조천면 관내 자수자 200명 중 150명 제주읍 박성내에서 집단 총살
12. 22.	대전주둔 제2연대 1대대 교체 병력 제주도착

1948.12. 25.	북한주둔 소련군 철수 완료
12. 29.	제9연대 대전으로 철수, 제2연대(연대장 함병선) 제주도 이동 완료
12. 31.	제주도 계엄령 해제
1949. 1. 1.	무장대 600명이 제주읍 오등리 주둔 제2연대 3대대 공격 (장병 전사 10명 부상 27명, 무장대 사망 30명 생포 10명)
1. 1.	무장대 도두리 습격 주민 10명 피살, 주택 26채 소실
1. 3.	제주도청 원인불명 화재 발생 별관 전소(범인은 도청 계장으로 판명)
1. 4.	제2연대장 함병선 중령이 계엄령 해제 철회를 경비대사령부에 건의
1. 6.	제2연대 작전개시 명덕리 전투, 국군전사 7명 부상 5명, 적 사살 153명
1. 7.	제2연대 본부 농업학교로 이동
1.11.	국회 선무반 오용국의원이 제주시찰결과 보고서 국회 제출
1.12.	무장대 200여명이 의귀리 주둔 2연대 2중대 공격 교전 (국군전사 4명 부상 10명, 무장대 사망 51명) 당시 중산간에서 잡혀온 주민 80명 집단 총살 = 현재 현의합장묘
1.13.	인민유격대 성읍리 습격 주민 38명 살해 및 방화
1.15.	주한미군사령관에 로버츠 준장이 임명 됨
1.17.	조천면 북촌주민 집단총살사건. 무장대의 매복기습 군인 4명 사망, 격분한 군인이 주민 집단총살.
1.18.	소련 해군기관지 라니프르트지는 소련선박 제주 근해 출현설 부인 보도
1.18.	제3구경찰서(모슬포지서 승격), 제4구 경찰서(성산포지서 승격) 신설
1. 20.	제2연대를 육군본부 직할부대로 재편(연대산하 제3대대 200명은 西靑員)
1. 21.	이승만 대통령 국무회의에서 제주도 전남사건 조기 진압 지시
1. 22.	토벌대 안덕면 동광리 상창리 주민 등 80여 명 정방폭포 부근에서 집단 총살
1. 25.	육군항공사령부 비행기 2대 제주도 파견
1. 31.	제6여단 산하 유격대대 제주 파견 제2연대에 배속
2. 4.	구좌면 김녕리 인근에서 99식 총 150정 무장대에 피탈, 군인 15명?(23명), 경찰 1명 전사
2.13.	제1구경찰서를 제주경찰서로 제2구경찰서를 서귀포경찰서, 제3구경찰서 를 모슬포경찰서, 제4구경찰서를 성산포경찰서로 개칭.
2.16.	남원면 산록에서 제2연대가 토벌작전, 160명 사살

1949. 2.19.	경찰특별부대(사령관 김태일 경무관) 505명 제주 파견
2. 20.	도두리에서 민보단이 좌익 76명을 처단 - 미군사고문단 보고
2. 27.	제2연대는 화북에서 군법회의 사형 선고자 39명 사형집행
2. 28.	제주지검 검사로 발령 받은 양을 서울에서 체포 제주로 압송
	(3.14.구속, 10.31. 광주지법에서 무죄)
3. 1.	대구 제6연대 3차 반란
3. 1.	국회 주기용 의원이 제주도 답사기 자유신문에 기고(피해참상과 긴급구호)
3. 2.	제주도지구전투사령부(사령관 유재홍 대령)설치
3. 9.	노루오름 군인 피습사건
3.10.	이범석 총리는 신성모 내무장관을 대동 제주 시찰
3.15.	제2연대 병력 중 서청단원으로 구성된 제3대대 철수
3.18.	육군 군악대 제주 파견, 선무활동 임무 수행
3.18.	경찰특별부대 3개월간 임무 마치고 상경
3.23.	주한미군 철수를 49년 6월말로 연기 결정
3.	말 녹하악 전투
4. 1.	제주도지구전투사령부 병력 국군 2,622명, 경찰 1,700명, 민보단 5만여 명
4. 7.	신성모 국방, 이윤영 사회부장관 내도
4. 9.	이승만 대통령 제주 시찰
4. 9.	제주도 재선거 입후보자 및 선거인 등록 마감
4.14.	신성모 국방장관 상경 익일 기자간담회
4.16.	미군 측과 협의 서북청년회 회원들을 제주도에서 철수시키기로 합의
4. 21.	남로당 제주도당 당수 김용관 사살
4. 21.	국민보도연맹 준비 모임
5. 4.	춘천 제8연대 11대대 월북사건 발생(213명 월북 239명 탈출 복귀) 및 홍천 제2대대 월북사건 발생(151명 월북 143명 탈출 복귀)
5. 8.	유엔한국임시위원단 재선거 상황 파악차 제주 도착(5. 14. 상경)
5.10.	국회의원 재선거 실시 북제주 갑구 홍순녕, 을구 양병직 당선
5.10.	해군 제2특무함대 508정 월북사건 발생
5.15.	제주도지구전투사령부 해산
5.18.	경찰특별부대(사령관 김태일 경무관) 제주도에서 철수 서울 도착

1949. 5. 25.	제2연대에 배속된 유격대 배속 해제 철수
6. 5.	국민보도연맹 창립 선포대회
6. 7.	인민해방군 제2대 사령관 이덕구 경찰작전으로 사살
6. 20.	제2연대는 육본 직할에서 해편, 수도경비사령부에 편입
6. 21.	국회프락치사건 발생
6. 23.	1949년 고등군법회의 개정(6. 23~7. 7. 10차례 총 1,659명 유죄선고)
6. 26.	백범 김구 암살
6. 29.	주한미군 철수 완료(군사고문단 500명 잔류)
6. 30.	남조선노동당과 북조선노동당이 조선노동당으로 통합
6. 30.	미 하원에서 한국원조법안 통과
7. 2.	제2연대 제주에서 철수 인천 이동(완전철수는 8. 13.)
7.15.	독립제1대대(대대장 김용주 중령)가 제주 도착 제2연대 임무 계승(정식 인수는 8. 13.)
8. 20.	제주지구위수사령부 설치
9.14.	목포형무소 집단탈옥사건 발생, 탈옥자 286명 사살
10. 2.	군법회의 사형선고자 249명 대통령 재가를 받고 제주비행장 인근에서 사형 집행
10. 25.~11.30.	2차 전향자 자수주간 설정(11. 27 현재 전국 9,986명, 제주 5,283명)
11.15.	국민회 제주도지부장 김충희 제주도지사 임명
11. 24.	계엄법 제정공포
11. 27.	보도연맹 전국 39,986명, 제주5,283명이라 발표
12. 20.	도지사를 위원장으로 하는 제주도재건부흥위원회 조직
12. 27.	독립제1대대 제주에서 철수
12. 28.	해병대(사령관 신현준 대령) 1,200명 제주 도착
1950. 1.12.	애치슨 미국무장관이 기자회견에서 한반도가 제외된 소위 '애치슨 라인' 발표
2. 5.	해병대는 돌오름부근에서 적 8명 사살 등 토벌전 전개
3.10.	대한민국 농지개혁법 개정법 공포
4. 5.	농지분배예정통지서 발송 시작
5. 30.	제2대 국회의원 선거(김인선, 강창용, 강경옥 당선)
6. 25.	6.25전쟁 발발, 신현준 해병대 사령관이 제주지구 계엄사령관 겸임

1950. 6. 25.	치안국장이 각 시·도경찰국장에게 전국 요시찰인 단속 및 전국형무소 경비의 건 하달
6. 28.	북한군에 서울을 빼앗김
6. 29.	치안국장은 불순분자 구속의 건 하달
6. 30.	치안국장은 불순분자 구속 처리의 건 하달
7. 6.	제주지구계엄사령관은 전 제주지구 예비검속 명부 제출의 건 경찰국장에게 하달
7. 8.	전남북지역 제외 전국에 비상계엄령 선포
7. 11.	치안국장은 불순분자 검거의 건 하달
7. 14.	원활한 전쟁 수행을 위해 맥아더 유엔총사령관에게 한국군 작전지휘권 위임
7. 15.	제주 주둔 해병대 1개대대(3개중대) 군산지역으로 이동
7. 16.	제주도에 제5훈련소 설치
7. 20.	비상계엄 남한 전역으로 확대
7. 25.	대규모 인민유격내가 중문면 하원리 습격 가옥 99동 방화
7. 27, 29.	예비검속자 처형 시작(제주주정공장, 서귀포경찰서 수감자)
7월	무장대 허영삼이 지도부 내 소극적인 고승옥, 백창원, 송원병 등 3명을 살해하고 사령관에 취임.
	※ 제주읍을 비롯 각 읍·면단위로 인민군지원환영회 조직, 인민유격대 지원
7월에	경찰은 246명을 선발 경찰국 직속으로 의용경찰대(대장 강필생) 조직
8. 4.	대통령긴급명령 제9호로 비상향토방위령 선포, 경찰서장 관할 하에 각 부락단위로 향토방위대 편성
8. 4.	도내 예비검속자 820명 발표
8. 5.	제주에서 해병대 모병 시작, 오현중학교 학생 423명이 학도병 지원
8. 8.	속칭 제주도유지사건, 소위 인민군환영준비위원회 무고 사건 발생
8. 12.	07:00~19:00 우마(牛馬) 성외(城外) 방축 금지 경고문 발표
8. 15.~17.	주한미대사관 해군무관 존 세이퍼트 일행 3명이 내도, 치안상황 파악 후 보고서 제출
8. 20.	모슬포경찰서 관내 예비검속자 344명 중 252명 섯알오름에서 집단총살
8. 24.	제주도비상경비사령부는 공비 소탕을 위한 전투신선대 창설
8. 30.	제주주둔 해병대 정보참모 김두찬은 예비검속자 총살 집행 의뢰의 건 각 경

찰서에 하달(문형순 성산포경찰서장은 부당함으로 미이행)

1950. 8. 31.　해병대 일부 병력 철수

　　　　9. 1.　제주에서 해병대 3,000여명 모병, 1개연대 편성, 신현준 사령관 인솔 부산 향발

　　　　9. 3.　제주도인민군환영준비위원회 모함 사건 구금자 석방

　　　　9.14.　제주도내 사찰(査察)관련자 연석회의 개최, 예비검속자 선별 처리 결정

　　　　9.15.　인천상륙작전

　　　　9.17.　서귀포경찰서 수용 예비검속자 전원 석방, 모슬포경찰서 수용 예비검속자 344명 중 90명 석방(9.18.이전)

　　　　9.18.　제주경찰서 수용 예비검속자 153명 석방, 추가로 48명 석방

　　　　9. 28.　서울 탈환

　　　　10. 1.　38선 돌파 북진

　　　　10.10.　제주지역 비상계엄 해제

　　　　10.19.　평양 점령, 계속 북진 선두부대는 압록강에 당도

　　　　10. 25.　중공군 대병력이 개입으로 후퇴 시작

　　　　10.　제주도경찰국 사찰과 내 6명으로 귀순공작대 운용

　　　　11.10.　남한 전 지역 비상계엄해제

　　　　11.10.　제주도와 경상도 남부지역 제외한 남한 전 지역에 경비계엄 선포

　　　　12. 7.　남한 전역 경비계엄에서 비상계엄으로 전환

　　　　12.14.~24.　국군 유엔군 흥남철수 작전

1951. 1. 4.　서울 재 함락

　　　　1.12.　국무회의에서 피난민 42,000명 제주피난 계획 검토
　　　　　　　(5.20. 현재 148,794명, 52. 1. 31. 입도 28,460명, 총 177,254명)

　　　　1.14.　국군 유엔군 평택-삼척 신방어선으로 후퇴

　　　　1.14.　제주에 증파된 해병대 1개중대와 전투경찰로 4개소대 혼합편성 토벌 대비

　　　　1.17.　잔비 80명 추산

　　　　1.22.　대구에 있던 육군 제1훈련소 제주도로 이동

　　　　1.27.　해병혼성부대는 어승생악 부근에서 무장대 20명과 교전 3명 사살

　　　　1.27.　해병혼성부대는 사라악부근에서 무장대 30명과 교전 3명 사살

　　　　2.10.　해병혼성부대는 사라악과 명도암 어간 아지트 발견 작전 중 무장대 60명에

게 포위당해 해병대 11명 전사, 적 사살 35명

1951. 2. 22. 해병혼성부대는 북악 부근에서 무장대 40명과 교전 5명 사살

(3월말까지 해병혼성부대는 무장대 50여명 사살)

2. 22. 제주도 비상계엄 해제

2. 22. 육군제1훈련소가 대구에서 모슬포로 이동, 국방부 제2병조창, 무선통신중계소 등 설치, 제주와 모슬포에 중공군포로수용소 시설

※ 1953. 2. 1. 현재 친공중공군 포로 = 제주비행장에 5,809명 수용(52. 10. 1. 중공정부수립 3주년 기념일 시위, 진압과정에서 56명 사살, 113명 부상)

반공중공군 포로 모슬포비행장에 14,314명 수용

3.13. 공비 40명이 제주읍 이호리 습격 주민 12명 살상, 12명 납치

3.15. 서울 재탈환 북진

4.12. 미국 맥아더 사령관 해임 후임 리지웨이 임명

6. 23. 말리크 소련유엔대표 휴전회담 제의

7.16. 제주도에 육군 제5훈련소 설치

1952. 1.18. 이승만 대통령 일본어선의 침범을 막기 위한 평화선 선포

1. 25. 제주도 대한청년단 특동대 발족

2. 6. 미8군사령관 벤프리트 제주도 시찰

4. 1.~4.30. 치안국 작전지도반(반장 김준종 총경) 7명 제주 파견, 4월 도내 32개 경찰주둔소 설치

5월 공비 사령관 김성규로 확인

5. 28. 귀순자 생명보장 하산 권고문 반포

6. 1. 잔비 68명으로 판명

7. 3. 이승만 대통령, 벤프리트 8군사령관, 유재홍 중장 등 제1훈련소 시찰

8. 5. 국민 직선제로 제2대 대통령 선거, 88.1% 투표, 74.6% 지지로 이승만 당선

9.16. 공비가 국군과 경찰로 가장 제주방송국 습격 방송과장 등 3명 납치 살해

9월 말경 주둔소를 전진배치하면서 한라산 지역에 금족령

10.13. 제주도경찰국장 윤석렬이 후임으로 이경진 경무관 취임

10. 31. 공비 27명이 서귀포발전소를 습격 방화 전소

11. 1. 제주도경찰국 산하에 100전투사령부 창설,(산하에 101, 102, 103, 105부대)

11.20. 잔비 44명으로 판명

1952.12.24.	적악 서북방 말체오름에서 교전 무장대 4명 사살
12. 25.~1953. 6.16.	경기, 충남, 경북에서 1개중대 114명씩 3개중대 342명 제주 경찰에 배속
1953. 1. 24.	무장대 20명이 중문 습격
1. 25.	한라산 서북방에서 무장대 30명과 교전 5명 사살
1. 26.	붉은오름과 새오름 사이에서 무장대 50명과 4시간 교전 4명 사살 1명 생포
1. 29.	무지개부대(대장 박창암 소령, 86명=육군특수부대-9172부대: 한라산부대) 제주 도착, 1~7호 작전 수행, 적 사살 7, 생포 2, 귀순 2, 전과거양 후 5. 3. 작전 종료
5. 1.	무지개부대 작전 임무 종료 복귀
6.15.	경기 충남 경북의 경찰 병력을 배속 해제 원대 복귀
6.18.	이승만 대통령 유엔군포로수용소에 수용 중인 반공포로 27,000명 석방
7.12.	한미상호방위조약 체결, 미국은 경제 군사 원조 약속
7. 27.	북한과 유엔군 간에 휴전 협정
10.13.	100사령관 김원용 총경 이임, 후임에 101부대장 한재길 경감 발령
11. 20.	도내 경찰주둔소와 경찰초소 철거, 무장대 두목 김성규 등에 현상금 전단 살포
1954. 1.15.	잔비 6명으로 판명
2.13.	조화옥 귀순 잔비 5명(김성규, 한순애, 정권수, 오원권, 변창희)
4. 1.	경찰은 산간부락 입주 및 복귀 허용
8. 28.	이경진 경찰국장 후임으로 신상묵 경무관 취임
9. 21.	한라산 전면 개방, 주민 성곽경비 철폐
1955. 2. 9.	신상묵 경찰국장이 잔비 가족 직접 방문 자수권유
9. 1.	백록담 북측에 한라산 개방 평화기념비 건립(신상묵 경찰국장)
1956. 4. 3.	경찰사찰유격중대가 구좌면 송당리 체오름에서 무장대 3명과 교전 남로당구좌면당 위원장 정권수(무장대 부책임자) 사살
1957. 3.11.	무장대 소탕임무를 경찰서로 이관
3. 21.	제주경찰서 사찰유격대가 월평동에서 무장대 여자 한순애 생포, 잔비 3명
3. 27.	경찰국 사찰유격대가 평안악 부근에서 무장대 3명과 교전 무장대 총책 김성규 등 2명 사살

1957. 4. 2.		마지막 공비 오원권을 성산포경찰서 부대가 송당리경 토굴에서 생포, 칼빈총 1정과 실탄 14발 압수, 제주4·3발발 만 9년 만에 완전 진압 종결, 제주도경비사령부와 제100전투경찰사령부 해체
	7. 26.	모슬포경찰서와 성산포경찰서 폐쇄
1960. 4.19.		4·19혁명
	7.1.	강성모 서귀면장 유족이 신현준을 양민학살 2호로 제주지검에 고발
	5. 23.	국회 거창·함양 등지 양민학살사건 조사단 구성
		제주출신 국회의원은 제주4·3사건진상조사 발의 통과
	6. 6.	국회 양민학살사건조사단 경남반 반장 최천이 제주에 내도 진상조사
	6. 23.	제주신보 신두방 전무는 외도동에서 일가족 10명 학살 경찰관을 검찰에 고발
	6. 23.	백조일손위령비 건립
1961. 5.16.		5·16
	5.17.	4·3사건진상규명동지회 회원 이문교 박경구 검거
	6.15.	경찰은 백조일손위령비 파손 매몰
1965. 5월		제주대학생 7명이 4·3사건진상규명동지회 조직 활동 개시
	5. 27.	모슬포에서 '특공대 참살사건' 진상규명 촉구
1978.		현기영의 '순이삼촌' 발행
1980. 8.1.		내무부 연좌제 폐지
	8. 24.	내무부 연좌제 폐지 지침 발표 시행
1987.		6·10민주화운동 이후 4·3논의 재개
1988. 4. 2.		평양에서 제주도 인민의 4·3봉기 40주년 평양시 보고대회 개최
		(4. 8일자 조총련 기관지 조선신보 일본어판 보도)
		※ 당서기 허정숙 참석, 조국평화통일위원회 서기국장 전금철이 기념 보고)
	4. 3.	4·3사건 발생 40주년 각종 추모모임, 학술세미나 개최, 국정감사 과정에서 4·3 문제 거론 시작
1989. 4. 3.		4월제공동준비위원회 결성, 제주시민회관에서 제1회 제주항쟁추모제 개최
	4. 3.	제주신문에 '4·3의 증언' 연재 시작(제민일보에서 '4·3은 말한다'로 지속, 1998년까지 5권 발행)
	5.10.	제주4·3연구소 발족
1990. 6월		제주도4·3사건민간인희생자유족회 발족

1991. 4. 3.	최초로 유족주최 4·3위령제 거행
1993. 3. 20.	제주도의회 4·3특별위원회 설치, 읍·면별 피해조사 착수
5. 8.	김영삼 정부는 공인된 단체에서 진상규명 시 정부협조 입장 표명
10월	제주지역총학생회협의회에서 4·3특별법 제정과 특위 구성 촉구 청원서 국회 제출
1994. 2. 2.	여야 국회의원 75명 서명으로 제주4·3사건진상규명특별위원회 구성결의안 제출
2. 7.	제주도의회에 4·3피해신고실 설치, 피해신고 접수 개시
4. 1.	4·3조사요원 17명 위촉, 각 읍·면·동·리·자연부락 단위로 조사활동
1995. 5.	제주도의회4·3특별위원회는 4·3피해조사1차보고서 발간(피해자 14,125명)
1996. 3.	신구범 제주도지사가 중앙에 4·3진상규명 공식 요청
12.12.	제주도의회4·3특위가 국회4·3특위구성에 관한 청원서 국회 제출
12.17.	제주도4·3사건진상규명특별위원회 구성결의안 발의
1997. 4. 1.	서울에서 제주4·3사건 제50주년 기념사업추진 범국민위원회 결성
9. 26.	제주4·3사건 희생자위령사업 범도민추진위원회 조직
1998. 3. 30.	새정치국민회의 내에 제주도4·3사태 진상조사특별위원회 구성
4. 3.	4·3사건 50주년 기념 위령제 국제심포지엄 예술제 종교행사 등 개최
5. 7.	새정치국민회의 주최 제주 공청회 개최
9. 28.	새정치국민회의 주최 국회 공청회 개최
11. 23.	김대중 대통령이 CNN방송을 통하여 '제주4·3은 공산당의 폭동으로 일어났지만……'이라 4·3성격 천명
1999. 3. 8.	제주4·3진상규명과 명예회복을 위한 도민연대 결성
6월	김대중 대통령 제주도 방문 시 위령공원 조성비로 정부 특별교부세 30억원 지원 약속
10.11.	한나라당 제주출신 국회의원 3명이 제주4·3사건특별법(안) 발표
10. 28.	유족회와 시민단체는 4·3특별법 쟁취를 위한 연대회의 조직, 전국 184개 단체 694명 선언 등 전국 확산 홍보
11.17.	국민회의는 제주4·3사건진상규명특별위원회 구성결의안 국회 제출 (11. 26. 운영위에서 의결)
11.18.	변정일 국회의원 등 112인 발의로 제주4·3사건특별법 국회 제출

1999.11. 24.	국민회의 임채정 정책위장이 4·3특별법 제정 약속
12. 2.	추미애 의원 외 102인 발의로 제주4·3사건특별법(안) 제출
12. 7.	국회 행자위는 여·야 안을 단일안으로 작성 국회 본회의 회부
12.16.	제208회 국회 본회의에서 제주4·3사건진상규명및희생자명예회복에관한 특별법 통과
2000. 1.12.	제주4·3사건진상규명및희생자명예회복에관한특별법 제정 공포
1.12.	김대중 대통령은 청와대에서 제주4·3특별법 제정 서명식
6. 8~2001.1. 4.	4·3희생자 제1차 신고 접수
8. 28.	'제주4·3사건진상규명및희생자명예회복위원회(20명) 출범
2001. 1.17.	제주4·3사건진상조사보고서 작성기획단(15명, 단장 박원순) 발족 (산하에 진상조사 전문위원 5명, 조사요원 15명 = 총 10,594건 입수)
3. 2.~5.30.	4·3희생자 제2차 신고 접수
4. 27.	대법원, 4·3당시 계엄령 법적 근거 없다고 볼 수 없다는 판결
2003. 3. 29.	제주4·3사건진상조사보고서 심의 의결(6개월 간 수정의견 접수 조건)
9. 29.	수정의견 접수 마감 총 376건 접수
10.15.	진상조사보고서 의결 확정(수정의견 376건 중 33건 반영)
2003. 10. 31.	노무현 대통령이 4·3희생자 유족과 도민에게 사과
2004. 1. 1.~3. 31.	4·3희생자 제3차 신고 접수
2006. 4. 3.	노무현 대통령 제58주년 위령제 참석 사과 재천명
2007. 8.18.	제주4·3평화기념관 준공
6.1.~11. 30.	4·3희생자 제4차 신고 접수
2008. 3. 28.	제주4·3평화기념관 개관
10.16.	재단법인 제주4·3평화재단 설립 허가(안행부장관)
2011. 1.26.	제주4·3사건희생자로 14,032명(사망 10,144, 행불 3,518, 후유장애 156, 수형자 214) 확정
2012. 12. 1~2013. 2. 28.	4·3사건희생자 제5차 신고 접수(총 383명 접수)
2014. 3. 24.	국가공휴일 등에 관한 규정 개정, 4월 3일을 4·3희생자추념일로 지정 공포
2015. 4. 1.	제1회 4·3평화상 시상(수상자 재일조선인 김석범(본명 신양근)은 일본공산 당원, 조총련계 학교 교사, 조총련 기관지 '조선신보' 기자로 반한활동을 한 자에게 5만달러 상금 수여)

2015. 4. 3.   제67주년 4·3위령제 최초 제주도 주최, 이완구 국무총리 참석.

2018.1.1.~12. 31   4·3희생자 제6차 신고 접수

     4. 3.   제70주년 4·3위령제 문재인 대통령 참석

2020. 4. 3.   제72주년 4·3위령제 문재인 대통령 참석

2021. 1.1.~6. 30.   제7차 희생자 및 유족 신고기간 설정

     3. 23.   제주4·3특별법 전부 개정 법률 공포, 6. 23일 발효

     4. 3.   제73주년 4·3위령제 문재인 대통령, 국방부장관과 경찰청장 대동 참석

2022. 4. 3.   제74주년 4·3위령제 윤석열 대통령 당선자 참석

[부록 14]
일제 및 해방 당시 제주도 행정구역 지도와
1948년 당시 제주도 지도

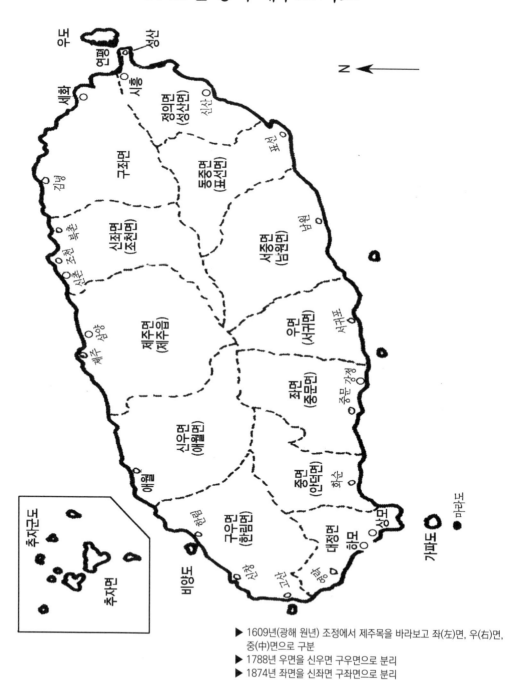

▶ 1609년(광해 원년) 조정에서 제주목을 바라보고 좌(左)면, 우(右)면, 중(中)면으로 구분
▶ 1788년 우면을 신우면 구우면으로 분리
▶ 1874년 좌면을 신좌면 구좌면으로 분리
▶ 1945년 읍면사무소 소재지로 명칭 변경(평대리 소재 구좌면 제외)

출처 : 제주일보 2020.9.16. 12면

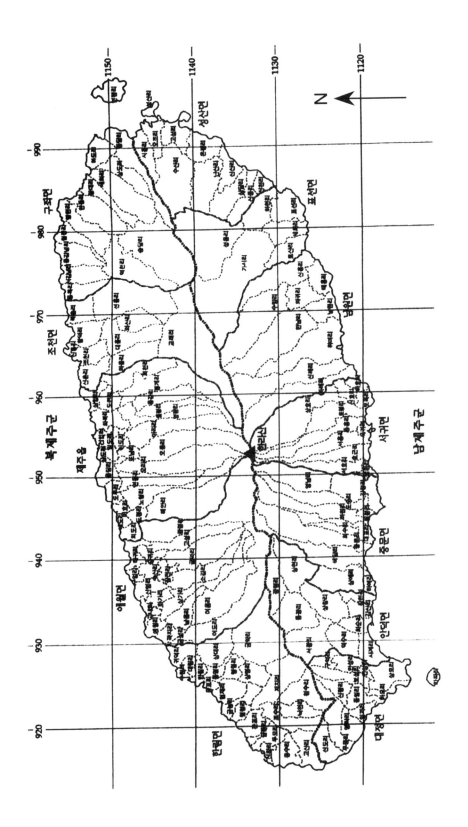

541

[부록 15]
제주4·3위원회 위원 및 보고서작성기획단 명단

제주4·3위원회 위원[1143]

구 분	성 명 (초대만 수록)	주요 경력	비 고
위원장	이한동	국무총리	
당연직	최인기	행정안전부 장관	
	전윤철	기획재정부 장관	
	김정길	법무부 장관	
	조성택	국방부 장관	
	최선정	보건복지부 장관	
	박주환	법제처장	
	우근민	제주도지사	
위촉직	박재승	(전) 대한변호사협 회장	소위 위원장
	김삼웅	(전) 독립기념관장	소위 위원
	박창욱	(전)제주43유족회장	〃
	배찬복	명지대 교수	〃
	서중석	성균관대 교수	〃
	임문철	제주중앙성당 주임신부	〃
	한용원	한국교원대 명예교수	〃
	강만길	(전) 상지대 총장	〃
	김정기	제주대 부총장	〃
	신용하	한양대 석좌교수	〃
	유재갑	(전) 경기대 교수	〃
	이돈명	변호사	〃

※ 김점곤 → 유재갑, 한광덕 → 한용원, 이황우 → 배찬복

1143) 제주4·3위원회, 『화해와 상생 』, (2008), 579쪽.

제주4·3사건진상조사보고서작성기획단[1144]

구 분	성 명	주요 경력	비 고
단장	박원순	변호사, 아름다운재단 상임이사	
당연직	초대 김지순	행정자치부 자치행정국장	
	이수만	법무부 서울고검 사무국장	
	하재평	국방부 군사편찬연구소장	
	윤장근	법제처 행정법제국장	
	초대 김호성	제주도 행정부지사	
위촉직	강종호	재경제주43민간인희생자유족 공동대표	
	강창일	제주43연구소장	간사
	고창후	변호사	
	김순태	방송대학교 충남대전지역 학장	
	도진순	창원대학교 교수	
	오문규	경찰대 공안문제연구소 연구원	
	유재갑	경기대 교수	
	이경우	변호사	
	이상근	국사편찬위원회 근현대사실장	
서기	박찬식 - 김종민	전문위원	

※ 진상조사팀

수석전문위원 양조훈

전문위원　　나종삼, 장준갑, 김종민, 박찬식

조사요원　　김애자, 장윤식, 김은희, 조정희, 배성식, 박수환

　　　　　　현석이, 민은숙, 부미선, 김정희, 정태희, 등 15명

1144) 제주4·3위원회, 『화해와 상생』, (2008), 582쪽.

[참고문헌]

강만길,『고쳐 쓴 한국근대사』, 창작과 비평사, 1994.

강만길,『고쳐 쓴 한국현대사』, 창작과 비평사, 1994.

강용삼, 이경수,『대하실록 제주 백년』, 태광문화사, 1984.

강용택,『꿈을 간직하고 살아온 화가』, 디딤돌, 2008.

강재훈,『제주4·3의 실상』, 1991.

고문승,『박헌영과 4·3사건』, 신아출판사, 1989.

고문승,『제주사람들의 설움』, 신아출판사, 1991.

고재우,『제주4·3폭동의 진상은 이렇다』, 백록출판사, 1998.

고창훈,『해방전후사의 인식』4권, 한길사, 2012.

국가발전미래교육협의회제주도지회,『제주도의 4월 3일은』, 2010.

국방부군사편찬연구소,『군사』45~47호, 2002.

국방부군사편찬연구소,『4·3사건 토벌작전사』, 2002.

국방부군사편찬연구소,『제주4·3사건의 실제』, 2002.

국방부군사편찬연구소,『6·25전쟁사 1. 전쟁의 배경과 원인』, 2004.

김관후,『4·3과 인물』초·증보판, 제주문화원, 2018·2019

김광동외 8인,『한국 현대사 이해』, 경덕출판사, 2007.

김국후,『평양의 소련군정』, 한울, 2008.

김길자,『이승만을 말한다』, 대한민국사랑회, 2015.

김남식,『남로당 연구』1·2·3권, 돌베개, 1984.

김동일,『제주4·3사건의 거짓과 진실』, 비봉출판사, 2016.

김병언,『4·3의 탁류를 역사의 대하로』, 디딤돌, 1994.

김봉현·김민주,『제주도인민들의 4·3무장투쟁사』, 일본 오사카 문우사, 1963.

김시훈,『소외된 전선 한라산』, 2009.

김양희,『4·3과 1949년 목포형무소 탈옥사건』, 제주4·3진상규명과 명예회복을 위한 도민
　　　연대, 2006.

김영중,『남로당제주도당 지령서 분석』, 삼성인터컴, 2014.(퍼플, 2017)

김영중,『레베데프 비망록』, 해동인쇄사, 2016.

김용규,『소리 없는 전쟁』, 원민, 1999.

김용철,『제주4·3사건초기 경비대와 무장대 협상연구』, 제주대학교 대학원 사학과. 2009.

김원치,『법과 인생』, 기파랑, 2008.

김준엽·김창순,『한국공산주의운동사』1~5권, 청계연구소, 1986~1988.

김찬흡,『20세기 제주인명사전』, 제주문화원, 2000.

김찬흡,『제주향토문화사전』, 금성문화사, 2014.

김찬흡,『제주인물대사전』, 금성문화사, 2016.

김학준,『러시아 혁명사』, 문학과 지성사, 1990.

김학준,『북한의 역사』1·2권, 서울대학교 출판부, 2008.

나종삼,『제주4·3사건의 진상』, 아성사, 2013.

남시욱,『한국 보수세력 연구』, 청미디어, 2011.

남시욱,『한국 진보세력 연구』, 청미디어, 2018.

남시욱,『한국 보수세력 연구』제3판, 청미디어, 2020.

남정옥,『북한남침 이후 3일간 이승만 대통령의 행적』, 살림출판사, 2015.

노민영,『잠들지 않은 남도』, 온누리, 1988.

대한민국재향군인회 안보문제연구소,『2009년도 호국·안보세미나보고서』향군안보총서
        09-1, 2009.

로버트 스칼라피노, 이정식『한국공산주의운동사』, 돌베개, 2018.

류석춘·김광동,『시대정신』58호, (사)시대정신, 2013.

리우스, 이동민 역,『마르크스 생애와 사상』, 오월, 1990.

문국주,『조선사회운동사 사전』, 도쿄 사회평론사, 1981. 서울 고려서림, 1991.

문창송,『한라산은 알고 있다. 묻혀진 4·3의 진상 <소위 제주도인민유격대투쟁보고서를
        중심으로>』, 대림인쇄사, 1995.

박갑동,『박헌영』, 도서출판 인간, 1883.

박서동,『영원한 우리들의 아픔 4·3』, 월간관광제주사, 1990.

박서동,『월간 관광제주』, 통권 42~85호, 월간관광제주사, 1988~1991.

박서동,『월간 문화제주』, 재창간호~92호, 월간관광제주사, 1992.

박윤식,『여수 14연대 반란 여수 순천사건』, 도서출판 휘선, 2012.

박종효,『러시아 연방의 고려인 역사』, 선인. 2018.

박종효,「러시아연방외무성 대한(對韓)정책자료 Ⅰ, Ⅱ」선인, 2010.

박찬식,『4·3과 제주역사』, 각, 2008.

백조일손 유족회,『섯알오름의 한』, 2010.

복거일,『프란체스카』, 북앤피플, 2018.

손경호,『4·3사건의 배경·전개·진압과정』, 오하이오주립대학 박사학위 논문. 2008.

송재윤,『슬픈 중국 인민민주독재 1948~1964』, 까치, 2020.

신상준,『제주도島4·3사건』상·하권, 한국복지행정연구소, 2000~2002.

아라리연구소,『제주 민중항쟁』1~3권, 소나무, 1988~1989.

아피냐네시, 이동민 역,『레닌의 생애와 사상』, 오월, 1988.

안병직,『한국 민주주의의 기원과 미래』, 시대정신, 2011.

양동안,『대한민국 건국사』, 현음사, 2001.

양동안,『거짓과 왜곡』, 조갑제닷컴, 2008.

양동안,『제주4·3평화공원 불량위패 척결 세미나 자료』, 제주4·3진상규명국민모임, 2015.

양동안,『대한민국 건국 전후사 바로알기』, 대추나무, 2019.

양정심,『제주4·3항쟁연구』, 성균관대학교 대학원 사학과 박사학위 논문, 2005.

양조훈,『4·3진실 찾기 그 길을 밟다 양조훈 육필기록』, 제민일보사, 2012.

양조훈,『4·3 그 진실을 찾아서』, 도서출판 선인, 2015.

여수지역사회연구소,『1948, 칼 마이던스가 본 여순사건』, 지영사, 2019.

유영익·이채진,『한국과 6·25전쟁』, 연세대 출판부, 2003.

윤원구,『공산주의의 7대비밀』, 명지대 출판부, 1989.

윤원구,『공산주의의 본질』, 건국이념보급회 출판부, 2014.

이경모,『격동기의 현장 이경모 사진집』, 눈빛출판사, 2010.

이동규,『험한 땅 다스리며 개척하며』, 늘푸른디자인, 2010.

이병주,『남로당』상·중·하권, 기파랑, 2015.

이선교,『제주4·3사건의 진상』, 현대사포럼, 2012.

이승만, 류광현 역,『일본의 가면을 벗긴다』, 비봉출판사, 2015.

이영석,『건국 전쟁』, 조갑제닷컴, 2019.

이 윤,『진중일기』, 여문각, 2002.

이운방, 김웅철 편,『미군점령기의 제주도인민들의 반제투쟁』, 광문당, 2019.

이운방,『미군점령기의 제주도인민들의 반제투쟁』, 1993.

이인호, 김영호, 강규형,『대한민국 건국의 재인식』, 기파랑, 2009.

이주영,『대한민국의 건국과정』, 건국이념보급회 출판부, 2013.

이주영,『이승만 평전』, 살림, 2014.

이중근,『광복 1775일』, 상·중·하권, 우정문고, 2015.

이중근,『6·25전쟁 1,129일』, 우정문고, 2013.

이춘근,『전쟁과 국제정치』, 북앤피플, 2020.

인보길,『이승만 현대사 위대한 3년 1952~1954』, 기파랑, 2020.

임경석,『이정 박헌영 일대기』, 역사비평사, 2005.

임동원,『혁명전쟁과 대공전략』, 탐구당, 1968.

장창국,『육사 졸업생』, 중앙일보사, 1984.

전현수,『쉬띄꼬프 일기』, 국사편찬위원회, 2004.

정남두,『사업록』, 선진인쇄사, 2011.

제민일보4·3취재반,『4·3은 말한다』1~ 5권, 전예원, 1994~1998.

제주4·3사건진상규명및희생자명예회복위원회,『제주4·3사건 자료집』1~12권, 2001~2003.

제주4·3사건진상규명및희생자명예회복위원회,『제주4·3사건진상조사보고서 수정의견
　　　　접수내용』1·2권, 2003.

제주4·3사건진상규명및희생자명예회복위원회,『제주4·3사건진상조사보고서 수정의견
　　　　검토자료』1·2권, 2003.

제주4·3사건진상규명및희생자명예회복위원회,『제주4·3사건진상조사보고서』, 2003.

제주4·3사건진상규명및희생자명예회복위원회,『화해와 상생』, 2008.

제주4·3연구소,『이제사 말햄수다』1·2권, 한울, 1989.

제주4·3연구소,『4·3 장정』1~6권, 1990~1993.

제주4·3연구소,『제주 항쟁』창간호, 실천문학사, 1991.

제주4·3정립연구유족회,『4·3의 진정한 희생자는!』1~8집, 2013~2021.

제주4·3정립연구유족회,『2014 소식』봄호·가을호, 2014.

제주4·3진상규명과 명예회복을 위한 도민연대,『2008년도 제주4·3신문자료집』, 2010.

제주4·3진상규명과명예회복을위한도민연대,『제주4·3신문자료집』, 1994~2010.

제주4·3평화재단,『제주4·3 바로 알기』, 2014.

제주4·3평화재단,『4·3과 평화』19호, 2015.

제주4·3평화재단,『제7회 제주4·3평화포럼』, 2017.

제주4·3평화재단,『제주4·3사건 추가진상조사 자료집 1 (4·3관련 경찰자료)』, 2018.

제주4·3평화재단,『제주4·3사건 추가진상조사 자료집 2 (교육계 4·3피해실태)』, 2018.

제주4·3평화재단,『제주4·3사건 추가진상조사 보고서 Ⅰ』, 2019.

제주4·3평화재단,『제주4·3사건 추가진상조사 자료집 3 (미국자료 1)』, 2020.

제주4·3평화재단,『제주4·3사건 추가진상조사 자료집 4 (미국자료 2)』, 2020.

제주도,『제주도지』상·하권, 1982.

제주도,『제주도지』, 제2권, 1993.

제주도,『제주항일독립운동사』, 1996.

제주도,『도제50년 제주실록』, 1997.

제주도·제주4·3연구소,『제주4·3유적』Ⅰ·Ⅱ, 각, 2003~2004.

제주도경찰국,『제주경찰사』, 1990.

제주도교육청,『제주4·3사건 교육 자료집 아픔을 딛고 선 제주』, 2004.

제주도교육청,『4·3사건 교육계 피해조사보고서』, 2008.

제주도교육청,『만화로 보는 4·3의 아픔을 딛고 평화를 이야기하다』, 2008.

제주도의회,『제주도4·3 피해조사보고서』1차·2차 수정증보판, 1995~2000.

제주자유수호협의회,『제주도의 4월 3일은?』2~5집, 열림문화, 2011~2012.

제주지방경찰청,『제주경찰사』, 2000.

제주지방경찰청,『제주경찰 70년사』, 2015.

조갑제,『김대중의 정체』, 조갑제닷컴, 2006.

조갑제,『금성출판사㈜ 고등학교 근·현대사 교과서의 거짓과 왜곡』, 조갑제닷컴. 2008.

조갑제닷컴 편집실,『고등학교 한국사 교과서의 거짓과 왜곡 바로잡기』, 조갑제닷컴, 2011.

대검찰청 수사국,『좌익사건 실록』제1권~11권, 1965~1975.

중앙일보특별취재반,『비록 조선민주주의인민공화국』, 중앙일보사, 1992.

중앙일보현대사연구팀,『발굴 자료로 쓴 한국현대사』, 중앙일보사, 1996.

챨스 터너 조이·김홍열 역,『공산주의자는 어떻게 협상하는가』, 한국해양전략연구소, 2003.

최문형,『한국 근대의 세계사적 이해』, 지식산업사, 2010.

허상수,『4·3과 미국』, 다락방, 2015.

현길언,『본질과 현상』28~ 36호, 본질과 현상사, 2012~2014.

현길언,『섬의 반란, 1948년 4월 3일』, 백년동안, 2014.

현길언,『정치권력과 역사왜곡』, 태학사, 2016.

현임종,『속, 보고 듣고 느낀 대로』, 대동출판사, 2013.

현진권,『용어전쟁』, 북앤피플, 2016.

현화진,『설송산고』, 열림문화, 2013.

홍태식,『한국공산주의운동연구와 비판』, 삼성출판사, 1969.

찾 아 보 기